新政策下财会操作实务丛书

企业成本管理

操作实务大全

QIYE CHENGBEN GUANLI
CAOZUO SHIWU DAQUAN

贺志东 著

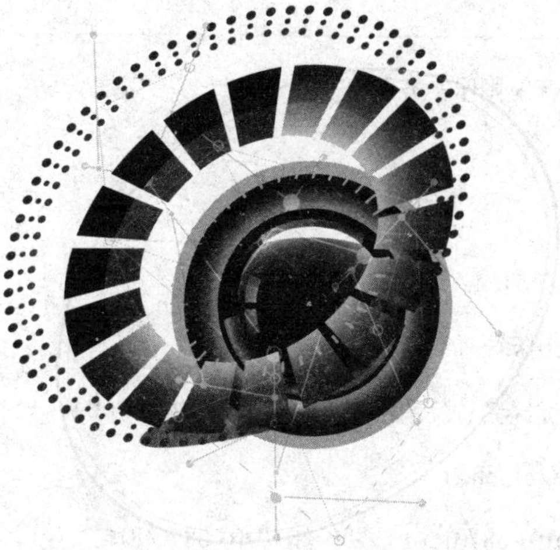

企业管理出版社
EMPH ENTERPRISE MANAGEMENT PUBLISHING HOUSE

图书在版编目（CIP）数据

企业成本管理操作实务大全 / 贺志东著．— 北京：
企业管理出版社，2018.8
（新政策下财会操作实务丛书）
ISBN 978-7-5164-1764-5

Ⅰ．①企…　Ⅱ．①贺…　Ⅲ．①企业管理—成本管理
Ⅳ．①F275.3

中国版本图书馆 CIP 数据核字（2018）第 193975 号

书　　名：企业成本管理操作实务大全
作　　者：贺志东
责任编辑：蒋舒娟
书　　号：ISBN 978-7-5164-1764-5
出版发行：企业管理出版社
地　　址：北京市海淀区紫竹院南路 17 号　　　邮编：100048
网　　址：http://www.emph.cn
电　　话：编辑部 (010) 68701661　发行部 (010) 68701816
电子信箱：26814134 @qq.com
印　　刷：香河闻泰印刷包装有限公司
经　　销：新华书店
规　　格：185 毫米 × 260 毫米　16 开本　35.25 印张　928 千字
版　　次：2018 年 8 月第 1 版　2018 年 8 月第 1 次印刷
定　　价：118 元

前言

成本管理是将企业在生产经营过程中发生的费用，通过一系列的方法，进行预测、决策、核算、分析、控制、考核等科学管理工作，其主要目的是降低成本，提高企业的经济效益。

本书系统、深入地传授企业成本管理方面的实际操作知识和技巧。本书由全国著名财会、审计、税务专家贺志东同志编写。全书共20章，内容涉及成本管理综合知识，采购成本，生产成本，资金成本，人力资源成本，期间费用，战略成本，价值链成本，责任成本，目标成本，标准成本，作业成本，质量成本，项目成本，成本预测、预算，成本核算，成本控制，成本报表，成本分析，成本审计。读者细读本书，将获益匪浅、少走弯路，众多财税问题迎刃而解，大幅提升财税技能和竞争力。

本书适合企业的成本管理人员、企业负责人和其他经营管理人员、财会人员、内部审计人员，企业管理、税务、国家审计、银行业监管部门相关人员，以及会计师事务所等专业化的企业服务机构从业人士、会计理论和教育工作者等阅读。

本书具有以下特色：

⑴ 系统、深入，注重细节，力戒原理性空洞说教；

⑵ 具有极强的操作性、实用性；

⑶ 依据最新有效的企业会计准则、企业财务通则、审计准则、内控规范、税法等编写；

⑷ 通俗易懂，逐一介绍各个知识点；

⑸ 条理清晰，查检便捷；

⑹ 案例丰富；

(7) 具有专业性、权威性、创造性。

本书编写过程中，作者参考和借鉴了国内外一些相关文献资料，在此向相关读者表示感谢。本书的出版得到了企业管理出版社以及智董集团旗下中华第一财税网（又名“智董网”，www.tax.org.cn）的大力支持和帮助，在此深表谢意！

囿于学识、科研经费，且编写时间有限，书中难免有不足之处，敬请读者批评指正，以便今后再版时进行修订（E-mail:jianyi@tax.org.cn）。

有兴趣的读者可以通过扫描二维码关注中华第一财税网官方微信公众号，获取每日财税资讯汇总快递或赠阅资料、课程优惠券等。

微信服务号　微信订阅号　新浪微博号

目录

第一章 综合知识

第一节 成本综述

关于成本的概念，大家有不同的看法。

财务会计有“费用”这个会计要素，但没有“成本”会计要素。《企业会计准则——基本准则》第三十三条指出，“费用是指企业在日常活动中发生的、会导致所有者权益减少的、与向所有者分配利润无关的经济利益的总流出”。第三十五条指出，“企业为生产产品、提供劳务等发生的可归属于产品成本、劳务成本等的费用，应当在确认产品销售收入、劳务收入等时，将已销售产品、已提供劳务的成本等计入当期损益”。简单地说，成本是取得一项资产而付出的代价，或者说是费用的对象化。

我国《企业财务通则》所称的“成本”，既包括产品（劳务）成本或存货成本（即狭义的“成本”），也包括期间费用。会计核算习惯上将两者区分开来，为了避免误解，《企业财务通则》有个别条款采用了“成本（费用）”的表述，其中的“成本”就是指产品（劳务）成本或存货成本。

管理会计学认为，成本是为达到一个特定的目标而牺牲或放弃的资源。从管理角度看，成本核算的对象不仅是产品（或者是资产负债表中的其他各项资产），还可以是客户、部门、项目、作业等。从整个产品的生命周期看，企业所有的支出都是应该得到弥补的。所以，为了满足企业的定价决策、产品组合决策和战略性的盈利分析的需要，成本还应该包括整个价值链各环节（设计、开发、生产、营销、配送、服务等）的所有支出。

在实际工作中，在某种语境下，所说的“费用”是指期间费用（即销售费用、管理费用、财务费用），所说的“成本”是指产品（劳务）成本或存货成本。

请读者根据不同学科、不同语境对“成本”“费用”“成本费用”“成本（费用）”的含义自行辨别。

一、成本费用相关概念

（一）生产成本

生产成本是指企业购买生产投入品所支付的费用。生产理论研究企业的生产行为，其中心内容是研究企业在生产过程中的合理选择，即在既定的产量水平和价格水平上，选择最佳生产要素组合；在既定的产量水平和价格水平上，选择最佳的产品组合；在既定的价格水平、生产要素组合和产品组合下，选择最佳产量水平等。

1. 长期成本

在一个较长的时期内，企业的各种生产投入包括固定投入和可变投入，都可以做出充分的调整，因此各个产量水平都可采用最佳生产要素组合。长期成本曲线是一条起始于原点，并随着产量的增加不断上升的曲线。

在长期假设前提下，企业可以根据它所要达到的产量水平来调整生产规模，从而始终处于最低平均成本状态，所以长期平均成本曲线（LAC）就由无数条短期平均成本曲线的最低点集合而成，即长期成本曲线就是短期平均成本曲线（SAC）的包络线，企业可以按照这条线制订生产规划。长期边际成本曲线（LMC）是一条先降后升、变化平缓的U形曲线，长期平均成本曲线和长期边际成本曲线的相交点就是长期平均成本曲线的最低点（见图1-1）。

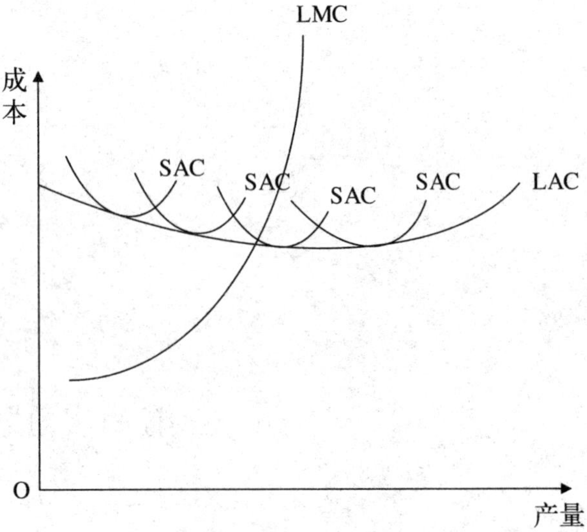

图1-1 长期平均成本曲线和长期边际成本曲线

2. 短期成本

在短期内，由于固定投入保持不变或变动性小，增加产量主要依靠增加可变投入数量。根据报酬递减规律，当固定投入不变或未做同比例变动时，所增加的可变生产率呈递减趋势，从而使短期总成本曲线（TC）存在递增的趋势（见图1-2）。

总固定成本（TFC）是一个常量，而总可变成本（TVC）却随产量增加，呈现按递减、不变或递增比率增加的态势。

平均成本与边际成本是短期成本中的两个重要概念。平均成本分为平均固定成本（AFC）、平均可变成本（AVC）和平均成本（AC）。由于短期内固定成本投入不变，因此，平均固定成本随总产量的增加而递减。随着产量的增加，边际成本（MC）、平均可变成本和平均成本都经历递减、最小值和递增三个阶段，但边际成本最先达到最小值（见图1-3）。

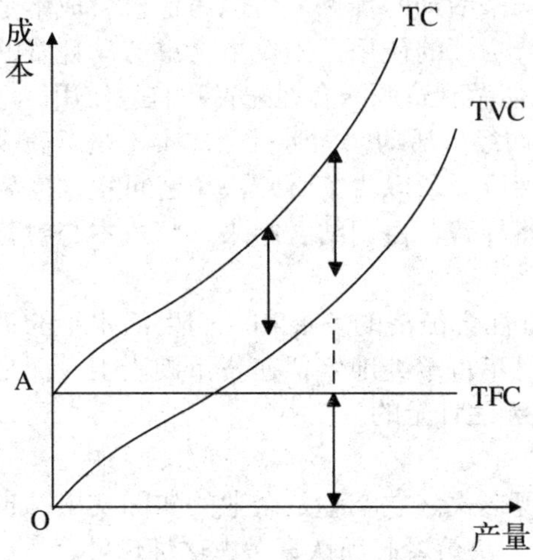

图1-2 短期成本曲线

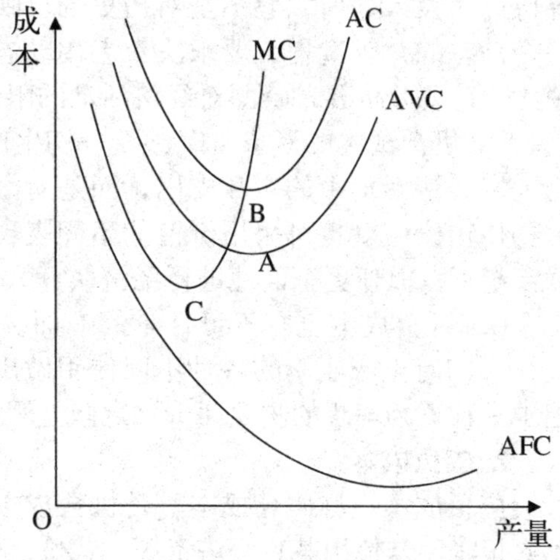

图1-3 平均成本曲线和边际成本曲线

3. 长期成本与短期成本的关系

由于许多投入短期内是固定的，但长期却是可变的，所以企业的长期成本曲线和短期成本曲线是不同的。然而，无论是长期还是短期，总成本与边际成本之间的差别不大，因此在分析长期成本与短期成本之间的关系时，企业应该主要分析长期平均成本曲线和短期平均成本曲线之间的关系。

由图1-3可知，长期平均成本曲线是比短期平均成本曲线平坦得多的U形曲线。此外，长期平均成本曲线位于所有短期平均成本曲线之下。这是因为短期内，企业不容易改变其生产要素使用规模及其组合，且许多成本是固定的，结果是企业改变其生产水平时，短期内平均成本会比长期内增长更快。长期来看，虽然长期成本曲线仍然呈U形，但是企业可以调整投入规模和组合，因此当长期平均成本随产量增加而减少时，存在规模经济效应；当长期平均成本随产量增加而增加时，存在规模不经济效应；当长期平均成本随产量作等比例变动时，规模收益不变。

(二) 机会成本与应负成本

1. 机会成本

机会成本是指从事某种选择所必须放弃的最有价值的其他选择，换言之，被选取的最优方案的机会成本是已放弃的次优方案可能取得的收益。对企业来说，现存的可能决策构成了一个“机会集合”，科斯据此将机会成本定义为“任何一种行为的成本都包括行为主体如不接受特定的决策而可能获得的收益”。

机会成本考虑了一种资源可以被运用的多种方式。如果一家公司在某一环境下使用一种资源，就会产生一个机会成本，其数额等于该项资源在其他最佳方式的运用下可以赚取的最大利润。机会成本并不是实际的支出和耗费，而在于资源的合理配置和直接利用，对放弃利益的评价，它表述了稀缺与选择之间的基本关系。固定资产折旧、固定资产占用资金可能的投资利得，都是典型的机会成本。

机会成本具有以下特征：

(1) 机会成本不仅存在于决策过程中，而且存在于决策过程之外。在经济活动中，资源是十分稀缺的，而每一种资源又具有多种用途，资源用于此种用途就不能同时用于其他用途，在决策过程中，决策者要充分考虑机会成本，但决策以后也不能忽视机会成本，因为它不会因决策过程的完结而流失。

(2) 机会成本不关心过去已经发生的结果，而是关心未来的支出，并且是以不同的产出评价同一投入，所以它不是对历史的反映，而是对未来活动的预见。所以考虑机会成本是一个动态的分析过程，要求决策者用动态的观念对待资源的使用，不仅要考虑劳动耗费的节约，还要分析各种资源对经济活动的限制作用，从而做到资源的合理配置和有效使用。

(3) 机会成本的对象可以涉及一切生产要素和一切经济活动，同时机会成本不是厂商或个人在经济活动中的实际支出，而是对潜在收益的评价。所以决策时，决策者可根据需要采用使用价值（也可采用价值的不同表现方式），将耗费与占用结合起来，将成本与效益联系起来，以便更全面地进行经济核算。

(4) 机会成本也有不可计量的一面。例如，随着社会经济的发展和人们生活水平的提高，人们对生产要素的各种不同使用做出选择时，已不再单纯地停留在货币因素上，而是追求一种更为理想的主观评价，这些主观评价显然是无法计量的。

2. 应负成本

应负成本也称假计成本，是机会成本的一种表现形式。它既不是企业的实际支出，也不必记账，是使用某种经济资源的代价。选择方案时，决策者必须认真考虑这种代价。

例如，企业生产性资产投资可以选择不同的方案，各个方案所需要的资金数量、资金来源和投入时点可能不同。为了保证评价口径的一致，正确地进行决策，企业为此所需要的资金不论其来源如何，都必须将资金利息作为机会成本进行假计。权益资本成本就是应负成本的一种形式。

(三) 沉没成本、重置成本与付现成本

从企业经营管理决策的角度看，不同时期发生的成本对决策会产生不同的影响。根据这种影响的时效性，决策成本可以分为沉没成本、重置成本和付现成本，它们分别从过去、现在和未来三个不同的时间维度说明成本发生时期对决策的影响。

1. 沉没成本

沉没成本是过去的成本支出。广义地讲，凡是过去已经发生，不是目前或将来决策所能改变的成本，都是沉没成本。狭义地说，沉没成本是指过去发生的一定情况下无法补偿的成本，因而也可称之为“一经花费就一去不复返的成本”。沉没成本的特性决定了它不是差别成本，与企业经营管理决策不存在相关性。因而，当前的决策可以不必考虑沉没成本。

2. 重置成本

重置成本也称为现行成本，它是指按照现行市场价格购买功能与目前拥有的资产相同或类似资产所需要支付的成本。管理会计与财务会计不同，管理会计决策要立足于未来，强调信息的相关性，侧重考虑的是重置成本信息，而不是历史成本信息。重置成本对企业的定价决策具有重要的现实意义。

3. 付现成本

付现成本是指那些由于未来某项决策所引起的，需要在目前或将来动用现金支付的成本。例如，企业以“以旧换新”的方式购入设备，新旧设备之间的价差即是该企业需要承担的付现成本。具有较强流动现金偏好的企业，在决策过程中对付现成本的考虑往往重于对总成本的考虑，通常会选择付现成本较低而总成本相对较高的方案。付现成本对于企业在特殊情况下，究竟是采用一次付款方式还是采用分期付款方式具有一定的指导意义。

(四) 可避免成本与不可避免成本

决策成本按其可避免性可以分为可避免成本和不可避免成本。

1. 可避免成本

可避免成本是指通过企业管理当局的某项决策可以改变其发生金额的成本，即如果企业采用了某个特定的方案，与其联系的某项支出必然发生，不可避免；如果企业拒绝该项方案，则与此联系的某项支出就不会发生。变动成本和酌量性固定成本属于可避免成本。

决策方案的取舍，主要考虑可避免成本，因为只有可避免成本才构成差别成本。

2. 不可避免成本

与可避免成本相对应，不可避免成本是指通过企业管理当局的某项决策不能改变其发生金额的成本。也就是说，该项成本的发生与特定的决策方案无关，其发生与否并不取决于有关决策方案的取舍。约束性固定成本就属于不可避免成本。

(五) 可延缓成本与不可延缓成本

在企业经营管理过程中，有些选定方案的成本可以递延到以后期间发生。决策成本按其可递延性，分为可延缓成本与不可延缓成本。

1. 可延缓成本

在企业受到资源稀缺约束条件下，对已经选定的某方案如果推迟执行，不至于对企业的全局产生重要影响，那么，与此方案相关的成本，称之为可延缓成本。

2. 不可延缓成本

与可延缓成本相对应，即使受到资源短缺的约束，对已经选定的方案也必须立即执行，不能推迟，否则将对企业全局产生重要影响，与此方案相关的成本称为不可延缓成本。

在决策过程中，由于受到资源条件的约束，对于已经选定的方案不能同时付诸实施时，应该分清轻重缓急，确定哪些方案可延缓执行，哪些方案不可延缓执行，这样才能有效地利用企业现有的资源，提高企业资源的配置效益和使用效益。

(六) 相关成本与非相关成本

企业所发生的成本有些与决策有关，有些与决策无关。决策成本依据其与决策的相关性分为相关成本和非相关成本。这种区分有助于决策者掌握成本的相关性，提高成本信息的决策有用性。

1. 相关成本

相关成本是指与特定决策方案相关联的成本，其基本特征是：

(1) 相关成本是一种未来成本。决策总是面向未来，与之相关联的成本也只能是未来将发生的成本，而不是、也不可能是已经发生的历史成本。

(2) 相关成本是一种有差别的未来成本。即使是未来成本，只有可供选择的不同方案之间预期成本额存在差别的成本，才是与决策有关的相关成本。

相关成本是一个重要的决策成本概念，它是决策的焦点，差别成本、边际成本、机会成本、应负成本、重置成本、付现成本、可避免成本和可延缓成本均属于相关成本。

判断相关成本的基本步骤如下：

(1) 汇总与各个可供选择的方案相联系的所有成本。

(2) 排除沉没成本。

(3) 剔除各个可供选择的不同方案之间没有差别的未来成本。

经过上述分析，剩下的即为相关成本，管理人员可以据此进行决策。

2. 非相关成本

非相关成本是指与特定决策方案无关的成本。沉没成本、不可避免成本和不可延缓成本均属于非相关成本。

(七) 差别成本与边际成本

1. 差别成本

差别成本，又称为差量成本。广义的差别成本是指在进行方案决策分析时，两个或两个以上备选方案之间预期成本的差异。狭义的差别成本是指两个或两个以上备选方案之间由于产量增减变化而形成的预期成本差异。差量成本可分为增量成本和减量成本。

在企业经营决策中，差别成本是一个广泛应用的重要成本概念，诸如零部件外购或自制决策、应否接受特殊订货决策等，都要利用差别成本进行决策。

2. 边际成本

边际成本分析法是考察事物运动变化规律的一种方法，它从数学分析角度研究企业的生产过程。边际成本是指自变量——生产要素投入量发生微量变化而引起因变量——生产成本的变化幅度。

边际成本分析的基本内容：假定在生产过程中，同时使用的几种生产要素的使用量固定不变，增加其他生产要素的单位使用量，由此造成的成本和产量的变化。这种变化通常分为三个阶段。在第一阶段，产量按递增比率增加，成本按递增比率下降；在第二阶段，产量按递减比率增加，成本按递减比率下降；进入第三阶段，产量的增长率变为负数，即生产要素使用量超过某一限度，随着生产要素使用量的增加，产量反而趋于减少，同时成本按递增比率增加，即边际成本是一条先降后升的曲线。换言之，在某一生产过程中，所使用的生产要素组合若不是依比例同时增加各生产要素的使用量，则所增加生产要素的边际产量由递增转为递减，直至为零或为负；而边际成本相应地由递减逐渐转为递增。根据边际成本的数学表达式，边际成本是对总成本函数所求的一阶导数，即：

$$MC = d(TC)/dQ$$

根据管理经济学的结论，企业只有达到规模经济，才能实现收益最大化。当企业生产规模处于规模经济范围内时，企业规模的增加与生产成本的增加基本上是同比例的；在一定阶段，生产成本增加甚至慢于生产规模的增加。但是，一旦生产规模超出规模经济的范围，生产成本增加快于企业收益增加，规模增长反而会使企业遭受损失。

鉴于此，财务总监在审核企业资本预算时，一定要综合考虑企业规模扩大、生产能力增加时，单位成本变动和规模收益变动的对比情况，务必克服企业盲目扩张的投资冲动。

(八) 交易成本

1. 交易成本的不同定义

交易成本起因于财产所有权的转移。它是分散的所有权、私人财产和交易的产物。

科斯提出的交易成本则是新制度经济学的关键内容。科斯认为，利用价格机制是有成本的，通过价格机制“组织”生产的最明显的成本就是所有发现相对价格的工作，它包括市场上每一笔交易的谈判费用、签订契约的费用、长期契约所节约的签订一系列短期契约的费用等，这些费用称为市场成本或市场交易成本。同时，企业内部组织交易的成本叫作“组织成本”。

张五常认为，交易成本可以看作一系列的制度成本，包括信息成本、监督管理的成本和制度结构变化的成本。

威廉姆森则从协约的角度出发，将交易成本区分为事前与事后两种。事前交易成本是指起草谈判，保证落实某种协约的成本；而事后交易成本是指交易已经发生之后的成本，如退出某种协约的成本、改变价格的成本、续约的成本。威廉姆森还从资产专用性的角度发展了科斯的交易成本理论。他将企业看成是连续生产过程之间不完全合约所导致的纵向一体化实体，认为企业之所以会出现，是因为当合约不可能完全时，纵向一体化能消除或至少减少资产专用性的机会主义问题。

2. 交易成本的特征

经济学家们从不同角度对交易成本概念进行界定，虽然各自出发点不同，但以下几点是共同的：

(1) 交易成本具有社会性。交易成本是在一定社会关系中发生在人与人之间的，离开了人们之间的社会关系，交易活动就不可能发生，交易成本也就不会存在。简而言之，交易成本的发生前提是人们的利益冲突。

(2) 交易成本具有虚拟性。交易成本不等于生产成本，它不是直接发生在物质生产领域的。

(3) 交易成本具有非生产性。在社会中，一切经济活动成本除生产成本外，其资源耗费都是交易成本。

3. 企业规模和企业有效边界的理论确定

交易成本理论的提出有助于确立企业规模与企业有效边界。从理论上看，企业规模的界限应该界定在其运行范围扩张到企业内部组织附加交易的费用，等于通过市场或在其他企业中进行同样交易的费用的那个均衡点上。

按照交易成本理论，企业的性质就是作为市场机制的替代物。那么企业的有效边界如何界定呢?如果当某个生产或流通过程由市场机制来进行调节会产生较高的交易费用，而将这一生产或流通过程纳入企业组织内部可以节约交易成本时，那么用企业组织的机制去取代市场调节机制就是有效率的。因此，企业有效边界的确定就是权衡两种交易成本的大小。

4. 对交易成本理论的评价

从目前看，交易成本理论还不是一种成熟的理论，本身也存在着一些缺陷。

(1) 由于交易成本本身分类复杂，表现形式多样，而且难以量化并计量。将许多重要结论建立在难以量化和计量的交易成本基础上，就会削弱交易成本理论的实践应用的可行性。

(2) 交易成本理论认为，企业的边界取决于企业内部交易成本与企业外部边际交易成本的比较，当两者趋于平衡时，企业规模不再扩大。但它无法解释为什么在相同的市场中，有的企业不断扩大规模，有的企业逐步缩小规模甚至倒闭。

(3) 交易成本理论认为，企业代替市场基于节约交易成本的考虑，但是当市场结构不是纯粹市场竞争时，即使假设交易成本为零，市场仍然存在使企业产生、扩大、缩小、倒闭的经济动力，市场结构的不完善可以导致企业界限的变化，交易成本并非是绝对必要的因素。

（九）代理成本

1. 代理成本的概念

在传统的经济分析中，企业是作为投入转换为产出过程中的一个装置复杂的“黑匣子”。对于企业为什么要以个人所有、合伙、公司等形式出现，企业为什么以发行股票或借债方式筹资等问题，其他经济理论并没有做出明确的解答，而要圆满回答这些问题就需要对合同关系进行经济的分析。代理理论即是为这种分析提供框架。

代理成本是代理理论的基本范畴，也是理解代理理论的枢纽。代理成本是企业所有权结构的决定因素，它是指制订、管理和实施契约的全部费用。代理成本包括所有承接契约的费用，如交易费、辛苦费和信息费。代理成本来源于企业的所有权与经营权相分离这一事实。在部分所有的情况下，一方面，当经营者对工作尽了力，他可能承担全部成本而仅获一小部分收益；另一方面，当他消费额外收益时，他得到全部好处但只承担一小部分成本。结果，他的工作积极性不高，却热衷于追求额外消费。于是企业的价值也就小于他是企业完全所有者时的价值。这两者之间的差异即是代理成本。它是外部所有者理性预期之内必须由经营者自己承担的成本。让经营者成为完全的剩余权益的拥有者，可消除或起码减少代理成本；不过，经营者成为完全剩余收益拥有者的能力又会受到他自身财富的限制。

2. 代理成本理论的两个基本命题

(1) 代理成本理论建立在两个基本假设上。

①委托人对随机的产出没有直接的贡献，即在一个参数化模型下，对产出的分布函数不起作用；

②虽然有些间接的信息可资利用，但代理人的行为不易直接地被委托人观察。

(2) 在这两项假设下，代理理论给出了两个基本命题。

①在任何满足代理人参与的约束和激励相容的机制，而使委托人预期效用最大化的激

励合约中，代理人都必须承担风险；

②如果代理人是一个风险中性者，那么就可以通过使代理人承受风险（即使他成为唯一的剩余权益者）的办法来达到最优结果。

3. 代理成本的分类

詹森和麦克林将代理成本分为三部分：委托人的监视费、代理人的担保费和剩余损失。

(1) 委托人的监视费，即委托人用于管理代理人行为的费用。

(2) 代理人的担保费，即代理人保证不采取损害委托人行为的费用，以及如果采取了某种损害委托人利益的行动，代理人将赔偿委托人的费用。因此，监视费、担保费是制订、管理和实施契约的实际费用。

(3) 剩余损失，即委托人因代理人替他决策而产生的一种利益损失。如果委托人与代理人有相同的才能，那么这些决策原应由委托人自己做出。这种损失是由于不能完全执行契约所造成的，因此，增加执行契约的费用是有利可图的。所有剩余损失即是在契约最优但又不可能完全被执行的情况下的机会损失。

这三种代理成本的区别并不十分明显，因为在现实生活中，由于利益冲突而引起的代理问题是广泛存在的，委托—代理问题所产生的等级差别正趋于消失，监视费和担保费的区别也就不那么显著。因此，总代理成本即为履行契约所支付的实际费用加上机会成本或剩余损失。委托—代理双方承担与他们之间的相互作用相关的代理成本，因此，只要有可能，他们就要签订合同，减少代理成本。在合同的签订、执行过程中，只要边际成本小于因减少剩余损失而得到的边际收益，个人便会设法在签订合同过程中对监视和担保行为做出具体规定。

4. 代理成本理论的应用价值

研究代理成本有助于理解企业制度的形成与演变，对了解当代公司制度尤其重要。人们可以通过比较不同合同安排中代理成本的大小，更好地理解不同企业制度形式上的差异以及它们在风险分担的利益与代理成本之间的相互替换。

代理成本分析已广泛应用于检验保险业、旧货业的组织结构的选择，厂商资本结构的决定因素，特许权政策、组织内部发展等级的刺激因素等方面。对于会计技术选择的实证理论的发展，代理成本的分析起了主要作用。

（十）信息成本

1. 信息成本产生的背景

信息相对于人们无限多样的需求而言，也是一种稀缺资源。由于信息价值的多维性，信息的市场价格也表现为不同的类型及特征。在搜寻环境中，搜寻边际成本等于搜寻预期边际收益时的信息价格，是信息市场上消费者愿意支付的最高信息价格。在最优信息系统选择环境中，决策者获得最优信息系统后采取最优行为获得的最大预期效用之差，构成信息市场上决策者愿意支付的最高信息价格。在信息价值理论中，完全信息与不完全信息的预期价值，均可以作为信息购买者购买信息时愿意支付的价格上限。

传统经济学的完全信息假设市场上每一个从事经济活动的个体都对有关经济情况具有完全的信息，因此，获取信息是不需要付费的。这一假设使得传统经济学的分析具有很大的局限性。随着人类经济活动的日益社会化、复杂化，尤其是在不完全信息条件下，不利选择和道德风险成为信息市场上委托人与代理人博弈的结果，这使得市场不能很好地运行。因此，信息的充分、自由流动和获取问题成为经济学者关注的焦点。近年来兴起的以不完全信息为假设前提的信息经济学就是经济学家为了解决以上问题而开辟的新研究领域。

2. 信息成本的含义

从完全的信息假设发展到不完全的信息假设，信息成本成为现代经济学必须研究的基本范畴。目前，信息经济学对信息成本尚未给出一个明确的定义，我们暂且将其概括为：搜集、整理、利用、交换信息，以便为有效决策提供信息支持所支付的费用。信息成本一般包括信息生产成本、信息服务成本和信息用户成本。

3. 信息成本的特征

(1) 信息成本部分地属于资本成本，且属于典型的不可逆资本。对于信息系统的各种设备和装置的投资，很好地说明信息成本部分地属于资本成本，掌握某种知识或技能更能体现信息成本的资本特征。例如，学习一门外语，需要付出购买教材、聘请教师、投入时间和个人努力等原始投资，这些原始投资明显表现为不可逆性，是不能被彻底转让出去的。

(2) 不同领域、不同方面的信息成本各不相同。人们在未知领域中获得信息，要比在较为熟悉的领域中获得信息花费更多的成本。亚当·斯密指出，具有共同经验，或同一行业中的个人之间交流信息，比没有共同经验或不同行业的个人之间交流信息要简单得多，也有效得多。因为具有共同经验的个人在信息投资方向上基本一致，因而拥有基本相同的信息成本，而不同经验的个人在获得信息上的相对成本各不相同。

(3) 信息成本与信息的使用规模无关。由于信息成本与信息生产规模之间不存在必然联系，无论信息产出多少，信息生产成本都维持不变，也就是说，信息成本的大小只取决于生产项目而不取决于其使用规模。

(4) 信息成本的转嫁性。许多类型的信息产品和服务，如教育、图书馆、气象服务等，具有公用性和共享性，其成本由公民共同承担。但同样的纳税者所享用的信息产品和信息服务不同，甚至不享用也要缴费，或者某些享用者可以不缴费或少缴费。

二、成本费用的分类

(一) 费用按经济内容分类

按经济内容分类，费用可分为劳动对象方面的费用、劳动手段方面的费用和活劳动方面的费用。在会计上将这一分类称为生产费用要素，可分为九个项目，即外购材料、外购燃料、外购动力、工资、提取的职工福利费、折旧费、利息支出、税金、其他费用。

(二) 费用按经济用途分类

费用按经济用途分类可分为直接材料、直接人工、其他直接支出、制造费用和期间费用等。

(三) 按照费用与收入的关系分类

按照费用与收入的关系，费用可以分为营业成本和期间费用。

1. 营业成本

营业成本是指销售商品或提供劳务的成本。营业成本按照其销售商品或提供劳务在企业日常活动中所处地位可以分为主营业务成本和其他业务成本。

2. 期间费用

期间费用包括管理费用、销售费用和财务费用。管理费用是企业行政管理部门为组织和管理生产经营活动而发生的各种费用。销售费用是企业在销售商品、提供劳务等日常活动中发生的除营业成本以外的各项费用以及专设销售机构的各项经费。财务费用是企业筹集生产经营所需资金而发生的费用。

(四) 按与生产经营活动的关系及与产品成本的关系分类

按与生产经营活动的关系及与产品成本的关系，成本费用可以分为直接费用、间接费用和期间费用三类。

1. 直接费用

直接费用是指与生产产品、提供劳务有直接关系而发生的各项费用，包括直接人工、直接材料和产品生产（或提供劳务）中直接消耗的燃料、动力、外部加工费、专用工具等其他直接费用。

2. 间接费用

间接费用是指公司内部生产经营单位为组织和管理生产经营活动而发生的共同费用，包括管理人员工资、各种产品共同消耗的各种材料，以及组织生产经营活动的各项耗费。

3. 期间费用

期间费用是指行政管理部门为组织和管理生产经营活动而发生的经营管理费用。这是一种按一定的期限进行汇总，直接计入当期损益的费用。它又可分为管理费用、财务费用和销售费用。期间费用在工业企业一般总称为经营管理费用，在商品流通企业则总称为商品流通费用。

上述三类费用的相互关系及其计入生产成本或计入损益的方式，见图1-4。

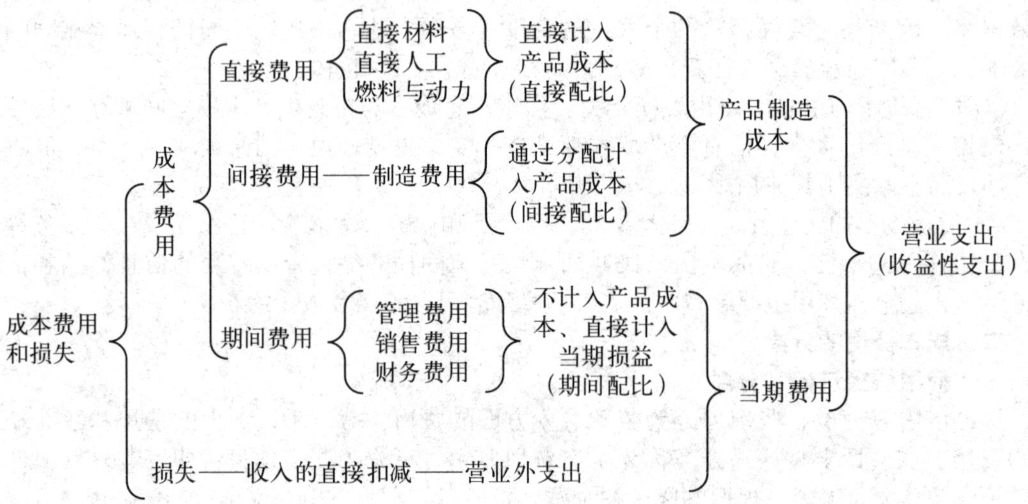

图1-4　成本、费用和损失关系图

在工业企业中，一般将生产经营过程中实际消耗的直接材料、直接人工、其他直接支出和制造费用称为制造成本。制造成本具体包括：

(1) 直接材料，是指生产经营过程中实际消耗的原材料、辅助材料、设备配件、外购半成品、燃料、动力、包装物、低值易耗品以及其他直接材料。

(2) 直接人工，是指直接从事产品生产人员的工资、奖金、津贴和补贴。

(3) 其他直接支出，是指直接从事产品生产人员的职工福利费等。

(4) 制造费用，是指公司各个生产经营单位（分厂、车间）为组织和管理生产所发生的生产单位管理人员工资、职工福利费，生产单位房屋、建筑物、机器设备等折旧费，原油储量有偿使用费，油田维护费，矿山维简费，租赁费（不包括融资租赁费），修理费，机物料消耗，低值易耗品摊销，取暖费，水电费，办公费，差旅费，运输费，保险费，设计制图费，试验检测费，劳动保护费，季节性与修理期间的停工损失以及其他制造费用。

(五) 费用按照其同产量之间的关系分类

费用按其与产量间的关系进行分类，可分为固定费用和变动费用。

三、成本费用的影响因素

1. 宏观经济因素

宏观经济因素是指国家对整个宏观经济政策的调整给企业成本带来的影响，如受宏观经济政策调整影响原材料、燃料、动力价格的变动，物资供应体系的布局的改变，宏观经济景气的变化等。这些因素都是企业的外部因素、客观因素，不是企业主观原因造成的，如果这些因素给企业带来不利的影响，使成本增加，这不是企业的经营责任，而是决策责任。

2. 建厂时的固有因素

企业建厂时的固有因素是指企业建立时的先天条件给企业成本带来的影响，如企业设置的地点和资源条件，生产规模和技术装配水平，生产的专业化和协作情况。这些先天条件的好坏，都会影响企业成本的高低。如果这些条件给企业成本带来不利影响，往往影响是无法改变的，或者至少在短期内是不能改变的。

3. 企业经营管理因素

企业经营管理因素是指企业经营管理工作的质量给企业成本带来的影响。如原材料、燃料、动力利用的节约或浪费，劳动生产率的高低，生产设备的利用程度，产品质量的好坏，资金运用得是否合理，以及企业管理工作的水平等。这些因素都是企业的内部因素、主观因素。如果这些因素给企业带来不利影响，使成本增加，这应该是企业的经营责任。

4. 生产技术因素

产品生产的技术革新和技术革命，代用材料的采用工艺技术作业线的改革，都是降低产品成本的重要源泉。在产品生产过程中，一定要发动专业人员与员工进行技术上的革新，从技术与工艺方面寻找降低成本的因素。

这四类因素不能截然划分，从长期来讲，某些先天条件是有可能发生变化的：外来因素的影响，如税收制度的变化等，往往可通过企业本身努力使之减轻；许多内部因素，有时候与外部原因有密切关系。这样划分有助于成本分析工作的开展，一般来说，内部因素应该是分析工作的重点。

第二节　成本管理综述

成本管理指企业将在生产经营过程中发生的费用，通过一系列方法，进行预测、决策、核算、分析、控制、考核等科学管理工作，其主要目的是降低成本，提高企业经济效益。

一、成本管理的对象

从一般意义上讲，成本管理的对象是与企业经营过程相关的所有资金耗费，不仅仅是财务会计中的历史成本，也不仅限于企业内部价值链范围的资金耗费，而是为实现企业竞争战略和达到持续性成本改善所涉及的一切资金耗费。它既包括财务会计计算的历史成本，也包括内部经营管理所需的现在和未来的成本；既包括企业内部价值链范围内的资金耗费，也包括行业价值链整合所涉及的客户和供应商的资金耗费。现代成本管理系统虽然采用了多种成本管理方法，包括组织和技术方法，但成本管理的对象最终依然是资金流出。

具体到企业的成本管理系统，成本管理的对象有所不同。传统的简单加工型小企业的成本管理仅限于简单的成本计算，其成本管理对象也就限定在企业内部所发生的资金耗费。而身处激烈竞争环境的大型企业为了赢得竞争，必须关注企业的竞争对手和潜在的所有利益相关者，因此其成本管理对象也就突破了企业的界限，凡是和企业经营过程相关的资金消耗都属于成本管理的范围。

二、成本管理的原则

1. 成本最低化原则

成本管理的主要任务是在一定的条件下，分析影响各种降低成本的因素，制订可能实现的最低成本目标，通过有效的控制和管理，使实际执行结果达到要求。在实行成本最低化原则时，首先应注意全面研究降低成本的可能性。在实际工作中，影响成本高低的因素很多，若所有因素都能达到最佳状态是最理想的。成本管理的目的是要研究各种降低成本的潜力，使可能变为现实。在一定的生产、技术、经营和管理条件下，这种可能是可以实现的。成本最低化的研究开发工作开始得越早，其受益的时间就越长；在某一个环节取得成效，就会推动其他环节的改进。其次要研究合理的成本最低化，这里包含两个方面的意思，一是要从实际出发，二是要注意成本最低化的相对性。

2. 技术与经济相结合的原则

在产品成本形成过程中，技术因素占有很重要的地位。要搞好成本管理工作，必须贯彻技术与经济相结合的原则。其实，成本管理工作不能仅仅看成是一项会计工作，它涉及企业的各个部门和全体职工。因此，成本管理工作不应是财务会计部门的事，它与企业的各个部门都有密切的联系，所以，企业要克服搞技术的不问成本、搞成本管理工作的不参与技术决策的倾向。成本管理的重要任务就是降低成本，而降低成本涉及产品设计、工艺改革、材料选用等方面。各有关职能部门的设计人员、工程技术人员、材料采购人员都应懂成本、关心成本；成本管理人员则应向生产技术部门的人员学习，要懂技术，了解生产工艺过程，参与成本、技术的决策。只有各方面协同努力，才能做好成本管理工作。

3. 全面成本管理原则

在成本管理的实践中，有许多企业陷入了一个误区，主要表现在偏重实际成本和生产成本的计算，而忽视了其他成本管理的工作。其实成本管理是一项系统工程，它涉及企业的所有部门和员工。如果某一个部门或某一员工在成本管理工作中出现问题，都会影响成本管理工作的整体效果。

4. 专业管理与群众管理相结合的原则

成本管理虽然是一项专业性较强的工作，没有经过专门培训的人员是做不好这项工作的。但是只靠专业成本管理人员来做成本管理工作显然是不够的，从另一个角度看，成本管理工作也是一项群众性的工作，只有依靠全体员工的共同努力，才能做好这项工作。

三、成本管理的内容

1. 成本决策

成本决策是指在成本预测的基础上，通过对各种方案的比较、分析、判断后，从多种方案中选择最佳方案的过程。成本决策的好坏，直接关系到日后成本水平的高低。所以，企业只有比较多种方案，考虑多种因素，才能做出正确的决策。做好成本决策工作，对于完成成本计划，提高企业的经济效益也有十分重要的意义。

2. 成本预测

成本预测是根据有关的成本资料及其他资料，通过一定的程序、方法，对本期以后的某一期间的成本所做的估计。成本预测可就某种产品的成本进行预测，也可就企业的总成本进行预测。通过成本预测，可以了解未来企业的成本水平，从众多的方案中选择最佳的方案。同时，还可以通过成本预测，企业检查自身能否完成既定的成本计划，从而采取相应的措施，降低成本。

3. 成本计划

成本计划是根据计划期内所确定的目标，具体规定计划期内各种消耗定额及成本水平以及相应的完成计划成本所应采取的一些具体的措施。成本计划是成本管理工作的一项重要内容，它对于建立成本管理责任制，控制成本和降低成本具有重要的意义。

4. 成本核算

成本核算是对生产过程中发生的费用按一定的对象进行归集和分配，采用适当的方法计算出成本计算对象的总成本和单位成本的过程。成本核算是成本管理中最基本的内容，成本管理的其他内容都是基于成本核算进行的，所以成本核算的地位十分重要。

通过成本核算，计算出产品的总成本和单位成本，可以考核企业成本计划的执行情况，揭露生产过程中存在的问题。同时，它还为制订产品价格提供了重要依据。

5. 成本控制

成本控制是预先制订成本标准作为各项费用消耗的限额，在生产经营过程中对实际发生的费用进行控制，及时揭示实际与标准的差异额并对产生差异的原因进行分析，提出进一步改进的措施，消除差异，保证目标成本实现的过程。进行成本控制，不仅可以使成本目标得以实现，同时，也可以通过有效的成本控制，不断降低成本。

小知识

广义成本控制

广义成本控制（Generalized Cost Control），简单地说，是指针对产品生命周期业务过程以成本节省和成本避免这两种基本思想，综合工程方法、组织措施和会计计量的多样化手段实施成本控制。也可以从更为具体的基础控制形态来说明广义成本控制构造，即由业务对象过程与控制视野两种要素交汇而成的多样化的传统或新型的成本控制手段，它们所汇集成的控制构造可依其不同层次的效果目标分别展开为维持控制、改善控制和革新控制这三种方式，这是广义成本控制构造的更为具体的形态展现。

6. 成本分析

成本分析是根据成本核算所提供的资料及其他有关的资料，对实际成本的水平、构成情况，采用一定的技术经济分析方法计算其完成情况、差异额，分析产生差异的原因的过程。通过成本分析，企业可以总结成本管理工作中的成绩，找出存在的问题，提出解决问题的办法，掌握成本变动的规律，提出改进的措施。这样，有利于实现降低成本的目标，并为以后编制成本计划和制订下期的成本决策提供重要的参考资料。

7. 成本考核

成本考核是根据企业制订的成本计划、成本目标等指标，分解成企业内部的各种成本考核指标，并下达到企业内部的各个责任单位或个人，明确各单位和个人的责任，并按期进行考核。成本考核是实行内部经济责任制必不可少的一个环节，它可以调动各责任单位完成成本计划的积极性。所以，企业进行成本考核时，应设立一定的奖惩措施，以经济手段促使企业成本不断降低。

上述成本管理的内容是相互联系的一个整体，它们相互依存，在成本管理中发挥作用。

四、成本管理的措施

1. 提高全员的成本管理意识和素质

影响成本的各项因素和动因分散在企业经营管理的各个部门、各个环节和每个作业者中，只有将成本控制的理念、方法、规章制度融入各部门的业务管理和业务过程中，融入企业员工头脑中，才有可能变成真正有效的成本控制措施，成本控制的方法才能发挥作用。

2. 充分利用计算机管理技术，提高企业成本管理的现代化水平

电子计算机为现代成本管理提供了条件，电子计算机及网络技术的应用，加快了成本信息的处理和反馈速度，大大提升企业成本管理能力，有利于全面整合成本要素的优化配置管理，堵塞生产漏洞，从而促进成本管理水平和管理效益的提高。

3. 建立健全成本控制体系，实行严格的成本管理责任制

成本控制体系包括制度保障和组织保障，其目的是保证成本管理措施的有效性。成本控制应该建立在权、责、利相结合的基础上，将成本管理和企业各方面的经济责任和经济利益联系起来，具体来说，企业可从以下几个方面进行落实：

(1) 要将既定的企业成本目标逐级分解落实，在此过程中要强调授权，给予下级一定的自主权，减少干预，在统一的目标下发挥下级的能动性和创造精神；强调事前明确目标，以使下级周密计划并选择实现目标的有效具体方法，减少对作业过程的直接干预。

(2) 充分发挥责任会计核算作用，及时分析控制内部成本差异。

(3) 建立成本否决制度、激励奖惩制度，强化成本控制约束制度，严格成本的考核。

4. 不断改进生产技术与工艺流程，提高生产效益

成本管理应以提高生产效益为中心，在保证经营活动正常运行的前提下，严格控制不合理和不必要的非正常开支，杜绝浪费，降低费用水平。提高生产效益的方法主要有开发新产品或改进现有产品的设计，利用价值工程等方法提高产品的功能成本比率。具体来说有两种途径：一是通过降低消耗系数，直接降低成本；二是通过提高产品质量，进而提高产品附加价值，节约相对成本。

5. 优化配置并充分利用企业内部资源

充分利用企业现有资源，降低固定成本和机会成本。根据西方经济学理论，资源闲置浪费是企业产生低效率的重要原因之一。企业的资源主要指人力资源及自然资源等。从我国目前企业现状看，资源的闲置与浪费是普遍存在的。企业资源配置包括人力资源、资本资源、自然资源之间的合理比例和各种资源内部合理构成两个方面。合理配置资源，对于降低成本有着重要作用。

6. 引入数学模式，研究企业成本函数，确定最低成本生产方法和最佳经济规模

企业的投入与产出关系可用生产函数表示出来，而通过生产函数及产品的价格可求得企业的成本函数。在企业的生产经营管理过程中，一些生产要素在一定时期内是不变的，而另一些生产要素是可变的，如材料等流动资产。企业要确定最低成本生产方法，只能调整变动生产要素产量，使企业能在平均成本曲线最低点进行生产。而实现短期最低成本的条件是，变动生产要素的平均产量等于其边际产量，或短期平均成本等于边际成本。现代企业制度为企业研究成本函数，确定企业生产方法和经济规模创造了条件，企业应认真学习现代成本管理理论与方法，研究自身本、量、利之间的关系，做出正确的生产经营决策。

7. 抓重点、抓关键，严格控制关键环节的成本费用

在材料采购环节，要重点把握采购渠道、经济采购批量、采购价格等关键环节。

生产作业管理方面要改进生产作业管理，降低生产作业成本。通过降低材料消耗系数及其他消耗系数，直接降低生产单位成本；提高产品出成率，在一定消耗下增加产出量，降低生产单位成本；不断提高生产效率，降低生产总成本。

在生产组织管理方面要合理安排生产，通过对生产批量、生产时间和顺序等的研究，科学组织生产；注意固定资源的有效利用。

8. 开展作业成本计算、作业成本管理和作业管理

作业成本计算能把成本更精确地分配到成本对象（即产品、服务和顾客），其首要目的是提高盈利能力分析的科学性和有效性。作业成本管理，是利用作业成本信息使销售的产品和提供的服务合理化，认清改变作业与工序以提高生产力的机会在哪里。作业管理，是把作业成本计算、作业成本管理和非成本问题管理结合起来，包括生产周期、产品质量、交货及时性和顾客满意度等，以创造更多的价值。企业将作业成本理论渗透入成本管理中，从而可以通过作业分析，挖掘成本动因，改变作业实施方式，不断提高企业作业的效率和质量水平。

9. 强化企业的质量意识，降低产品寿命周期成本

从企业整体和长远利益看，提高质量与降低成本是统一的。

(1) 提高质量可减少废品，有利于降低生产成本。

(2) 提高质量可减少产品积压，降低保管费用及财产损失。

(3) 提高质量可减少广告及推销费用，降低销售成本。

(4) 提高质量可减少产品售后服务费用等。

10. 重视成本管理的基础工作，搞好成本核算与监督

企业强化成本管理，搞好成本核算是基础，是做好其他成本管理工作的前提和依据。虚假的成本信息，必将导致错误的决策。因此，强化成本管理，必须从准确的成本核算做起。

第二章

采购成本

采购成本的构成通常包括物料成本、订购成本、持有成本、缺货成本等。

第一节 采购方面的内控

一、采购与付款循环

采购是指购买物资（或接受劳务）及支付款项等相关活动。采购涉及物资（或劳务）需求与审批、选择供应商、签订购销合同。物资（或劳务）的采购与验收、付款等行为，以及退货索赔等。它是生产经营的首要环节，是将货币资金转变为实物资产（或劳务）的关键环节，其采购成果的优劣对企业效益的影响极大。

（一）采购与付款循环业务点

采购商品或取得劳务是企业组织生产和满足销售需要的前提，了解一个企业的采购与付款环节，首先应从了解该循环的基本业务开始。采购与付款循环涉及的主要业务活动包括：请购商品或劳务→签订采购合同→商品验收→储存已验收的商品→编制付款凭单→确认与记录负债→偿付款项→记录现金、银行存款支出。上述业务主要涉及以下部门：生产计划部门、采购部门、验收部门、仓储保管部门和财务部门。

1. 请购商品或劳务

企业的生产计划部门一般会根据顾客订单或者对销售预测和存货需求的分析来决定生产授权，签发预先编号的生产通知单和材料需求报告，列示所需要的材料和零件及其库存。仓库负责对需要检查上述需求报告所列存货的库存数量，根据需要填制请购单，报采购部门。其他部门也可以对生产所需物资以外的办公设备等项目直接填制请购单，报采购部门。大多数企业对正常生产经营所需物资的购买均作一般授权，例如，仓库在现有库存达到再订购点时就可直接提出采购申请，其他部门也可为正常的维修工作和类似工作直接申请采购有关物品。但对资本支出和租赁合同，企业通常会做特别授权，只允许特定人员提出请购。为加强控制，每张请购单应经过对这类支出预算负责的主管人员签字批准。

2. 签订采购合同

为落实请购事项，企业应与供货单位签订采购合同，采购合同是供需双方共同签订的具有法律效力的经济合同，也是企业采购业务的订购单（对于供货方而言是销售订单）。采购部门在收到请购单后，对未经批准的请购单确定最佳的供应来源，对于大额、重要的采购项目，应采取竞价方式确定供应商，以保证供货的质量、及时性和成本的低廉。采购部门与供应商签订的采购合同内容必须详细明确、文字表述准确完整。采购合同应主要规定所需商品的品名、规格、数量、质量、价格、供货日期、结算方式、商品的包装与运输办法、质量检验手续、违约责任以及纠纷解决方式等。财务部门应参与采购合同的签订工作，并监督执行。采购合同应预先编号并经过被授权的采购人员签名。采购合同正联应送交供应商，副联则送至企业内部的验收部门、财务部门和编制请购单的部门。

3. 验收商品

验收部门收到有效的采购合同后，应对供应商发运的商品进行验收。验收部门首先应比较所收商品与订购单上的要求是否相符，如商品的品名、说明、数量、到货时间等，然后再盘点商品并检查商品有无损坏。

验收后，验收部门应对已收货的每张订购单编制一式多联、预先编号的验收单，作为验收和检验商品的依据。验收人员将货品送交仓库或其他请购部门时，应取得经过签字的收据，或要求其在验收单的副联上签收，以确立他们对所采购的资产应负的保管责任，验收人员还应将其中的一联验收单送交财务部门。

4. 储存已验收的商品

验收的商品应进行恰当的储存，商品的保管与商品采购的职责应恰当分离，这样可减少未经授权的采购和盗用商品的风险。存放商品的仓储区应相对独立，限制无关人员接近。

5. 编制付款凭单

记录采购交易之前，应付账款管理人员应编制付款凭单，编制时应核查以下事项：

(1) 供应商发票的内容与相关的验收单、订购单的内容一致。

(2) 供应商发票的计算正确无误。

(3) 编制有预先编号的付款凭单，并附上支持性凭据（如订购单、验收单和供应商发票等）。

(4) 检查付款凭单计算的正确性。

(5) 在付款凭单上填入应借记的资产或费用账户名称。

(6) 由被授权人员在凭单上签字，以示批准照此凭单要求付款。所有未付凭单的副联应保存在未付凭单档案中，以待日后付款。

6. 偿付款项

对于上述未付凭单，应于到期日偿付有关款项。企业有多种款项结算方式，以支票结算方式为例，编制和签署支票的有关控制包括：

(1) 独立检查已签发支票的总额与所处理的那批付款凭单的总额的一致性。

(2) 应由被授权的会计部门的人员负责签署支票。

(3) 被授权签署支票的人员应确定每张支票都附有一张已经适当批准的未付款凭单，还应确定支票收款人姓名和金额与凭单内容的一致性。

(4) 支票一经签署就应在其凭单和支持性凭证上用加盖印戳或打洞等方式将其注销，以免重复付款。

(5) 支票签署人不应签发无记名甚至空白的支票。

(6) 支票应预先连续编号，保证支出支票存根的完整性和作废支票处理的恰当性。

(7) 应确保只有被授权的人员才能接近未经使用的空白支票。

7. 记录现金、银行存款支出

仍以支票结算方式为例，在手工系统下，财务部门应根据已签发的支票编制付款记账凭证，并据以登记银行存款日记账及其他相关账簿。记录现金、银行存款支出的有关控制包括：

(1) 财务主管应独立检查计入银行存款日记账和应付账款明细账的金额的一致性，以及与支票汇总记录的一致性。

(2) 通过定期比较银行存款日记账记录的日期与支票副本的日期，独立检查入账的及时性。

(3) 独立编制银行余额调节表。

(二) 采购业务流程

一般而言，采购业务流程主要涉及编制需求计划和采购计划、请购、选择供应商、确定采购价格、订立框架协议或采购合同、管理供应过程、验收、退货、付款、会计控制等环节，如图2-1所示。

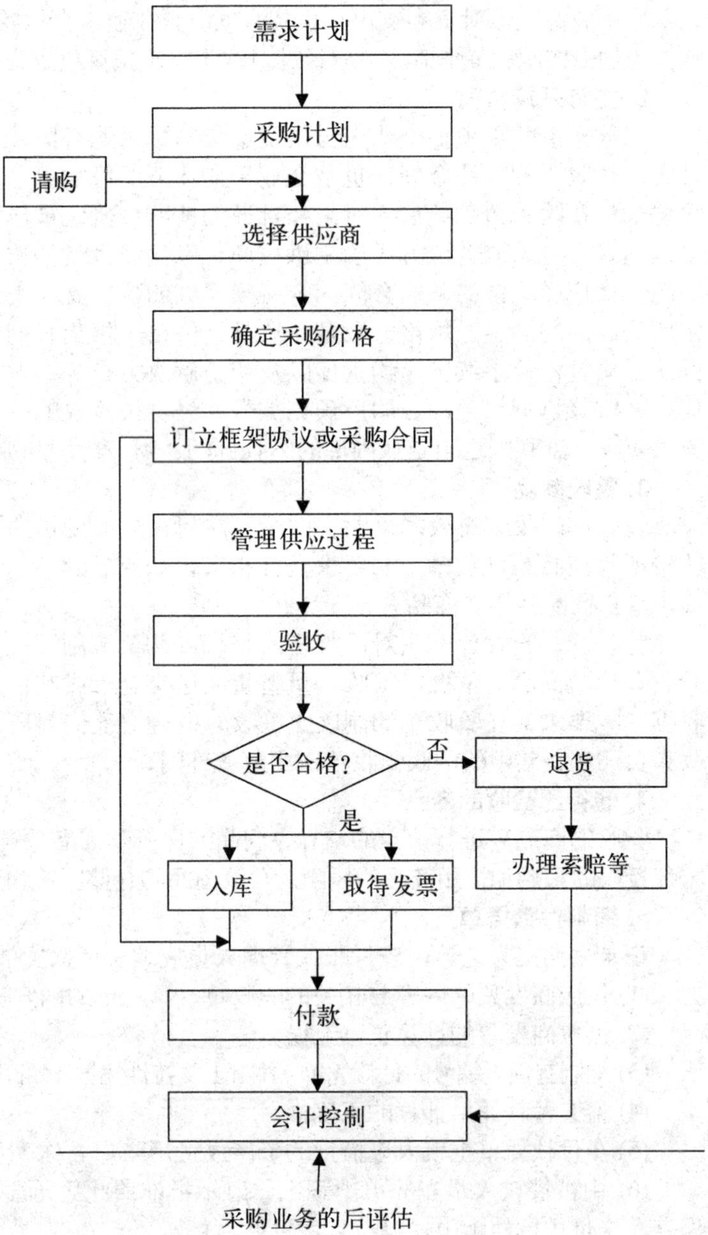

图2-1 采购业务整体流程图

1. 请购商品和劳务

仓库负责对需要购买的已列入存货清单的项目填写请购单，其他部门也可以对所需要购买的未列入存货清单的项目编制请购单。大多数企业对正常经营所需的物资的购买均作一般授权，例如，仓库在现有库存达到再订购点时就可直接提出采购申请，其他部门也可为正常的维修工作和类似工作直接申请采购有关物品。但对资本支出和租赁合同，企业内控制度则通常要求作特别授权，只允许指定人员提出请购。请购单可由手工或计算机编制。由于企业内不少部门都可以填列请购单，不便事先编号，为加强控制，每张请购单必须经过对这类支出预算负责的主管人员签字批准。

2. 编制订购单

采购部门在收到请购单后，只能对经过批准的请购单发出订购单。对每张订购单，采购部门应确定最佳的供应来源。对一些大额、重要的采购项目，应采取竞价方式来确定供应商，以保证供货的质量、及时性和成本的低廉。

采购部门应正确填写所需要的商品品名、数量、价格、厂商名称和地址等，预先予以编号并经过被授权的采购人员签名。其正联应送交供应商，副联则送至企业内部的验收部门、应付凭单部门和编制请购单的部门。

3. 验收商品

有效的订购单代表企业已授权验收部门接受供应商发运来的商品。验收部门首先应比较所收商品与订购单上的要求是否相符，如商品的品名、说明、数量、到货时间等，然后再盘点商品并检查商品有无损坏。

验收后，验收部门应对已收货的每张订购单编制一式多联、预先编号的验收单，作为验收和检验商品的依据。验收人员将商品送交仓库或其他请购部门时，应取得经过签字的收据，或要求其在验收单的副联上签收，以确立他们所采购的资产应负的保管责任。验收人员还应将其中的一联验收单送交应付凭单部门。

4. 储存已验收的商品存货

将已验收商品的保管与采购的其他职责相分离，可减少未经授权的采购和盗用商品的风险。存放商品的仓储区应相对独立，限制无关人员接近。

5. 编制付款凭单

记录采购交易之前，应付凭单部门应编制付款凭单。这项功能的控制包括：

(1) 确定供应商发票的内容与相关的验收单、订购单的一致性。

(2) 确定供应商发票计算的正确性。

(3) 编制有预先编号的付款凭单，并附上支持性凭证（如订购单、验收单和供应商发票等）。这些支持性凭证的种类，因交易对象的不同而不同。

(4) 独立检查付款凭单计算的正确性。

(5) 在付款凭单上填入应借记的资产或费用账户名称。

(6) 由被授权人员在凭单上签字，以示批准照此凭单要求付款。所有未付凭单的副联应保存在未付凭单档案中，以待日后付款。

6. 确认与记录负债

正确确认已验收货物和已接受劳务的债务，要求准确、及时地记录负债。该记录对企业财务报表反映和企业实际现金支出有重大影响。因此，必须特别注意，按正确的数额记载企业确实已发生的购货和接受劳务事项。

应付账款确认与记录相关部门一般有责任核查购置的财产并在应付凭单登记簿或应付账款明细账中加以记录。在收到供应商发票时，应付账款部门应将发票上所记载的品名、规格、价格、数量、条件及运费与订货单上的有关资料核对，如有可能，还应与验收单上的资料进行比较。应付账款确认与记录的一项重要控制是要求记录现金支出的人员不得经手现金、有价证券和其他资产。恰当的凭证、记录与恰当的记账手续，对业绩的独立考核和应付账款职能而言是必不可少的控制。

在手工系统下，应将已批准的未付款凭单送达会计部门，据以编制有关记账凭证和登记有关账簿。会计主管应监督为采购交易而编制的记账凭证中账户分类的适当性；通过定期核对编制记账凭证的日期与凭单副联的日期，监督入账的及时性。而独立检查会计人员则应核对所记录的凭单总数与应付凭单部门送来的每日凭单汇总表是否一致，并定期独立检查应付账款总账余额与应付凭单部门未付款凭单档案中的总金额是否一致。

7. 付款

通常是由应付凭单部门负责确定未付凭单在到期日付款。企业有多种款项结算方式，以支票结算方式为例，编制和签署支票的有关控制包括：

(1) 独立检查已签发支票的总额与所处理的付款凭单的总额的一致性。

(2) 应由被授权的财务部门的人员负责签署支票。

(3) 被授权签署支票的人员应确定每张支票都附有一张已经适当批准的未付款凭单，并确定支票收款人姓名和金额与凭单内容的一致。

(4) 支票一经签署就应在其凭单和支持性凭证上用加盖印戳或打洞等方式将其注销，以免重复付款。

(5) 支票签署人不应签发无记名甚至空白的支票。

(6) 支票应预先连续编号，保证支出支票存根的完整性和作废支票处理的恰当性。

(7) 应确保只有被授权的人员才能接近未经使用的空白支票。

8. 记录现金、银行存款支出

以支票结算方式为例，在手工系统下，会计部门根据已签发的支票编制付款记账凭证，并据以登记银行存款日记账及其他相关账簿。以记录银行存款支出为例，有关控制包括：

(1) 会计主管应独立检查记入银行存款日记账和应付账款明细账的金额的一致性，以及与支票汇总记录的一致性。

(2) 通过定期比较银行存款日记账记录的日期与支票副本的日期，检查入账的及时性。

(3) 独立编制银行存款余额调节表。

（三）采购与付款循环常见的弊端

(1) 盲目采购。缺乏严格的物品或劳务采购计划（或预算），或采购部门没有根据已批准的采购计划或请购单采购，而是盲目采购或采购不及时，造成物品超储积压或供应脱节和劳务浪费。

(2) 不相容职务未予分离。物品采购、储存、使用人同时担任账务的记录工作，绕过验单环节违规办理采购手续；付款审批人和付款人同时办理寻求供应商与采购谈价业务。

(3) 收受回扣，中饱私囊。采购人员为了私人利益在采购中没有进行比价管理，而是选择有回扣的供应商，这往往造成采购材料质量得不到保证，或价格高于市场平均价格，或品种规格不合要求，给单位经济利益带来损失。

(4) 虚报损耗，中途转移。这属于企业的内盗现象，运输部门为了中饱私囊，在运输途中转移材料，而对公司上报谎称损耗。

(5) 混淆采购成本。会计人员在会计记账中，对采购成本没有很好区分，确认的成本不能真实反映企业是为采购材料而发生的。例如，对生产企业，将与材料采购相关的应计入物品或劳务采购成本的相关费用，如运输费、保险费、合理损耗等，作为“管理费用”“销售费用”等计入当期损益。

(6) 验收不严，以少报多，以次充好。采购验收人员玩忽职守，不能严格验收采购材料的质量和数量。如果采购和验收职责没有分离，由一个人担任两项不相容职务，这种内控的缺陷容易诱发材料验收中的舞弊行为，造成伪劣材料鱼龙混杂，轻者损害企业利益，重者伪劣产品充斥市场，损害消费者利益。

(7) 违规结算，资金流失。通常企业在收到采购发票后，根据发票金额授权会计签发支付凭单，出纳审核后支付划拨款项，如果没有严格的付款控制程序，就存在结算隐患。例如，对同一笔采购业务重复付款，或者误期支付，失去信誉。

(8) 采购与付款业务凭证流转不畅，存在随意性。按规定应收取增值税专用发票，而收取普通发票或收据。无人管理凭证，造成凭证丢失、损毁。

(9) 往来结算账户记录不全，账目不清，债权债务关系混淆，已经结算的应付款项长期挂账等。

(四) 采购业务风险

众所周知，采购物资的质量和价格、供应商的选择、采购合同的订立、物资的运输、验收等供应链状况，在很大程度上决定了企业的生存与可持续发展。采购流程的环节虽不很复杂，但蕴藏着较大的风险。

1. 采购与付款循环各环节的主要风险点

(1) 编制需求计划和采购计划环节的主要风险点。采购业务从计划（或预算）开始，包括需求计划和采购计划。在企业实务中，需求部门一般根据生产经营需要向采购部门提出物资需求计划，采购部门根据该需求计划归类汇总平衡现有库存物资后，统筹安排采购计划，并按规定的权限和程序审批后执行。该环节的主要风险包括：

1) 需求或采购计划不合理、不按实际需求安排采购或随意超计划采购，甚至与企业生产经营计划不协调等，造成企业资源短缺或者库存成本上升，从而影响企业正常生产经营。

2) 不按规定维护安全库存、未按照要求及时调整采购计划，影响企业正常运行。

(2) 请购环节的主要风险点。请购是指企业生产经营部门根据采购计划和实际需要，提出的采购申请。该环节的主要风险包括：

1) 缺乏采购申请制度，造成企业管理混乱。

2) 请购未经适当审批或超越授权审批，可能导致采购物资过量或短缺，影响企业正常生产经营。

(3) 选择供应商环节的主要风险点。选择供应商也就是确定采购渠道。它是企业采购业务流程中非常重要的环节。该环节的主要风险包括：

1) 缺乏完善的供应商管理办法，无法及时考核供应商，导致供应商选择不当，影响企业利润。

2) 大额采购未实行招投标制度，可能导致采购物资质次价高，甚至出现舞弊行为。

(4) 确定采购价格环节的主要风险点。如何以最优“性价比”采购到符合需求的物资，是采购部门的永恒主题。该环节的主要风险包括：

1) 采购定价机制不科学，采购定价方式选择不当，缺乏对重要物资品种价格的跟踪监控，引起采购价格不合理，可能造成企业资金损失。

2) 内部稽核制度不完善，因回扣现象等造成企业损失。

(5) 订立框架协议或采购合同环节的主要风险点。框架协议是企业与供应商之间为建立长期物资购销关系而做出的一种约定。采购合同是指企业根据采购需要、确定的供应商、采购方式、采购价格等情况与供应商签订的具有法律约束力的协议。该环节的主要风险包括：

1) 框架协议签订不当，可能导致物资采购不顺畅。

2) 未经授权对外订立采购合同，合同对方主体资格、履约能力等未达要求、合同内容存在重大疏漏和欺诈，可能导致企业合法权益受到侵害。

3) 未能及时根据市场状况调整合同内容，造成企业采购行为脱离市场供需状况。

(6) 管理供应过程环节的主要风险点。管理供应过程，主要是指企业建立严格的采购合同跟踪制度，科学评价供应商的供货情况，并根据合理选择的运输工具和运输方式，办理运输、投保等事宜，实时掌握物资采购供应过程的情况。该环节的主要风险包括：

1) 缺乏对采购合同履行情况的有效跟踪，运输方式选择不合理，忽视运输过程的保险风险，可能导致采购物资损失或无法保证供应。

2) 无法对供应商的供应过程做好记录，导致供应商过程评价缺少原始资料。

(7) 验收环节的主要风险点。验收是指企业对采购物资或劳务的检验接收，以确保其符合合同规定或产品质量要求。该环节的主要风险包括：

1) 验收标准不明确、验收程序不规范，导致不合格品流入企业。

2) 对验收中存在的异常情况不做及时处理，可能造成账实不符、采购物资损失。

(8) 付款环节的主要风险点。付款是指企业在对采购预算、合同、相关单据凭证、审批程序等内容审核无误后，按照采购合同规定及时向供应商支付款项的过程。主要风险包括：

1) 付款审核不严格、付款方式不恰当、付款金额控制不严，可能导致企业资金损失或信用受损。

2) 退货管理不规范，导致企业产生财务损失。

(9) 会计控制环节的主要风险点。会计控制主要指采购业务会计系统控制。主要风险包括：

1) 缺乏有效的采购会计系统控制，未能全面真实地记录和反映企业采购各环节的资金流和实物流情况。相关会计记录与相关采购记录、仓储记录不一致，可能导致企业采购业务未能如实反映，以及采购物资和资金受损。

2) 对退货以及待检物料处理不当，导致账实不一致，影响企业财务状况的真实性。

2. 采购阶段风险控制

(1) 确定购买职责与权限。

1) 企业的采购业务应相对集中，避免多头采购和分散采购；提高采购业务效率，降低采购成本，堵塞管理漏洞。

2) 企业应当定期轮换办理采购业务的人员的岗位，重要和技术性较强的采购业务，应当组织相关专家论证，实行集体决策和审批。

3) 企业除小额零星物资或服务外，不得安排同一机构办理采购业务全过程。这是内控制度职责分工要求，防止人为舞弊。

(2) 建立采购申请制度。

1) 企业应当建立采购申请制度，依据购买物资或接受劳务的类型，确定归口管理部门，授予相应的请购单，明确相关部门和人员的职责权限及相应的请购和审批程序。

2) 企业可以根据实际需要设置专门的请购部门，对需求部门提出的采购需求进行审批，并进行归类汇总，统筹安排企业的采购计划。

3) 具有请购权的部门对于预算内采购项目，应当严格按照预算执行进度办理请购手续，并根据市场变化提出合理采购申请。对于超预算和预算外采购项目，应先履行预算调整程序，由具备相应审批权限的部门和人员审批后，再办理请购手续。

(3) 选择/评估供应商。

1) 企业应当建立科学供应商评估和准入制度，确定合格供应商清单，与选定的供应商签订质量保证协议，建立供应商管理信息系统。

2) 对供应商提供物资和劳务的质量、价格、交货及时性、供货条件及其资信、经营状况等进行实时管理和综合评价，根据评价结果对供应商进行合理选择和调整。

企业可委托具有相应资质的中介机构对供应商进行资信调查。确保供应商资信真实可靠。

(4) 选择采购方式。

企业应当根据市场情况和采购计划合理选择以下三种采购方式：

1) 大宗采购应当采用招标方式，合理确定招投标的单位、标准、实施程序和评价规则。

2) 一般物资和劳务等的采购，可以采用询价或定向采购的方式，签订合同协议。

3) 小额零星物资或劳务等的采购可以采用直接购买等方式。

对因紧急情况，需要以最快的速度使采购物资或劳务到位的，企业应明确在临时性、突发性需要时可以采用临时性采购。

(5) 确定采购定价机制。

1) 企业应当建立采购物资定价机制，采取协议采购、招标采购、谈判采购、询比价采购等多种方式合理确定采购价格，最大限度地缩小市场变化对企业采购价格的影响。

2) 大宗采购等应当采用招标方式确定采购价格，其他商品或劳务采购应根据市场行情制订最高采购限价，并对最高采购限价适时调整以缩小市场变化对企业采购价格的影响。

(6) 采购协议/合同风险控制。

1) 企业应当根据确定的供应商、采购方式、采购价格等情况拟定一采购合同，准确描述合同条款，明确双方权利、义务和违约责任，按照规定权限签订采购合同。

2) 企业应当根据生产建设进度和采购物资特性，选择合理的运输工具和运输方式，办理运输、投保等事宜。

(7) 采购验收风险控制。

1) 企业应当建立严格的采购验收制度，确定检验方式、由专门的验收机构或验收人员对采购项目的品种、规格、数量、质量等相关内容进行验收，出具验收证明。涉及大宗和新、特物资采购的，还应进行专项测试。

2) 验收过程中发现的异常情况，负责验收的机构或人员应当立即向企业有权管理的相关机构报告，相关机构应查明原因并及时处理。

(8) 采购过程风险管理。

1) 企业应当加强对物资采购供应过程的管理，依据采购合同中确定的主要条款追踪合同履行情况，对有可能影响生产和工程进度的异常情况，应出具书面报告并及时提出解决方案。

2) 企业应当做好采购业务各环节的记录，实行全过程的采购登记制度或信息化管理，确保采购过程的可追溯性。

二、采购内控的重要性

采购是企业生产经营活动的首要环节，与生产、销售环节紧密联系。由于采购业务容易滋生“暗箱操作”、弄虚作假、以权谋私、收受回扣等问题，因此，加强采购与付款业务全过程的监控，对提高企业产品质量和经济效益尤为重要。此外，建立完善的采购业务内部控制制度，可以保证采购付款业务循环有效运行，确保采购事项的真实性、合理性、合法性，发现并纠正错误，防止欺诈和舞弊行为，提高采购效益。

三、采购管控的目标

1. 采购管控的主要目标

(1) 确保采购业务按规定的程序和授权进行，实现按品种、数量、质量的要求采购。确保满足生产经营需要的预期采购目标。

(2) 确保采购业务按会计准则要求进行核算，防范差错和舞弊，做到账实相符、信息正确。

(3) 确保采购、招标、付款及合同签订等符合国家法规，货款结算符合财税的有关规定。

2. 采购与付款的主要控制目标

(1) 需求计划和采购计划是按照规定的权限和程序获得审批的。

(2) 请购是经过适当授权或审批的，符合企业实际需求。

(3) 供应商的选择及其评价有利于公司获取“质优价廉”的货物或劳务。

(4) 每次的采购价格应当是“性价比”最优的。

(5) 同供应商订立的框架协议或采购合同符合法律、法规的要求。

(6) 采购的过程应当是可控的。

(7) 所记录的购货都已收到货物或已接收劳务，并符合企业的需求。

(8) 已发生的购货业务均已记录。

(9) 所记录的购货业务估价正确。

(10) 购货业务的分类正确。

(11) 购货业务按正确的日期记录。

(12) 采购的付款是经过授权审批和企业规定办理的。

(13) 购货业务被正确计入应付账款和存货等明细账中，并被准确汇总。

四、采购与付款循环各环节的关键控制要点

1. 编制需求计划和采购计划环节的关键控制要点

(1) 生产、经营、项目建设等部门，应当根据实际需求准确、及时编制需求计划。需求部门提出需求计划时，不能指定或变相指定供应商。对独家代理、专有、专利等特殊产品应提供相应的独家、专有资料，经专业技术部门研讨后，经具备相应审批权限的部门或人员审批。

(2) 采购计划是企业年度生产经营计划的一部分，在制订年度生产经营计划过程中，企业应当根据发展目标和实际需要，结合库存和在途情况，科学安排采购计划，防止采购过高或过低。

(3) 采购计划应纳入采购预算管理，经相关负责人审批后，作为企业刚性指令严格执行。

2. 请购环节的关键控制要点

(1) 建立采购申请制度，依据购买物资或接受劳务的类型，确定归口管理部门，授予相应的请购权，明确相关部门或人员的职责权限及相应的请购程序。企业可以根据实际需要设置专门的请购部门，审核需求部门提出的采购需求，并归类汇总，统筹安排企业的采购计划。

(2) 具有请购权的部门对于预算内采购项目，应当严格按照预算执行进度办理请购手续，并根据市场变化提出合理采购申请。对于超预算和预算外采购项目，应先履行预算调整程序，由具备相应审批权限的部门或人员审批后，再行办理请购手续。

(3) 具备相应审批权限的部门或人员审批采购申请时，应重点关注采购申请内容是否准确、完整，是否符合生产经营需要，是否符合采购计划，是否在采购预算范围内等。对不符合规定的采购申请，应要求请购部门调整请购内容或拒绝批准。

3. 选择供应商环节的关键控制要点

(1) 建立科学的供应商评估和准入制度，对供应商资质信誉情况的真实性和合法性进行审查，确定合格的供应商清单，健全企业统一的供应商网络。企业新增供应商的市场准入、供应商新增服务关系以及调整供应商物资目录，都要由采购部门根据需要提出申请，并按规定的权限和程序审核批准后，纳入供应商网络。必要时，企业可委托具有相应资质的中介机构对供应商进行资信调查。

(2) 采购部门应当按照公平、公正和竞争的原则，择优确定供应商，在切实防范舞弊风险的基础上，与供应商签订质量保证协议。

(3) 建立供应商管理信息系统和供应商淘汰制度，对供应商提供物资或劳务的质量、价格、交货及时性、供货条件及其资信、经营状况等进行实时管理和考核评价，根据考核评价结果，提出供应商淘汰和更换名单，经审批后对供应商进行合理选择和调整，并在供应

商管理系统中做出相应记录。

4. 确定采购价格环节的关键控制要点

(1) 健全采购定价机制，采取协议采购、招标采购、比价采购、动态竞价采购等多种方式，科学合理地确定采购价格。对标准化程度高、需求计划性强、价格相对稳定的物资，通过招标、联合谈判等公开、竞争方式签订框架协议。

(2) 采购部门应当定期研究大宗通用重要物资的成本构成与市场价格变动趋势，确定重要物资品种的采购执行价格或参考价格。建立采购价格数据库，定期开展重要物资的市场供求形势及价格走势商情分析并合理利用。

5. 订立框架协议或采购合同环节的关键控制要点

(1) 对拟签订框架协议的供应商的主体资格、信用状况等进行风险评估；框架协议的签订应引入竞争制度，确保供应商具备履约能力。

(2) 根据确定的供应商、采购方式、采购价格等情况，拟订采购合同，准确描述合同条款，明确双方权利、义务和违约责任，按照规定权限签署采购合同。对于影响重大、涉及较高专业技术或法律关系复杂的合同，应当组织法律、技术、财会等专业人员参与谈判，必要时可聘请外部专家参与相关工作。

(3) 对重要物资验收量与合同量之间允许的差异，应当做出统一规定。

6. 管理供应过程环节的关键控制要点

(1) 依据采购合同中确定的条款跟踪合同履行情况，对有可能影响生产或工程进度的异常情况，出具书面报告并及时提出解决方案，采取必要措施，保证需求物资的及时供应。

(2) 对重要物资建立并执行合同履约过程中的巡视、点检和监造制度。对需要监造的物资，择优确定监造单位，签订监造合同，落实监造责任人，审核确认监造大纲，审定监造报告，并及时向技术等部门通报。

(3) 根据生产建设进度和采购物资特性等因素，选择合理的运输工具和运输方式，办理运输、投保等事宜。

(4) 实行全过程的采购登记制度或信息化管理，确保采购过程的可追溯性。

7. 验收环节的关键控制要点

(1) 制订明确的采购验收标准，结合物资特性确定必检物资目录，规定此类物资出具质量检验报告后方可入库。

(2) 验收机构或人员应当根据采购合同及质量检验部门出具的质量检验证明，重点关注采购合同、发票等原始单据与采购物资的数量、质量、规格型号等核对一致。对验收合格的物资，填制入库凭证，加盖物资“收讫章”，登记实物账，及时将入库凭证传递给财务部门。物资入库前，采购部门须检查质量保证书、商检证书或合格证等证明文件。验收时涉及技术性强的、大宗的和新特物资，还应进行专业测试，必要时可委托具有检验资质的机构或聘请外部专家协助验收。

(3) 对于验收过程中发现的异常情况，例如，无采购合同或大额超采购合同的物资、超采购预算采购的物资、毁损的物资等，验收机构或人员应当立即向企业有权管理的相关机构报告，相关机构应当查明原因并及时处理。对于不合格物资，采购部门依据检验结果办理让步接收、退货、索赔等事宜。对延迟交货造成生产建设损失的，采购部门要按照合同约定索赔。

8. 付款环节的关键控制要点

(1) 严格审查采购发票等票据的真实性、合法性和有效性，判断采购款项是否确实应予以支付。例如，审查发票填制的内容是否与发票种类相符合、发票加盖的印章是否与票据的种类相符合等。企业应当重视采购付款的过程控制和跟踪管理，如果发现异常情况，应当拒绝向供应商付款，避免出现资金损失和信用受损。

(2) 根据国家有关支付结算的相关规定和企业生产经营的实际，合理选择付款方式，并严格遵循合同规定，防范付款方式不当带来的法律风险，保证资金安全。除了不足转账起点金额的采购可以支付现金外，采购价款应通过银行办理转账。

(3) 加强预付账款和定金的管理，涉及大额或长期的预付款项，应当定期进行追踪核查，综合分析预付账款的期限、占用款项的合理性、不可收回风险等情况，发现有疑问的预付款项，应当及时采取措施，尽快收回款项。

9. 会计控制环节的关键控制要点

(1) 企业应当加强对购买、验收、付款业务的会计系统控制，详细记录供应商情况、采购申请、采购合同、采购通知、验收证明、入库凭证、退货情况、商业票据、款项支付等情况，做好采购业务各环节的记录，确保会计记录、采购记录与仓储记录核对一致。

(2) 企业应指定专人通过函证等方式，定期向供应商寄发对账函，核对应付账款、应付票据、预付账款等往来款项，对供应商提出的异议应及时查明原因，报有权管理的部门或人员批准后，做出相应调整。

另外，由于采购业务对企业生存与发展具有重要影响，强调企业应当建立采购业务后评估制度，即企业应当定期对物资需求计划、采购计划、采购渠道、采购价格、采购质量、采购成本、协调或合同签约与履行情况等物资采购供应活动进行专项评估和综合分析，及时发现采购业务薄弱环节，优化采购流程。同时，将物资需求计划管理、供应商管理、储备管理等方面的关键指标纳入业绩考核体系，促进物资采购与生产、销售等环节的有效衔接，不断防范采购风险，全面提升采购效能。

五、采购与付款循环控制内容及基本控制制度

(一) 适当的职责分离

企业应建立采购与付款业务的岗位责任制，明确相关部门和岗位的职责、权限，确保办理采购与付款业务的不相容岗位相互分离、制约和监督。企业采购与付款业务的不相容岗位至少包括：

(1) 生产和销售对原材料、物品和商品的需要必须由生产或销售部门提出，采购部门采购。

(2) 付款审批人和付款执行人不能同时办理寻求供应商和索价业务。

(3) 商品的采购人不能同时担任商品的验收工作。

(4) 商品的采购、存储和使用人不能同时担任账务的记录工作。

(5) 接收各种劳务的部门或主管这些业务的人员应恰当地同账簿记录人分离。

(6) 审核付款的人员应同付款的人员分离。

(7) 记录应付账款的人员不能同时担任付款业务。

(二) 授权审批

企业应建立采购与付款业务的授权制度和审核批准制度，并按照规定的权限和程序办理采购与付款业务，严禁未经授权的机构或人员办理采购与付款业务。有资源整合条件的企业或企业集团，业务采购权应尽量集中，实施集中或相对集中采购，或采取集中招标形式，以提高采购效率，堵塞管理漏洞，降低成本和费用。单位对于重要和技术性较强的采购业务，应组织专家进行论证，实行集体决策和审批，防止出现决策失误而造成严重损失。采购与付款业务循环中一般应予以关注的控制审批要点主要包括：

(1) 单位应对采购与付款业务建立严格的授权批准制度，明确审批人对采购与付款业务的授权批准方式、权限、程序、责任和相关控制措施，规定经办人办理采购与付款业务的职责范围和工作要求。

(2) 审批人应根据采购与付款业务授权批准制度的规定，在授权范围内进行审批，不得

超越审批权限。

(3) 经办人应在职责范围内，照审批的批准意见办理采购与付款业务。对于审批人超越授权范围审批的采购与付款业务，经办人有权拒绝办理，及时报告审批人的上级授权部门。

(4) 单位应根据具体情况对办理采购与付款业务的人员进行岗位轮换，防范采购人员利用职权和工作便利收受商业贿赂、损害企业利益的风险。

(三) 请购与审批控制

1. 采购申请制度

企业应建立采购申请制度，依据购置商品或劳务的类型，确定归口管理部门，授予相应的请购权，并明确相关部门或人员的职责权限及相应的请购程序。

(1) 采购需求应与企业生产经营计划相适应，具有必要性和经济性。

(2) 请购部门提出的采购需求，应明确采购类别、质量等级、规格、数量、相关要求和标准、到货时间等。

2. 预算管理

企业应加强采购业务的预算管理。对于预算内采购项目，具有请购权的部门应当严格按照预算执行进度办理请购手续；对于超预算和预算外采购项目，具有请购权的部门应当对需求部门提出的申请进行审核后再行办理请购手续。

3. 请购审批制度

企业应建立严格的请购审批制度。对于超预算和预算外采购项目，应明确审批权限，由审批人根据其职责、权限以及企业实际需要对请购申请进行审批。

(四) 采购与验收控制

企业应建立采购与验收环节的管理制度，对采购方式确定、供应商选择、验收程序及计量方法等做出明确规定，确保采购过程的透明化。

1. 供应商评价制度

企业应建立供应商评价制度，由企业的采购部门、请购部门、生产部门、财务部门、仓储部门等相关部门共同对供应商进行评价，包括对所购商品的质量、价格、交货及时性、付款条件及供应商的资质、经营状况等进行综合评价，并根据评价结果调整供应商。

(1) 应对紧急、小额零星采购的范畴、供应商的选择做出明确规定。

(2) 同一企业（或企业集团）下属的分支机构应尽量避免多头对同一供应商。

2. 确定采购方式

企业应根据商品或劳务等的性质及其供应情况确定采购方式。一般物品或劳务等的采购可以采用订单采购或合同订货等方式，小额零星物品或劳务等的采购可以采用直接购买等方式。企业应对例外紧急需求、小额零星采购等特殊采购处理程序做出明确规定。

3. 采购价格确定

(1) 企业应成立由企业管理层，以及来自采购、请购、生产、财务、内审、法律等部门的负责人组成的采购价格委员会，明确采购价格形成机制。

(2) 大宗商品或劳务采购等必须采用招投标方式确定采购价格，并明确招投标的范围、标准、实施程序和评标规则。其他商品或劳务的采购，应根据市场行情制订最高采购限价，不得以高于采购限价的价格采购，以低于最高采购限价采购的应以适当方式予以奖励。

(3) 企业应根据市场行情的变化适时调整最高采购限价。委托中介机构进行招投标的，应加强对中介机构的监督。

(4) 企业应充分了解和掌握有关供应商信誉、供货能力等方面的信息，由采购、使用等部门共同参与比质比价，并按规定的授权批准程序确定供应商。小额零星采购也应由经授权的部门事先对采购价格等有关内容进行审核。对单价高、数量多的物资采购，企业应制订严格的比质比价采购制度。

4. 验收

企业应根据规定的验收制度和经批准的订单、合同等采购文件，由独立的验收部门或指定专人对所购物品或劳务等的品种、规格、数量、质量和其他相关内容进行验收，出具检验报告、计量报告和验收证明。对验收过程中发现的异常情况，负责验收的部门或人员应立即向有关部门报告；有关部门应查明原因，及时处理。

（五）付款控制与管理

1. 付款控制制度

企业应按照《现金管理暂行条例》《支付结算办法》和相关规定办理采购付款业务，并按照国家统一规定进行核算和报告。财务部门在办理付款业务时，应对采购合同约定的付款条件以及采购发票、结算凭证、检验报告、计量报告和验收证明等相关凭证的真实性、完整性、合法性及合规性进行严格审核。财务部门应参与商定对供应商付款的条件。

2. 预付账款和定金的管理

企业建立预付账款和定金的授权批准制度，加强预付账款和定金的管理，加强对大额预付账款的监控，定期对其进行追踪核查。对预付账款的期限、占用款项的合理性、不可收回风险等进行综合判断；对有疑问的预付账款及时采取措施，尽量降低预付账款资金风险和形成损失的可能性。

3. 应付账款和应付票据的管理

企业应加强应付账款和应付票据的管理，由专人按照约定的付款日期、折扣条件等管理应付款项。

4. 退货控制

企业应建立退货管理制度，对退货条件、退货手续、货物出库、退货货款回收等做出明确规定，及时收回退货货款。

（六）记录控制与监督检查

1. 充分的凭证与记录

应付账款是因在正常的商业过程中接受商品和劳务而产生的未予付款的负债。已经验收的商品和劳务若未予以入账，将直接影响应付账款余额，从而低估企业的负债。企业应按照请购、审批、采购、验收、付款等规定的程序办理采购与付款业务，并在采购与付款各环节设置相关的记录、填制相应的凭证，建立完整的采购登记制度，加强请购手续、采购订单（或采购合同）验收证明、入库凭证、采购发票等文件和凭证的相互核对工作。

2. 定期核对

(1) 企业应加强应付账款和应付票据的管理，由专人按照约定的付款日期、折扣条件等管理应付款项。已到期的应付款项须经有关授权人员审批后方可办理结算与支付。

(2) 企业应定期与供应商核对应付账款、应付票据、预付账款等往来款项。如有不符，应当查明原因，及时处理。

（七）监督检查

1. 监督检查主体

(1) 监事会，依据公司章程对公司采购与付款管理进行检查监督。

(2) 审计部门，依据公司授权和部门职能描述，对公司采购管理进行审计监督。

(3) 财务部门，依据公司授权，对公司采购管理进行财务监督。

(4) 上级对下级进行日常工作监督检查。

2. 监督检查内容

(1) 采购与付款业务相关岗位及人员的设置情况。重点检查是否存在采购与付款业务不相容职务混岗的现象。

(2) 采购与付款业务授权批准制度的执行情况。重点检查授权批准手续是否健全，是否存在越权审批行为。

(3) 采购的管理情况。重点检查采购政策的执行是否符合规定。

(4) 付款的管理情况。重点检查预付账款和定金等是否及时入账，应付账款、应付票据、预付账款等的管理是否符合规定。

(5) 采购退回的管理情况。重点检查采购退货手续是否齐全、退回款项是否及时入账。

(6) 账实、账账相符情况。企业应定期抽查、核对采购业务记录、会计记录、材料入库记录和库存商品实物记录，及时发现并处理采购与付款中存在的问题；还应定期对库存商品进行盘点。同时应定期与往来客户通过函证等方式，核对应付账款、应付票据、预付账款等往来款项；如有不符，应查明原因，及时处理。

3. 监督检查结果处理

对监督检查过程中发现的销售与收款内部控制中的薄弱环节，企业有关责任部门和责任人应当采取措施，及时加以纠正和完善。

六、存货内部控制制度

(一) 了解良好的存货内控制度

良好的存货内部控制包括以下内容：

(1) 无论采用什么盘存方法，每年至少要实地盘点一次存货。

(2) 实行高效采购、验收和运输程序。

(3) 保管好存货，以防损坏、被盗和变质。

(4) 对贵重商品保持永续存货记录。

(5) 运用经济订货量，按较经济的数量购买存货。

(6) 保证足够的存货以防因存货短缺影响生产和销售。

(7) 不要保留过多存货，以防将资金投在不必要的项目上。

(二) 建立内控制度

1. 存货收入应填制相关单据

收入需填制采购材料验收入库单、自制材料交库单、商品采购入库单、产品完工交库单、原材料退库单等。存货发出需填制凭证，包括材料领用单、材料发料单、外加工材料发料单、产品销售运货单、原材料退库单等。

2. 有关存货的工作均贯彻分工负责原则

存货的领用、发出、审核、保管、记账均贯彻分工负责原则。

3. 对存货同时实施金额和实物控制

对存货不仅要实施金额控制，而且要实施实物控制。一般由会计部门控制金额，由供应部门或销售部门分别控制金额和实物，仓库一般进行实物管理。

4. 存货货物经手人远离会计记录

存货货物经手人远离会计记录是必要的职责分离。一个既可接近存货，又可接近会计记录的职员就会有机会盗窃存货，并可通过编制会计分录将其盗窃行为掩盖起来。

5. 每年进行实地盘点存货

再好的会计系统也会出现错误，盘点对确定存货的正确与否起着关键作用。当发现错误时，应立即调整会计记录，使其与实地盘点数一致。

良好的存货内部控制制度不仅能节约存货采购成本，还能提高存货的安全性，实现存货资源的优化配置。

小知识

确定最佳经济订货量

企业的存货，太多了会造成资金和资源的浪费，太少了又会产生供应不足的问题。怎样才能使存货量既不太多也不太少是企业必须考虑的问题。

1. 明确基本假设

经济订货量需要确定的假设条件如下：

(1) 企业能够及时补充存货，即需要订货时便可立即取得存货。

(2) 能集中到货，而不是陆续入库。

(3) 不允许缺货，即无缺货成本，这是因为良好的存货管理本来就不应该出现缺货成本。

(4) 一定时期的需求量可准确预测。

(5) 存货单价不变，不存在数量折扣，不考虑现金折扣。

(6) 企业现金充足，不会因现金短缺而影响进货。

(7) 所需存货市场供应充足，不会因买不到需要的货品而影响生产。

(8) 存货的数量或销售比较均衡。

2. 运用公式计算法

经济订货量的公式可以表示为：$Q=\sqrt{\frac{2KD}{K_C}}$

Q最佳经济订货量；D某种存货的年需求量；Kc平均每次进货费用或平均每次进货的变动成本；K单位存货的储存成本

经济订货量的公式是存货控制中的一个很有用的工具，在采购原材料和其他材料时，它能说明应订货物的数量。

3. 运用列表测算法

列表测算法是根据各种不同进货量的进货成本和储存成本进行测算，比较分析，找出这两项成本相加之和为最低的经济进货量的方法，如表2-1所示。

表2-1　最佳经济订货量分析表　　单位：元

年需求量(件)	订货次数	订货批量（件）	订货费用	保管费用	年总费用
(1)	(2)	(3)=(1)÷(2)	(4)=(2)×每次订货费用	(5)=(3)÷(2)×单价×保管费用率	(6)=(4)+(5)

4. 运用图解法

经济订货量可以用图解法求得：先计算出一系列不同批量的各有关成本，然后在坐标图上描出由各有关成本构成的订货成本线、储存成本线和总成本线，总成本线的最低点（或者是订货成本线和储存成本线的交接点）对应的批量，即经济订货量。

不同批量的有关成本变动情况可见图2-2。从以下成本指标的计算中可以很清楚地看出，当订货批量为300千克时总成本最低，小于或大于这一批量都是不合算的。

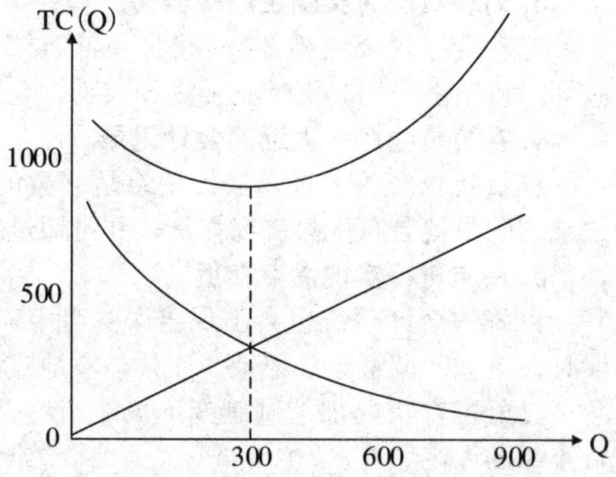

图2-2　批量与成本变动示意图

七、固定资产采购

(一) 控制预算

购建固定资产的支出属于资本性支出，一般资本性支出金额较大，对企业的财务状况影响重大，因此，企业应对购建固定资产编制预算。健全有效的固定资产支出预算制度能保证企业将有限的投资资本分配到最有利的投资上，对投资固定资产的预算监控应包括以下内容：

(1) 监控购建固定资产的支出是否先由使用部门提出申请，再通过固定资产支出预算分析该项申请是否经济合理，应该以何种方式取得该项固定资产。

(2) 监控固定资产支出预算的编制是否对投资预算额、投资机会成本、投资资本成本、投资现金净增加额等因素加以充分考虑。

(3) 监控对一项固定资产的投资，预算部门是否会同采购、生产、资金管理、计划、工程技术等人员共同编制，是否提供了多套投资预算方案。

(4) 监控固定资产支出预算的审核制度是否严格。一方面监控支出预算是否由独立人员进行复核；另一方面，监控预算金额是否与审批人的级别相适应。一般预算金额越大，对审批人的级别要求越高。

(二) 控制验收

增加固定资产不论外购还是自制，在交付使用时都需要执行严格的验收制度。应检查验收部门或使用部门的工程师要对新增固定资产的数量、质量、规格或精密程度、出厂和建成日期、零配件、原始价值、性能等进行逐项验收，并确定其使用年限、大修周期和折旧率等，同时填制“固定资产验收清单”对上述事项签字确认。此外，对验收环节的控制还体现在注意检查新增固定资产是否归企业所有，对此应审查固定资产所有权的证明文件和租赁合同。

(三) 监督记录

对固定资产是否进行了正确的确认和记录是控制的主要内容。具体包括以下方面：

(1) 监督是否根据验收或使用部门提供的固定资产验收清单，在登记固定资产总账、明细分类账的同时，还单独登记了固定资产登记卡。固定资产登记卡是否按固定资产的类别、使用部门和每项固定资产分别设置；是否记录了固定资产的存放地点、价值等内容；登记卡上是否编制交叉索引号码。

(2) 监督明细分类账的各种记录是否定期与总分类账相互核对，会计部门登记固定资产明细账时，是否核实固定资产的入账价值的正确性。

(3) 监督购建固定资产支出是否与其他支出相混淆。购建固定资产的支出属于资本性支出，应监督是否制订资本性支出与收益性支出的划分标准并以书面形式做出规定，明确资本性支出的范围和最低金额，只有属于资本性支出的开支范围，发生金额在最低限额以上的支出才列作资本性支出，其余支出列为当期费用。

(4) 应监督固定资产的管理部门、使用部门是否也建立了相应的固定资产台账和卡片，是否实行固定资产账、卡、物的相互制约制度。

上面是固定资产采购控制的一些主要方面和主要环节，除此之外，企业还必须结合自身的实际情况，找出一些实用的固定资产采购控制方法，加强对固定资产采购的控制。

八、采购内控要求

1. 制度方面

企业应当结合实际情况，全面梳理采购业务流程，完善采购业务相关管理制度。

2. 职责方面

企业应当统筹安排采购计划，明确请购、审批、购买、验收、付款、采购后评估等环节的职责和审批权限。

3. 执行方面

企业应当按照规定的审批权限和程序办理采购业务。

4. 监督方面

企业应当建立价格监督机制，定期检查和评价采购过程中的薄弱环节，采取有效控制措施，确保物资采购满足企业生产经营需要。

小知识

采购内部控制制度的设计

采购业务是企业进行生产的重要前提，因此完善的采购内部控制制度必然会对生产产生影响。设置采购内部控制制度，应该掌握以下内容。

1. 明确采购内控要求

(1) 采购工作中的计划、订货、验收、结算等各个环节都必须分工负责。

(2) 采购人员除经特别授权外不得擅自改变采购内容，只能按批准的品种、规格、数量进行采购。

(3) 采购业务均要签订采购合同。

(4) 购货款必须在认真审核、核对购货合同之后，方可付款结算。

(5) 购货款必须通过银行计算。

(6) 采购的物资须经过验收后方可入库。

(7) 采购过程的损耗必须查明原因，经审核批准后方可处理。

2. 运用控制方法

(1) 控制定额。

1) 根据生产计划和实物消耗定额制订实物数量和资金定额，控制合理储备，并控制实物采购，实现采购计划。

2) 根据产品消耗定额控制发料和工艺过程的耗用量。

(2) 控制计划。

根据实物收入、发出和结存计划，对实物购进业务实施计划管理与控制。通过年度、季度和月度用料计划来制订供应计划和采购计划、控制实物的采购领用和库存，并据以准备采购资金。

(3) 控制合同。

1) 根据供应和采购计划，提出需要购买的实物，经批准并授权后，组织实物供应，签订实物订货合同。

2) 根据企业需要的实物，依照《中华人民共和国合同法》（以下简称《合同法》）与供货单位签订合同，确定供应实物的品种、类别、数量、单价、规格、质量、日期和运输、包装，以及按期、按质、按量保证供应的相关条款。

3) 按照合同组织进货，计划外进货应得到批准。

(4) 控制职能分工。

1) 请购。根据生产需要和实物储备情况，由生产和仓储部门提出请购单，经批准后，交采购供应部门办理。

2) 订购。收到批准的请购单后，还应与采购计划进行核对，确定采购实物的品种、规格、数量，指定采购人员组织采购，大宗实物与供应单位签订合同，并将合同副本分送会计、会计监督以及请购部门，以便检查合同执行情况。

3) 验收。企业应建立催收制度，督促供货单位按期交货。采购的实物运到后，须由验收部门清点数量，检验货品质量。

4) 付款。收到收料单、验收单和进货发票后，相关人员应与合同（副本）进行核对，核对无误并经财务主管审核后，办理结算货款，同时在发票上加盖“付讫”戳记。

5) 记账。财务人员根据各原始凭证，编制记账凭证，登记实物明细分类账和总分类账。

(5) 控制账簿体系。

为了保证实物数量和成本的正确性，系统地反映实物发存情况，企业应设置实物总分类账，同时也要按各实物、用品的品名、规格和存放地点设置明细分类账，形成账簿体系。同时要定期核对，做到账账、账卡相符，发挥财务控制作用。另外，本期实物到货，也应与付款金额经常进行核对，确保两者相符。

(6) 控制实物。

对实物实行分类保管定位存放，及时清点核对，保证安全；还要定期或不定期进行盘点，由仓储、实物采购与财会部门组成盘点小组，运用与实物出入库相同的计量仪器和计算方法，点清数量，验明质量。

3. 熟悉控制技巧

(1) 填写物资采购申请单，办理申请手续。

各部门所需要的材料、商品和其他物资，或者仓储部门认为某种货物的储备量已降到最低库存以下而需要补充时，应当通过填写申请单，申请购货。

(2) 签订采购订货单，规范采购活动。

企业在处理大宗购买业务时尽可能签订合同并使用订货单制度，以实现采购活动的规范化。采购订货单是供部门进行采购活动的一种业务执行凭证，也是购销双方应当共同遵守的一种契约，这不仅使采购业务在开始时就可置于计划控制之下，而且可以在任何时候、任何环节下对整个业务进行检查。

(3) 填写入库单，严格验收之后方可入库。

采购部门购回的各类物资，都要及时送交检验部门检验，对于质量检验合格的物资，由采购人员持检验人员出具的书面证明送交仓库验收。由验收人员对照发货单位的发货票和购货订单等，对每种货物的品名、规格、数量进行检查，并在保证正确、相符的基础上填写入库单。

以上是采购内部系统构建的一些基本方法和技巧，企业在实际工作中应该不断总结提高，建立起完善的采购内控制度。

第二节 采购方面的风险

采购风险是指企业采购过程中由于各种意外情况的出现，使采购的实际结果与预期目标相偏离的程度和可能性。例如，采购人员工作失误、采购管理失去控制、遭遇商业欺诈等违规违法行为，都会影响采购预期目标的实现，产生企业采购风险。

一、采购风险产生的原因

(一) 企业采购管理失控风险

如果企业对采购市场行情动态调查了解得不够，或在利用互联网采购时受到运行进度慢、网络病毒的影响，造成信息不畅，或对所购物料的价格、性能、规格等要素综合比较不全面，采购项目论证不充分、不科学，都会给企业带来风险。

(二) 企业在采购过程中操作不当的风险

在企业采购过程中，还存在很多不确定因素带来的风险，如招投标过程风险，评标、定标风险，签订合同过程中的风险，法律风险，自然灾害带来的采购风险等。

(三) 企业采购人员造成的风险

采购是一项政策性强、涉及面广的工作，涉及产业政策和贸易政策，这就要求采购人员不仅要了解产业和贸易等方面的知识，还要掌握招投标、合同、谈判、市场调查及工程和服务等方面的有关知识技能。采购人员在采购过程中不可避免地造成一定的风险。

1. 工作技能风险

采购人员是运用专业技能进行技术服务的，如果其本身掌握的专业技能受限，尽管履行了自身的职责也有可能给企业造成损失，带来风险，如因对财务结算不精通、付款失误造成的损失。

2. 技术资源风险

采购人员即使在工作中并无行为上的过错，但仍有可能承受由技术、资源而带来的工作上的风险。

3. 行为责任风险

如果采购人员违反规定的职责义务，行使超出工作范围的职权，就有可能给企业造成直接经济损失。

(四) 供应商造成的风险

供应商是为企业生产经营提供原材料、设备、工具及其他资源的。供应商的一个显著的特点是，他们都是与采购企业独立的利益主体，也是追求利益最大化目的的利益主体。供应商和采购企业是利益互相冲突的矛盾对立体，供应商希望从采购者手中多赚一点。为此，供应商会想尽办法讨价还价和提高价格，从而造成物品价格波动。这种价格波动带来的风险会随着市场竞争的加剧、供应商讨价还价能力的提高而加大。个别供应商因盲目追求利润，会在物品的质量、数量上做文章，以劣充优、降低质量标准、减少数量，这将直接影响采购企业产品的整体质量，降低企业信誉和产品竞争力。

针对某些短缺资源的采购，以及从降低成本的短期利益方面考虑，为降低交易成本，使供货更加稳定，有些企业会采取独家供应商制度。而供应商为保护自己的利益，打击竞争对手，也会使用各种手段，要求采购部门建立独家供应商制度。这就存在一定的风险，例如出现供应商货源不足或意外等问题，从而影响企业的生产经营。

二、采购风险防范措施

(一) 建立健全企业采购组织

企业采购组织是企业采购活动的主体，直接决定企业采购的效益。健全的采购管理组织是企业对采购实行统一领导、分级管理、防范采购风险的基础。

企业要从组织建设上加强对采购工作的领导，成立由总经理和各部门负责人组成的“采购工作委员会”，直接领导采购部门的工作。该委员会在运作过程中要力求规范运作。

(1) 法制化管理是企业采购最主要、最高级的管理方式。法制化管理可以确保企业采购贯彻公开、公平、公正的原则，实现企业采购“物有所值”和“廉洁高效”的目标。

(2) 对采购工作实行统一管理，职能分离。

(3) 将企业的采购工作纳入购销比价系统，由“采购工作委员会”实行统一管理，将采购人员的权力按职能分配，形成相互制约的监督机制。

(4) 对采购环节中的主要业务，如确定物品的需要量，寻找合适的供应商确定合适的价格，审批供应商以及价格，与供应商签订合同，检验收到的物品，储存物品，登记明细账，核准付款等，都要有专人负责，严格把关。

(5) 审批人不能同时办理寻找供应商和索赔业务，物品的采购人员不能同时从事物品的验收工作；审核付款人不能同时是付款人。

(二) 建立健全采购作业标准和请示制度

(1) 制订标准化采购操作流程，编制详细的采购作业手册，把采购作业过程分成若干步骤，明确每个步骤应该怎么做、达到什么要求、做什么记录；再对每个操作步骤进行分类，针对不同情况予以处理，明确每种情况下应当怎样做、达到什么要求以及具体的规定。这个操作手册既是采购作业操作手册，也是采购作业控制监督的标准。

另外，为了监控的需要，还应在各个步骤设立采购作业控制点，如时间、地点、作业指标、证明人等；设置流程记录，如原始单据、合同、采购人员工作记录、书面汇报材料等。

(2) 明确规定采购人员的权限范围。采购人员在外面独立工作，应当具有一定范围的决策权、主动权。这样有利于调动采购人员的积极性，提高其工作效率。

(三) 建立健全供应商选择和管理制度

供应商的选择和管理是企业采购防范风险的基础工作。适合企业的供应商是企业的宝贵资源，其不仅能确保企业物品采购稳定可靠、质优价廉、成本降低，而且还可以保持双方关系融洽、互相支持、共同协调，降低采购风险。企业要建立供应商准入制度，科学确定供应商标准。在对供应商调查了解的基础上，挑选一批生产能力强、技术水平高、管理科学、服务周到的供应商，并为这些供应商建立档案，具体记录供应商的联系方式、地址、注册资金、营业执照号、供应物品的质量及规格、付款条件、交货条款、交货期限、银行账号等。

企业还应开展主要物品采购价格的调查，在了解本企业物品采购价格水平、本地区同行业物品采购价格水平、国内同行业物品采购价格水平的基础上，建立主要物品采购的价格档案。在实施采购时，将每一批主要物品采购的报价与档案中记录的物品价格进行比较，分析价格差异产生的原因。例如，采购物品价格高过档案价格，要加以说明，并提请企业采购工作委员会讨论及评价。

(四) 完善企业采购监督机制

采购管理如果缺乏必要的制度约束和监督，就会给企业财务管理及生产经营带来风险，因此，企业有必要对物资采购进行全过程、全方位的监督。

对采购进行全过程的监督，是指对计划、审批、询价、招标、签约、验收、核算、付款和领用等所有环节进行监督。重点监督计划制订、签订合同、质量验收和结账付款四个关键控制点。

1. 严格审查采购计划

企业应加强对物料需求计划、物资采购计划的审查，审查这些计划的编制依据是否科学，是否偏离了实际，计划目标与实现目标是否一致，采购数量、采购目标、采购时间、运输计划、使用计划、质量计划是否有保证措施。

2. 严格审查采购合同

企业应该对采购合同文本各条款，特别是关键性条款进行仔细审查，严格执行签订合同的各项程序，减少因工作疏忽而引发的采购风险，体现以防范为主的风险管理原则。同时，要对已签订的合同办理必要的公证手续，使采购合同受到法律保护，增强合同的严肃性、公正性和法律强制性，一旦发生采购风险，可以运用法律武器保护企业利益。

3. 加强质量验收

企业要成立验收小组，严格按合同要求对供应商所供产品的质量、数量进行认真审核。检查供应商所提供的产品是否符合企业在合同中规定的产品质量标准。谨防以次充好、以假代真的现象发生，保障企业采购质量。对于没有按招标文件和采购合同供货的，企业有权不予接货和验收。

4. 结账付款

企业只有在验收小组出具验收合格的验收报告后才能支付资金。可以说，验收报告是支付采购资金的"通行证"。

小知识

企业采购供应活动财务预警

1. 企业采购供应活动财务管理存在的一般问题

(1) 采购计划方面。

1) 没有采购计划或采购计划形同虚设。

2) 采购计划不科学，执行不彻底。

(2) 签订合同方面。

1) 采购价格和费用高，不能充分利用批量采购、优惠付款方式等条件。

2) 采购数量、供货时间不科学。

3) 比质比价招标采购物品范围小，执行不彻底。

4) 合同签订不规范，执行不严肃。

(3) 验收入库方面。

1) 采购验收标准不科学，把关不严，经常出现人情采购。例如，某供应商即使出现被退货现象或质量责任事故，但在其没有彻底改善的情况下，购买方依然继续从其处采购。

2) 库存量高，占用资金多，管理费用高。目前一般企业合理库存量按照一个月或者一个半月的消耗量制订。根据调查分析和咨询，事实上按照0.7个月的消耗量制订比较合理，有的企业已经向零库存逼近。较高的库存量不仅占用资金大，影响资金流动和使用效率，而且容易造成损失。据统计，原材料的订货费用和存放费用平均约占材料成本的20%。

(4) 仓储管理、出库和盘点方面。

1) 仓库内部管理混乱，存在各种隐患，丢失报废现象司空见惯。

2) 没有定期盘点，造成长期混乱，有的单位即使进行盘点，盘点结果也不进行处理，责任也不落实，失去了盘点的意义。

3) 对过期和报废物品长期不进行处理，造成新的浪费。如某些单位有大量商标已经不可能再使用，但仍然摆放在仓库中；有一食品生产企业，有一大批产成品超过保质期，企业却专门租赁仓库保管。

(5) 付款方面。采购资金不落实，长期占用供应商资金，逾期现象严重，信誉较差，造成采购工作的被动，影响生产经营的正常开展。

(6) 其他方面。

1) 财务部门记账管理不规范，没有起到反映、监督作用。

2) 内部控制失效。有的企业有很好的内部管理制度，但往往是形同虚设，企业领导经常带头不遵守规范。

2. 企业采购供应活动财务预警指标体系设置和对策

采购环节财务预警指标应根据企业实际情况，经过深入调查分析确定。根据目前企业业务开展情况和存在的主要问题，列举了以下财务预警指标，并提供了相应对策建议。

一般情况下，轻度报警应在财务部门中层解决为宜，同时必须马上通知相关部门；中度预警可由财务总监负责解决，较严重的应报经理办公会；高度预警必须交经理办公会解决，严重的应报公司董事会。

采购供应活动财务预警指标体系可参照表2-2。

表2-2 采购供应活动财务预警指标一览表

预警指标	标准值确定和合理波动期间	实际值获取及计算口径	对策建议	备注
采购计划变化率	按照期初资金计划根据经验确定。	（实际额–计划额）/计划额。	做好市场预测，加强信息收集，提前应变。	一般区间在20%内
招标采购比率	根据比较分析法、结构分析法等确定。	定期计算，招标采购额/实际采购额。	有计划有步骤地扩大范围。	逐步提高比率
采购价格差异率	根据市场调查，制订计划标准价格。	进行内部审计。	重视信息管理，加强市场预测，与供应商建立长期战略合作伙伴关系。	动态调整
大宗商品采购批量	根据数量折扣、价格折扣和资金成本等制订经济订货批量，采用ABC法。	主要物品一次采购数量。	采用成本分析、随机模式、经济批量等方法。	主要物品实行
供货时间差异	根据仓储量、消耗量、供货期等计算确定，由合同约束。	提前时间天数和滞后期限。	加强信息沟通，做好工作的跟踪落实。	
存货与流动资产比例	根据比较分析法、结构分析法等确定。	存货/流动资产，从账表中获取。	从采购、生产、销售等多方面找原因和落实措施，重点管理。	
应付账款周转率	结合应收账款、行业资料、市场情况、历史趋势确定。	销售收入/应付账款，从账表中获取。	在保证信誉的基础上，尽量多占用供应商资金。	
主要原材料、库存量	根据比较分析法、调查法等确定标准值和合理波动区间。	ABC分类法、分类记账等。	制订主要原材料合理库存量，加强内部信息沟通，并动态调整，严格执行。	
低值易耗品库存量	比较分析法、结构分析法、调查法等。	根据会计核算数。	总量控制	
物品报废损失额（率）	趋势分析法、经验取值法等。	报废损失额或（报废损失额/库存额）。	将存货归类清楚，重新制订库存方法，进出库有凭据，严格考核。	可分类
盘点差异率	根据趋势分析法、比较法等。	盘点差异/库存额	坚持定期盘点制度，清理废料。	可分类
付款逾期率	根据趋势分析法、经验取值法等。	逾期额（家）/应付额（家）	加强资金计划，提高信誉观念，合理利用资金。	
严重违反内控制度次数	根据内控实际确定违规现象或次数。	检查、内部审计等。	完善内控制度，加强监督检查，严格考核。	列举给出

三、付款业务风险控制

(一) 付款环节主要风险

付款环节主要风险是：付款审核不严、付款方式不恰当、付款金额控制不严，可能导致企业资金损失或信用受损。

(二) 付款风险控制

1. 采购付款风险管理

(1) 企业应当加强采购付款的控制，完善付款流程，明确付款审核人的责任和权力，严格审核采购预算、合同、相关单据凭证、审议批准程序等相关内容，审核无误后按照合同规定及时办理付款。

(2) 企业在付款过程中，应该严格审查采购发票的真实性、合法性和有效性。发现虚假发票的应查明原因，及时报告处理。

(3) 企业应当重视采购付款的过程控制和追踪管理，发现异常情况的，应当拒绝付款，避免出现资金损失和信用受损。

(4) 企业应当合理选择付款方式，并严格遵守合同规定，防范付款方式不当带来的法律风险，保证资金安全。

2. 预付款与定金风险管理

(1) 企业应当加强预付账款和定金的管理。它是企业资产的一部分，具有一定的风险，必须加强管理，防范资金流失。

(2) 三项具体要求是：

1) 涉及大额或长期的预付款项，应定期进行追踪核查。

2) 综合分析预付账款的期限、占用款项的合理性、不可收回风险等情况。

3) 发现有疑问的预付款项，应当及时采取措施，予以解决。

3. 会计系统控制

(1) 企业应当加强购买、验收、付款业务的会计系统控制，详细记录供应商情况、请购申请、采购合同、采购通知、验收证明、入库凭证、商业票据、款项支付等情况，确保会计记录、采购记录与仓储记录核对一致，确保账实相符。

(2) 企业应当指定专人通过函证等方式，定期与供应商核对应付账款、应付票据、预付账款等往来款项，发现差错应及时予以解决。

4. 退货风险管理

(1) 企业应当建立退货管理制度，对退货条件、退货手续、货物出库、退货货款回收等做出明确规定，并在与供应商的合同中明确退货事宜，及时收回退货货款。

(2) 涉及符合索赔条件的退货，应在索赔期内及时办理索赔，收回索赔款项。

(三) 采购业务后的评估

由于采购业务对企业生存发展至关重要，所以企业要建立后评估制度，对物资需求计划、采购计划、渠道、价格、质量、成本、协调、合约签订与履行情况等活动进行定期专项评估和综合分析。同时，将需求计划管理、供应商管理、验收与存储管理等方面的关键指标纳入业绩考核体系，促进物资采购与生产、销售等环节有效衔接，不断防范采购风险，全面提升采购效能。

第三节 采购方面的预算

一、采购预算的构成

采购预算主要包括材料耗用量预算、材料采购量预算、材料采购成本预算、进项增值税预算、材料含税采购金额预算、因材料采购引起的现金流出预算和应付账款期末余额预算等。

二、采购预算的编制原理

1. 材料耗用量预算

某产品材料耗用量=该产品生产量×该产品材料消耗定额

材料耗用总量=∑各种产品材料耗用量

2. 材料采购量预算

材料采购量=∑(各种产品材料耗用量+期末合理库存量−期初库存量)

3. 材料采购成本预算

材料采购成本=∑(各种材料采购量预算数×该种材料计划单位成本)

4. 进项增值税预算

进项增值税=材料不含税采购金额×适用税率

5. 材料含税采购金额预算

材料含税采购金额=材料不含税采购金额+进项增值税

6. 因采购引起的现金流出预算

因采购引起的现金流出=期初应付账款偿还支出+本期采购现金支出

其中，期初应付账款偿还支出=∑(以前各期赊购金额×本期偿还率)

本期采购现金支出=含税采购金额×付现率

7. 应付账款期末余额预算

应付账款期末余额=应付账款期初余额+本期含税采购金额−本期采购现金支出

三、采购预算业务流程

1. 采购预算业务流程控制图

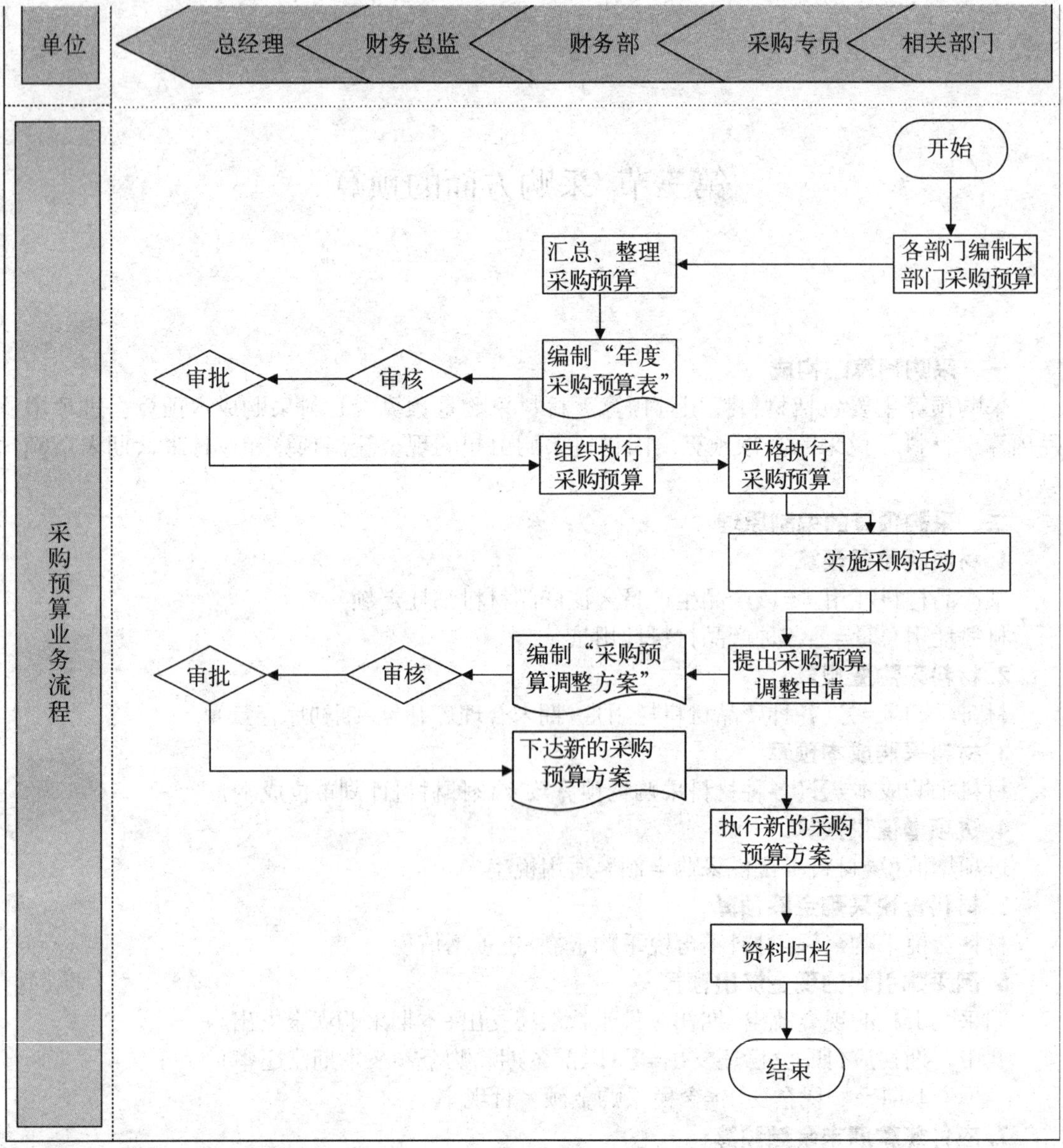

2. 采购预算业务流程控制表

采购预算业务流程控制

控制事项		详细描述及说明
阶段控制	D1	1.各生产单位根据年度营业目标预测生产计划，据此编制年度物资需求计划，并编制采购预算；仓储部根据企业相关规定和生产用料计划编制采购预算；研发部、行政部根据实际需求编制采购预算。 2.财务部预算专员负责汇总、整理各部门提交的采购预算。 3.财务部预算专员根据上一年度材料单价、次年度汇率、利率等各项预算基准编制企业“年度采购预算表”，财务部经理签字确认后，报财务总监审核、总经理审批后严格执行。

续表

采购预算业务流程控制		
控制事项		详细描述及说明
阶段控制	D2	4.请购部门根据实际需求提出采购申请，采购部采购专员应根据市场价格填写采购金额，依据企业相关规定以及生产需求情况，判断采购是否合理。如果采购申请合理，提交相关领导审批；不合理的采购申请，则退回请购部门。
	D3	5.调整采购预算的原因包括超范围采购或超预算采购两种。由于市场环境变化，如采购物资的价格上涨，导致实际采购金额超出采购预算或生产突发事件导致采购预算外支出等。此时，采购部必须提出采购预算调整申请，即追加采购预算。 6.财务部接到采购部的预算调整申请后，根据实际情况，参照企业的相关规定进行核对，并编制采购预算调整方案，提交财务总监审核、总经理审批。
相关规范	应建规范	* 采购申请制度。 * 请购审批制度。 * 预算管理制度。
	参照规范	*《企业内部控制应用指引》。
文件资料		*“销售计划”。 *“生产计划”。 *“年度采购预算表”。 *“采购预算调整方案”。
责任部门及责任人		* 采购部、财务部。 * 总经理、财务总监、采购部经理、财务部经理、采购专员、预算专员。

第四节 采购方面的内审

一、物资采购内审概述

物资采购审计是指组织内部审计机构及人员依据有关法律、法规、政策及相关标准，按照一定的程序和方法，对物资采购各部门和环节的经营活动和内部控制等所进行的独立监督和评价活动。此处所称的“物资”是指组织在产品生产、基本建设和专项工程中所使用的主要原材料、辅助材料、燃料、动力、工具、配件和设备等。

1. 物资采购内审的目的

物资采购审计的目的是改善物资采购质量，降低采购费用，维护组织的合法权益，促进组织价值的增加及目标的实现。

2. 物资采购内审的主要内容

物资采购审计是对物资采购全过程实施的监督和评价，是财务审计与管理审计的融合。

物资采购审计的主要内容包括审计物资采购内部控制、采购计划、采购合同、采购招标、供货商选择、采购数量、采购价格、采购质量、物资保管、结算付款以及物资采购期后事项等。

3. 物资采购审计的模式

根据组织的管理模式和要求、物资采购业务量的大小、内部审计机构资源等的不同，物资采购审计可以采取项目管理式审计和过程参与式审计两种模式（见表2-3）。

表2-3　物资采购审计的模式

物资采购审计的模式	项目管理式审计	它是有重点、有目的地将某物资采购部门、环节或物资品种纳入年度审计计划，形成特定审计项目，并实施相应审计程序的审计模式。大、中型规模的组织适合采用该模式。
	过程参与式审计	它是由专职内部审计人员参与监督物资采购的全过程或者部分重要过程，实现物资采购审计的日常化。小规模组织可以采用该模式。

4. 物资采购内审对内部审计人员的要求

内部审计人员有责任警示被审计单位关注物资采购的现有和潜在风险。

内部审计人员应具有物资采购管理的相关专业知识，熟悉相关法律、法规、政策和组织内部有关规定，掌握物资采购内部控制原理，了解组织物资采购现状和外部环境的变化。开展专业技术性较强的物资采购审计，内部审计机构可聘请外部专家参与。

二、物资采购前期审计

物资采购前期审计是从制订年度审计计划开始到具体实施物资采购审计程序之前对各项审计工作做出的安排。物资采购前期审计的基本过程：

1. 编制年度审计计划，确定审计对象

内部审计人员应综合考虑以下各种因素（见表2-4）。

表2-4　内部审计人员应综合考虑的因素

内部审计人员应综合考虑的因素	重要性	选择采购数量较大、采购次数频繁、采购价格较高、采购价格变化频繁、质量问题突出、长期积压或短缺、在ABC分类管理法下的A类和B类物资、群众反映普遍、领导关注、内部控制薄弱和出现错弊概率较高的部门、环节或物资类别等。
	物资采购方案、内部控制的重大变化	内部审计应根据外部环境和内部条件的变化，适时审查新的物资采购方案和内部控制的适当性、合法性和有效性，将其列入审计计划。
	改进空间	根据成本效益原则，内部审计人员应将工作改进空间较大、在增值性方面有潜力的物资采购部门、环节或物资类别确定为审计项目。
	审计资源	
	风险因素	风险因素可能来自组织内部或外部。组织规模、经济业务性质、账户余额大小、出现错弊概率、物价变动幅度、技术变化速度、管理人员素质和能力、业务量大小等都是潜在的风险因素。一般而言，风险大的项目应优先做出审计安排。

2. 获取与研究相关资料，制订项目审计计划和审计方案

相关资料见表2-5。

内部审计人员应通过审阅资料、咨询技术专家、进行分析性复核、现场观察物资采购流程、询问等方法，研究相关背景资料，初步评价重要性和审计风险，进而制订适合本组织实际情况的物资采购项目审计计划及审计方案。审计计划及方案经适当管理层批准后，向被审计单位发出物资采购审计通知书。

表2-5 相关资料

相关资料	1.物资采购目标和计划。
	2.前期物资采购审计工作底稿。
	3.组织资料，例如组织结构图和工作说明、政策和程序手册以及重大的组织系统变化等。
	4.财务会计资料。
	5.相关制度规定，例如采购政策、采购程序制度、授权审批制度、供货商管理制度、财产接触制度、合同或协议签订制度、凭证管理制度和定价策略等。
	6.外部信息资料，例如同行业相关资料、物价水平和变化幅度、技术变化程度和供货商资料等。
	7.法律性文件。

3. 审查、评价内部控制

物资采购内部控制包括控制环境、风险管理、控制活动、信息与沟通以及监督五个要素（见表2-6）。

表2-6 审查、评价内部控制

审查、评价内部控制	采购控制环境	采购控制环境包括以下内容：董事会成员的知识和经验丰富程度、独立性地位、独立董事所占比例、审计委员会的设置情况；管理者对待物资采购内部控制的重视程度、采取的经营理念和管理模式；企业文化所塑造的员工基本信念、价值观念、思维和行为方式；组织结构的适当性、权责划分的明确性、奖惩的分明性、岗位设置的合理性、人员素质的适当性；组织人力资源政策的适当性等。
	采购风险管理	采购风险管理包括物资采购风险识别、风险评估和风险应对策略。风险识别包括检查外部因素（如竞争、技术和经济变化等）和内部因素（如员工素质、组织活动性质、信息系统处理特点等）；风险评估包括估计风险的严重程度、评价风险发生的可能性；风险应对策略包括根据风险评估结果做出的回避、接受、降低或分担等风险应对措施等。
	采购控制活动	物资采购控制活动包括以下内容：业务授权、职责分离、质量验收控制、物资采购招标控制、凭证和记录控制、资产接触和记录使用控制、独立检查、物价信息控制。
	采购信息与沟通	物资采购相关信息除了涉及财务信息外，还涉及非财务信息，如物价变动信息、市场需求信息、经济政策信息、技术信息、供应渠道变化信息、业务流程再造信息等。信息沟通方式包括政策手册、财务报告手册、备查簿、口头交流、例外情况报告和管理事例等。
	采购监督	采取的方式包括物资采购内部控制自我评估、内部审计报告、内部控制例外情况报告、操作人员反馈以及顾客投诉等。 物资采购内部控制审计可通过设置采购内部控制调查表等方式进行深入调查、了解和测试，并形成审计工作底稿。

物资采购内部控制调查表格式如表2-7所示。

表2-7 物资采购内部控制调查表

被审计单位名称	××部门	日期		索引号	
审计项目名称	物资采购内部控制调查	编制人		××	
会计期间或截止日	200X年度	复核人	××	页次	

问题	是			否	不适用	备注
	强	弱	一般			
1. 物资采购控制环境问题调查						
(1) 管理部门是否认为健全的内部控制能促成物资采购目标的实现?						
(2) 组织结构的设置是否有利于物资采购各部门职责的明确划分和协调运行?						
(3) 有无物资采购程序、手册和详细的岗位说明书?						
(4) 物资采购所涉及的所有员工是否清楚自己所要履行的岗位职责和必须遵循的政策与程序?						
(5) 物资采购政策及变化是否及时传达给相关员工?						
(6) 管理部门是否定期向员工说明道德行为的重要性?						
(7) 是否制订了书面的道德政策并使员工了解这些政策?						
(8) 有无制订不合理的采购目标与高业绩挂钩的奖励诱使员工舞弊?						
(9) 员工的素质与其从事的物资采购业务是否相称?						
(10) 有无对员工进行定期专业培训?						
2. 物资采购风险管理问题调查						
(1) 是否有适当层次的管理部门参与了对物资采购风险的评估?						
(2) 有无识别物资采购风险的适当办法?						
(3) 物资采购风险的识别是否全面?						
(4) 是否对物资采购风险进行了评估?						
(5) 是否有物资采购风险的防范和化解措施?						
(6) 是否有识别人事、控制程序变化并做出相应反应的机制?						
(7) 有无防止物资积压或短缺的有效办法?						
(8) 物资安全库存量的确定是否合理?有无进一步降低的可能?						
3. 物资采购控制活动问题调查						
(1) 所有物资采购是否以合法经营需求或目的为依据?						
(2) 物资采购是否经过适当的授权批准?						
(3) 是否以最具成本效益的方式取得物资?						
(4) 是否对物资采购实施合同控制?						
(5) 是否对物资采购不相容职务执行了分离?						
(6) 是否对承担采购职责的员工进行定期轮岗?						
(7) 大宗物资采购是否实行招标控制?						
(8) 供货商选择是否做了充分的调查并持续监督供货商业绩?						

续表

被审计单位名称	××部门	日期		索引号	
审计项目名称	物资采购内部控制调查	编制人	××		
会计期间或截止日	200X年度	复核人	××	页次	

问题	是			否	不适用	备注
	强	弱	一般			
(9) 采购物资的价格确定是否合理？						
(10) 有无健全的物资价格信息控制措施，包括物价信息收集、分类、加工、比较的程序控制，信息的质量要求，信息资料的归档保管等？						
(11) 是否对到货物资由独立部门组织认真验收？						
(12) 对验收不合格的采购物资是否及时查明原因落实责任？						
(13) 是否对物资采购进行了永续盘存记录？						
(14) 在缺乏永续盘存记录时，是否存在补偿控制措施？						
(15) 物资采购是否实施了ABC分类管理法？						
(16) 是否对物资进行定期盘点？						
(17) 是否在有关物资采购票证审核一致、无误的基础上确认应付账款负债？						
(18) 是否定期发送供货商对账单？						
(19) 有无物资接触和记录使用控制措施？						
(20) 对物资采购是否采取了健全的凭证和记录控制？						
(21) 是否有针对计算机环境下物资采购信息处理的安全控制标准和措施？						
4. 物资采购信息与沟通问题调查						
(1) 管理部门是否鼓励涉及物资采购的所有各方交流信息？组织内部信息渠道是否通畅？						
(2) 信息沟通是否能使员工有效履行职责？						
(3) 与组织外部是否有信息沟通？						
(4) 是否存在根据截止期信息对物资采购明细账和总账进行控制和调节？						
(5) 是否对重大物资采购差异进行了及时调查和处理，是否将调查结果向管理层提交？						
(6) 管理部门是否投入充分的资源来支持对信息系统的开发和修改？						
(7) 是否保持最新的物资采购会计文件？						
(8) 收集的外部信息是否全面，包括物价变动信息、市场需求信息、经济政策信息、技术信息、供应渠道变化信息、业务流程再造信息等？						
(9) 有无通畅的例外情况报告渠道？						
(10) 员工的反馈以及供货商的投诉渠道是否畅通？						
(11) 是否采取措施保证网络环境下信息处理和传递的安全完整和对计算机病毒的防范？						

续表

被审计单位名称	××部门	日期			索引号	
审计项目名称	物资采购内部控制调查	编制人	××			
会计期间或截止日	200X年度	复核人	××		页次	
问题	是			否	不适用	备注
	强	弱	一般			
5. 物资采购监督问题调查 (1) 是否建立适当管理程序来保证物资采购控制的运行并对运行的效果进行评估？ (2) 是否存在适当的程序对物资采购活动进行持续的日常监督？ (3) 监督活动中发现的控制薄弱环节是否向适当管理层汇报？是否根据需要对政策和程序进行修改？ (4) 是否设立独立稽核员对物资采购实施独立监督？ (5) 审计活动范围是否能够足以证明物资采购内部控制的有效性？						
审计结论：						

三、物资采购过程审计

物资采购过程审计是根据采购内部控制评审结果，确定采购计划、价格、合同、执行等方面的测试范围、重点和方法，以收集审计证据。

(一) 采购计划审计

采购计划审计是对采购计划中所列物资价格、数量、质量、采购方式和供货商选择等的真实性、合理性和有效性等进行的审计。

1. 应获取的相关资料

包括采购政策、采购计划、物资储备定额补库计划、销售计划、产品产量计划、技术措施计划、生产作业计划、在制品期初存量和期末预计存量、新产品试制计划、物资工艺消耗定额、生产设备大中小修理计划、技术改造计划和物资价格供应状况等。

2. 应关注的风险领域

包括采购计划程序失控、采购计划依据不当、采购计划分解不到位、采购计划执行不彻底、采购计划与其他计划不协调等。

3. 采购计划审计内容

表2-8　采购计划审计内容

采购计划审计内容	采购计划编制依据的可靠性	内部审计人员应审查采购计划的编制是否依据经过批准的物资采购申请单，在MRP环境下，采购计划的编制是否依据主生产计划、主产品结构文件、库存文件和各种零部件的生产时间或订货时间精确计算；采购计划是否与生产计划、销售计划、物资库存控制计划和资金供应计划等相协调；是否符合组织的存货政策、采购政策和资金管理政策。
	采购计划审批程序的合规性	审查各物资使用部门是否根据本期生产计划和物资消耗定额确定物资实际需要量，据以填具物资采购申请单；物资管理部门是否每月根据物资实际库存和储备需要填具物资储备定额补库计划表，提交补库申请单；各部门负责人是否按职责分工和授权范围对提交的采购申请单进行分类初审、对口把关；计划部门有无会同物资

续表

采购计划审计内容	采购计划审批程序的合规性	管理部门核实物资库存；最终下达的《月份物资采购计划》有无报经组织分管领导审批；对不符合规定的采购申请，有无要求请购部门或人员调整采购内容或拒绝批准；重要的和技术性较强的物资采购，是否执行特别授权审批程序，是否组织专家进行论证，实行集体决策和审批；对生产急需和突发性的紧急物资采购，是否以适当形式事先通知价格信息部门，并于规定时日内补齐办妥有关手续。在过程参与式物资采购审计模式下，采购计划在报经组织分管领导审批前，可首先提交内部审计人员审核。
	采购计划所列价格的合理性	对于重复购置的物资，如价格未发生变化，则以上次成交价格为依据，将高出确定标准的计划价作为重点审计对象；如价格已发生变化，应掌握最新市场公允价作为审计标准。审计物资采购计划价格时，应将新购物资作为审计的重点。当产品降价时，基于价值链管理的思想，应考虑供货商有无对供应物资协同降价的可能。在过程参与式物资采购审计模式下，经内部审计人员审核后的物资采购计划价格的处理有两种方式，一种是只作为编制采购计划和内部经济核算的价格依据，而不作为实际采购时的价格控制标准，实际采购之前采购部门需重新报送《价格申报单》；另一种是在编制采购计划之前，采购部门需事先提报《价格申报单》，经审查后作为编制采购计划的依据，并同时作为实际采购时的价格控制标准。
	采购计划所列物资数量的合理性	审查计划部门对申请单是否做了最有效的归类；物资采购数量是否考虑了经济批量；是否与生产计划和物资库存相适应。
	采购方式选择的合理性	物资的取得方式有定点进货和非定点进货，具体包括市场选购、电子商务采购、招标采购、委托加工、互惠购买、融资租赁和企业自制等方式。内部审计人员应审查采购方式的确定是否综合考虑了下列因素：现有资源的充分利用、物资的重要性程度、资金的贴现幅度、供货商的信誉和各种价格构成要素等。采用招标方式，应具体审查如下内容： 1. 监督招标过程和招标标准是否符合“公开选购、公平竞争、公正交易”的原则，确定在招标、开标、评标和定标过程中有无违反规定程序、私自与供货商串通、泄露招标信息等情况。 2. 审查有关招标文书的内容是否完整、严密，有关条款规定是否得到切实遵守。 3. 监督招标方式的选择是否合理。采用公开招标方式的，审查对外发布的招标信息是否全面、准确，发布范围是否具有广泛性，参与招标的投标人是否合格；采用邀请招标的，审查接受邀请的投标单位是否具有良好信誉、资质和财务状况，是否邀请至少三个以上投标人参加；采用议标采购方式的，审查所采购的物资是否确实没有供方投标、没有合格投标者、因技术复杂或性质特殊不能详细确定规格或具体要求、采用招标所需时间不能满足各组织紧急需要、不能预先计算出价格等，参加议标的单位是否在两家以上。 4. 审查招标采购的价格是否合理。复验标底价格，对编制标底的工作底稿所载明的物资数量、价格、人工耗费、各项其他费用及税金等进行复核、验算；审查最高采购限价的合理性和公允性；对于不能编制标底的招标物资或采用议标方式招标的，可根据市场行情对标的进行合理的价位判断。

续表

采购计划审计内容	供货商选择的合理性	根据供货商与组织的业务稳定性，供货商区分为定点供货商和非定点供货商。内部审计人员应重点审查组织对定点供货商选择的合理性，包括供货商选择评价程序是否规范；有无明确的供货商选择目标和评价标准；有无建立供货商评价小组，小组人员组成是否合理；有无完整、真实的供货商资料；供货商资料筛选、排序和审批是否流于形式；是否经集体决策进行供货商优选并形成供货商名单；是否根据供货商和本组织的实际情况采用实地考察、书面调查、样品检验或试用的方式确定供货商；有无过度依赖特定供货商，是否设立了备选供货商团队；有无对供货商档案进行规范管理，建立《合格供货方目录》，定期组织对供货商调查和复审；修改供货商档案是否经过特定授权并进行有效信息沟通等。

4. 审计方法

采购计划审计主要采用分析法、复算法、复核法、检查法、源头审计法、全面审计法、简单审计法和重点审计法等方法。

源头审计法是始终把握问题的根源而不被表象所左右。如一般物资采购的公允价格信息源是市场，在招标采购审计中，内部审计人员不仅要审查是否履行了规范的招标程序，还应关注招标与市场价的差异，关注结算价与中标价之间的差异，关注中标人的实质性运作。

全面审计法是对物资采购涉及的每一个环节、每一项资料和资料的每一个方面进行全面审计的一种方法。优点是细致、审核质量高，缺点是效率低、成本高。

简单审计法是在审计力量不足或者有特殊要求时，仅针对物资采购价格或者物资采购的其他某一方面实施审计的方法。

重点审计法是针对重点物资（如采购数量大、单价高）、敏感性物资、问题较多物资的采购进行重点审查。

（二）采购申报价格审计

采购申报价格审计是对采购价格申报内容的完整性、价格标准确定的合理性和申报程序的规范性等方面所进行的审计。

1. 应获取的相关资料

包括组织的物资价格制订政策、物资采购价格申报单、价格标准、物价变动信息、市场需求信息、经济政策信息、技术信息、供应渠道变化信息和业务流程再造信息等。

2. 应关注的风险领域

包括价格标准失控、价格信息系统无效和低效、采购效率降低、价格审查形式化、价格组成内容单一化和串通作弊风险等。

3. 采购申报价格审计内容

表2-9 采购申报价格审计内容

采购申报价格审计内容	《价格申报单》填列的完整性	采购部门应在比质比价的基础上，初步确定物资采购意向，填制《价格申报单》，经采购部门负责人签章后，送交价格信息部门进行价格核定。内部审计人员应审查《价格申报单》是否包括物资品名、规格、型号、数量、单价、金额、使用部门、技术要求、供货单位、货比三家情况等栏目。

续表

采购申报价格审计内容	价格标准确定的合理性	1. 审查价格信息收集渠道的广泛性和使用的有效性。 可供采用的价格收集渠道有网络、报纸、杂志、电视、广播、行业公报、供货商提供和竞争对手披露等。内部审计人员应审查采购部门和价格信息部门是否充分利用了各种价格来源渠道，建立起容量丰富的价格信息资料库；对于获取的各种信息源，是否按照本组织的物资种类进行了适当分类以提高检索能力，发挥信息使用效率；是否在各部门之间共享信息。 2. 审查价格信息资料收集的准确性和及时性。 审查价格来源渠道是否正规，是否根据环境变化适时更换价格信息，能否综合各种信息源较准确地预测未来的价格变化趋势，为组织实施战略物资管理提供价格导向。 3. 审查价格标准确定方法的适当性和计算结果的正确性。 物资采购价格标准的确定方法有：分别询价法、交叉询价法、调查法、信息资料查询法、历史资料评价法、测算法、专家评估辅助法、集中询价法、公开招标法、提供佐证法、限价法。
		4. 审查价格标准构成内容的全面性。 物资采购价格包括采购物资的买价、运杂费、保险费、途中损耗、入库前的整理挑选费用、大宗材料的市内运输费、采购资金利息和其他相关费用。其中买价和运费是物资采购价格的主要影响因素。
	采购申报价的合理性	1. 审查是否根据不同的物资采购方式确定申报价。 2. 审查申报单中所列物资品种是否在采购计划范围内，是否列入采购预算。 3. 审查采购申报价有无高估虚报问题。 4. 审查采购申报价的构成是否齐全，是否进行了综合比价。 5. 审查采购部门有无随意压价而忽视物资质量的现象。 6. 对于重复购置的物资，审查申报价是否超过最高限价，最高限价有无根据市场价格变动及时进行相应调整。 7. 审查采购部门是否进行比质比价。
	申报价格核定程序的规范性	审查价格信息部门是否根据确定的价格标准，在测算评估、对比分析的基础上，确定采购部门报价和相关费用的合理性和公允性，并提出核定意见。对违反规定或报价不合理的，价格信息部门具有否决权，提出重新询价的建议或者核定一个最高控制价格。采购部门应参照核定意见，在核定的价格控制标准范围内进行采购。

4. 审计方法

采购申报价格审计主要采用价格比较法、复算法、复核法、检查法、源头审计法、重点审计法和简单审计法等方法。

（三）采购合同审计

采购合同审计是对采购合同的合法性、完整性和有效性等所进行的审计。

1. 应获取的相关资料

包括合同法、组织内部有关合同制度、合同正文和副本以及供货商资料等。

2. 应关注的风险领域

包括盲目签订采购合同风险、合同无效风险、合同条款不利风险、合同违约风险和合同档案管理混乱风险等。

3. 采购合同审计内容

表2-10 采购合同审计内容

采购合同审计内容	采购合同签订的合规合法性	1. 审查供货商是否具有签约资格。 2. 审查合同的签订程序是否合规。 合同的签订需经市场调查、业务洽谈、合同起草、合同评审、合同执行以及合同变更、解除或终止等过程。内部审计人员应审查在市场调查阶段是否按“货比三家”的原则进行市场调查，是否取得了供货商完整的档案资料以确认供货商的信誉和履约能力，必要时是否对供货商进行现场考察；参与业务洽谈的代表的业务能力和技术水平是否具备，是否由两人以上参与谈判；合同起草是否使用了正规的合同版本；草签的合同是否经过组织法律部门、财会部门评审；是否根据组织授权要求报经有关领导审批，有无履行分级授权审批手续；是否办理了必要的公证手续；合同变更、解除或终止的理由是否充分，是否签署书面变更协议并履行审批手续，对于发现的将严重损害组织利益的已签署合同，是否及时采取了纠正措施。
	采购合同条款的完备性和合同内容的合法性	采购合同应包含如下基本内容：合同标的，数量和质量，价格和结算方式，运输方式，履约期限、地点和方式，违约责任等。内部审计人员首先应审查合同中是否包含上述内容，有关规定是否明确、具体。其次，应审查签约双方的权利和义务是否明确并具有对等性。再次，应审查确定有无利用合同从事非法行为的可能性。最后，应审查合同条款规定是否为组织争取到最大的财务利益，如充分考虑付款条件和资金优势，选择合理的货款支付方式等。
	采购合同的执行结果	审查合同内容是否得到全面、严格的履行；审查有无合同违约、违约的原因及违约处理结果，如对方违约，是否及时组织索赔。如本方违约，责任人是否向分管领导提交书面报告，经审批后办理赔偿手续，并追究相关责任；协商不成的合同纠纷是否及时上报上级领导和法律部门，通过申请仲裁或向人民法院起诉解决合同纠纷。
	审查合同的管理是否规范	1. 审查组织有无设置专门的合同管理机构，合同管理人员是否具备相应资格，合同管理制度是否完善，有无重大合同变更的应对防范措施。 2. 审查合同的归档和保管是否完整。审查合同是否按序编号；台账登记是否清晰完整；支持性文件是否齐全，是否包括采购合同正本、合同补充协议、技术协议、采购订单、合同评审表及其他合同附件。

4. 审计方法

采购合同审计主要采用检查法、函证法、询问法和重点审计法等方法。

(四) 物资采购计划执行情况审计

物资采购计划执行情况审计是指在采购物资运达组织后，对物资验收、入库、计量、价格和货款支付等业务执行的适当性、合法性和有效性等所进行的审查和评价。

1. 应获取的相关资料

包括物资采购申请单、采购计划、采购合同、价格申报单、采购发票、运费单、检验报告单、入库单、退货单、付款凭单、转账凭证、应付账款明细账、材料采购明细账和对账单等。

2. 应关注的风险领域

包括采购方式和供货商改变、价格失控、质量检验失控、计量不实、保管低效、票据失真、付款提前或滞后、付款不实和违规结算风险等。

3. 审计内容

表2-11 物资采购计划执行情况审计内容

<table>
<tr><td rowspan="6">物资采购计划执行情况审计内容</td><td>采购方式执行情况审计</td><td>审查采购部门是否按照采购计划、采购申报单确定的采购方式和供货商进行采购。例如，物资采购执行的是定点供货制度，内部审计人员应取得《物资定点供货目录》作为审计标准，据以确定采购部门是否在合格供货商目录中选择供货商，如有改变，其改变的原因和批准手续是否合理。对于发现的供货商供货问题，采购人员是否及时填写《供货商供货问题信息反馈单》交价格信息部门，价格信息部门是否及时发出《纠正/预防措施通知单》，限期整改并追踪整改结果；整改无效者，是否暂停其供货或取消合格供货商资格。</td></tr>
<tr><td>质量控制执行情况审计</td><td>1. 审查是否设置独立的质量检验部门组织物资验收，有无采取适当措施防止采购人员、质检人员与保管人员串通舞弊。
2. 审查物资验收是否根据货运单、发票和经过批准的采购合同副本、采购价格申报单、采购计划进行。</td></tr>
<tr><td></td><td>3. 审查物资验收是否签署顺序编号的验收报告。
4. 审查超过采购合同的进货数量和提前到货的采购是否经过适当批准。
5. 审查短缺物资和不符合质量要求的物资是否查明了原因，有无根据不同情况及时组织索赔，是否每月编制退货报告，以供采购和质检部门进行审查、分析和考核供货商表现等。
6. 审查对逾期未交货者，有无按合同规定给予罚款或没收违约金。
7. 审查对大型或数额较大的物资采购，有无取得供货商合格的检验证明，合同中是否规定了必要的质保内容；物资验收是否严格，有无存在由于验收不严造成以次充好、以劣充优、不合格物资入库等问题。</td></tr>
<tr><td>计量执行情况审计</td><td>1. 审查计量器具：计量器具是否经过国家法定检验机构的检验并出具书面证明；内部计量部门是否定期检查和校对计量器具；计量器具的操作是否正确合规；抽查计量记录并核对实物数量，验证计量的准确性。
2. 审查采购物资途中损耗：是否制订了合理的路耗标准；实际损耗是否控制在标准范围之内；损耗的处理是否合理。
3. 审查质量检验对计量结果的影响。对于化工、石油、煤炭、矿山等行业的物资采购，应注意审查是否运用质量检验结果对采购物资数量进行了适当的调整。</td></tr>
<tr><td>价格执行情况审计</td><td>1. 审查物资采购是否按批准价格执行：审查发票、货运单、验收单等原始资料上载明的价格是否与价格申报单、采购计划、采购合同一致，价格的变动是否经过核准。
2. 审查运费的组成和数额是否合理：应根据确定的运费价格标准审查物资采购运费，保证实际运费控制在标准范围之内，包括运输方式的选择、运输里程的确定、运输商的选择、运价组成等。</td></tr>
<tr><td>仓储保管情况审计</td><td>1. 审查仓库的位置与内部空间的布置：审查仓库位置的设置是否有利于组织内物资流动的经济性、合理性；仓库内部空间的布置是否有利于利用仓库的有效面积和提高仓库的作业效率。
2. 审查仓库面积利用率：通过计算和比较“仓库面积利用率”指标，确定仓库利用效率高低和利用潜力的大小。
3. 审查仓库存放保管工作：物资是否按分区及编号有序排放；物资包装、标示是否符合规范；易燃、易爆、剧毒等危险物资是否隔离存放；库房防火、防盗、防潮等措施是否到位。</td></tr>
</table>

续表

<table>
<tr><td rowspan="3">物资采购计划执行情况审计内容</td><td>仓储保管情况审计</td><td>4. 审查物资保管账卡档案是否建立健全，并定期与相关资料、账簿核对。
5. 审查物资分类保管情况。审查物资保管是否按照物资的重要程度、消耗数量、价值大小等区别对待，实施ABC分类管理法。
6. 审查物资储备定额制订是否合理。
审查物资最高储备、经常储备、保险储备和季节性储备等定额是否经济合理，是否做到既满足生产需要，又最大限度地压缩库存。</td></tr>
<tr><td>采购票据审计</td><td>1. 审查物资采购的票据是否齐全，是否按照采购业务发生的先后顺序编号。
2. 审查各种票据载明的采购数量、单价、金额、品种、规格、产地、型号等是否真实，数量、单价、金额等计算是否正确，各种票据相关内容是否一致。
3. 审查票据的填写是否合规，手续是否齐全，来源渠道是否正规，保管、领用和注销措施是否完善，传递程序是否合规等。</td></tr>
<tr><td>采购负债确认及付款执行情况审计</td><td>1. 审查负债的确认是否正确。审查采购部门是否在物资采购申请单、验收单、供货商发票等核对无误的基础上出具付款申请单，并及时通知财会部门；财会部门是否在进一步审核的基础上，编制记账凭证，登记付款凭单登记簿或应付账款明细账，确认负债。
2. 审查应付账款的登记是否正确。审查应付账款登记和管理是否由独立于请购、采购、验收、付款以外的职员执行；是否根据不同供货商设置明细账进行明细分类核算；是否根据审核无误的原始凭证和记账凭证及时登记账簿记录，有无遗漏、隐瞒负债情况；是否定期将应付账款明细账余额与供货商寄回的对账单相核对，与应付账款总账相核对，与采购部门台账相核对，对存在的差异是否及时妥善处理；对享有折扣的交易，是否以扣除折扣后的货款净额登记应付账款，防止付款时贪污折扣。
3. 审查付款处理是否合规。审查付款是否符合资金结算制度的要求；付款是否在会计人员审核的基础上，经过授权人审批；是否按确定的付款方式付给指定的收款人；核实付款金额和收款人是否正确；有无使用空白支票；已付货款是否在发票上加盖“付讫”戳记等。
4. 审查预付账款处理是否合规。审查预付账款是否经过申请、审批；收到采购物资后，是否根据供应商发票及时冲减预付账款；是否与供货商定期对账。
5. 审查应付账款余额的整体合理性。审查财会部门是否定期编制应付账款账龄分析表、物资已收发票未到情况汇总表；是否每月计算主要业绩指标据以监控应付账款状况；采用分析性复核方法，通过比较本期与上期各应付账款明细账户余额、相关比率和相关费用账户金额，确定应付账款有无异常变动。</td></tr>
</table>

4. 审计方法

物资采购计划执行情况审计可以采用检查法、复核法、分析法、复算法、盘点法、鉴证法、抽样法、观察法、函询法和询问法等方法。

四、物资采购后续审计

物资采购后续审计是内部审计人员在提交了物资采购审计报告后，针对报告中所涉及的审计发现和审计建议所进行的跟踪审计，目的是确定被审计单位对于审计报告中所揭示的问题和偏差的纠正和改进情况以及产生的实际效果。

1. 物资采购后续审计的基本过程

表2-12 物资采购后续审计的基本过程

物资采购后续审计的基本过程	应获取的相关资料：审计报告、审计回复、定点供货目录、价格申报单、采购计划和物资质量标准等。
	取得被审计单位的反馈意见并进行合理分析：内部审计人员应关注如下事项：被审计单位不做反馈和反馈不充分的事项；被审计单位有异议或误解的事项；反馈意见中说明不采取纠正措施的事项等。内部审计人员应逐项分析上述事项的具体原因，并且特别注意反馈意见中对于问题原因的分析是否具有针对性，拟采取的措施是否具体。
	实施适当的审计程序：对重大的审计发现和建议通过现场访问、直接观察、测试和检查文件等方式，编制“后续审计面谈结果小结”和“后续审计跟踪记录表”等工作底稿。
	评估采纳审计建议所达到的效果。
	提交后续审计报告。

2. 物资采购后续审计的审计方法

物资采购后续审计主要采用审计分析方法、详查法、抽查法、终点审计法、重点审计法、函证法和查询法等方法。终点审计法是通过某一环节的重点审计，反馈前续环节中存在的问题。例如，通过物资采购后续审计，验证供货商选择、物资验收、价格执行等方面存在的问题，反馈物资采购审计工作中存在的不足。

3. 物资采购后续审计应关注的风险领域

物资采购后续审计应关注的风险领域，包括物资超储积压或储备不足风险、物资使用质量低劣风险、物资价格失控风险、资信低的供货商定点供货风险和审计建议无效风险等。

第三章

生产成本

第一节 生产成本项目

生产成本是指公司在一定期间内生产产品所发生的直接费用和间接费用的总和。

这里以工业企业为例。工业企业费用要素和产品生产成本项目，就是对工业企业各种费用的两种最基本的分类。

一、企业费用要素

产品的生产经营过程，也是劳动对象、劳动手段和活劳动的耗费过程。因此，工业企业发生的各种费用按其经济内容（或性质）划分，主要有劳动对象方面费用、劳动手段方面费用和活劳动方面费用三大类。前两方面为物化劳动耗费，即物质消耗；后一方面为活劳动耗费，即非物质消耗。这三类可以称为工业企业费用的三大要素。

为了具体地反映工业企业各种费用的构成和水平，基于此基础，工业企业费用还可进一步划分为九个费用要素。

(1) 外购材料是指企业耗用的一切从外部购进的原料及主要材料、半成品、辅助材料、包装物、修理用备件和低值易耗品等。

(2) 外购燃料是指企业耗用的一切从外部购进的各种燃料，包括固体、液体、气体燃料。从理论上说，外购燃料应该包括在外购材料中，但由于燃料是重要能源，需要单独考核，因而单独列为一个要素进行计划和核算。

(3) 外购动力是指企业耗用的从外部购进的各种动力。

(4) 工资是指企业的职员和工人的工资。

(5) 计提的职工福利费是指企业按照工资的规定比例计提的职工福利费。

(6) 折旧费是指企业按照规定计算的固定资产折旧费用，不包括出租固定资产的折旧费。

(7) 利息费用是指企业应计入经营管理费用的银行借款利息费用减去利息收入后的净额。

(8) 税金是指企业应计入经营管理费用的各种税金，包括房产税、车船税、印花税、土地使用税等。

(9) 其他费用是指不属于以上各要素的费用，如邮电费、差旅费、租赁费、外部加工费等。

按照上列费用要素反映的费用，称为要素费用。

二、生产成本项目的内容

工业企业的各种费用按其经济用途分类，首先应分为生产经营管理费用和非生产经营管理费用；生产经营管理费用还应分为计入产品成本的生产费用和不计入产品成本的经营管理费用。计入产品成本的生产费用在生产过程中的用途也各不相同，有的直接用于产品生产，有的间接用于产品生产。为了具体地反映计入产品生产成本的生产费用的各种用途，生产费用还应进一步划分为若干项目，即产品生产成本项目，简称产品成本项目或成本项目。

根据生产特点和管理要求，我国工业企业一般应该设立四个成本项目。

1. 原材料，也称直接材料

它是指直接用于产品生产、构成产品实体的原料、主要材料以及有助于产品形成的辅助材料。

2. 燃料及动力

它是指直接用于产品生产的外购和自制的燃料和动力。

3. 生产工资及福利费，简称工资及福利费，也称直接人工

它是指直接参加产品生产的工人工资以及按生产工人工资和规定的比例计提的职工福利费。

4. 制造费用

它是指直接用于产品生产，但不便于直接计入产品成本，因而没有专设成本项目的费用（如机器设备折旧费用），以及间接用于产品生产的各项费用（如机物料消耗、车间厂房折旧费用等）。

为了使成本项目更好地适应工业企业的生产特点和管理要求，工业企业或主管企业的上级机构可以对上述成本项目进行适当调整。

在规定或者调整成本项目时，应该考虑以下几个问题：

(1) 费用在管理上有无单独反映、控制和考核的需要。

(2) 费用在产品成本中比重的大小。

(3) 为某种费用专设成本项目所增加的核算工作量的大小。

对于管理上需要单独反映、控制和考核的费用，以及产品成本中比重比较大的费用，应该专设成本项目；否则，为了简化核算工作，不必专设立成本项目。例如，我国能源比较紧张，因而一般应按产品制订工艺用燃料和动力的消耗定额，并且专设“燃料及动力”成本项目，以便单独进行反映、控制和考核。但如果工艺上耗用的燃料和动力不多，为了简化核算工作，可以将工艺用燃料（即直接燃料）费用并入“原材料”成本项目，将工艺用动力费用并入“制造费用”成本项目。

将计入产品成本的生产费用划分为若干成本项目，可以按照费用的用途考核各项费用定额或计划的执行情况，分析费用支出是否合理、节约。因此，产品成本不仅要分产品计算，而且要分成本项目计算，要计算各种产品的各个成本项目的成本。产品成本计算的过程，也就是各种要素费用按其经济用途划分，最后计入本月各种产品成本，按成本项目反映完工产品和月末在产品成本的过程。

三、费用的其他分类

1. 直接生产费用与间接生产费用

在构成产品成本的各项生产费用中，直接用于产品生产的费用，称为直接生产费用，例如原料费用、主要材料费用、生产工人工资和机器设备折旧费用等。间接用于产品生产的费用，称为间接生产费用，例如机物料消耗、辅助工人工资和车间厂房折旧费用等。这是生产费用按其与生产工艺的关系的分类。

2. 直接计入费用和间接计入费用

在构成产品成本的各项生产费用中，可以分清哪种产品所耗用、可以直接计入某种产品成本的费用，称为直接计入费用，一般简称为直接费用；不能分清哪种产品所耗用、不能直接计入某种产品成本，而必须按照一定标准分配计入有关的各种产品成本的费用，称为间接计入（或分配计入）费用，一般简称为间接费用。这是生产费用按其计入产品成本的方法的分类。

3. 生产费用按与工艺关系分类和按计入产品成本方法分类的联系与区别

直接生产费用大多是直接计入费用，例如原料、主要材料费用大多能够直接计入某种产品成本；间接生产费用大多是间接计入费用，例如机物料消耗大多只能按照一定标准分配计入有关的各种产品成本，但也不都是如此。例如，在只生产一种产品的工业企业或车间中，直接生产费用和间接生产费用都可以直接计入该种产品成本，都是直接计入费用。在这种情况下，就没有间接计入费用。又如，用同一种原材料、同时生产出几种产品的联产品生产（如石油提炼）企业中，直接生产费用和间接生产费用都不能直接计入某种产品成本，都是间接计入费用。在这种情况下，就没有直接计入费用。

第二节 生产成本监控

产品的生产实质上是一种从货币资金到原材料、产成品、形成销售利润的资金循环过程。企业生产可供销售产品的全过程一般是从制订生产计划开始，进入产品生产过程，直到产品生产完工后验收入库。在这一生产全过程中，产品生产的数量多少、质量如何、单位产品生产成本的高低等直接影响着企业产品的销售收入、销售成本、存货质量等财务状况和经营成果。企业要保证良好的财务状况和实现最佳的经营成果，必须建立一套行之有效的产品生产过程内部控制制度。

一、生产计划控制制度

生产计划控制是整个生产制造业务内部控制的起点，也是会计监控与核算的依据。在这项控制中包括确定生产需要和制订生产计划两部分。

1. 确定生产需要

生产需要总的说来是根据销售需要确定的，而销售需要的确定又取决于市场需求和企业的生产组织形式。对大多数企业来说，其生产组织不外乎表现为两种形式：第一种是自产自销的常规销售产品的生产组织，第二种是按某一特殊订单的要求组织生产。第二种生产组织形式下的生产需要确定比较简单，只要按照特殊订单采购材料、按产品质量、数量和交货时间组织生产即可。而在第一种生产组织形式下，企业的生产需要必须通过销售计划和现有产品存货水平两个要素来计算确定。这时企业必须建立销售计划制约生产计划、生产计划变动适应销售计划变动的计划控制制度和产成品最低存量保持制度。如果销售计划的制订不切实际，或市场变化后销售计划的调整与生产计划的调整不紧密衔接，或产成品不同季节的最低存量保持计算不当，都必然会导致原材料或产成品的供不应求损失销售额，或原材料、产成品的大量积压，造成企业财务状况的恶化。可见，确定生产需要是一种决策行为，它必须由企业主要领导或其授权的人员组成决策委员会，依据相关信息进行科学分析、正确判断、审慎决定，并形成规范的决策制度，明确决策责任。

2. 制订生产计划

确定生产需要后的第二步就是制订生产计划。在制订的生产计划中，除了标明生产开始日期、完工日期、产品数量、质量标准以及耗用材料、工时、占用设备等内容外，还必须尽可能地准确估量产品生产成本，以保证所生产的合格产品具有生产成本的可竞争性，为生产过程中的实际成本控制奠定基础。

二、成本核算控制制度

产品的生产过程开始后，原材料的领用、工时的耗费和机器设备的磨损等为生产产品而耗用的各种生产费用便随之发生。将各种生产耗费及时归集到生产的产品中去，并准确地计入每一种、每一批甚至到每一件产品中，提供产品成本核算资料，监督生产费用和产品成本发生的合法与合理性，对生产耗费进行有效控制等，所有这些都必须通过健全的成本核算控制制度来完成。它一般应由以下三个方面的控制制度构成。

(一) 成本核算的基础工作控制制度

成本核算的基础工作控制制度是成本核算控制的基本条件，主要有：

1. 定额管理制度

所谓定额是指企业在生产过程中对料、工、费消耗制订的标准。它既是企业制订成本计划和进行成本核算的基础，也是成本控制的依据。制订一个切合企业实际且先进合理的料、工、费消耗定额，按定额安排生产并随时分析定额执行情况，就可以发挥定额在控制生产耗费和强化生产管理水平上的积极作用。

2. 原始记录制度

所谓原始记录是指利用具有不同格式的原始凭证，对企业生产经营活动中发生的原材料、燃料、动力和工时消耗，费用开支，在产品与半成品在企业内部的转移以及产品的质量检验等所进行的最初记录。它可以反映生产经营过程中料、工、费的实际消耗与定额消耗。健全的原始记录制度不仅可以为成本计算提供依据，还可以检查、分析各种定额和成本计划、成本标准的执行情况。

3. 材料物资的收发、领退、清查制度

它要求凡是原材料的收发、领退，在产品、半成品的内部转移以及产成品的入库等，都必须经过计量验收办理必要的凭证手续，并定期盘点清查，以明确当事人的经济责任，防止物资的积压浪费，保证会计的账实相符和提供信息的有用性、准确性。

4. 内部计划价格制度

它要求企业对原材料、半成品和内部相互提供的劳务等制订内部价格，进行内部结算与考核，这既是制订成本计划、费用预算和成本核算的基础，也是开展全面经济核算、控制产品成本的有效方法。

(二) 成本责任控制制度

成本责任控制制度是通过在生产环节建立若干个责任中心，并对其责任范围内的生产活动进行规划与控制的制度。其主要内容有：设置责任中心，明确权责范围；编制责任预算，确定考核标准；建立跟踪核算系统，进行反馈控制；分析评价业绩，实行奖惩制度。

(三) 成本核算方法控制制度

产品成本核算方法控制制度表现在以下两个方面：

1. 正确计算产品成本

它要求正确计价劳动对象和劳动资料，正确选择费用的分配方法。

2. 根据企业生产特点，正确选择成本核算方法

由于不同企业的生产特点和管理要求不同，因而成本核算的方法也不相同。企业为了正确核算产品成本，必须根据其自身的生产特点和管理要求选择适当的成本核算方法。

三、产品质量保障制度

产品质量是企业的生命线，它不仅直接决定着市场产品销售的数量和价格、金额，还关系到产品品牌和企业的声誉。因此，企业必须建立包括实施全面质量管理、建立质量保证组织体系、严格测试手段和解决测试手段的必要条件等一系列产品质量保障制度。这也是会计监控关注的一个重要方面。

第三节 生产成本会计

生产成本核算是计算产品成本的前提和基础。成本核算一般分为两个阶段，第一阶段是生产成本核算，它要解决的主要问题是将生产成本按其性质归类汇总，按成本对象进行分配。第二阶段是计算产品的总成本与单位成本。为了正确计算产品成本，加强对生产费用的管理和核算，应对生产费用进行合理分类。

一、生产成本的分类

(1) 原材料是指构成产品实体的原料及主要材料，有助于产品形成的辅助材料，以及属于产品组成部分的包装物。

(2) 燃料和动力是指直接用于产品生产的外购和自制的燃料和动力。

(3) 工资及福利费是指直接参加产品生产的工人工资及按规定提取的职工福利费。

(4) 制造费用是指公司的生产经营单位为组织和管理生产所发生的各项费用。

以上各项目，亦称为产品成本项目。根据公司管理上的需要，还可增设专用工具、外部加工费、废品损失等成本项目。

二、生产成本的归集和分配

(一) 材料费用的归集和分配

公司在生产经营过程中耗用的材料费用，包括原材料、主要材料及辅助材料等，根据领料凭证区分车间、部门和不同用途后，月末编制“材料费用分配表”，据此将发出材料的成本记入“生产成本”“制造费用”“管理费用”等账户和产品成本明细账户。对直接用于制造某种、某批产品的材料费用，凡能分清应由某种产品或成本计算对象负担的材料费用，应直接计入有关产品成本明细账“直接材料”项目内。对由几种产品共同耗用，应由若干产品或成本计算对象分摊的材料费用，应按一定的标准进行分配后，计入各有关产品或成本计算对象。对于为创造正常劳动条件，辅助生产车间领料，应先计入“生产成本—辅助生产成本”账户；生产车间所耗用的消耗性辅助材料和燃料，应先在“制造费用”账户中归集，然后再同其他间接费用一起，分配计入有关产品成本或成本计算对象。

【例3-1】智董公司2017年3月编制的“材料费用分配表”，如表3-1所示。根据该表，做如下分录，并登记有关账户。

表3-1 材料费用分配表

2017年3月

单位：元

应借账户	应记明细账		共同耗用分配金额	直接耗用金额	合计
	名 称	费用项目			
生产成本—基本生产成本	甲产品	直接材料	11200	25000	36200
生产成本—基本生产成本	乙产品	直接材料	11500	27000	38500
小计			22700	52000	74700
制造费用	一车间	物料消耗		9500	9500
制造费用	二车间	物料消耗		7200	7200
小计				16700	16700
生产成本—辅助生产成本	机修车间	修理用材料		8100	8100
管理费用	管理部门	物料消耗		1600	1600
合计			22700	78400	101100

借：生产成本—基本生产成本—甲产品　36200
　　　　　　—基本生产成本—乙产品　38500
　　制造费用　16700
　　生产成本—辅助生产成本　8100
　　管理费用　1600
　贷：原材料　101100

(二) 外购动力费用的归集和分配

外购动力费用，是指公司为生产经营而耗用的外购电力、热力等动力所支付的费用。外购动力费用的分配方法一般有两种，一是按实际消耗量比例分配；二是按定额消耗量比例分配。对于产品生产及生产车间一般耗用的动力费用计入生产成本、制造费用，对于辅助生产车间耗用的动力费用计入辅助生产成本，公司一般耗用计入管理费用。在实务上，对外购动力费用的分配是通过编制“外购动力费用分配表”来完成的。

【例3-2】智董公司2017年4月编制的“外购动力费用分配表”如表3-2所示。根据该表，做如下分录，并登记有关账户。

表3-2 外购动力费用分配表

2017年4月 单位：元

应借账户	费用项目	实耗度数	分配率	分配额
生产成本—基本生产成本—甲产品	水电费	5000	0.25	1250
—乙产品	水电费	3000	0.25	750
小计		8000		2000
制造费用	水电费	2000	0.25	500
生产成本—辅助生产成本	水电费	1000	0.25	250
管理费用	水电费	1000	0.25	250
合计		12000		3000

借：生产成本—基本生产成本—甲产品 1250

—乙产品 750

—辅助生产成本 250

管理费用 250

制造费用 500

贷：应付账款 3000

（三）工资及职工福利费的归集和分配

公司职工的工资及提取的职工福利费，应按月编制“工资及提取职工福利费分配表”，并据以登记总分类账户和明细分类账户。如果采用计件工资制，生产工人的计件工资及提取的职工福利费，属于直接费用，应直接计入有关产品成本。生产工人以外的工资及提取的职工福利费，则计入“制造费用”账户各有关车间明细账户内。辅助车间的工资及提取的职工福利费，计入“生产成本”账户的“辅助生产成本”明细账内。如果采用计时工资制，只生产一种产品，生产工人工资及提取的职工福利费也是直接费用，可直接计入产品成本；生产多种产品，则生产工人的工资及提取的职工福利费，应采用一定的分配标准，分配计入各种产品成本。通常采用的分配标准有两种：按实际生产工时比例分配和按定额工时比例分配。

【例3-3】智董公司2017年5月编制的“工资及职工福利费分配表”，如表3-3所示。根据该表做如下分录，并登记有关账户。

表3-3 工资及职工福利费分配表

2017年5月 单位：元

应借账户	应记明细账		实耗工时（小时）	工资		职工福利费（假设按工资14%计算）	合计
	名称	费用项目		分配率	分配额		
生产成本—基本生产成本	甲产品	直接人工	16000	0.55	8800	1232	10032
—基本生产成本	乙产品	直接人工	8000	0.55	4400	616	5016
小计			24000		13200	1848	15048
制造费用	一车间	工资及福利费			1500	210	1710
制造费用	一车间	工资及福利费			800	112	912
小计					2300	322	2622
生产成本—辅助生产成本	机修车间	工资及福利费			3200	448	3648
管理费用	管理部门	工资及福利费			2700	378	3078
合计					21400	2996	24396

借：生产成本—基本生产成本—甲产品 8800
—乙产品 4400
—辅助生产成本 3200
制造费用 2300
管理费用 2700
贷：应付职工薪酬—工资 21400

同时

借：生产成本—基本生产成本—甲产品 1232
—乙产品 616
—辅助生产成本 448
制造费用 322
管理费用 378
贷：应付职工薪酬—职工福利 2996

(四) 折旧和其他费用的归集和分配

1. 固定资产折旧的归集和分配

公司固定资产折旧费，一般不单独设置成本项目，而是按月编制“固定资产折旧计算表”，根据表中所列各使用部门应负担的折旧费用金额，分别计入有关账户。然后再跟随有关账户的分配，计入产品成本或成本核算对象。因此，固定资产折旧的分配可以不再另外编制折旧费用分配表。

【例3-4】智董公司2017年6月编制的“固定资产折旧计算汇总表”，如表3-4所示。根据该表，做如下分录，并登记有关账户。

表3-4 固定资产折旧计算汇总表

2017年6月 单位：元

使用部门		固定资产折旧计提额				合计
		房屋及建筑物	机器设备	运输工具	其他设备	
生产车间	一车间	20000	60000	8000	2000	90000
	二车间	10000	40000	7000	1000	58000
小计		30000	100000	15000	3000	148000
机修车间		8000		10000	1000	19000
销售部门		5000		30000	9000	44000
管理部门		7000		50000	20000	77000
合计		50000	100000	105000	33000	288000

借：制造费用 148000
生产成本—辅助生产成本 19000
销售费用 44000
管理费用 77000
贷：累计折旧 288000

2. 其他间接费用的归集和分配

其他间接费用是指除上述生产费用以外，还有办公费、水电费、差旅费、运输费、保险费、租赁费等各种费用。这种费用发生时已计入“制造费用”“生产成本—辅助生产成本”“销售费用”“管理费用”等账户，不需要编制费用分配表。其中，销售费用和管理费用不计入产品成本，而作为当期公司费用直接为营业收入所冲抵。

(五) 辅助生产费用的归集和分配

辅助生产车间发生的所有费用，在“生产成本—辅助生产成本”账户内进行归集。归集后，月末根据辅助生产车间生产的产品和提供劳务数量及发生的全部费用，计算出辅助生产的产品或提供劳务的实际总成本和单位成本。对于生产单一产品或劳务的辅助生产车间，月末一般无在产品，只需将归集费用总数除以同期全部产量，便可计算出辅助生产的产品或提供劳务的单位成本。对于生产多种产品或提供多种劳务的辅助生产车间，如工具车间要为每种自制工具或提供的每种劳务设备成本明细账，归集各种产品、劳务的成本。多种产品或劳务共同耗用的费用，月末应按一定标准分配计入各种产品或各种劳务的成本明细账，然后再计算出各种辅助生产的产品或劳务的总成本和单位成本。

月末，应分别辅助生产车间，编制“辅助生产费用分配表”，根据谁受益、谁负担的分配原则，将辅助生产费用分配于各受益的车间、部门和产品，并据以登记有关的总分类账户和明细分类账户。此时，应借记“生产成本—基本生产成本”“制造费用”“管理费用”“销售费用”“其他业务成本”“在建工程”等账户，贷记“生产成本—辅助生产成本”账户。

对于辅助生产车间制造完工，并已验收入库自制的材料、模具或设备，应借记“原材料”“周转材料”“固定资产”等账户，贷记“生产成本—辅助生产成本”账户。

如果公司内部设有几个辅助生产车间，各辅助生产车间之间又相互提供产品或劳务，如机修车间为供电车间修理设备，而供电车间为机修车间供电。这样，机修车间计算修理成本。这种情况下，辅助生产费用要按一定的分配方法进行相互分配。分配方法一般有交互分配法、计划成本分配法和代数法。

1. 交互分配法

采用交互分配法，应先将各辅助生产车间相互提供的产品或劳务的数量及交互分配前的单位成本，在辅助车间之间进行一次交互分配；再计算出交互分配后各辅助生产车间的实际费用，即：

$$\text{交互分配后实际费用} = \text{交互分配前费用} + \text{交互分配转入费用} - \text{交互分配转出费用}$$

再将交互分配后的实际费用，根据对辅助生产车间以外受益单位提供的产品或劳务数量，重新计算单位成本，并在辅助生产车间以外的各受益单位之间进行分配。

【例3-5】 智董公司有机修、供电两个辅助生产车间，2017年7月机修车间发生的各项费用为40000元，提供修理劳务2500 小时，其中为基本生产一车间修理1200小时，为基本生产二车间修理800小时，为供电车间修理300小时，为管理部门修理200小时。供电车间发生的各项费用合计为90000元，共发电300000度，其中基本生产一车间耗电100000度，基本生产二车间耗电96000度，机修车间耗电65000度，管理部门耗电39000度。该公司采用交互分配法编制的辅助生产费用分配表，见表3-5。

根据“辅助生产费用分配表”（交互分配法），作分录如下：

(1) 各辅助生产车间内部交互分配

借：生产成本—辅助生产成本—供电车间　　4800

　贷：生产成本—辅助生产成本—机修车间　　4800

同时

借：生产成本—辅助生产成本—机修车间　　19500

　贷：生产成本—辅助生产成本—供电车间　　19500

表3-5 辅助生产费用分配表（计划成本分配法）

2017年7月　　　　　　金额单位：元

项目	数量（工时/度数）	金额（元）	计划成本分配率	应借账户										金额合计
				辅助生产成本				制造费用						
				机修车间		供电车间		一车间		二车间				
				数量	金额	数量	金额	数量	金额	数量	金额	数量	金额	
第一步：按计划成本分配														
机修车间	2500	40000	17			300	5100	1200	20400	800	13 600	200	3400	42500
供电车间	300000	90000	0.32	65000	20800			100000	32000	96000	30 720	39000	12480	96000
小计					20800		5100		52400		44320		15880	138500
第二步：差额追加分配														
机修车间	40000+20800−42500=18300		18300/2200=8.3182					1200	9981.84	800	6654.56	200	1663.60	18300
供电车间	90000+5100−96000=−900												−900	−900
合计					20800		5100		62381.84		50974.56		16643.60	155900

表3-6 辅助生产费用分配表（交互分配法）

2017年7月　　　　　　金额单位：元

项目		交互分配				对外分配				金额合计
		机修车间		供电车间		机修车间		供电车间		
		数量	金额	数量	金额	数量	金额	数量	金额	
生产费用内部转账	分配前费用及数量 分配率	2500	40000 16	300000	90000 0					130000
	交互分配： 机修供电	−300	−4800 +19500	−65000	+4800 −					
	分配后费用及数量	2200	54700	235000	75300					130000
应借账户	交互分配后实际费用及数量分配率					2200	54700 24.8636	235000	75300 0.3204	130000
	制造费用（一车间）					1200	29836.32	100000	32040	61876.32
	制造费用（二车间）					800	19890.88	96000	30758.40	50649.28
	小计						49727.20		62798.40	112525.60
	管理费用					200	4972.80	39000	12501.60	17474.40
	合计					2200	54700	235000	75300	130000

(2) 辅助生产费用对外分配

借：制造费用　　　　　　　　　　　　　　112525.60

　　管理费用　　　　　　　　　　　　　　17474.40

　贷：生产成本—辅助生产成本—机修车间　　54700

　　　　　　　—辅助生产成本—供电车间　　75300

2. 计划成本分配法

采用计划成本分配法分配辅助生产费用，分两步进行分配。

第一步，将辅助生产车间生产的产品和提供的劳务，按产品和劳务的计划单位成本计价分配给各受益单位。第二步，将辅助生产车间实际费用（包括其他辅助生产车间按计划成本转入的费用）与按计划成本计价分配转出的费用之间的差额，进行追加分配。如果差额不大，为了简化核算，也可将它直接计入管理费用。

【例3-6】 仍以上述为例，假定计划单位成本机修为每小时17元；供电为每度0.32元，编制辅助生产费用分配表，如表3-6所示。

根据“辅助生产费用分配表”计划成本分配法，作分录如下：

借：制造费用（52400+44320）　　96720
　　生产成本—辅助生产成本—机修车间　　20800
　　　　　　—辅助生产成本—供电车间　　5100
　　管理费用　　15880
　贷：生产成本—辅助生产成本—机修车间　　42500
　　　　　　—辅助生产成本—供电车间　　96000

同时

借：管理费用（9981.84+6654.56+1663.60–900）　　17400
　　生产成本—辅助生产成本—供电车间　　900
　贷：生产成本—辅助生产成本—机修车间　　18300

3. 代数法

采用代数法分配辅助生产费用，是应用列方程组求解的数学计算方法来计算各辅助生产费用的分配额。

【例3-7】 仍以上述资料为例，计算如下：

设：每小时修理成本为X，每度耗电成本为Y

则：$\begin{cases} 2500X=40000+65000Y \\ 300000Y=90000+300X \end{cases}$

解上述方程组，可得：$\begin{cases} X=24.4353 \text{（元/小时）} \\ Y=0.3244 \text{（元/度）} \end{cases}$

根据代数法编制辅助生产费用分配表，见表3-7。

根据“辅助生产费用分配表（代数法）”，作分录如下：

借：制造费用（61762.36+50690.64）　　112453
　　生产成本—辅助生产成本（21086＋7330.59）　　28416.59
　　管理费用　　17547
　贷：生产成本—辅助生产成本　　158416.59

上述三种方法各有利弊，但从正确性来看，代数法计算结果较为准确。

除上述三种方法外，辅助生产费用的分配还有一种直接分配法。这种方法是将辅助生产车间发生的各项费用，在不考虑各辅助生产车间之间相互提供产品和劳务的情况下，直接分配给辅助生产车间以外的各受益单位。这种方法虽然较简单，但准确性不够高。

表3-7 辅助生产费用分配表（代数法）

2017年7月 金额单位：元

项目	数量（工时/度数）	金额（元）	分配率	应借账户										
				辅助生产成本				制造费用				管理费用		金额合计
				机修车间		供电车间		一车间		二车间				
				数量	金额	数量	金额	数量	金额	数量	金额	数量	金额	
待分配直接费用 费用分类：														
机修车间	2500	40000	244353	65000	40000		90000	1200	29322.36	800	19548.24	200	4884.81	61086
供电车间	300000	90000	0.3244		21086	300	7330.59	100000	32440	96000	31142.40	39000	12662.19	97330.59
合计					61086		97330.59							158416.59
待分配直接费用（40000+90000=130000）									61762.36		50690.64		17547	130000

【例3-8】 仍以上述资料为例，采用直接分配法编制辅助生产费用分配表，如表3-8所示。

根据“辅助生产费用分配表（直接分配法）”，做分录如下：

借：制造费用（60118.16+51313.44） 111431.60

　　管理费用 18568.40

　贷：生产成本—辅助生产成本—机修车间 40000

　　　　　　—辅助生产成本—供电车间 90000

表3-8 辅助生产费用分配表（直接分配法）

2017年7月 金额单位：元

项目	数量（工时/度）	金额（元）	分配率	应借账户						
				制造费用				管理费用		金额合计
				一车间		二车间		数量	金额	
				数量	金额	数量	金额			
直接分配：机修车间	2500-300=2200	40000	40000/2200=18.1818	1200	21818.16	800	14545.44	200	3636.40	40000
供电车间	300000-65000=235000	90.000	90000/235000=0.383	100000	38300.00	96000	36768.00	39000	14932.00	90000
合计		130000			60118.16		51313.44		18568.40	130000

（六）制造费用的归集和分配

制造费用，是指为组织、管理生产单位（车间、分厂）进行正常生产而发生的各项间接生产费用。制造费用又称作间接生产费用。这些费用因不能直接计入产品成本，需要归集后按一定方法分配计入产品成本，因此称为单位费用。间接费用的归集和分配，是通过“制造费用”账户进行的，该账户借方登记本期发生的各项间接费用，月末将归集的间接费用按一定的方法进行分配，由贷方转出，计入各产品成本或成本核算对象。公司应设置“制造费用”账户，以加强对车间、分厂间接生产费用的核算。

制造费用归集后，月末应编制制造费用分配表，据以登记总账和明细账，计入产品成本。制造费用分配方法有生产工人工时比例法、生产工人工资比例法、产品产量比例法、机器耗用工时比例法等。

1. 会计科目

企业应设置“制造费用”科目核算企业生产车间、部门为生产产品和提供劳务而发生的各项间接费用。

企业行政管理部门为组织和管理生产经营活动而发生的管理费用，在“管理费用”科目核算。

“制造费用”科目应当按照不同的生产车间、部门和费用项目进行明细核算。

除季节性的生产性企业外，“制造费用”科目期末应无余额。

2. 制造费用的主要账务处理

(1) 生产车间发生的机物料消耗，借记“制造费用”科目，贷记“原材料”等科目。

(2) 发生的生产车间管理人员的工资等职工薪酬，借记“制造费用”科目，贷记“应付职工薪酬”科目。

(3) 生产车间计提的固定资产折旧，借记“制造费用”科目，贷记“累计折旧”科目。

(4) 生产车间支付的办公费、修理费、水电费等，借记“制造费用”科目，贷记“银行存款”等科目。

(5) 发生季节性的停工损失，借记“制造费用”科目，贷记“原材料”“应付职工薪酬”“银行存款”等科目。

(6) 将制造费用分配计入有关的成本核算对象，借记“生产成本（基本生产成本、辅助生产成本）”“劳务成本”科目，贷记“制造费用”科目。

(7) 季节性生产企业制造费用全年实际发生数与分配数的差额，除其中属于为下一年开工生产做准备的可留待下一年分配外，其余部分实际发生额大于分配额的差额，借记“生产成本—基本生产成本”科目，贷记“制造费用”科目；实际发生额小于分配额的差额，做相反的会计分录。

现以生产工人工资比例法为例进行说明。

【例3-9】智董公司2017年8月份制造费用86000元；生产工人工资总额为53750元，其中生产甲产品工人工资30000元，生产乙产品工人工资23750元，编制生产费用分配表，见表3-9。

表3-9　制造费用分配表

2017年8月　　单位：元

应借账户	明细项目	生产工人工资（元）	分配率	金额
生产成本	甲产品	30000	1.6	48000
生产成本	乙产品	23750	1.6	38000
合计		53750	86000 53750	86000

根据“制造费用分配表”，做如下分录：

借：生产成本—基本生产成本—甲产品　　48000

　　　　　　　　　　　　—乙产品　　38000

　贷：制造费用　　86000

第四节 生产成本分析

产品生产成本分析，主要是全部产品成本计划的完成情况分析和可比产品成本降低目标的完成情况分析。

一、产品总成本完成情况分析

工业企业全部产品包括可比产品和不可比产品，由于不可比产品没有历史成本资料，所以，产品成本分析只能将实际总成本同计划总成本对比。另外，总成本的升降受到产量变动的影响，为了使成本对比指标具有可比性，在分析全部产品成本计划完成情况时，应剔除产量变动对成本计划完成情况的影响，实际总成本和计划总成本均按实际产量计算。

全部产品成本计划完成情况的分析，是一种总括性的分析。在实际工作中，主要是从按产品品种和成本项目两方面分析，分别确定成本的降低额和降低率，其计算公式如下：

$$\text{成本降低额}=\text{按实际产量计算的计划总成本}-\text{实际总成本}$$
$$=\sum(\text{实际产量}\times\text{计划单位成本})-\sum(\text{实际产量}\times\text{实际单位成本})$$

$$\text{成本降低率}=\frac{\text{成本降低额}}{\sum(\text{实际产量}\times\text{计划单位成本})}\times 100\%$$

1. 按产品品种进行分析

这种分析主要是根据产品生产成本表的资料，分别确定可比产品和不可比产品的成本降低额和降低率。

2. 按成本项目进行分析

这种分析是将产品生产成本按成本项目汇总，将实际总成本与计划总成本进行比较，确定每个成本项目的降低额和降低率，其计算公式如下：

$$\text{某成本项目降低额}=\text{按实际产量计算的本年计划该成本项目总额}-\text{本年实际该成本项目总额}$$

$$\text{某成本项目降低率}=\frac{\text{某成本项目降低额}}{\sum(\text{实际产量}\times\text{本年计划该成本项目单位成本})}\times 100\%$$

二、可比产品成本降低计划完成情况的分析

(一) 可比产品成本降低计划完成情况的分析

在全部产品成本中，可比产品成本一般占有很大比重。因此，可比产品成本分析是生产成本报表分析的重要内容。企业成本计划中，对可比产品不但制订了计划成本，还确定了成本降低任务的指标，即计划成本降低额和降低率。可比产品成本降低任务完成情况的分析，就是通过可比产品实际成本降低额和降低率与计划成本降低额和降低率进行比较，评价可比产品成本降低任务的完成情况。

$$\text{计划成本降低额}=\sum[\text{计划产量}\times(\text{上年实际单位成本}-\text{本年计划单位成本})]$$

$$\text{计划成本降低率}=\frac{\text{计划成本降低额}}{\sum(\text{计划产量}\times\text{上年实际单位成本})}\times 100\%$$

实际成本降低额 = ∑[实际产量 ×(上年实际单位成本 − 本年实际单位成本)]

$$实际成本降低率 = \frac{实际成本降低额}{\sum(实际产量 \times 上年实际单位成本)} \times 100\%$$

(二) 可比产品成本降低情况的因素分析

通过可比产品成本降低额和降低率的有关计算得知，在多种产品生产情况下，影响可比产品成本降低计划完成的因素主要有产量、产品品种结构和单位成本。各个因素对可比产品成本降低指标的影响程度，主要采取差额分析法进行分析。

1. 产量因素分析

如果其他条件不变，只考虑产品产量因素，则单纯的产量变化只影响成本降低额，不影响成本降低率。因为各种产品的产量计划完成率相同，计算成本降低率时因分子、分母都具有相同的产量增减比例而不变。产品产量因素变动对成本降低影响可按下列公式计算：

产量变动对成本降低额的影响 = ∑[(实际产量 − 计划产量)× 上年实际单位成本] × 计划成本降低率

2. 产品品种结构因素分析

产品品种结构是指各种产品产量占总产量的比重。从实质上讲，全部可比产品成本降低率是以各种可比产品的个别成本降低率为基础，以各种可比产品的产量比重为权数计算的平均成本降低率。因此，可比产品成本降低率的变动必然受到各种产品产量比重和单位成本的影响。由于各种可比产品成本降低率在通常情况下都不相同，成本降低幅度大的产品产量在全部可比产品产量的比重比计划提高时，可比产品成本降低率就会随之提高，成本降低额也就增加；反之则相反。产品品种结构因素变动对成本降低额和降低率的影响用下列公式计算：

品种结构变动对成本降低额的影响 = ∑[实际产量 ×(上年实际单位成本 − 计划单位成本)]
− ∑[(实际产量 × 上年实际单位成本)× 计划成本降低率

3. 单位成本因素分析

可比产品计划成本降低额和实际成本降低额都是以上年度单位成本为基础进行对比的。因此，可比产品成本降低任务的完成程度，实际上是各种产品单位成本发生变化的结果，也就是说当本年度可比产品实际单位成本比计划单位成本降低或升高，必然会引起成本降低额和降低率升高或降低。产品单位成本的变动与成本降低额和降低率的变动呈相反方向。单位成本因素变动对成本降低任务完成的影响可用下式计算：

单位成本变动时成本降低额的影响 = ∑[实际产量 ×(计划单位成本 − 实际单位成本)]

小知识

影响可比产品成本降低任务完成的因素分析

由于可比产品成本降低是根据各产品的实际产量确定的，在品种结构和单位成本不变的情况下，产量变动将会使成本降低额发生同比例变动。由于成本降低率的分子是成本降低额，分母是按上年实际单位成本计算的本年累计实际总成本，该数额也会因产量变动发生同比例变动，由于分子、分母同时发生同比例变动，因而产量变动将不会影响成本降低率的变动。此外，由于各产品的成本降低程度不同，因而产品品种比重变动，将会使成本降低额与成本降低率同时发生变动。成本降低程度大的产品比重增加会使成本降低额和降低率增加，反之则减少，最后，单位成本降低会使成本降低额和成本降低率增加，反之会减少，因此，影响可比产品成本降低额的因素有三个，即产品产量、产品品种结构和产品单位成本，影响可比产品成本降低率的因素有两个，即产品品种结构和产品单位成本。

(1) 产品产量变动的影响程度分析

产品产量变动只影响成本降低额，不影响成本降低率。其计算分析公式如下：

产量变动对成本降低额的影响=∑[(实际产量－计划产量)×上年实际单位成本]×计划降低率

(2) 品种结构变动的影响程度分析

产品品种结构变动是指产品各品种在总产量中所占比例的变动。品种结构的变动，既影响成本降低额，又影响成本降低率。其计算分析公式如下：

品种结构变动对成本降低额影响=∑(实际产量×上年实际单位成本)－∑(实际产量×计划单位成本)－∑(实际产量×上年实际单位成本)×计划成本降低率

品种结构变动对成本降低率影响=品种结构变动对成本的影响额÷∑(实际产量×上年实际单位成本)

(3) 单位成本变动影响程度的分析

单位成本变动就是实际单位成本高于或低于计划单位成本的数额。单位成本的变动既影响成本降低额，也影响成本降低率。其计算分析公式如下：

单位成本变动对成本降低额的影响=∑[实际产量×(计划单位成本－实际单位成本)]

单位成本变动对成本降低率的影响=单位成本变动对成本的影响额÷∑(实际产量×上年实际单位成本)

第五节 生产成本审计

一、生产成本审计中的常见错弊

生产成本审计通常发生如下一些错弊：

(1) 产品所耗用材料的成本核算不正确，利用共同材料等费用的分摊，人为调节产品生产成本，最终达到调节利润的目的。

(2) 企业将非生产用原材料混入直接材料成本或将不应列入成本费用的支出（如罚款支出、违约金、投资支出等）挤入制造费用，各期间划分费用不正确，任意调节产品生产成本。

(3) 对因计划成本核算造成的材料成本差异不能正确分摊，甚至用计划成本代替实际成本。

(4) 企业对辅助生产成本和制造费用的划分不正确。各项费用在各项产品之间（如合格品与不合格品、完工产品与在产品、赢利产品与亏损产品之间）划分不正确，导致产品成本核算失实。

(5) 企业不能及时正确地结转已完工产品的实际生产成本，有的还张冠李戴，将不同产品的成本进行错误的结转，任意调节成本。

二、生产成本实质性审查

对企业成本进行实质性测试，一般是在对成本类业务内部控制符合性测试的基础上，采用抽样审计方法来确定成本的公允性。抽样的规模可以依据分析性复核的结果来确定。成本的分析性复核，可以通过编制成本分析表进行。其分析方法与前述营业收入的分析性复核相类似。可以分别列示出主要成本的各期间发生额，并运用对比分析法做出判断，通过比较成本的实际支出数与预算数（或上年数），确定成本的发生和变动是否正常，对异常项目进一步分析发生差异的原因，从而确定成本审计的重点领域。

对成本类账户进行实质性测试时，审计人员必须注意被审计单位是否按权责发生制原则确定成本的归属期限。分清不同期间成本的界限，还要注意被审计单位的成本支出，是否分清了收益性支出与资本性支出、营业支出与营业外支出、制造费用与期间费用以及各产品费用的界限。对上述各项成本之间界限的正确划分是进行成本归集和分配的基础，也是审计人员审计的重点。生产成本实质性测试的主要内容可分为三部分。

1. 直接材料成本的实质性测试

(1) 抽查产品成本计算单，审查直接材料成本的计算是否正确。

(2) 审查直接材料耗用数量是否真实，有无把非生产用料混入直接材料成本的情况。

(3) 审查直接材料费用的分配标准与计算方法是否真实合理，材料计价及材料费用分配是否正确，是否与材料费用分配汇总表中该产品分摊的直接材料费用相符。

(4) 比较前后期同一产品的直接材料成本是否有较大波动，如有，分析其原因。

(5) 抽查材料发出及领用的原始凭证，检查领料单的签发是否经过授权，材料发出汇总表是否经过复核，材料成本是否及时入账。

(6) 对采用定额成本或标准成本，应检查直接材料成本差异的计算、分摊、账务处理是否正确，以及直接材料定额成本、标准成本在本会计期间有无重大变更。

2. 直接人工成本的实质性测试

(1) 抽查人工成本计算单，审查工资费用组成项目是否合规，工资费用的计算方法及分配标准是否合理，是否与人工成本分配汇总表中该产品分摊的直接人工成本相符。

(2) 审查工资费用计算及分配是否公允正确。

(3) 审查工资费用和应付职工薪酬—工资会计记录及会计处理是否正确。

(4) 审查职工福利计提分配的正确性。

(5) 比较前后期同一产品的直接材料成本是否有较大波动，如有，分析其原因。

(6) 若采用标准成本法，应抽查直接人工差异的计算、分摊、账务处理是否正确，以及直接人工标准成本在本会计期间有无重大变更。

3. 制造费用的实质性测试

(1) 获取或编制制造费用汇总表，复核其计算是否正确，并与报表、总账和明细账中相关数据核对，看是否相符。如不相符，审计人员应查明原因，并做出记录或调整。

(2) 审阅制造费用明细账，审查其核算内容及范围的合理、合法性，若发现异常会计记录，应追查至原始记录。

(3) 抽查制造费用中的大额或例外项目，注意其是否合理。

(4) 审查制造费用分配的合理性，看其是否与企业本身的情况相符，是否体现受益原则和一致性原则，分配率的确定是否合理，分配额的计算是否正确。

(5) 必要时实施截止日测试，审查资产负债表日前后若干天的制造费用明细账和凭证，确定有无跨期记录制造费用的现象。

(6) 如果采用标准成本法，应抽查制造费用的确定是否合理，计入制造费用计算单的数额是否正确，制造费用差异的计算、分摊和账务处理是否正确，并检查标准制造费用在本会计期间有无重大变更。

三、生产成本业务的反假账对策

1. 对“生产成本”进行甄别

对“生产成本”方面假账的审查，主要有审阅法、核对法、调查法、盘点法、分析法和核实法等技术方法。为提高工作效率，对不同的舞弊问题应运用相应具体方法和技巧。

对“生产成本”账户的甄别，总的来说是按成本项目进行的，甄别构成各成本项目的各项耗费的归集及其分配是否真实、合理、合规。进行直接材料费用审查时，应根据领料单、退料单、材料库存报表、材料分配明细表等资料进行甄别。对直接工资和其他直接支出的审查，应通过抽查记账凭证、工资计算表、工资（含职工福利费）分配表等资料及“应付职工薪酬—工资”“应付职工薪酬—福利费”账户，结合查对有关劳动人事记录和职工考勤表等进行甄别。另外，期初在产品成本和期末在产品成本对产成品成本有直接影响。期初在产品审查的重点在数量方面，先与上期期初在产品总成本进行比较，看有无超常变化，并对变动幅度大的各种在产品进行抽查，如有严重失实情况，应在假账甄别人员监督下，请被审单位重新盘点。期末在产品成本的审查，实际上是甄别生产成本在产成品和期末在产品之间分配情况，是对成本核算原则—划清同种产品、划分不同完工程度的成本界限—执行情况的甄别。

(1) 对将不属于产品成本负担的费用支出列入直接材料、直接人工费用等成本项目中的错弊，首先审阅“生产成本”中的基本生产成本明细账和辅助生产成本明细账，看各明细账记录的各项费用内容和数额是否有异常现象。也可审阅企业“在建工程”“应付职工薪酬—福利费”“固定资产”等明细账，根据记录结合实物资产进行业务内容分析，从支出内容和支出水平的大小、波动上找出疑点，再进一步查证成本明细账，调阅会计凭证和原始资料，查出问题。

(2) 对将不属于本期产品成本负担的费用列入本期成本项目，一般都是在直接材料、直接燃料、动力等项目上出现的错弊，故甄别时可分以下几个步骤：第一步，审阅生产成本明细账，看记录的材料费用是否有数额过大或过小的不正常情况。如有数额过大或过小现象，应进行追踪审查。第二步，将上述发现的疑点与有关账册凭证进行核对。首先与材料明细账、记账凭证、材料费用分配表、领料单核对，看其是否有计算、分配和记账错误，同时还可以将领料数额与材料定额和限额核对，对超定额和限额过多的业务，应进一步追查多领用的原因。第三步，调查核实虚增、虚减直接材料费用的数额，进一步确定影响损益的金额。

(3) 对虚增、虚减生产成本的舞弊问题，根据直接材料费、直接人工费核算各种基础资料，如领退料单、材料分配表、工资计算表、工资分配表等，对“生产成本”明细账进行审查，并与有关其他明细分类账进行核对，找出虚增、虚减生产成本的疑点，结合库存盘点、生产工人的清点和核实各种价格及各种定额等方法，进一步核实和确认虚增、虚减生产成本的舞弊问题。

(4) 对将对外投资支出计入生产成本、费用项目中的错弊，假账甄别人员可通过查阅生产成本的直接材料消耗明细账，发现疑点后，直接调阅有关记账凭证，审查领料单，分析领料单位、材料品种和用途，并进一步进行询查，核实错弊问题。

(5) 对将应属成本开支的费用列入其他支出中的错弊，审查人员可直接查阅其他有关支出科目，如在建工程、固定资产、应付职工薪酬—福利费、各种间接费用，其他业务成本和营业外支出等。对有疑问的问题，调阅有关记账凭证、原始凭证和有关业务核算的原始资料，核实错弊问题。

(6) 对改变生产费用分配方法和利用定额成本调节利润的舞弊行为，首先应向企业询问生产费用的分析采用什么计算方法。得知企业采用的分配方法后，再审阅基本生产费用在完工产品和在产品之间进行分配所采用的计算方法是否一致。如发现有前后采用两种计算方法分配生产费用的情况，应当查清企业改变分配方法对工产品成本与在产品成本的影响数额，以及对当期损益的影响数额。

对虚估约当产量的甄别，首先应审阅在产品清查明细表，看其登记和计算的在产品完工程度的情况，必要时，可对原始记录进行询证，以查明期末在产品折算的真实程度。其次，是以经审查确认的期末在产品数额为依据，与企业分配生产费用时计算在产品成本的数额进行对照，看其是否一致。再次是审查核实期末在产品少分配或多分配生产费用的数额，确认对本期利润的影响额度。

2. 对“制造费用”方面假账进行甄别

制造费用通过“制造费用”科目进行归集。“制造费用”科目用于核算企业为生产产品和提供劳务而发生的各项间接费用，包括车间管理人员的工资和福利费、折旧费、修理费、办公费、水电费、机物料消耗、劳动保护费、租赁费、保险费、排污费及其他制造费用。企业发生的各项制造费用，通过“制造费用”科目进行归集和分配。“制造费用”科目应按不同的车间、部门设置明细账，账内按制造费用的项目内容设专栏进行明细核算，发生的各项间接费用计入“制造费用”科目及其所属明细账的借方；月终，将制造费用分配计入有关的成本计算对象时，计入“制造费用”科目及其所属明细账的贷方。结转后“制造费用”科目无余额。

对制造费用进行甄别时，可以从如下几个方面着手：

(1) 甄别有无非本部门的间接费用混入核销。

(2) 对摊提费用，要审查费用项目的必要性，查明有无用摊提费用来调剂生产成本和当年利润的现象，分摊期限是否超过一年。

(3) 审查有无将不应列入成本费用的支出，如投资支出、自营工程支出、被没收的财物、支付的罚款、违约金和技术改造支出等挤入制造费用。

(4) 对提取的固定资产折旧费的审查。

1) 要甄别企业现行的折旧方法和折旧年限，是否与上报主管财政机关备案的折旧方法和折旧年限相同。倘若不同，要审查是否报经批准，以及变更方法的起始年限与申请变更方法的年限是否相同。

2) 甄别企业有无任意变更计提固定资产折旧范围，当前要特别注意甄别有无已提足折旧继续使用的固定资产、提前报废的固定资产等照提折旧因而扩大了计提折旧的范围，或者为完成承包利润指标，故意不提或少提折旧的情况。

3) 按国家规定的固定资产折旧率的计算公式甄别折旧额的计算是否正确，是否按月计提。

4) 有无将提取的折旧费冲减了资本金，而没有计入制造费用。

(5) 对用现金和银行存款支付的其他各项目支出，要甄别报销发票的合规性和正确性，甄别有无涂改发票、中饱私囊的问题。

(6) 对制造费用在各种产品之间的分配，要审查分配依据的真实性、合理性；对分配结果要甄别计算是否正确。对“制造费用”中经常出现的错弊种类，如将不属于制造费用范围的支出列入“制造费用”中；将不属于本期列支的费用列入本期“制造费用”中；将属于制造费用列支的费用未列入“制造费用”；虚增、虚减制造费用调节当期损益，提高费用开支标准，加大费用项目；违规分配制造费用等，对这类表现形式的错弊，其具体甄别方法和技巧，同“生产成本”账户错弊甄别的方法和技巧基本相似，这里不再赘述。

第四章

资金成本

第一节 资金成本概述

资金成本是企业为筹集和使用资金而付出的代价，包括资金筹集费和资金使用成本两部分。前者是企业在筹集资金过程中支付的各种费用，如银行借款手续费、股票和债券的发行费用等。资金使用成本又称用资费用，是企业因占用、使用资金而支付的各种成本，如股票股利、借款和债券的利息等。资金使用成本在企业的生产经营过程中经常发生，并需要定期支付，而资金筹集费往往在筹集资金过程中一次性支付，结果表现为所筹资金总额的减少。在实际工作中，为了便于计算和比较，资金成本通常用资金使用成本与实际筹集资金的比率表示，即

$$资金成本率=\frac{资金使用成本}{筹资额-资金筹集费}\times 100\%$$

一、资金成本的性质

(1) 资金成本是资金使用者向资金所有者和中介人支付的占用费和筹集费。在市场经济条件下，资金是一种特殊的商品，企业为了取得资金使用权，必须向资金所有者支付一定费用，这就是资金成本，因此，资金成本的概念是资金所有权和使用权分离的必然结果。

(2) 资金成本既具有一般产品成本的基本属性，也有不同于一般产品成本的某些特性。

资金成本作为取得和使用资金而付出的一种代价，也要由企业取得的收入来补偿，但资金成本同时间价值及风险价值具有密切的关系。因此，它受时间、风险等许多因素的影响。

二、资金成本对筹资决策的影响

1. 资金成本是企业选择资金来源的基本依据

企业的资金可以从许多方面来筹集，就长期借款来说，可以向商业银行借款，也可以向其他金融机构借款。企业究竟选用哪种来源，首先要考虑的因素就是资金成本的高低。

2. 资金成本是企业选用筹资方式的参考标准

企业可以利用的筹资方式是多种多样的，在选用筹资方式时，需要考虑的因素很多，但必须考虑资金成本这一经济标准。

3. 资金成本是影响企业筹资总额的重要因素

随着筹资数额的增加，资金成本不断变化。当企业筹资数额很大，资金的边际成本超过企业承受能力时，企业便不宜再增加筹资数额。

4. 资金成本是确定最优资本结构的主要参数

不同的资本结构，会给企业带来不同的风险和成本，从而引起股票价格的变动。在确定最优资本结构时，考虑的因素主要有资金成本和财务风险。资金成本并不是企业筹资决策中所要考虑的唯一因素，企业还要考虑到财务风险、资金期限、偿还方式、限制条件等。但资金成本作为一项重要的因素，直接关系到企业的经济效益，是筹资决策时需要考虑的一个首要问题。

三、资金成本的影响因素

在市场经济条件下，企业资金成本的高低受多方面因素的影响，主要有外部因素和内部因素两个方面。外部因素表现在资金市场环境变化的影响，如果市场上资金的需求和供给发生变动，投资者就会相应改变其所要求的投资收益率。一般来说，当货币需求增加，而供给没有相应增加时，投资者就会要求提高其投资收益率，企业的资金成本就会上升；反之，则会降低其要求的投资收益率，资金成本就可能下降。内部因素主要是指企业的经营和融资状况，集中体现为经营风险和财务风险的大小对企业资金成本的影响。经营风险表现在企业预期资产收益率的变动上，财务风险反映企业融资结构和到期偿还债务的可靠性程度。如果企业的经营风险和财务风险大，投资者所要求的风险溢价就会提高，企业的资金成本就会上升；反之，投资者可能降低对风险溢价的要求，资金成本就会下降。

第二节 资金成本管理

一、资金成本的计量

（一）个别资金成本

包括普通股成本、留存收益成本、借款成本、债券成本，通常在比较各种筹资方式优劣时使用。

(1) 普通股成本 $=\dfrac{\text{预期年股利额}}{\text{普通股市价}\times(1-\text{普通股筹资费用率})}+\text{普通股利年增长率}$

(2) 留存收益成本，留存收益包括提取的盈余公积以及尚未向投资者分配的利润两部分，其资金成本主要有三种计算模型。

1) 股利增长模型：留存收益成本 $=\dfrac{\text{预期年股利额}}{\text{普通股市价}}+\text{普通股利年增长率}$

2) 资本资产定价模型（CAPM）：

留存收益成本 = 无风险利率+股票贝塔系数 ×(市场预期收益率 − 无风险利率)

3) 风险溢价模型：

留存收益成本=债务成本 + 比债权人承担更大风险的股东所要求的风险溢价

(3) 借款成本 $=\dfrac{\text{借款年利息}\times(1-\text{所得税率})}{\text{借款本金}\times(1)}$

借款成本 $=\dfrac{\text{债券年利息}\times(1-\text{所得税率})}{\text{债券筹资额}\times(1-\text{债券筹资费用率})}$

企业往往需要运用多种筹资方式，这时需要在计算个别资金成本的基础上，计算加权平均资金成本，以确定合理的资本结构。具体计算公式如下：

加权平均资金成本=∑[第j种资金成本 × 第j种资金站全部资金的比重（权数）]

(二) 综合资金成本

综合资金成本是指企业全部长期资金的总成本，通常是以各种资金占全部资金的比重为权数，对个别资金成本进行加权平均确定的，故又称加权平均资金成本。由于受多种因素的制约，企业不可能只使用某种单一的筹资方式，往往需要通过多种方式筹集所需资金。为进行筹资决策，就要计算确定企业“全部长期资金的总成本 − 加权平均资金成本”。加权平均资金成本一般是以各种资金的比重为权数，对个别资金成本进行加权平均计算而得到。其计算公式为：$K_W=\sum_{j=1}^{n}K_jW_j$

式中，K_w为加权平均资金成本；K_j为第j种个别资金成本；W_j为第j种个别资金占全部资金的比重（权数）。

【例4-1】 智董公司账面反映的长期资金共500万元，其中长期借款100万元，长期债券50万元，普通股250万元，留存收益100万元；其成本分别为6.7%、9.17%、11.26%、11%。该企业的加权平均资金成本为

$$K_W=6.7\%\times\frac{100}{500}+9.17\%\times\frac{50}{500}+11.26\%\times\frac{250}{500}+11\%\times\frac{100}{500}=10.09\%$$

上述计算中的个别资金占全部资金的比重，是按账面价值确定的，其资料容易取得。但当资金的账面价值与市场价值差别较大时，如股票、债券的市场价格发生较大变动，计算结果会与实际有较大的差距，从而贻误筹资决策。为了克服这一缺陷，个别资金占全部资金比重的确定还可以按市场价值或目标价值确定，分别称为市场价值权数、目标价值权数。

市场价值权数是指债券、股票以市场价格确定权数。这样计算的加权平均资金成本能反映企业目前的实际情况。同时，为弥补证券市场价格变动频繁的不便，也可选用平均价格。

目标价值权数是指债券、股票以未来预计的目标市场价值确定权数。这种权数能体现期望的资金结构，而不是像账面价值权数和市场价值权数那样只反映过去和现在的资金结构，所以按目标价值权数计算的加权平均资金成本更适用于企业筹措新资金。然而，企业很难客观合理地确定证券的目标价值，又使这种计算方法不易推广。

(三) 边际资金成本

1. 边际资金成本的概念与计算

边际资金成本是指资金每增加一个单位而增加的成本。企业在追加筹资时往往要用边际资金成本来决策。

由于企业不能以某一固定资金成本来筹集无限的资金，当其筹集的资金超过一定数量时，资金成本就会比原来增加，这时用原来的加权平均资金成本就不能反映目前所使用资金的成本，这时有必要考虑新筹资金的成本，即边际资金成本。

【例4-2】 智董公司目前拥有长期资金10000万元，其中长期债务3000万元，优先股1000万元，普通股及留存收益6000万元。现在公司拟筹措一笔资金进行项目投资，其边际资金成本的计算步骤如下。

1）分析资金市场状况及公司的有关条件，确定各种筹资方式随新筹资金规模的增加而变化的资金成本分界点，如表4-1所列。

表4-1 筹资方式、筹资规模与资金成本分界点表

筹资方式	新筹资金的范围（万元）	资金成本（%）
发行债券	0～120	6
	120～600	7
	>600	9
发行优先股	0～50	10
	>50	11
发行普通股	0～600	12
	600～1500	13
	>1500	14

表4-1说明，发行债券规模在0万～120万元时，资金成本为6%；发行债券规模在120万～600万元时，超过120万元的部分其资金成本为7%，未超过120万元的部分其资金成本仍为6%；发行债券规模超过600万元时，超过600万元的部分其资金成本为9%，这也是边际资金成本本身说明的含义。

2）确定新筹资金的资金结构。智董公司的财务人员经过认真分析，认为目前的资金结构即为最优资金结构，因此新筹资金的资金结构仍为债券30%，优先股10%，普通股60%。

3）计算筹资总额的成本分界点。根据已确定的各种筹资方式的资金成本分界点及新筹资金的资金结构，可计算出筹资总额的成本分界点，计算公式为：

$$筹资总额成本分界点=\frac{某种筹资方式的成本分界点}{该种筹资方式的资金在新筹集全部资金中所占的比重}$$

筹资总额成本分界点的计算如表4-2所列。

4）计算加权平均边际资金成本

根据上一步计算出的筹资总额成本分界点，可以得到筹资总额的范围为6组：0万～400万元；400万～500万元；500万～1000万元；1000万～2000万元；2000万～2500万元；2500万元以上。对以上6组筹资范围分别计算其加权平均边际资金成本如表4-3所列。

表4-2 筹资总额成本分界点计算表

筹资方式	资金成本（%）	各种筹资方式的成本分界点（万元）	筹资总额的成本分界点（万元）	筹资总额的范围（万元）
发行债券	6	120	120/0.3=400	0～400
	7	600	600/0.3=2000	400～2000
	9	>600		>2000
优先股	10	50	50/0.1=500	0～500
	11	>50		>500
普通股	12	600	600/0.6=1000	0～1000
	13	1500	1500/0.6=2500	1000～2500
	14	>1500		>2500

表4-3 6组筹资范围加权平均边际资金成本计算表

组号	筹资范围（万元）	筹资方式	资金结构（%）	资金成本（%）	边际资金成本（%）
1	0～400	发行债券	30	6	1.8
		优先股	10	10	1
		普通股	60	12	7.2
					10
2	400～500	发行债券	30	7	2.1
		优先股	10	10	1.1
		普通股	60	12	7.2
					10.3
3	500～1000	发行债券	30	7	2.1
		优先股	10	11	1.1
		普通股	60	12	7.2
					10.4
4	1000～2000	发行债券	30	7	2.1
		优先股	10	11	1.1
		普通股	60	13	7.8
					11
5	2000～2500	发行债券	30	9	2.1
		优先股	10	11	1.1
		普通股	60	13	7.8
					11.6
6	>2500	发行债券	30	9	2.7
		优先股	10	11	1.1
		普通股	60	14	8.4
					12.2

2. 边际资金成本与企业投资决策

由于边际资金成本最能反映新筹资金的资金成本情况，因此在投资项目决策中应以边际资金成本为折现率，对投资项目的净现值进行分析，或者把投资项目的内含报酬率与边际资金成本进行对比。对于新筹资金所投资的项目，只有用边际资金成本作为决策的依据，才能正确地评价投资项目的经济效益。

【例4-3】承例4-2，假设智董公司目前有A、B、C、D、E、F等6个可供选择的投资项目，这些投资项目彼此是独立的，也就是说选择其中某一个投资项目并不影响对其他投资项目的选择，这6个项目的投资额及内含报酬率见表4-4。

表4-4 智董公司6个项目的投资额及内含报酬率表

投资项目	A	B	C	D	E	F
投资额（万元）	300	500	800	600	400	500
内含报酬率（%）	17	16	14.5	13	12	10.5

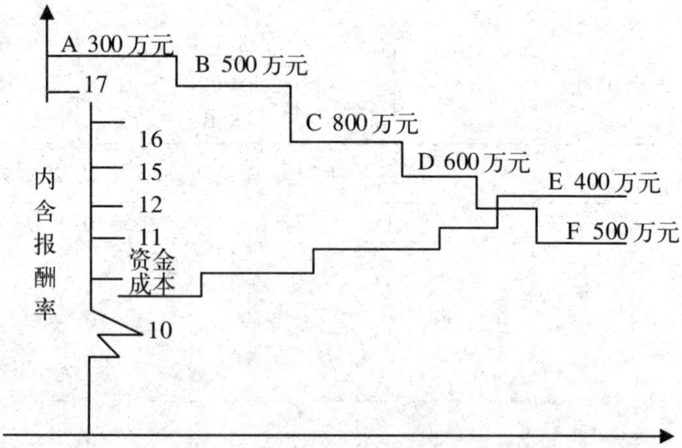

图4-1 智董公司边际资金成本和内含报酬率关系图

为了正确进行投资决策，现将智董公司的边际资金成本和各投资项目的内含报酬率绘制在同一个直角坐标系中，见图4-1。

在图4-1中，投资项目内含报酬率是随着投资数额的增加从高到低顺序排列的，而筹资成本却随着筹资数额的增加不断提高，这样作图才能保证投资总收益与筹资总成本之差达到最大。从图中还可以看出，凡内含报酬率超过其边际资金成本的项目，如A、B、C、D等项目，都可进行投资；凡内含报酬率低于其边际资金成本的项目，如图中的F项目，则不宜进行投资；至于内含报酬率一部分大于其边际资金成本，一部分小于其边际资金成本，如图中E项目，则要分析该项目投资后所增加的投资收益是否大于其增加的筹资成本，如果是的话，则该项目是可投资的，反之则不应该投资。经过分析，投资E项目所增加的投资收益为48万元（400×12%），增加的筹资成本47万元（300×11.6%+100×12.2%）。由于增加的投资收益大于增加的筹资成本，因此E项目应该投资。

从以上分析可得出，智董公司应筹集2600万元资金，投资A、B、C、D、E等5个投资项目，其投资总收益和筹资总成本分别为373万元和282.5万元，即：

300×17%+500×16%+800×14.5%+600×13%+400×12%=373（万元）

400×10%+100×10.3%+500×10.4%+1000×11%+500×11.6%+100×12.2%=282.5（万元）

(四) 现有资金加边际资金的总成本的计算

在现实财务管理活动中，筹资者在很多时候是出于扩大现有经营规模的需要而筹集资金，即筹集边际资金。这种情况下，现有资金有其成本，边际资金也有其成本，这两种资金的成本一般是不相同的，这两种资金加在一起后构成了筹资者的总资金，而总资金的成本一般又与现有资金的成本以及边际资金的成本都不相同。对筹资者来说，了解现有资金加边际资金后的总资金成本是非常有必要的。因此，资金成本的计算还需要计算现有资金加边际资金的总资金成本。

【例4-4】智董生化科技股份有限公司现有资金结构如表4-5所列。

表4-5 智董生化科技股份有限公司现有资金结构表

资金性质	资金来源	金额（万元）	比重（%）
债权资金	长期借款（3年期，利率6%）	3000	8.49
	长期债券（5年期，面值8000万元，利率8%，平价发行，发行费用率2%）	7840	22.18
	债权资金合计	10840	30.67
股权资金	普通股（5000万股，面值1元，发行价5元，发行费用率4%）	24000	67.91
	留存收益	500	1.42
	股权资金合计	24500	69.33
资金总额		35340	100.00

公司自成立以来，每年都按每股0.3元的水平派发股利，长期借款为期满一次还本付息（单利计算），长期债券为每年付息一次、期满还本，所得税率为33%。

公司目前的资产负债率为30.67%，负债水平偏低，公司有意提高资产负债率，以期能够获得较大的财务杠杆效应。为此，在对市场环境做了谨慎分析的基础上，公司决定投资建设一套造纸生产线，作为公司下属的一个制造车间。该生产线的投资额预计为10000万元，打算全部从公司外部筹集。筹资后，公司的资产负债率希望达到40%左右，即筹资后公司的总负债应该达到（35340+10000）×40%=18136（万元）左右，扣去公司现有的负债额3000+7840=10840（万元）后，新筹的10000万元中应通过负债筹集7296万元（18136－10840）。考虑到从银行借款的成本较低且方便快捷，公司决定从银行借入5年期借款7500万元，年利率7%，期满还本付息，筹资费用率为零，银行亦表示可满足公司的借款要求。新筹的10000万元扣去从银行借入的7500万元后，余下的2500万元全部通过向社会公开发行普通股来筹集（公司剩余的股票发行指标可满足新股发行的需要，不需变更注册资本），发行费用率为4%，发行总额应达到2500÷96%=2600（万元），按每股8元的价格发行，新股发行数量应为2600÷8=325（万股）。公司增筹10000万元资金后，每股股利在当前0.3元的基础上逐年递增6%。

根据上述资料，计算公司现有资金的成本和边际资金的成本以及现有资金加边际资金的总成本。（注：均为税后成本，分析过程不再特别说明。）

分析：

1）计算现有资金原来的成本。

A. 计算长期借款的成本K_1

$$3000=\frac{3000\times[1+6\%\times3\times(1-3\%)]}{(1+K_1)^3}$$

化简上式得

$$\frac{1}{(1+K_1)^3}=0.8924$$

当n=3，K_1=3%时，复利现值系数为0.9151，当n=3，K_1=4%时，复利现值系数为0.8890，则

$$\frac{K_1-3\%}{0.8924-0.9151}=\frac{4\%-3\%}{0.8890-0.9151}$$

$$K_1=3\%+\frac{0.8924-0.9151}{0.8890-0.9151}\times(4\%-3\%)=3.87\%$$

B. 计算长期债券的成本K_2

$$7840=8000\times 8\%\times(1-33\%)\times\frac{1-(1+K_2)^{-5}}{K_2}+8000\times\frac{1}{(1+K_2)^5}$$

化简上式得

$$7840=428.8\times\frac{1-(1+K_2)^{-5}}{K_2}+8000\times\frac{1}{(1+K_2)^5}$$

试算一，当K_2=5%时

等式右边值=428.8×4.3295+8000×0.7835=8124>7840

试算二，当K_2=6%时

等式右边值=428.8×4.2124+8000×0.7473=7784<7840

则$$\frac{K_2-5\%}{7840-8124}=\frac{6\%-5\%}{7784-8124}$$

$$K_2=5\%+\frac{7840-8124}{7784-8124}\times(6\%-5\%)=5.84\%$$

C. 计算普通股的成本K_3

$$K_3=\frac{0.3}{5\times(1-4\%)}=6.25\%$$

D. 计算留存收益的成本K_4

$$K_4=\frac{0.3}{5}=6\%$$

E. 计算现有资金总额的综合成本

$\overline{K}_P$=3.87%×8.49%+5.84%×22.18%+6.25%×67.91%+6%×1.42%

=0.33%+1.30%+4.24%+0.09%=5.96%

2）计算边际资金的成本。

A. 计算新增银行借款的成本K_5

$$7500=\frac{7500\times[1+7\%\times 5\times(1-33\%)]}{(1+K_5)^5}$$

化简上式得

$$\frac{1}{(1+K_5)^5}=0.8100$$

当n=5，K4=4%时，复利现值系数为0.8219，当n=5，K_5=5%时，复利现值系数为0.7835，则

$$\frac{K_5-4\%}{0.8100-0.8219}=\frac{5\%-4\%}{0.7835-0.8219}$$

$$K_5=4\%+\frac{0.8100-0.8219}{0.7838-0.8219}\times(5\%-4\%)=4.31\%$$

B. 计算新增普通股的成本K_6

$$K_6=\frac{0.3\times(1+6\%)}{8\times(1-4\%)}+6\%=10.14\%$$

C. 计算新增资金总额的综合成本K_N

$$\overline{K}_N=4.31\%\times\frac{7500}{10000}+10.14\%\times\frac{2500}{10000}=5.77\%$$

3）计算增资后资金总额的综合成本。

A. 列出增资后新的资金结构如表4-6所列。

表4-6 增资后新的资金结构表

资金性质	资金来源	金额（万元）	比重（%）
债权资金	长期借款（3年期，利率6%）	3000	6.62
	长期借款（5年期，利率7%）	7500	16.54
	长期债券（5年期，面值8000万元，利率8%，发行费用率2%）	7840	17.29
	债权资金合计	18340	40.45
股权资金	普通股（5000万股，面值1元，发行价5元，发行费用率4%）	24000	52.93
	普通股（325万股，面值1元，发行价8元，发行费用率4%）	2500	5.52
	留存收益	500	1.10
	股权资金合计	27000	59.55
资金总额		45340	100.00

在表4-6的资金结构中，资产负债率为40.45%，达到了公司增资前规划的目标。增资前的普通股和留存收益，在增资前的资金成本是按每股0.3元的固定股利计算出来的。增资后，按照同股同利的原则，增资前的普通股和留存收益应按照新的股利政策重新计算其资金成本。计算结果如下：

$$原普通股新的资金成本=\frac{0.3\times(1+6\%)}{5\times(1-4\%)}+6\%=12.63\%$$

$$原留存收益新的资金成本=\frac{0.3\times(1+6\%)}{5}+6\%=12.36\%$$

B. 计算增资后公司资金总额的综合成本

$$\overline{K}_F=3.87\%\times6.62\%+4.31\%\times16.54\%+5.84\%\times17.29\%+12.63\%\times52.93\%+10.14\%\times5.52\%+12.36\%\times1.10\%=0.26\%+0.71\%+1.01\%+6.69\%+0.56\%+0.14\%=9.37\%$$

二、负债筹资的成本

筹资成本，是指企业筹集和使用资金而付出的代价。市场经济条件下，企业以任何一种筹资方式借入的资金并投入使用，都要付出一定的代价。广义上，资金成本包括企业使用长期和短期资金所付出的成本。

资金成本从构成内容上看，主要包括用资费用、筹资费用和机会成本。用资费用，是指企业在生产经营和对外投资活动中由于使用资金而付出的代价。例如，企业向债权人支付的债券利息，向股东支付的股息等。用资费用是筹资成本的主要内容，它具有经常性、定期支付的特征，并且随着资金使用数量的多少和使用期间的长短而变动，因而属于变动性筹资成本。筹资费用，是指企业在筹集资金的过程中未获得资金而付出的代价。例如，发行债券的印刷费、发行手续费、律师费、评估费等。与用资费用不同，筹资费用常常是在筹资时一次性支付，因而属于固定性筹资成本，可视为筹资额的扣减。

机会成本，企业在利用商业信用时表面上似乎没有发生筹资成本，但实质上企业在免费使用资金时放弃了供货方提供的现金折扣，这是企业在筹资决策时不可忽略的重要因素。另外，由于企业的延期付款等行为，可能降低企业的信用额度，增加了企业再融资的成本，这同样是需要重视的影响因素。

个别资金成本是指企业各种筹资方式的成本。借款筹资个别资金成本其中主要包括商业成本、借款成本、债券成本、融资租赁成本等。

(一) 借款筹资资金成本

借款筹资资金成本主要包括利息和筹资费用等，借款利息可以在所得税前列支，相对于债券而言筹资费用较低。这里主要以银行借款为例进行说明，其他方式的借款资金成本可以比照结算。

企业从银行取得借款要支付借款利息和筹资费用。借款利息计入税前成本费用，从而可以抵免企业所得税，因此银行借款资金成本应当考虑所得税因素。企业银行借款资金成本可按下列公式计算：

$$K_L=\frac{I_L(1-T)}{L(1-F_L)}$$

式中，K_L为银行借款资金成本；I_L为银行借款年利息额；T为企业所得税；L为银行借款筹资额，即借款本金；F_L为银行借款筹资费率，即借款手续费率。

【例4-5】 智董公司取得三年期银行借款200万元，年利率11%，每年付息一次，到期一次还本，筹资费率0.5%，企业所得税税率33%。该银行借款的资金成本为

$$K_L=\frac{200\times 11\%\times(1-33\%)}{200\times(1-0.5\%)}=7.41\%$$

当借款合同附加补偿性余额条款的情况下，企业可动用的借款筹资额应扣除补偿性余额，这时借款的实际利率和资金成本将会上升。

【例4-6】 若上例中的企业借款，银行要求补偿性余额20%，则该项银行借款的资金成本为

$$K_L=\frac{200\times 11\%\times(1-33\%)}{200\times(1-20\%-0.5\%)}=9.27\%$$

在借款年内结息次数超过一次时，借款实际利率也会高于名义利率，从而资金成本上升。此时的资金成本公式为

$$K_L=\frac{\left[\left(1+\frac{R_L}{M}\right)MN-1\right](1-T)}{L(1-F_L)}$$

式中，M为1年内借款结息次数；N为借款期限。

【例4-7】 若上例中的借款为每季付息一次到期一次还本，该借款的资金成本为

$$K_L=\frac{\left[\left(1+\frac{11\%}{4}\right)12-1\right](1-33\%)}{200\times(1-0.5\%)}$$

小知识

长期借款成本

企业取得长期借款所支付的利息是计算其资金成本的基础。由于为借款而支付的利息可以作为企业的费用计入成本使企业少交一部分所得税，从而降低了债务的资金成本。长期借款资金成本的计算可参照债券资金成本的计算公式得出。如果借款的期限较长，而且是分期付息、期满一次还本，也可按下列公式计算长期借款的成本。

$$K_d=\frac{I(1-T)}{D_0(1-f)}$$

式中，K_d为长期借款资金成本；D_0为长期借款总额；I为每年支付的利息；T为所得税税率；f为借款手续费率。

【例4-8】 假设智董公司向银行借款100万元，期限10年，年利率为6%，利息于每年年末支付，第10年末一次全部还本，借款手续费率为1%，所得税税率为35%，则该项借款的资

金成本为

$$K_d=\frac{100\times6\%\times(1-35\%)}{100\times(1-1\%)}=3.94\%$$

在实际工作中，企业如果向银行申请长期借款，银行往往要求借款人从贷款总额中扣留一部分以无息回存的方式作为担保。在这种情况下，企业实际能够使用的资金就会少于借款总额扣除手续费后余额，这将会导致借款的资金成本有所提高。在本例中，如果银行要求企业保持10%的无息存款余额，则企业的实际借款资金成本为

$$K_d=\frac{100\times6\%\times(1-35\%)}{100\times(1-11\%)}=4.44\%$$

实际贷款利率为

$$\frac{100\times6\%}{100\times(1-11\%)}=6.74\%$$

（二）债券筹资成本

债券筹资成本的计算事实上与长期借款的资金成本计算基本相同。但发行债券的筹资费用一般较高，应予以考虑。债券的筹资费用即发行费用，包括申请费、注册费、印刷费和上市费及推销费等。这些费用的发生与债券发行量有一定的联系，但不是线性关系。

债券筹资成本中的利息费用亦可在所得税税前列支。利息的支付方式有两种，即分次付息和到期一次还本付息，两种付息方式引起资金成本的计算完全不同，下面分别讨论。

从债券的发行来看，其发行价格有平价发行、溢价发行和折价发行。这些价格的区别体现了债券的票面利率与市场利率之间的关系。但不管债券是以什么价格发行的，有两点必须明确：一是债券利息应按面值计算；二是债券的筹资额应该按具体的发行价格计算。

最后，从债券本金的偿还方式来看也有两种，一是分次偿还；二是一次性还本。两种方式同样引起它们的资金成本计算差别，在大部分情况下，都是一次性还本。

一次还本、分期付息方式。当债券是采用按年付息，一次还本方式发行时，可用下列公式计算债券的资金成本：

$$K_R=\frac{I(1-r)}{K(1-F_n)}$$

式中，K_R表示债券资金成本率；I表示债券的年利率；r表示所得税税率；K表示实际筹资金额；F_R表示筹资费用率。

【例4-9】智董公司委托某一金融机构代为发行面额为200万元的3年期长期债券。其发行价格为250万元（溢价发行），票面利率为10%，每年支付一次利息，发行费用占发行价格的4%，若公司所得税税率为33%，则其资金成本率为：

$$\frac{200万\times10\%\times(1-33\%)}{250万\times(1-4\%)}=5.58\%$$

我国目前绝大部分的公司债券都是采用一次性还本付息方式。在这种方式下，每年利息的计算与上面分次付息的方式相同，唯一区别在于各年全部利息均在债券到期时一次支付，因而其资金成本的计算也不一样。

【例4-10】沿用上例，若条件改为一次性还本付息，两个计算其资金成本。

第一步，先计算各年总的资金成本，其公式为

$$K_R=\frac{I\times n(1-r)}{K(1-F_n)}$$

上式中，n代表年限，其他符号含义同上。沿用上例，可以计算出资金成本为

$$\frac{200万 \times 10\% \times 3 \times (1-33\%)}{250万 \times (1-4\%)} = 16.74\%$$

第二步，计算每年的资金成本率，（只需将以上总的资金成本率除以年限即可）。

$$资金成本率 = \frac{61.74\%}{3} = 5.58\%$$

由上可以看出，不管是分次付息还是一次付息都可采用相同的公式计算其资金成本率。但这一方式有一个最大的缺陷，就是没考虑货币时间价值。特别是当各年利息不相等时，采用以上公式就很难计算资金成本率。因此，现行实务中，也有采用现金流量计算资金成本率的，其方法简介如下：

从理论上讲，债券的税前成本率就是使企业因发行债券而发生的未来现金流出的现值之和等于企业发行债券的实际筹资总额的贴现率，又称为内含报酬率。其计算公式如下：

$$(K-F) = \sum_{i=1}^{n} \frac{I}{(1+K_R)^t} + \frac{P}{(1+K_R)^n}$$

上式中，等号左边为实际筹资额（现金流入），等号右边为未来现金流出的现值总额，其中：

$\sum_{i=1}^{n} \frac{I}{(1+K_R)^t}$为各年利息支出的年金现值之和；$\frac{P}{(1+K_R)^n}$为到期还本的复利现值。

当左边等于右边时，K_R就是我们要寻求的债券内含报酬率，或债券的税前资金成本率，然后将其调整为税后成本，即为债券的实际资金成本率。调整公式为

$K_R \times (1-r)$

由此可见，用现金流量计算资金成本要分两步：第一步先计算税前资金成本K，从上一个公式可以看到这是一个不等量的现金流出，因此只能采用逐步测试法。待计算出K以后，再用这个公式将其调整为税后的实际资金成本。

小知识

公司债券成本

公司债券成本由债券利息及债券发行费用两部分构成。如果企业发行债券的价格为P，发行费用率为f，面值为B，票面利率为i，期限n年，每年末支付一次利息I，其现金流量图如图4-2所示。

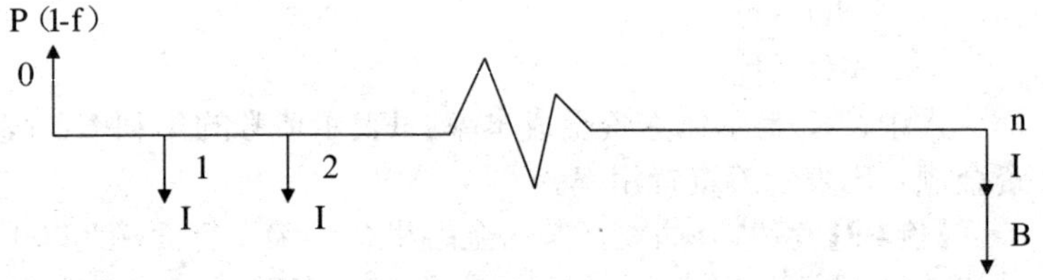

图4-2　企业发行债券后的现金流量图

债券的税前资金成本就是使企业未来利息及本金支出的现值之和等于企业发行债券实际筹集到的资金总额时的折现率，即

$$\sum_{i=1}^{n} \frac{I}{(1+K)^t} + \frac{B}{(1+K)^n} = P(1-f)$$

式中，I=B×i；K为债券的税前资金成本。

由于企业债券的利息是在税前支付的，企业可少缴部分所得税，因此，企业债券的税后资金成本K_b=K×(1－T)，其中T为企业所得税税率。

由于投资者追求的是税后投资报酬率，因此，资金成本通常也是以税后来表示的。

【例4-11】智董公司发行债券5000万元，按面值发行，期限5年，票面利率12%，每年末支付一次利息，到期还本，发行费用率为3%，所得税税率为33%。从企业角度看，发行债

券后的现金流量如图4-3所示。

该债券的资金成本计算过程如下。设折现率为12%，债券的现值为 $PV_1=600\times(P/A,12\%,5)+5000\times(P/F,12\%,5)=600\times3.605+5000\times0.567=4998$（万元）>4850（万元）

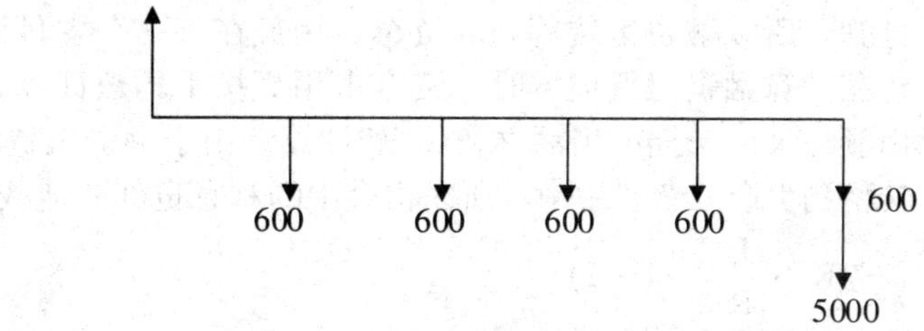

图4-3　企业发行债券后的现金流量图

提高折现率，设为13%，则债券的现值为

$$PV_2=600\times(P/A,13\%,5)+5000\times(P/F,13\%,5)=600\times3.517+5000\times0.543$$
$$=4825\text{（万元）}<4850\text{（万元）}$$

由以上计算的结果，利用插值法可计算出债券的税前资金成本为

$$K=12\%+\frac{4998-4850}{4998-4825}\times(13\%-12\%)=12\%+\frac{148}{173}\times(13\%-12\%)=12.86\%$$

税后资金成本为

$$K_b=K\times(1-T)=12.86\%\times(1-33\%)=8.62\%$$

如果债券期限较长，每年年末支付利息一次，这时可把债券看作是永续年金。运用永续年金求现值的计算公式，得债券税前资金成本的计算公式如下：

$$K=\frac{I}{P(1-f)}$$

式中，f为债券筹资费用率。

如果债券不是每年支付利息，而是到期一次还本付息，而且不计复利，此时现金流量图见图4-4。

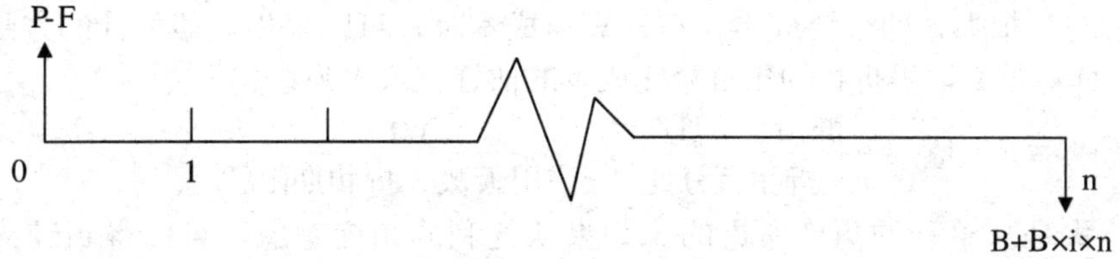

图4-4　企业发行债券后的现金流量图

根据前面的计算原理可得

$$\frac{B+B\times i\times n}{(1+K)^n}=P(1-f)$$

$$K=\sqrt[n]{\frac{B+B\times i\times n}{P(1-f)}}-1$$

【例4-12】承例4-11，如果该债券是期满一次还本付息且单利计息，则债券的税前资金成本计算如下。

$$K=\sqrt[6]{\frac{5000+5000\times12\%\times5}{5000-5000\times3\%}}-1=\sqrt{\frac{5000+5000\times12\%\times5}{5000-5000\times3\%}}=10.53\%$$

税后资金成本：$K_b=10.53\%\times(1-33\%)=7.06\%$

(三) 融资租赁成本

企业采用融资租赁方式筹集资金要支付租金，在支付的租金中需要还本付息。租金中的利息即为融资租赁的资金用资费用，可按租期内支付的租金总额减去所租物品原价（成本）后，再除以租赁年限，计算出每年租金中的利息额。由于租金通常是在租期内分次支付的，所以融资租赁筹到的资金占用额在每一个支付租金期中是不相同的，逐期递减，因此在计算融资租赁成本时，资金占用额按平均数计算。资金占用额的平均数可按第一期占用额与最后二期占用额之和除以2计算。由于融资租赁固定资产的租金总额是通过计提折旧转移到生产经营费用中，所以租金中的利息也部分地减少上交所得税额。其成本公式为

$$K_r=\frac{I_r}{R}\times(1-T)$$

式中，K_r表示融资租赁成本；I_r表示每年租金中的利息额；T表示企业所得税税率；R表示平均占用租赁资金额。

【例4-13】 智董公司租赁设备一套，市场价值50万元，租期5年，合同约定每季度末支付租金3.4万元，同时另付手续费8000元，企业所得税税率为25%。

5年支付租金总额：$34000\times4\times5=680000$（元）

每年租金中的利息额：$\frac{680000-500000}{5}=36000$（元）

第一个支付租金期资金占用额：$500000-8000=492000$（元）

最后一个支付租金期资金占用额：$\frac{492000}{5\times4}=24600$（元）

平均占用租赁资金额：$\frac{492000+24600}{2}=258300$（元）

融资租赁成本：$\frac{36000\times(1-25\%)}{258300}\times100\%=10.45\%$

(四) 商业信用成本

这里可以准确量化的商业信用成本主要是指供贷方提供了现金折扣，而企业放弃现金折扣形成的潜在损失，即机会成本。在计算该成本时，可以采用近似估计的方法和较为精确的方法。计算放弃取得折扣的年百分比成本的估计值公式为：

$$百分比成本近似值=\frac{折扣百分比}{1-折扣百分比}\times\frac{360}{信用天数-折扣期限}$$

上述公式是从单利的角度考虑的。如果从复利的角度考虑，可以得到较为精确的成本，其计算公式为

$$百分比成本实际值=\left(1+\frac{折扣百分比}{1-折扣百分比}\right)^{[360/(信用天数-折扣期限)]}-1$$

两个公式中，“折扣百分比”代表每一元信用的成本，即卖方给予的现金折扣率。“1-折扣百分比”代表放弃折扣所能得到的资金。

“360/（信用天数－折扣期限）”表示每年须承担放弃取得折扣的成本的次数。例如，信用条件为2/10，n/30，代入公式，可计算得：

$$商业信用百分比成本近似值=\frac{2\%}{1-2\%}\times\frac{360}{30-10}=36.7\%$$

$$商业信用百分比成本实际值=\left(1+\frac{2\%}{1-98\%}\right)^{18}-1=43.8\%$$

由此可以看出，企业如果放弃取得现金折扣，则企业付出的信用成本是非常可观的。因为此种信用成本往往比短期银行借款的成本高出许多，所以企业应尽可能享受此种折扣优惠。

三、权益筹资的成本

(一) 留存收益成本

企业的留存收益是由企业税后利润形成的，属于权益资本。一般将留存收益再投资称

之为留存收益资本化。从表面上看，企业留存收益属于股东，使用这部分资金好像不需要任何代价。实际上，股东愿意继续留用于企业而不作为股利取出投资与别处，总是要求获得与普通股等价的报酬。所以留存收益也有资本成本，只不过此项成本是一种机会成本。留存收益成本的测算方法可参照普通股资本成本计算，只是不考虑筹资费用。

小知识

留存收益成本

留存收益成本K_S，是投资者要求的普通股权益留存收益部分的回报率。留存收益成本实质是一种机会成本。与负债和优先股成本不同，企业并没有单独给留存收益支付红利，而是给普通股，即包括原始股本和留存收益作为一个整体来发放红利。从原则上讲，留存收益属于股东，股东可用来再投资。假定股东用留存收益投资于风险与当前项目相同的另一项目，能期望得到回报率$\widehat{K}_S$，则投资者对留存收益要求的回报率也正好是$\widehat{K}_S$，即$\widehat{K}_S=K_S$。因为股东可以用这批资金购置本公司的股票或其他类似投资，从市场上得到回报率$\widehat{K}_S$，若企业的留存收益回报率低于$\widehat{K}_S$，企业则应把留存收益发给股东，让他们自己去投资，以获取更大的利益，而不是留在企业内部。

一般而言，负债和优先股的成本是比较容易估算的，但估算留存收益成本并不容易。首先，如果股票是处于均衡状态，则投资者要求的回报率就等于期望的回报率（即回报率的期望值）。因为若要求的回报率低于期望的回报率，则投资者会一致买进这种股票；反过来，若要求的回报率高于期望的回报率，则投资者会一致卖出这种股票，从而形不成均衡状态。所以在均衡状态下，投资者要求的回报率不能高于，也不能低于该证券的回报率期望值。因而，留存收益成本的计算问题实际上可以转化为普通股投资期望回报率的估计问题，因为同一家公司的留存收益与股票投资风险是一样的。但与普通股相比，留存收益不需要发生筹资费用（发行费用），因此，留存收益成本计算过程中不需要减去筹资费用F。

根据普通股成本的计算原理，留存收益成本的计算也可以分别以下列几种情况来进行。

1）若预计普通股未来的股利固定不变，则留存收益成本的计算公式为

$$K_C=\frac{D_C}{P}$$

式中，K_C为留存收益成本；P为普通股每股发行价格；D_C为预计每股股利。

2）若预计普通股未来的股利在现有水平基础上按某一固定增长率不断增长，则留存收益成本的计算公式为

$$P=\sum_{t=1}^{\infty}\frac{D_0(1+g)^t}{(1+K_C)^t}$$

式中，D_0为当前年度的每股股利；g为普通股年股利增长率。将上式变化得到下式

$$P=\sum_{t=1}^{\infty}\frac{D_0}{\left(\frac{1+K_C}{1+g}\right)^t}=\sum_{t=1}^{\infty}\frac{D_0}{\left(1+\frac{K_C-g}{1+g}\right)^t}$$

上式可看成是年金为D_0，折现率为$\frac{K_C-g}{1+g}$时永续年金求现值的情况，此时，上式可简化为下式

$$P=\frac{D_0}{\frac{K_C-g}{1+g}}$$

进一步化简得到下式

$$K_C = \frac{D_0(1+g)}{P} + g = \frac{D_1}{P} + g$$

式中，D_1为发行普通股筹资后第一年的每股股利额。

与普通股成本的计算公式相比，上述留存收益成本的计算公式中都缺少一个F，即缺少发行费用，这是因为留存收益形成的资金是企业税后利润留存下来的资金，它不需要支付发行费用，因此，留存收益成本的计算公式中不需要考虑发行费用F。

相对而言，估计红利收益率比较容易，而估计适当的增长速度g比较困难。如果过去年红利增长速度比较稳定，而且投资者预计将继续保持这种增长势头，则g可基于历史增长速度平均得出。可是，如果公司的过去增长速度特别高或特别低，不管是由于公司本身的经营所致还是由于整个经济环境所致，则投资者都不会认为这种增长速度会保持下去。在这种情况下，g的数值必须另外估算。

事实上，证券分析家定期做出上市公司的盈利和红利的增长速度的预测，并预测销售收入、边际利润和竞争因素等。例如，美国的ValueLine咨询公司出版物包含有1700余家企业的预测数据。因此，可以基于这些预测来估计出增长速度g的近似值。

【例4-14】智董公司股票市价为100元，下期红利预期为每股8元，而红利的期望增长速度为7%，则3D公司留存收益的成本KS为

$$K_S = \frac{8}{100} + 7\% = 15\%$$

(二) 普通股资金成本

普通股是构成资本成本的重要因素。公司在发行股票时，不需要向股东支付利息，也不需要偿还本金，看起来好像是三种资本形式中风险最小的。但实际正好相反，因为普通股投资者风险最大（一旦公司破产，他们是最后被清偿的），与此相适应的是，他们要求得到的回报也最多。公司的任何管理层如果忽视了股东及股东的利益，那么公司股东将会选举新的董事会和更换原有的管理人员，或者公司的股东将会以较低的价格卖出他们的股票，导致公司股价下跌，这样就会引起公司被其他公司购并。所以相对于其他筹资方式，普通股的资本成本最高。

普通股资金成本是指股东预期的长期平均年投资收益，它以股票价格的百分比表示。普通股资本的收益可以用下列两种方法予以计量：第一种，股利和股票价格上涨中的股利资本收益（或者股票价格下跌中的资本损失）；第二种，未来永久的股利收入。股票的即时价格是市场对未来股利预期的估计以及资本收益（即当股利预期提高时，股票价格会上涨）。从短期来看，因为企业的董事会可能决定不派发股利，企业的权益成本可能为零。但是，一般不派发股利仅仅是一种短期的选择。当然也存在例外情况，例如纳斯达克（NASDAQ）的生物技术公司和伦敦的可选择投资市场。不过，企业最终还是会派发股利的。一个近几年没有派发股利的企业，在企业要追加筹资时，就很难再筹集到新的权益资本。企业必须向股东保证对企业的未来投资将有更高的收益。

普通股资本通常比债务资本的成本要高得多，股东期望得到较高的长期平均收益以补偿投资所面临的较高风险。股东的主要风险在于年度之间收益的波动不可预知性。股东不像债务资本的提供者那样，有获得利息收益的权利，他们是否收取股利完全取决于企业管理层的决定。

对于股票市场上的每家上市公司，我们均能对其权益成本做出估计。然而，这种估计有一些重要的前提条件。

(1) 权益成本是基于对未来股利的预期时，确定股利的预期增长率对于合理的推测和判断是十分重要的。

(2) 权益成本还取决于股票价格的市场价格。

股票市场应该是流动的，否则，股票当前的市场的价格可能会由于市场上供给和需求的暂时性不足而被扭曲，从而与实际价值不符。当前的市场价格是在特定时间股票的出售价格，而不是现有股东最初购买股票时的价格。根据这些条件，估计企业的权益成本有三个主要办法：戈登（Gordon）股利增长模型、资本资产定价模型和风险溢价模型。

1. 戈登股利增长模型

计量公司的权益股票成本的方法之一是利用股利增长模型。这个模型基于这样一种假设：股票价格反映了当前股票市场对股票未来股利（永久性的）预期的估计。这个估计与下面的因素有关：

(1) 股东预期每年将从股票投资中获得的回报或收益。

(2) 对以后年度股利增长的预期。

股票价格是未来预期股利按照股东要求的年收益率折现的现值。

一旦给定股票价格和对未来股利预期的估计，就能够利用这个模型估计出权益资本的成本。为使计算简单，我们假定每年股利的增长率是一个固定的百分比。股利增长模型对权益的成本（即一种股票的预期年平均收益率）描述如下：

$$r=\frac{d(1+g)}{MV}+g$$

其中，r是权益成本，以百分比表示，例如5%=0.05；MV是股票的当前市场价格（不包括股利）；d是最近一年的股利；g是预期的股利年增长率，以百分比表示。公式中，d(1+g)即为下一年度的预期股利。

【例4-15】 公司的财务部门正在确定公司的权益成本。目前每股的年股利是10.8元，在过去的几天中，股票的平均市场价格是270元。股东预期的年股利支付额的实际增长率估计为2%，也就是说年股利支付额的增长率比通货膨胀率高出2%。目前预计的年平均通货膨胀率将始终为4%，因此，预计股利的年增长率为6%。

分析应用股利增长模型，估计公司目前的权益成本为

$$r=\frac{10.8(1.06)}{270}+0.06=0.424+0.06=0.1024$$，即10.24%/年

2. 资本资产定价模型

(1) 资本资产定价模型是一种估计单个股票（或股票组合）预期平均收益的数学模型。概括地说，这个模型基于对以下几方面的比较：

• 无风险投资收益率（长期国内政府债券）。

• 市场平均收益率，也就是说，股票市场整体的平均收益率。这种收益率通常比无风险投资收益率高。

• 个别企业股票的收益率，它可能高于或低于市场平均收益率，这取决于股票风险的大小。

股票的收益可以用一个时期内的股利加上股票价格的上涨数或减去股票价格的下跌数来计量。利用当期的股利和资本利得的总和可以计算出股票价格的年收益率。

随着科学技术的发展，资本资产定价模型被用于计量和监控市场收益率的变化和个股收益率的可比性变化。通过分析，根据市场平均收益率的上涨或下跌幅度，就可以预测出某只股票收益率的涨跌情况。

然而，某个企业股票收益率的大小取决于以下两类因素：

• 首先是对企业有特殊和特别影响的因素，例如企业的管理水平。这些因素可以引发特

别的风险或非系统风险。

• 其次是对经济体系中的所有企业，而不仅是个别企业，均产生或大或小影响的因素。这些因素导致了市场风险或系统风险。

因此，个股的收益率取决于这两种因素的共同作用，即取决于影响个别企业的特殊因素和影响整个市场和经济环境的共同因素。一个投资者可以通过多元化投资，以持有最佳均衡的股票组合投资（有效股票组合）方式避免特别风险。在任何时期，总有一些股票由于特别因素表现得比预期要好，而其他则表现得比预期的要差。在有效的股票组合投资中，表现好的股票的收益可以冲减表现差的股票的损失。

多元化投资无法消除市场风险（系统风险）。当整个市场处于上升阶段时，个股也将获得较高的收益。当整个市场处于下降阶段时，个股也必然表现不佳。

资本资产定价模型是用于确定某个企业股票的系统风险，估算投资这一有效股票组合方式投资预期将取得的收益。这个预期收益率（忽略特别风险因素）决定了该企业的资本成本和它的市场价格。

个股预期收益率的资本资产定价模型（CAPM）公式如下：

$R_s=R_{rf}+\beta(R_m-R_{rf})$

其中，R_s代表个股的预期收益率；R_{rf}代表无风险投资收益率；R_m代表市场平均收益率；β即β系数，下面将专门阐述。（R_m-R_{rf}）是股票市场平均收益率和无风险投资收益率的差额，有时也称作超额市场收益率或权益风险溢价。

(2) β系数。将超额收益率与β系数相乘就可确定某只股票的预期收益率。每只股票有自己的β系数，这一β系数是根据历年的市场收益和公司的股票收益比较分析得出的。

当β=1时，预期收益率等于市场的平均收益率。因此，整个股票市场的β系数就是1。将β=1代入资本资产定价模型的公式中：

$R_s=R_{rf}+1(R_m-R_{rf})$

$R_s=R_{rf}+R_m-R_{rf}$

$R_s=R_m$

当β=0时，预期收益率就是无风险的投资收益率。无风险证券的β系数为0。同样，你可以将β=0代入公式：

$R_s=R_{rf}+0\times(R_m-R_{rf})$

$R_s=R_{rf}$

当股票的β系数介于0到1之间时，说明该股票的风险低于整个股票市场的风险。当市场平均收益率上升或下降的时候，该股票的收益率将以低于市场平均收益率的幅度上升或下降。防御性股票的β系数较低。

当β系数比1大的时候，该股票的特别风险比整个股票市场的风险大得多。当平均市场回报率上升或下降时，该股票的回报率也以较大的幅度上升或下降。周期性波动的股票具有较高的β系数。

资本资产定价模型分析还指出经营活动风险高（或具有周期性波动）的企业筹集新的权益资本成本很高。然而，筹集新的权益资本的最佳时机应该是：

• 当所有的投资收益率都相当低的时候。

• 并且接近经济周期的底部，股票市场的平均收益率和无风险投资收益率的差距非常小的时候。

上市公司的β系数是由股票市场分析师和学者计算出来的并被不断更新。在美国，Barra协会公布了很多国家企业的β系数。在英国，一个广为应用的模型是由伦敦商学院提出和公布的。另外，诸如路透社和蓬博资讯（Bloomberg）等金融资料库经营者也对β系数进行了计算。

• 权益资本和债务资本的比较成本能够影响企业在权益融资和债务融资之间所做的选择。

• 以新的权益资本筹资进行的投资项目在项目运营期内的预期收益率应该超过筹资成本。

【例4-16】 假定无风险报酬率为5%，道琼斯工业股票平均报酬率为12%，ABC公司普通股β值为1.5，ABC公司的权益成本计算如下：

权益资本成本=无风险报酬率+β系数×（股票平均报酬率－无风险报酬率）

权益成本=5%+1.5×1.5×(12%－5%)

权益成本=5%+1.5×7%

权益成本=15.5%

该例子采用了一个比较大的β值，增加了股票的成本。但是很明显，公司的普通股资本并不是没有成本的，而恰恰相反，它是一种成本最高的资本。所以，公司应该尽可能节约使用，以保持公司较低的资本成本。

3. 风险溢价模型（债券收益加风险报酬法）

根据风险和收益相匹配的原理，普通股股东要求的收益率，应该以债券投资者要求的收益率，亦即企业的税前债务成本为基础，追加一定的风险溢价。

$K_s=K_d+RP_s$

式中，K_s为普通股资本成本；K_d为债务资本成本；RP_a为股东对于其承担的比债券持有人更大的风险而要求追加的收益率。

估算K_s的关键是估计风险溢价RP_s。但RP_s并无直接计算方法，只能从经验获得信息。资本市场经验表明，公司普通股的风险溢价对公司自己的债券而言，绝大部分在3%～5%之间。

（三）优先股资本成本

构成权益资本成本另一要素是优先股。优先股是一种权益资本，发行给股东时设定了具体的利率。公司在规定的时间支付规定的股息即可，不必偿还本金。优先股可以是永久性的，除非公司赎回该优先股。也可以是可转换性的，即优先股股东可以在未来一定时期内，依据约定的条件将部分或全部优先股转换为普通股。如果公司不希望因为增发新的普通股而降低每股收益，也不想举借债务，具有可转换权的优先股是很不错的选择。在公司资金不足时，优先股股息可以延期支付，但并不意味着可以不支付。一旦公司有了足够的现金流，就必须按要求支付其股息。

优先股同时兼有普通股与债券的双重性质，其成本也包含两部分，筹资费用和预定的股利，该股利不具有抵税作用，因此可以按下列公式计算优先股的资金成本。

$$K_P=\frac{D_P}{P_0(1-f)}$$

式中，K_p为优先股资金成本；D_p为优先股年股利；P_0为优先股筹资额；f为优先股筹资费用率。

【例4-17】 智董公司发行200万优先股，发行费用为5%，每年支付股利率14%。该公司优先股成本率为

$$K_P=\frac{200\times 14\%}{200(1-5\%)}=14.74\%$$

税收的影响使优先股成为一种成本较高的资本来源。既然是这样，为什么还会有公司采用这种形式来筹集资本呢？主要原因是优先股不需要偿还其本金，而债务资本则要求定期或分期偿还所取得的本金。如果发行的优先股具有可转换权，允许在一定期间内以事先设定的价格转换为普通股，这样，公司就不必再支付优先股股息。如果公司不想在未来任何时间偿还筹集的本金，也不想增发普通股，优先股是一种便利的选择，尽管成本会高一些。

第五章
人力资源成本

第一节 人力资源成本管理

从企业的角度来说，人力资源成本是指取得、开发、使用和保障人力资源再生产而支付的全部费用。

一、人力资源成本的特征

(1) 人力资源与其他资源一样具有物质性、可用性、有限性。人力资源的物质性是指，有一定的人口，才有一定的人力；一定的人力资源必然表现为一定的人口数量。人力资源的可用性是指，通过对体能、知识、能力、个性行为特征与倾向（如人格、价值观）的使用可以创造更大的价值。人力资源的有限性是指，人力资源有质和量的限制，只能在一定的条件下形成，只能以一定的规模加以利用。

(2) 人力资源是一种战略性资源。

(3) 人力资源是可以无限开发的资源

目前人们的潜能开发程度与人力资源的实际潜能很不相称。

二、人力资源成本的分类

(一) 按是否可以控制，人力资源成本可分为可控成本和不可控成本

1. 可控成本

指在管理者的权限范围内，可以控制的有关人力资源费用的支出，如招聘、选拔和培训等活动中的支出。

2. 不可控成本

指在管理者的权限范围内很难加以控制的那一部分人力资源费用的支出。例如由于市场变动造成的各项费用的上升，由于员工自身的因素而造成的人力资源成本的上升等。

(二) 按发生的时间特性，人力资源成本分为原始成本和重置成本

1. 原始成本

指为取得和开发人力资源而造成的支出费用。它通常包括员工的招聘、选拔、录用、安置及培训等过程中所需支付的一系列费用。

2. 重置成本

指由于置换目前正在使用的人员所必须付出的代价。

(三) 按是否实际发生人力资源成本可分为实际成本和机会成本

1. 实际成本

指获得或重置人力资源而必须发生的实际现金支出。

2. 机会成本

指为获得或重置人力资源而放弃或损失掉的那部分收入。由于资金是有限的，所以为人力资源的获得与开发而进行的每一项投资，必然会带来其他可能收入的损失。

(四) 按是否能直接分清归属，人力资源成本可分为直接成本和间接成本

1. 直接成本

指能够直接计入人力资源成本的有关支出，如直接用货币支出的招聘费用、培训费用等。

2. 间接成本

指不能直接计入人力资源成本的财务账目，而以时间、数量、质量等形式表现的成本。

三、人力资源成本的内容

人力资源成本有广义和狭义之分，广义的人力资源成本包括劳动者被企业雇佣之前为了培养自身的劳动能力所付出的代价和企业员工的招聘与培训、人力资源的开发等方面所付出的代价的总和；狭义的人力资源成本仅指劳动力受雇后的成本。受雇前的成本一般不属于企业管理的范畴。

人力资源成本的内容具体如下：

(1) 原始成本，指用人单位为了获得人力资源而发生的费用，包括招聘费用和调入费用等。

(2) 追加成本，指各种正规的培训费用，包括新进员工上岗前的培训费和为了使劳动者获得工作技能和知识更新而进行的后续教育培训费用等。

(3) 使用成本，指人力资源使用过程中所发生的直接或间接费用，包括工资、奖金、福利费和人力资源使用相关的费用。

(4) 安置成本，指员工内部调动过程中发生的各种费用和退职、退休后发生的各种费用。

(5) 流动成本，指员工因解聘、辞职而发生的各种费用，包括企业支付解聘费用和职工“跳槽”过程中发生的劳动争议诉讼费用等。

(6) 机会成本，指员工在调动期间耽误工作而造成的损失或者在选择工作岗位时放弃某种机会而造成的损失等。

(7) 沉没成本，指已经投入的人力资源成本，但因某种原因没有加以有效使用而闲置起来造成的损失等。

(8) 重置成本，指职工调动后，需要重新聘用合适的人选而发生的各种费用。

人力资源成本是人力资源会计的重要内容，人力资源成本的核算为企业进行人力资源管理提供人力资源计划和控制的有关信息。在编制人力资源计划时，可以根据人力资源成本信息以及预期的人力资源需求，编制未来期间的预算，另外，还可以提供特定的人力资源管理决策方面的可供选择的方案所需信息。总之，人力资源成本核算所提供的成本信息，在企业进行的人力资源取得、开发和使用等人力资源管理活动中具有非常重要的作用。

四、人力资源成本的构成

人力资源成本是企业构建和实施人力资源管理体系过程中的所有资源投入。

(一) 取得成本

人力资源的取得成本是指企业在招募和录用职工的过程中所发生的各种支出。它主要包括招募成本、选拔成本、录用成本和安置成本。

1. 招募成本

为确定企业所需人力资源的内外来源、发布企业对人力资源需求的信息、吸引所需的内外人力资源而发生的费用。这些费用主要有：招募人员的工资，招募过程中发生的洽谈会议费、差旅费、招待费，介绍人的佣金，广告费、宣传材料费，人力交流机构的管理费、场地费、手续费及其他与招募活动相关的管理费用等（包括企业与高校的在校学生签订用人合同后为其支付的培养费用或向其发放的奖学金等）。

2. 选拔成本

企业对应聘人员进行挑选、评价、考核等活动所发生的成本。它包括通过初步面谈或处理应聘人的申请材料进行初选的费用，对初选合格者进行深入面谈、测试的费用，对合格者组织答辩、进行调查的费用，体检费用等。

3. 录用成本

企业从应聘人员中选拔出合格者后，将其正式录用为企业的成员的过程中所发生的费用，如录用手续费、可能还有支付给外部被录用人员所在单位的补偿费等。

4. 安置成本

企业将所录用的人员安排到确定的工作岗位上时所发生的各种费用。它包括企业为安置录用人员发生的相关的行政管理费用，临时生活费用，报到交通费用，向某些特殊人才支付的一次性补贴等。

(二) 开发成本

人力资源的开发成本是企业为了使新聘用的人员熟悉企业、达到具体的工作岗位所要求的业务水平或为了提高在岗人员的素质而开展教育培训工作时所发生的支出，主要包括定向成本、在职培训成本和脱产培训成本。

1. 定向成本

企业对上岗前的职工进行有关企业历史、企业文化、规章制度、业务知识、业务技能等方面的教育时所发生的支出，也称为岗前培训成本。它包括教育者和受教育者的工资、教育管理费、学习资料费、教育设备的折旧费等。

2. 在职培训成本

在不脱离工作岗位的情况下对在职人员进行培训所发生的费用。它包括培训人员的工资、培训工作中所消耗的材料费和在职人员参加业余学习的图书资料费、学费等。

3. 脱产培训成本

企业根据生产和工作的需要对在职职工进行脱产培训时所发生的支出。脱产培训成本分为企业内部脱产培训成本和企业外部脱产培训成本。外部脱产培训成本包括培训机构收取的培训费、被培训人员的工资、差旅费、补贴、住宿费、资料费等。内部脱产培训成本包括培训者和被培训者的工资、培训资料费、专设培训机构的管理费等。

(三) 使用成本

使用成本是企业在使用员工的过程中发生的成本，包括维持成本、奖励成本、调剂成本。

1. 维持成本

是为保证人力资源维持其劳动力生产和再生产所需的费用，是员工的劳动报酬，包括员工的工资、各种劳动津贴和各种福利费用。

2. 奖励成本

是指企业为激励员工使其更好地发挥主动性、积极性和创造性，对员工做出的特别贡献所支付的奖金，它是对人力资源主体所拥有的能力的超长发挥做出的补偿。

3. 调剂成本

是指企业为了调剂职工的生活和工作，满足职工精神生活上的需求，稳定职工队伍，进而影响和吸引外部人员进入所发生的费用支出。调剂成本包括职工疗养费用、职工娱乐及文体活动费用、职工业余社团开支、职工定期休假费用等。

(四) 保障成本

保障成本指保障人力资源在暂时或长期丧失使用价值时的生存权而必须支付的费用，包括劳动事故保障、健康保障、退休养老保障、失业保障等费用。

1. 劳动事故保障成本

指企业对员工因工伤事故给予的经济补偿费用。

2. 健康保障成本

指企业负担的员工因工作以外原因引起的健康问题不能工作而需要给予的经济补偿费用。

3. 退休养老保障成本

是企业负担的保证员工老有所养的退休金和其他费用。

4. 失业保障成本

是企业对有工作能力但因客观原因造成暂时失去工作的员工给予的补偿费用。

(五) 离职成本

离职成本是由于员工离开企业而产生的成本，可以分为离职补偿成本、离职前低效成本、空职成本。

1. 离职补偿成本

是员工离职时补偿给员工的费用，包括一次性支付给员工的离职金、必要的离职人员的安置费等支出。

2. 离职前低效成本

是员工即将离开企业而造成的工作效率低的损失费用，这种成本不是支出形式的费用，而是由于其使用价值低造成的收益减少。

3. 空职成本

是员工离职后职位空缺而造成的损失费用。它不仅应该包括因该职位空缺造成的直接损失，也应该包括因职位空缺给相关工作带来的间接损失。

小知识

人力资源的替代成本

人力资源的替代成本由取得成本、开发成本和遣散成本构成，其中取得成本、开发成本的内容与企业新聘人员时所发生的取得成本、开发成本相同。遣散成本指因职工离开企业而产生的成本，它主要包括遣散补偿成本、遣散前业绩差别成本和空职成本。

(1) 遣散补偿成本：企业向离职者支付的解雇金之类的补偿费用。

(2) 遣散前业绩差别成本：离职者离开企业前因各种原因造成工作效率降低而给企业带来的损失。

(3) 空职成本：职工离职后因为该职位空缺而给企业造成的损失，包括因该职位空缺所造成的直接损失和因该职位空缺对相关职位工作造成不利影响而导致的间接损失。

替代成本中的取得成本和开发成本，这两部分应作为用来取代或替换原有人力资源中的新的人力资源的取得成本和开发成本，而在替代过程中所发生的遣散成本则应作为因人力资源变动产生的人力资源损益处理。遣散前业绩差别成本和空职成本都属于机会成本的范围，在采用历史成本法进行人力资源成本核算时不登记入账。

五、人力资源成本的控制

(一) 人力资源成本的控制内容

人力资源成本控制主要包括人力资源取得成本、人力资源使用成本、人力资源开发成本和人力资源遣散成本的控制。

1. 人力资源取得成本的控制

取得成本一般比较高，因此，企业在获取人力资源时应认真考虑以下成本的控制：

(1) 合理利用加班。加班可以避免为取得人力资源而付出的成本，同时，又可以增加原有职工的报酬，但是，必须合理加班，否则会使员工处于疲劳状态，不但影响工作效益，还会增加使用成本和保障成本。因此，企业必须根据工作量和生产任务，合理计算员工需要数量，控制取得成本。

(2) 委托加工。企业可以将产品委托给某些具有一定专长的企业加工生产，从而避免招聘新的员工以控制取得成本。

(3) 适当使用临时工或兼职工。合理使用临时工，能够使企业具有较大的用人上的灵活性，同时，也降低了企业的人力资源取得成本。

(4) 内部选拔。内部选拔是控制人力资源取得成本的一种特殊方式。通过内部选拔，可以激励员工的积极性，也能够降低招聘人才的取得成本，但是，内部选拔容易形成自我封闭，使企业缺乏活力。

2. 人力资源使用成本的控制

使用成本控制的核心是控制员工的薪酬。企业应该在考虑外部市场的竞争环境、内部的公平性和员工的业绩等因素的基础上，制订合理的薪酬政策，完善激励约束机制，将企业的发展战略与员工的提薪、提升和奖惩有机结合，设计一套完善的业绩评估方法。

3. 人力资源开发成本的控制

开发成本的控制一定要遵循成本效益原则。为此，应做好以下工作：

(1) 做好需求调查。企业必须清楚需要什么人才，需要进行哪些方面的培训，哪些员工需要培训等。因此，企业应该系统地收集相关资料，根据企业的实际情况，分析设置恰当的岗位，制订每个岗位的工作标准，明确完成工作需要的技术条件，从而有利于控制人力资源开发成本，提高人力资源开发的效率。

(2) 合理确定开发方法。不同的开发方法有不同的开发成本，对不同的人会有不同的效果，因此，企业应结合工作的需要以及职工的工作岗位，采取不同的开发战略。

(3) 做好效果评价工作。人力资源开发成果如何，应该从开发后的工作效果及业绩方面进行评价，总结经验，为今后更好地开发人力资源提供决策依据。

4. 人力资源遣散成本的控制

遣散成本的控制主要从两方面着手：一是增强员工的集体意识和团队精神，增强企业的凝聚力，尽量保持员工队伍的稳定性；二是当员工离职后，企业应尽快物色替代者，减少由于空岗而造成的损失。

为了有效控制人力资源成本，企业应在对有关历史资料以及市场调研资料进行分析的基础上，根据企业人才需求计划以及人力资源开发计划，科学合理地制订出人力资源管理的标准成本，作为人力资源成本控制和管理的依据。

(二) 人力资源成本的控制方式

1. 设定合理的薪酬制度

企业员工薪酬一般包含绩效工资、职位工资、职位技能工资、协议工资、计件工资等。薪资的基本模式不外乎三种形式：基于职位的薪资模式，即什么职位拿什么钱；基于绩效的薪资模式，即有多少业绩拿多少钱；基于市场的薪资模式，即在市场上值多少钱就拿多少钱。无论哪种薪资模式，在单独运用时都存在优势与不足。

(1) 基于职位的薪资模式是根据员工目前所在的职位来决定员工报酬的一种薪酬制度。

1）特点：员工只能根据目前的职位得到报酬，员工是否为提高工作绩效而提高了工作能力是不在考虑之内的；只要员工的职位有所改变，其报酬也会自动随之改变；工资与员工的资历相联系，员工在某个职位干得越久，工资就越高，而不管其绩效如何。在这种薪酬模式中，企业往往通过将工作表现特别好的员工从工资低的职位调到工资高的职位以示奖励，或是为了惩罚那些工作表现较差的员工而将其调到工资较低的岗位。

2）优点：

①与传统按资历和行政级别的支付薪酬的模式相比，真正实现了同岗同酬，内部公平性比较强。

②基本上只考虑职位本身的因素，有利于按照职位系列进行薪酬管理，操作简单易行。

③职位晋升，工资薪酬也晋级，调动了员工努力工作以争取晋升的积极性。

④工作与薪酬关系清晰，稳定性强，有利于成本控制。

3）缺点：

①由于薪酬与职位挂钩，如果一个员工长期得不到晋升，尽管职位工作越来越出色，但其收入水平很难有较大的提高，容易影响其工作的积极性。

②由于职位导向的薪资制度更看重内部职位价值的公平性，在从市场上选聘比较稀缺的人才时，很可能由于企业内部的薪资体系的内向性而满足不了稀缺人才的薪资要求，吸引不来急需的专业人才，尤其是不担任人员管理的专家级技术人才。

③在同一职位上，员工业绩表现的好坏和收入关联不大，会大大降低员工工作的积极性，出现消极怠工或离职的现象。

(2) 绩效工资模式是以员工的工作业绩为基础支付的工资，支付的唯一或主要根据是工作成绩或劳动效率。

1）特点：将员工的绩效同制订的标准相比较以确定其绩效工资的额度，形式主要有计件工资制、计时工资制、佣金制、年薪制等。

2）优点：

①员工的收入和工作目标的完成情况直接挂钩，激励效果明显。

②员工的工作目标明确，通过层层目标分解，组织战略易于实现。

③企业不用事先支付过高的人工成本，在整体绩效不好时能够节省人工成本。

3）缺点：

①固定薪资的水平对于吸引和保留人才至关重要的，短期激励对员工的刺激作用大，长期使用后会产生不良的导向，在企业利润增长缓慢时，员工拿不到高的物质方面的报酬，对员工的激励力度下降，在企业困难时，很难做到“共渡难关”，造成人才流失和很难吸引优秀人才。

②绩效考核难度大，绩效评估往往很难做到客观准确，对大多数企业来说，绩效考核系统不完善，与员工的努力本身关联不大。如果在这种情况下将收入和绩效挂钩比例过大，势必造成新的不公平，起不到绩效付薪的激励作用。

③员工收入中个人绩效涉及时，会造成部门或者团队内部成员的不良竞争，为取得好的个人绩效，员工可能会减少合作。因此，在需要团队协作制胜时，不应过分强调个人绩效对收入的作用。

(3) 基于岗位/技能的薪酬模式是以加强工资宏观调控为前提，以劳动技能、劳动责任、劳动强度和劳动条件等基本劳动要素评价为基础，以岗位、技能工资为主要内容，按照职工实际劳动贡献来确定劳动报酬的企业基本工资制度。

1）特点：基于技能的薪酬模式认为员工获得报酬的差异主要来自人本身能力水平的差异，而非职位等级的高低、职位价值的高低。

2）优点：

①员工注重能力的提升，往往会偏向于合作，而不是过度的竞争。

②鼓励员工发展深度技能（在专业领域深入研究）和广度技能（跨职位发展），在职务级别没有获得提升的情况下，同样可以提高薪酬水平。

③员工能力的不断提升，使企业能够适应环境的多变，企业的灵活性增强。

3）缺点：

①不能直接反映劳动贡献的大小。做同样的工作，但由于两个人的技能不同而收入不同，容易造成不公平感。

②岗位技能工资制刚性太强，缺乏激励。

③高技能的员工未必有高的产出，即技能工资的假设未必成立，需要看员工是否能全力投入工作。

④当员工达到企业要求的能力或技能时，易造成企业的薪酬成本不易控制。

⑤对已达技能顶端的人才实行进一步的激励比较困难。

(4) 基于市场的薪酬模式是指参照同等职位的劳动力市场价格来确定薪酬待遇。

1）特点：基于市场的薪酬模式立足于人才市场的供需平衡原理，具有较强的市场竞争力和外部公平性，可以将企业内部同外部劳动力市场进行及时的有机互联，防止因为人才外流而削弱企业的竞争力。

2）优点：

①企业可以通过薪酬策略吸引和留住关键人才。

②企业也可以通过调整那些替代性强的人才的薪酬水平，从而节省人工成本，提高企业竞争力。

③参照市场定工资，容易让员工接受，能降低员工在企业内部的矛盾。

3）缺点：

①市场导向的工资制度要求企业具有良好的发展能力和盈利水平，否则难以支付和市场接轨的工资。

②员工要非常了解市场薪酬水平，才能认同该工资体系，因此，这种薪酬模式对薪酬市场数据的客观性提出了很高的要求，同时对员工的职业化素质也提出了要求。

③完全按市场付酬，企业内部薪酬差距会很大，影响组织内部的公平性。

2. 设置高效的组织机构

企业的组织机构设置是企业一切人力资源模块开展的基础，是企业各项业务顺畅开展的基本前提。组织机构的设置，明确了企业的部门规模、岗位规模甚至人员规模，因而在数量上确定了人工成本规模。此外，企业组织机构设置的有效性，将对业务开展效率产生影响，从而也将对人工成本投入的有效性产生影响。

组织结构是指企业生产经营活动中的各个组成部分，具有各种功能的单元体之间的搭配、排列和组合的形式。组织结构决定组织机构，组织机构是组织结构的外在表现。

(1) 组织结构的种类及特点。

1）直线制

直线制领导关系按垂直系统建立，不设立专门的职能机构，自上而下形同直线。

优点：结构简单、指挥系统清晰、统一；责权关系明确；横向联系少，内部协调容易；信息沟通迅速，解决问题及时，管理效率比较高。

缺点：缺乏专业化的管理分工，经营管理依赖个人。当企业规模扩大时，管理工作会超过个人能力所限，不利于集中精力研究企业管理的重大问题。

适用范围：规模较小或业务活动简单、稳定的企业。

2）直线职能制

直线职能制是指在厂长（经理）领导下设置相应的职能部门，实行厂长（经理）统一指挥的组织结构形式。

特点：厂长（经理）对业务和职能部门均实行垂直式领导，并对此承担全部责任。职能管理部门没有直接指挥权。

适用范围：规模中等的企业。

3）事业部制

事业部制是一种在直线职能制基础上演变而成的现代企业组织结构。事业部制结构遵循“集中决策，分散经营”的总原则，实行集中决策指导下的分散经营，按产品、地区和顾客等标志将企业划分为若干相对独立的经营单位，分别组成事业部。各事业部可根据需要设置相应的职能部门。

优点：权力下放，有利于管理人员从日常行政事务中解放出来，集中解决重大战略问题。各事业部主管拥有自主权，有助于增强其责任感，提高企业经营能力。各事业部集中从事某一方面的经营活动，经营责任和权限明确，物质利益与经营状况紧密挂钩。

缺点：容易造成机构重叠，考虑问题时员工容易从本事业部出发而忽视企业整体利益。

适用范围：规模大、业务多样化、市场环境差异大，要求具有较强适应性的企业。

(2) 企业规范的组织架构设置。

规范的组织架构是公司在正常建立股东会和董事会的情况下所必须具有的模式。设置方案是按“领导决策层、职能管理层、责任效益层”三个层次设置的。职能管理层是受限层次，突出精干，尽量减少机构设置。责任效益层（生产经营和服务单位）可根据公司发展而增减，如图5-1所示。

1）董事会机构和人员

组织架构设置方案加强了董事会的机构，如设置董事会办公室，并将人力资源和薪酬管理、项目投资（融资）管理、审计监督管理等作为董事会的管辖部门，同时还设置了财务总监、智囊顾问团。

从公司“三会一层”的权力看，股东会是公司的最高权力机构，它通过会议行使权力，本身不再有什么常设机构；监事会是公司的监督检查机构，行使公司股东会赋予的监督、检查和建议的权力；董事会是执行公司股东会决议的机构，董事会有决定和制订公司生产经营管理的大政方针的权力，是公司执行权力的常设机构，是公司决策领导的“核心”，公司的人权和财权等的“核心”在董事会；总经理（包括副总经理）这一层次是组织实施公司董事会决议和主持公司的生产经营管理工作的领导班子，行使公司董事会赋予的生产经营管理的权力。因此，加强董事会的机构和力量是充分发挥董事会决策领导权力作用的需要。

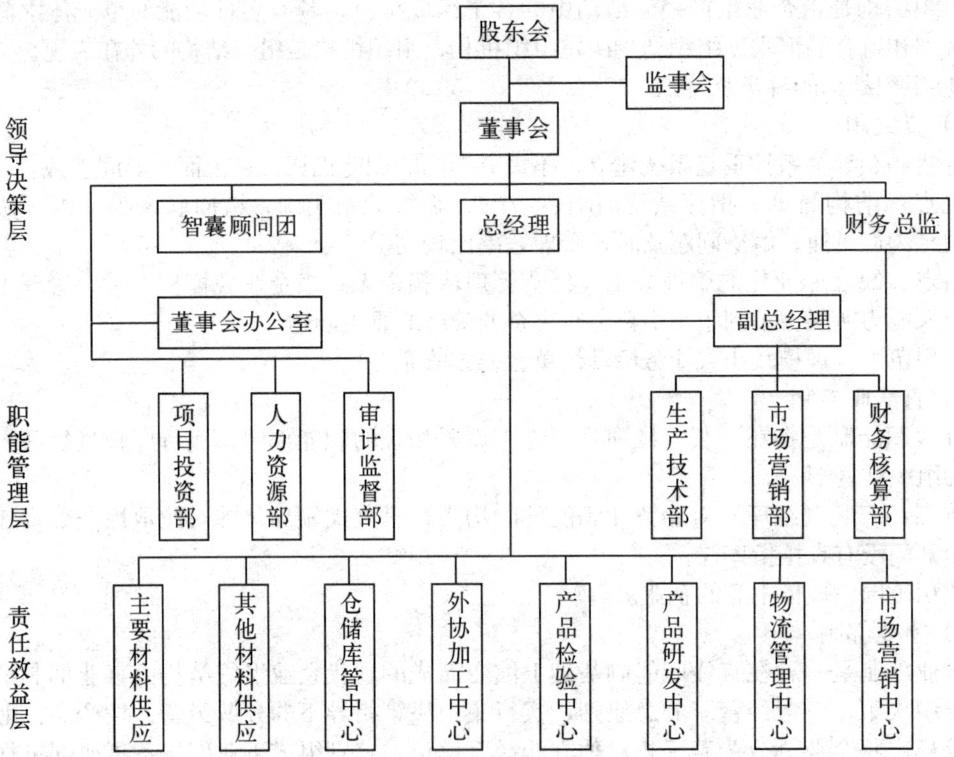

图5-1　企业规范的组织架构设置图

设置董事会办公室是加强董事会机构和力量的重要措施之一。董事会办公室是协助董事长（包括副董事长）处理日常事务的机构，董事会办公室内可设立“文档”“信息管理”“行政管理部”等。“行政管理部”协助总经理（通常总经理为董事会的重要成员）处理日常事务。

董事会办公室职责主要有以下几点：

①负责董事会的日常事务工作，协调公司生产经营的有关事项，重大事项及时向董事长和副董事长（总经理）报告。

②负责董事会和公司所有的文档工作，包括股东会文档、公司行政文档等，使公司文档归于一统，不至于股东会、董事会和行政文档分别存放。

③负责公司文件和会议有关事项，包括董事会报告、文件的拟稿，公司生产经营行政文件的审核和转发工作（公司生产经营行政文件由部门和负责领导拟稿）。公司会议准备、会议安排、会议文件整理，包括为召开股东会和处理股东及投资者相关事宜作组织准备。

④负责公司公共关系处理，负责公司的接待、对外联络、宣传和企业文化建设工作，负责政策信息的收集、研究和应用。

⑤负责公司有关法律工作，对外法律事务咨询和对外合同的法律审核，参与对外合同内容的审订。

⑥组织和协调有关部门制订公司发展战略规划及实施方案，组织战略规划跟踪检查、评估方案、实施效果。

⑦组织和协调有关部门对公司资产结构、产业结构、产品结构调整优化方案的制订工作。

⑧组织和协调有关部门对公司投资方向和重大项目的审查、项目可行性研究和项目的评估，组织和协调有关部门制订公司资本运作及实施方案。

⑨董事会交办的其他事项。

公司财权的核心在董事会，设置财务总监是加强董事会力量的重要措施之一。实行财务总监制，是在公司董事长事务较多的情况下而设置的副总经理级的财务总监。财务总监由董事长提名，经董事会聘任。财务总监是董事长的财务助手，代表董事长对公司财务和会计活动进行管理、监督和控制，直接对董事会和董事长负责。财务总监制不同于总会计师制，总会计师制是中国特有的制度。实际上，总会计师是经营行政班子成员，由总经理提名，经董事会聘任，是总经理的财务助手。

公司人事权的核心在董事会，董事会设置人力资源部是加强董事会机构和力量的重要措施之一。董事会还设置项目投资部、审计监督部等部门。

2）生产经营机构

设置方案中，生产经营设置了三大管理中心（生产技术管理部、市场营销管理部、财务核算管理部）。公司在总经理和副总经理的领导下进行生产经营，在架构上形成了“三足鼎立”的组织阵势，职责任务明确，可使生产经营领导者更能专心于领导生产经营工作。

三大中心下设若干责任效益单位（部门）。财务核算部根据公司生产经营的发展需要，可以设立“财务筹划部”“资金结算部”（内部银行）“成本核算部”等责任部门。

(3) 设置高效组织机构的措施

企业在进行组织机构设计和选择时，重点应做到：

①必须根据公司的实际情况和发展经营的需要而设置。例如，小企业或者企业发展初期，宜选择直线制的组织模式，而当企业发展到一定规模或具有跨国业务时可以选择事业部制或矩阵制结构。当组织不适应企业发展需要时，要进行调整或变革。

②必须是为实现企业的绩效而设置。目标是组织的首要特征，组织设计要以企业战略、目标和任务为主要依据，以确保实现企业利润最大化。

③减少等级差别，采取扁平化组织架构。任何组织架构都应尽量减少中间管理层次，形成尽可能短的指挥链。

④创造高绩效组织。通过设置敏捷、快速的下层组织，可以弥补上层组织的不足，提高企业对市场的反应速度和满足用户的能力，降低协调成本，提高管理绩效。

3. 控制人员招聘成本

企业人员招聘的目标是为了及时满足企业发展的需要，弥补岗位的空缺。最直接的目的是获得企业所需要的人才，并降低招聘成本，规范招聘行为，确保人员质量等。招聘需求产生的可能情况，一是组织人力资源自然裁员，即因员工的调动、离职、退休、休假等产生的岗位空缺；二是组织业务量变化，即因组织成长发展导致的岗位空缺；三是现有的人力资源配置不合理，即人与岗位的不匹配导致的岗位空缺。

(1) 招聘程序。广义的招聘程序包括招聘准备、招聘实施、招聘评估三个阶段。狭义的招聘程序只指招聘的实施阶段，包括招募、选择、录用三个步骤。

1）招聘准备阶段：一是招聘需求分析，进行人力资源配置状况分析和人力资源需求分析，并将招聘与培训、工作轮换、调动等其他为空缺岗位提供人员的方法相比较，分析招聘的必要性；二是对招聘工作进行胜任特征分析；三是制订招聘计划和招聘策略。

2）招聘实施阶段：一是招募阶段，采用适宜的招聘渠道和招聘方法；二是选择阶段，用定量、定性相结合的方法选择适合的应聘者，力求客观；三是录用阶段，招聘双方做出决策，建立劳动关系。

3）结果形成阶段：一是评估招聘结果，对照招聘计划，根据数量和质量对实际招聘录用的结果进行评价总结；二是评估招聘本身，评估招聘工作的经济效益、时间效率。

(2) 招聘渠道。企业的招聘渠道一般有内部招聘和外部招聘两种。

1）内部招聘是企业的选择之一，企业要建立有效的人力资源内部招聘机制，不仅能够良好地提升员工对企业的向心力，也有利于建设学习型企业氛围，更是企业对员工价值认同的主要表现之一。内部招聘通常又包括内部竞聘与内部员工推荐两种。

①内部竞聘一般会公开公司招聘的职位，并公布该岗位的各项要求与条件，由员工自愿申请与竞聘。基本流程为：员工提交申请，公司相关管理人员进行评议，与申请人进行面谈（通常情况下，员工申请、领导审议、面谈过程基本保密，也有部分企业全过程公开），最后公布与确认通过人力资源面谈的人选。

②内部员工推荐主要是指由公司目前的员工推荐非本公司的人员入职。员工推荐的新人，一般情况下都会是自己了解或熟悉的人员。被推荐的人员，通常情况下基本能胜任其工作，并会因情面问题（如不能因自己原因让推荐人受影响）而能比外招的员工更努力地工作，推荐人也会因自己推荐的人员被录用而有成就感，这样可以让新老员工都有被重视感与受尊重感。内部员工推荐主要表现在招聘基层员工或基层人力资源管理者上效果相对较好些，但企业在招聘中高层管理者时很少会使用这种招聘方式。

2）外部招聘。

①媒体广告招聘。媒体广告主要有专业的人才招聘报纸，由于报纸仍然是普通大众，包括求职者了解信息的重要平台，所以这种形式的广告在当地的覆盖面比较广，目标受众接受概率非常高，不仅可以提升企业在当地的知名度，而且可以有效宣传公司的业务，有一举多得之功效。但是这种招聘渠道会吸引到很多的不合格的应聘者，增加了人力资源部门筛选简历的工作量和难度，延长招聘的周期。另外，该渠道的费用比较高。通常，企业多采用这种方式招聘有实际工作经验的社会人员。

②校园定向招聘。一般来讲，校园招聘的计划性比较强，招聘新人的数量、专业往往是结合企业的年度人力资源规划或者阶段性的人才发展战略要求而定。因此，进入校园招聘的通常是大中型企业，通常会在几个大类专业中挑选综合素质高的大学生。校园招聘能够极大地提高公司在高校圈的知名度，为公司储备人才、提供人才，为建立良好的校企合作关系奠定基础，而且校园招聘的费用低廉，有些知名企业甚至是免费入场。校园招聘虽然能够吸引众多的潜在人才，但是这类人员的职业化水平（态度、专业技能、行为习惯等）不高，流失率较高，需要企业投入较多的精力进行系统完整的培训。所以，这类潜在的人才进入企业后，通常要接受比较完整的培训，再安排到生产经营的一线作为储备人员接受工作训练。

③人才招聘会。每年每月每周，都会有人才交流中心与其他机构主办的人才招聘洽谈会。人才招聘会可以让应聘者与用人企业直接交流与接洽，从而节省了两者的时间。这种人才招聘会走向专业化，市场发展日益完善。这种招聘渠道企业选择的余地较大，但对于招聘高级人才或特殊人才、长期人才招聘计划，效果不是很理想。企业选择人才招聘会一定要了解当地的人力资源走向，同行业的人事政策和人力需求。人才招聘会还为企业提供现场宣传的机会。

④猎头公司招聘。猎头是一种由专业咨询公司利用其储备人才库、关系网络，在短期内快速、主动、定向寻找企业所需要的人才的招聘方式。目前，因为猎头主要面向的对象是企业中高层管理人员和企业需要的特殊人才，其具体操作基本上是由企业高管直接负责，因此这种方式看起来比较神秘。正规的猎头公司收费比较高。

⑤员工推荐。员工推荐在国内外公司应用得比较广，特别适合中小型企业，特点是招聘成本小，应聘人员与现有员工之间存在一定的关联性，基本素质较为可靠，可以快速找到与现有人员素质技能相近的员工。专业员工之间的关系网络是最直接有效的联系渠道，因而这种方式对于难以通过人才市场招聘的专业人才尤为适用。但是这种方式的选择面比

较窄。

⑥网络招聘是一种媒体招聘形式，招聘信息可以定时定向投放，发布后也可以管理，其费用相对比较低廉。通过在知名的人才网上发布招聘的信息，可以快捷、海量地接收到求职者的信息，而且各网站提供的格式简历和格式邮件可以降低简历筛选的难度，加快处理简历的速度。这种形式对白领阶层尤其实用。但是，这种渠道不能控制应聘者的质量和数量，海量的信息，包括各种垃圾邮件、病毒邮件等会加大招聘工作的压力，在信息化不充分的地区效果差。

⑦招聘告示。这是招聘媒体形成以前广泛采用的招聘方式，目前中小企业、服务行业劳动力招聘时采用得比较多。招聘告示张贴于店面门口、店面周边或者人流量大的场所等，通常情况下此种招聘方式成本不高。这种方式的特点是简单易行，满足文化层次不高、经济条件不好的人员求职。缺点一是影响公司形象，二是有违“禁止胡乱张贴广告、告示”的城市管理规范。

⑧人才交流中心。全国各大中城市都有人才交流服务机构，为企事业用人单位服务。一般情况下，人才交流中心建有人才资料库，用人单位可以很方便地在资料库中查询条件基本相符的人员资料。这种选择针对性强，费用低，适用于长期招聘的企业。对高级人才或热门人才的招聘效果不理想。

⑨职业介绍所，作为公益性的职业介绍机构，尤其在当今劳动力过剩的环境下，对再就业工程的实施意义深远，对技术技能要求较低、机械重复劳动或技术要求单一等的岗位工作，企业可以通过此类机构获得合适人才。

⑩人事外包是指企业整合利用其外部最优秀的专业化资源，从而达到降低成本，提高效率，充分发挥自身核心竞争力和增强企业对环境的迅速应变能力的一种管理模式。在企业里，要健全人力资源部门，就要设置配套的各种专业人力资源人员，如“薪资管理专员”“招聘专员”“培训专员”等，代价相对来说是相当庞大的。国内很多企业都没有这样的配备，尤其是部分中小企业，从性价比的角度来讲，它们没有必要在这样规模的企业中设置这么多的岗位，于是就把这一块管理外包给人事机构，而专业的人力资源机构相对来说比自身企业做得更加完备，企业借助了更多专业的机构来完善自身人力资源不足的现象，从而节约自己的资源，创造了最大的价值。人事外包的好处是能规避风险，减少纠纷，降低营运成本，节省人事专员的时间，提高工作效率。

实践中还有广播招聘、电视招聘、借助某项活动推广物色人才等不同方式。各种招聘渠道及其效果分析，应该说是特色鲜明，各有利弊。企业应结合自身发展情况、经济实力、用人规律等，通过多种渠道招募人才。

4. 降低员工培训成本

培训制度是能够直接影响与作用于培训系统及其活动的各种法律、规章、制度及政策的总和。它主要包括培训的法律和规章、具体制度和政策两方面。岗位培训制度，是企业培训制度最基本和最重要的组成部分，强调紧密结合职业，实行按需施教的原则，按职务岗位需要进行培训，以确保劳动者有上岗任职的资格和能力为出发点，使其达到本岗位要求，其实质是提高从业人员的总体素质。岗位培训制度的核心是培训、考核、使用、待遇一体化的配套措施的实行。

培训成本一般分为直接成本和间接成本（见表5-1、表5-2）。直接成本是指企业为员工培训直接付出的各项费用，包括培训场所使用费用，培训设备、教材、资料及相关物品费用，课程开发费用，讲师津贴和报酬支付费用，外部机构培训费用，外派培训交通、食宿费用、培训组织、管理人员薪酬支付费用等。间接成本是指员工由于参加培训没有进行本职工作而企业仍然要付出的薪酬成本。

表5-1 在职培训成本的分类（企业主体）

在职培训成本	
直接成本	间接成本
企业因培训花费在设备、材料、机器等方面的支出；培训策划、课程设计、资料等方面的费用；培训者劳务费、交通费、食宿费以及相关的各项服务管理费用等	因培训而降低或损失的劳动生产率等

表5-2 在职培训成本的分类（员工主体）

在职培训成本	
直接成本	间接成本
学费、资料费、交通费、食宿费等其他由于接受培训而直接发生的由员工承担的费用	为接受培训而多付出的精力和时间、培训期间收入的降低、工作晋升的延误、与企业组织和同事间沟通的减少等

(1) 木桶原理与员工培训。木桶原理是大家耳熟能详的著名原理，但是木桶原理运用在员工培训方面的重点是培训内容方面的标准化、制度化、手册化。把部门中的每个员工都比作一个木桶，组成这个木桶的木板就是该员工掌握的各项知识和技能，而该木桶的最大容量就是该员工的整体实力和竞争力。所以要提高整个团队素质，就要根据实际情况对培训内容进行标准化、制度化、手册化，以提高员工素质。

根据木桶原理，企业员工培训只有及时发现并不断提升企业员工的“短板”，才能做到有的放矢，才能有针对性地解决问题。要想增大木桶容量，通常有两种方法，一是同时加长每一块木板的长度；二是只加长最短木板的长度。显然，在增加同等容量的前提下，第二种方法要比第一种方法更经济。实际工作中，对所有员工采取统一的培训模式，结果是使员工中的“长板”更加长，“短板”依然短，培训效果不明显，与提升企业员工整体素质的初衷背道而驰。因此，要按需施教、分层培训，才能突出针对性。要建立贯穿员工职业生涯发展全过程的、个性化的培训档案，这个档案应包括：员工所在岗位要求具备的知识和技能、员工能力现状、培训需求、参加过的培训、培训收效等，让员工和单位随时明了目前的能力差距和培训动态。

此外，要想提高企业的整体绩效，对“短板”的开发和激励也很重要，在识别“短板”时要注意尽量避免“晕轮效应”，即不能仅看到“短板”的短处而忽略其长处。因此，及时发现企业员工的“短板”，有针对性地开展培训工作，同时不断激励他们，才能起到事半功倍的效果。

再者，员工培训应从狭隘的岗位职务培训转向丰富多彩的全方位培训。如果将每一位员工比作一个木桶，那么组成这个木桶的那些木板就是该员工所掌握的各项知识和技能，而该木桶的最大容量就是该员工的整体实力和竞争力。对某位具体的员工来说，除非岗位知识和技能是他的薄弱环节，否则单纯的岗位培训对提高该员工的整体实力和竞争力是远远不够的。另外，现代社会是协作性社会，以合作求竞争才能达到利益的最大化。所以，员工培训的内容应从狭隘的岗位培训转向丰富多彩的全方位培训。

(2) 控制人力资源开发成本。

1）培训需求分析。培训需求分析是整个培训开发工作流程的出发点，其准确与否直接决定了整个培训工作有效性的大小。简单地说，培训需求分析就是了解与掌握企业为什么培训、谁需要培训、培训什么、培训要达到什么目标等一系列的分析过程。在工作中，员工由于缺乏必要的知识和技巧，从理论到实际操作之间会产生一定的差距，这种差距就是培训需求。总体而言，做培训需求分析一般从以下三个方面入手：

①从公司组织上分析，根据各部门的工作职责和实际情况等因素来确定需求内容。

②从工作职业上分析，做职位分析时要看该职位需要什么技能，然后同员工现有的技能状况进行对比，中间的差距就是培训需求。

③员工的自我分析，由员工找出差距在何处，决定今年有哪些培训需求。只有明确培训需求的实际存在，针对企业的自身情况进行培训，才能真正通过培训提高企业的竞争力。

2）培训需求分析的开展可遵循如下流程：

①做好前期准备工作，例如建立员工背景档案，原始培训需求回顾。

②制订培训需求调查计划。制订调查行动计划；确定培训需求调查工作的目标；选择调查方法；确定培训需求调查的内容。

③实施培训需求调查工作。提出培训需求动议或愿望；调查、申报、汇总动议；分析培训需求；汇总培训需求意见，确认培训需求。

④分析与输出培训需求结果。

A.对培训需求调查信息进行归类、整理。进行统计，利用图表将信息表现的趋势进行形象化处理。

B.对培训需求进行分析、总结。找出培训需求，注意个别需求和普遍需求、当前需求和未来需求之间的关系。要结合业务发展需要，根据任务的重要程度和紧迫程度进行排序。

C.撰写培训需求分析报告。根据处理结果撰写培训需求调查报告。报告内容主要包括调查背景、概述需求分析实施的主要方法和过程、阐明分析结果、主要建议与说明、附录、报告提要。

(3) 常用的培训方法主要有七种：讲授法、工作轮换法、研讨法、案例研究法、角色扮演法、参与法和科技时代的培训方法。

1）讲授法是指培训师通过语言表达，采用灌输式讲授、启发式讲授、画龙点睛式讲授等向培训者传授知识，期望这些培训者能记住其中的重要观念与特定知识。

优点：运用方便，可以同时对许多人进行培训，经济高效；有利于学员系统地接受新知识；容易掌握和控制学习的进度；有利于加深理解难度大的内容。

缺点：学习效果易受培训师讲授水平的影响；由于主要是单向性的信息传递，缺乏教师和学员间必要的交流和反馈，学过的知识不易被巩固，所以常被运用于一些理念性知识的培训。

2）工作轮换法为在职培训的方法，是指让培训者在预定的时期内变换工作岗位，使其获得不同岗位的工作经验，一般主要用于新进员工的培训。

优点：工作轮换能丰富培训对象的工作经历；工作轮换能识别培训对象的长处和短处。企业能通过工作轮换了解培训对象的专长和兴趣爱好，从而更好地开发员工的所长；工作轮换能增进培训对象对各部门管理工作的了解，扩展员工的知识面，对培训对象以后完成跨部门、合作性的任务打下基础。

缺点：如果员工在轮换的工作岗位上停留时间过短，容易造成所学知识不精，适合于一般直线管理人员的培训，不适用于职能管理人员。

3）研讨法培训的目的是为了提高能力、培养意识、交流信息、产生新知，比较适宜于管理人员的训练或用于解决某些有一定难度的管理问题。

优点：强调学员的积极参与、鼓励学员积极思考、主动提出问题、表达个人的感受，有助于激发学习兴趣；讨论过程中，教师与学员间、学员与学员间的信息可以多向传递，知识和经验可以相互交流、启发，取长补短，有利于学员发现自己的不足，开阔思路，加深对知识的理解，促进能力的提高。

缺点：运用时对培训指导教师的要求较高；讨论题选择得好坏将直接影响培训效果；培训人员自身水平也会影响培训效果；不利于培训人员系统地掌握知识和技能。

4）案例研究法是一种信息双向性交流的培训方式，将知识传授与能力提高融合到一起，可分为案例分析法和事件处理法两种。案例研究法中的案例用于教学时必须具备三个特点：内容真实；案例中应包含一定的管理问题；案例设置必须有明确的目的。

优点：学员参与性强，变学员被动接受为主动参与；将学员解决问题的能力融入知识传授中，有利于提高学员参与企业实际问题的解决能力；教学方式生动具体，直观易学；容易使学员养成积极参与和向他人学习的习惯。

缺点：案例的准备需时较长，且对培训师和学员的要求都比较高；案例的来源往往不能满足培训的需要。

5）角色扮演法是指在一个模拟的工作环境中，指定参加者扮演某种角色，借助角色的演练来理解角色的内容，模拟性地处理工作事务，从而提高处理各种问题的能力。这种方法比较适用于训练态度仪容和言谈举止等人际关系技能。

优点：学员参与性强，学员与教员之间的互动交流充分，可以提高学员培训的积极性；特定的模拟环境和主题有利于增强培训的效果；通过扮演和观察其他学员的扮演行为，可以学习各种交流技能；通过模拟后的指导，可以及时认识自身存在的问题并进行改正。

缺点：角色扮演法效果的好坏主要取决于培训师的水平；扮演中的问题分析限于个人，不具有普遍性；容易影响学员的态度，而不易影响其行为。

6）参与法适宜综合能力的提高与开发。它包括自学、头脑风暴法、模拟训练法、敏感性训练法、管理者训练法。

①自学包括指定学习材料让员工学习、网上学习、电视教育。

②头脑风暴法又称“研讨会法”“讨论培训法”“管理加值训练法”。特点是能相互启迪思想、激发创造性思维，最大限度地发挥创造能力，提供更多更佳的解决问题的方案。

③模拟训练法是指以工作中的实际情况为基础，将实际工作中可利用的资源、约束条件和工作过程模型化。学员在假定的工作情景中参与活动，学习从事特定工作的行为和技能，提高其处理问题的能力。

④敏感性训练法适用于组织发展训练，晋升前的人际关系训练，中青年管理人员的人格训练等。

⑤管理者训练法是产业界最为普遍的对管理人员的培训方法，旨在使学员系统地学习，深刻地理解管理的基本原理和知识，从而提高其管理能力。

7）科技时代的培训方法可分为网上培训、虚拟培训和心智技能模拟培训法。

①网上培训是指通过企业的内部网或因特网对学员进行培训的方式。在网上培训中，老师将培训课程储存在培训网站上，世界各地的学员利用网络浏览器进入该网站接受培训。

优点：无须将学员从各地召集到一起，大大节省了培训费用；在网上培训方式下，网络上的内容易修改，且修改培训内容时，无须重新准备教材或其他教学工具，可及时、低成本地更新培训内容；网上培训可充分利用网络上大量的声音、图片和影音文件等资源，增强课堂教学的趣味性，从而提高学员的学习效率；网上培训的进程安排比较灵活，学员可以充分利用空闲时间进行，而不用中断工作。

缺点：网上培训要求企业建立良好的网络培训系统，这需要大量的培训资金，中小企业受资金限制，往往无法花费资金购买相关培训设备和技术；某些培训内容不适合网上培训方式，如关于人际交流的技能培训。

②虚拟培训是指利用虚拟现实技术生成实时的、具有三维信息的人工虚拟环境，学员通过运用某些设备接受和响应环境的各种感官刺激而进入其中，并可根据需要通过多种交互设备来驾驭环境、操作工具和操作对象，从而达到提高培训对象各种技的目的。

优点：具有仿真性、超时空性、自主性、安全性。在培训中，学员能够自主地选择或组合虚拟培训场地和设施，而且学员可以不断地增强自己的训练效果，更重要的是这种虚拟环境使他们脱离了现实环境培训中的风险，并能从这种培训中获得感性知识和实际经验。

③心智技能模拟培训法。随着高科技的发展，生产设备自动化的程度越来越高，在员工技术能力的各要素中，心智技能也越来越占据主导地位。心智技能是指在活动过程中积累起来的一种调节智能活动方面的经验，它是技术能力的核心内容。心智技能的形成需要经历三个阶段，一是模式定向阶段，二是模式操作阶段，三是模式内化阶段。心智技能培训法就是通过系统分析的方法查明人机交互作用的主要特征，研制出心理教学模拟器，然后让模拟器有序地呈现生产活动中出现的问题和分析专家解决问题的思维过程，建立心理模型，依据员工现有的接受水平，编写出能反映专家经验的培训教材，从而完成专家经验外化的过程。

5. 降低裁员与职工离职的成本

(1) 裁员。裁员的原因一般可分为三种，即经济性裁员、结构性裁员和优化性裁员。经济性裁员是由于市场因素或者企业经营不善，导致经营状况出现严重困难，盈利能力下降，企业面临生存和发展的危机，为降低运营成本，企业被迫采取裁员行为来缓解经济压力。结构性裁员则是由于企业的业务方向、提供的产品或服务发生变化而导致内部组织机构的重组、分立、撤销引起的集中裁员。优化性裁员是企业为保持人力资源的质量，根据绩效考核结果解聘那些业绩不佳的、不能满足企业发展需要的员工的行为。裁员又可根据企业的决策行为分为主动裁员行为和被动裁员行为。由这三种裁员的定义我们可以看出，结构性裁员和优化性裁员属于主动裁员行为，经济性裁员属于被动裁员行为。裁员及裁员管理是企业人力资源管理的重要组成部分，是一种正常的企业人力资源管理行为。

1）裁员的实质要件。经济性裁员的实质要件是指裁员是由于经济性原因，而非劳动者个人的过错。实质要件包括裁员事由和规模两部分。我国《劳动法》第四十一条规定采用列举和概括相结合的立法模式，规定四种情形下用人单位可以进行经济性裁员：依照企业破产法规定进行重整的；生产经营发生严重困难的（劳动部《企业经济性裁减人员规定》第二条规定，企业生产经营发生严重困难，应当达到当地政府规定的严重困难企业标准。这个“标准”各地不同）；转产、重大技术革新或者经营方式调整，经变更劳动合同后，仍需裁减人员的；其他因劳动合同订立时所依据的客观经济情况发生重大变化，使劳动合同无法履行的。

四种经济性裁员事由中贯穿了一个原则即“解雇最后手段原则”。其中对“企业转产、重大技术革新或者经营方式调整”的经济性裁员限定“变更劳动合同后，仍需裁减人员的”为前提，最能体现此项原则。劳动权乃为公民宪法规定的权利，职业安定乃是社会安定的基础。解雇是用人单位诸多惩戒手段中后果最为严重的，因此立法在确定解雇的法定事由时，必须要有一个标准或原则，依此考量解雇事由的合理性。这个标准即是“解雇最后手段原则”，即雇主的解雇必须是终极的、无法避免的、不得已的手段。

另外，构成经济性裁员还有人数上的要求：一次性裁减人员20人以上或者裁减不足20人但占企业职工总数10%以上的，才是经济性裁员。不符合法定人数要求，只能按照《劳动合同法》第三十六条、第三十九条、第四十条的规定逐一解除劳动合同。

2）裁员的程序要件。企业裁员除了要具备上述实质要件外，还应遵循相应的程序。依照《劳动法》《劳动合同法》和《企业经济性裁减人员规定》的相关规定，用人单位经济性裁员，要严格按程序进行。

①用人单位提前三十日向工会或者全体职工说明情况。经济性裁员涉及员工的切身利益且员工相对用人单位而言对信息的了解处于弱势地位，因此用人单位有义务向工会和职工说明情况，这有利于信息沟通，为劳动者参与裁员程序创造条件。说明内容应包括裁员

原因、用人单位生产经营状况、已经或将要采取的避免裁员措施、裁员标准、裁减时间、实施步骤及经济补偿办法。

②就裁减人员方案征求工会或者全体职工的意见，并对方案进行修改和完善。

听取意见是能否达成协商、消除误解和意见妥协的程序关键。被裁减人员是裁员的利益攸关者，对裁员方案认知具有独特性，应把被裁人员包含在听取裁员方案的职工之内，从而切实保护其合法利益。

③向当地劳动行政部门报告裁减人员方案以及工会或者全体职工的意见，并听取劳动行政部门的意见。

这里的“报告”性质上属于事先告知，而不是行政许可或者审批。由用人单位正式公布裁减人员方案，与被裁减人员办理解除劳动合同手续，按照有关规定向被裁减人员本人支付经济补偿金，并出具裁减人员证明书。《劳动合同法》对裁员的程序依然进行了严格的限制，加强了工会的干预力度，强化了工会的协调、维权功能，并赋予了劳动行政部门监督企业裁员的法定权。

需注意的是，经济性裁员有范围限制。依照《劳动合同法》第四十二条规定，企业在裁员时，“老、弱、病、残”员工不得裁减：从事接触危害作业的劳动者未进行离岗前职业健康检查，或者疑似职业病病人在诊断或者医学观察期间的病人；在本单位患职业病或者因工负伤并被确认丧失或者部分丧失劳动能力的残疾员工；患病或者非因工负伤，在规定的医疗期内的病人；在孕期、产期、哺乳期的弱者；在本单位连续工作满15年，且距法定退休年龄不足5年的。

3）降低裁员损失的主要措施。企业实施裁员虽然短期内迅速降低了人工成本，但它不仅损坏了企业的声誉，而且动摇了员工对企业的信任，增加了企业经济复苏时人才招聘、培养的成本。但是面对经济危机，企业不得不选择裁员时，如何操作才能降低企业的损失呢？

①坦诚沟通。及时通报整体的宏观经济形势，行业面临的严峻挑战和企业当前的经营困难，让员工了解企业经营的实际状况和理解选择裁员的原因，让员工有足够的心理准备。

②先有铺垫。在企业内首先实行各种节约人工成本的措施，例如部分岗位放假、轮休、停薪待岗、降薪等员工能够接受的措施，让员工知道裁员是企业迫不得已的选择。

③裁员必须要有明确的计划。确定裁员的数量、对象、预计降低的成本、补偿的政策、补偿的费用预算、可能出现的问题及应对策略等。在此基础上制订周密的操作方案，评估裁员对企业造成的影响和损失。

④选择合适的裁员方式。不同行业、不同企业其裁员方式有所不同，但应选择合适的裁员方案，力争把损失、影响降到最低。

⑤做到程序合法、对象合法、补偿标准合法。

⑥加强公共就业服务，建立救济保障措施，强化被裁减人员的善后保护。

首先，严格执行《劳动合同法》第四十六条、四十七条的规定，依法给予被裁的劳动者相应的经济补偿。其次，严格规范企业用工的申报制度，确保被裁人员六个月内同等条件下的优先录用权的实现。最后，完善公共就业服务体系，加强司法救济的力度。

总之，要合法操作，降低违约成本。在企业不得不裁员的时候，一定要提前策划，重点关注劳动合同到期的员工是否续签，以降低补偿成本，对于不得不裁减的人员一定要合法操作，减少违约成本。

(2) 离职。根据提出解除雇佣关系的主动方的不同，离职分为自愿离职（包括员工辞职和退休）和非自愿离职（包括辞退员工和集体性裁员）两种类型。离职分为两种情况：一种是在企业内部绩效评定中处于被列入竞争淘汰行列的员工，企业往往通过停止加薪、降职等方式暗示员工主动辞职；另一种是企业留才范围中的员工离职。后者属于企业内部人才的流失，是企业人力资源管理的重要内容。员工离职给企业带来极高的显性与隐性成本。

1）离职的显性成本。不同的员工离职对企业的影响不同。主动离职是指员工做出离职决策，包括辞职的所有形式；被动离职是指企业做出离职决策，包括解聘、开除等形式。对企业而言，员工的被动离职是确定的，可控制的；而主动离职却是事先不可预测的。大量主动离职对企业的不利影响超过有利影响。

①离职成本包括如下具体成本：

A.取得成本。它包括招聘、选拔、雇用、就职等成本。企业高层管理者的离职将会带来更多的取得成本。

B.员工培训成本。它包括企业在离职员工任职期间为其培训、教育等方面的投入的成本以及参加培训期间的差旅费等。

C.离职经济补偿成本。根据《劳动合同法》规定，企业需要对离职员工补偿1～12个月的工资。

D.离职面谈成本。一般离职面谈前后至少两次，每次数小时。

E.与离职有关的劳动仲裁和法律诉讼成本。在员工离职过程中，解决由于员工劳资和企业利益因素而引发的离职纠纷成本。

②岗位空缺成本。它是指由于员工离职岗位暂时空缺而发生的空岗损失。岗位空缺成本包括：内部员工填补空缺岗位成本；需要额外加班的成本；主管人员协调完成空缺岗位工作的成本等。

③替换成本是指企业从外部招聘新人员从事空缺岗位所耗费的成本。替换成本包括：招聘准备工作成本；广告费用和代理成本；筛选简历、测试、面试成本；工资福利差异成本；办理录用手续成本等。

④培训成本是指对企业的人员进行相关的培训所耗费的成本。培训成本包括：岗前培训准备成本；培训资料、培训管理成本；培训人员的工资及福利成本；公司各层级经理参与培训人员成本等。

⑤损失的生产成本包括：离职人员参加培训期间损失的生产率成本；参与面试人员损失的生产率成本；空缺岗位损失的生产率成本；人力资源部工作效率下降成本和新员工损失的生产率成本等。

2）离职的隐性成本具体包括四个方面。

①影响企业的经营绩效成本。员工离职对企业绩效的影响主要体现在：

A.员工离职之前，对工作的心不在焉会造成工作效率降低。

B.在企业没有找到合适的替代者之前，其他岗位的员工不得不帮助完成离职员工的工作而降低自身的工作绩效。

C.员工的离职可能会导致某些项目的中断、延迟甚至终止，直接对企业的业绩造成损失。

D.接替其职位的新员工胜任工作之前的绩效损失。

②工作士气损害成本。员工离职会给留下来的员工带来一系列的心理反应，如对工作的满意度、组织承诺等方面的影响。员工离职对其他在岗人员的情绪以及工作态度产生消极影响，造成群体心理动荡，导致员工对企业领导的管理能力不信任，减弱组织的凝聚力，动摇员工对企业发展的信心，这些方面的损失对企业来说是不可估量的。

③企业形象受损成本。离职率居高不下的企业，其形象必然受到损害。每位离职员工都有其较为紧密的社交群体，其相互之间的信息交流会在非正式渠道对企业的形象构成巨大的挑战。而由于员工离职导致的工作绩效下降、工作士气的损害，又会使企业的客户与供应商产生抱怨，从而损害企业形象。

④企业社会资本流失成本。员工离职会导致企业社会资本的大量流失，主要表现在三个方面：带走企业的客户资源；带走企业的核心技术；泄露公司的商业机密。

3）降低员工离职损失的措施。

①突破传统用人机制。企业首先应该大胆突破传统的用人机制，为更多的员工成为企业核心提供舞台，给人才创造出全新的企业环境。

②完善企业的薪酬分配制度。薪酬不仅是劳动所得，它在一定程度上也代表着自身的价值，代表企业对自己工作的认同，甚至还代表了自己的个人能力和发展前景等。企业的薪酬制度应体现组织内部公平，公平的薪酬体系要求薪酬与岗位特点、员工个人能力素质以及实际工作绩效相关联。企业在进行薪酬体系设计之前要采取多种方式和途径摸清市场薪酬行情，对各岗位进行准确的综合评价，在进行薪酬体系设计时应尽量考虑员工的投入与产出的比例相等以实现公平。有竞争力的薪酬对于吸引和保留核心员工方面的重要性不言而喻。

③建立终身培训机制。加强对员工的教育和培训是提高人才素质、吸引人才的重要渠道。可以借鉴世界上跨国公司的经验，为员工再教育与能力提升提供条件与方便。如福特每年用于人才培训的支出就高达10亿美元以上；沃尔玛也把加强对现有员工的培养和安置看作是一项首要任务，建立了一套行之有效的培训机制，并投入大量的资金予以保证。

④员工工作再设计。如果员工觉得现在的工作已不再具有挑战性，而且这种状态在短时间内不可能改变的时候，就会产生辞职的念头。企业要想留住这些员工，就需要对他们的工作进行再设计。工作再设计是指对工作系统进行周密的重新设计与安排，改变某种已有工作中的任务或其完成方式以满足员工的个人需求。企业应该为这些员工提供能充分发挥他们热情与潜能的工作，在信任的基础上充分授权，为这些员工提供更大的自由度，将他们推至工作流程前端，鼓励他们自主决策。

⑤内部提升制。内部提升制表明了企业对现有人才的重视和对他们为企业所做出的贡献的肯定，这对于希望成长为管理人员的核心员工必然像一座航行中的灯塔，充满了希望和诱惑。例如英特尔20%的空缺职位是从内部招聘的；沃尔玛推行的也是尽可能鼓励和实践从内部提升管理人员，期望最大限度地发挥员工的潜能并创造机会使其工作内容日益丰富和扩大。

总之，要关注员工忠诚度，降低离职成本。为避免企业核心人才跳槽到竞争对手那里，在考虑企业成本的基础上，要采用适宜的经济激励。同时，要特别关注核心人才、关键岗位人才的思想动态，降低离职风险和由离职带来的人力资源成本。

（三）人力资源成本的控制程序

1. 制订控制标准与规划

制订控制标准是实施控制的基础和前提条件，结合相关部门的有关规定及企业自身要求制订人工成本及管理费用的标准，要遵循合理、切实可行、科学严谨等原则。通过合理的规划和预算可以有效地降低成本。预算前要首先判断人力资源成本是收益性支出还是资本性支出，并据此决定预算是短期还是长期、静态的还是弹性的。通过预算使成本在合理的幅度内变化。同时要有合理的规划，核心是进行人力资源成本的效益性分析，目的为最有效地利用人力资源，修正不经济的支出。

2. 人力资源费用支出控制

将控制标准落实到各个项目，在发生实际费用支出时看是否是在既定的标准内达成目标。对费用支出实行过程控制，收集各种信息资料，并对其进行加工整理，形成系统的人力资源费用支出的控制材料。可以通过成立以人力资源部门和财务部门合作的人力资源成本管理组织，系统、全过程地对该项工作进行监控。

3. 差异的处理

经分析得出的预算结果，如果和实际支出出现差异，要尽快分析差异出现的原因，要以实际情况为准，进行全面的综合分析，并做出进一步的调整，尽量消除实际支出与标准之间的差异。要对人力资源成本形成的各个环节进行定期检查，通过检查及时纠偏，确保成本管理不失控，可以定制阶段性审查、年度结算审查、年度统计分析。针对其分析结果，采取改进对策。如果存在人力资源成本控制失当的情况，必须从机构、制度、执行各环节分析原因，寻求对策，以便下一年度进行针对性调整。

(四) 人力资源成本控制风险的防范

(1) 优化企业组织结构，防止人浮于事，消除多余的直接员工和间接员工。

(2) 要培养全面型人才，做到“以人为本，人尽其才，人尽其用”，防止人力资源单一导致的人员数量增加带来的风险。

(3) 科学合理地制订薪酬制度和绩效考核办法，建立“基本工资+绩效工资+奖励工资”的薪酬体系，充分调动员工的积极性。

(4) 加强培训，提高学习的曲线效应，防止思想、知识、技术落后带来的效率低下或损失。

(5) 制订科学合理的人才招聘政策和程序，高效招聘，避免人才招聘失败导致损失。

(6) 制订合理可行的退休工作制度和养老保险制度，保障其退休后的权益，提高凝聚力。

(7) 人力资源成本控制，要防止“薪酬控制好就可以了”“高薪就能调动员工积极性”“目光就盯在薪酬数字上”等误区。

(8) 把握好工资调整节奏，有升有降，总体上升。

六、人力资源成本的报告

人力资源成本的报告应该既对外报告相关信息，又要满足企业管理要求而对内报告相关信息。为了充分披露企业人力资源的成本信息，在对外进行会计报告时，可考虑调整以下有关项目。

(1) 在资产负债表中，一方面在无形资产下，单独列示人力资产的有关情况，另一方面在会计报表附注中，从动态和静态两方面详细披露人力资源的状况。从动态方面，主要应披露报告期内追加的人力资源投资总额、投资方向、占本期总投资的比重等；从静态方面，主要披露人力资产占企业总资产的比重、企业职工的学历结构、职称状况、年龄结构等人力资源状况。

(2) 利润表中，可以增设“人力资源费用”项目，用以反映使用人力资源而发生的费用，同时对原“管理费用”等账户的内容进行相应的调整。

(3) 在现金流量表中，对为取得、开发、使用、遣散人力资源而发生的现金流出和企业人力资源带来的现金流入，在投资活动产生现金流量中单独列示。

企业对内报告的人力资源成本报告主要包括两部分：一部分是非货币信息，主要反映目前企业的人力资源组成、分配及利用情况，对于一些高成本引进的重要人才，应予以重点揭示，如编制企业职工技能一览表，将劳动者按部门分类列出各类职工的相关指标，具体包括各职能部门人数、平均年龄、知识水平分布、业务能力情况、工作业绩、健康状况等；另一部分是货币信息，主要反映在人力资源的取得、开发、使用、保障和遣散中实际发生的各种费用。

另外，在人力资源成本报告中，还应当在补充资料中披露以下分析指标，如市场价值/员工数、合同数/员工数、研究与开发资源/总资源、培训时间与计划、员工保障率、预计的人力资源投资收益率等。人力资源成本报告表格式，如表5-3所示。

表5-3 人力资源成本报告表

人力资源成本项目	行次	上期实际数	本期实际数	本年累计数
一、人力资源取得成本				
其中，招聘成本				
选拔成本				
录用成本				
安置成本				
二、人力资源开发成本				
其中，岗前培训成本				
岗位培训成本				
脱产培训成本				
三、人力资源使用成本				
其中，维持成本				
奖励成本				
调剂成本				
四、人力资源保障成本				
其中，劳动事故保障成本				
健康保障成本				
退休养老保障成本				
失业保障成本				
五、人力资源遣散成本				
其中，遣散补偿成本				
遣散前业绩差别成本				
空职成本				
合计				

第二节 人力资源成本会计

一、人力资源成本会计概述

人力资源成本会计是为取得、开发和重置作为组织的资源的人所引起的成本的计量和报告。

(一) 人力资源成本会计的特点

人力资源成本会计单独计量人力资源的取得成本、开发成本、使用成本和替代成本。企业取得的人力资源的使用权，其运用期限在一年或超过一年的一个营业周期以上的，所发生的人力资源的取得成本和开发成本应该视作资本性支出，在资产化处理后在确定的分摊期限内摊销。企业聘用使用期限不超过一年的季节工、临时工等所发生的取得成本和开发成本（这里的开发成本主要是组织进行必要的上岗前的操作培训、学习所发生的支出），其受益期为这些聘用的季节工、临时工的使用期间，因此这部分取得成本和开发成本可在季节工、临时工的使用期限内分期摊销；如果金额较小，也可以在发生时直接计入当期费用。企业运用人力资源的使用权时所发生的工资、奖金等支出，则属于收益性支出，应计入当期费用。

(二) 人力资源成本会计计量模式

弗兰霍尔茨在所提出的人力资源成本会计的计量模型中，分别论述了人力资源历史成本的计量和人力资源替代成本的计量问题。他设计的人力资源历史成本的计量模型如图5-2所示。

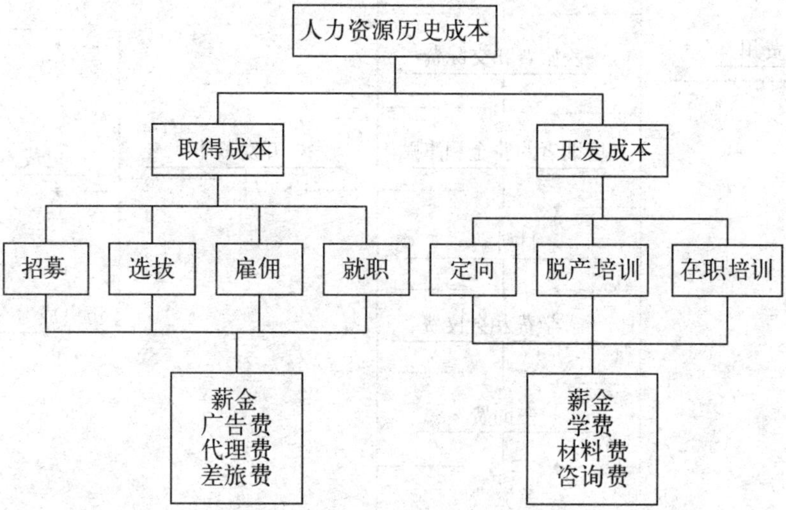

图5-2 人力资源历史成本

应用该模型时，要设立“一般管理费用”总分类账户，再下设明细账户或辅助分类账户核算按自然费用分类的各种人力资源成本，并总括为“取得成本”和“开发成本”两个人力资源管理成本账户，再将取得成本和开发成本分配到不同类别人员的历史成本账户中去。

弗兰霍尔茨在这里只是应用会计账户的方法将人力资源成本调整出来，并不涉及对原有财务会计程序的改变。他列举的核算人力资源历史成本的修订账户如图5-3所示。

后来，一些研究者们对弗兰霍尔茨的这一计量模型进行了改进，提出了修正的人力资源历史成本会计的计量模型。在这一计量模型中，增设了一些会计科目，并经过账务处理来完成人力资源成本的调整工作。日本横滨国立大学教授若杉明所提出的计量模型如图5-4所示。

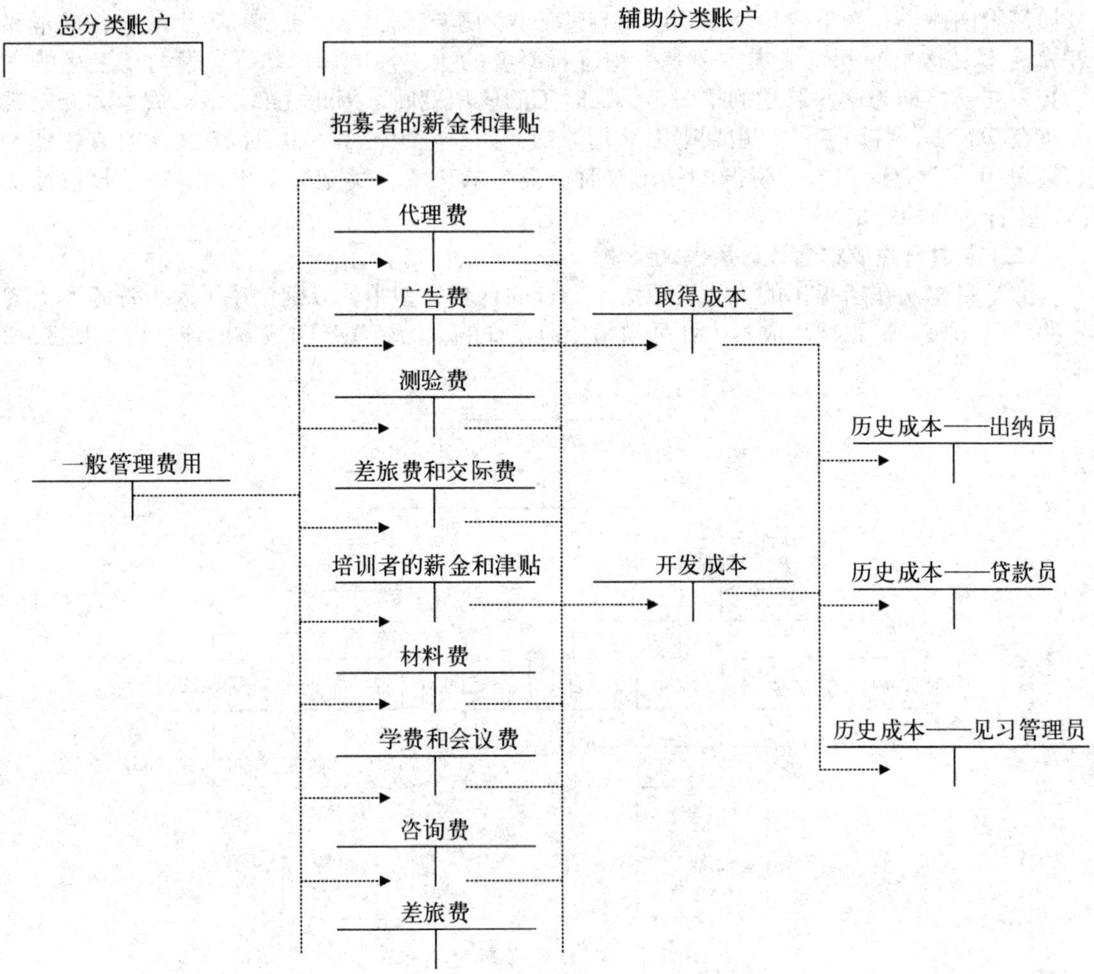

图5-3 人力资源历史成本的修订账户

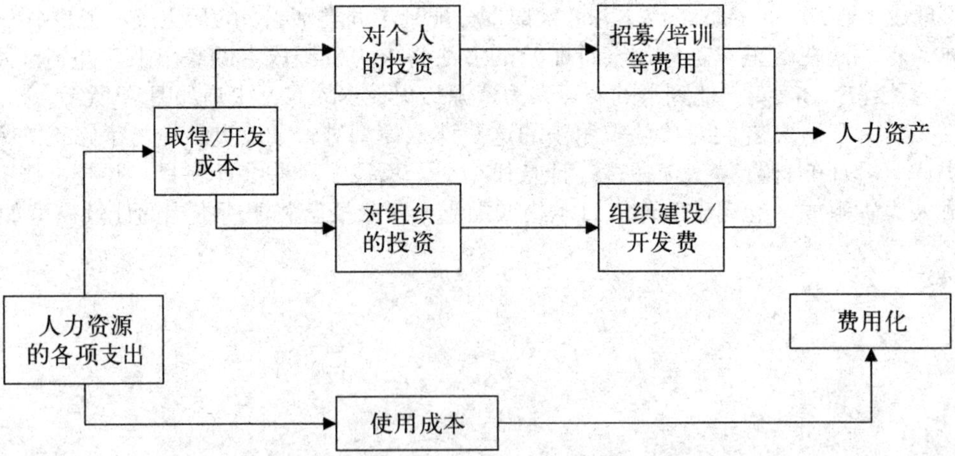

图5-4 人力资源资产化及费用化模型

从若杉明的模型中，可以看出其与弗兰霍尔茨的计量模型的不同之处，以及对人力资源成本进行会计核算时设置的账户及账务处理方法。

(1) 将员工的工资支出（含奖金、津贴等，下同）作为使用成本计入人力资源成本。与人力资源的取得、开发工作有关的员工的工资支出不包括在使用成本内，因为它们已分别计入取得成本或开发成本。

(2) 设立“人力资产”总分类账户核算所发生的人力资源成本。

(3) 人力资源使用成本可以直接计入当期费用，也可和取得成本、开发成本一起先计入“人力资产”账户。在后一种处理方法下，每期计入当期费用的人力资源成本包括当期应分摊的取得成本、开发成本及当期发生的使用成本。

(4) 人力资源成本的摊销，可以直接借记有关费用类账户，贷记“人力资产”账户，也可以通过“人力资产摊销”账户来进行，摊销时借记“人力资产摊销”账户，贷记“人力资产”账户。

(5) 当员工离开企业或因死亡、丧失劳动力等原因不能再为企业服务时，通过“人力资产损益”账户核算所产生的损益。

二、人力资源成本会计核算

(一) 人力资源成本核算的方法

人力资源成本的核算方法主要有历史成本法、重置成本法和机会成本法。

1. 历史成本法

以企业取得、开发和使用人力资源时实际发生的支出来计量人力资源成本的一种核算方法，也称为原始成本法、实际成本法。它反映的是企业人力资源的实际成本。这种方法符合传统会计的核算原则和核算方法，提供的会计信息具有客观性并易于验证。

2. 重置成本法

企业为重置目前所拥有或控制的人力资源所必须做出的牺牲。人力资源成本核算的重置成本法，就是以在现实的物价条件下，企业要重新得到目前所拥有或控制的、已达到一定水平的某一员工或部分员工或全体员工所必须发生的所有支出作为企业目前的人力资源成本的一种核算方法。它反映的是企业为取得和开发目前所拥有或控制的部分或全部人力资源而发生的实际成本的现时价值。

而替代成本是由于人力资源变动而导致的支出，是用新的人力资源去取代或替换原有的人力资源而导致的取得成本、开发成本与遣散成本之和，与人力资源的重置成本是明显差异的两个概念。

3. 机会成本法

企业职工脱产学习期间不能为企业进行生产经营活动所带来的经济损失、遣散人员在离职前因工作业绩下降和离职后该职位空缺而给企业造成的经济损失等。机会成本法就是以企业员工脱产学习或离职时使企业遭受的经济损失为依据进行人力资源成本计量的一种核算方法。机会成本不是实际支出，而是企业可能要为所做出的人力资源决策承担的牺牲。机会成本不能作为企业人力资源损益而计入当期损益，但机会成本法提供的信息可以作为企业管理者做出人力资源决策时的参考。

(二) 人力资源成本会计账户的设置

人力资源成本会计是将传统会计中作为当期费用处理的与人力资源有关的支出单独进行核算，并将其中的资本性支出进行资产化处理。而有关的人力资源成本的数据都是以原始记录为依据，都可以根据发生的结果直接获得，因此将人力资源成本纳入传统会计账内进行核算是简便可行的。

人力资源成本会计应在传统会计账户设置的基础上，增设“人力资源取得成本”“人力资源开发成本”“人力资源使用成本”“待摊人力资源费用”“人力资源取得成本摊销”“人力资源开发成本摊销”和“人力资源损益”账户进行人力资源成本核算。

1. “人力资源取得成本”账户

“人力资源取得成本”账户核算企业属于资本性支出的人力资源取得成本的增加、减少及其余额。账户的借方登记企业为获取人力资源所发生的属于资本性支出的人力资源取得成本的增加额，贷方登记员工退出企业时所冲减的与该员工有关的属于资本性支出的人力资源取得成本的数额。期末账户借方余额是企业为获取目前所拥有或控制的人力资源所发生的属于资本性支出的取得成本总额。该账户按人员设置明细账进行明细核算。明细账采用多栏格式，在借方栏目下设置“招募成本”“选拔成本”“录用成本”和“安置成本”专栏进行明细核算。因为人力资源取得成本业务大都在借方，所以设置的专栏只反映借方金额，结转时登记的人力资源取得成本的贷方金额可用红字在借方栏内登记。“人力资源取得成本”明细账的格式如表5-4所示。

表5-4　××企业人力资源取得成本明细账

人员姓名：

××××年		凭证号	摘要	借方					借方余额
月	日			招募成本	选拔成本	录用成本	安置成本	合计	

2. “人力资源开发成本”账户

“人力资源开发成本”账户核算企业属于资本性支出的人力资源开发成本的增加、减少及其余额。账户的借方登记企业所发生的属于资本性支出的人力资源开发成本的增加额，贷方登记员工退出企业时所冲减的与该员工有关的属于资本性支出的人力资源开发成本的数额。期末账户借方余额是企业为获取目前所拥有或控制的人力资源所发生的属于资本性支出的开发成本的总额。该账户按人员设置明细账进行明细核算。明细账采用多栏格式，在借方栏目下设置“定向成本”“在职培训成本”和“脱产培训成本”专栏进行明细核算。因为人力资源开发成本业务大都在借方，所以设置的专栏只反映借方金额，结转时登记的人力资源开发成本的贷方金额可用红字在借方栏内登记。“人力资源开发成本”明细账的格式如表5-5所示。

表5-5　××企业人力资源开发成本明细账

部门或人员姓名：

××××年		凭证号	摘要	借方				借方余额
月	日			定向成本	在职培训成本	脱产培训成本	合计	

3. “人力资源使用成本”账户

“人力资源使用成本”账户核算企业人力资源使用成本的增加、减少及其余额。账户的借方登记企业的人力资源使用成本的增加额，贷方登记作为费用计入当期损益而转出的人力资源使用成本。期末结转后该账户无余额。该账户按人员或部门类别设置明细账进行明细核算。明细账采用多栏格式，在借方栏目下设置“维持成本”“奖励成本”和“调剂成本”专栏进行明细核算。因为人力资源使用成本业务大都在借方，所以设置的专栏只反映借方金额，期末结转时登记的贷方金额可用红字在借方栏内登记。“人力资源使用成本”明细账的格式如表5-6所示。

表5-6 ××企业人力资源使用成本明细账

人员姓名：

××××年		凭证号	摘要	借方				借方余额
月	日			维持成本	奖励成本	调剂成本	合计	

4. "待摊人力资源费用"账户

"待摊人力资源费用"账户核算企业属于收益性支出的人力资源取得成本和开发成本的增加、减少及其余额。借方登记属于收益性支出的人力资源取得成本和开发成本的增加额，贷方登记属于收益性支出的人力资源取得成本和开发成本应由当期分摊而计入当期费用的数额及冲减离开企业的人员的这部分成本尚未转销完的数额。期末借方余额为目前属于收益性支出的人力资源取得成本和开发成本尚未摊销的数额。该账户按人员设置明细账进行明细核算。"待摊人力资源费用"明细账的格式如表5-7所示。

表5-7 ××企业待摊人力资源费用明细账

部门名称或人员姓名：

××××年		凭证号	摘要	借方			贷方			借方余额
月	日			取得成本	开发成本	合计	取得成本	开发成本	合计	

5. "人力资源取得成本摊销"账户

"人力资源取得成本摊销"账户核算属于资本性支出的人力资源取得成本的累计摊销额。账户贷方登记企业当期应分摊计入费用的属于资本性支出的人力资源取得成本的数额；借方登记员工退出企业时与该员工有关的属于资本性支出的人力资源取得成本的累计摊销额。期末账户贷方余额为与企业目前所拥有或控制的员工有关的属于资本性支出的人力资源取得成本的累计摊销额。该账户应该按"人力资源取得成本"明细账户的人员来设置明细账进行明细核算。明细账采用多栏格式，在贷方栏目下设置"招募成本""选拔成本""录用成本"和"安置成本"专栏进行明细核算。因为人力资源取得成本摊销业务大都在贷方，所以设置的专栏只反映贷方金额，当人力资源退出企业时登记的借方金额可用红字在贷方栏内登记。"人力资源取得成本摊销"明细账的格式如表5-8所示。

表5-8 ××企业人力资源取得成本摊销明细账

人员姓名：

××××年		凭证号	摘要	贷方					借方余额
月	日			招募成本	选拔成本	录用成本	安置成本	合计	

6. "人力资源开发成本摊销"账户

"人力资源开发成本摊销"账户核算属于资本性支出的人力资源开发成本的累计摊销额。账户贷方登记企业当期应分摊计入费用的属于资本性支出的人力资源开发成本的数额；借方登记员工退出企业时与该员工有关的属于资本性支出的人力资源开发成本的累计摊销额。期末账户贷方余额为与企业目前所拥有或控制的员工有关的属于资本性支出的人力资源开发成本的累计摊销额。该账户应该按"人力资源开发成本"明细账户的人员来设置明细账进行明细核算。明细账采用多栏格式，在贷方栏目下设置"定向成本""在职培训成本"和"脱产培训成本"专栏进行明细核算。因为人力资源开发成本摊销业务大都在贷方，所以设置的专栏只反映贷方金额，当人力资源退出企业时登记的借方金额可用红字在贷方栏内登记。“人力资源开发成本摊销”明细账的格式如表5-9所示。

表5-9 ××企业人力资源开发成本摊销明细账

人员姓名：

××××年		凭证号	摘要	贷方				借方余额
月	日			定向成本	在职培训成本	脱产培训成本	合计	

7. “人力资源损益”账户

“人力资源损益”账户核算因企业员工变动而产生的损益。账户借方登记员工退出企业时与该员工有关的人力资源取得成本和开发成本尚未摊销的数额、企业辞退员工时所发放的遣散费；贷方登记员工退出企业时向企业交纳的赔偿金（例如，该员工在合同期内违约离开企业，按合同约定应向企业交纳的赔偿金）。期末时，如果借方发生额大于贷方发生额，则将其差额从该账户的贷方转入“本年利润”账户借方，冲减本年利润；如果借方发生额小于贷方发生额，则将其差额从该账户的借方转入“本年利润”账户贷方，增加本年利润；期末结转后，“人力资源损益”账户无余额。

(三) 人力资源取得成本和开发成本的摊销期限和每期摊销金额的确定

1. 人力资源取得成本摊销期限和每期摊销金额的确定

如果员工和企业之间签订的合同中规定服务期限，那么人力资源取得成本的摊销期限可以确定为合同所规定的服务年限；如果合同上没有规定服务期限，那么摊销期限可以根据同类人员在企业的平均服务年限来确定。每期摊销金额，可以采取在摊销期内平均摊销的方法来确定。当员工离开企业时，结转该员工的人力资源取得成本和人力资源取得成本的累计摊销额，两者的差额计入人力资源损益。

企业员工的人力资源取得成本的累计摊销额以与该员工有关的人力资源的实际取得成本为限额，在累计摊销额与实际取得成本相等时，不再对该员工的人力资源取得成本继续摊销。

2. 人力资源开发成本的摊销期限与每期摊销金额的确定

与新员工有关的人力资源开发成本的摊销期限的确定，应结合对有关人员进行培训使其掌握的知识、技能的有效应用期限和有关人员可能为企业提供服务的年限来共同决定。

(1) 当员工所掌握的知识、技能的有效应用期限大于或等于其可能为企业提供服务的年限时，摊销期限按后者来确定。

(2) 当其所掌握的知识、技能的有效应用期限小于其可能为企业提供的服务年限时，摊销期限按前者来确定。

(3) 摊销方法一般可采用平均年限法。但对企业中那些知识、技能更新快的部门的人员来说，开发成本的摊销也可以采用与固定资产的加速折旧法类似的加速摊销法。

(4) 当员工以前参加培训所掌握的某些知识、技能不能再有效地应用时，若相关的人力资源开发成本尚未摊销完，则可以不再继续摊销下去，而将有关的人力资源开发成本及人力资源开发成本的累计摊销额分别从相关账户中转出，其差额计入人力资源损益。

员工进入企业以后，企业会对员工进行培训，还将继续发生新的人力资源开发成本。对新发生的人力资源开发成本的摊销期限和每期摊销金额的确定与前述的新员工的情形类似。如果与该员工有关的以前发生的人力资源开发成本尚未摊销完，则尚未摊销完的部分继续按以前所确定的期限和每期摊销金额在剩余的摊销期内进行摊销。即在以后的一定时期内，所摊销的人力资源开发成本由两部分组成，一部分是以前的培训所产生的人力资源开发成本的摊销额，另一部分是新发生的人力资源开发成本的摊销额。

企业员工离开企业时，应结转与该员工有关的人力资源开发成本和人力资源开发成本的累计摊销额，两者的差额计入人力资源损益。企业员工的人力资源开发成本的累计摊销额以与该员工有关的人力资源的实际开发成本为限额，在累计摊销额与实际开发成本相等时，不再对该员工的人力资源开发成本继续进行摊销。

（四）待摊人力资源费用、人力资源取得成本和开发成本的净额在资产负债表中的列示

期末，待摊人力资源费用的净额为“待摊人力资源费用”账户的借方余额；人力资源取得成本的净额为“人力资源取得成本”账户的借方余额与“人力资源取得成本摊销”账户的贷方余额的差额；人力资源开发成本的净额为“人力资源开发成本”账户的借方余额与“人力资源开发成本摊销”账户的贷方余额的差额。待摊人力资源费用的净额是属于收益性支出的人力资源取得成本、开发成本尚未摊销的数额；人力资源取得成本、开发成本的净额之和是属于资本性支出的人力资源取得成本、开发成本在期末尚未摊销的数额。它们在支出后尚未摊销前仍属于企业的资产的范畴，在资产负债表中应在资产项目中反映出来。为此，可在资产负债表的资产方中增设“待摊人力资源费用净额”“人力资源取得成本、开发成本净额”项目，列示期末尚未摊销的属于收益性支出和属于资本性支出的人力资源取得成本和开发成本。这一项目，可置于流动资产合计之后、长期投资项目之前。

（五）人力资源成本会计的账务处理

(1) 企业在招聘、培训员工时发生属于收益性支出的人力资源取得成本和开发成本，应编制如下会计分录：

借：待摊人力资源费用

　贷：银行存款或库存现金

　　存货（原材料、其他材料等）

　　管理费用

　　应付职工薪酬—工资等

(2) 企业招聘员工时发生属于资本性支出的人力资源取得成本，应编制如下会计分录：

借：人力资源取得成本

　贷：银行存款或库存现金

　　存货（原材料、其他材料等）

　　管理费用

　　应付职工薪酬—工资等

(3) 企业为使所招聘的员工获得在确定的岗位上任职所必需的技能或知识，为提高企业人力资源素质而发生资本性支出，应编制如下会计分录：

借：人力资源开发成本

　贷：银行存款或库存现金

　　存货（原材料、其他材料等）

　　管理费用

　　应付职工薪酬—工资等

(4) 每月计发工资、福利费等支出时（与招聘和培训员工有关的，应分别计入“待摊人力资源费用”账户、“人力资源取得成本”账户、“人力资源开发成本”账户），编制如下会计分录：

借：人力资源使用成本

　贷：应付职工薪酬—工资

　　应付职工薪酬—职工福利等

(5) 期末结转人力资源使用成本时，将其分别计入有关的成本费用，编制如下会计分录：

借：基本生产
　　辅助生产
　　制造费用
　　管理费用等
　贷：人力资源使用成本

(6) 期末摊销应分摊计入当期成本费用的属于收益性支出的人力资源取得成本和开发成本时，编制如下会计分录：

借：基本生产
　　辅助生产
　　制造费用
　　管理费用等
　贷：待摊人力资源费用

期末摊销应分摊计入当期成本费用的属于资本性支出的人力资源取得成本和开发成本时，编制如下会计分录：

借：基本生产
　　辅助生产
　　制造费用
　　管理费用等
　贷：人力资源取得成本摊销
　　　人力资源开发成本摊销

(7) 企业员工退出企业时，编制如下会计分录：

借：人力资源损益
　贷：待摊人力资源费用（与该员工有关的属于收益性支出的人力资源取得成本和开发成本尚未摊销的数额）
借：人力资源取得成本摊销（与该员工有关的属于资本性支出的人力资源取得成本的累计摊销额）
　　人力资源开发成本摊销（与该员工有关的属于资本性支出的人力资源开发成本的累计摊销额）
　　人力资源损益（与该员工有关的属于资本性支出的人力资源取得成本、开发成本尚未摊销数额）
　贷：人力资源取得成本（与该员工有关的属于资本性支出的人力资源取得成本）
　　　人力资源开发成本（与该员工有关的属于资本性支出的人力资源开发成本）

(8) 企业向辞退的员工支付遣散金时，编制如下会计分录：

借：人力资源损益
　贷：银行存款或库存现金

(9) 企业员工退出企业、企业收到该人力资源支付的赔偿金时，编制如下会计分录：

借：银行存款或库存现金
　贷：人力资源损益

(10) 期末，结转人力资源损益时，如果借方发生额大于贷方发生额，编制如下会计分录：

借：本年利润
　贷：人力资源损益

如果借方发生额小于贷方发生额，编制如下会计分录：

借：人力资源损益

　　贷：本年利润

(六) 企业人力资源成本会计账务处理的关系

企业人力资源成本会计账务处理的关系如图5-5所示。

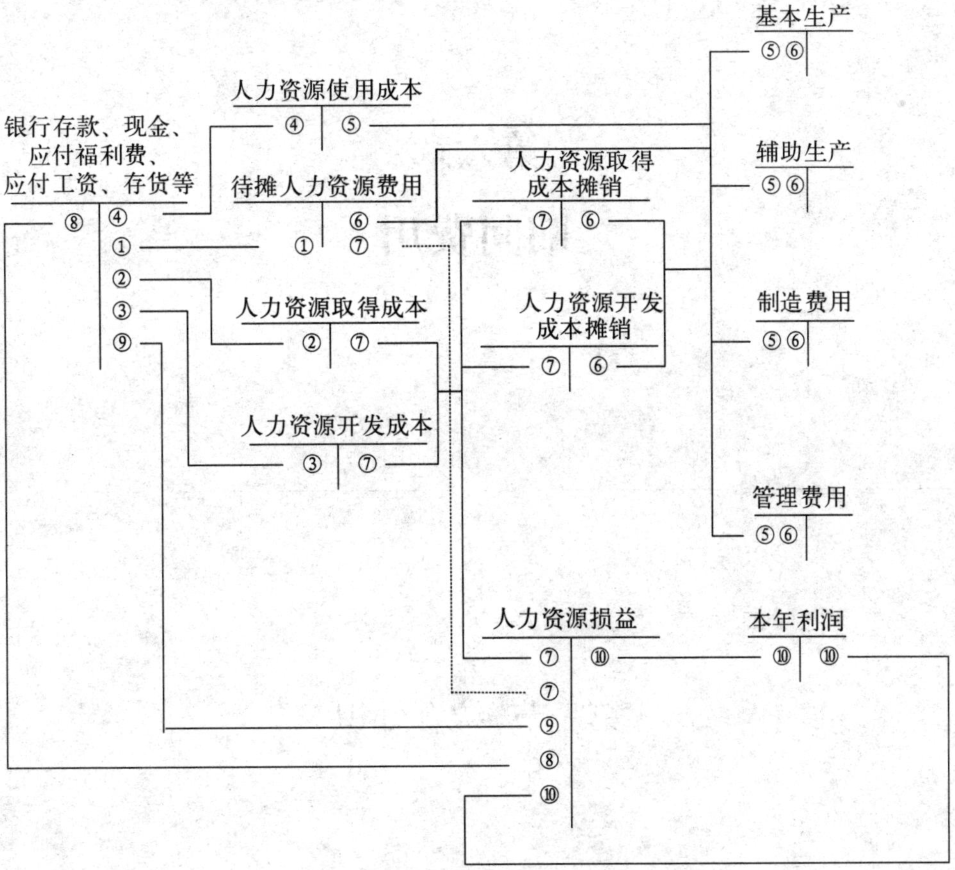

图5-5　人力资源成本会计账务处理的关系图

第六章

期间费用

第一节　综合知识

期间费用是指企业所发生的不能直接归属于特定产品成本的费用。这些费用较易确定其发生的期间和归属期间，但难以判别其归属对象，因而归入当期损益。这些期间费用除部分销售费用外，企业的期间费用大部分是固定费用，在一定期间内不随业务量改变而改变。

企业的期间费用包括销售费用、管理费用、财务费用，按照现行会计准则的规定，期间费用全部计入当期损益，直接冲减利润。

销售费用是指企业在销售商品、提供劳务过程中所发生的应由当期损益承担的费用，以及企业专设营销机构所发生的各项费用支出。

管理费用是指企业为组织和管理生产经营活动而发生的各项费用，包括企业各行政管理部门人员的工资及福利费、差旅费、办公费、折旧费、技术开发费、业务招待费等。

财务费用是指企业在生产经营活动中为筹集所需要的资金而发生的相关费用，包括利息收支的净差额、汇兑净损失、支付给金融机构的手续费以及为筹集生产经营所需资金而发生的其他相关费用等。

期间费用项目较多，业务发生频繁，是利润表中的重要项目，其大小影响到企业的盈利水平。

一、费用管理制度综述

企业实行费用归口、分级管理和预算控制，应当建立必要的费用开支范围、标准和报销审批制度。

（一）费用的预算控制

企业应当对期间费用实行预算控制，把费用预算纳入企业的预算管理之中。期间费用预算是预算期内对预算执行单位组织经营活动必要的管理费用、财务费用、销售（营业）费用的预安排。在编制时，应当区分变动费用与固定费用、可控费用与不可控费用，根据上年实际费用水平和预算期内生产经营的需要，结合费用开支标准和企业降低成本、费用的要求，按照一定的方法，分项目、分责任单位进行。其中，研发费用、业务招待费、出国经费、会议费、差旅费、宣传广告费等重要项目，应当重点控制。

预算管理是企业财务管理的重要工具，预算是企业财务控制的标准，是考核经营者业绩的尺度。建立费用归口、分级管理和预算控制，有利于企业加强内部管理，统筹管理各项财务资源，明确经济责任，使责、权、利有机结合，从而帮助企业实现价值最大化等财务目标。

（二）费用分级归口管理

为了调动全体职工对费用管理的积极性，企业必须明确各级组织（本部、分支机构、车间、班组等）和各职能部门（如财会、劳资、生产、技术、销售、物资、设备等）费用管理方面的权限与责任，建立健全费用管理的责任制度。因此，企业要将费用预算的各项指标，按其性质和内容进行层层分解，既分解到各个职能部门，又逐级落实到各级组织。各个归口职能部门，既要完成本部门的各项费用指标，也要负责完成企业下达的归口指标，并进一步把归口指标分解下达到有关执行单位和部门，从而形成一个上下左右、纵横交错、人人负责的费用管理体系。

根据权、责、利三者结合的原则，在建立费用管理责任制的同时，必须赋予责任单位和部门一定的经济权限和利益，使其具有控制本单位责任费用的相对自主权，例如限额内日常经费的自主调度、本单位奖金分配的权限等，以调动职工的积极性。

（三）费用的开支范围、标准和报销审批制度

企业应当自行建立必要的费用开支范围、标准和报销审批制度。一切费用在开支以前都要经过申请、批准手续后才能支付，即使是预算内的费用项目，也要经过申请和批准。这样做，有利于在费用将要发生前再进行一次深入的研究，根据变化了的情况，再次确定费用的合理性，以保证费用的使用效果。同时，对于一些零星的、金额较小的费用开支，在预先确定的开支范围和额度之内，也应赋予相应的灵活性。

二、期间费用的分析

期间费用的共同特点是没有明确的归属对象，而与一定的会计期间相联系，所以在发生时要列入当期利润表，在当期营业利润中扣除。期间费用的大小一般并不与企业业务量成正比关系，多数属于固定成本或酌量性固定成本，少数属于变动成本和混合成本。因此，在考核企业期间费用完成情况的时候，首先应注意各类期间费用的具体性质，将分析重点放在酌量性固定成本和混合成本等项目上；其次要将期间费用的支出与企业营业收入和利润等产出效益指标联系起来进行分析，判断支出的合理性，而不能简单地认为期间费用越低越好。

（一）各种费用计划完成情况的分析

对各种费用计划完成情况的分析，是根据前述各种费用明细表中的资料，将本年累计实际数与本年计划相比较，确定实际脱离计划的差异，并分析产生差异的原因。

由于各种费用所包括的内容具有不同的经济性质和用途，为了具体分析各种费用的增减变化和计划执行情况及其原因，应按各个费用项目分别进行分析，对超支或节约数额

较大或者费用比重较大的项目，应重点分析。分析时应注意，不能孤立检查某种费用控制计划的完成情况，以防止一些费用项目的节约掩盖另一些费用项目的超支。在分析时还应注意不同费用项目支出的特点，具体问题具体分析，不能简单地将所有超出计划的费用支出都视为不合理。例如对于企业某些适销对路的产品，在超额完成其产量计划且固定资产利用率不断提高的情况下，相应增加机物料消耗、设备维修费用等项支出就是合理的。反之，也不能将一切费用支出的减少都视为企业的成绩。例如制造费用中的劳动保护费、修理费、试验检验费，以及管理费用中的员工教育经费等费用的减少，就不一定都是企业的成绩，因为这些费用支出的减少有可能导致企业劳动生产率和产品质量下降，甚至影响企业的安全生产。

1. 销售费用任务完成情况分析

销售费用与管理费用相似，可按与业务量的关系划分为变动费用、混合费用、酌量性固定费用和固定费用（见表6-1），对它的分析，首先应按费用性质分析，然后再给予综合评价。

表6-1　销售费用任务完成情况分析表　　单价：万元

项目		计划金额	实际金额	差异
变动费用	包装费	300	260	－40
	运杂费	600	560	－40
	保险费	100	80	－20
	小计	1000	900	－100
混合费用	租赁费	400	450	＋50
	差旅费	300	300	-
	修理费	200	250	＋50
	小计	900	1000	＋100
酌量性固定费用	展览费	600	200	－400
	广告费	3400	620	－2780
	办公费	200	200	-
	小计	4200	1020	－3180
固定费用	折旧费	100	100	-
	职工工资	400	400	
	小计	500	500	-
合计		6600	3420	－3180

从表6-1中可看出，企业销售费用大幅度下降的原因是由于企业削减了广告费和展览费这类酌量性固定费用开支。企业变动费用随业务量下降也略有下降，混合费用中租赁费、修理费略有上升，固定费用维持不变等均属正常。因此，分析重点应放在广告费、展览费等酌量性固定费用之上。

广告费用减少2780万元，展览费用减少400万元，降低幅度分别达81.76%（2780÷3400）和66.67%（400÷600），这表明企业的营销策略发生了重大变化，不能简单地根据减少金额来评估任务完成的好坏。有效地追加广告费用等营销投入是企业积极争取市场的一种表现，判断广告费用等投入是否可取的标志是营业收入的增加量，一定单位的广告费用投入量能推动的营业收入增加量越大，其效用就越高，反之则越低。压缩有效的广告费用投入，会导致企业营业收入加速下跌。根据这个道理，结合前述该企业的利润任务完成情况分析，大致可以得出如下结论：企业在产品市场销售量萎缩时，不是通过追加广告等费用促销，而是通过削减广告等营销费用来确保利润少减少。从企业对市场变化采取的应变策略来看，属于保守型，积极开拓进取的精神不够。

2. 管理费用任务完成情况分析

管理费用任务完成情况分析，一般先要编制管理费用计划完成情况分析表（见表6-2），然后再根据各费用项目的性质评价完成情况，最后综合各费用项目的评价给出总评价。

表6-2 管理费用任务完成情况分析表 单位：万元

项目		计划金额	实际金额	差异
混合费用	业务招待费	80	120	+40
	修理费	120	150	+30
	差旅费	100	80	−20
	小计	300	350	+50
酌量性固定费用	咨询费	50	70	+20
	技术转让费	50	100	+50
	保险费	100	100	-
	职工教育经费	50	30	−20
	办公费	450	600	+150
	小计	700	900	+200
固定费用	管理人员工资	500	480	−20
	职工福利费	70	65	−5
	折旧费	740	745	+5
	租赁费	190	160	−30
	小计	1500	1450	−50
合计		2500	2700	+200

从表6-2可看出，该企业管理费用，除了固定费用有所降低之外，混合费用和酌量性固定费用均有所上升，且上升幅度较大。混合费用上升了16.67%（50÷300），酌量性固定费用上升了28.57%（200÷700）。这种情况不太正常，因为混合费用实质是由固定费用和变动费用混合在一起的费用，它虽然不完全与业务量成正比，但它仍会随业务量的增减变动而增减变动。根据这个性质，企业混合费用在营业收入减少时发生增加，是不正常的。进一步分析后发现，混合费用超支主要发生在业务招待费超支上，超支比高达50%（40÷80）。这说明该企业在业务招待费上控制不严，需要改进。

酌量性固定费用大幅度超支计划，首先就表明该企业计划约束力太差。进一步分析发现上升幅度大的费用项目分别为办公费（上升33%）、技术转让费（上升100%）、咨询费（上升40%）。技术转让费、咨询费的增加，可能是企业为了适应市场变化积极主动开发新产品等增强应变能力的结果；如是这样，该类费用的增加尚可予以肯定。但是企业办公费用大幅攀升，决不能给予好评，特别是企业在紧缩员工工资和培训费用的同时，大幅增加办公费用的开支，更让人难以理解。对此需进行深入分析。

至于该企业的固定费用计划完成情况，可以给予好评。固定费用的降低是削减管理人员工资20万元和减少租赁费30万元的结果。管理人员工资随企业效益下降而调低，可以理解；租赁费支出随企业业务量萎缩而减少，值得赞扬。所以，企业固定费用计划完成理想，应予好评。

结合混合费用、酌量性固定费用、固定费用的计划完成情况来看，该企业对管理费用的控制力较弱，主要负责人控制管理费用魄力不够，颇有浪费嫌疑，不值得给予好评。

3. 财务费用任务完成情况分析

财务费用主要是指企业筹资而发生的费用，具体内容为：利息净支出（减去利息收入后的支出）、汇兑净损失（减去汇兑收益后的损失）、金融机构手续费和为筹资而发生的其他费用等项目。其项目内容相对简单。从上述具体内容可知，财务费用与企业筹资量有关系，但不成正比，而筹资量只与企业业务量存在某种非线性的相关关系，因此，财务费用与企业业务量的关系不密切。判断企业财务费用控制是否合理的基础不是企业业务量，而是筹资计划，故它应与筹资任务完成情况分析联系在一起来进行分析。这里只列示如下的比较分析表（见表6-3）。

表6-3 财务费用任务完成情况分析表　　单位：万元

项目	计划金额	实际金额	差异
利息支出	1250	1240	−10
减：利息收入	150	60	−90
利息净支出	1100	1180	+80
汇兑净损失	0	60	+60
手续费	10	20	+10
其他费用	30	40	+10
合计	1140	1300	+160

从表6-3中可看出，该企业未完成财务费用计划任务，其中影响最大的为利息净支出（80万元），其次是汇兑净损失（60万元），手续费和其他费用则分别上升10万元。其中汇兑净损失是受外部环境的影响，企业在这方面难有较大作为，分析时尽可将它排除在外。分析重点应放在利息净支出上。从利息净支出构成来看，利息支出减少10万元，利息收入减少90万元，导致利息净支出增加80万元。结合该企业的资产负债可发现，该企业本年度负债总金额变化不大，利息支出无大变化可以理解。对利息收入降低也可理解。因为企业既然因缺乏资金对外大量借债，故自然不会将举债获得的资金大量用于生息。对于企业实际举债利息率与计划相比究竟状况如何，需结合筹资计划做进一步分析。

根据上述简要分析，可以得出如下结论：该企业对财务费用的控制不力，导致财务费用大幅上升；特别从利息净支出构成来看，利息净支出大幅增加极有可能与企业资金运用不合理有关，这说明企业在资金管理方面的水平不高，不能给予好评。

4. 简略评价

从前述有关企业期间费用的分析中，可看出各类期间费用有升有降，其升降情况可列表分析（见表6-4）。

表6-4 期间费用任务完成情况分析表　　单位：万元

项目	计划金额	实际金额	差异
管理费用	2500	2700	+200
财务费用	1140	1300	+160
销售费用	6600	3420	−3180
合计	10240	7420	−2820

根据表6-4，并结合前述各类期间费用的分析结果，可对该企业期间费用任务完成情况做如下综合评论：

(1) 该企业对管理性费用的控制能力不强，这一点特别表现在对混合费用和酌量性固定费用（管理费用中的该费用）控制不力之上。

(2) 该企业压缩期间费用的思路与通常的管理原理有差异。一般认为，市场发生变化时，企业应实施压费用保利润的措施，压缩费用的首选应是与开拓市场关系不大的消费性办公费用，要力保与开拓市场密切相关的费用。但该企业却正好相反，办公费大幅度攀升，而营销费用则大幅度缩减。因此，可认为该企业期间费用控制结构不合理。

(3) 该企业期间费用控制属于消极的保守型控制，而非积极的应变型控制，其结果可能会对企业未来发展不利。

综合上述结论，我们认为该企业在期间费用管理方面的水平不高，缺乏积极进取的战略精神。

(二) 各种费用增减变动情况的分析

企业进行期间费用增减变动情况分析时，首先需要计算各项费用具体项目的构成情况，以判断各项费用中应重点关注的费用项目。

根据各种费用明细表中的资料，将本月实际数与上年同期实际数进行对比，可以揭示本月实际与上年同期实际之间的增减变化，以便从动态上观察、比较各项费用，特别是一些主要的、重点的费用项目的变动情况和变动趋势。分析时应注意前后期费用指标的口径是否一致，如果不一致，应按照基期或报告期的口径进行调整，调整后再进行比较分析。

分析管理费用、财务费用和销售费用时，企业还应注意对于变动费用项目，应考虑业务量的变动，计算相对的节约或超支；对于固定费用项目，比较实际数与基数，直接确定其绝对差异，即节约或超支；对于某些支出和损失项目，应结合其抵销数进行分析。

总之，通过上述分析，企业应不断总结经验，改进自身的生产经营管理，有效控制各种费用支出，最终提高经济效益。

下面举例说明销售费用计划完成情况及各项目增减变动的情况，相关资料如表6-5所示。

表6-5 销售费用计划完成情况分析表

项目	本年计划数（元）	本年实际数（元）	实际比预算		各项目占总体比重（%）	
			增减金额（元）	变动（%）	预算数	实际数
运输费	36000	35000	−1000	−2.78	8.23	7.78
装卸费	2500	2600	100	4	0.57	0.58
包装费	20000	19000	−1000	5	4.57	4.22
折旧费	50000	50000	0	0	11.43	11.11
修理费	6000	5800	−200	3.33	1.37	1.29
办公费	10000	9800	−200	2	2.29	2.18
保险费	12000	12000	0	0	2.74	2.67
广告费	100000	95000	−5000	5	22.86	21.11
展览费	30000	32000	2000	6.67	6.86	7.11
租赁费	28000	28000	0	0	6.4	6.22
机物料消耗	3000	2800	−200	6.67	0.69	0.62
专设销售机构经费	60000	58000	−2000	3.33	13.71	12.89
……	80000	100000	20000	25	18.29	22.22
其他						
销售费用合计	437500	450000	12500	2.86	100	100

从表6-5可以看出，企业的销售费用从整体上并未完成计划，而是超支12500元，超支率为2.86%。从各项目的预算执行情况看，运输费、包装费、广告费、专设销售机构经费均

比计划有所减少，超额完成了计划；但展览费和其他经费超支。企业需要结合销售收入计划和实际的数额进行分析，正常情况下运输费、包装费等应随销售收入的变化而成比例变化，如果企业的销售收入完成了计划，则这两项费用的减少值得肯定，但如果由于广告费和专设销售机构经费的减少导致销售收入未完成计划，此时运输费和包装费的节约则应引起企业深入思考；另外，企业需要分析展览费超支的原因，并与广告费的分析结合起来，因为二者对企业产品的销售作用相同；最后，占预算和实际金额比重都很大的其他销售费用超支20000元，超支率达25%，应详细分析其他销售费用的构成，分析其明细项目的变动情况，找出导致其超支的主要原因，以采取措施予以纠正。

(三) 期间费用的比较分析

期间费用的比较分析是将期间费用的发生情况与预算同以前年度进行比较，从而发现问题的一种分析方法。期间费用的比较可以是绝对额差异比较，也可以是费用构成的相对比较。期间费用比较分析只是为进一步的差异原因分析提供线索。

分析本期期间费用与以前年度数据比较时，应注意重要性原则：

(1) 绝对差异额大的项目应列入分析重点。

(2) 相对变动额大的项目应列入分析重点。

(四) 费用的重点项目分析

费用的分析实质是经济利益的流出，但这并不说明费用对企业来说就是一个消极的因素。有所得必有所费，欲在企业日常业务活动中取得经济利益的流入，取得净收益或净利润，就必须发生各种各样的费用支出。因此，费用是企业获得经济利益所必须付出的代价。当然，代价越小，则净收益就越大。所以，企业应当加强内部管理，有效控制费用的发生和费用水平的增大，力争用较小的代价获得较高的回报。

在具体的财务分析中，经常进行费用消化能力分析，即分析企业主营业务收入的三大流向：主营业务成本、期间费用和所得税费用。企业对三大开支的负担能力决定了企业的盈利能力，通过计算每百元主营业务收入中三大开支各占多大比重，可以使财务分析人员明确影响企业盈利能力的因素。按照重要性原则，费用消化能力分析主要分析如下指标。

1. 营业成本率

营业成本率是指营业成本与营业收入的百分比，它反映每百元营业收入中收回垫支的成本是多少。其计算公式为：营业成本率=营业成本÷营业收入×100%

2. 管理费用率

管理费用率是指管理费用与营业收入的百分比。管理费用是影响企业盈利能力的重要因素，反映了企业经营管理水平的高低。如果管理费用率偏高，则说明企业的利润被组织性和管理性的费用消耗得太多，必须加强管理费用的控制才能提高企业的盈利水平。其计算公式为：管理费用率=管理费用÷营业收入×100%

3. 销售费用率

销售费用率是指销售费用与营业收入的百分比。销售费用是影响企业盈利能力的重要因素，反映了企业经营管理水平的高低。如果销售费用率偏高，则说明企业的利润被用于广告宣传、样品展览费用消耗得太多，必须加强销售费用的控制才能提高企业的盈利水平。其计算公式为：销售费用率=销售费用÷营业收入×100%

4. 财务费用率

财务费用率是指财务费用与营业收入的百分比。目前我国企业的财务费用负担较重，是企业的一个沉重包袱。企业应通过对这个指标的计算，分析企业的财务负担，调整筹资渠道，改善资金结构，提高盈利水平。其计算公式如下：

财务费用率=财务费用÷营业收入×100%

5. 成本费用利润率

成本费用利润率是指利润总额与营业成本、期间费用之和的百分比。它反映每百元成本费用支出能获得的利润。其计算公式如下：

成本费用利润率=利润总额÷（营业成本+期间费用）×100%

式中，期间费用包括销售费用、管理费用和财务费用。

企业发生的成本、费用是一种垫支行为，其目的是通过这种垫支取得更大的利益，因此，成本费用利润率越高越好。在具体分析时，还要分析成本、费用的结构，研究减少不必要的垫支，借以提高成本费用利润率，最大限度地满足企业发展的需要。

三、期间费用的审计

（一）审计目标

对企业期间费用的审计，主要是为了确定各项期间费用是否真实、公允，期间费用归属是否正确，是否与《企业会计准则》相符合，所选用会计方法是否前后一致，期间费用的披露是否恰当。具体的审计目标包括：

(1) 确定期间费用的确认是否符合权责发生制原则，即本期负担的期间费用是否都已入账，已记录的期间费用是否都应由本期负担。

(2) 确定有关期间费用的内部控制制度是否存在、有效并被严格遵守。

(3) 确定期间费用业务发生的合规性、合法性和账面发生额的真实性、正确性。

(4) 确定各项期间费用的账务处理和计算是否正确。

(5) 确定期间费用在报表上披露的公允性、合理性和完整性，有无虚增或虚减的情况。

（二）了解和评价期间费用内部控制制度

期间费用项目众多，发生频繁，企业必须要建立内部控制制度以预防和减少错弊的发生。

期间费用内部控制要点有：

(1) 企业应建立期间费用预算，对期间费用指标进行分解并建立费用的归口分级责任控制系统。

(2) 企业应建立明确的期间费用开支范围、标准和分级审批报销制度。

(3) 企业应对期间费用进行适当分类，建立健全的期间费用明细分类账。

(4) 企业应建立期间费用的考核与评价制度，对期间费用的数据进行复核，并定期进行期间费用分析，查明期间费用变动的原因。

审计人员在进行实质性审查前，首先应对被审计单位的相关内部控制制度进行符合性测试，即审查内部控制的健全性和有效性，并评价其可信赖程度。

第二节 销售费用

一、销售费用的核算

1. 会计科目

企业应设置“销售费用”科目核算企业销售商品和材料、提供劳务的过程中发生的各种费用，包括保险费、包装费、展览费和广告费、商品维修费、预计产品质量保证损失、运输费、装卸费等以及为销售本企业商品而专设的销售机构（含销售网点、售后服务网点等）的职工薪酬、业务费、折旧费等经营费用。

企业发生的与专设销售机构相关的固定资产修理费用等后续支出，也在本科目核算。

企业（金融）应将本科目改为“业务及管理费”科目，核算企业（金融）在业务经营和管理过程中所发生的各项费用，包括折旧费、业务宣传费、业务招待费、电子设备运转费、钞币运送费、安全防范费、邮电费、劳动保护费、外事费、印刷费、低值易耗品摊销、职工工资及福利费、差旅费、水电费、职工教育经费、工会经费、会议费、诉讼费、公证费、咨询费、无形资产摊销、长期待摊费用摊销、取暖降温费、聘请中介机构费、技术转让费、绿化费、董事会费、财产保险费、劳动保险费、待业保险费、住房公积金、物业管理费、研究费用、提取保险保障基金等。企业（金融）不应设置“管理费用”科目。

期末，应将本科目余额转入“本年利润”科目，结转后本科目无余额。

本科目可按费用项目进行明细核算。

2. 主要账务处理

(1) 企业在销售商品过程中发生的包装费、保险费、展览费和广告费、运输费、装卸费等费用，借记本科目，贷记“库存现金”“银行存款”等科目。

(2) 发生的为销售本企业商品而专设的销售机构的职工薪酬、业务费等经营费用，借记本科目，贷记“应付职工薪酬”“银行存款”“累计折旧”等科目。

二、销售费用的分析

对于不同的销售费用，分析和评价的标准也各有不同。

(一) 在销售过程中发生的包装费、运输费、装卸费、保险费、商品维修费以及产品质量保障损失等

销售过程中的运输费、装卸费、包装费、保险费等是企业对客户提供产品时的附加服务，它虽然耗费企业资源，但是企业提高对客户服务质量不可减少的费用，通常属于变动成本，与企业销售量的变动成正比。企业在进行降低这部分费用的决策时，一定要谨慎考虑它对企业和产品形象，以及对送货时间效率等市场竞争能力的影响。只要将其总额控制在营业收入的一定比例内，就不会对利润产生负面影响。

(二) 企业支出的展览费和广告费

有助于提高企业及其产品的知名度，目的是开拓市场，扩大销售，提高企业的营业收入，所以此类费用并不是越低越好。

对于展览费和广告费，需要从费用支出效果来分析其是否合理。具体方法是将展览费和广告费支出与预计增加的营业收入和利润进行对比，评价的依据是企业增加的利润至少能够抵补展览费和广告费支出。企业在制订广告费预算时，应当考虑产品的生命周期。对于进入期和成长期的产品，可以大幅度增加广告费支出，以便扩大销售，提高产品市场占有率。对于成熟期的产品，通过广告宣传提高营业收入的余地比较有限，此时如果大幅度增加广告费用，其结果不但不能增加利润，反而可能因为广告费支出而减少当期利润。

(三) 专设销售机构经费通常随企业经营规模扩大而上升

专设销售机构的费用通常随企业营业规模的扩大而呈阶梯状上升。专设的销售机构可以使企业更好地开拓不同地区的市场，扩大企业在该地区的销售量。但是，相对于委托代理商或分销商的销售方式，专设销售机构的费用是固定的，这就需要企业在当地的销售收入至少高于保本点，保证收回该专设销售机构的费用，否则专设销售机构将成为企业的包袱。因此，专设销售机构的费用可与该销售机构实现的销售收入、销售利润等指标一起进行本量利分析，以判断其合理性。

小知识

销售费用表分析

1. 销售费用分析的基础——销售费用明细表

销售费用是企业在商品销售过程中发生的各项费用。可以计入销售费用核算的包括运输费、装卸费、包装费、保险费、展览费和广告费，以及为销售本企业商品而专设的销售机构（含销售网点、售后服务网点等）的职工工资及福利费、类似工资性质的费用、业务费等经营费用。销售费用与产品生产也没有直接关系，不计入产品生产成本，按发生的期间进行归集，将当期的实际发生数直接计入当期损益。它的高低也不影响产品成本，直接影响当期利润。销售费用明细表是反映企业在一定时期内发生的销售费用及其构成情况的报表。该表是月报表，应该按月编制。它也是销售费用分析的基础。

表6-6是销售费用明细表的一般格式。

2. 销售费用分析的方法

销售费用可以按多种标志和方法进行分析。

(1) 销售费用项目趋势百分比分析。

依据表6-6的销售费用项目，编制比较产品销售费用表（如表6-7，趋势百分比式，%）进行分析，这种分析方法最为简便易行。

由表6-6和表6-7可知，智董公司2014～2016年产品销售费用增长较快，增长率为72.71%，其主要原因是占销售费用总额比重较大的工资、职工福利费、业务费、广告费、差旅费等项目增长较快。2016年与2014年相比，工资增长214.83%，广告费增长150%，均超过销售费用总额的增长速度。2016年，仅人工费（包含工资和职工福利费）和广告费支出金额，就占全部销售费用的49.57%。在当年费用增加额中，这两个项目的增加额就占81.26%。因此，对这两个项目，企业应当进一步重点分析。此外，企业还应当将产品销售费用的增长速度与产品销售收入的增长速度对比分析，考评费用支出的效果。在其他因素不变时，如果销售费用增长速度快于销售收入增长速度，则企业产品销售利润下降。

表6-6 销售费用明细表

智董公司　　2016年12月　　单位：元

项目	本年计划数	上年同期实际数	本月实际数	本年累计实际数
工资及福利费	30800	2680	2973	37066
业务费	12000	950	986	13520
运输费	42570	3215	3547	40182
装卸费	22900	2000	1916	19573
包装费	40300	3340	3842	47251
保险费	9800	823	935	10100
展览费	0	0	0	0
广告费	50000	3800	4000	68000
差旅费	14000	1200	1173	18642
租赁费	0	0	0	0
低值易耗品摊销	5940	498	453	5436
专设销售机构办公费	8756	735	896	9214
委托代销手续费	0	0	0	0
销售服务费	0	0	0	0
折旧费	9856	820	894	10563
其他	0	0	0	0
合计	246922	20061	21615	279547

表6-7　比较产品销售费用表（趋势百分比式，%）

项目	2014年	2015年	2016年
(1) 工资	100	182.61	314.83
(2) 职工福利费	100	183.25	315.71
(3) 业务费	100	121.51	141.24
(4) 包装费	100	117.55	120.04
(5) 保险费	100	100	100
(6) 展览费	100	111.32	113.21
(7) 广告费	100	150	250
(8) 差旅费	100	119.62	158.86
(9) 租赁费	100	101.27	102.53
（10）低值易耗品摊销	100	121.94	122.36
（11）物料消耗	100	80.77	89.74
（12）其他	100	125.00	162.50
产品销售费用合计	100	129.53	172.71

(2) 销售费用的职能分析。

将各销售费用项目按销售活动的职能进行重新分类，并按职能进行对比分析，有利于恰当确定销售费用预算标准，可使预算的编制与控制较为容易。销售职能的确定应当联系企业的性质、内部组织、规模、营销方针等因素。通常将销售职能分为货物运送、销售业务、广告宣传、信用调查、货款结算、售后服务、一般管理等（见表6-8）。

表6-8　销售费用的职能分析

职能项目	货物运送	销售业务	广告宣传	信用调查	货款结算	售后服务	一般管理	合计
运输费	✓					✓		
装卸费	✓					✓		
包装费	✓					✓		
保险费	✓							
手续费		✓						
展览费		✓						
广告费			✓					
工资	✓	✓		✓	✓	✓	✓	
福利费	✓	✓		✓	✓	✓	✓	
差旅费	✓	✓		✓	✓	✓	✓	
办公费								
物料消耗	✓	✓	✓	✓		✓	✓	
合计	✓	✓	✓	✓	✓	✓	✓	

(3) 销售费用的区域分析。

一般而言，销售区域不同，客户的地理条件，如交通、客户的集中程度、竞争状态、消费习惯等也有不同，从而导致销售费用的差异很大。企业把销售费用按区域分别进行分析，有利于控制各区域的费用开支，并可制订有差别的销售价格策略。

除以上分析方法外，企业还可以按销售品种、销售员工进行费用分析。表6-9是某公司按销售员工类别编制的销售利润表。从销售收入来看，其大小按F，H，C，A，B，D，E，G的顺序排列，但从净收益看，是按H，C，F，G，B，E，D，A的次序排列。由此可知，不一定是销售收入多的销售员工能获取高的收益。

表6-9 销售员工类别利润表 单位：元

销售员工	销售收入	销售成本	销售毛利	工资及福利费	差旅费	杂费	纯利润	收入次序	纯利次序
A	26000	18460	7540	2000	3000	2340	200	4	8
B	26000	18200	7800	1900	1800	2340	1760	4	5
C	39000	27300	11700	2800	2100	3500	3300	3	2
D	22000	14950	7050	1800	2000	1980	1270	6	7
E	21000	14280	6720	1700	1700	1890	1430	7	6
F	54000	39400	14600	3500	2100	5700	3300	7	3
G	21000	14280	6720	1600	1200	1700	2200	4	4
H	46000	32200	13800	3400	1000	4000	5300	2	1

当然，所有企业并非绝对要有上述各种分析的必要。一般最流行的是按费用项目分析和按销售成员分析。

3. 销售费用分析应注意的问题

销售费用分析的基本方法和目的基本上与上述费用的分析方法相同，在对各项目进行分析时，可以根据分析目的的不同，选择其中某项资料为基数，将本期实际数与基数进行对比，找出销售费用的有关差异，并运用构成比率分析法分析影响销售费用的主要因素。需要特殊强调的有以下两点。

(1) 销售费用发生在销售过程，费用项目较多，大部分费用是变动费用，随着销售量的变化而变化。在分析时，企业应将销售费用的增减变动同销售量的增减变动结合起来考核，分析这些费用的发生和变动是否合理、正常。

(2) 销售费用中有相当一部分费用的效益要在未来反映出来，如展览费、广告费等，企业对这类费用的分析应当连续几个时期进行，将销售费用与销售收入进行对比，如果销售收入的增长大于销售费用的增长，即使销售费用的绝对数量是上升的，也属于正常情况；反之，企业则应强化费用的控制和管理。

三、销售费用的审计

(一) 销售费用的审计目标

销售费用的审计目标一般包括：确定销售费用的内容是否完整；确定销售费用的分类、归属和会计处理是否正确；确定销售费用在会计报表上的披露是否恰当。

(二) 销售费用审计中的常见错弊

“销售费用”审计中发生的错弊通常有：

(1) 把购进固定资产、专项投资用的材料和设备的运输费计入“销售费用”账户。

(2) 有关人员以广告费之名，从中索取回扣。

(3) 虚开单据上的抬头，将销售费用与其他费用混杂。

(4) 将企业产成品以自用的名义直接列入广告费、展览样品费等。

(5) 虚列运输费，把不属于运输费的开支混入产品运输费。

(三) 销售费用的实质性测试

对于销售费用的实质性测试，应审阅“销售费用”及其明细账，并结合抽查与销售费用有关凭证，来确定其核算的公允性和合法性。销售费用的实质性测试的主要内容如下：

(1) 获取或编制销售费用明细表，复核其加计是否正确，并与报表、总账和明细账中相关数据核对，看是否相符，审查明细项目设置是否符合《企业会计准则》规定的核算内容与范围。

(2) 审查销售费用项目是否合规、合法，是否划清了销售费用与其他费用的界限，有无将超支的管理费用、佣金、回扣列入销售费用的现象等。

(3) 审查销售费用是否符合企业及有关会计制度规定的开支标准，有无乱提福利费等现象。

(4) 审查销售费用的确认是否符合权责发生制原则，开支数额是否真实、正确。对于销售业务中发生的数额较大的项目，应重点注意是否属当期应负担的费用。同时，还应结合审查预付的待摊费用、预提的应付费用摊提数的正确性。

(5) 审查销售费用的结转是否符合有关规定。按照会计制度规定，企业期末应将本期发生的所有与销售有关的费用转入当期损益，结转后应无余额。审计人员应审查销售费用的结转是否符合期间配比的原则，有无任意多转、少转或不转销售费用，造成利润不实的情况。

小知识

销售费用方面的反假账对策

1. 对运输费、装卸费、包装费的审查要点

(1) 开支范围的合规性，金额的真实、准确性。

(2) 对发生额较大和接近年终发生的各项费用，应审查明细账及会计凭证，查明受益的产品当年度是否已实现销售；有无将未实现销售的产品发生的这些费用，提前计入当年损益等。

2. 对展览费和广告费的审查要点

(1) 审查其真实性和合理性，以防企业以此名义掩饰不正当的开支。

(2) 查明列支的展览费和广告费是否确属当年费用，有无违反权责发生制，将上年度或下年度费用列作当年费用的现象等。

3. 对专设销售机构费用的审查要点

(1) 其费用开支是否真实、合理、合规。

(2) 是否划清了与其他费用的界限。

第三节 管理费用

一、管理费用的核算

1. 会计科目

企业应设置“管理费用”科目核算企业为组织和管理企业生产经营所发生的管理费用，包括企业在筹建期间内发生的开办费、董事会和行政管理部门在企业的经营管理中发生的或者应由企业统一负担的公司经费（包括行政管理部门职工工资及福利费、物料消耗、低值易耗品摊销、办公费和差旅费等）、工会经费、董事会费（包括董事会成员津贴、会议

费和差旅费等）、聘请中介机构费、咨询费（含顾问费）、诉讼费、业务招待费、房产税、车船税、土地使用税、印花税、技术转让费、矿产资源补偿费、研究费用、排污费等。

企业（商品流通）管理费用不多的，可不设置本科目，本科目的核算内容可并入“销售费用”科目核算。企业生产车间（部门）和行政管理部门等发生的固定资产修理费用等后续支出，也在本科目核算。

期末，应将本科目的余额转入“本年利润”科目，结转后本科目无余额。

本科目可按费用项目进行明细核算。

2. 主要账务处理

(1) 企业在筹建期间内发生的开办费，包括人员工资、办公费、培训费、差旅费、印刷费、注册登记费以及不计入固定资产成本的借款费用等在实际发生时，借记本科目（开办费），贷记“银行存款”等科目。

(2) 行政管理部门人员的职工薪酬，借记本科目，贷记“应付职工薪酬”科目。

(3) 行政管理部门计提的固定资产折旧，借记本科目，贷记“累计折旧”科目。

发生的办公费、水电费、业务招待费、聘请中介机构费、咨询费、诉讼费、技术转让费、研究费用，借记本科目，贷记“银行存款”“研发支出”等科目。

按规定计算确定的应交矿产资源补偿费、房产税、车船税、土地使用税、印花税，借记本科目，贷记“应交税费”科目。

二、管理费用的分析

(1) 管理费用通常与企业经营业务量的多少没有直接关系，更趋向于固定费用性质，即管理费用不随业务量的变动而成比例变动。所以，对其更应从总额变动的角度进行分析。

(2) 维持经营能力的费用中，聘请中介机构的费用和咨询费通常金额较小，或是不为企业控制，可以不做分析的重点。无形资产及长期待摊费用的摊销以及坏账准备的提取金额，受企业会计政策的影响很大。在无形资产及长期待摊费用以及应收账款金额既定的情况下，这部分摊销金额和坏账准备金额的大小取决于企业制订的摊销年限和提取比例，通过改变摊销年限和提取比例降低这部分费用虽能使企业账面利润得到改观，但是并不能说明企业费用降低的业绩，分析时企业应格外注意。

(3) 承担社会责任的大部分项目的费用金额不是企业可以控制的，对这些企业无法控制的费用进行分析的重点不是其金额的大小，而是发现企业外部环境的变化，从而纠正企业保本收入和保利收入的判断。

【例6-1】 智董公司管理费用的实际额与预算额的比较资料如表6-10所示。

表6-10 管理费用实际额与预算额资料　　单位：万元

费用项目	本期预算	本期实际	差异额	差异率（%）
工资及福利费	770	849	79	10.26
折旧费	237	237	0	0
修理费	190	195	5	2.63
办公费	221	212	−9	−4.07
差旅费	93	98	5	5.38
业务招待费	130	150	20	15.38
研究开发费	204	151	−53	−25.98
合计	1845	1892	47	2.55

通过表6-10可以看出，该企业整体管理费用的控制与预算差异不大，为2.55%，但个别项目超预算较大，如业务招待费超支15.38%，其原因是企业业务招待费控制不严所致，另

外工资及福利费支出也存在超支严重的情况，经分析属国家统一调薪所致，为正常原因。另外值得关注的还有研究开发费的减少，其减少是否为企业只顾眼前利益的短期行为，还是企业正常的开发费用调整，还有待进一步分析。

小知识

管理费用明细表分析

1. 管理费用分析的基础——管理费用明细表

管理费用是企业行政管理部门为组织和管理生产经营活动而发生的各项费用。管理费用与产品生产没有直接关系，因此，不计入产品生产成本，而是按发生的期间进行归集，将当期的实际发生数直接计入当期损益。管理费用的高低不影响产品成本，直接影响当期利润。管理费用明细表就是反映企业在一定时期内发生的管理费用及其构成情况的报表。它为管理费用分析提供基础，管理费用无论是按项目进行分析还是按部门进行分析，都要由管理费用明细表提供资料。表6-11是管理费用明细表的一般格式。

表6-11 管理费用明细表

智董公司　　2017年12月　　单位：元

项目	2017年计划数	2016年实际数	本月实际数	本年累计实际数
工资及福利费	165000	19850	14600	176290
折旧费	118445	9764	10056	120943
办公费	78000	6753	6241	75652
差旅费	73500	7213	5984	74382
运输费	90000	6840	7986	95684
保险费	35000	2530	2900	35000
租赁费	28600	4200	2218	28600
修理费	45000	3540	3996	48325
咨询费	0	0	0	10000
诉讼费	0	0	0	0
排污费	4000	0	0	5000
绿化费	18000	0	0	18000
物料消耗	11800	873	952	11540
低值易耗品摊销	1000	1152	964	10500
无形资产摊销	8500	795	820	9800
存货跌价损失	12000	986	1050	12400
坏账损失	3000	2900	3500	3500
研究开发费	0	3000	0	0
技术转让费	0	0	0	0
业务招待费	11000	5312	3450	12300
工会经费	3000	258	260	3093
职工教育经费	2250	194	195	2320
待业保险费	0	0	0	0
劳动保险费	5500	450	491	5890
税金	8000	862	705	8462
房产税	（略）	（略）	（略）	（略）

续表

项目	2017年计划数	2016年实际数	本月实际数	本年累计实际数
车船税	（略）	（略）	（略）	（略）
土地使用税	（略）	（略）	（略）	（略）
印花税	（略）	（略）	（略）	（略）
材料、产成品盘亏和毁损净损失	1000	2431	1500	2100
其他	3000	569	465	4982
合计	734595	80472	68243	774763

2. 管理费用分析

由管理费用明细表反映出企业行政管理部门为管理和组织经营活动所发生的各项费用。常见的管理费用分析方法有两种：一是按管理费用项目分析；二是按管理费用发生部门分析。

(1) 管理费用项目比较分析。

2015～2017年，管理费用各项目趋势如表6-12所示。

表6-12　比较管理费用项目表（趋势百分比式，%）

项目	2015年	2016年	2017年
（1）工资	100	110.61	115.62
（2）职工福利费	100	236.50	247.24
（3）折旧费	100	100.00	99.25
（4）办公费	100	116.91	132.24
（5）差旅费	100	111.59	125.37
（6）保险费	100	100.00	100.00
（7）租赁费	100	132.13	100.00
（8）修理费	100	141.21	174.77
（9）咨询费	100	152.93	159.27
（10）诉讼费	100	125.43	165.04
（11）排污费	100	148.35	140.43
（12）绿化费	100	160.05	172.23
（13）物料消耗	100	106.12	202.66
（14）低值易耗品摊销	100	100.00	111.56
（15）无形资产摊销	100	100.00	110.24
（16）长期待摊费用摊销	100	100.00	100.00
（17）坏账损失	100	100.00	107.49
（18）研究开发费	100	135.68	143.57
（19）技术转让费	100	100.00	100.00
（20）业务招待费	100	119.96	153.69
（21）工会经费	100	235.80	262.50
（22）职工教育经费	100	134.33	162.74
（23）劳动保险费	100	100.00	100.00
（24）税金	100	100.00	100.00
（25）其他	100	60.12	27.18
合计	100	115.32	127.42

从表6-12中可知，该公司连续两年管理费用均有较快增长，2016年比2015年增长15.32%，2017年比2016年增长10.49%。企业进一步分析的重点应当放在人工费（包括工资和职工福利费）、办公费、差旅费、修理费、研究开发费、业务招待费等项目上，因为这些项目不仅数额较大，而且增长速度也较快，如表6-13所示。

表6-13 前十位的管理费用项目（2017年）

项目	金额（元）	占管理费用		较2015年增长		两项居前六位项目
		(%)	位次	(%)	位次	
一、人工费	27765	15.67	1	23.70	7	✓
二、折旧费	10679	6.76	4	−0.75	10	
三、办公费	7670	4.85	8	32.24	6	✓
四、差旅费	19645	12.43	2	33.91	5	✓
五、物料消耗	6635	4.20	9	102.66	1	
六、修理费	8361	5.29	7	74.77	2	✓
七、坏账损失	8450	5.35	6	7.49	8	
八、业务招待费	18936	11.99	3	53.69	3	✓
九、税金	5630	3.56	10	0	9	
十、研究开发费	9863	6.24	5	43.57	4	✓
合计	120634	76.34	10	31.14	10	6

在表6-13中，没有列示工会经费和职工教育经费两个项目，因为这两个项目增长速度虽较快，但其数额较小，且其增长快的主要原因是工资费用的大幅度提高，是工资增长的结果。

(2) 部门管理费用分析。

管理费用按其发生部门可以分为两类：一是在公司总部的行政管理部门发生的管理费用，包括公司经费，在管理部门发生的工会经费、董事会费、业务招待费等；二是作为公司整体，包括内部各单位部门发生的共同费用，如工会经费、职工教育经费、劳动保险费、坏账损失等。按费用发生部门进行管理费用分析，首先必须科学地划分费用的发生部门，该划分应当与责任费用预算的编制口径一致，并应注意费用的可控制性。分部门分析管理费用是实行现行会计制度的企业进行责任费用分析考评的一项重要内容。在实务中，可以编制“管理费用分析表”（分部门），如表6-14所示。

表6-14 管理费用分析表（分部门）

	甲部门			乙部门						合计
	预算	实际	差异	预算	实际	差异				
(1) 工资										
(2) 职工福利费										
(3) 修理费										
(4) 办公费										
(5) 差旅费										
(6) 业务招待费										
⋮										
合计										

3. 管理费用分析中应注意的问题

在对管理费用各项目进行分析时，可以视分析的目的，企业选择其中某项资料为基数，将本期实际与基数进行对比，找出管理费用的有关差异，并运用构成比率分析法分析影响管理费用的主要因素。需要特别强调的是：管理费用发生在行政管理部门，费用的发生与产品生产无直接联系，费用项目多，大部分费用是固定费用，应编制预算加以控制。除了上述分析方法外，在分析时，还应对费用按性质进行分类，分析哪些费用的发生是正常的，哪些是不正常的；哪些是管理上的原因，哪些不是管理上的原因，有针对性地进行管理和控制。管理费用各项目按性质一般可以分为如下几类：

(1) 管理性费用，如工资及福利费、办公费、差旅费、修理费、业务招待费等。这类费用的高低一般反映企业的管理水平，应从管理上找原因。

(2) 发展性费用，如研究开发费、职工教育经费、绿化费等。这类费用的高低与企业的未来发展相关，不能简单地与管理水平挂钩，应将费用支出与带来的效益相比较进行分析。

(3) 保护性费用，如坏账准备（年末按规定提取部分）、存货跌价准备（年末按规定提取部分）、保险费、待业保险费、劳动保险费等。这类费用的高低与企业防范生产经营风险和劳动保护条件的改善有关，可以避免未来的损失，因此，也不能简单地与管理水平挂钩，还是应将费用支出与带来的效益相比较进行分析。

(4) 不良性费用，如材料与产成品盘亏和毁损的净损失、产品“三包”损失等。这类费用的发生与管理有直接的关系，企业必须从管理上找原因。

三、管理费用的审计

1. 管理费用的审计目标

管理费用的审计目标是：确定管理费用的记录是否完整；确定管理费用的计算是否正确；确定管理费用的披露是否恰当。

2. 管理费用审计中的常见错弊

“管理费用”核算内容繁多，是最容易发生错弊的账户之一，其常见错弊有：

(1) 应计入管理费用的税金计入应交税费账户。

(2) 存货损失计算有误，或虚列存货盘盈盘亏、毁损和报废，应由当事人赔偿的款项不做扣除。

(3) 不按规定计费，不按规定摊销无形资产和递延费用。

(4) 未按规定计提坏账损失准备和折旧。

(5) 有关管理费用虚列或虚增。

(6) 任意在管理费用中列支其他有关费用，人为地调节当期利润。

3. 管理费用的实质性测试

管理费用的实质性测试应从其本身特点出发，根据管理费用总账及按具体项目设置的明细账，对照《企业会计准则》和相关财务制度的规定进行审计。企业可以在分析性复核的基础上，对重点项目进行抽查。管理费用实质性测试的主要内容包括：

(1) 获取或编制营业税金及附加明细表，复核加计是否正确，并与报表、总账和明细账中相关数据核对相符。

(2) 审计管理费用所列项目是否符合有关规定，注意有无将超规定的费用挤列其中。

(3) 审计管理费用的各个具体项目中，项目金额是否合理，有无开支不实、虚列或人为少列费用的情况。

(4) 审计管理费用各项目实际支出数是否符合规定的开支标准，特别是业务招待费是否在限额内据实列支。

(5) 审计管理费用是否按规定在期末转入当期损益。

(6) 审计管理费用是否已在利润表上恰当披露。

小知识

管理费用的反假账对策

1. 对无形资产摊销进行审查

主要包括：无形资产的估价是否真实、合理；无形资产的摊销期限是否合理，注意查明无形资产仍可长期使用而其价值已全部摊销，或者无形资产的使用期限已到，而其价值尚未摊销完毕的情况，这可通过查阅无形资产摊销明细账查明；有无将无形资产摊销列入固定资产折旧的错误处理。

2. 对土地使用费的审查

主要包括：根据有关规定，核实列支的土地使用费是否真实、正确；有无将上年度或下年度的土地使用费列作当年费用；对未办理土地使用证书或虽已办理了证书，但当年未支付土地使用费的，应查明其是否按规定预提了土地使用费，并计入当年损益。

3. 对职工教育经费的审查

职工教育经费是指企业为职工学习先进技术和提高文化水平而支付的费用。主要审查是否按规定提取，计算是否正确，有无被挪作他用的情况等。

4. 对技术转让费的审查

技术转让费是指企业为使用非专利技术而支付的费用。其审查主要包括：

(1) 企业是否与技术出让方签订了技术转让合同，合同内容及其附件和手续是否完备、合理，重点审查技术转让费的标准是否合理。

(2) 当期支付的技术转让费的时间、方式、金额等是否与合同的规定标准相一致，接受转让的技术是否达到规定的要求。

(3) 按合同规定当年应支付的技术转让费是否已全部支付，未按期支付的，在年终会计结算前，是否按差额部分预提转出，计入当年损益。

(4) 有无将专有技术及专利摊销数列入技术转让费中。

5. 对研究开发费的审查

研究开发费是指企业为了开发和应用新产品、新技术、新工艺所发生的新产品设计费、工艺规程制订费、设备调试费、原材料和半成品的试验费等支出。其审查主要包括：

(1) 是否将应由管理费用列支的各项研究开发费用计入生产成本、制造费用等相关项目，可对企业单位产品成本的异常变动进行追查。

(2) 是否新产品试制失败以及其他有关费用，当作资产损失列入营业外支出。

(3) 对研究开发过程中的剩余材料等，未从管理费用中扣减，而将其作为其他收入，或转入“小金库”，这可通过核实资产予以查清。

6. 对坏账损失的审查

坏账损失是指应收账款中无法收回的呆账、坏账。其审查主要包括：

(1) 计提坏账准备金的应收账款余额的真实正确性，是否按规定比例提取。

(2) 是否确实发生了坏账损失，冲减坏账准备金是否有事实依据。

(3) 企业在年末是否根据应收账款余额调整坏账准备金账面金额。

(4) 企业已确认并转销的坏账损失，以后又实际收回时，是否及时入账，并冲减管理费用或坏账准备。

7. 对业务招待费的审查

业务招待费是指企业为业务经营的合理需要而支付的费用。其审查主要包括：

(1) 是否严格按财务制度规定的比例计算列支业务招待费，有无多列支的情况，如有超过，应查明原因，并在确定应纳税所得额时调整计算。

(2) 企业当期所列的业务招待费的支出标准和范围是否符合有关规定。

(3) 所列支业务招待费支出是否与企业业务经营有关，若发现存在与业务经营无关的支出，应查明其用途，并作出处理。

(4) 列支的业务招待的真实性，有无预提的现象，若有，应予以冲回。

(5) 企业全年正常的业务招待支出总额，是否超过国家财务制度规定的标准。

第四节 财务费用

一、财务费用的核算

1. 会计科目

企业应设置“财务费用”科目核算企业为筹集生产经营所需资金等而发生的筹资费用，包括利息支出（减利息收入）、汇兑损益以及相关的手续费、企业发生的现金折扣或收到的现金折扣等。

为购建或生产满足资本化条件的资产发生的应予资本化的借款费用，在“在建工程”“制造费用”等科目核算。

期末，应将本科目余额转入“本年利润”科目，结转后本科目无余额。

本科目可按费用项目进行明细核算。

2. 主要账务处理

企业发生的财务费用，借记本科目，贷记“银行存款”“未确认融资费用”等科目。发生的应冲减财务费用的利息收入、汇兑损益、现金折扣，借记“银行存款”“应付账款”等科目，贷记本科目。

二、财务费用的分析

财务费用的高低主要取决于企业筹资决策，即资金来源中负债比例、长短期债务安排的结果，通过分析企业可以了解其财务政策和财务风险，考核财务费用支出是否与预算相符。

1. 利息费用高低

与企业筹资方式有关，分析利息费用时应关注企业的财务风险和财务杠杆作用，可以通过计算利息保障倍数和财务杠杆系数等指标进行分析。

(1) 利息费用的分析主要用于判断企业财务风险的大小，可以通过计算利息保障倍数、企业财务杠杆系数等指标进行分析。

(2) 利息收入是企业的一项收入，它是企业将闲置资金存入银行所得到的利息。通常情况下，银行存款利息率应远远低于企业的投资收益率，因此除保持流动性必要的现金外，将资金过多地存于银行说明企业资金运用效率低下。

2. 汇兑损益

汇兑损失和汇兑收益是有外汇业务的企业因汇率变化而产生的外汇项目的增值或减值。

企业虽无法控制汇率的变化，但可以通过对汇率变化的预测，及时调整相关的外汇资产，合理安排外汇负债期限，尽量减少汇兑损失，增加汇兑收益。

小知识

财务费用明细表分析

1. 财务费用分析的基础——财务费用明细表

财务费用是企业为筹集生产经营所需资金而发生的各项费用，可以计入财务费用核算的包括利息支出（减利息收入）、汇兑损失（减汇兑收益），以及相关的手续费等。财务费用与产品生产也没有直接关系，不计入产品生产成本，按发生的期间进行归集，将当期的实际发生数直接计入当期损益。它同管理费用一样，费用的高低不影响产品成本，直接影响当期利润。财务费用明细表是反映企业在一定时期内发生的财务费用及其构成情况的报表，该表为财务费用分析提供了基础。财务费用无论是按费用项目进行分析，还是按筹资方式（或筹资渠道和筹资对象）进行分析，都要由财务费用明细表提供资料。表6-15是财务费用明细表的一般格式。

表6-15　财务费用明细表

2017年12月　　单位：元

项目	本年计划数	年同期实际数	本月实际数	本年累计实际数
利息支出（减利息收入）	30000	2464	2796	32653
汇兑损失（减汇兑收益）	2000	0	183	1768
金融机构手续费	5000	462	517	6941
其他	0	0	0	138
合计	37000	2926	3496	41500

2. 财务费用分析

财务费用可按费用项目进行分析，也可按筹资方式（或筹资渠道和筹资对象）进行分析。表6-16是智董公司比较财务费用表。

从表6-16中可知，2015～2017年财务费用增长较快，连续两年分别较上年增长32.08%和31.75%。其中，利息费用分别增长19.74%和35.11%。利息费用又是财务费用的主要构成项目，三年中，利息费用占全部财务费用的比重分别为84.63%，76.72%和78.68%，因此，对公司利息费用应作重点分析。

表6-16　智董公司比较财务费用表（项目）　　单位：元

项目	2015年	2016年	2017年
(1) 利息支出	20183	24167	32653
其中：流动资金借款利息	4365	6867	14865
长期借款利息	9670	11152	11640
公司债券利息	6148	6148	6148
(2) 汇兑净损失	-	2275	1768
(3) 金融机构手续费	3578	4938	6941
(4) 其他	89	120	138
合计	23850	31500	41500

利息费用的高低受两个基本因素的影响，举债规模和利息率，其计算公式如下：

利息费用＝年平均借款金额×年利息率

在进行借款利息因素分析时，借款金额和利息率均应采用加权平均数，因为同种借款，其借款期限和利率未必相等。

【例6-2】假设智董公司流动资金借款具体构成情况如表6-17所示。

表6-17 智董公司流动资金借款情况（2017年）

借款日期	借款金额（元）	借款利率（年利率%）	借款期限（月）	年内月数	加权月份	加权平均借款额（元）
2016.5.1	120000	8	9	2	2.12	20000
2017.3.1	200000	7.4	6	6	6.12	100000
2017.6.1	140000	7.4	6	6	6.12	70000
2017.10.1	240000	8	9	2	2.12	40000
合计	700000					230000

根据表6-17，可计算出加权平均利息率，步骤如下：

$$\text{年内负担流动资金借款利息} = 20000 \times 8\% + 100000 \times 7.4\% + 70000 \times 7.4\% + 40000 \times 8\% = 17380\text{（元）}$$

$$\text{加权平均利息率} = \frac{17380}{230000} \times 100\% = 7.56\%$$

除按项目分析财务费用外，还可按筹资方式或筹资渠道展开分析，便于合理选择筹资方式，降低筹资成本。

3. 财务费用分析中应注意的问题

财务费用是为筹集企业生产经营资金而发生的，费用的高低直接取决于企业的负债，特别是银行借款。因此，在分析财务费用时，企业必须结合其借款情况。首先，应分析借款结构（长短期借款比例）、借款利率、借款期限与生产经营需要是否相符，看能否通过调整借款结构控制财务费用；其次，应分析筹资成本、筹集资金带来的效益，看能否通过改变筹资渠道控制财务费用。

三、财务费用的审计

1. 财务费用的审计目标

财务费用的审计目标是：确定财务费用的记录是否完整；确定财务费用的计算是否正确；确定财务费用的披露是否恰当。

2. 财务费用审计中的常见错弊

(1) 计算和支付利息不正确，任意预提或摊销利息费用，从而达到人为调节利润的目的。

(2) 错误地计算汇兑损益，或利用汇兑损益，有意多计或少计财务费用等。

(3) 将利息收入转作“小金库”，不冲销财务费用，利息支出在开办费、财务费用与清算损益之间分配不清。

(4) 企业将应计入固定资产等的利息费用（如固定资产尚未完工交付使用前发生的基建借款的利息支出）列作财务费用，或将应计入财务费用的利息支出计入固定资产等账户。

3. 财务费用的实质性测试

财务费用的实质性测试应根据财务费用账户资料及相关原始凭证，结合“短期借款”等账户，对照《企业会计准则》和相关财务制度的规定进行审计。财务费用实质性测试的主要内容如下：

(1) 获取或编制财务费用明细表，复核加计是否正确，并与报表、总账和明细账中相关数据核对相符。

(2) 审计财务费用所列项目是否符合有关规定，注意有无将超规定的费用计列其中。注意区分筹集生产经营资金发生的财务费用与购建固定资产筹集资金发生的费用、筹建期发生的财务费用与生产经营期发生的财务费用。

(3) 审计财务费用是否为抵减利息等收入后的净支出，特别是汇兑损益的计算，应抵减汇兑收益，以净支出列入财务费用。

(4) 审计财务费用是否按规定在期末转入当期损益。

(5) 审计财务费用是否已在利润表上恰当披露。

小知识

财务费用方面的反假账对策

1. 对利息支出的审查要点

(1) 企业当年列支的利息支出是否确实属于当年损益应负担的利息支出，有无将应由上年度或基建项目承担的利息支出列入当年损益。

(2) 利息支出列支范围是否合规，注意审查各种不同性质的利息支出的处理是否正确。一般而言，企业流动负债的应计利息支出计入财务费用；企业长期负债的应计利息支出，筹建期间的计入开办费，生产经营期间的计入财务费用，清算期间的计入清算损益；与购建固定资产或无形资产有关的在其竣工之前的，计入购建资产价值；企业的罚息、违约金则列入营业外支出。

(3) 审查存款利息收入是否抵减了利息支出，计算是否正确，特别应注意升降幅度较大的月份，分析其原因。

2. 对汇兑损失的审查要点

(1) 审查企业列支的汇兑损益是否确已发生，即计算汇兑损益的外币债权、债务是否确实收回或偿还，调剂出售的外汇是否确已实现。

(2) 审查汇兑损益计算的正确性，计算方法的前后一致性。

(3) 审查有无将不同数量的外币之间的记账本位币差额当成汇兑损益的现象。

(4) 审查企业经营初期发生的汇兑损益，尤其是外汇调剂、汇兑损失应查明发生的具体时间，有无为了延缓减免税期，而人为地将筹建期间发生的汇兑损失计入生产经营期间汇兑损失的行为。

3. 对各种手续费的审查要点

主要审查各种手续费的真实性、合法性、合理性及计算正确与否；有无将应列入其他费用项目的或者应在前期、下期列支的手续费计入当期财务费用。

|第七章|

战略成本

不少企业的管理者在成本管理中缺乏战略观念，陷入一种误区，他们往往重视生产成本的控制而忽视了对营销成本、服务成本、后勤成本和产品生命周期成本的控制；重视对构成企业运作流程的某一单项活动的成本分析，而忽视了从把握各项作业活动之间联系的高度来审视企业成本。成本分析的方法过分依赖传统会计制度，而对尚没有纳入成本会计规范的行为缺乏分析。这些企业很有必要采用战略成本管理。

第一节 战略成本管理综合知识

一、战略成本管理的含义

战略成本管理是与企业发展战略和企业价值链相配套的成本管理理念和方法。企业在成本管理领域所采取的战略措施、所采用的管理方法要与企业的发展战略相配套，要与企业的发展阶段相适应，所采取的各种战略措施之间也要相互配合。

战略成本管理将视角扩大到企业整体，具有结果控制和过程控制相结合的特征。战略成本管理强调战略目标成本的合理制订，并从企业管理的各个环节和各个方面来保证其最终实现。这种整体观念有助于增强企业内部的协调运作，增强内部组织间的目标一致，减少内部职能失调。这就要求会计控制不能仅仅停留在对结果的分析，而且要通过过程控制将企业生产经营的各个环节和企业的整体目标相联系，以过程控制实现对结果的影响和保证预期结果的实现。这一发展趋势使管理会计系统更多地融入企业的生产经营活动全过程，具有更多的非财务性质。

二、战略成本管理的原理

战略成本管理以企业战略为核心展开，企业可以采取的基本战略有多种，不同的战略对成本和成本管理有着不同的要求。采用成本领先战略的企业，企业战略的重心是成本，企业战略主要体现为战略成本管理，两者趋于一致。采用差异化战略和目标聚集战略的企业，如何实现差异化或目标聚集是其核心。战略成本管理要有助于差异化或目标聚集的实现，不应以成本为理由妨碍差异化或目标聚集。

企业发展的阶段不同，其目标和战略重点也不同，所要求的管理战略也不同，成本管理措施的构造要与企业的发展阶段相适应。

成本是多种成本动因共同作用的结果，不同的战略措施对成本动因的影响各不相同，有可能引起不同方面的成本发生反向变动，为了避免战略措施之间的冲突，所采取的各种战略措施之间必须要相互协调配合。

战略成本管理的基本步骤包括战略成本分析、制订战略方法措施和制订成本管理保障措施、绩效评价体系等三个环节。

第二节 战略成本管理基本步骤

一、战略成本分析

（一）影响企业成本的结构性因素

企业是环境的产物。企业外部环境和内部环境中的诸多因素影响企业的价值行为，并进而影响企业的成本。这些因素之间的相互作用，决定了企业的价值行为；但同时又没有哪一种因素能成为决定企业成本水平的唯一因素。分析企业价值活动的影响因素，有助于企业从战略和源流上判定其成本行为，并对如何改变其成本行为做必要的准备。影响企业成本的结构性因素有五点。

1. 企业规模选择

规模导致了专业化协作和技术管理水平的提高，同时规模的扩张使诸生产要素达到一种新的配置比例平衡，激发出新的生产力，并显著降低成本。当规模超过一定程度，又会导致协调工作的复杂性和管理效率的降低，生产的自然条件趋于恶化，从而使规模经济超出临界点，转化为规模不经济。企业一方面要寻求产品销路，另一方面又要恰到好处地调整自身规模（如决定开设多少家工厂），以选择正确的企业结构，取得尽可能低的成本。

2. 级差地租效应

地理位置显然是影响企业成本的一项关键因素，地理位置导致了企业在劳动力管理、能源基础设施、原材料、产品消费需求、运输模式、通信系统、工资水平、税负等方面的差异。地理位置优越的企业有可能取得超出社会平均利润的超额利润，即地租。企业的地理位置有其历史、产业规划、国家政策等外部性原因，但这并不等于说企业在这方面无所作为。企业可以重新设计其开展价值活动的地点，甚至是搬迁基础设施。因此，企业降低成本的机会还是存在的。

3. 学习曲线效应

企业进入某一产业后，随着时间的推移，企业会在生产的决策计划、组织指挥、控制协调方面，在改进运作协调方面，在劳动效率提高方面，在改进运作流程方面，在提高资产利用效率方面，在降低资产购置成本方面，发现并学习到许多降低成本的机理和经验。这种学习活动所带来的直接后果是企业产品或服务的单位成本的下降。知识溢出效应使企业可以通过学习其他企业的经验来使自己在成本改进方面获益；同时，企业自身知识在整个产业中的溢出，又使企业逐渐丧失成本优势的持久性。

4. 生产规模的利用程度

企业生产能力的利用程度不仅取决于环境条件和竞争对手的投资行为，也可以通过企业生产政策和营销政策的选择而置于企业的自身控制之下。企业在每一生产周期的不同阶段，其生产能力利用率更多地受到季节性、周期性和其他导致需求波动因素的影响，对这种利用率的变化的调控水平，决定了企业成本削减或扩张的合理程度。

5. 整合和联系

整合问题涉及企业对外协作的态度，即自制或外购决策。过多的自制会使企业经营方向向纵深化发展，造成资源分散，企业经营日趋凝重，对市场变化的反应迟钝；而过多的外购，又会使企业过分依赖外界，自身发展过于专业化，容易受制于人。这两种极端情况都不利于企业降低成本。适当利用整合，可以避免利用高于自制成本的市场成本，使企业回避砍价能力较强的供应商并带来联合作业的经济性。企业在决定是否解除整合时应考虑此举是否有利于降低成本并确认它无损于企业战略。

联系包括企业价值链的内部联系和营销渠道内的纵向联系。价值链中的活动是相互联系的，改变其中一项活动的实施方式可能影响到其他活动的成本，因而通过对内部联系的协调和优化，可以起到削减成本、降低成本总额的目的。

(二) 价值链识别

哈佛商学院教授迈克尔·波特于1985年就企业资源分析提出了一个新的理论框架——价值链分析法，他将企业活动概括为五项主要活动和四项辅助性活动。

1. 主要活动

(1) 投入性后勤，与生产产品或提供服务所投入的存货、储存和配置等相关的活动。

(2) 生产作业，与将投入转化为最终产品或服务的生产过程相关活动。

(3) 产出性后勤，与将产品或服务交付给顾客相关的活动，如产成品库存管理、订单处理等。

(4) 营销和销售，主要是指营销部门的全部活动，旨在让顾客了解并购买自己的产品或服务。

(5) 服务，包括培训、修理、维修保养等活动，旨在提高产品或服务的附加价值。

2. 辅助性活动

(1) 采购，指购买用于企业价值链所有投入的活动，它存在于包括辅助性活动在内的所有价值活动中，既包括投入性后勤活动，也包括购买资产的活动。

(2) 技术开发，所有价值活动都涉及技术成分，包括诀窍、程序、知识产权和专有技术，许多价值活动所涉及的技术还是横跨众多学科的复合技术。

(3) 人力资源管理，包括员工的招聘、培训、发展和激励等方面。

(4) 企业基础设施，既指厂房设施、机器设备等硬件，也包括总体管理、计划、财务、法律、质量管理和公共关系等软件。

企业的价值活动视其与所创造产品或服务的关系，又分为三种类型：凡是直接涉及为客户创造价值的活动，是直接活动；凡是保证直接活动的持续成为可能的活动，是间接活动；另外，那些确保企业各项价值活动质量的活动，称之为质量保证活动。

(三) 以企业的价值链来归集营业成本和分摊资产

从成本管理的角度而言，企业的价值活动即是成本行为。企业管理者一般能抓住企业成本的主要组成部分，而那些目前所占比例较小、正处于增长状态且最终能改变企业成本结构的价值活动却容易被忽视，将价值链分析应用于企业的成本管理，能够克服这一缺陷。

企业每项价值活动的成本可以划分为外购经营投入成本、人力资源成本和资产。外购经营投入成本和人力资源成本之和，称为营业成本。

外购经营投入成本包括为生产产品而投入的原材料、储备物资和其他低值易耗品的成本。

人力资源成本是指企业为获得或重置人力资源而发生的货币性和非货币性成本，包括人力资源取得成本（如招聘、录用、安置等费用）、人力资源发展成本（如在职教育、岗位培训、脱产培训等费用）、人力资源保持成本（如工资、奖金分红、福利费、社会保险等开支）和人力资源离职成本（如离退休人员的工资及福利保险费、医药费、职位空缺损失、职位交替前后的效率损失等）。

所谓资产，在价值链分析中是指资本化的费用开支，类似于会计学中的资本性支出，包括固定资产、无形资产、长期待摊费用和其他长期资产。

在成本管理中，企业必须将这些营业成本和资产分摊到价值链的各项价值活动中去。成本分配过程是沿用会计学中的配比原则，营业成本分摊到导致其发生的价值活动中；而资产则应分摊到使用、控制它们或对其使用影响最大的价值活动中去。

企业成本通常按照三种分配方法进行分配。

(1) 当成本与企业价值活动的因果关系可以直接认定时，可根据因果关系与价值收入直接配比（如营业成本）。

(2) 虽不能认定直接关系，但可确认资产会产生未来收益时，可以根据资产的特性进行系统、合理地分摊（如固定资产折旧和无形资产摊销）。

(3) 既无因果关系，又不能预计其收益，则所耗费成本应在当期立即确认为销售费用（如利息、招待费用等）。

根据这些原则分配的结果，我们会发现一直未被充分重视的间接活动成本和质量保证成本之和在总成本中所占的比例，远远超出管理者的预先估计，因而它们在企业成本的战略管理中是不应该被忽视的。现代企业日益面临着知识经济的挑战，越来越在信息技术方面加大投入，专家系统、通信网络系统和决策支持系统的建立，使得非直接成本在总成本中所占的比重越来越大。

二、制订战略方法和措施

(一) 控制成本的影响因素

当企业完成了以价值链来归集营业成本和分摊资产，并分析过其价值活动的影响因素后，企业就应考虑通过控制这些因素来建立成本优势。

1. 控制地理位置因素

地理位置因素特别是在企业生产的空间组织方面和原材料及产品的运输分配方面，对企业成本产生较大的影响。企业生产的空间组织要考虑建厂地区和建厂地点的选择。

影响建厂地区和地点的条件通常有：靠近原材料产地；能源供应充足；水源有保障；气候因素；运输距离、方式和运价的选择；人力资源和劳动力资源的分布；接近消费市场；社会文化习俗影响；教学科研机构的分布等。

2. 学习管理

通过企业学习管理来取得学习曲线效应，也是比较奏效的做法。企业应结合长期竞争战略来制订学习战略目标，对战略知识进行评估以确定知识更新周期，确定支持学习战略的组织结构，将学习纳入雇佣合同并作为人事评估依据，审定本企业的内部培训计划和学习网络的效率和质量，确定赶超竞争对手的基准点。

企业通过这些方式来利用学习曲线并加强管理，同时对知识溢出保持必要的戒备心理和防范措施，采取必要的法律手段来保护发现、发明和知识产权。

3. 均衡生产作业和调节市场需求波动

围绕着生产能力利用率的提高，企业可以从生产和营销两个环节来控制产量。企业可以对其基本生产过程中的作业活动进行有效的调节和控制，这包括对作业活动的控制和对产品生产数量及进度进行的控制。生产过程控制的目的是预防和制止生产过程中可能发生或已经发生的脱离计划和目标的偏差，保证生产的均衡性和稳定性，减少生产能力闲置所带来的机会损失。有许多生产过程控制方法被证明在节约成本方面是行之有效的，如平衡线法、图表控制法、任务分配箱和台账控制法等。

企业还可以通过有效的策划在一定程度上调节市场需求波动，如淡季市场促销，将产品线拓展到周期性、季节性不明显的产品中去，选择需求量稳定的客户，旺季时出让市场份额、淡季时再重新夺回，将竞争对手挤向需求波动大的细分市场等。

4. 识别联系和慎待整合

价值链内部的成本因素是相互联系的，企业如能准确认识到这些联系并加以利用，是可以改变其成本地位的。例如企业质量成本是由预防检验成本和损失成本这两部分组成的，预防检验成本加大了，产品质量上去了，则损失成本就会降低。因此，对企业来说，只有当两者之和为最小时（即单位预防检验成本等于单位质量损失成本时），才是企业的最优质量成本。存货控制成本、现金持有成本，也是同样的道理。

改善渠道内纵向联系的目的是使渠道成员各自的价值链达到最优化并从中受益。整合和解散本身都具备降低成本的可能性，系统地、客观地看待整合问题，在战略成本管理中是很重要的。

（二）再造价值链

拥有成本优势的企业，其价值链往往与竞争对手的价值链存在显著差异。重构价值链能从根本上改变企业的成本结构，为进一步的成本降低提供新的基础。重构价值链能够取得重大成本优势。通过再造价值链构筑成本优势，源自两个机理：其一，再造不同于改进，价值链重构将从根本上改变企业的成本结构；其二，再造价值链能使企业在经历一段曲折后认识到并利用起自身的优势，重新确认影响成本的重大因素，从而改变其竞争基础。

企业可以从以下方面来改造价值链：不同的生产工艺、自动化方面的差异、变间接销售为直接上门推销、采用新的分销渠道、采用新的原材料、前向或后向整合的重大调整、厂房设施的地点迁移、采用新的广告媒体等。

（三）战略方法措施的进一步展开

企业可以将所有成本管理方法措施的内容进一步按照空间、时间和业务源流展开。

(1) 成本管理方法措施的空间展开，包括价值链的横向整合与规模经济、分权管理与多层次成本管理责任体系、成本管理空间的细化——作业成本管理、改善成本动因之间的联系等。

(2) 成本管理方法措施的时间流展开，包括长期成本计划、技术改进措施的时机选择、实行目标成本管理、标准成本制度的合理运用、产品生命周期成本管理等。

(3) 成本管理方法措施的业务流展开，包括开发与研究过程中的成本管理、时间成本与质量成本管理、适时制的应用、价值链的纵向整合等。

三、制订保障措施和绩效评价体系

成本管理保障措施是为了保证成本管理方法措施的有效性和保证成本管理方法措施的顺利实施而建立的各种规范，包括制度保障体系和组织保障体系。建立成本管理保障措施主要通过建立起一系列的业务处理与报告应该遵循的程序和规范，以及通过对组织机构的设定、职能的划分与分工等，来保证组织内的各项活动按照有利于降低成本、有利于进行成本管理的方式进行。这些措施的功能不直接作用于成本发生过程本身，而是对处理业务的行为按照成本管理的需要加以倡导和约束，其作用是基础性的和防范性的。

另外，在激烈的竞争环境中，为了及时了解环境、内部条件和竞争对手的变化可能带来的市场机会和环境威胁，还应该建立成本预警分析系统，对外部环境、竞争对手及企业自身条件变化进行长期的观察，对可能出现的重大变化、可能面临的机会或威胁做出及时的预报，使企业能够有充裕的时间做出反应。因而，成本管理保障措施体系包括制度保障体系、组织保障体系和成本预警分析系统三个方面。另外，建立成本管理的绩效评价体系也是战略成本管理方法措施体系的重要内容。

第八章

价值链成本

第一节 价值链成本管理综述

一、价值链概念

1. 波特价值链概念

迈克尔·波特教授在1985年提出价值链概念，认为它是企业生产、营销、财务、人力资源等方面有机整合形成的一个相互联系的整体。

一般意义上的价值链是指为提供满足顾客需要的产品和服务而发生的一系列消耗资源的活动。每一种产品或服务都有其自身独特的价值链，价值链上企业所有的活动都取决于顾客对产品或服务价值和成本的认同程度。

迈克尔·波特教授把企业内外价值增加的活动分为基本活动和支持性活动。基本活动涉及企业生产、销售、进料后勤、发货后勤、售后服务等，支持性活动涉及人事、财务、计划、研究与开发、采购等，基本活动和支持性活动构成了企业的价值链。不同的企业参与的价值活动中，并不是每个环节都创造价值，实际上只有某些特定的价值活动才真正创造价值，真正创造价值的经营活动才是价值链的“战略环节”。企业竞争优势实际上是企业在价值链上某些特定战略环节上的优势。运用价值链分析方法来确定核心竞争力，就是要求企业密切关注组织的资源状态，特别关注和培养在价值链关键环节上获得重要的核心竞争力以形成和巩固企业的行业竞争优势。企业的优势既可以来源于价值活动所涉及的市场范围的调整，也可来源于企业间协调或合用价值链所带来的最优化效益。波特价值链如图8-1所示。

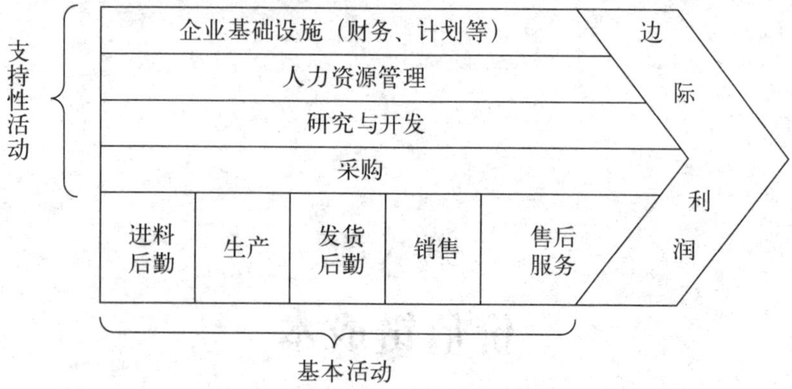

图8-1　波特价值链

2. 波特价值链概念的深化或衍生

当然，在迈克尔·波特教授逐渐形成完整的价值链管理概念与理论框架的过程中，其他学者也开始对该概念进行深化或衍生。

(1) 彼得·海恩斯将顾客对产品的需求视为生产终点，利润是其副产品。他认为，各种价值活动相互交叉并由基于价值链而构建的流程所协调，企业的成本管理模式也就由此而决定。

(2) 雷鲍特与斯维奥克拉在1995年提出虚拟价值链观点，即企业由实体价值链与虚拟价值链构成。

(3) 还有学者开始研究技术发展对基于价值链的成本管理的影响，尤其是信息技术、因特网及电子商务等，从而提出价值网络概念。

二、价值链管理对传统成本管理的突破

1. 价值链管理使企业更好地实现竞争优势

迈克尔·波特在其《竞争优势》一书中指出：竞争优势的战略性意义来自它的持久性。传统产品本身的创新，在信息可快捷获得的今天是一种容易为竞争对手模仿的方式，因而难以持久。通过对内部价值链的分析，企业可以获得价值链的整体情况及各环节之间的联结情况。通过某种方式对价值链进行优化或重构，就可形成一种竞争对手难以模仿的竞争优势。另外，价值链的管理可以使企业的管理范围延伸到供应商和客户，乃至其他行业的企业。这就极大增强了企业对各种变化的反应能力，使竞争力得以大幅提升。

价值链管理在企业中已得到广泛实践，给企业带来的好处十分明显。大量实践证明，对价值链的管理能够降低企业整体成本和费用水平，加快资金周转率和信息传递速度，使各项资源得到最大限度的合理利用。

2. 价值链管理扩大了成本下降的空间

长期以来，企业在生产过程中一直从产品本身的角度来考虑如何降低成本。然而，成本产生于产品（或服务）生产过程的各个环节，并在物流、信息流、资金流中伴随着各种资源的消耗和新价值的创造。因此，在价值链中包含更多的成本控制的机会。通过采用现代信息技术对企业进行价值链分析，管理人员可从微观和宏观上了解企业的成本状况，较科学地获得成本产生的根源，找出控制成本的方案。同时，信息数据库、信息的传递和共享、从事价值活动人员素质的提高，都能为节约成本提供机会。

3. 价值链与成本链相结合

在市场经济条件下，竞争是企业成败的关键。竞争决定了对企业经营业绩有所贡献的

各种价值活动是否得当。竞争优势归根结底来源于为客户创造的超出其成本的价值。价值是客户愿意支付的价钱，而超额价值产生于以低于对手的价格提供同等的效益，或者所提供的独特的效益补偿高价而有余。可见，在竞争市场环境中，“顾客导向”的经营理念十分重要，只有为顾客创造令其满意的价值，赢得顾客才能保证企业价值的实现。但同时，企业如果只提供超值服务，却没有低廉的成本支出作保证，则无法获取利润以保证生存和发展。企业价值有两种表现形式：一种是企业外在价值，即企业外部投资者认定的企业的投资价值，对于上市企业而言就是股票市值。它反映了企业现有的竞争力和未来的获利水平，是企业整个价值链的外部表现。另一种是企业内在价值，即客户的价值。企业的价值最终一定表现为客户价值。客户价值是通过价值链上各项活动提供令人满意的服务来支撑的，是一些具体行为，一般无法用会计方式直接计价反映。因此，计量价值链上的“耗费”就成为管理会计的重要任务。

根据迈克尔·波特提出的价值链的概念，企业作为一个整体是无法识别竞争优势的，竞争优势来源于经营过程。企业创造价值的过程可以分解为一系列不相同但相互联系的经济活动。每一个活动与经济效果的结合，将决定一个企业在成本方面的竞争力的高低，从而构成了企业价值链背后的“成本链”，如图8-2所示。

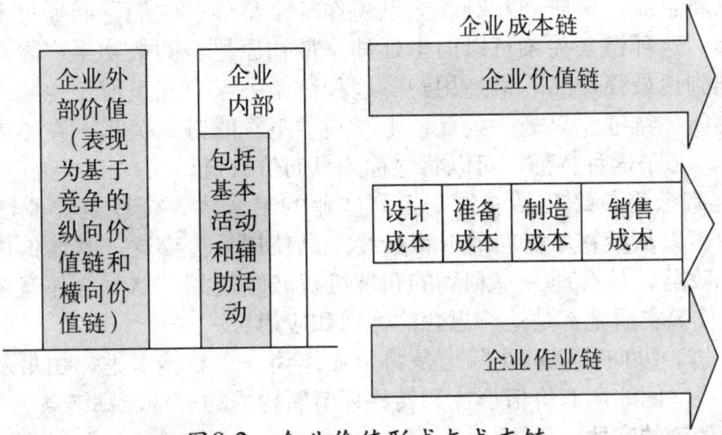

图8-2 企业价值形式与成本链

许多企业管理者认识到了成本的重要性，在战略规划中都把“成本领先”或“控制成本”作为目标。然而，成本的特点却很少被人充分理解，一些管理者和会计师并没有正确认识企业的相对成本地位及其产生原因。成本研究过分集中在制造成本，而忽视其他活动（如产品设计、市场营销、售后服务和基础设施等）对相对成本的影响。显然，价值链理论下的成本链分析框架，可以纠正依赖现行会计制度的传统成本分析框架。价值链理论为成本分析提供了基本工具，首先根据成本分析要求确定一条成本链，并把成本、资产与价值活动联系起来。然后阐述如何用成本驱动因素来分析成本行为。最后比较竞争对手的相对成本地位，调整企业相对成本地位，制订努力的目标来保持持久的成本优势。

迈克尔·波特于1985年提出：每一个企业都是用来进行设计、生产、营销、交货以及对产品起辅助作用的各种价值活动的集合，所有这些活动就构成了价值链。一个企业价值链和它所从事的单个活动的方式反映了其历史、战略、推行战略的途径以及这些活动本身的根本经济效益。扩大价值链的增值，是每个企业致力追求的目标。

波特将一个企业的经营活动分解为若干战略上相关的价值活动，每一种价值活动都会对企业的相对成本地位产生影响，并成为企业采取差异化战略的基础。供应商通过向企业出售一定的产品对企业的价值链产生影响，而企业通过向顾客销售产品来影响买方的价值链。

第二节 纵向价值链

一、纵向价值链的概念

迈克尔·波特在讨论价值链的内部联系和外部联系时指出："联系不仅存在于一个企业价值链内部，而且存在于企业价值链与供应商和顾客的价值链之间。"企业价值链与供应商价值链之间的联系可以通过采购（对供应商来说是营销）活动等其他多个接触点实现，企业价值链与顾客价值链之间的联系同企业价值链与供应商价值链之间的联系类似。由此，我们可以将企业、供应商和顾客分别视作一个整体，它们之间通过上述各种联系构成一种链条关系。这种链条关系可以向上延伸至最初原材料的最初生产者（或供应者），也可以向下延伸到达最终产品的最终用户。这种链条关系有点类似于生物学中的生物圈，但是缺乏明显的闭环特征，只是一条从"上"到"下"的链条关系（在不考虑产品回收再利用的情况下），基于这种特征，可以将之称为纵向价值链。

纵向价值链概念将最终产品看作一系列作业的集合体，企业是作业链中的一环或几环。这样，企业可以从最初原材料的取得最终产品使用后废弃这一整体价值链的层次上分析产品的成本和收益，从合理分享利润的角度进行战略规划。诸如合作竞争、同顾客和供应商的协调与合作等实质上都是这一思想的体现和应用。

基于以上分析，纵向价值链实际上是将企业作为一个整体考虑，由最基本的原材料投入到最终产品形成之间的所有价值形成和转移环节所构成的一种连锁链条。

二、纵向价值链的实质

纵向价值链的实质是不同产业企业间的关联，它们之间存在着上下游关系和相互价值的交换。每个企业都处在纵向价值链中的某个环节，一个企业要赢得和维持竞争优势不仅取决于其企业价值链，而且还取决于在更大的纵向价值链中同其供应商、销售商以及顾客间的连接。从现代工业的纵向价值链环节来看，完整的纵向价值链上有原材料加工、中间产品生产、制成品组装、销售、服务等多个环节，不同环节上有不同的参与角色，发挥着不同的作用并获得相应收益。

三、纵向价值链分解、确定的原则

由于各行业以及各企业的特点不同，有的企业可能只是作为纵向价值链上的一个环节而存在，有的企业则可能占据纵向价值链上的几个环节，但无论一个企业在一条纵向价值链上占据的长度如何，都不会超越整个价值链。例如，纺织企业在最终将布匹提供给制衣厂之前，要经过纺纱、织布和印染等环节。如果企业只进行纺纱工作，此时将成为单纯的纺纱厂；如果企业从事纺纱和织布两项工作，则成为纺织厂；而如果企业从事纺纱、织布和印染三项工作，则成为纺织总厂。于是，企业究竟应占有几个价值环节就成为纵向价值链分析的关键，而这显然取决于利润分享的情况。

解决这一问题有一个前提：确定纵向价值链上与战略相关的各价值链节。

当这一问题的关注焦点向外延伸时，就需要按一定的原则将从最初原材料到最终产成品的一系列价值生产过程分解为多个相对独立且与战略相关的价值活动。但问题是：什么样的工作环节可以作为纵向价值链中的节点分解？例如前面提到的纺纱、织布和印染这三大环节是否可以作为不同的纵向价值链节点独立存在？如果可以将纺纱进一步分解为去籽、梳棉、并条、粗纺和精纺等五个工序，它们能否作为不同的纵向价值链节点独立存在？

为保证战略相关性，在进行价值活动的分解时，显然要求这些价值活动在技术上和经济效果上可以分离，并表现为外部市场的可交易性。即在进行纵向价值链分解时，只有价值活动所创造的价值可以通过外部市场予以实现，该项价值活动才有分解的必要。例如，由于存在外部交易市场，纺纱、织布和印染通常可以作为纵向价值链节点而分解；而梳棉、并条和粗纺三个工序虽然技术上可以分离，但不存在外部交易市场可供交易性，将其作为独立环节分离出来既没有可操作性也无实际意义。

小知识

纵向价值链分解

下面以造纸业为例，进一步探讨纵向价值链的分解问题。一般而言，造纸业完整的纵向价值链包括的环节如图8-3所示。

图8-3显示了造纸业从最初原材料到最终用户的全部价值生产过程的各个环节，一个企业显然不可能包括上述所有环节，生产一般只涉及其中一个环节或几个环节。对于不同的情况，具体的分析不尽相同，但基本原则是相通的。

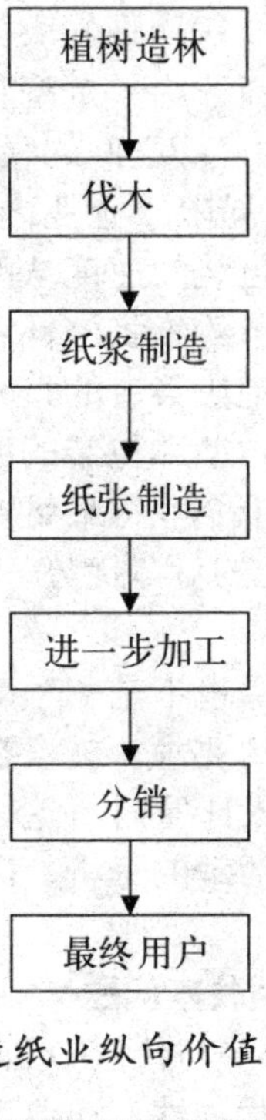

图8-3　造纸业纵向价值链示意图

四、纵向价值链分析

(一) 纵向价值链分析的重要作用

纵向价值链分析的重要作用在于决定企业在哪一产业中参与竞争，具体包括以下方面：

1. 产业进入和产业退出

企业通过对某产业在整个纵向价值链上的利润共享情况的分析，以及对产业未来发展趋势的合理预期，做出进入或者退出该产业的战略决策。

2. 纵向整合

纵向整合是在某一范围内企业对现有的生产过程进行扩展，纵向整合可以分为前向整合和后向整合，即在某一范围内分别向纵向价值链的上游和下游延伸，通过这种方式可建立企业的优势地位。常见的纵向整合决策涉及“自制还是外购”“出售半成品还是进一步加工”等问题。通过纵向价值链分析，企业不仅要进行此类决策，而且要考虑更广泛的有关整合和利用市场的战略问题，以及在管理一个纵向整合的实体时所遇到的能够影响企业成功与否的许多复杂的管理问题。

(二) 纵向价值链分析的特点

传统管理中的各种决策方法都十分强调“增值”概念，这是正确的，但在分析“增值”时却往往以原材料购入为分析的始点，而将产品销售给买方作为分析的终点。这样做是基于只有这一过程是企业所能控制的假设。显然，这种分析方法使企业在对供应商以及顾客的选择上缺乏积极性和主动性，从而可能失去一定的竞争优势。纵向价值链分析可以弥补这一不足：它立足于整个社会价值生产过程，对供应商和顾客给予充分的重视，从中挖掘企业的竞争优势。

1. 注重供应商的选择

纵向价值链分析注重考察供方的实力，同时结合其他方面因素来帮助企业制订最优的采购战略。在这种采购战略的指导下，企业可以利用这种与供应商的联系增加企业的竞争优势。波特在1985年就给出了一个典型例子：一个糖果厂和它的巧克力供应商达成一项协议，要求供应商改变过去将巧克力做成10磅重的块状巧克力送货的方式，而是直接以液态形式进行运输。这种改变不但使供应商节约了定型和包装费用，而且使糖果厂减少了融化和拆除包装的费用。糖果厂利用它与供应商之间的联系成功地使双方都获益。

在传统管理中，人们将降低成本局限于企业内部：糖果厂试图通过传统的方法降低成本，如用女工代替男工以加快拆除包装的速度从而降低人工成本；巧克力供应商则通过将巧克力做成10磅重的块状巧克力以节约纸张消耗和提高送货效率。但这种努力有成本限度，成本无法降为零。但价值链分析把决策者的目光引向了企业外部，突破“企业范围内决策”的局限，从而使供应商节约了定型和包装的所有费用，同时也使糖果厂减少了融化和拆除包装的所有费用，这样就使两个企业在最终产品价格不变时获得更多的利润或在最终产品价格下降时获得比竞争对手更大的竞争优势。

2. 注重顾客的选择

同上述分析一样，对顾客进行选择也不是一项毫无意义的工作。一个企业如果善于研究本企业的产品如何适应顾客价值链的要求，就会在竞争中击败其他生产厂家。特别是当企业的产品在顾客的生产成本中占较大比重时，这一优势地位就会更加明显。纵向价值链分析加强了对产品离开企业后的有关活动的分析，以利用这种与顾客之间的联系为企业寻求竞争优势。

3. 注重企业的长期发展潜力和利益共享问题

纵向价值链分析所得到的结果常常与传统分析方法得到的结论不同，这是由于纵向价值链分析中不仅要考虑某一项目的营利性，还要考察企业在整个纵向价值链上的利润共享比例是否可以接受。仅有这些财务分析还不足以使企业做出决策，企业还要对许多非财务信息进行分析。在大量财务分析与非财务分析的基础上，企业才能做出决策，这显然比传统分析复杂得多。此外，由于非财务信息的量化及评价问题尚不能很好地解决，因而企业不可能得到一个完全精确的分析结果，但是经过这种分析所得到的结论已经有了很大的进步。

（三）纵向价值链分析的基本步骤

1. 确定和分解纵向价值链，拟订备选方案

纵向价值链分析的起点是确定纵向价值链，由于纵向价值链环节比较复杂，因此企业对价值活动的识别往往需要反复多次，并随着分析的深入，根据分析的要求对价值活动的分解进行调整。在确定了行业价值链后，企业应确定决策的有关备选方案。

2. 分摊资产和成本

企业在识别和分解价值链之后，必须将有关资产和成本分摊到各种价值活动中。

(1) 企业自身的有关资产和成本的分摊。如果一个企业已参与纵向价值链上几个环节的生产，就有必要把企业的各种资产、成本进行分摊。因为只有这样，才能判断已参与的纵向价值链环节利润分享的合理性，从而做出产业退出或纵向收缩整合的正确决策。分摊时应注意：各项资产应分摊到使用、控制它们或对其使用影响最大的价值活动中，各项成本应分摊到它们发生的各个环节中。

1) 资产的分摊。进行价值链分析必须确定各种价值活动所占用的固定资产，从而计算各种价值活动的折旧成本和资产回报率。获得一项价值活动所使用的有形固定资产的现行成本或重置成本是一项必要而复杂的工作。这些成本可以通过向设备管理者、装置供应商以及相关评估人员咨询得到。在具体进行分摊时还有两项工作企业应该予以考虑：一是对固定资产按照价值活动进行重新分类；二是对固定资产的折旧年限重新确定。

2) 成本的分摊。成本分摊的原则比较简单，但是会计信息的不适用性可能导致实际操作中出现问题，即有必要对会计记录重新整理，以便使成本的归集和分配与价值活动相匹配。

3) 共享的价值活动的成本和资产的分摊。如果企业可以将纵向价值链分解为多个环节，则对于各个环节之间共享的价值活动，应该按照一定的标准将该价值活动的成本和资产分摊到各个环节，分摊标准的选择可能会随着分析的深入发生改变。

(2) 确定纵向价值链上企业以外环节的资产和成本。如果一个企业只参与了纵向价值链上一个或几个环节的生产，却考虑能否占据更多价值增值环节的生产，此时就有必要确定企业以外环节的各种资产和成本。

由于企业通常不拥有相关的信息系统支持这一步骤的实现，故企业只有采取各种调查方法了解其他信息，例如查阅各企业的财务报告了解关键的财务信息，阅读相关行业出版物等。由于这样得到的信息并没有固定的和恰当的格式，因而对这些信息的判断和整理就显得非常重要。

只有正确地确定企业以外环节的各种资产和成本，才能判断企业即将参与的纵向价值链环节利润分享的合理性，从而做出产业进入或纵向延伸整合的正确决策。

3. 估计和确定转移价格

随着最初原材料逐步向最终产品转化，一系列产品中间形式及其价值的转移得以实现。由于存在外部交易市场，企业外部的产品转移价格很容易判定。而对企业内部转移的中间产品而言，应在该中间产品外部市场交易价格的基础上对运输费用、营销费用等进行调整得到。

4. 确定有关资产回报率

通过上述资产分摊方法可以估计出各环节中每生产一个单位产品所需投资的现行成本或重置成本，在步骤2和步骤3的基础上计算出单位产品的利润，从而计算有关资产回报率。

5. 在考虑非财务信息的基础上做出决策

在以上分析的基础上，结合其他非财务信息对各备选方案进行综合评价，从而做出最终决策。

通过纵向价值链分析，企业可以选择进入的行业以及在整个纵向价值链上所占据的长

度，这种决策是基于行业分析和整个纵向价值链分析得到的，对企业的持续发展具有“先天”的决定作用。

第三节 内部价值链

一、企业内部价值链的构成

企业内部的价值活动可以分为企业的基本职能活动、企业的人力资源管理活动和企业的生产经营活动。

（一）企业的基本职能活动

企业的基本职能活动是指企业履行基本管理职能的各种活动，包括企业的总体管理、计划、财务与会计、法律管理等诸多方面的活动。企业的基本职能活动是通过整个企业内部价值链而不是单个价值活动对企业的生产经营起辅助作用的。

（二）企业的人力资源管理活动

企业的经营必须以人为本，人、财、物三者相结合才能实现企业的经营目的。人力资源管理包括各类人员的招聘、雇佣、培训、开发、报酬和激励等方面。具体地说，人力资源管理活动包括以下几方面的活动：

1. 人的行为问题的研究

现代行为科学研究认为，人不仅仅是“经济人”或“理性人”，还是“社会人”，他的行为是由其动机决定的。在此基础上，我们可以研究诸如管理者的逆向选择、激励机制等一系列问题，通过对人的不同层次需求的分析提高企业人力资源管理水平。

2. 人力资源的成本、价值的确定和有关投资分析

人力资源管理的难点和关键在于人力资源成本和价值的量化问题，现有的研究提出了许多对人力资源进行计价的方法，例如工薪报酬折现法、历史成本法、商誉评价法和附加价值折现法等，但这一问题迄今并未得到很好的解决。

人力资源投资的分析有助于企业在总资本预算中考虑人的因素，使企业更合理地分配资金，避免不重视人力资本投资的短期行为。

人力资源管理活动不仅支持着企业各个具体的价值活动，而且支撑着整个企业内部价值链。

（三）企业的生产经营活动

企业的生产经营活动从投入原材料开始，到最终生产出满足顾客需要的产品，这一过程可以分解为三种重要的价值活动，而每一种价值活动又可以根据具体的行业和企业特点进一步分解为若干子价值活动。

(1) 供应是与产品生产有关的接收、储存和分配等价值活动，如原材料的装卸、仓储、库存控制、运输和向供应商退货等价值活动。

(2) 生产是将原材料转化为最终产品的一系列价值活动，如加工、组配、包装、设备维修和检测、各种设备的管理等价值活动。

(3) 储运活动是将最终产品储存、发送给买方的各种价值活动，如产成品库存管理、运输、订单处理、送货等价值活动。

二、企业内部价值链的分析

企业内部价值链是由三类价值活动所组成，企业内部价值链分析的内容就是采取各种措施降低企业基本职能活动、人力资源管理活动和生产经营活动的成本。

1. 内部价值链分析的概念

企业价值链分析也称为内部价值链分析，因此企业价值链分析的内容就是采取措施降低三类价值活动的成本。

从作业管理理论角度看，企业被视为满足顾客需求而设计的一系列“作业”的集合体，作业形成有机关联的“作业链”。价值量沿着作业链顺序传递，直到最终产品提供给企业外部顾客。企业最终产品是全部作业的集合同时也是全部作业价值的体现，企业作业的推移也表现为产品价值在企业内部的逐步积累和转移，作业链也就表现为价值链。

小知识

迈克尔·波特关于企业内部价值链的论述

迈克尔·波特将企业内部价值活动分为九种（见图8-4）。

		企业基本职能活动		
		人力资源管理		
		技术开发		
		采购		
内部后勤	生产经营	外部后勤	市场营销	服务

图8-4　企业内部价值活动

(1) 内部后勤包括与原材料的验收、储存、整理及存货控制相关的作业。

(2) 生产经营包括将原材料转换成最终产品的作业，如机械加工、包装、装配、设备维修、检测和生产安排等作业。

(3) 外部后勤包括产品生产完成到送至用户手中的作业，如产品的归集、储存、销售和发运等。

(4) 市场营销旨在使消费者获知产品的特征并赋予其价值，进而购买该产品，通常包括广告、促销、销售、定价、报价、渠道选择和渠道关系的建立等作业。

(5) 服务是提供服务以加强或维持产品的价值的活动，如产品安装、调试、维修和零售供应等。

(6) 采购是购入企业价值链作业所需要素的活动，除了购入原材料，还包括机械设备、实验仪器、办公设备及建筑物等。

(7) 技术开发是企业产品以及价值链形成过程中的各种创造及改良活动，包括改善产品的质量、提高作业效率及新产品开发等活动。

(8) 人力资源管理包括对企业各级人员的招聘、录用、培训、开发及支付报酬等活动。

(9) 企业基本职能活动包括制订战略、建立政策及执行法律、行政管理、财务管理等企业职能。

在以上分析的基础上，波特指出，价值活动是企业从事的在经济和技术上有明确界限的各项活动，它们是创造对买方有价值的产品的基础，这些相互联系的价值活动共同作用为企业创造利润，从而形成企业的价值链。

2. 内部价值链分析的基本内容

企业价值链分析的基本内容是在对单个作业相关性、有效性进行分析的基础上，深入分析整个作业链的协同性。

第四节 横向价值链

横向价值链，是将企业作为一个整体进行考虑，所有在一组互相平行的纵向价值链中处于同等地位的企业之间相互作用所构成的具有潜在关系的链条。

一、横向价值链分析

横向价值链分析也称为竞争对手价值链分析，是企业确定竞争对手成本的一种基本工具。横向价值链分析就是对一个产业内部的各企业之间的相互作用进行分析。

(一) 横向价值链分析的作用

在大多数产业中，不论其产业平均盈利水平如何，总会有一些企业比其他企业获利更多。

企业通过横向价值链分析可以确定自身与竞争对手之间的差异，从而找到能够帮助企业取得相对竞争优势的战略。企业竞争优势的取得主要依靠下列几个方面：

(1) 低成本战略在20世纪70年代由于经验曲线概念的流行而得到普遍采用。企业采用该战略能够获得成本优势，获得高于产业平均水平的收益，从而在竞争中受到更多的保护。

(2) 差异化战略要求企业所提供的产品或服务具有“差异性”，在全产业范围内形成一些独特的、其他企业的产品或服务无法替代的东西，从而取得一定的竞争优势。

(3) 集中战略主要针对某特定的顾客群、某产品系列的某一细分市场，采用上述两种战略中的某一种战略。

由此可见，企业竞争优势的取得主要有两个来源：低成本和差异化。横向价值链分析主要研究有关差异化战略的问题。

(二) 横向价值链分析的主要内容

横向价值链分析的主要内容包括产品的价格和数量、技术开发的方向、采购和销售及服务。

(1) 产品的价格和数量。产品的价格是产品价值的货币表现，同时受到供求关系的影响。通过横向价值链分析企业可以对同一产业内部各企业之间的相互作用进行分析，在理论上确定产品的均衡价格和各企业生产的均衡产量。这是因为某一企业的定价和产量的变化会对其他企业产生影响，从而引发其他企业的战略调整，使原有的均衡价格和产量遭到破坏。企业之间的相互作用可以使这种动态变化趋于一个新的动态平衡点，也就是说，一旦产业内部平衡关系由于一个或多个企业的行为遭到破坏，产业内部会在企业之间的相互作用下达到一种新的平衡，这种平衡是一种动态的平衡，所以企业有必要对此进行分析。

(2) 技术开发的方向。企业在进行横向价值链分析时，通过对横向价值链的分析来确定企业的竞争优势，为企业内部技术开发指明方向——企业的技术开发应与企业的总体经营方向一致，以有利于竞争优势的取得和保持。

(3) 采购和销售。采购和销售所采用的渠道和方式并不是企业一厢情愿可以确定的，也需要企业进行横向价值链分析，以确定与竞争对手采用相同、类似还是不同的渠道和方式。企业需要进行资源分析，以帮助企业取得和保持竞争优势。

(4) 服务。涉及与提供服务有关的各种价值活动。这些价值活动可以增加或保持产品价值，是企业差异化竞争优势的一个重要来源。所以服务也是企业进行横向价值链分析时所要确定的一项内容。

横向价值链主要反映同类产品在不同生产者之间的价值运动过程，横向价值链分析主要包括决策、预算和分析三个方面，其中决策涉及具体竞争战略的选择问题，例如不同成本额的公司可采用不同竞争方式，面对成本较高但实力雄厚的竞争对手，就可以采用低成本策略。预算主要是与战略相关的资源配置对竞争优势的支持程度，而分析主要是围绕竞争对手的产品特别是成本信息进行的，以揭示企业与竞争对手相比的相对成本地位。

(三) 横向价值链分析中的成本决策

企业竞争优势的取得主要依靠两个基本战略，即低成本战略和差异化战略，横向价值链分析侧重于企业产品之间的差异化分析。

产品之间的差异性是普遍存在的，这种差异可以分为两类：一是产品内部差异，主要是产品本身所具有的本质的差别，由企业的产品设计、加工制造工艺等环节造成；二是产品外部差异，主要是对某一产品所附加的各种条件（如价格、服务等）所形成的差别，这种差异可以继续细分和扩展，例如产品数量上的差异可能会影响价格等因素。企业进行横向价值链分析的一个重要内容就是通过对自身和竞争对手的分析，创造或识别产品的差异性，并最大限度地利用这种差异性为实现企业的经营目标服务。

1. 功能成本决策：功能、成本与产品价值

在保证产品质量的前提下，改进产品设计结构可以大幅降低产品成本。据国内外有关资料显示，通过改进产品设计结构所降低的成本额，占事前成本决策所降低成本额的70%～80%。可见，大力推广功能成本决策，不仅可以保证产品必要的功能及质量，而且可以确定目标成本，从而降低产品成本。

产品功能成本决策是将产品的功能（产品所担负的职能或所起的作用）与成本（为获得产品一定的功能必须支出的费用）对比，寻找降低产品成本途径的管理活动。其目的在于以最低的成本实现产品适当的、必要的功能，提高企业的经济效益。

产品功能与成本之间的关系可用下面的公式表示：

$$价值=\frac{功能}{成本} 或 V=\frac{F}{C}$$

式中，功能是指一种产品所担负的职能和应起的作用，如电冰箱的功能是冷藏食物，电灯的功能是进行照明，等等，用户购买这些产品是因为它们能提供必要的功能。公式中的成本不是一般意义上的产品生产成本，它指的是产品的生命周期成本，包括设计、开发、制造和非制造成本，以及使用后发生的运行、维护、保养成本。可见，生命周期成本包含了产品从设计到淘汰整个生命周期的成本。

小知识

提高产品价值的基本途径

根据价值公式可知，功能与价值成正比，功能越高，价值越大，反之则越小。成本与价值成反比，成本越高，价值越小，反之则越大。因此，要想提高产品价值，必须改善功能和降低成本。所以，降低成本已不是一个绝对的概念，而是一个相对的概念，即在保持一定功能的前提下降低成本。提高产品价值的途径可概括如下：

(1) 在产品成本不变的情况下，功能增加，将会增加产品价值。

(2) 在产品功能不变的情况下，成本降低，将会增加产品价值。

(3) 在产品功能增加的情况下，成本降低，将会增加产品价值。

(4) 在产品成本增加的情况下，功能增加的幅度大于成本增加的幅度，将会增加产品价值。

(5) 在产品功能减少的情况下，成本降低的幅度大于功能减少的幅度，将会增加产品价值。

在这五种情况中，显然是功能增加而成本降低的情况最好，但在实践中，如果节约成本的潜力已挖掘到了极限，就不可能既增加功能又降低成本。只要功能和成本进行有利的相对变动，企业仍然可以增加产品价值。企业可以根据实际情况，从上述途径着手，运用功能成本决策方法确定目标成本。

2. 功能成本决策的意义

(1) 功能成本决策从技术与经济相结合的角度寻求降低成本的途径。以往，企业中技术和经济相脱节的情况比较严重，从事设计、制造和工艺等工作的员工，通常不清楚所用的每一个零件和每一项工艺花多少钱，有的设计人员由于时间紧、任务重，根本不考虑成本。而财会人员由于不懂技术，不知道钱应该花在什么功能上。这就造成了技术人员不能采用实现必要功能的最省钱的途径，难以选择最优技术方案和材料。功能成本决策则是从产品功能和产品成本两方面出发，从技术与经济相结合的角度来考虑成本的降低和价值的提高。

(2) 功能成本决策从设计阶段入手，力求以最低的费用实现必要的可靠功能。过去，传统的成本管理只关注事后核算。实际上，决定成本高低的主要因素出现在设计阶段，设计过程的节约是最大的节约，设计过程的浪费是最大的浪费。当产品设计完成后，90%左右的成本已确定，之后降低成本的空间只有10%左右。功能成本决策则是在设计阶段就进行功能成本分析，力求以最低的费用实现必要的可靠功能，防患于未然，以达到大幅降低成本的目的。

(3) 功能成本决策适应消费者需求的变化，生产具有合适的功能且成本最低的产品。从用户方面来看，随着人们生活水平的提高，用户的需求也在不断变化，从而会出现由功能不足变为功能过剩或由功能过剩变为功能不足的情况。进行功能成本决策，企业可及时了解用户需求的变化，根据用户需求设计产品，达到生产的产品功能比较合适且成本最低的目的。

3. 功能成本决策的基本步骤

(1) 选择分析对象。由于企业的产品（或零件、部件）很多，实践中不可能都进行功能成本分析，应有所选择。选择的一般原则是：

1）从产量大的产品中选，可以有效积累每一种产品的成本降低额。

2）从结构复杂、零部件多的产品中选，可以简化结构、减少零部件的种类或数量。

3）从体积大或重量大的产品中选，可以缩小体积、减轻重量。

4）从投产期长的老产品中选，改进产品设计，尽量采用新技术、新工艺和新方法加工。

5）从畅销产品中选，不仅可以降低成本，而且能使该产品处于更有利的竞争地位。

6）从原来设计问题比较多的产品中选，可以充分挖掘改进设计的潜力。

7）从工艺复杂、工序繁多的产品中选，可以简化工艺、减少工序。

8）从成本高的产品中选，可以较大幅度地降低成本。

9）从零部件消耗量大的产品中选，可以大幅降低成本、优化结构。

10）从废品率高、退货多、用户意见大的产品中选，可以提高功能成本分析的效率。

(2) 围绕分析对象收集各种资料。分析对象确定后，应深入开展市场调查，收集各种资料作为分析研究的依据。所需资料大致包括以下几个方面：

1）产品的需求状况，如用户对产品性能及成本的要求、销售结构及数量的预期值、价格水平等。

2）产品的竞争状况，如竞争对手的数量、分布、能力，以及竞争对手在产品设计上的特点及推销渠道等。

3）产品设计、工艺加工状况，如结合市场需求及竞争对手的优势，在产品设计、工艺加工技术方面存在的不足等。

4）经济分析资料，如产品成本构成、成本水平、消耗定额、生产指标等。

5）国内外同类型产品的其他有关资料。对于收集到的各种资料，应进行细致分析，去粗取精，去伪存真，增加分析资料的可靠性。

(3) 进行功能评价。功能评价的基本步骤包括：以功能评价系数为基准，将功能评价系数与按目前成本计算的成本系数相比，确定价值系数；将目标成本按价值系数进行分配，并确定目标成本分配额与目前成本的差异值；选择价值系数低、降低成本潜力大的作为重点分析对象。功能评价的方法很多，下面介绍两种常用方法——评分法和强制确定法。

1）评分法按产品或零部件的功能重要程度打分，即按各零件功能的重要性打分，分数等级可采用5分制、10分制或100分制，通过确定不同方案的价值系数来选择最优方案。

【例8-1】某款手表有三种改进方案可供选择，现从走时、夜光、防水、防震和外观等五个方面采用5分制评分，评分结果如表8-1所示。

表8-1 功能比较表

项目 方案	走时	夜光	防水	防震	外观	总分	选择
方案1	3	4	5	4	5	21	可考虑
方案2	5	5	3	5	4	22	可考虑
方案3	5	4	4	3	4	20	不考虑

上述方案中，方案3的总分最低，初选淘汰。对于方案1和方案2应结合成本资料进行第二轮比较，有关成本资料如表8-2所示。

表8-2 方案估计成本比较表　　单位：元

项目 方案	预计销售量（件）	直接材料、人工等	制造费用	制造成本
方案1	5000	280	80000	296
方案2	5000	270	50000	280

然后，进行价值链分析。如果方案1的成本系数为100，则方案2的成本系数为

$(280 \div 296) \times 100=94.59$

方案1和方案2的价值系数分别为

$V_1=21 \div 100=0.21$和$V_2=22 \div 94.59=0.23$

通过对比可知，方案2不仅成本较低，而且功能成本比值（价值系数）高，因而应该选择方案2。

2）强制确定法也称一对一比较法或“0”“1”评分法，即将组成产品的零件排列起来，一对一比较，凡功能相对重要的零件得1分，功能相对不重要的零件得0分。然后，将各零件得分合计数除以全部零件得分总数，求得零件的功能评价系数。假设甲产品由A、B、C、D、E、F、G七个零件组成，按强制确定法计算功能评价系数，如表8-3所示。

表8-3　功能比较表

零件名称	一对一比较结果							得分合计	功能评价系数
	A	B	C	D	E	F	G		
A	×	1	1	0	1	1	1	5	5÷21=0.238
B	0	×	0	1	1	0	0	2	2÷21=0.095
C	0	1	×	0	0	1	1	3	3÷21=0.143
D	1	0	1	×	1	1	0	4	4÷21=0.191
E	0	0	1	0	×	1	1	3	3÷21=0.143
F	0	1	0	0	0	×	1	2	2÷21=0.095
G	0	1	0	1	0	0	×	2	2÷21=0.095
合计								21	1.00

在表8-3中，A，D两个零件的功能评价系数较大，说明其功能比较重要；B，F，G三个零件的功能评价系数最小，说明其功能不太重要。

在功能评价系数确定后，应计算各零件的成本系数和价值系数：

各零件的成本系数=某零件的目前成本÷所有零件目前成本合计

各零件的价值系数=某零件的功能评价系数÷该零件的成本系数

【例8-2】以表8-3中甲产品的七个零件为例，说明价值系数的计算，如表8-4所示。

表8-4　零件价值系数计算表　　单位：元

项目 零件名称	功能评价系数	目前成本	成本系数	价值系数
A	0.238	300	0.250	0.952
B	0.095	500	0.417	0.228
C	0.143	48	0.040	3.573
D	0.191	46	0.038	5.026
E	0.143	100	0.083	1.723
F	0.095	80	0.067	1.418
G	0.095	126	0.105	0.905
合计	1.00	1200	1.000	—

价值系数表示功能与成本之比，如果价值系数等于1或接近1（如零件A，G），则说明零件的功能与成本基本相当，因而不是降低成本的主要目标；如果价值系数大于1（如零件C，D，E，F），则说明零件的功能过剩或成本偏低，在该零件功能得到满足的情况下，已无必要进一步降低成本或减少过剩功能；如果价值系数小于1（如零件B），则说明与功能相比成本偏高，应作为降低成本的主要目标，进一步增加功能、降低成本。

那么零件B的成本应降低到什么程度，才能与功能相匹配呢？在产品目标成本已定的情况下，可将产品目标成本按功能评价系数分配给各零件，然后与各零件的目前成本比较，即可确定各零件成本降低的数额。假定甲产品的目标成本为1000元，则各零件预计成本及成本降低额的计算如表8-5所示。

从表8-5可以看出，目标成本比目前成本应低200元，其中零件A，B，G的成本与其功能相比偏高，故应作为降低成本的对象，尤其是零件B应作为重点对象；至于零件C，D，E，F（特别是零件D），只有在功能过剩的情况下才考虑减少过剩功能以降低成本，否则应维持原状。

表8-5 零件预计成本表 单位：元

项目 零件系数	功能评价系数	按功能评价系数分配目标成本	目前成本	成本降低额
A	0.238	238	300	62
B	0.095	95	500	405
C	0.143	143	48	-95
D	0.191	191	46	-145
E	0.143	143	100	-43
F	0.095	95	80	-15
G	0.095	—	—	—
合计	1.00	1000	1200	200

(4) 试验与提案

在功能评价的基础上，可对过剩功能和不必要成本进行调整，从而提出新的可供试验的方案。然后，按新方案进行试验生产，广泛征求各方面的意见，改进新方案的不足。进一步调整的新方案可作为正式方案提交有关部门审批，批准后即可组织实施。

(四) 横向价值链分析的新方法——博弈论

1. 博弈论的基本内容

博弈论有时又称对策论，研究决策主体的行为发生直接相互作用时的决策以及这种决策的均衡问题。无论主体是个人、企业还是国家，它的行为总是对其他主体产生影响，同时该主体的行为也受其他主体行为的影响，博弈论就是要研究在这种影响与被影响的环境下某一主体的有关决策问题。博弈论研究理性个体的相互冲突和合作，可以据此划分为合作博弈和非合作博弈两部分。

(1) 合作博弈是主体之间的行为发生相互作用时，当事人能达成一个具有约束力的协议，各当事人主体都能严格遵守这一协议的博弈。合作博弈强调的是团体理性，它认为达成协议的各主体都能够认识到单方面违背协议对整个团体只能带来不利的结果，应注重效率、公正和公平。但在现实生活中这种博弈很少出现，我们经常看到某一主体为了追求自身的利益而做出违反协议的行为。例如，在价格同盟中，如果有一个企业违反该价格协议单方面降价，虽然它可以增加销售量，提高利润水平，但会给整个团体带来不利影响。目前关于合作博弈的研究较少。

(2) 非合作博弈是相互作用的主体之间不能达成一个具有约束力协议的情况下进行的博弈。非合作博弈强调的是个人理性、个人最优决策。它认为每个决策主体都是理性的人，但这种缺乏合作精神、仅仅追求自我最优结果的决策既可能是有效率的，也可能是无效率的。非合作博弈可以按照两种分类标准进行分类，第一种是按照对信息的掌握程度进行分类，信息主要是指其他参与人的特征、可以选择的行动及由此获得的好处等方面的知识；第二种是按每个决策主体行动的先后顺序划分。我们将这两种分类标准结合可以得到以下四类非合作博弈，每一种博弈都对应一种均衡概念。

1）完全信息静态博弈对应的均衡概念是纳什均衡，在纳什均衡中没有任何人有积极性打破这一均衡。例如，美国与苏联之间的军备竞赛就是一个纳什均衡，两国都知道将这些钱用于国家其他建设会更有利，但是谁也不愿先停下来，原因就在于如果一方将钱用于民用品生产，而另一方没有，则做出改变的一方会处境更糟。

2）完全信息动态博弈与上述博弈的不同之处在于，参与人的行动不是同时发生的，而是有先后之分。其对应的均衡概念是子博弈精炼纳什均衡。由于这种行动的顺序性，后行动者必须传递给先行动者一些信号，这些信号使得先行动者相信后行动者将会采取某些行动，先行动者在此基础上做出决策。“破釜沉舟”的故事就体现了这一思想。

3）不完全信息静态博弈对应的均衡是贝叶斯纳什均衡。这种博弈最常用于招标或拍卖等领域。在密封投标时，所有投标者同时采取行动，但是每个投标者无法了解其他投标者的有关信息，不完全信息静态博弈研究的是这种情况下的有关决策问题。

4）不完全信息动态博弈对应的均衡是精炼贝叶斯均衡。我们举一个简单的例子来说明这一类博弈的内容。企业的董事会在雇佣一名管理人员时需要对其管理能力评价和判断，这种评价和判断是根据其学历、背景等情况做出的，由此得出的结论可能正确也可能错误，而被雇佣的管理者了解自身所具备的能力。在这个博弈中，董事会先实施雇佣与否的行动，管理者才可能实施其管理行为，即双方的行动不可能同时进行；董事会还可以通过该管理人员之后的表现修正最初做出的评价和判断。不完全信息动态博弈就是用来解决这类问题的。

2. 博弈论思想在管理会计中的应用

20世纪80年代中期以来，博弈论逐渐成为主流经济学的一部分，它在经济学中的应用也推动了其自身的发展。严格地讲，博弈论只是一种方法，但它的应用范围已渗透到几乎所有经济分析领域，甚至包括政治、军事、外交等多个领域。微观经济学正经历一场由博弈论引发的巨大变革。建立在微观经济学基础上的管理会计也就不可避免地受到一定程度的冲击。下面结合博弈论的几个特点来讨论在管理会计中引入该思想的必要性。

(1) 博弈论研究的是在相互作用的环境下的有关决策问题。我们以前分析有关决策问题时，一般是基于这样一个假设：市场中的主体数量足够多，从而一个主体的行为对其他主体行为所造成的影响完全可以忽略不计，在这种情况下，我们的决策多是从自身的需要出发而做出的。

张伯伦曾按照竞争程度的不同对市场进行分类。他认为主要存在完全竞争、垄断竞争、寡头竞争和独占四类形式的市场。但在现实中，由众多实力相差无几的企业所构成的市场并不常见，在每一种产品的市场中总是有几家企业处于领先的优势地位。我们通过进一步分析可以发现，现实中常见的市场有三类：一是某产品市场中只存在几个企业参与竞争；二是某产品市场中虽然存在多个企业参与竞争，但少数几个企业占据了绝大部分市场份额，留给大量小企业的竞争空间相当狭小；三是某产品市场中虽然有多个企业参与竞争，但由于各企业产品之间存在差异性，因此各企业产品的竞争压力主要来自对其产品有极强替代性的少数几个企业的产品。在上述分析中我们可以看到，一个企业通常面对有限的几个企业的竞争，在这种情况下研究企业主体之间的相互作用尤为必要。博弈论作为研究这种相互作用关系的有力工具，在管理会计中会有广阔的应用天地。它在价值链分析中的应用就是一个例子。

(2) 博弈论重视研究信息不对称情况下的有关决策问题。在管理会计的研究中经常遇到信息不对称问题，例如，企业在采购时与供应商之间存在信息不对称，在销售时又往往掌握比购买者更多的关于自身产品的信息。类似的信息不对称情况在企业管理中随处可见，博弈论通过利用先验概率和后验概率的方法，为解决这些信息不对称问题提供了良好的思路。

(3) 博弈论重视研究动态化的问题。随着我国市场经济的逐步确立，企业弃用计划经济下的生产经营模式，不再按年初下达的产量指标安排生产，而是针对复杂多变的外部环境，随时对生产进行调整。企业的成本报告可以按月、旬甚至按天报出，其实也是顺应这一形势的一种制度形式。决策环境的复杂化要求企业进行多层次、全方位、动态化的管理，博弈论借助重复博弈和多阶段博弈的科学方法可以对这种管理提供有力的技术支持。

(4) 博弈论注重研究人与人之间的关系。理性人假设是我们在过去的研究中常常用到的。经济学在研究个人行为时，总是假设其他人的行为都在价格这一参数中得到反映，人与人之间的行为关系可以通过价格的变化进行研究。如今，经济学开始认识到理性人的个人理性行为可能导致集体非理性。例如，管理者出于自身风险考虑而采取的理性行为，对企业整体而言可能并不利。制度学家所熟悉的“公共地悲剧”也是一个很好的例子，由于每个人只考虑增加开采量对自己开采的矿产所带来的负效应，而没有考虑到这种行为对其他企业开采出来的矿产产生的负效应，因此每个企业所确定的最优开采量之和大于资源总量，造成资源的过度开采。这些例子都说明个人理性与集体理性之间存在矛盾和冲突。回避个人理性并不能解决这种矛盾和冲突，正确的做法是设计一种机制，在满足个人理性的前提下达到集体理性。博弈论提供了研究个人理性与集体理性之间达到均衡的方法，从而为这种机制的设计提供了理论基础。

博弈论可以成为横向价值链分析的有力工具。横向价值链分析可以帮助企业在激烈的同行竞争中取得差异化竞争优势，从而更好地生存和发展。

二、投资决策中的成本思考

战略投资决策的系统分析程序如图8-5所示。

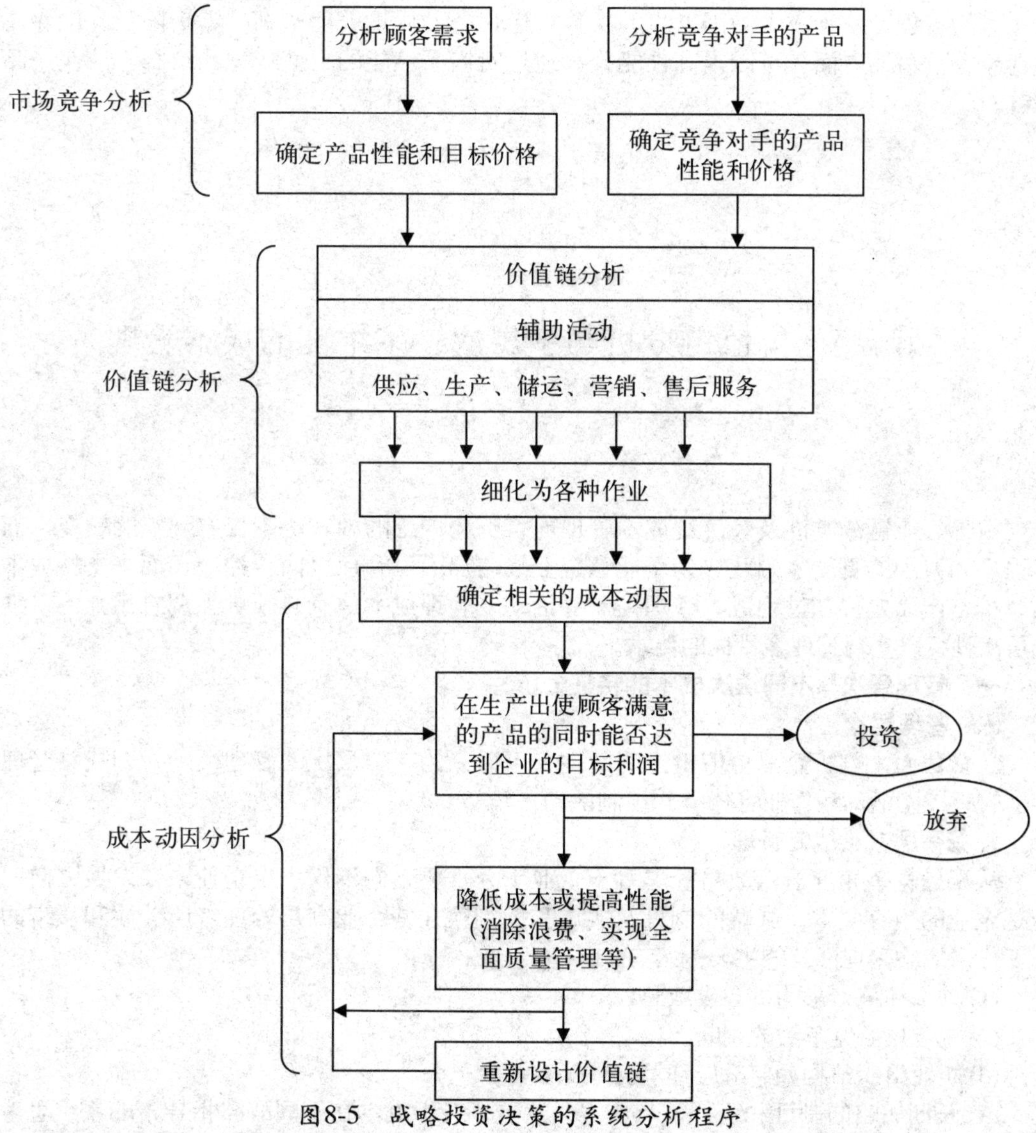

图8-5 战略投资决策的系统分析程序

当我们对长期投资项目进行决策分析时，首先应该把注意力集中在市场上，评价顾客需求和竞争对手的产品。一个企业也许不能满足顾客对产品的所有要求，但是它一定要比竞争对手做得好。这一分析应该确定企业有一定销售量的产品必须具备的性能和达到的服务质量，以及顾客愿意支付的价格。

确定了产品性能和目标价格之后，企业可以进行企业价值链的分析。它不仅要关注企业内部价值链的构造（供应、生产、储运、营销、售后服务及企业辅助活动所应创造的价值），更应该关注企业在整个价值链中的跨度是否充分发挥了自身的竞争优势，是否需要进行纵向整合或者适当缩短价值链，与供应商和顾客之间的价值流动是否畅通。通过价值链就可以找出满足顾客需要的各种产品性能的各类作业，然后进行成本动因分析。

这里需要注意的一个主要问题是：企业设计的价值链作业是否可以确保生产的产品具有所需的性能，并达到企业的利润目标（在考虑了整个产品生命周期成本之后）？要回答这个问题，企业需要使用净现值分析等定量分析模型。如果企业的投资项目不能取得产品性能和成本之间的合理配比，那么企业可以从两个方面入手使成本和性能之间的配比合理化：一方面，通过提高效率来降低成本，如消除不能增加价值的作业，改进生产产品或提供服务的流程，减少成本动因发生的次数，运用全面质量管理达到“零缺陷”，消除无效率现象等；另一方面，可以提高性能，如通过对产品性能的重新认识和组合，改变产品价值链。

第五节 价值链分析与多层次、多维度的成本管理

由于价值链分析涉及较传统成本管理而言更为广泛的内容，不仅有观点的转变，而且有程序和方法的更新，因此，为了能从企业战略层面、管理层面、控制层面来支持成本战略分析、产品定价和过程成本管理控制等活动，管理成本信息必须更强调有用性、多维性和层次性，以实现管理多目标的要求。

一、管理层次与不同层次成本的特征分析

(一) 管理层次

从横截面来剖析企业价值链上的活动，可以分为三个层次的管理活动，即战略管理活动、管理控制活动和作业（任务）控制活动。

1. 第一层次：战略管理

从现代竞争角度看，战略管理对于企业十分重要，它不仅决定企业未来发展方向，而且是企业的生存之本。战略的制订、实施和控制往往是企业高层管理者所关注和从事的主要工作。战略管理涉及的主要内容有：

(1) 外部环境带来的机会或威胁。

(2) 企业核心竞争力的判断。

(3) 企业组织结构如何适应环境。

(4) 长期战略的制订和执行。从成本角度看，对于成本在不同战略指导下的系统思考就

形成成本战略。

2. 第二层次：管理控制

管理控制是实施战略的过程，它是战略目标能否实现的保证，管理控制工作一般由企业中层管理者承担。管理控制涉及的主要内容有：

(1) 制订年度计划并落实。

(2) 实行企业全面预算。

(3) 按不同职能进行职能管理。

(4) 协调组织内多部门的行为。

(5) 传递信息和沟通。

(6) 进行绩效评价。

管理控制已具备系统化的特征。

3. 第三层次：作业（任务）控制

作业（任务）是企业完成某一经营活动所采取的具体工作，作业（任务）控制则是企业作业层保证某一作业（任务）有效完成的过程。它是管理控制活动的具体化，可以视为管理控制的基础工作。任务控制涉及企业作业活动的方方面面，其特征是系统化和结构化。表8-6为三个层次管理活动的范例。

表8-6 三个层次管理活动的范例

战略管理	管理控制	作业（任务）控制
获得不相关业务	决定广告预算	订单登记
进入一种新的业务领域	借新债	编制会计凭证
新产品开发	执行新的薪酬计划	管理现金流量
组织结构调整	决定存货水平	运行独立研究项目
决定研究的范围和方向	编制生产计划	运输产品
进行业务流程重组	绩效评价	领用材料
扩大生产规模	实施小型雇员计划	盘点记录

（二）不同层次成本的特征分析

由于分工不同，企业不同层次管理人员关心的问题有所不同，高层管理者关心企业适应经营环境的能力和企业竞争力问题；中层管理者关心计划执行情况和管理效益问题；作业层执行人员只关心任务是否完成和工作效率问题。反映到企业成本问题上，在这三个层次对成本行为的理解和解析也有所不同（见表8-7）。

1. 第一层次：战略管理层成本

战略管理层成本是指企业价值链的整体成本，往往表现为在与竞争对手相对成本地位的对比中，通过调整企业价值链上的成本结构，来达到成本绝对降低或成本持续改善的目的。波特指出，影响企业价值链整体成本结构的因素有规模经济、学习、生产能力利用模式、联系、相互关系、整合、时机选择、自主政策、地理位置和机构因素等10种驱动因素。他认为，没有哪一种成本驱动因素会成为企业成本地位的唯一决定因素，这些因素往往相互作用来决定一种特定的成本行为。降低价值链整体成本的途径有两个：一是控制成本驱动因素；二是重构价值链。战略管理层成本是一种基于竞争的整体的战略成本，更注重长期性和整体性，并主要通过管理层和作业层的成本信息汇总得到。

表8-7　三个层次成本的比较

比较项目	战略管理层成本	管理控制层成本	作业层成本
（一）关注目标	企业整体成本优势	与成本目标的差距	特定成本对象的成本下降
（二）眼界	广泛的（战略成本）	较广泛的（战术成本）	狭隘的（作业成本）
（三）时间	长期的（产品生命周期或更长时间）	中期的（每月、每年）	短期的（按批次、按任务期限）
（四）效果	长期/间接性	短期/直接性或间接性	即时性/直接性
（五）成本因素	规模经济、学习、生产能力利用模式、整合、时机选择、地理位置等	管理部门开支、其他部门开支、企业营销策划开支、广告投资、人力资源开支	原材料投入、人工效率、设备效率、技术革新
（六）成本概念	战略成本、质量成本、时间成本和产品全生命周期成本	标准成本、计划成本、资本成本、定额成本、作业成本、责任成本	产品成本、作业成本、可控成本
（七）成本信息归集路线（成本分析路线）	分析思考的起点（归集汇总的终点）	分析思考的中间阶段（归集汇总的中间阶段）	分析思考的终点（归集汇总的起点）
（八）信息时点	成本结果信息/事后信息	成本过程信息/较及时的信息	成本过程信息/实时信息
（九）成本习性和表现形式	非线性关系/定量与定性信息结合	线性关系（成本动因有多种）/定量信息为主	线性关系（主要针对产量动因）/严格定量分析
（十）与质量、时间因素的关系	认为是层次关系，按质量、时间、成本排序，要素之间相辅相成，不矛盾	认为是并列关系，要素之间相互制约，相互矛盾	认为是并列关系，要素之间相互制约，相互矛盾

2. 第二层次：管理控制层成本

管理控制层成本是一种典型的战术成本，它一般通过与目标成本进行对比，产生差异来进行控制。由于现代管理控制强调过程管理，因此，管理控制层成本需要与目标成本口径一致，进行跟踪动态记录。增加间接成本库并按照成本动因分摊是现代成本计量的基本特征。降低管理控制层成本的途径有两个：一是按责任部门预算控制成本费用；二是按产品生产预算降低料工费成本。管理控制层成本是一种基于企业预算的战术成本，它需要采用多维成本计量，主要通过作业层实际成本汇总和事前编制各种预算成本汇总得到。

3. 第三层次：作业层成本

作业层成本是执行层次的具体活动所引起资源耗用的一种货币表现，它表示为了进行某项活动所花费的代价，由于作业层关心具体作业的成本耗用，因此成本表现出具体性和短期性的特征。理论上讲，作业层的成本信息可以按每一项作业活动的要求对应记录每一条成本信息，但实际情况并不是这样，因为作业层成本不仅要满足作业层管理需要，而且要能够汇总生成管理控制层和战略管理层所需的成本信息。降低作业层成本的途径有两个：一是优化业务流程，减少不增值环节；二是通过技术创新，降低直接成本耗用。作业层成本是一种基于作业的成本，实时性是它的生命，计算机应用可以大大改善作业层成本信息的质量。

二、基于价值链分析的成本管理基本模式

进入20世纪90年代，成本研究围绕价值链分析产生了许多新的成本计算和管理方法，诸如目标成本计算、改进成本计算、质量成本计算、产品全生命周期成本计算等。虽然它们的产生背景和作用各不相同，但从价值增值这一基本要求仍能发现它们内在的联系。图8-6基于价值链分析提供了可解释这几种成本计算和管理方法的一个合理的逻辑框架。

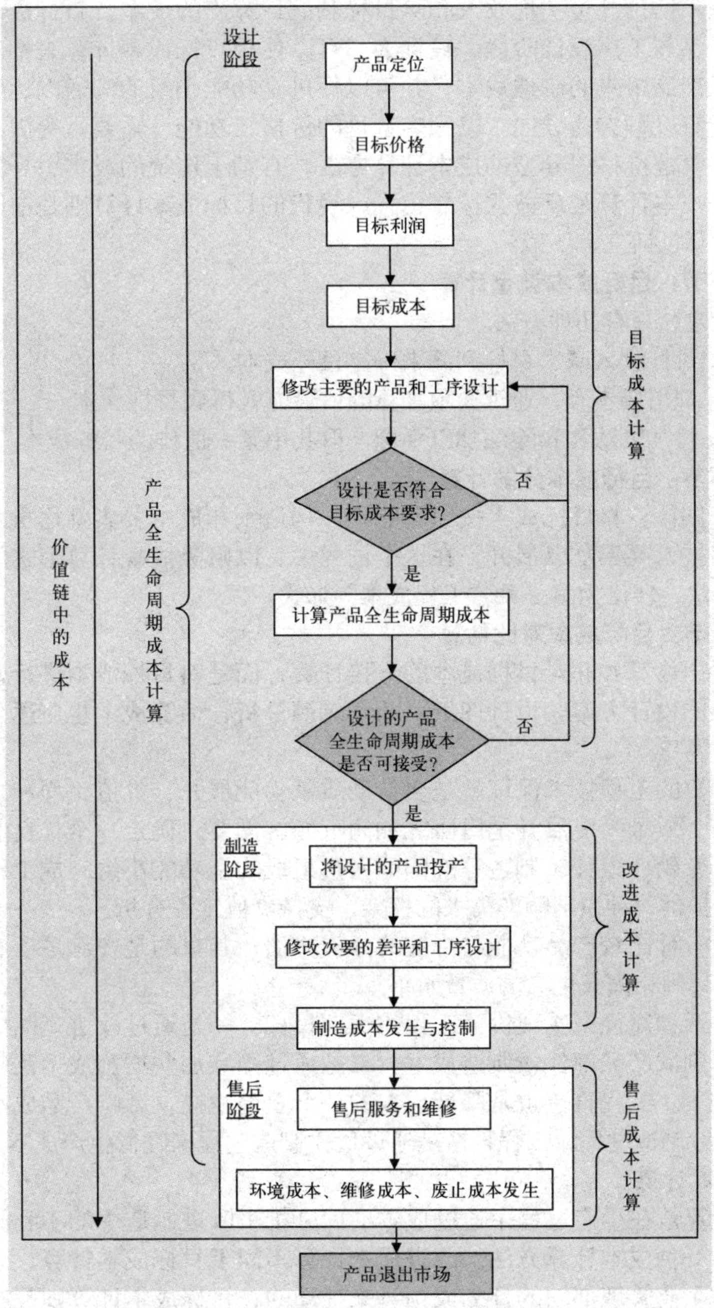

图8-6 基于价值链分析的成本管理模式

(1) 图8-6描述了企业价值链的全过程，产品全生命周期成本计算恰好提供了对这条价值链上产品全过程的成本计量，强调要从产品全生命周期来看待成本，既包括生产者成本也包括消费者成本。

(2) 从产品生产过程看，企业价值链分析可以分为设计、制造、销售及退出市场三个阶段。目标成本计算侧重设计阶段，改进成本计算侧重制造阶段，而产品全生命周期成本计算、质量成本计算侧重售后阶段。

三、基于价值链分析的成本计算和管理方法

(一) 目标成本计算

目标成本是根据预计可实现收入扣除目标利润计算出的成本。目标成本计算是成本管理的起点，在产品与工序设计阶段，设计人员可以使用目标成本计算来推动设计方案的改进工作，以降低产品未来的制造成本，并可以促进全功能小组的沟通以达到团队作业的效果。目标成本计算以顾客为导向，以顾客认可的价格、功能、需要量等因素为出发点。因此，目标成本计算是价格引导型的成本计算方法，有别于传统的成本引导型的成本计算方法，传统的目标成本计算是反馈式控制模式，现代的目标成本计算则是前馈式预防控制模式。目标成本计算包括三个环节。

1. 第一个环节：目标成本设定计算

目标成本设定计算有几种方法。

(1) 扣除法：目标收入减去目标利润来确定目标成本。

(2) 加算法：利用成本表，通过逐项加算的估算方式得到目标成本。

(3) 折中法：将加算法和扣除法加以平衡，取其中某一值作为目标成本。

2. 第二个环节：目标成本分解计算

目标成本分解计算将目标成本按照功能别、构造别和成本要素别逐层加以分解，主要是将财务成本按技术要素加以展开，在这个过程中，以财务成本计算形式的“会计成本”吸纳工程计算方法，转化为另一种“工程成本”形式。

3. 第三个环节：目标成本对比估算

目标成本对比估算并非对目标成本的直接计算，而是对目标成本进行监控检查，它直接针对的是实际的设计方案、设计图纸。为了对照分析，估算成本也应逐层按功能、构造和成本要素分别展开。

目标成本计算的工程技术保证就是要借助质量功能展开、价值工程和工程再造等方法来实现既定目标。质量功能展开是以研究和倾听顾客需要，确定一个优良的产品特征为起点，由来自市场营销、设计、制造等部门的人员组成的全功能小组完成工作的一种产品设计方法。它可以提供一种识别顾客需求的框架，支持价值工程分析。

价值工程是一种比较产品功能与价值的分析方法，其目的是在满足所有顾客需要的同时，以更低成本达到相同或更高的质量水平。

企业可通过两种途径来实现价值工程的预期目标：一是通过改进产品设计，在不牺牲功能的前提下，削减产品部件或制造成本；二是通过削减那些增加成本及复杂程度的不必要功能来降低成本。工程再造也是降低成本的一个重要途径，影响产品成本的因素除了产品设计还包括企业制造过程，工程再造是通过优化制造过程来降低生产成本。

(二) 改进成本计算

改进成本计算是在生产过程中通过成本动因分析来改进制造中的不利因素，从而达到预期成本目标的一种成本计算方法。改进成本计算不同于目标成本计算，它是在产品投产以后进行的，由企业管理部门的计划或预算来推动的；目标成本计算则是在产品设计中使用，由外部客户对产品的需求来引导的。改进成本计算能提供每日的成本数据和相关基础信息，是企业在制造阶段实施过程控制的基础保障。改进成本计算是一种以成本动因为基

础的成本计算方法，可以通过成本动因分析反映削减成本的策略。因此，选择作业成本制度作为改进成本计算的基础是最合适的。

作业成本制度把资源通过资源驱动因子分配给作业，在此基础上计算出的作业成本再通过成本驱动因子分配给相关的成本对象（如产品、客户和渠道）。作业成本计算与企业整个价值链的控制系统完全相通，与控制系统中产品成本控制和利润分析的联系尤为紧密。

(三) 产品全生命周期成本计算

产品全生命周期成本计算是一种战略视角的成本计算方法。广义的生命周期成本包括从产品导入期、成长期、成熟期到衰退期整个生命周期的成本，即生产者成本和消费者成本（见图8-7）。它涵盖了上述目标成本计算所关注的设计阶段和改进成本计算所关注的制造阶段，也包括产品售后服务阶段所发生的消费者成本（维修成本、废置成本和环境成本等）。产品全生命周期成本计算有四方面作用。

(1) 提供准确的、全面的产品成本信息，尤其是准确揭示产品“隐性成本”（如维修成本、废置成本）水平，有利于产品决策。

(2) 扩大对成本的理解范围，明确了产品环境成本的重要性，促使人们注意降低和消除这些成本。

(3) 促进企业在设计阶段考虑废置成本，并有效管理控制这些成本。

(4) 不仅计算制造成本，而且计算近年来日趋重要的物流成本。产品全生命周期成本计算的视角符合价值链思想，可以将目标成本计算、作业成本计算、质量成本计算、人力资源成本计算和环境成本计算纳入进来。其框架将很有可能成为未来管理成本计量框架模式。

- 产品全生命周期成本
  - 生产者成本
    - 开发设计成本
    - 制造成本
    - 物流成本
    - 营销成本
  - 消费者成本
    - 使用成本
    - 维修成本
    - 废置成本

图8-7 产品全生命周期成本的构成

(四) 质量成本计算

质量是企业的生命，质量视角是企业顾客导向的最佳切入点。质量成本计算是企业为了确保产品质量和实施全面质量管理所采取的成本计算方法。其计算内容包括预防成本、检验成本、厂内损失和厂外损失等。它具有管理成本的最一般特征，而且作为一种战略型的管理，其地位日趋重要，成为现代成本计量模式中的一种重要表现形式。质量成本计算可以纳入产品全生命周期成本计算理论框架，因为从预防成本、检验成本、厂内损失到厂外损失的发生时间顺序来看，它恰好是一个产品生命周期的循环。质量成本计算强调“用户满意”思想，体现了价值管理理论中价值的内在实质，为未来管理成本计量模式提供了正确的观念导向——顾客导向。

第九章

责任成本

第一节 责任成本概述

一、责任成本的概念

责任成本是责任中心负责的成本，只有在责任中心权力范围之内的成本才是责任中心负责的成本，也就是说，只有责任中心运用权力能够控制的成本（即可控成本）才是责任成本。某成本中心的所有可控成本之和，即为该成本中心的责任成本。

小知识

成本中心只对可控成本负责

由于成本中心只对所能控制的成本负责，因此，评价其实际业绩也应以可控成本为依据，不可控成本只能作为参考。这就决定了事先编制的责任预算、日常对责任中心成本的记录和计算以及最后编制的业绩报告都应以可控成本为限。因此，成本中心的目标就是在保质保量完成生产任务的同时，努力降低可控成本。对于不可控成本则非其能力所及，不能要求成本中心对之负责。

一般而言，可控成本必须符合以下三个条件：

(1) 成本中心事先知道将会发生什么性质的费用。

(2) 成本中心能确切计量所发生的费用。

(3) 成本中心有办法控制并调节费用的多少。

不符合上述三个条件的成本或费用，即为不可控成本。

全面理解可控成本的概念，必须注意可控成本是相对一定时期和特定责任中心而言的，因为有些耗费在一定时期内不可控，在另一时期则是可控的。例如，固定资产折旧费、长期租赁费等，从较短的时期来看是不可控的，从较长期间来看则是可控的。有些耗费对一个责任中心是不可控的，对另一个责任中心则是可控的。例如，原材料价格对于采购部门来说为可控成本，对生产部门来说则为不可控成本。此外，某一耗费的可控与否与责任中心的权力大小有关，基层部门的不可控的成本，对其上级部门来说则是可控的。例如，新产品试制成本对生产部门是不可控的，对生产计划部门则是可控的，因为生产计划部门有权决定是否进行新产品试制及如何试制等。

小知识

责任成本与标准成本、目标成本的异同

责任成本与标准成本、目标成本既有区别又有联系。

标准成本和目标成本主要强调事先的成本计算，而责任成本的重点是事后的计算、评价和考核，这些是责任会计的重要内容之一。

标准成本在制订时是分产品进行的，事后对差异进行分析时才判别责任归属。

目标成本管理要求事先确定目标时就考虑责任归属，按责任归属收集和处理实际数据。

不管使用目标成本还是标准成本作为控制依据，事后的评价与考核都要求核算责任成本。

二、成本控制责任的落实

企业应当将成本控制的责任，层层分解、落实到各级单位及个人，做到责任内容清楚，职权范围明确，考核奖惩分明，贯彻责、权、利三结合原则。

成本控制责任的承担者，对责任范围内的成本，应做到：

(1) 了解所分管成本指标的要求和资料来源。

(2) 了解所分管成本指标的实际执行情况和计算依据。

(3) 能够调节、控制所分管成本指标的耗费数。

小知识

把责任落实到人头

管理者都懂得授权的重要性。它可以将一个庞大而复杂的工作交派给几个独立人去完成。每个人只完成这一项大工作中的一小部分并对其负责。这样既可以提高工作效率，同时又会增强每个人的责任感，便于考核开展。

在企业的成本控制中，责任分解这一原则同样有着较广的应用。一般而言，成本管理与各部门及个人的责任相结合，会使企业庞大的预算、控制及决策指标分解到不同部门，每个员工及每个部门都为各自分内的指标数负责，从而真正有利于整体控制目标的实现。

从现实角度来看，企业每年都要做大量的预算和开销计划，并且公司中的各个部门都有一个这样的计划。一旦计划做好并经管理部门批准，就由一个具体的部门主管和班组长来关心他们本部门的工作或开销，看其是否符合交给他们的计划和预算。所以预算与责任相结合的确是个很好的方法，管理者可以用它按系统分派责任，同时还可保持对成本的控制与监督。

从责任分解的整个过程来看，制订恰当的标准是这一过程的关键之所在。应考虑的内容：

(1) 整个预算的分派是否会减轻工作责任，提高工作效率？

(2) 每个责任是否有专人负责，并确保有专人负责监督？

(3) 分派责任后的预算控制系统是否会使你有充足的时间思考重大问题？

(4) 启动整个控制系统是否会产生重大的财务负担？

(5) 各级责任要确保有严格的预算，并使预算的标准掌握在平均先进基础上。

(6) 将责任与员工的考核、选拔、激励、奖惩制度结合起来。

通过在成本控制中实行责任分解的办法，企业可达到这样一种效果：企业中的所有部门和部门的负责人都制订他们的预算。实际费用的发生情况与预算的对照通过定期的成本报表加以反映，管理者便可以从这些报表中了解成本控制及管理工作的概况，使成本管理更加清晰明了、简便易行。

第二节 责任成本管理

一、责任成本的计算

计算责任成本的关键是判别每一项成本费用支出的责任归属。

(一) 判别成本费用支出责任归属的原则

通常，可以按以下原则确定责任中心对可控成本的责任。

(1) 某责任中心通过自己的行动有效影响一项成本的数额，它就应对这项成本负责。

(2) 某责任中心有权决定是否使用某种资产或劳务，它就应对这些资产或劳务的成本负责。

(3) 某管理人员虽然不直接决定某项成本，但是应上级要求他参与有关事项，对该项成本的支出施加了重要影响，则他也应对该成本承担责任。

(二) 制造费用的归属和分摊方法

将发生的直接材料和人工费用归属于不同的责任中心通常比较容易，制造费用的归属则比较困难。为此，企业需要仔细研究各项消耗和责任中心的因果关系，采用不同的分配方法。一般按五个步骤来处理。

1. 直接计入责任中心

将可以直接判别责任归属的费用项目直接列入应负责的成本中心，例如，机物料消耗、低值易耗品的领用等。在发生时可判别耗用的成本中心，不需要采用其他标准进行分配。

2. 按责任基础分配

对不能直接归属于某个责任中心的费用，优先采用责任基础分配。有些费用虽然不能直接归属于特定成本中心，但它们的数额受成本中心的控制，能找到合理依据来分配，如动力费、维修费等。如果成本中心能自己控制使用量，可以根据其用量来分配。分配时要使用固定的内部结算价格，防止供应部门的责任向使用部门转嫁。

3. 按受益基础分配

有些费用不是专属于某个责任中心的，也不宜用责任基础分配，但与各中心的受益多少有关，可按受益基础分配，如按装机功率分配电费等。

4. 归入某一特定的责任中心

有些费用既不能按责任基础分配，也不能按受益基础分配，则考虑有无可能将其归属于一个特定的责任中心。例如，车间的运输费用和试验检验费用难以分配到生产班组，不如建立专门的成本中心来控制此项成本，不向各班组分配。

5. 不能归属于任何责任中心的固定成本，不进行分摊

例如，车间厂房的折旧是以前决策的结果，短期内无法改变，可暂时不加控制，作为不可控费用。

二、责任成本的分析

1. 责任成本分析的意义和内容

为了按责任归属考核成本中心控制成本的业绩，一般是分析责任成本表，将各责任成本中心（单位）的实际责任成本与计划责任成本进行比较，确定责任成本的节约或超支，并分析其具体的原因。每个成本中心必须根据计划期开始前编制的责任预算，和平时责任成本实际发生数额的记录，以及所编制的工作实绩报告，进行对比分析，查找发生差异的原因，为进一步改善经营决策和管理提供具体信息。

一个成本中心的责任成本，包括该成本中心本身归集的可控成本，由其他成本中心按责任归属转来的应由该中心负责的成本，以及下属各成本中心的责任成本。对上述责任成本的分析是通过责任完成实际指标与计划指标进行对比，考核其责任完成情况。对责任成本的考核过程，也是对责任成本分析和评价的过程。责任成本的分析有广义和狭义之分，广义分析范围包括责任实体的价值指标分析与非价值指标分析，即综合分析。它是落实责任成本指标实绩及奖惩兑现的手段。狭义分析是指责任实体中的价值指标的分析，它是责任成本分析的核心。对责任成本的考核分析必须贯彻责、权、利相结合原则。各成本责任中心的利益如何，完全决定于责任履行情况。通过考核分析，把职工利益与经济责任结合起来，真正实现按劳分配原则，推动企业提高经济效益。

2. 责任成本表的分析方法

责任成本表的分析主要是分析各责任成本单位责任完成情况，并分析其完成或未完的原因与责任。

进行调整时，对确定的变动费用项目，可按下列公式调整：

$$\text{按实际产量调整的变动费用项目计划}=\frac{\text{调整前变动费用项目计划}}{\text{计划产量}}\times\text{实际产量}$$

对混合费用项目应设法事先确定其变动费用部分与固定费用部分的比重，再进行调整。例如，对未采用变动成本法进行成本计算的制造费用项目可按下列公式进行调整：

$$\begin{matrix}\text{按国际产量调整}\\\text{的制造费用计划}\end{matrix}=\begin{matrix}\text{制造费用调整}\\\text{前计划总额}\end{matrix}\times\begin{matrix}\text{固定费用}\\\text{部分比重}\end{matrix}+\begin{matrix}\text{制造费用调整}\\\text{前计划总额}\end{matrix}\times\begin{matrix}\text{变动费用}\\\text{部分比重}\end{matrix}\times\begin{matrix}\text{产量计划}\\\text{完成百分比}\end{matrix}$$

第十章

目标成本

目标成本是企业在一定时期为了实现目标利润而必须达到的成本目标值。它是一种预先的成本，是产品生命周期成本下最大的成本允许值。目标成本具有多样化的表现形式，如计划成本、标准成本或定额成本等，实际成本是目标成本实现程度的事后计量。

目标成本法又称成本企划，是由日本本田公司在20世纪60年代首创的，20世纪80年代末被美国人引入美国，并通过英文专业杂志和教科书介绍到全世界。目标成本是日本企业在国内市场日趋饱和、企业竞争异常激烈的情况下采取低成本战略的成本管理制度。西方国家尤其是美国在20世纪80年代的经济低潮时向日本企业学习企业管理方法，尤其是学习日本的目标成本管理。当前，许多企业在学习目标成本法的基础上把目标成本计算应用到供应链成本管理中或者把目标成本法和作业成本制度结合起来。

第一节 目标成本概述

一、目标成本的约束作用

目标成本是企业对未来产品成本所规定的奋斗目标。目标成本实质上也是一种预算（计划）成本，但由于它是企业在一定时期内通过成本规划所确定的，而且是必须经过努力才能实现的成本目标，所以被称作目标成本。通常，它比实际成本要低，但经过努力还是可能实现的。

1. 目标成本是企业成本控制的需要

企业利用目标成本，可以查明生产经营过程中实际成本和目标成本之间形成差异的原因，明确其责任人员，并将管理重点转到脱离目标成本的重大差异上，有助于挖掘降低成本的潜力，提高成本控制的工作效率。

2. 目标成本是企业编制成本计划和预算的依据

就拿企业的生产阶段而言，通过对产品成本的预测和可行性分析，能使目标成本更加先进和切实可行，并成为企业制订价格的重要参考依据，将目标成本转变为计划成本，并据以编制成本计划。

3. 目标成本是企业参与市场竞争的需要

产品竞争在某种意义上是价格的竞争，而价格竞争力的来源之一是企业不断降低的成本和费用。目标成本管理是现代企业经营管理的重要组成部分，是企业挖掘内部潜力，不断降低产品成本，提高企业整体工作质量的需要，是衡量企业实际成本节约或超支，考核企业在一定时期内成本管理水平高低的依据。

4. 目标成本是企业民主与创新的需要

由于贯彻了目标管理的原则和方法，全体员工能够积极参与到目标成本内容与实施措施的制订中，从而充分体现民主管理精神，有利于调动职工的积极性，发挥职工的创造力。

二、目标成本的特点

1. 科学性

企业目标成本的制订应注重科学性，应在大量的统计、分析、计算的基础上，采用科学的方法进行测定。目标成本管理改变了财务会计对成本核算只局限于事后算账的老办法，形成一种把成本预测、成本控制、成本核算、成本分析有机综合在一起的科学的成本管理方法。制订目标成本，应以划清不同部门成本支出的经济责任为基础，使目标成本成为各个部门的费用支出目标，同时，应以大量资料特别是成本实际核算资料为基础，使目标成本的实现具有可能性。

2. 先进性

目标成本是企业在一定时期内的奋斗目标，因此，目标成本必须具有先进性，只有先进的奋斗目标才能起到促进和激励的作用。制订目标成本应以企业先进的物质生产过程和科学管理水平为基础，并通过标准成本的差量分析和责任会计的责任成本来考核成本规划中所确定的目标成本，使之具有可操作性。目标成本同时必须是经过努力可以实现的。如果目标成本制订得太理想，脱离实际，企业无法企及或控制，那么，不仅目标成本无法实现，职工的积极性也将受挫。

3. 约束性

目标成本应当是一种约束性的成本，应当能够对日常成本费用的开支产生限制或限额的作用。只有将日常的成本费用支出限定在目标成本的范围之内，才能保证目标成本与目标利润的实现。

4. 综合性

目标成本必须是在销售量、销售单价和目标利润既定的条件下确定的，三项因素缺一不可，也就是说，目标成本是在销售收入中扣减目标利润后所允许发生的成本。

不论企业采用哪种方法来确定目标成本，只要制订出计划期的目标成本，就意味着企业进入成本管理状态。目标成本管理应当包括产品投产前的设计成本管理、生产与制造过程的成本管理、材料采购与储备的成本管理，以及产品使用中寿命周期的成本管理。对各个环节所进行的成本管理，都是以确定的目标成本为成本管理和成本控制依据的，并以此对企业经营活动的全过程进行综合性的平衡、协调、控制和考核，使目标利润的预期实现得到充分的保证。

三、目标成本的种类

1. 计划成本

计划成本是根据计划期内各项消耗定额和当期费用计划及其他有关资料计算的成本。计划成本是企业降低成本的奋斗目标。例如，工业企业的计划成本指标一般有：全部商品产品计划总成本、主要商品产品单位计划成本、可比产品计划总成本、可比产品成本计划降低率及计划降低额。计划成本与实际成本的计算口径必须一致，便于比较分析两者。

2. 定额成本

定额成本是根据现行的工艺流程和各种消耗定额计算所得的成本。它反映了企业在现有生产条件下应该达到的成本水平。对于采用定额法计算产品成本的企业，定额成本是计算实际成本的基础，也是企业制订成本计划、控制实际成本支出以及检查成本脱离定额差异的主要依据。定额成本的编制范围与编制方法应与其相应的实际成本的口径保持一致，以便考核分析。

3. 标准成本

标准成本是根据精确的调查和技术测定，以及对过去成本资料的分析计算，确定在今后产品生产中作为对比基准的预计成本，包括标准用量与标准价格等。标准成本是目标成本最典型的表现形式。实施标准成本，要对形成标准成本的差异进行分析，找出增减变动的原因，从而把成本控制在“理想的标准”范围之内。

第二节 目标成本管理

一、目标成本管理的基本做法

从各国或地区目标成本管理的实践来看，其核心在于以市场价格为基础的内部成本倒推分解法（反向管理），把产品成本、质量、资金占用、品种结构等因素都纳入完整的考核体系中。有的企业内部实行“模拟市场，成本否决”的做法，就是以市场价格为主要参考系，核定出企业内部核算价格，并从这个价格开始，分工序剖析其潜在效益，从后向前核定目标成本，直至原材料采购。如果经营环境变化，目标成本与实际成本之间可能会有一定的差异，公司将认真分析这种差异以采取有效措施使得目标成本控制更加科学化。

Kaizen成本法是体现目标成本管理的一种方法，Kaizen有“不断提高”的含义，意指小的、连续的、渐进的改进，就是将目标成本进一步具体分解落实到各有关生产经营单位，直至生产经营第一线的具体执行人员，促进他们在日常的生产经营工作中不断挖掘进一步降低成本的潜力，使整个生产经营处于不断改进的状态中。

二、目标成本管理的可能风险

目标成本控制最为常见的手段就是标准成本制度与定额管理，从目标成本角度看，要注意它们两者各自可能存在的问题，如果应对不当必会形成风险。

(1) 从标准成本制度看，规则性较强的标准成本制度是对原则性较强的目标成本的体现，可以说标准成本是目标成本的具体化，具体标准体现着目标导向，是成本控制过程与结果的统一。然而应注意到，标准成本制度在日本企业会计实践中相当活跃，但实际上日本企业的标准化程度却并不高；反观欧美企业，由于管理层更迭相对频繁而导致管理会计等经营体系的变更，反而促进标准化的进程。这可能与日本企业总体上的家族式管理，推行终身雇佣、年功序列工资等经营策略有关。因此，标准成本制度的有效实施可能受到会计体系以外的因素的影响。

(2) 从定额管理角度看，定额管理可能会损害企业利益。

1) 如果自下而上制订的定额过低会使目标成本失去意义并成为企业发展动力的阻碍。

2) 如果自上而下制订的定额过高，则会超过企业系统能力并产生破坏性后果。

3) 上述两种情况使得企业经常把平均量（额）作为目标加以实施，这可能导致员工只关心定额而不关心工作质量，上下工序之间或不同零件之间的员工的合作精神受到损害，相互推卸责任、不配合及分配不公等主观想法弥漫于企业，定额反而成了阻拦企业改进质量和提高生产力的绊脚石。

总之，不管是推崇还是反对目标成本，必须坚持的观点是，市场竞争过程及其结果具有高度的不确定性，准确的目标成本也很难制订，加之倒推分解成本耗费的发生还会导致多样化的被考核主体的应对“措施”（如弄虚作假、贿赂等非法手段）的采用，进而毒化企业文化。同时，不容忽视的是，企业作为一个为实现目标而组织起来的系统，其本身也是变动和动态的，正当目标不仅是特定环境的科学决策结果，更表现为企业行动，特别是企业员工的行动，这时目标成本管理的核心就转为成本激励与约束机制的构建。

三、目标成本管理模式

目标管理是美国管理学大师彼得·德鲁克在1954年首次提出的概念，他认为只有制订科学的目标、从事严格的检查制度才能保证员工认真完成组织任务。目标成本管理是企业目标管理的重要组成部分。然而，实践中的目标成本管理模式却是以差异化形式存在的。

目标成本之所以成为一种管理模式，主要原因在于目标成本的分解过程也就是企业具体管理模式的构建过程。企业活动可以笼统地分为对外与对内两类，对外就是要占据有利的竞争地位，表现为产品目标售价的实现；对内是建立科学的成本流程安排，以支持企业目标售价的实现，进而确立企业的竞争地位。不管企业是按照管理层次、管理职能、成本经济内容还是产品形成过程进行分解，为了确保承担者接受的目标成本部分能够实现，相应的预算管理、激励与约束机制等要匹配地完善，这些共同构成了企业的整体管理系统。

目标成本管理模式的核心特点包括：

(1) 顾客导向竞争优势的战略定位。

(2) 市场预期价格与投入资源目标回报为基础的目标成本设定。

(3) 基于产品生命周期的成本控制的前置，于设计阶段就关注成本的持续降低。

(4) 采用企业组织相关职能部门团队方式在产品生产前就进行成本估价以体现出产品功能、消费者满足、产品生产成本和利润。

(5) 采用价值分析或价值工程等方法去维持产品功能并寻找降低成本的途径。

四、产品生命周期与目标成本的形成

目标成本必须关注整个产品生命周期成本，由于企业实际成本耗费取决于产品生命周期中的产品策划与设计阶段，通常认为产品实际成本的70%～80%在该阶段已经确定。产品生命周期理念适用于任何产品阶段，因此，目标成本的设定对象不仅指新产品（导入期产品），还包括已有制造实绩的产品（成长期或成熟期产品），只是对目标成本的设定方法上存在着差异。通过产品生命周期观念明确目标成本的起点后，目标成本的制订与分解就成为核心工作。其主要内容如下所述。

1. 计算企业的目标成本大体涉及三个方面

(1) 是通过消费者需求研究、竞争者分析、拆分重装模仿及目标售价决定等方法确定目标售价。

(2) 是结合企业中长期目标与利润计划，在综合考虑销售、投资报酬及现金流量等因素的基础上确定目标利润。

(3) 是按照“目标成本=目标售价－目标利润”的思路计算产品目标成本。

2. 实现目标成本需要在三个方面下功夫

(1) 如果企业是为已有制造实绩的产品设定目标成本，则要将所设定的目标成本与企业目前产品的实际成本进行比较，以发现各成本要素或部分功能的差距。

(2) 是采用跨越职能团队合作方式进行成本估计与测算，以使现有资源潜力充分发挥。

(3) 是借助同步工程法、成本分析法、价值工程法等计算出最佳产品组合下可达到的成本，如果估计可达到的成本还高于目标成本，则继续进行价值工程及成本分析等。

3. 追踪目标成本程序并实现产品成本持续改进

设定的目标成本并不能一劳永逸，应对其进行追踪考核以确定设定的目标成本的适用性与战略性等，例如消费者的满足程度、竞争者分析的准确程度、产品目标售价的变化状况以及对目标成本的可能影响等，尤其是当目标产品开始实际投产后，企业应该实施一系列改善成本的方法，使企业的产品设计、生产流程及与供应商的关系等获得持续改善以持续降低成本。

五、目标成本的制订

(一) 目标成本的制订方法

1. 加算法

加算法是以基准成本为出发点，加上为追加新功能所必需的成本，减去可除去功能及可消除作业涉及的成本，从而得到新产品可能达成的成本。所谓“基准成本”，是指企业根据其拥有的技术水平和作业能力估算达到的成本。在应用加算法时，有什么因素将导致成本上升？上升数额有多少？都要进行估算。有哪几种降低成本的方法，采用某种方法所能预计的成本降低额必须明确。这种方法的特征是，依据设计思路的特征及其采纳的可能性，对产品各个功能分区域制订的目标成本累计加总，再据以设定。需要说明，设定时企业既要考虑技术水平、生产设备、交货期等，也应结合企业经营战略的考虑对目标成本进行预测和估算。

2. 倒算法

倒算法是以产品销售收入减去产品销售税金及附加和目标利润来制订目标成本的方法。其公式如下：

目标成本=产品销售收入－税金－目标利润

单位产品目标成本=产品销售单价×（1－产品税率）－目标利润÷销售数量

3. 对比法

对比法就是比较本企业水平与先进企业的成本水平来确定目标成本，主要用于老产品。对比的标准可以是国内外同种产品的先进成本水平或历史最好水平，或按平均先进水平制订的标准成本、定额成本。

4. 回归分析法

这种方法适用于系列产品目标成本的确定。系列产品中各规格产品的成本，与某种功能特性或技术参数有一定的线性关系。根据线性关系，企业可以预测出新产品的成本，然后根据功能设计予以修正，就可以确定其目标成本。

其基本原理是：在y=a+bx中，只要确定单位变动成本b和固定成本a，则在一定业务量x下的目标成本y就可确定出来。a和b的计算公式为

$$a=\bar{y}-b\bar{x}$$

$$b=\frac{\sum x_i y_i-\bar{x}\sum y_i}{\sum x_i^2-x\sum x_i}$$

5. 公式法

公式法是根据目标成本的计算公式确定目标成本，它一般用于新产品目标成本的制订。由于消费者可以接受的价格及销售数量不可能预测得十分准确，所以用公式法制订目标成本，应把目标成本与产品的设计成本联系起来，用目标成本校正设计成本，用设计成本调整目标成本。公式法用于产品目标成本制订时，可采用以下公式：

目标成本=（有竞争力的市场价格÷销售单价）×实际成本

目标成本的各种制订方法仅仅是制订目标成本的手段，要使目标成本真正达到先进合理，成为全体职工奋斗的目标，必须从技术上、经济上进行全面的综合平衡，只有经过综合平衡确定的目标成本，才能成为最后确定的目标成本。

（二）目标成本的制订程序

目标成本的制订是目标成本控制的起点，目标成本制订的科学性和合理性直接影响到目标成本控制的有效性。目标成本的制订由下列步骤构成。

1. 搜集成本信息

制订目标成本需要的信息包括两个方面：一是预测销售量和价格。以新产品来说，价格是一个未知数，要进行市场调查和预测，进行分析，并与同类产品相比较，确定消费者对价格的接受程度。对产品而言，要对现行销售价格进行分析，特别是结合产品市场生命周期和产品竞争能力，预测出价格上下波动的趋势和幅度。二是取得先进企业成本资料，可以按成本项目来搜集。先进企业的成本水平是制订目标成本的主要参考依据。

2. 确定目标利润

将企业经营目标规定的目标利润进行分解，确定某产品在计划期内应完成的目标利润。目标利润水平应考虑产品市场预测的销售量和价格水平。

3. 初定目标成本

目标成本可采取倒算的方式进行匡算，即

目标总成本=预测销售收入－税金－目标利润

目标单位成本=预测单价×（1－税率）－预测单位销售量的目标利润

4. 确定目标成本

在初定目标成本之后，要发动群众讨论测算的目标成本指标，提出降低成本的措施，根据降低成本的主要措施对未来成本进行预测，寻找降低成本的方向和途径，经过目标成本综合平衡，即可确定企业为之奋斗的目标成本。

六、目标成本的分解

目标成本确定后，就要进行分解，层层落实到单位和个人，成为单位和个人奋斗的目标。在分解成本时，应与单位和个人的岗位责任制和经济责任制结合起来，要有利于明确经济责任，有利于加强成本控制，同时，也应给予单位和个人相应的管理权力和经济利益，做到权责利相互结合，只有这样，目标成本才能落到实处。需要指出的是，分解给各个单位和个人的目标成本必须是该单位和个人可以控制的成本。不仅要自上而下地分解目标成本，而且要自下而上地提出保证措施。此外，要结合企业工艺技术过程和企业组织结构特点来分解目标成本。

目标成本分解的方法主要有六种。

1. 按产品结构分解目标成本

在机械制造业企业中，产品的生产首先要对各种不同的材料进行加工，制成各种零件，然后经过组装，装配成部件，最后对部件进行装配形成产成品。在这种情况下，目标成本的分解可以按产品的结构进行，即把产品的目标成本分解到零件、部件和产成品上去，从而形成零件的目标成本、部件的目标成本和产成品的目标成本，然后，将零部件、产成品的目标成本按责任中心再分解。

2. 按成本形成过程分解目标成本

由于产品成本的形成过程要经过供应过程、生产过程和销售过程，在每一过程中成本有不同的表现形式，即供应过程的采购成本、生产过程的制造成本、销售过程的销售成本，因此，产品目标成本可以按成本的形成过程进行分解。这种分解方法有利于依据成本形成过程来控制成本。

3. 按组织结构分解目标成本

按企业组织结构分解目标成本是一种广泛使用的目标成本分解方法。这种方法是把全厂的目标成本分解给各个车间和职能科室，成为这些车间和职能科室的目标成本，然后，各个车间和职能科室再将其目标成本拆开分解给各个班组，成为班组的目标成本，各个班组将其负责的目标成本分解落实到个人，形成岗位目标成本，个人对岗位目标成本提出个人保证措施，班组对班组目标成本提出班组保证措施，车间和科室目标成本提供车间、科室保证措施，全厂对总的目标成本提出保证措施。这样就形成自上而下层层分解和自下而上层层保证的纵横交错的目标成本分解体系。

4. 按成本项目和成本特性分解目标成本

这种分解方法是以成本项目为主并参照成本特性来分解目标成本。其具体分解方法是：将目标成本分解为直接材料成本、直接人工成本和制造费用。其中，直接材料成本又具体分为由生产中用量引起的成本和由供应中价格变动引起的成本；直接人工成本具体分解为由工时定额变动引起的成本和由于小时工资率变动引起的成本。至于制造费用则按其产量的关系，分为变动制造费用和固定制造费用。

5. 按管理部门职能分解

将成本在同一管理层次按职能部门分解。例如，销售部门负责销售费用，设计部门负责设计成本和新产品试制费，人力资源部门负责人力资源成本等。

6. 按成本控制时间序列分解目标成本

按时间序列分为年、季、月的目标成本。

七、目标成本的控制

确定目标成本并将其层层分解，落实到岗位和个人，仅仅是为每个具体岗位和个人提出了成本控制的标准和奋斗目标，目标成本最终能否实现，取决于成本的实际执行情况，即目标成本的控制好坏。

目标成本控制就是要根据目标成本的要求，规定各种定额和标准，采取各种控制方法和手段，按照定额和标准进行控制，并且要经常对照检查，发现差异，及时加以调整。

目标成本控制的手段和方法是多种多样的。企业应根据初步控制目的选择成本控制对象，并结合成本控制对象的特点性质采取相应的措施。例如，对于材料成本来说，要严格材料的验收入库和领退制度；加强发外加工材料的管理；降低单位产品的材料用量；建立健全材料核算制度和定期盘点制度，做到账实相符。再例如，对于工资而言，要严格工资开支范围，审核工资核算的主要原始记录，正确计算和支付工资。

在目标成本控制过程中，要严格限制超标准、超定额的支出。对于达不到目标成本的

行为应认真分析原因，采取措施，促使其达到。如果目标成本本身确实存在不合理之处，必须修改，使之既先进合理又切实可行，真正成为企业成本管理的奋斗目标。

小知识

目标成本控制的意义

目标成本控制作为一种新型的成本管理思想和成本控制方法，对企业管理水平所带来的积极影响，是传统的成本管理方法所无法比拟的，其意义体现为以下三点。

1. 目标成本控制实质上是一种企业战略管理

目标成本控制改变了传统成本管理只注重自身实际消耗，不考虑外部市场需求的事后控制观念。它认为，只有建立在客户能够接受的价格和企业能够实现的目标利润基础上的成本开支，才是必要的，将事前控制、事中开展和事后控制有机融为一体，从而增强了成本控制的预见性、目的性和科学性。

2. 目标成本控制将成本管理的范围扩展到产品的整个生命周期

产品的生命周期，是指每件产品从其设计生产至消亡的历程，包括开发、设计、制造到顾客使用、废弃这样一个循环过程。在这一过程中，不仅有生产方产生的开发、设计和制造成本等，而且还包括消费者购入产品发生的使用成本、废弃成本等。企业为了取得竞争优势，一方面要改变传统观念，只注重制造成本，而忽视开发、设计成本，将成本降低的重心，从生产阶段转移到开发设计阶段，避免后续制造过程中的大量无效作业耗费的无谓成本；另一方面又要考虑尽可能降低消费者今后的使用成本。因此，为达到企业的经营目标，企业必须将传统的成本管理范围予以扩展，建立产品生命周期成本核算体系，从全流程的角度来实施成本跟踪与控制。

3. 目标成本控制以目标管理理论为基础，强化了成本控制的理论依据

目标管理是一种现代的、民主的和科学的管理理论和方法，目标成本控制正是这一理论与方法在成本控制中的具体体现和运用。目标成本控制能够把目标管理具体化，把民主管理、全员管理具体化，把提高经济效益和建立责任制具体化。

小知识

目标成本控制的风险防范

(1) 制订目标成本，必须充分考虑未来，考虑各种影响因素以及变化趋势，规避目标不切合实际所带来的风险。

(2) 标准的制订要能充分调动员工的积极性，既先进合理，又能让员工付出努力就基本能够完成，切忌目标过高，挫伤员工的积极性。

(3) 必须全员参与，哪里有浪费，哪里有降低成本的挖掘潜力，一线职工更清楚。

(4) 目标成本分解时要保持一致性，而且尽量要具体化，要横到边纵到底，层层分解落实，做到“千斤重担大家挑，成本目标人人有”。

(5) 目标成本制订要便于分解，而且能够按不同的标准或方式分解，要利于考核。

(6) 目标成本的制订要根据企业的价值链，考虑作业因素，分析各种作业之间的联系，充分整合作业链，消除非增值作业成本。

八、目标成本的分析

传统的基于成本的定价决策遵从的步骤为：设计产品和制造工艺流程；制造该产品；累计制造成本；单位成本加上加成确定销售价格；公司试图在市场上销售该产品。

在上述过程中，企业缺乏对市场的分析和对消费者需求的了解。这样，尽管新产品有可能满足顾客对产品质量和功能的需求，但很难满足他们的价格要求。在处于买方市场的今天，这种开发新产品并为其定价的决策思路无疑具有重大缺陷。

目标成本法改变了新产品开发和定价决策的重心：不是成本决定销售价格，而是销售价格决定成本。目标成本法根据市场信息确定消费者对一项新产品的质量、功能和价格的需求，以及满足这种需求的可行性，从而决定是否开发该产品及按什么目标成本对其进行开发。在这里，目标不是售价，而是制造具有一定质量和功能的产品能够负担的成本水平。其程序一般如下：

(1) 确定消费者对新产品的质量和功能要求，以及他们愿意为该产品而支付的价格，即目标售价。

(2) 用目标售价减去合理的目标利润确定产品的目标成本。

(3) 研究新产品开发的可行性，即确定公司是否能以市场接受的价格生产出顾客需要的产品，从而决定是否开发该新产品。

(4) 如果分析结果认为可行，公司即以此目标成本作为要求，着手设计新产品。当完成产品设计后，其估计成本较目标成本高时，则修改产品设计，进一步降低成本。如此周而复始，直至预计成本符合目标成本时为止。

目标成本计算需要理解三个变量之间的关系：目标售价、目标成本和目标利润。这些变量的基本关系如下：

目标成本=目标售价－目标利润

目标利润=投资额×目标投资回报率

或：

目标成本=目标售价－目标加成

目标加成=目标成本×目标加成百分比

下面举例说明目标成本在新产品开发与定价中的应用。

【例】智董公司打算生产一种新型的手提果汁机，经市场分析认为消费者可以接受的售价为29元。公司预计每年可以生产销售25000台果汁机，需投资625000元。公司要求的投资回报率为15%，有关的销售、管理费为200000元。要求：根据资料为智董公司确定目标生产成本及应否开发此产品。

解：预计的销售收入	29×25000=725000元
减：销售、管理费	200000元
目标利润	625000×15%=93750元
目标生产成本	431250元

单位目标生产成本=431250÷25000=17.25（元）

结论：该公司仅在果汁机的生产成本等于或小于17.25元的目标生产成本时，才应该设计生产此产品。因此，企业应要求设计小组对该产品的制造成本进行深入分析，看其能否达到此目标成本。

目标成本法不仅有助于新产品开发与定价决策，使企业避免开发或定价失误造成的重大损失，同时它也是一项有效的战略成本管理工具。因为，一个被普遍认同的看法是：产品成本的80%是约束性成本，并且在产品设计阶段就已经确定了。所以，有效的成本控制应该发生在产品设计及工艺设计阶段，而不是发生在产品已进入生产过程的阶段。在产品生产阶段，大部分成本已成为约束性成本，成本控制的效率将会大大下降。

第十一章

标准成本

第一节 标准成本综合知识

标准成本是通过精确的调查、分析与技术测定而制订的，用来评价实际成本、衡量工作效率的一种目标成本。在标准成本中，基本上排除了不应该发生的“浪费”，因此被认为是一种“应该成本”。标准成本和估计成本同属于预计成本，但后者不具有衡量工作效率的尺度性，主要体现可能性，供确定产品销售价格使用。标准成本要体现企业的目标和要求，主要用于衡量产品制造过程的工作效率和控制成本，也可用于存货和销货成本计价。

标准成本制度并非一种单纯的成本计算方法，而是将标准成本结合到正式会计制度中形成的一整套成本会计核算与控制系统，是成本计划、控制、计算与分析的结合。

一、标准成本的分类

标准成本按其制订时所依据的生产技术和经营管理水平，分为理想标准成本、正常标准成本、基本标准成本和现行标准成本。

1. 理想标准成本

理想标准成本是现有技术、设备和经营管理达到最优状态下的目标成本水平。“最优状态”是指在资源无浪费、设备无故障、产品无废品、工时全有效、生产能力达到充分利用的前提下，以最少的耗用量、最低的费用水平生产出最大的产出量。在该生产水平下制订的标准成本是最理想的，也是最难实现的。虽然这种标准成本可以激励员工的生产积极性，但是由于条件过于苛刻，在实际工作中，通过努力都难以做到，因此，以此为目标，可能会适得其反。这种标准成本在实际工作中很少采用。

2. 正常标准成本

正常标准成本是以正常的技术、设备和生产经营管理水平为基础制订的目标成本。"正常"是指在考虑了设备可能发生的故障、意外或计划停工等一切不利因素后的技术、设备和经营管理水平，是企业过去较长时间内所达到的平均水平，经过努力是可以达到的。但是该标准成本只是根据过去的经验估计的，不能反映目前的实际水平，用它来评价各个时期的业绩，往往不符合实际情况，达不到成本控制的目的。在经济形势稳定的条件下，企业比较适合于采用这种标准成本。

3. 基本标准成本

这种标准成本一旦制订，只要生产条件无重大变化就不予以改变，它可以使各期成本以同一标准成本为基础进行比较。但实际上，产品的生产技术和企业生产经营状态会随着时间的推移发生变化，使原有的标准成本赖以制订的技术发生改变，使其在成本管理中不能发挥应有的作用，所以，这种标准成本在实际中很少采用。

4. 现行标准成本

现行标准成本是指现行生产技术条件下，通过有效经营管理应能达到的一种水平。在制订时考虑了生产经营中的一些目前无法表面化的损耗和浪费，剔除了经过努力应能避免的各种损耗和浪费。这样制订出来的标准成本要比较严格，但又不是高不可攀，只有经过一番努力才能达到。如生产技术和经营管理条件有较大的改变，标准成本也应随之修订。由于现行标准成本在成本控制中能发挥应有的作用，因而在实际工作中应用最为广泛。

二、标准成本制度的特点

(1) 事先制订产品成本项目的标准成本，作为员工努力的目标和衡量实际成本节约或超支的尺度，事前约束将来发生的成本。

(2) 将生产过程中发生的实际消耗与标准消耗进行比较，及时反映和分析脱离标准的差异，并采取有效措施加以改进，实现成本的事中控制。

(3) 每个月末将实际成本与标准成本进行比较，通过差异分析，查明原因，采取有效措施，实现成本的事后控制。

除此之外，标准成本制度只计算各种产品的标准成本，不计算各种产品的实际成本，因此，标准成本制度的核心是按标准成本记录和反映产品成本的形成过程和结果，并借以实现对成本的控制。

三、标准成本制度的适用范围

标准成本制度一般适用于产品品种较少的大批量生产的企业，而单件、批量小和试制性生产的企业比较少用。

由于标准成本的采用还经常被用于简化存货的计价，这必然要求对存货品种变化不要太大。另外，标准成本制度的关键是标准成本的制订，而要使制订的标准成本达到多重目的，对企业管理水平提出了较高要求。从上述三个角度看，标准成本制度适用于管理水平较高的大批量生产企业。

第二节 标准成本制度

一、标准成本制度的内容

标准成本制度，包括标准成本的制订、成本差异的计算与分析及成本差异的账务处理三个组成部分。其中，制订标准成本是采用标准成本制度的前提和关键，计算和分析成本差异是标准成本制度的重点。

二、标准成本的制订

制订标准成本通常按成本项目分别制订，先确定直接材料、直接人工、制造费用的标准成本，最后确定单位产品的标准成本。标准成本的基本形式是以数量乘以价格标准得到的。不同项目的数量标准和价格标准含义不同。数量标准包括直接材料单耗、单位产品直接人工工时消耗量等标准数量。数量标准主要由生产部门主持制订，并尽量吸收负责执行标准的职工参与。价格标准包括材料价格、小时工资率、小时制造费用分配率标准，主要由会计部门同有关部门研究确定。材料价格主要由采购部门负责，人事部门和生产部门对小时工资率负责，小时制造费用分配率主要由各生产车间负责。

(一) 直接材料标准成本的制订

直接材料标准成本的制订包括直接材料用量标准的制订和直接材料价格标准的制订。直接材料用量标准是在现有生产技术条件下，生产单位产品所需要的材料数量，通常应根据企业产品的设计、生产工艺状况，结合企业的生产经营管理水平和要求，考虑降低材料消耗的可能等条件制订。企业应为产品耗费的不同的直接材料分别制订标准耗用量。直接材料价格标准是采购部门根据供应单位的市价，结合最佳采购批量和最佳运输方式等其他影响价格的因素预先确定的各种材料的单价。根据材料耗用量标准和价格标准就可以制订直接材料的标准成本。其计算公式为

直接材料标准成本=直接材料数量标准×直接材料的价格标准

(二) 直接人工标准成本的制订

直接人工标准成本的制订包括直接人工的工时标准制订和工资率标准制订。工时标准是在现有的生产技术条件下，生产单位产品所需要的时间。这里的工时既可以是生产工时，也可以是机器工时。但是，在制订工时标准时，应考虑生产间隙和正常停工所用的时间，当产品生产工艺比较复杂时，企业可以先制订零件的工时标准，再制订部件及产成品的工时标准。

在不同的工资制下，工资率标准的表现形式不同。在计件工资制下，工资率标准就是在现有生产技术水平下，生产单位产品所应支付的计件单价；在计时工资制下，工资率标准就是单位工时工资率标准。其计算公式为

工资率标准=标准工资总额÷标准总工时

根据标准工时和小时工资就可以计算确定产品的直接人工标准成本。其计算公式为

直接人工标准成本=工时标准×工资率标准

（三）制造费用标准成本的制订

由于制造费用按其形态可划分为变动性制造费用和固定性制造费用两类，所以，制造费用的标准成本也可以分别计算确定。

1. 变动性制造费用的标准成本

变动性制造费用的标准成本，一般是以直接人工标准工时或机器工作标准小时，乘以每一工时变动性制造费用的分配率计算。变动性制造费用标准分配率的计算公式为

变动制造费用标准分配率=变动制造费用预算总额÷标准总工时

变动制造费用预算总额可以采用弹性预算等方法确定。根据变动制造费用标准分配率和工时标准，就可以确定变动制造费用的标准成本，其计算公式为

变动制造费用标准成本=工时标准×变动制造费用标准分配率

2. 固定性制造费用的标准成本

固定性制造费用标准成本的制订，应视采用的成本计算方法而定。如采用变动成本计算法，固定性制造费用则将作为期间成本，直接计入利润表，作为本期销售收入的一个扣减项目，因而不必在各产品之间进行分配，也就不包括在单位产品的标准成本中。但在采用完全成本计算法的情况下，固定性制造费用和变动性制造费用一样，也要通过分配计入单位产品的标准成本中去。其分配方法与变动性制造费用相同，先计算确定固定性制造费用的标准分配率，然后再乘以预计的直接人工的标准工时，计算固定性制造费用的标准成本。其计算公式为

固定制造费用标准分配率=固定制造费用预算总额÷标准总工时

固定制造费用标准成本=工时标准×固定制造费用标准分配率

（四）单位产品标准成本的计算

在按成本项目制订好标准成本后，就可以计算单位产品的标准成本。单位产品的标准成本计算通常是通过"标准成本卡"的形式反映的。但是应当注意，产品的标准成本在采用不同的成本计算方法的情况下，其内涵是不同的，其计算公式如下：

采用全部成本法计算的产品标准成本=直接材料标准成本+直接人工标准成本+变动制造费用标准成本+固定制造费用标准成本

采用变动成本法计算的产品标准成本=直接材料标准成本+直接人工标准成本+变动制造费用标准成本

标准成本的制订，是一件十分细致的工作，不能草率行事，只有认真分析研究，标准成本才能具有科学性、现实性、稳定性和目标性。否则，标准成本制订得过高会挫伤执行人员的积极性，过低则起不到降低成本的作用，缺乏稳定性而经常变动的标准成本也会影响成本控制的效果，带来控制风险。

三、标准成本的制订方法

直接材料、直接人工和制造费用各项目的具体内容虽然不同，但构成其标准成本的因素都是两个：价格与数量。预计某种产品生产成本中各成本项目的价格标准与数量标准有几种方法，最普通的是工程法和根据经验与知识进行管理上的估计，这些方法较多地应用于数量标准的确定。而当这些原材料、人工、生产设备和劳务的标准数量转换为货币量度时，也就获得了标准成本。

（一）工程法

人们通过对生产方法的仔细研究，确定制造单位产品所需投入的直接材料和直接人工的数量。管理工程师根据所要求的产品质量决定采用何种原材料，他们可以研究原材料的式样和形状，所需的切割与修整，然后确定单位产品所需原材料的数量，包括在切割和修整中的废料。在制订人工用量标准时，管理工程师根据最佳的操作方法和对时间与动作的

研究，把完成每一工作任务所需的动作分解成较小的单位，每个个别动作都计时，确定生产过程中每一工序所需要的标准时间，从而制订出耗用人工的标准。

工程法也可以应用于某些制造费用的项目。以维修为例，管理工程师可以确定必要的维修计划中所需要的组成部分（如擦油泥、更换零件等），并估计每一组成部分的成本，然后确定每台时的维修费用。

虽然有些制造费用的项目可以采用工程法来进行分析，但是要从单位产品入手来分析制造费用是困难的。因为制造费用与直接材料、直接人工不同，它很难与某种单位产品相联系，大多数制造费用都是与多种产品或工时相联系。

(二) 估计法

有些企业不能采用工程法，他们可以依靠经理的判断来确定生产单位产品所需的投入数量。当然，经理的判断不是凭主观意愿，而是吸收工人一起参加标准的制订，这样还可将参与制订标准的人员推广到另一层次。

下面分别介绍如何用“估计法”制订直接材料、直接人工和制造费用的标准成本。

1. 直接材料的标准成本

首先需要分别确定直接材料的数量标准和价格标准。

(1) 直接材料的数量标准包括：构成产品实体的材料、生产中不可避免的损耗和废品耗用的材料等。在制订时，企业应按产品所耗用的各种材料分别计算。

(2) 直接材料的价格标准就是事先预计的购买各种材料应付的标准价格，包括买价和运杂费等。它也应按各种直接材料分别计算。

确定了上述两种标准后，直接材料的标准成本为

直接材料的标准成本 = 价格标准 × 数量标准

2. 直接人工的标准成本

(1) 直接人工的数量标准是在现有生产条件下生产单位产品应耗用的工时，包括对产品直接加工所耗工时、不可避免的休闲时间及停工损失时间、废品所耗工时。计算时应先按产品的加工步骤分别计算，然后按产品加以汇总。

(2) 直接人工的价格标准是直接人工工资率标准。制订直接人工工资率标准，要考虑不同的工资制度。在采用计件工资制度下，单位产品应付的计价工资单价即是直接人工工资率标准。在计时工资制度下，每一工时标准应分配的工资，即是直接人工工资率标准。其计算公式为：

计时工资制度下的直接人工工资率标准 = 预计支付直接人工计时工资总额/标准总工时

在数量标准和价格标准制订以后，直接人工的标准成本应制订为：

直接人工的标准成本 = 价格标准 × 数量标准 = 直接人工工资率标准 × 工时标准

3. 制造费用的标准成本

制造费用，按成本性态可分为固定制造费用和变动制造费用两个部分。制造费用预算，是按固定费用和变动费用分别编制的。

(1) 制造费用的数量标准是在现有生产条件下生产单位产品应耗用的工时。

(2) 制造费用的价格标准，即费用分配率，是每一工时标准应负担的制造费用。由于制造费用分为固定的和变动的两部分，因而费用分配率应分别取：

每工时标准变动制造费用分配率 = 变动制造费用预算合计/标准总工时

与

每工时标准固定制造费用分配率 = 固定制造费用预算合计/标准总工时

在数量标准和价格标准确定以后，制造费用的标准成本应制订为

变动制造费用的标准成本 = 价格标准 × 数量标准 = 变动制造费用分配率标准 × 标准工时

与

固定制造费用的标准成本＝价格标准×数量标准＝固定制造费用分配率标准×标准工时

在上述直接材料、直接人工和制造费用三大项目的标准成本分别制订以后，就可以汇总制订产品的标准成本。

在传统的全部成本法下，其标准成本还应加上固定制造费用的标准成本。

四、实际成本与标准成本差异分析

成本差异是指产品的实际成本与标准成本之间的差额，也称为标准差异。尽管标准成本是经过认真、仔细地分析研究而制订的，但它毕竟是一种预定的目标成本。在实际生产经营过程中，由于市场供求的变化、材料价格的波动以及其他种种影响企业经营条件的各种因素的客观存在与变动，实际成本往往不可能与预定的目标完全相符，其差额就是成本差异。实际成本超过标准成本所形成的差异叫作不利差异，实际成本低于标准成本所形成的差异叫作有利差异。通过计算成本差异，具体分析差异形成的具体原因和责任，进而采取相应措施，就能够有效控制成本，不断降低成本。

标准成本的各成本项目是在数量和价格两个因素相乘的基础上计算的，成本差异同样也从数量和价格两个因素进行分析。

设：Q为标准数量，Q+ΔQ为实际数量；P为标准价格；P+ΔP为实际价格。则

实际成本=（Q+ΔQ）、（P+ΔP）

标准成本=Q·P

成本差异=(Q+ΔQ)·(P+ΔP)－Q·P

=P·ΔQ+Q·ΔP+ΔQ·ΔP

从上式可以看出，构成成本差异的有三部分：P·ΔQ是实际数量与标准数量不一致而产生的差异，是纯数量差异；Q·ΔP是实际价格与标准价格不一致而产生的差异，是纯价格差异；ΔQ·ΔP是实际数量与标准数量的差异同实际价格与标准价格的差异结合在一起而产生的差异。对混合差异的处理通常有两种方式：一是把数量差异、价格差异、混合差异均分别列出；另一种则是不单独计算混合差异，而是把它并至价格差异来处理，因为价格差异常常表现为不可控因素，而数量差异则是成本控制的重点。为了正确进行考核，尽可能不受价格因素的影响，通常是将混合差异包括在价格差异中。列示公式如下：

数量差异=[(Q+ΔQ)－Q]·P=P·ΔQ

价格差异=Q·ΔP+ΔQ·ΔP=(Q+ΔQ)·ΔP

成本差异包括直接材料成本差异、直接人工成本差异和制造费用成本差异三部分，制造费用成本差异又可以分为变动制造费用成本差异和固定制造费用成本差异。尽管这些差异内容不一，各具特点，但都可以笼统地分为“价格差异”和“数量差异”两大类，而且各差异的计算方法和分析原理也基本相同。

①实际价格×实际数量，②标准价格×实际数量，③标准价格×标准数量

价格差异=①－②；数量差异=②－③

成本差异=价格差异+数量差异

上列式子显示了差异分析的通常做法：价格差异按实际数量计算，数量差异按标准价格计算。根据以上原理，直接材料、直接人工和制造费用成本差异可逐一分析。

（一）直接材料成本差异的分析

直接材料成本差异是指一定产品产量的直接材料实际成本与标准成本之间的差额，它是由直接材料价格差异和直接材料数量差异两部分构成的。其具体计算方法如下：

直接材料价格差异=(实际价格×实际数量)－(标准价格×实际数量)

=(实际价格－标准价格)×实际数量

直接材料数量差异=(标准价格 × 实际数量) − (标准价格 × 标准数量)
=(实际数量 − 标准数量) × 标准价格

直接材料成本差异=(实际价格 × 实际数量) − (标准价格 × 标准数量)
=直接材料实际成本 − 直接材料标准成本
=直接材料价格差异+直接材料数量差异

【例11-1】 智董公司只生产一种产品，并且只需用一种材料，本期共生产500件，耗用材料4600千克，材料实际价格11.50元。若材料标准价格为10元，单位产品的材料标准耗用量为10千克，则直接材料的成本差异可计算分析如下：

直接材料实际成本=11.50 × 4600=52900（元）

直接材料标准成本=10 × 10 × 500=50000（元）

直接材料成本差异=52900 − 50000=2900（元）（不利差异）

其中，直接材料价格差异=(11.50 − 10) × 4600=6900（元）（不利差异）

直接材料数量差异=(4600 − 10 × 500) × 10= − 4000（元）（有利差异）

计算表明，该企业由于材料耗用量的节约使得直接材料成本节约4000元，但由于材料价格上升，又使得直接材料成本超支了6900元，两个因素综合看，直接材料实际成本比标准成本增加2900元。

当企业生产多种产品或者生产的产品耗用多种材料时，直接材料成本差异的分析仍可按上述方法进行，只是这时需要将上述方法计算的各产品或各材料的价格差异及数量差异加以汇总。

确定直接材料成本差异后，应进一步查明差异产生的具体原因及责任归属。一般说来，直接材料价格差异应由企业的采购部门负责，但由于影响材料价格的因素很多，采购地点、采购批量、运输方式、运输线路、材料质量、市场供求情况等，在这些因素中，既有采购部门能选择、控制的，也有采购部门不能选择、不能控制的。若引起价格差异变动的因素是采购部门不能控制的，则就不应由采购部门负责，例如对临时需要材料进行紧急采购所引起的采购成本和采购费用的升高、市场供求变化引起的价格上升等。直接材料数量差异一般应由生产部门负责，因该差异基本上是生产部门所能控制的。但影响材料耗用量的因素也很多，如影响材料消耗量变动的因素是企业生产部门所不能控制的，则同样也不应由生产部门负责，如由于材料质量低劣或规格型号不符合要求等原因引起的数量差异应由采购部门负责。

（二）直接人工成本差异的分析

直接人工成本差异的分析是一定产品产量的直接人工实际成本与标准成本之间的差额，它是由直接人工工资率差异和直接人工效率差异两部分所构成的。直接人工工资率差异就是直接人工的价格差异，它是按实际工资率计算的直接人工成本与按标准工资率计算的直接人工成本之间的差额，类似于直接材料成本差异中的材料价格差异；直接人工效率差异即直接人工的数量差异，它是指按生产中实际产量耗用的直接人工实际工时计算的直接人工成本与按实际产量应耗用的直接人工标准工时计算的直接人工成本之间的差额，类似于直接材料成本差异中的材料数量差异。所以，直接人工成本差异分析的原理与方法同直接材料成本差异分析的原理与方法是相同的。

直接人工工资率差异=(实际工资率 × 实际工时) − (标准工资率 × 实际工时)
=(实际工资率 − 标准工资率) × 实际工时

直接人工效率差异=(标准工资率 × 实际工时) − (标准工资率 × 标准工时)
=(实际工时 − 标准工时) × 标准工资率

直接人工成本差异=实际直接人工成本 − 标准直接人工成本

=直接人工工资率差异+直接人工效率差异

【例11-2】智董公司本期实际生产产品500件，实际耗用2300工时，实际发生的直接人工成本为17940元。若单位产品的工时耗用标准为5工时，标准工资率为7元/小时，则直接人工成本差异可计算如下：

实际直接人工成本=17940（元）

标准直接人工成本=7×5×500=17500（元）

直接人工成本差异=17940－17500=440（元）（不利差异）

其中，直接人工工资率差异$=\left(\frac{17940}{2300}-7\right)\times 2300=1840$（元）（不利差异）

直接人工效率差异=(2300－500×5)×7=－1400（元）（有利差异）

计算表明，由于工资率提高使成本超支1840元，尽管人工效率提高使成本节约1400元，但两个因素综合起来，直接人工成本仍然超支440元。

由于不同工序、不同工种都制订有相应的工时耗用量标准及工资率标准，所以，如果企业生产的产品需若干个工序、由不同工种加工时，就需就不同工序、不同工种分别按上述方法进行成本差异分析，然后加以汇总。

确定了直接人工成本差异后，同样需要进一步查明差异产生的具体原因及责任归属。工资率通常由劳动合同规定的，除了修改合同外，一般不会出现工资率差异，但如果企业人员安排不当使工资率超过标准，如让高等级工人去做技术要求不高的工作，或安排过多的工人从事一定量的工作，由此引起的差异，应由负责安排工人工作的劳动人事部门或生产部门负责。影响工时耗用量的因素很多，如工人的技术熟练程度与劳动态度、设备的先进程度与完好程度、被加工材料的质量状况、能源的供应情况、工具的配备情况等，这些因素中，有生产部门能够控制的，也有一些是生产部门所不能控制的。因此，人工效率差异基本上应由生产部门负责，但也有一部分可能要由其他有关部门负责。

（三）制造费用差异的分析

制造费用差异由变动制造费用差异和固定制造费用差异两部分构成。由于这两部分差异各有特点，所以分析时应区别对待。

1. 变动制造费用差异分析

变动制造费用差异是一定产品产量的实际变动制造费用与标准变动制造费用之间的差额。变动制造费用是变动制造费用分配率与直接人工工时的乘积，所以变动制造费用差异包括变动制造费用分配率差异和变动制造费用效率差异。变动制造费用分配率差异也称变动制造费用开支差异、耗费差异或预算差异，类似于直接材料价格差异和直接人工工资率差异，该差异是由单位直接人工工时应负担的变动制造费用实际脱离其标准而引起的。变动制造费用效率差异类似于直接材料数量差异和直接人工效率差异，该差异是由生产产品实际耗用的直接人工工时脱离其标准而引起的。对变动制造费用差异可分析如下：

变动制造费用耗费差异=(实际分配率×实际工时)－(标准分配率×实际工时)

=(实际分配率－标准分配率)×实际工时

变动制造费用效率差异=(标准分配率×实际工时)－(标准分配率×标准工时)

=(实际工时－标准工时)×标准分配率

变动制造费用差异=(实际分配率×实际工时)－(标准分配率×标准工时)

=实际变动制造费用－标准变动制造费用

=变动制造费用耗费差异+变动制造费用效率差异

【例11-3】智董公司本期实际发生的变动制造费用总额为13455元，变动制造费用的标准分配率为每工时6元，其他资料与【例11-2】相同。则变动制造费用差异可分析如下：

实际变动制造费用=13455（元）

标准变动制造费用=6×5×500=15000（元）

变动制造费用差异=13455－15000=－1545（元）（有利差异）

其中，变动制造费用耗费差异$=\left(\dfrac{13455}{2300}-6\right)\times 2300=-345$（元）（有利差异）

变动制造费用效率差异=6×(2300－5×500)=－1200（元）（有利差异）

计算表明，该企业不仅提高了劳动效率，缩短了单位产品生产工时，而且还相对节约了变动制造费用，降低了变动制造费用分配率，两方面共同作用使得变动制造费用节约了1545元。

变动制造费用差异计算出来以后，分析产生的原因及落实其责任归属也很重要。由于变动制造费用是一个综合性的费用项目，包括的内容很多，一般直接根据前述计算结果还不便于对变动制造费用进行考核、控制及原因分析，因此，在实际工作中，企业应根据变动制造费用弹性预算的明细项目，结合同类项目的实际发生数编制实绩报告，对比各项目实际发生数与预算数，找出差异产生的真正原因及责任归属。

2. 固定制造费用差异分析

固定制造费用差异是一定期间的实际固定制造费用与标准固定制造费用之间的差额。其中：

标准固定制造费用=固定制造费用标准分配率×标准工时

$$固定制造费用标准分配率=\frac{固定制造费用预算数}{计划生产能量}$$

固定制造费用主要同生产能力的形成及正常维护相联系，生产活动水平在一定范围内发生变动，并不会对固定制造费用产生直接影响。因此，对于固定制造费用，主要是按一定期间编制预算，在一定的相关范围内是采用固定预算而不是弹性预算的形式。在产量的相关范围内，固定制造费用不会随产量的变动而变动，所以，固定制造费用标准分配率是以计划生产能量作为分母计算的。

在生产多种产品的情况下，由于各种产品有着不同的实物计量单位，有着不同的使用价值，其实物量不能相加。为弥补实物量指标的不足，通常企业的计划生产能量与实际生产能量都是以工时为标准来计量的。一般情况下，计划生产能量与实际生产能量不可能完全一致。实际产量小于计划生产能量，说明生产能力利用程度未达到预算规定的水平；反之，说明生产能力利用超过预算规定的水平。当实际产量大于或小于计划生产能量时，就会使固定制造费用产生差异，这种差异叫作固定制造费用生产能力利用程度差异，或固定制造费用能量差异。因此，固定制造费用的差异除了像变动制造费用差异那样包括耗费差异和效率差异之外，还包括生产能力利用程度差异。对固定制造费用差异可分析如下：

固定制造费用耗费差异=(实际分配率×实际工时)－(标准分配率×计划生产能力)

=实际固定制造费用－固定制造费用预算数

固定制造费用能量差异=(标准分配率×计划生产能量)－(标准分配率×实际工时)

=(计划生产能量－实际工时)×标准分配率

固定制造费用效率差异=(标准分配率×实际工时)－(标准分配率×标准工时)

=(实际工时－标准工时)×标准分配率

固定制造费用差异=(实际分配率×实际工时)－(标准分配率×标准工时)

=实际固定制造费用－标准固定制造费用

=固定制造费用耗费差异+固定制造费用能量差异+固定制造费用效率差异

【例11-4】智董公司本期固定制造费用预算数为13250元，编制预算时所依据的计划生产能量为2650工时，本期实际发生固定制造费用为15080元，实际耗用工时为2600工时，其他资料与【例11-2】相同。则固定制造费用差异可分析如下：

$$固定制造费用标准分配率=\frac{13250}{2650}=5（元）$$

$$固定制造费用实际分配率=\frac{15080}{2600}=5.80（元）$$

固定制造费用耗费差异=15080－13250=1830（元）（不利差异）

固定制造费用能量差异=(2650－2600)×5=250（元）（不利差异）

固定制造费用效率差异=(2600－5×500)×5=500（元）（不利差异）

固定制造费用差异=1830+250+500=2580（元）（不利差异）

固定制造费用预算应就各生产部门分别编制，实际发生固定制造费用应就各生产部门分别记录，固定制造费用的标准分配率和实际分配率应就各生产部门分别计算，因此，固定制造费用的差异分析也应就各生产部门分别进行，然后通过汇总便可求得整个企业的固定制造费用差异和固定制造费用的耗费差异、能量差异、效率差异。

当固定制造费用差异确定后，企业需要落实差异的责任归属。一般来说，固定制造费用耗费差异的产生原因主要有临时添置固定资产、超计划雇佣管理人员和辅助生产人员、应计和预付费用计入本期成本的数额过多等。导致固定制造费用能量差异出现的原因主要有经济不景气、产品定价过高、材料能源供应不足、产品销路不佳等。引起固定制造费用效率差异的原因与引起直接人工效率差异的原因相同，主要是工时利用效率。为了准确地查明差异产生的真正原因及责任归属，企业必须将固定制造费用的实际数与预算数逐项对比分析，才能恰当而又公正地落实责任。

(四) 成本差异分析的特殊问题

1. 直接材料的混合差异与产出差异

某些行业的企业，在生产中往往需要将几种材料按一定比例混合使用。在这种情况下，企业应将直接材料成本差异中的数量差异分解成材料混合差异和材料产出差异。

所谓材料混合差异是由于投料比例改变而形成的差异，它通过投入材料的平均单价的变动显现出来。其计算公式为

$$\text{材料混合差异}=\left(\text{按实际投料量与标准价格计算的加权平均单位}-\text{标准混合平均单价}\right)\times\text{本期实际投料总量}$$

所谓材料产出差异，是混合材料实际用量按标准产出率计算的标准成本与实际产量的标准成本之差，即生产中的材料用量差异，它通过一定的投料所得到的产品产出量的差异表现出来。其计算公式为

$$\text{材料产出差异}=\left(\text{混合材料实际总用量按标准产出率计算的标准产量}-\text{实际产量}\right)\times\text{单位产品混合材料的标准成本}$$

【例11-5】智董公司的A产品是由甲、乙、丙三种材料混合加工制成的，根据标准，每消耗四千克混合材料应产出一件A产品，本期A产品的实际产量为54000件，假设本期材料购入量与耗用量相等。其他有关资料见表11-1。

表11-1 A产品材料耗用表

金额单位：元

材料名称	每千克混合材料的标准数据			每千克混合材料的实际数据		
	标准价格	标准用量（千克）	标准成本	实际价格	实际用量（千克）	实际成本
甲材料	12	0.5	6	11	80000	880000
乙材料	9	0.2	1.8	10	120000	1200000
丙材料	6	0.3	1.8	6	40000	240000
合计			9.6		240000	2320000

则：单位A产品的混合标准成本=9.60×4=38.40（元）

实际产量应耗混合材料的标准数量=54000×4=216000（千克）

直接材料成本差异=2320000－38.40×54000=246400（元）（不利差异）

直接材料价格差异=(11－12)×80000+(10－9)×120000+(6－6)×40000=40000（元）（不利差异）

直接材料数量差异=(80000－0.5×216000)×12+(120000－0.2×216000)×9+(40000－0.3×216000)×6=206400（元）（不利差异）

将数量差异进一步分解为材料混合差异和材料产出差异。

$$材料混合差异=\left(\frac{12\times 80000+9\times 120000+6\times 40000}{240000}-9.60\right)\times 240000=-240000（元）$$

（不利差异）

$$材料产出差异=38.40\times\left(\frac{240000}{4}-54000\right)=230400（元）（不利差异）$$

将材料数量差异进一步分解为混合差异和产出差异，可以明确差异形成的具体原因和责任，针对存在的问题企业采取相应的有效措施。

2. 直接人工效率差异中的材料用量差异

直接人工工时耗用量与被加工的材料数量有直接的关系。单位产品耗用材料数量多，势必会使工时消耗增加；反之，单位产品耗用材料数量少，工时消耗也必然会节约。因此，单位产品材料耗用量也是影响人工效率的一个重要因素。因此，不应将材料的数量差异和人工的效率割裂开来孤立分析，必须联系起来进行考虑。

【例11-6】智董公司生产B产品，本期共耗用直接材料5000千克，直接人工3400小时，生产出产品1500件，假定没有期初、期末在产品。其他有关资料见表11-2。

表11-2 B产品材料耗用表

项目	数量标准	价格标准（元）	单位产品标准成本（元）
直接材料	3千克	4	12
直接人工	3小时	5	15
合计			27

直接人工效率差异可计算如下：

按实际工时、标准工资率计算的人工成本=3400×5=17000（元）

按标准工时、标准工资率计算的人工成本=1500×3×5=22500（元）

直接人工效率差异=17000－22500=－5500（元）（有利差异）

上述直接人工效率差异，可进一步按下列方式进行分析：

$$按实际产量与材料标准用量计算的人工成本=1500\times 4\times\frac{3}{4}\times 5=22500（元）$$

按材料实际用量计算的人工成本=$5000 \times \frac{3}{4} \times 5=18750$（元）

按实际工时与标准工资率计算的人工成本=3400 × 5=17000（元）

材料用量差异引起的直接人工效率差异=18750－22500=－3750（元）（有利差异）

生产中工效提高所引起的直接人工效率差异=17000-18750 =－1750（元）（有利差异）

计算表明，直接人工效率差异节约5500元，是由于材料用量节约导致人工成本降低3750元和直接人工真正的工效提高导致人工成本降低1750元，这是两个因素共同作用的结果。这样，就可明确形成直接人工效率差异的具体原因及对人工成本进行有效控制。

3. 直接人工的混合差异和产出差异

在企业生产中，一种产品的生产往往需要由几种不同工资等级的工人来完成。不同工资等级的小时工资率不同，在一定量的总工时中，不同等级的工人完成工时所占的比重发生变动也会对直接人工成本产生影响，使直接人工成本产生差异。这种差异是通过平均小时工资率的变动体现的，但它不同于前面所说的直接人工工资率差异；它包含在人工效率差异当中，但又不同于一般意义上的人工效率差异。这种差异具有同前面所说的材料混合差异相类似的性质，故称直接人工混合差异。这样，直接人工效率差异也应分别计算人工混合差异和人工产出差异。其计算公式为：

$$\text{人工混合差异}=\text{按各工种的实际工次和标准工资率计算的人工总成本}-\text{按实际混合人工总工时和单位工时混合人工标准成本计算的人工总成本}$$

$$\text{人工产出差异}=\left(\text{实际混合人工总工时}-\text{实际产量应耗用的混合人工标准工时}\right)\times\text{单位工时混合人工的标准成本}$$

【例11-7】 智董公司的A产品是由三种工资等级的工人共同加工完成的，本期实际产量为54000件，其他有关资料见表11-3。

表11-3 A产品人工耗用表

工资等级	单位产品混合人工的标准数据			混合人工的实际数据		
	标准工资率（元）	混合用量（工时）	标准成本（元）	实际工资率（元）	实际用量（工时）	实际成本（元）
一级	2	0.30	0.60	2.20	15000	33000
二级	3	0.20	0.60	2.90	7000	20300
三级	4	0.10	0.40	4.50	6000	27000
合计		0.6	1.60		28000	80300

直接人工成本差异=80300－54000 × 1.60=－6100（元）（有利差异）

直接人工工资率差异=(2.20－2) × 15000+(2.90－3) × 7000+(4.50－4) × 6000=5300（元）（不利差异）

直接人工效率差异=(15000－54000 × 0.30) × 2+(7000－54000 × 0.2) × 3
+(6000－54000 × 0.1) × 4
=－114000（元）（有利差异）

将直接人工效率差异进一步分解为人工混合差异和人工产出差异：

每一混合人工标准工时可生产产品=$\frac{1}{0.60}$=1.67（件）

单位产品混合人工的标准成本=1.60 × 1.67=2.67（元）

实际产量应耗混合人工标准工时=$\frac{54000}{1.67}$=324000（工时）

人工混合差异=15000×2+7000×3+6000×4－2.67×28000=333（元）（不利差异）

人工产出差异=(28000－32400)×2.67=－11733（元）（有利差异）

以上分析使直接人工成本实际脱离标准的差异得到更具体而全面的说明，从而有利于企业管理人员掌握、控制人工成本的方向和对策。

五、标准成本制度下的成本核算

作为一个完整的标准成本会计制度，标准成本的制订和成本差异的计算、分析、控制应该与成本核算结合起来，成为成本核算和成本控制相结合的完整体系。

采用标准成本法处理账务时，企业应分别核算产品的标准成本与成本差异。

(一) 账户的设置

1. 设置

“原材料”“生产成本”和“库存商品”账户，平时只登记标准成本，即这些账户无论是借方和贷方均登记实际数量的标准成本，其余额亦反映这些资产的标准成本。

2. 设置成本差异账户分别记录各种成本差异

在标准成本系统中，要按成本差异的类别设置一系列成本差异账户，如“材料价格差异”“材料数量差异”“直接人工效率差异”“变动制造费用耗费差异”“变动制造费用效率差异”“固定制造费用能力差异”等。差异账户的设置，要同采用的成本差异分析方法相适应，为每一种成本差异设置一个账户。

在需要登记“原材料”“生产成本”和“库存商品”账户时，应将实际成本分离为标准成本和有关的成本差异，标准成本数据计入“原材料”“生产成本”和“库存商品”账户，而有关差异分别计入各成本差异账户。

为了便于考核，各成本差异账户还可以按责任部门设置明细账，分别记录各部门的各项成本差异。

(二) 成本差异的归集

采用标准成本法进行核算时，成本差异的计算、分析工作要到月底实际费用发生后才能进行。所以，对于平时领用的原材料、发生的直接人工费用和各种变动、固定制造费用应先在“直接材料”“直接人工”和“制造费用”账户进行归集。月底计算、分析成本差异后，再将实际费用中的标准成本部分从“直接材料”“直接人工”和“制造费用”账户转入“生产成本”账户；将完工产品的标准成本从“生产成本”账户转入“库存商品”账户。随着产品的销售，再将已售产品的标准成本，从“库存商品”账户转入“主营业务成本”账户。对于各种成本差异，应将其从“直接材料”“直接人工”和“制造费用”账户转入各个相应的成本差异账户。

成本差异的账务处理如下。

(1) 编制领用材料成本差异的会计分录如下：

借：生产成本

　贷：原材料

　　　材料价格差异

　　　材料用量差异

(2) 编制直接人工成本差异的会计分录如下：

借：生产成本

　　直接人工工资率差异

　　直接人工效率差异

　贷：直接人工

(3) 编制变动制造费用计入产品成本的会计分录如下：

借：生产成本

变动制造费用效率差异

贷：制造费用（变动）

变动制造费用开支差异

(4) 编制固定制造费用计入产品成本的会计分录如下：

借：生产成本

固定制造费用开支差异

固定制造费用效率差异

贷：制造费用（固定）

固定制造费用能力差异

注：上述会计分录中的各项差异，如为有利差异，应记入相关账户的借方；如为不利差异，应计入相关账户的贷方。

(三) 期末成本差异的账务处理

在前面的举例中，我们介绍了月底将各种成本差异计入各差异账户的会计分录，在各个成本差异账户中对发生的成本差异进行归集，在“生产成本”“库存商品”和“主营业务成本”账户中只核算产品的标准成本。随着产品的出售以及产品成本的结转，期末对所发生的成本差异也应进行结转和处理。成本差异的处理方法主要有直接处理法和递延法。

1. 直接处理法

直接处理法是将本期发生的各种成本差异全部转入“主营业务成本”账户，由本期的销售产品负担，并全部从利润表的销售收入项下扣减，不再分配给期末在产品和期末库存产成品。这时，期末资产负债表的在产品和产成品项目只反映标准成本。随着产品的出售，应将本期已销产品的标准成本由“库存商品”账户转入“主营业务成本”账户，而各个差异账户的余额，则应于期末直接转入“主营业务成本”账户。这种方法可以避免期末繁杂的成本差异分配工作，同时本期发生的成本差异全部反映在本期的利润上，使利润指标能如实反映本期生产经营工作和成本控制的全部成效，符合权责发生制的要求。但这种方法要求标准成本的制定要合理并且不断修订，这样期末资产负债表的在产品和产成品项目反映的成本才能切合实际。该方法的运用需要编制如下会计分录。

(1) 产品完工入库

借：库存商品

贷：生产成本

(2) 销售产品

借：应收账款

贷：主营业务收入

(3) 结转已售产品标准成本

借：主营业务成本

贷：库存商品

(4) 结转成本差异

借：主营业务成本

材料价格差异

材料用量差异

变动制造费用开支差异

固定制造费用能力差异

贷：直接人工工资率差异

直接人工效率差异

变动制造费用效率差异

固定制造费用开支差异

固定制造费用效率差异

注：上述会计分录中的各项差异，如为有利差异，应记入相关账户的借方；如为不利差异，应计入相关账户的贷方。

2. 递延法

递延法是将本期的各种成本差异，按标准成本的比例分配给期末在产品、期末产成品和本期已销售产品。这样分配后，期末资产负债表的在产品和产成品项目反映的都是实际成本，利润表的产品销售成本反映的也是本期已销售产品的实际成本。这种方法期末差异分配非常复杂，不便于产品成本计算的简化；另外，期末资产负债表的在产品和产成品项目反映的都是实际成本，利润表的产品销售成本反映的也是本期已销售产品的实际成本，这样就不便于本期成本差异的分析和控制。所以，西方企业一般都采用直接处理法。

第十二章
作业成本

第一节 作业管理知识

作业管理，通俗地说，是应用作业成本计算所提供的明细、动态信息，优化企业价值链。

一、作业成本计算的相关概念

1. 作业

作业是企业在生产经营活动中，所进行的一系列与产品生产或劳务提供有关的各项具体活动。例如，服装生产企业，在服装制造过程中，要经过裁剪、缝纫、钉扣、锁眼、熨烫、检验、包装等项活动，其中每一项具体的生产活动都是一项作业，对任何加工或服务对象，都必须是重复执行特定或标准化的过程和方法。服装生产中的缝纫作业，无论加工的是西服、衬衣，还是夹克，都同样使用缝纫机、耗用缝纫线和其他机物料等，将裁片（经过裁剪的不料）缝制在一起。一项作业，可能是一项非常具体的活动，是某一部门各项活动中的一项，如缝纫；也可能是泛指一类活动，甚至是整个部门或过程的代名词，如有时可以把缝纫车间的活动称作一项作业——缝纫作业，或者生产作业（相对于研发、设计、售后服务等）。

作业具有三个特征：

(1) 作业是投入—产出因果关系连动的实体。

(2) 作业贯穿企业经营管理全过程，构成包容企业内部和连接外部的作业链。

(3) 作业是可量化的基准。

2. 作业中心与成本库

性质相同的作业所构成的集合叫作作业中心，它是一系列相互联系，能够实现某种特定功能的作业集合。例如，在原材料采购作业中，材料采购、材料检验、材料入库、材料仓储保管等都是相互联系的，且都可以归类于材料处理作业中心。如果把企业组织相关的一系列作业所消耗的资源费用归集到作业中心，便构成该作业中心的成本库。实际上，成本库是作业中心的货币表现形式。

3. 作业链和价值链

现代企业被认为是为提供满足顾客需要的产品和劳务而设计的一系列作业的载体，作业链就是这种相互联系的一系列作业活动组成的链条。企业通过这条作业链，逐步使它的产品或劳务具有有用性。这条作业链的主要内容应包括：产品的研究与开发、设计、生产、推销、配送和售后服务等项职能。作业消耗资源，产品消耗作业，每一项作业的完成都需要消耗一定的资源，同时又有一定的产出和价值量转移到下一项作业。价值沿作业链在各作业之间转移，构成一条“价值链”。

4. 资源

资源是支持作业的成本或费用来源，它是作业执行过程中所需要花费的代价。与某项作业直接相关的资源应该直接计入该作业。如果某项资源支持多种作业，就应该通过一定标准将资源分配计入各项相应的作业。

二、作业管理的目标

(1) 尽量通过作业为顾客提供更多的价值。

(2) 从为顾客提供的价值中获取更多的利润。

企业要实现这些目标，管理的重点应放在作业上。

三、作业管理的特点

(一) 把管理深入到作业水平，以作业为核心，进行作业分析的价值链持续改善和优化

我们知道，作业管理的主要目标是尽量通过作业为顾客提供更多的价值并从中获取更多的利润。然而，并不是所有的作业都能增加企业的价值。为此，企业管理必须深入到作业水平，进行作业分析。作业分析包括四个步骤。

(1) 辨别不必要或不增值的作业。

(2) 对重点的增值作业进行分析。

(3) 将作业与先进水平进行比较。

(4) 分析作业之间的联系。

明确了作业为何发生，如何发生，哪些是增值的作业，哪些是不增值的作业，才能消除不增值的作业，寻找改善的机会。通过作业分析，溯本求源，消除不增值的作业，把企业有限的资源用于能为企业最终产品增加价值的作业上，并改善顾客价值，提高作业效率与效益，从而，使企业处于不断改善的环境之中，促进企业价值链的优化。因此，作业管理不仅仅是一项管理工作，更重要的是，它还是持续改善和优化企业作业链—价值链的过程。

(二) 以产品设计、适时生产系统和全面质量管理等基本环节为重点

虽然企业本身就是一系列作业的集合体，作业管理贯穿企业生产经营管理过程的各个环节，但是，作业管理必须突出重点，不能平均使用力量，应该把重点放在产品设计、适时生产系统（Just-in-time Production System）和全面质量管理等基本环节上。

1. 产品设计

产品设计是企业内部作业链的首要环节，在相当大程度上决定后续作业。产品设计对

产品性能、所用材料、组织生产的工艺流程和成本乃至企业整体作业链—价值链都具有关键性的影响。据估计，产品寿命期的成本有60%～80%在产品设计阶段就已经确定。产品一旦投入生产，降低成本的潜力就不大了。成本虽然发生于生产过程，但是其根源却在产品设计。对成本管理而言，影响产品设计的早期因素正是赢得真正竞争优势的地方。因此，在产品设计阶段，必须认真考虑产品设计方案对成本乃至企业整体作业链—价值链的影响。产品设计是企业最重要的作业动因和成本动因。成本是由作业引起的。不同产品设计方案所需的作业不同，各种作业的耗费也不同。要降低成本，就必须从产品设计开始，应用价值工程和作业成本计算所提供的信息，根据顾客的需求，进行作业分析，修订产品设计，使产品设计在保证必要功能的前提下，尽量选用成本较低的作业，消除一切不必要的作业，降低作业耗费，把产品设计深入到作业与价值的平衡上，优化企业的作业链—价值链。

2. 适时生产系统

产品设计只是解决了生产什么样的产品问题，如何把产品设计变为现实，还要解决如何组织生产经营问题。在产品设计阶段尽量消除一切不必要的作业，只是一个开端，要把它落到实处，还需要保持企业整体生产经营过程的各个环节相互协调，环环相扣，准确无误地运转，真正消除一切不必要的作业，这就要求企业建立适时生产系统。适时生产系统是最近二十多年来高新技术广泛应用于生产领域，在生产高度电脑化、自动化基础上形成的新的生产管理系统。其目标就是消除一切不必要的作业。例如，与存货有关的存货储存、维护、归类、整理等作业，因存货质量问题、供产销各阶段的停工待料或脱销等问题而引起的作业就是不必要的作业。适时生产系统要求企业在供产销的各个环节尽量实现“零存货”。也就是说，在供应阶段，企业所需要的原材料、外购件能保质保量“适时”供生产使用；在生产阶段，各个生产环节密切配合，协调一致，前一道工序按后一道工序的要求“适时”地、保质保量地提供半成品；在销售阶段，按顾客的要求，保质保量，“适时”地将产品送到顾客手中。总之，通过适时生产系统，力求消除一切不必要的作业，优化企业的作业链—价值链。

3. 全面质量管理

全面质量管理是一种观念。它要求消除不能增加产品价值的一切浪费、缺陷和作业。全面质量管理强调顾客满意，并把管理重点放在满足顾客需求上。企业实行作业管理，必须把“全面质量管理”贯穿其中。这是因为，企业在“适时生产系统”所要求的“零存货”的经营条件下，出现任何质量问题都将造成作业链的紊乱。为了避免这种情况的出现，必须辅之以“全面质量管理”，在每一个环节都严格把好质量关，使之达到“零缺陷”，从而消除因质量问题而引起的一切不必要的作业，优化企业作业链—价值链。

总之，产品设计是企业最重要的作业动因，适时生产系统是没有任何浪费地执行各种作业，而全面质量管理则是没有任何缺陷地执行各种作业。产品设计、适时生产系统和全面质量管理“三位一体”，缺一不可。它们三者只有同步进行，相互配合，才能相得益彰，优化企业作业链—价值链。因此，作业管理必须把重点放在产品设计、适时生产系统和全面质量管理等基本环节上。

(三) 生产周期时间是衡量整个企业作业链效率的重要依据

当今社会，时间就是生命，时间就是财富，时间就是市场份额。因此，时间已经成为一个重要的竞争因素。企业从产品设计直至产品最终交给顾客，整个过程就是企业的生产周期时间。企业以市场需求为导向，缩短生产周期时间，提高了销售数量或产品销售毛利或者两者兼而有之，从而，提高了企业的获利能力和竞争能力。当生产周期时间分解成各个不同的时间片段时，它便转化为与各种产品、顾客订单或者批别产品相联系的易于管理的各种过程。这些过程是由一系列消耗诸如工资、薪金、津贴、工具、存货、折旧等资源的各种作业组成的。因此，缩短生产周期时间，优化作业链，企业可以在不增加生产能力和保证及时交货的情况下，提高产量和市场竞争优势。生产周期时间如图12-1所示。

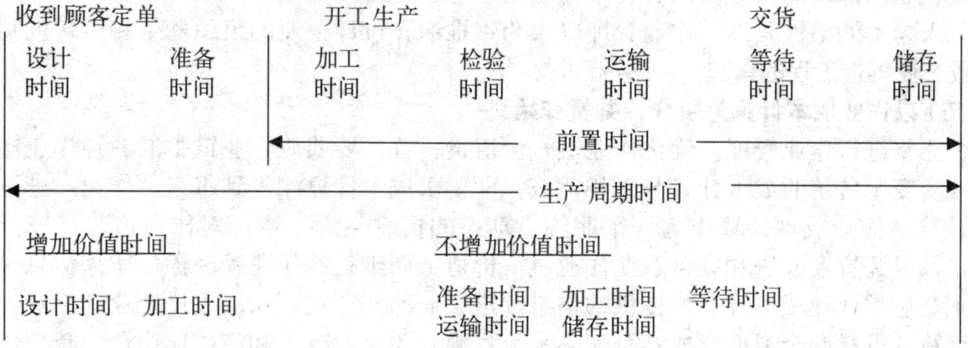

图12-1 生产周期时间与前置时间的关系

根据图12-1，时间是最基本的生产资源，它是度量企业作业链效率的一把尺子，有助于企业理解生产周期时间内所耗费的资源是否增加了价值以及在多大程度上增加了价值。虽然生产周期时间包括产品设计时间、准备时间、加工时间、检验时间、运输时间、等待时间和储存时间，但是，并不是所有的时间都可以增加最终产品的价值，只有设计时间和加工时间可以增加价值。由此，作业管理下的“增加价值的作业和不增加价值的作业”可以表述为下面的等价形式：整个生产周期时间可以分为增加价值的时间和不增加价值的时间。作业管理的目的就是要使不增加价值的时间为零。由此我们不难看到，一项作业是增加价值的作业，当且仅当该项作业是在增加价值的时间内进行。如此，一切作业耗费的资源大多数可以转化为用时间来表述。例如，前述的工资实际上就是企业为了取得员工劳动时间而支付的报酬。如果特定的不增加价值的作业消除了，生产周期时间缩短了，实质上，就等于改善了服务，提高了质量。如果高质量的服务和优质的产品得到顾客的首肯，顾客自然愿意为企业的产品或服务支付较高的价格，企业也由此从顾客手中得到更多的利润。因此，作为适时生产系统的延伸，生产周期时间是衡量整个企业作业链效率的重要依据，如何对之进行科学的管理显得日益重要。

(四) 以人为本的柔性管理

企业管理既是科学又是艺术。柔性管理体现了企业管理的艺术层面。柔性管理是在尊重人格独立与个人尊严的前提下，在提高全体员工对企业的向心力、凝聚力与归属感的基础上，所实行的分权化民主管理。最大特点在于它主要不是依靠外力而是依靠从内心深处激发每个员工的内在潜力、主动性和创造精神，使他们心情舒畅、不遗余力地为企业开拓进取，创造出优异绩效。因此，从本质上说，柔性管理是一种以人为本的管理，也可称为“人性化管理”。作业管理的目标是通过为顾客提供满意的产品而获得更多利润。企业要使顾客（外部顾客）满意，首先要以员工（内部顾客）满意作为基础和条件。只有员工（内部顾客）满意，才能达到持续改善的理想境界，消除一切不增加价值的作业，从而优化企业作业链—价值链。在作业管理下，企业管理的重点从过去强调对员工行为的控制转移到让员工知情并授权他们自我解决问题和持续改善作业链—价值链，由此导致企业管理从过去的命令—控制观念转向知情—改善观念。对此，传统的“以规章制度为本”的刚性管理难以胜任。为了充分发挥企业每个员工的自主性和开拓创新精神，优化企业整体价值链，作业管理必须辅之以柔性管理，改变传统企业管理的权力结构，从原来纵向的专制独裁式集权化管理转向横向的分权化民丰管理，以作业链及其背后的“员工链”作为管理权力的基点，确立全体员工的主体地位，赋予他们充分的自主权、知情权和发言权，即以人为本，以员工满意作为外部顾客满意的基础和条件，满足外部顾客的意愿。因此，作业管理形成企业内部新的权力结构有助于将柔性管理原理落到实处。从某个层面看，作业管理就是以人为本的柔性管理。作业管理以人为本推演和设计企业的组织框架和运转机制，从而导致企业再造工程的兴起。

（五）以作业成本计算为中介，并贯穿始终

企业要进行作业管理，优化作业链—价值链，首先要明确作业链中的各种作业耗费。这就要求变革传统的成本计算与之相适应，即要求成本计算深入到每一个作业，进行作业成本计算。作业成本计算作为一个明细、动态的信息系统，通过对作业追踪，进行动态反映，可以为旨在改进和完善企业作业链—价值链而进行的作业管理提供所需信息。作业管理正是应用作业成本计算所提供的信息改进企业的作业链，从而优化企业价值链。作业成本计算从纵横两个方面（成本分配观和流程观）为企业改进和完善作业链、减少作业耗费、提高作业产出提供信息。作业成本计算处于作业管理的中心，作业管理包含作业成本计算，以非成本尺度将作业成本计算和作业成本管理联系在一起，应用作业成本计算所提供的信息改进和完善企业的作业链，优化企业价值链。因此，作业成本计算是作业管理的基础和中介，并贯穿作业管理的始终。

企业作业链—价值链观念贯穿成本管理之中。作业成本计算过程实际上就是成本动因分析过程。如果我们单纯地将它视为一种成本计算方法，那么，它并没有什么先进性可言。因为就计算技术而言，作业成本计算并没有什么向深之处，无非改制造费用单一分配标准为多元分配标准而已，其计算、分配原理还是一样。在计算机技术的支持下，一个分配标准与多个分配标准并没有本质的差别。作业成本计算最大的贡献在于强调成本动因。因此，作业成本计算的深远意义在于强调成本动因以及由此引起的作业链—价值链改善问题。

遗憾的是国内论坛仅从计算精确性这个层面认识和理解作业成本计算。难怪许多人认为，单一产品的生产企业或没有在产品的企业（因为不存在制造费用分配问题）或劳动密集型企业不能应用作业成本计算。“我国大部分企业仍属于劳动密集型企业，推行作业成本计算法的意义不大。”之所以出现这种局面，是因为我们有些学者对作业成本计算的研究思维仅局限于成本计算的精确性，显然没有跳出“就会计论会计”的桎梏。其实，只要企业想进行成本动因分析，优化作业链—价值链，不管是何种企业，甚至是企业的某项费用都可以采用作业成本计算与作业管理。明确某项费用是否可以避免（例如，引起某项费用发生的作业是不必要的作业，就应该尽量避免发生）是成本管理的最高层次——成本避免。如果某项费用不能避免，一定要发生，接下来的问题才是控制其发生的数额（例如，对必要作业就应该提高其作业效率），这是成本管理的第二层次——成本控制。只有成本避免才能杜绝或消除浪费，成本控制只能最大限度地减少浪费。例如，企业的招待费通常都列入管理费用，这样企业只能知道管理费用的数额太大或太小，但是，企业难以清楚其发生的原因。如果将招待费按招待客人的名称（即作业）进行分类归集，结合该客人对企业的贡献大小，便可清楚企业是否应该减少招待该客人的费用甚至不招待该客人。国外一些银行、保险公司通过作业成本计算分析其顾客的价值或业务的盈利状况，从而制订发展战略。

四、作业管理在企业管理上的重大开拓性

（一）作业管理：企业成本管理新思维

马克思早就在《政治经济学批判（1857～1858年草稿）》中提出“真正的节约（经济）＝节约劳动时间＝发展生产力”这样的命题。但就目前而言，完全用时间来衡量企业生产系统的效率还是有困难的，只能间接地用劳动耗费即成本来衡量生产周期时间，从而间接地衡量企业生产系统的效率。基于这样的认识，下面着重从成本管理的角度讨论作业管理。

1. 作业管理与持续降低成本

传统的企业管理以“产品”为起点和核心，在成本管理方面，把重点放在标准成本上。与此相适应，标准成本、费用预算及其差异分析，把重点放在实际与标准或预算差异的控制上。按照这样的思路，传统成本管理只注重“通过数量进行管理”，而很少注意到成本发生的前因后果。这种成本管理方式本末倒置，没有对成本降低的源泉进行溯本求源、有针对性地采取相应的措施，因而难以取得持续的成本节约。在某些情况下，由于员工抱怨工作紧张和日益增加的工作负担，工作效率下降，成本不仅没有降低，反而上升。传统成本管理尽管也重视产品设计和质量管理，但是，由于没有从根本上改变企业管理的观念，而是以“产品”为核心和起点，没有达到更深的层次，从而使其效果在广度和深度上都受到很大的限制。与此相反，作业管理以“作业”为核心和起点，在成本管理方面，把重点放在每一作业的完成及其所耗费的资源上。通过作业分析，溯本求源，根据技术与经济相统一的原则，不断改变作业方式，重新配置有限资源，从而达到持续降低成本的目标。根据作业成本计算所提供的信息，如果发现某项高成本的作业，首先要确定这项作业是否必要，能否增加价值。如果该作业是不必要的作业，它不能增加顾客价值，企业就应该消除这项作业（见图12-2）。企业时刻应该考虑的是为什么要完成各种作业?这些作业是否必要？它能否增加顾客价值？能否改进？简而言之，作业管理持续降低成本的步骤可归结为：

(1) 减少完成某项作业所需要的时间或耗费。

(2) 消除不必要的作业。

(3) 选择成本最低的作业。

(4) 尽量实现作业共享，为降低作业成本创造有利条件。

(5) 利用作业成本计算提供的信息，编制资源使用计划，重新配置未使用资源。这些步骤贯穿企业整个生产经营过程，从而使企业处于不断改进的环境之中，达到持续降低成本的目的。

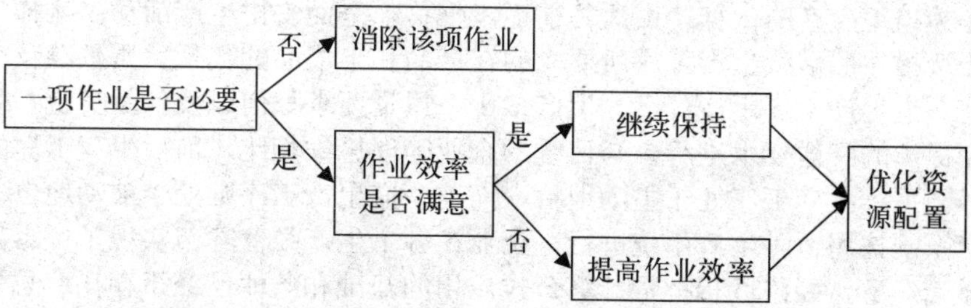

图12-2 作业分析过程

2. 作业管理与企业成本管理发展趋势

与传统成本管理相比，作业管理在成本管理方面的发展主要表现在以下几方面：

(1) 成本计算方法的发展。成本计算方法是成本管理的基础，成本计算结果的相关性直接影响企业的经营决策。在高新技术环境下，传统的成本计算方法丧失其存在的条件。作业管理把管理深入到作业水平，以作业成本计算为中介，并贯穿始终。在“适时生产系统”环境下，实现“零存货”，产品成本与期间成本的差异消失，形成一种不受期初期末存货成本结转影响的非累积性成本计算。这时，变动成本法与完全成本法的差异也随之消失。

(2) 成本控制方法的变化。成本控制是成本管理的关键，传统的成本控制方法主要是指以“产品”为中心的标准成本制度的应用。在标准成本制度下，管理人员满足标准成本的能力被视为衡量管理人员绩效的重要指标，实际绩效与标准绩效的差异，也成为对管理人员进行奖惩的重要依据。在高新技术环境下，标准成本制度的控制功能虽然没有完全消失，但已受到严重的挑战。产品生命周期缩短，富裕社会需求的多样化，都加速了生产方法的改进，使得贯彻标准成本的重要条件—生产过程的稳定性和批量化程度大大下降。与使用"可达到标准"作为成本控制基础的标准成本制度不同，作业管理以持续改善和优化价值链为目标，将企业成本管理分为成本避免和成本控制两个层次，并贯穿企业整体作业链之中，消除一切不能增加价值的作业，使企业总是处于不断改进的环境中。

(3) 重视产品寿命周期成本和质量成本的计量和报告，全方位进行成本控制。

综上所述，作业管理把管理重心深入到作业水平，以"作业"作为企业管理的起点和核心，比传统的以"产品"作为企业管理的起点和核心，在层次上大大地深化了。正如生物学深入到分子水平而形成分子生物学，在生物科学上是一个重大的革命性变革一样，企业管理把管理重心深入到作业水平而形成作业管理，可以说是继被誉为"科学管理之父"的泰罗（Frederick Winslow Taglob）于20世纪初创立"科学管理学说"以来，企业管理方面的又一个重大的革命性变革，它预示着企业管理的发展趋势。

(二) 企业生产现场控制系统的变革

在传统的企业管理下，企业采用的是由前往后的"推进式"生产现场控制系统。整个生产过程从供应阶段开始，由原材料仓库依次向各生产工序供应原材料，通过加工形成在产品、半成品，继续转入下一道生产工序，由它们继续进行加工，如此由前往后顺序推移，直至最终完成全部生产工序，形成可以对外销售的产品，转入成品仓库等待销售。在这种生产现场控制系统下，前面的生产工序居于主导地位，后续生产工序只能被动接受前面生产工序转移而来的加工对象，并对之进一步加工。采用"推进式"生产现场控制系统，在企业生产经营的各个环节，存在大量的存货。在这种生产现场控制系统下，各个环节存在适量的存货是必要的。只能在这个前提条件下，研究和确定最佳存货置存量。众所周知的经济订货批量（EOQ）就是传统企业管理思维的产物。而在作业管理下，企业采用由后往前的"拉动式"生产现场控制系统。整个生产过程以市场需求为导向，从销售阶段开始，以最终满足顾客需求为起点，根据顾客订货所提出的产品数量、质量和交货时间等特定要求作为组织生产的依据，由后往前逐步推移，全面安排生产活动。这样，前一道生产工序只能严格按照后续生产工序所要求的在产品和半成品的数量、质量以及交货时间组织生产，前一道生产工序生产什么、生产多少、质量要求如何以及何时交货，只能根据后续生产工序提出的具体要求进行。与传统的企业管理思维相比，前后生产工序的主客位置颠倒过来了，后续生产工序处于主动地位，而前一道生产工序则处于被动地位。这样，由于整个生产系统按照适时生产系统进行，企业在各个生产经营环节实现了"零存货"。可见，在作业管理下，经济订货批量计算公式应用的基础和条件已经不存在。总之，在传统的企业管理下，生产是按照"供应阶段→生产阶段→销售阶段"模式进行的，而在作业管理下，生产则是按照"销售阶段→生产阶段→供应阶段"模式进行的。

(三) 企业生产过程的弹性化

生产过程是传统企业管理的重点。生产阶段的管理主要包括产品设计、设备管理、生产组织布局、产品质量管理等方面。由于管理思维的差异，作业管理对这些环节的管理趋向弹性化。

1. 产品设计弹性化

以前企业只是从技术角度考虑问题，不惜代价地加大产品的"保险"系数，认为产品质量越高越好。只要做到质量有保证，技术工作也就尽职了。价值工程广泛应用于企业管理之后，这种局面有所改变。在产品设计中，技术部门注意到了技术与经济的协调问题。

但是，即便如此，传统企业管理中的产品设计依然停留在“产品”这个层次上，没有考虑由此引起的企业整体“作业链”问题。产品设计是企业最重要的成本动因。一切成本都是由设计引起的。执行各种产品设计方案所需的作业不同，各种作业的耗费也不同。作业管理的产品设计要求深入到“作业”层次，通过“作业分析”消除一切不必要的作业，充分考虑产品设计对整个企业“作业链”的影响。这就要求采用产品基本型、多种变形或者模块化的产品设计方法，从企业整体的角度，全方位设计产品，在产品设计阶段体现企业作业链—价值链的优化。

2. 设备弹性化

在传统生产系统中，市场需求的多变性与生产过程可能提供给市场的产品之间存在矛盾，企业通常希望产品品种及数量变化尽量少。作业管理系统则试图通过设备的弹性化解决上述矛盾。它在产品设计时就考虑加工问题，发展多功能设备，使之能提供满足市场不同需求的加工能力。多功能设备概念的发展就形成了前述的柔性制造系统。总之，传统的设备管理思想是当需求改变时，增加额外的能力需求，而作业管理主要是采用调整现有设备的方法来满足需求的改变。

3. 生产布局弹性化

在传统的企业管理下，生产布局基本上是这样的：产品由一组相同的设备加工之后，转入后续工序的另一组设备进一步加工，直至最后完成全部加工过程为止。如此，每个产品经过若干工序的加工生产，而每道工序只从事某项生产作业而已。在这里，工人接受了专门训练，只是负责兵所在工序内特定设备的操作。而在作业管理下，生产布局采用制造单元的方式。制造单元通常采用半圆形方式，它容纳了一群设备，并将这些设备按次序排列，以便从事不同的生产作业。每种产品都在一个制造单元内生产并完成，每种产品生产加工所需要的设备都放置在一个制造单元内。每个制造单元只担负某种产品或者某族产品的生产任务，某设备加工完毕后，产品即转到另一设备继续加工。在这里，分配到各个制造单元的工人接受了各种各样的训练，能够熟练操作其所在制造单元中的各种不同设备。因此，工人是全面的、多技能的，即所谓的“多面手”，而绝非是单方面的、专业化的，即所谓的“一门灵”，只擅长某种设备的操作。由此可见，在作业管理下，每个制造单元实际上就是一个小型的工厂，它是工厂中的工厂。图12-3和图12-4描述了上述这种差异。

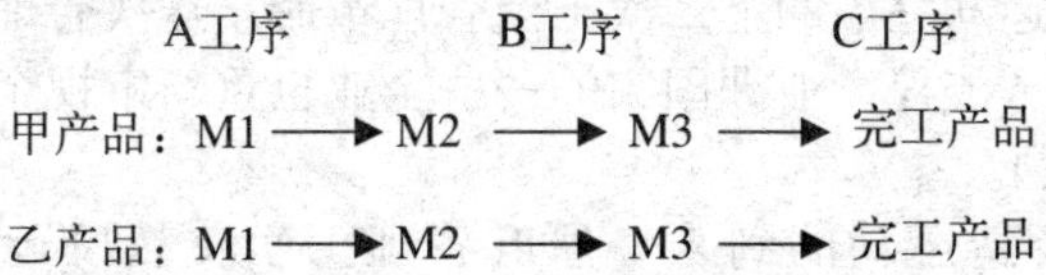

图12-3　传统企业管理下的生产布局

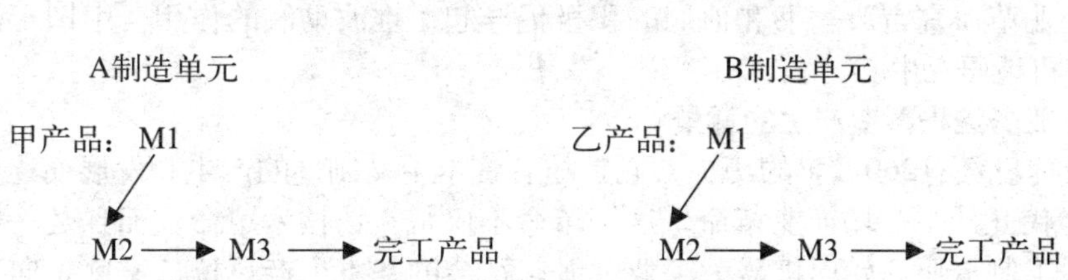

图12-4　作业管理下的生产布局（图中M代表设备）

可见，在作业管理下，为了消除不必要的作业，减少时间消耗，企业生产布局发生了变革，从原来的过程导向转向现在的产品导向。

4. 产品全面质量管理

传统企业管理对产品质量采用随机抽样的检验办法，只要不合格品率控制在一定的标准下，该批产品就视同合格。整个质量管理的重点放在专门的质检人员的事后监督和补救上。在作业管理下，企业放弃了传统的随机抽样的质量检验办法，采用100%的全检和全过程的控制，生产者本身就是质检员。通过全面的质量管理，企业要求尽量消除不合格品率，实现“零缺陷”。

由此可见，作业管理以“作业”为企业管理的起点和核心，比传统的以“产品”作为企业管理的起点和核心，在层次上大大地深化了。作业管理是企业管理思维的创新。由此，在西方发达国家，尤其是美国兴起了一场“企业再造工程”之风。这为我国深化企业改革，建立现代企业制度提供了一个新的思路。我国的企业应该根据具体情况，从中吸取有益的经验，提高企业经营管理水平和国际市场的竞争优势。

五、企业业务流程再造与竞争优势分析

优化企业作业链—价值链是作业成本计算发展到作业管理的根本动因。因此，作业管理必然对传统分工理论产生冲击。18世纪英国经济学家亚当·斯密（Adam Smith）在其著名的论著《国富论》中提出，为了提高企业的生产效率，要提倡组织分工。这种分工在当时以及以后相当长的一段时期里，确实提高了生产效率，降低了成本，企业生产效率倍增，尤其是对于大量生产标准化产品的收效更为显著，由此大大促进了企业的成长和发展。然而，正今天企业所面临的生产经营环境已经今非昔比。亚当·斯密传统的分工理论把重点放在个别作业的效率上，而忽视企业整体作业链优化问题，由此导致僵化的本位主义与“只见树木不见森林”的管理盲点，对市场变化反应迟钝。分工越细，工人的工作就越微不足道，工人与社会越发隔绝，他们因此缺乏完成任务的激情。作业管理强调多技能工人，在一定意义上弥补了上述不足。因此，过去行之有效的分工理论在今天就显得日益不适应了，由此掀起了一场企业再造革命。

(一) 企业业务流程再造

随着世界经济和科学技术的迅猛发展，人类社会正经历着由工业社会向信息社会过渡的大变革时代，作为市场经济主体的企业，其所面临的时代背景和经营环境发生了巨大变化。因此，管理会计研究必须密切注视当前世界企业管理出现的新动向。

20世纪90年代以来，在美国和其他工业发达国家兴起了一场轰轰烈烈的企业业务流程再造（Business Process Reengineering，BPR）运动。在西方国家，企业业务流程再造运动被认为是继全面质量管理运动之后的第二次工商管理革命。这次管理革命的关键是重新整合被分割得支离破碎的业务流程。亚洲国家的一些企业也重新审视企业的业务流程、组织体制、效率和竞争力等问题。

对企业业务流程再造运动的到来，原麻省理工学院教授迈克尔·哈默（Michael Hammer）博士和管理咨询专家詹姆斯·钱皮（James A. Champy）先生于1993年合著的《企业再造：企业革命宣言》一书和他们的积极倡导起了推波助澜的作用。中国上海已经成立第一个企业再造研究中心。

1. 企业业务流程再造产生的背景

企业管理已经有260多年的历史，它是随着资本主义制度的产生和发展而逐步形成的。18世纪60年代开始了一场产业革命，这场革命不仅是一场技术革命，而且是一场社会关系的变革。手工制造业开始向机器大工业过渡，社会的基本生产单位从家庭走向工厂。工厂制度的出现，导致了生产组织和社会关系的巨变，管理的必要性日益凸现。一些西方早期管理思想家和企业主对管理问题进行了探索和实践。其中的代表人物就是亚当·斯密。他花了10年的时间出版其代表作《国富论》。在这本书中，亚当·斯密提出的劳动分工理论对管理理论及其实践的发展具有重大的指导意义。他提出为了提高生产效率，必须提倡劳动分工，把生产或制造过程分解成为一连串简单的动作、一道简单的工序，让每个工人只

从事其中的一种或少数几种工作。

亚当·斯密的分工理论成为近代产业革命的起点，大大促进了英国及其他国家企业的成长与发展。此后，有许多管理专家和学者发展了这种专业分工的理论，并将其运用到企业具体的管理实践中。这些具有代表性的人物包括泰罗、法约尔（Henri Fayol）、福特（Ford）和斯隆（Sloan）等。

泰罗是科学管理理论的创始人，于1911年发表了著名的《科学管理原理》。该书是企业管理学最早的代表性著作，泰罗也因此而被誉为“科学管理之父”。他一生大部分时间所关心的主要事情就是提高生产效率。为了提高生产效率，必须对管理工作进行细分，使每个员工只承担某一方面的工作。应该说，泰罗的科学管理理论反映了当时机器大工业生产的某些客观规律，使管理由经验上升为理论，在20世纪初得到了广泛传播，并逐渐形成世界所重视的科学管理运动。

法约尔是经营管理理论的创始人。他以大企业的整体作为研究对象，于1916年发表了《工业管理与一般管理》一书，对经营管理的活动、职能、原则等进行了全面系统的探索和论述。法约尔被称为“现代经营管理理论之父”。他将企业的全部活动分为技术活动、商业活动、财务活动、安全活动、会计活动和管理活动等六类，将管理分为计划、组织、指挥、协调和控制等五大职能，提出了实施管理的14条原则，其中第一条就是“劳动分工”。他认为劳动分工属于自然规律，分工以及由此导致的专业化可以提高企业的生产效率。

20世纪初期，福特汽车公司的创办者福特率先将分工理论应用于生产，创立了“福特制”。福特制的主要内容包括生产自动化和生产标准化两个方面，由此产生了所谓“流水线作业制”。这种制度的实行简化了操作方法，降低了对劳动者的技术要求，也降低了产品的生产成本，较大地提高了生产效率。以福特所创造的“福特制”为开端，几乎所有的企业或行业都在机械化和自动化的基础上采用了劳动分工的方法。随后这种劳动分工的思想又进一步扩展到企业内部的其他管理部门，这些部门也按照专业分工的原则设立机构与安排职务，产生了诸如计划、财务、技术等专业管理部门及其相应的专业技术管理人员。通用汽车公司总裁斯隆首先将分工理论运用到管理方面。他创造出层层上报的金字塔形组织，用以管理日益庞大的企业内部官僚体系。公司总部只要掌握下面各部门上报的生产与财务报表，就可以进行规划与监督。金字塔形组织的最大优点就是它非常易于管理与规划。在紧密的分工下，工作性质单一，管理层容易确保员工工作的一贯性与正确性，从而保证企业在庞大的组织体系下能够有效运作。同时，金字塔形组织结构也有利于企业在经济快速发展的环境中迅速扩张。因为当企业要扩张时，只要增加基层的员工，并按比例充实高层管理人员及增添新的管理部门就可以了。斯隆的这套管理分工方法逐渐发展成在现代大企业中所常见的分工极细、职能阶层型的企业组织结构和管理体制，成为各国各行业及各企业的通行模式。

分工理论的发展及其实践表明，它曾为企业提高劳动生产率，增强企业竞争能力和发展社会生产力发挥了巨大的作用，但是，随着时代的变迁和人们思想认识的变化，分工理论以及由此而产生的企业组织结构、管理体制与业务流程，日益显现出不利于企业生存与发展的弊端。企业业务流程再造理论正是“背叛”分工理论应时而生的。

2. 企业业务流程再造的指导思想

企业业务流程再造的指导思想是顾客至上、以人为本和彻底改造。尽管这些管理思想早就提出过，但是，随着信息技术的发展和人类社会总体生活水平的提高，这些管理思想已经被赋予了新的含义。企业业务流程再造将这些赋予了新含义的管理思想在实践中付诸实施，从而使企业业务流程再造运动具有划时代的进步意义。

(1) 顾客至上。在这里，“顾客至上”包括两个方面的内容：

1）顾客需求的变化。随着人们经济收入的增加，消费水平逐步提高，顾客的消费需求从“温饱型”转向“价值型”，即在消费方式中反映出自己的价值追求和个性特征。由此，市场从“大众市场”转向“个性市场”。标准化产品和服务难以满足个性化的需求。今天制造技术和信息技术的飞速发展为“顾客至上”的经营思想提供了技术基础。在今天的信息社会里，过去那种生产者主权经济正在让位于消费者主权经济；过去大批量、单一产品、流水线的生产方式正在让位于小批量、多品种、柔性集成制造方式；过去那些只注重企业自身利益的经营战略正在让位于“一切以顾客满意为中心”的新一代经营战略。这些变化对人类生活质量的提高具有实质性的意义。

2）了解顾客需求。企业业务流程再造从根本上说，就是站在顾客的立场重建企业业务流程。这就要求企业对顾客的需求要有准确的把握。如果做不到这点，企业业务流程再造一开始就会偏离方向，以错误的目标来创造新流程或取消旧流程将毫无意义。要把握顾客的需求，就要弄清楚一些最基本的问题：顾客真正的要求是什么?他们对提供商品或服务的整个过程和各个环节是否满意?顾客有什么特别要求?要了解这些问题，企业要视每个顾客为有特别要求的“单一顾客”，而不能以“那群顾客”的观念开始工作。只有了解顾客的偏好和要求，才能在提供商品或服务时，投其所好。“以适当的地点、适当的时机，以适当的价格向顾客提供其所期望的商品”就是对满足顾客的理解。全方位满足顾客的需求是一个高级目标，并且是一个动态发展的目标，所有企业都应该朝这个目标努力。在此基础上，企业应该尽力将顾客的需求引导到企业的产品上，让顾客爱上企业的产品。

(2) 以人为本。20世纪初期产生的科学管理理论是对经验管理的否定。科学管理强调的是，通过制订标准的操作方法来训练工人，用经济手段来驱使人们工作。福特创造的自动化生产线将科学管理原理发挥得淋漓尽致，而斯隆创造的事业部制则是科学管理在组织上的保证。无论是福特的自动化生产线还是斯隆的事业部制都体现了“效率至上”的管理理念，以“人适应机器”的方式满足大量生产、大量消费的经济发展要求。泰罗的科学管理理论是亚当·斯密分工理论在管理实践中的应用。该理论把人放在大生产过程的从属地位。著名的霍桑试验证明，生产效率主要取决于员工的积极性和“士气”，而员工的积极性和“士气”又取决于员工的家庭和社会生活以及企业中人与人的关系。因此，企业领导要注意提高员工的满足感，树立“以人为本，只有内部员工满意才能使企业顾客满意”的观念。人是有感情的“社会人”，而不是仅仅追求金钱的“经济人”。管理就是使人心甘情愿地为企业做事。离开人的主动性、积极性和创造性，任何事情都难以做好。

(3) 彻底改造。彻底改造主要包括两方面的内容，彻底抛弃旧信条和建立新的企业观念。

1）彻底抛弃旧信条。两百多年来，亚当·斯密的分工理论一直支配着企业管理理论、管理方式甚至产业结构。分工理论在企业管理中的直接作用领域就是业务流程。亚当·斯密认为，为了提高生产效率，企业应该把制造产品的过程分为一连串的简单动作，最后由生产线组装完成。因为有了分工理论，福特创造了流水线生产方式。同时，分工理论也是古典组织理论的核心，与分工理论密切相关的是金字塔型的官僚体制。这种体制在工业社会经济高速发展时期是富有效率的。但是，分工理论也给企业的持续发展套上了枷锁。首先，被分割得支离破碎的业务流程，使企业员工在生产经营活动中“见树不见林”，企业管理者各自为政，争权夺利，企业内部各部门之间的竞争更甚于跟同行业其他企业的竞争。其次，把人分成上下级关系的官僚体制，对人的主动性和创造性不再起任何作用，它严重腐蚀着人的精神，摧残人的身心健康。最后，信息需要层层上报，再层层下达布置下来的管理程序和组织体制无法对顾客的需求做出及时和准确的反应，大大降低了企业的竞争能力。总之，由于分工思想的侵蚀，企业组织的长远和持续发展失去了根基。

因此，分工理论和官僚体制，无论它们在工业社会里做出过多大的贡献，越来越不适合时代发展的需要。在今天这个顾客需求趋于个性化和多样化、企业之间的竞争日益激烈和环境变化非常迅速的社会里，分工理论已经明显过时。企业必须顺应时代的潮流，彻底淘汰分工理论，另觅新途。

2）建立新的企业观念。

①企业的使命就是为顾客创造价值。在当今社会，企业就是为顾客创造价值而存在的，努力地为顾客创造价值就是企业的成功之路。

②能为顾客带来价值的是企业的各种业务流程。每一个业务流程是由一系列能为顾客创造价值的作业组成的，构成一个流程的各种作业是由员工来完成的，但是，各种作业本身对顾客来说毫无意义，顾客关心的是这些作业的结果，只有各种作业组合在一起构成一个完整的业务流程才能创造价值，顾客并不关心如何组合这些作业。因此，出于对顾客利益的考虑，业务流程的构造要努力做到“复杂其中，简便其表”。

③企业的成功来自优异的业务流程绩效。尽管优质的产品或服务、杰出的人才和宏伟的战略对企业来说必不可少，但并不能保证企业的成功。因为产品或服务、人才和战略只有存在于能为顾客带来价值的各种业务流程之中，才能对企业的成功有所贡献。也就是说，只有通过业务流程把这些高质量的要素结合在一起，它们才具有实质性的意义。这种高绩效的业务流程则是企业优势的集中体现。

④优异的业务流程绩效是通过科学的流程设计、适当的人员配置和良好的工作环境的共同作用达到的。因为科学的流程设计能够灵敏地对顾客的需求变化做出反应，它是流程本身有效性的根本保证；适当的人员组合能获得集体智慧和战斗力；良好的环境则能激发员工的工作热情，促使员工尽其所能，促进他们不断超越自我。

3. 企业业务流程再造的概念

企业业务流程再造是以优化企业价值链为核心，以提高企业竞争能力为目标，为了在绩效评价的关键指标（包括产品和服务质量、顾客满意度、成本、员工的工作效率等）上取得显著改善，从根本上重新思考、彻底改造、设计企业的业务流程而进行的企业重新整合。

企业可以从其关键词语“根本上”“彻底的”“显著的”来进一步理解企业业务流程再造这个概念。

(1) 企业业务流程再造需要从根本上重新思考业已形成的基本观念，即对长期以来企业在经营中所遵循的基本信念，如分工思想、等级制度、规模经营、标准化生产和官僚体制等进行重新思考。

这就需要打破原有的思维定式，进行创造性思维。企业在准备进行业务流程再造时，必须自问一些最根本性的问题。例如：“我们为什么要这样做?”“我们为什么要做现在做的事情?”重新思考这些问题，可以迫使企业对经营企业的策略和手段加以审视，找出其中过时、不当和缺乏生命力的因素。一般来说，向传统的经营理念挑战，必须跳出传统的思维框架。例如，企业不能这样自问“我们怎样才能提高审核顾客信用的效率?”因为这样的自问方式有一个预设前提，即必须审核顾客信用。有谁规定非审核顾客信用不可?实际上，在大多数情况下，审核顾客信用所耗费的成本远远比顾客呆账所损失的金额还要多。企业进行业务流程再造的第一步就是要先决定自己应该做什么以及怎样做，而不能在既定的框框中实施企业业务流程再造。

(2) 企业业务流程再造是一次彻底的变革。企业业务流程再造不是对组织进行肤浅的调整修补，而是要进行脱胎换骨式的彻底改造，抛弃现有的业务流程和组织结构以及陈规陋习，另起炉灶。只在管理制度和组织形式方面进行小改小革，对根除企业的顽疾无济于事。

(3) 企业通过企业业务流程再造可望取得显著的进步。企业业务流程再造是根治企业顽疾的一剂“猛药”，可望取得“跃进”式的进步。

作业实际上就是业务流程。企业的业务流程再造乃至企业再造本身就是企业作业链—价值链优化的表现形式。从这个层面看，企业的业务流程乃至企业再造不过是作业管理的代名词。

（二）价值链与竞争优势分析

一个企业不可能也没有必要占据价值链的全部，关键在于企业发展战略的定位。企业制订竞争战略的实质，就是将一个企业与其所面临的环境建立联系。尽管相关环境的范围相当广泛，包括社会、政治、经济、法律和教育等因素，但是，在企业环境中，最关键的因素就是企业所参与竞争的一个或几个产业。产业结构强烈地影响着竞争规则的制订以及潜在的可供选择的战略。产业外部力量通常影响着产业内部的所有企业。问题的关键在于企业对外部影响的应变能力。

1. 企业基本竞争战略

一个产业内部的竞争环境取决于五种基本的竞争力量（如图12-5所示）。这些力量汇集起来决定着该产业的最终利润空间。最终利润空间会随着这五种力量合力的变化而发生根本性的变化。

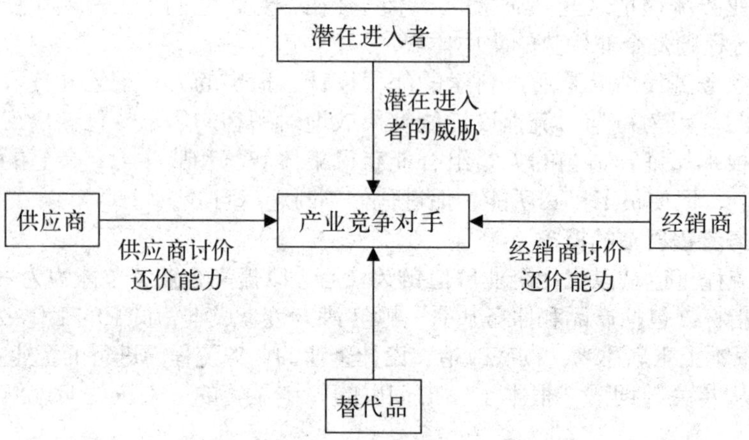

图12-5　企业竞争环境的五种力量

一个企业的竞争战略目标在于使企业在产业内部处于最佳定位，保卫自己，抗击五种竞争力量或根据自己的意愿来影响这五种竞争力量。

在这个世界上，为何在没有吸引力的产业中仍存在盈利水平很高的企业，而在吸引力很高的产业中却又存在经营状况很差的企业?受潜在高利润的诱惑，企业进入与自身竞争优势毫不相关的产业进行多元化经营，最终这些企业缘何大多以失败告终?从战略管理角度看，这就是竞争优势与竞争战略问题。

在市场经济环境下，企业的竞争是不可避免的。尽管企业相对其竞争对手存在许多优势和劣势，企业仍然可以拥有两种基本的竞争优势：低成本优势和差异化优势。一个企业具有优势或劣势的显著性最终取决于企业在多大程度上能够在相对成本和差异化上有作为。低成本优势和差异化优势又由产业结构所左右。如果企业竞争优势的两种基本形式与企业寻求获得这种优势的活动范围相结合，就可以引导出企业在产业中创造高于平均经营绩效水平的三个基本战略：低成本、差异化和目标集中。目标集中又可以分为成本集中和差异化集中两种形式。它们的关系可用图12-6表示。

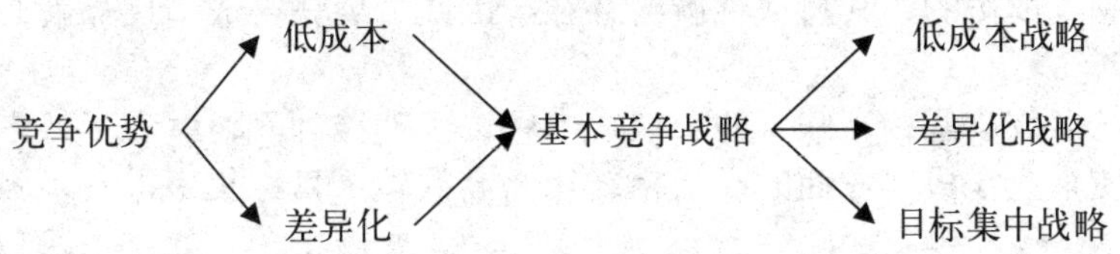

图12-6 企业竞争优势与竞争战略

(1) 目标集中。目标集中因其着眼于在产业内一个狭小的空间内做出选择，其战略与其他战略迥然不同。它选择产业内一种或一组细分市场，并量体裁衣使其战略为它们服务而不是为其他细分市场服务。市场是一个整体，但是，对某个企业而言，其市场是具体的。市场不是抽象的市场，而是特定的市场，企业所面对的是特定市场的特定顾客。如果企业片面追求市场份额，满足所有顾客需求，可能使企业在特定产品上、在细分市场中失去竞争优势。因此，企业的目标必须集中。

(2) 差异化战略。在差异化战略指导下，企业力求就顾客广泛重视的一些方面在产业内独树一帜，别具一格。如果一个企业能够提供给顾客某种具有独特性的东西，那么，它就具备有别于其竞争对手的经营差异化。经营差异化减少了竞争，保证了其市场份额。差异化战略利用顾客对品牌的忠诚以及由此对价格的敏感性下降，使企业得以避开竞争。它可以使利润增加而不必追求低成本。顾客的忠诚以及某一个竞争对手要战胜这种“独特性”需要付出的努力也就形成了市场进入壁垒。产品或服务差异化带来的较高收益可以用来对付供应商的强大压力，同时也可以缓解经销商的压力。当顾客缺乏选择余地时，其价格的敏感性也就不高。最后，采取差异化战略而赢得顾客忠诚的企业，在面对替代品威胁时，其所处的地位比其他竞争对手也更为有利。

(3) 低成本战略。低成本战略大概是三种基本战略中最明确的一种。低成本要求积极地建立达到有效规模的生产设施，在经验基础上全力以赴降低成本，抓紧对成本与管理费用的控制。贯穿整个战略的主题是如何使企业成本低于其竞争对手。为了达到这些目标，必须在管理方面对成本控制给予高度重视。尽管企业在一个产业内部存在着强大的竞争力量，但是，处于低成本地位的企业依然可以得到高于产业平均水平的利润率。这是因为：

1) 低成本优势可以使企业在与其竞争对手的竞争中受到保护。低成本意味着当别的企业在竞争中失去利润时，该企业依然可以得到利润。

2) 在强大的经销商威胁中，处于低成本的企业便于保卫自己。经销商最多只能将价格压到竞争对手的水平。

3) 低成本的企业也构成对强大供应商的防卫。低成本在对付产品涨价方面具有较高的灵活性。

4) 导致低成本地位的各种因素通常也以规模经济或成本优势的形式形成市场进入壁垒，从而可以抵御潜在进入者的威胁。

5) 低成本的企业在与替代品竞争中，通常所处的地位比产业中其他竞争对手有利，从而可以抵御替代品的威胁。

因此，低成本的企业在全部五种竞争力量的威胁中具有强大的防御作用。

在低成本这种战略指导下，企业的目标就是要使其成为产业中的低成本生产者。低成本优势的来源各不相同，并取决于产业结构。它们主要包括规模经济、专有技术、优惠的原料等（当然，规模经济是有条件的，它受市场容量的约束）。如果企业能够创造和维持全面的低成本地位，那么，它只要将价格控制在产业的平均水平或接近平均的水平，就可以获取优于平均水平的经营绩效。与竞争对手的价位相比，低成本者的低成本地位将转化为高效益。成本优势的战略性价值取决于其持久性。如果企业成本优势的来源对竞争对手来说是难以复制或模仿的，其持久性就会存在。因此，要获得成本优势就必须控制成本动因和重构价值链。

上述三种基本战略是相互联系的。低成本保证了理论利润，体现了效率；差异化保证了市场份额，使企业在成本方面的高效率转化为高效益；目标集中进一步强化了低成本和差异化优势。

2. 企业核心能力的培植与生产经营、资本经营

企业就像一棵树，从根部生长，根基是核心能力，树干是核心产品，核心产品由核心能力和生产经营单位养育，所得果实就是最终产品。核心能力的培植是赢得竞争优势的法宝，企业内部管理型战略（生产经营）和企业外部交易型战略（资本经营）的有效运用是获得与提升核心能力的根本途径，也是企业经营的精髓。它们的关系可用图12-7表示。

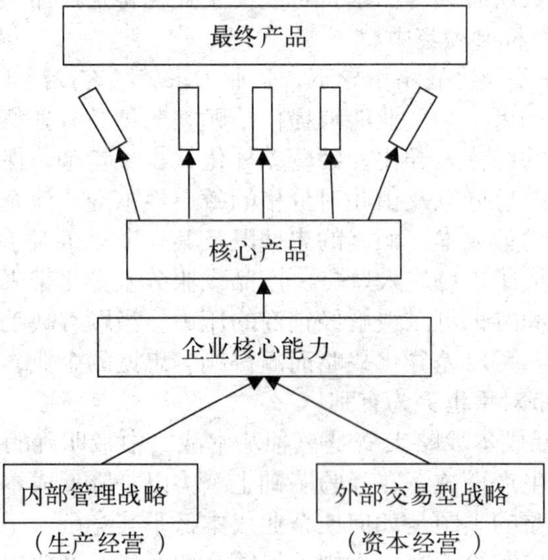

图12-7 企业核心能力的培植与生产经营、资本经营

企业核心能力是企业获得竞争优势的前提和基础。绝大多数企业只关注企业行为的外在效果，例如产品的市场占有率、品牌的知名度、企业的生产规模等，却很少认真分析造成这些后果的内在因素。一时成功的企业不能冷静地总结思考之所以成功的根本原因，失败的企业更不能找出获得成功需要培植的核心能力。这就是求生存时期企业的通病，结果是企业疲于奔命，企业不仅成长不良，其生存本身也成了问题。

任何一项具体的竞争优势都随着外界环境的变化而变化，从而具有一定的生命周期。识别企业的这种内在基础，考察企业内部管理型战略和外部交易型战略在企业生命周期中所处的位置，有助于企业正确选择战略以及在采用某一战略时应该选择的具体手段。内部管理型战略使企业核心能力得以培育和巩固，外部交易型战略有助于企业吸纳和发展新的核心能力。利用外部交易型战略是企业迅速增强和获取核心能力的有效途径。事实上，外部交易型战略必须同内部管理型战略综合使用，外部交易成果必须通过内部资源整合，将其吸收并予以发展。一个企业如果没有战略性地做出在哪里建立其核心能力的选择，它就不可能拥有明智的外部交易型战略。

在企业的发展过程中，内部管理型战略和外部交易型战略都是不可缺少的。没有内部管理型战略的有效实施，外部交易型战略的运作就失去了条件和基础；反之，没有外部交易型战略有意识有计划地成功运用，内部管理型战略的渐进积累发展根本不足以让企业保持市场上的长期竞争优势。

总之，内部管理型战略与外部交易型战略共同作用于企业，通过有机配合、有效运用，不断延伸企业生命周期曲线，核心能力得以巩固和发展，竞争优势将持续存在。如果既不能有效运用内部管理型战略，又不能主动利用外部交易型战略，企业将难以维持原有的竞争优势，更不可能培育出可以长期拥有竞争优势的核心能力，竞争优势将是短命的。

长期以来，我国企业由于未被置于市场环境中，外部资源的吸纳和重组依靠行政划拨，关、停、并、转移靠行政命令，企业经营只强调内部管理。在向市场经济转轨过程中才突然发现，企业缺乏竞争能力和可以赖以长期生存和发展的核心能力。因此，当前应特别强调企业利用外部交易型战略发展企业的核心能力。企业核心能力的培育、企业生产经营、企业资本经营的每一个具体手段与企业的生命周期有着密切关系，对企业的持续生存与发展有着极为重要的现实意义。

3. 价值链与竞争优势分析

任何企业要生存和发展都必须为企业的投资者和其他利益集团，如顾客、员工、供应商以及所在地区和相关行业创造价值。如果把企业这个黑盒子打开，我们可以把企业创造价值的过程分解成一系列互不相同但又相互关联的经济活动，或称之为增值活动，其总和就构成价值链。每一项经营管理活动就是这个价值链上的一个环节。

根据产品实体在价值链各个环节的流转程序，企业的价值活动可以分为上游环节和下游环节两大类。企业的基本活动中，材料供应、产品研究与开发、设计、生产可以称为价值链的上游环节；产品的营销、分销和顾客服务可以称为价值链下游环节。上游环节经济活动的中心就是产品，与产品的技术特性紧密相关；下游环节经济活动的中心是顾客，成败在于顾客特点。

价值链各个环节所要求的生产要素相差较大。例如说，产品的研究与开发、设计环节所要求的主要是受过高等教育、具有专业技术和首创精神的科研人员，宽松自由的组织环境和鼓励创新、提倡独立思考的企业文化，而产品的装配环节则需要大量的普通员工和严格的劳动纪律、全面质量管理和成本控制。各个企业理应根据自己的实际情况，占据价值链某个环节。

在企业的众多价值活动中，并不是每一个环节都创造价值。企业所创造的价值实际上来自企业价值链上的某个特定的价值活动。这些真正创造价值的经营活动就是企业的战略环节。企业在竞争中的优势，尤其是能够长期保持的优势，归根到底就是企业在价值链某些特定的战略价值环节上的优势。广而推之，行业的垄断优势来自该行业的某些特定环节的垄断优势。企业抓住这些关键环节，也就抓住了整个价值链。这些决定企业经营成败和效益的战略环节可以是产品研究与开发、产品或工艺设计，也可以是市场营销、信息技术或者人事管理等，因不同的行业而异。例如，在高档时装业，这种战略环节一般是设计能力；在烟草业，这种战略环节主要是广告宣传和公共关系策略；在餐饮业，这种战略环节主要是厨师和餐馆的地点选择问题。

企业要保持对某种产品的垄断优势，关键在于保持这一产品价值链上战略环节的垄断优势，并不需要在所有的价值活动上都保持垄断优势。战略环节要紧紧控制在企业内部，很多非战略性的活动则完全可以通过合同的方式承包出去，尽量利用市场以降低成本，增加灵活性。对战略环节的垄断企业可以采用许多形式，既可以垄断关键原材料、关键人才，也可以垄断关键营销渠道、关键市场等。例如，在许多靠特殊技能竞争的行业，如广告业、表演业、体育业，垄断优势通常来自对若干关键人才的垄断；在很多靠产品特色竞争的行业，这种垄断优势来自对关键技术或原材料配方的垄断，如可口可乐的糖浆配方；在高科技行业，这种垄断优势通常来自对若干关键生产技术的垄断，例如计算机的硅片生产技术。

一般来说，众所周知的垄断优势是构建在与产品直接相关的战略环节上，相对而言，鲜为人知的是各种构建在价值链辅助性增值活动环节上的垄断优势。IBM公司在世界计算机市场上的优势，很大程度上来自IBM公司覆盖全球的强大的组织体系。这种组织体系是在设计、生产、销售和维修大型商业计算机的长期过程中逐步形成和发展起来的。就个人电脑的生产而言，IBM公司是落后的，个人电脑的关键生产技术都不在IBM公司手里。但是，IBM公司遍布全球的组织结构和维修服务网络以及多年来建立起来的“高质量”服务的信誉却是其他公司难以企及的。尽管IBM公司并不生产任何个人电脑的关键部件，标有 IBM牌号的个人电脑内部所用的元器件都是IBM公司向其他公司采购来的，但IBM牌个人电脑依然受到消费者的偏爱。其中的原因主要在于IBM公司的声誉和覆盖全球的销售、维修、服务的组织体系，为消费者提供了购买技术复杂产品时所极为需要的质量保证。这种质量保证是个人电脑产销价值链上的一个战略环节，而IBM公司正是在这个环节上占有垄断优势。

4. 企业多元化经营与竞争优势

在中国，资本经营很容易与企业多元化经营联系起来。企业经理人通常认为企业的多元化经营有助于分散企业的经营风险，增加股东的价值。但是，我们不禁要问：果真如此吗？投资者需要企业替他们分散风险吗？他们完全可以自己调整证券投资组合，分散风险。多元化经营以及由此带来的企业规模扩张，不能排除管理层的个人目的。资本经营是否一定必然带来多元化经营，应该从企业核心能力和竞争优势的角度考虑，该多元化就多元化，不该多元化就不该多元化。

事实上，多元化经营还是专业化经营不过是两种不同的经营谋略。究竟企业应该采取何种经营谋略，应该根据企业的核心能力和竞争优势，作为企业的整体战略规划来考虑，不可贸然行事。从这个角度说，企业必须首先有一个具有竞争力的核心产品，围绕核心产品、核心能力和竞争优势再考虑是否应该多元化经营。

俗话说，“不能把鸡蛋放在同一个篮子里”。但是，需要提醒大家的是，放鸡蛋的篮子也不是越多越好，更不能只要有篮子就放鸡蛋。缺乏战略分析的多元化经营往往是企业资本经营的误区。我们一再强调：企业的活力取决于企业的竞争优势，而企业竞争优势的获得在相当程度上又取决于内部管理型战略和外部交易型战略的有效应用，以及由此所培植的企业核心能力。没有根植于企业核心能力的多元化经营，又不能在外部交易型战略中培植新的核心能力，最终结果可能连原来的竞争优势也丧失了。

综上所述，价值链观念告诉我们，哪些价值活动应该控制在企业内部，哪些可以利用市场，以外购方式从企业外部获得。从更为广阔的国际视野看，企业还必须确定，在企业应该内部控制的价值链战略环节中，究竟又有哪些应该安排在国内，哪些应该安排在国外，哪些应该分散，哪些应该集中。企业不可盲目地进行所谓国际化经营。

（三）战略管理会计基本框架

无论是作业管理，还是企业业务流程再造，乃至价值链与竞争优势分析，其目标无非都是为了塑造企业的核心能力。根据以上所述，企业应建设以战略管理的基本原理为指导，以培植企业核心能力为目标，以企业价值链优化为核心，由作业成本计算与作业管理、企业战略绩效评价、企业激励机制与管理报酬制度安排构成的战略管理会计的基本框架。

第二节 作业成本计算

作业成本法也称作业基础成本法或ABC法。

这种方法与其他传统成本计算方法的区别在于：按作业归集直接人工、制造费用，并按单位作业成本（作业成本分配率），将加工成本分配到使用相关作业的成本对象；直接材料成本则直接计入成本对象。

这种方法的理论依据是，成本对象（产品或劳务）耗用作业，作业耗用资源；生产导致作业发生，作业导致成本发生。所以，向成本对象分配的应该是作业的成本，分配的基础应该是成本对象耗用的作业量。具体操作时，应根据作业成本和成本对象耗用的作业量，计算每种作业的分配率，把各种作业成本分配到每一成本对象。产品成本是在制造过程中所需全部作业成本的总和。因此，作业成本的计算过程可以概括为：资源—作业—产品。

小知识

作业成本的相关概念

1. 成本对象

成本对象是企业执行各项作业的原因，它是归集成本的最终点。根据企业组织管理的需要，成本对象可以是产品，也可以是作业、部门或生产线、一个人，乃至整个企业，甚至可以是企业外部顾客。

2. 成本动因

成本动因，也称成本驱动因素，是指可以引起相关成本对象的总成本发生变动的因素。在作业成本计算中，成本动因可分为两种：一是引起作业成本变动的驱动因素，作业成本是耗用的企业资源，因此，这类动因又被称为资源动因；一种是引起产品成本变动的驱动因素，产品生产过程中耗用的是作业，因此，这类动因又被称为作业动因。成本动因还可以分为单一动因和复合动因。单一动因是成本动因作为分配基础时，使用单一的数量、次数或者时间等指标；复合动因是成本动因作为分配基础时，使用两种或两种以上的数量指标，如按人工工时乘以设备工时系数，或者按设备工时乘以人工工时系数；产品售价乘以产量、数量乘以体积、数量乘以重量等。

一、作业成本法的主要特点

1. 作业成本法根据“产品消耗作业、作业消耗资源”的思想对传统的成本计算法进行了重大变革

它将着眼点放在作业上，首先依据作业资源的消耗情况（资源动因）将资源的成本分配到作业，再依据作业对最终产品的贡献方式（作业动因）将作业成本追溯到产品。它一方面克服了传统成本计算中间接成本集合较少，且缺乏同质性的缺点；另一方面改变了以产量（或与产量有密切关系的人工工时、人工成本等）为单一分配基础的间接成本分配方法。

在经济不是十分发达的社会环境下，在粗放式管理的劳动密集型企业中，产品的直接材料、直接人工成本等所占比重较大，间接成本比重较小。适应这种情况，传统的成本计算方法，按照产品所耗用的人工工时或人工成本等单一的成本分配基础进行间接成本分配，计算产品成本，所得到的成本信息，一般可以满足企业管理与决策的需求。相反，追求过细的间接成本分配方法，不仅实际意义不大，而且经济上不合算，不符合“成本—效益原则”。但是，随着企业的发展和科学技术进步，间接成本的比重迅速增加，直接材料和直接人工成本不断下降。间接成本能否科学合理分配，已成为影响成本真实性、准确性的重要问题。在日益激烈的市场竞争环境中，产品的销售价格已逼近成本，产品的获利空间已容纳不了成本的误差。因此，由于间接成本分配不合理，所造成的一部分产品成本“虚增”，一部分产品成本“虚减”的情况，往往导致产销和定价决策的错误：或者盲目扩大实际成本较高的产品销售市场，而形成实际的亏损；或者拒绝接受价格合理的产品订单，使企业丢掉实际成本较低的产品市场份额。

与传统的成本计算方法相比，作业成本法改变了以生产工时或人工成本等单一分配基础进行间接成本分配的做法，而是根据产品在生产过程中消耗各种作业的情况，选择不同的作业作为分配基础。这种方法，进一步强调因果关系原则，缩小了成本分配范围，增加了分配率的数量，可以较好地解决成本分配中的不合理现象，提供符合实际的成本信息，大大提高了成本信息在产销决策与价格决策中的有用性，从而可以促进企业提高决策水平，减少或避免决策失误。

2. 作业成本法要求在分析作业和成本动因的基础上，建立作业中心和成本库

按照作业成本法的基本理论，有着明确责任人控制的作业活动才是一项独立的作业，每一个作业中心须单独核算相关作业和费用。因而，实施作业成本法可以较好地克服传统制造成本法中间接费用责任不清的问题，并且使以往一些不可控的间接费用在作业成本系统中变为可控。例如，在传统的成本计算方法下，有些企业材料采购费用是按照材料的买价来分配的，时常造成使用高价格材料的产品成本不合理升高（一块集成电路的价格可能是一个普通电器开关价格的几十倍甚至几百倍，分配的采购费用也会相差几十倍甚至几百倍，而实际一块集成电路与一个开关的采购费用相差无几）。有时销售人员抱怨，由于生产成本高，使产品失去了市场竞争力；生产部门认为，材料采购成本高是产品成本高的主要原因；而采购人员则认为他们采购的材料是国内生产厂家中价格最低的。因而，很难说清成本高的原因，更无法追究哪个部门的责任。按照作业成本法的思想，通过成本动因分析，则可以弄清材料采购费用发生的动因，是材料采购过程中使用的采购作业量（如按材料的体积、重量、采购批次、运输距离等）大小，而不是材料的买价，并根据材料在采购过程中耗用“采购作业”多少来分配采购费用，就会避免上述问题的出现，使材料采购成本更加合理，从而正确评价有关人员的功过。同时，将材料采购作为一个作业中心，可以促进采购人员认真研究如何在保证生产需要的前提下，减少采购批次、就近采购以缩短运输距离等降低采购费用的措施，实现有效控制采购成本的目的。

在引导管理人员关注成本发生的原因方面，作业成本法还有一个显著的特点是，强调产品“消耗”的作业成本，未必包括全部生产能力成本，即不一定等于“投入成本”。例如，一台机器每月正常产量是100件产品（代表生产能力和投入成本），但如果企业每月实际只生产80件产品，存在着20件未利用生产能力的成本。按照作业成本法，只计算80件产品实际消耗的作业成本，而不把20件未利用生产能力的成本计入产品成本。未利用生产能力的成本一般作为期间成本处理。这是因为，未利用生产能力的成本不属于产品生产过程中发生的成本，而属于企业管理和营销管理部门应控制的成本。因此，作业成本法更能真实地反映产品的实际成本，同时，更有利于企业分清经济责任。

3. 作业成本法实际上不是一种独立于传统成本计算方法（如以产量为分配基础的品种法、分批法、分步法等）之外的新的成本计算方法

作业成本法是对传统成本计算方法的改进，使传统的成本计算方法更加科学，进一步细化。作业成本法，按作业归集资源的耗费，并按产品耗费的作业分配作业成本，把成本核算的对象，从一个部门（车间）一批产品，细化到了影响成本的每一个具体环节、每一项关键作业。作业成本法所提供的信息，不仅包括每一项作业的资源耗费和能力利用情况，而且包括产品耗费作业的情况。成本信息量和有用性的增加，有利于进一步加强成本分析，发现管理中存在的问题。对作业链中的那些不增加价值的无效作业（无效作业不等于无用作业，如废品的修复，虽不增加价值，但是必要的），采取措施严格控制，尽量减少甚至消灭；对其中的有效作业，通过加强管理和控制，提高作业效率，增加产出能力。因此，作业成本法可以实现有效的成本控制和持续的成本降低，促进企业在激烈的市场竞争中，以成本优势取胜，增强企业核心竞争能力。

二、作业成本计算与传统成本计算法的比较

作业成本计算克服了单纯以直接人工成本等标准分配制造费用的局限性，缩小制造费用的分配范围（由整个企业统一分配改为由若干个“成本库”分别进行分配），增加制造费用分配标准（由单一标准改为多元标准），即按引起制造费用发生的各种成本动因进行分配。由于所选择的成本动因最能代表各成本库的作业活动，因而，可以避免成本对象的成本扭曲。

由于生产成本中的直接材料成本和直接人工成本属于直接成本，因而，作业成本计算对直接材料成本和直接人工成本的核算方法与传统的成本计算方法并无不同，其特点主要体现在制造费用的分配上。为了说明问题，下面举例说明作业成本计算与传统成本计算方法的计算原理及其差异。

【例12-1】智董公司同时生产A、B和C三种产品。其中，A产品是老产品，已经有多年的生产历史，比较稳定，每批大量生产10000件以备顾客订货的需要，年产A产品120000件；B产品是应顾客的要求改进的产品，每批生产100件，年产B产品60000件；C产品是一种新的、复杂的产品，每批生产10件，年产C产品12000件。

有关三种产品的生产成本资料如表12-1所示。

表12-1　智董公司产品生产成本表　　单位：元

成本项目	A产品	B产品	C产品	合计
直接材料	600000	360000	96000	1056000
直接人工	240000	120000	36000	396000
制造费用	200000	600000	180000	1980000
合计	2040000	1080000	312000	3432000

根据表12-1，按传统成本计算方法，智董公司A、B和C三种产品的单位成本计算结果如表12-2所示。

表12-2　智董公司产品生产单位成本表　　单位：元

成本项目	A产品（120000件）	B产品（60000件）	C产品（12000件）
直接材料	5.00	6.00	8.00
直接人工	2.00	2.00	3.00
制造费用	10.00	10.00	15.00
合计	17.00	18.00	26.00

在传统成本计算法下，制造费用以直接人工成本为基础，它是直接人工成本的500%。

根据作业成本计算，依据不同的成本库，归集制造费用如表12-3所示。

表12-3　依据成本库归集的制造费用表　　单位：元

制造费用项目	数额
间接人工：	
整备工作	320000
材料处理	280000
检验人员	200000
采购人员	210000
产品分类人员	100000
工厂管理人员	160000
小计	1270000
其他制造费用：	
热和照明	80000
房屋占用	190000
材料处理设备折旧	80000
机器能量	140000
供应商（检验）	70000
供应商（购买）	60000
供应商（产品分类）	40000
供应商（全面管理）	50000
小计	710000
合计	1980000

进一步假设有关的成本动因资料如下所述。

(1) A、B、C产品的单位机器小时比例分别为：1、1.5和3.5。

(2) 每批次需要一次标准的整备工作。

(3) 每批的标准检验单位为：A产品每批50件、B产品每批5件、C产品每批2件。

(4) A、B、C产品每批材料移动次数分别为：25、50和100。

(5) A、B、C产品每件购货订单数分别为：200、400和1400。

(6) A、B、C产品每件产品分类次数分别为：50、75和200。

根据上述资料，按照单位作业、批作业、产品作业和能量作业四个作业层次分配制造费用如下：

1. 单位作业层次

(1) 直接材料成本与直接人工成本的计算与传统成本计算法相同。

(2) 机器能量成本按一定比率分配到产品生产线。计算过程如表12-4所示。

表12-4　机器能量成本分配表

产品名称	数量（件）	使用比例	合计（元）	分配率	分配额（元）
产品A	120000	1	120000	0.56	66700
产品B	60000	1.5	90000	0.56	50000
产品C	12000	3.5	42000	0.56	23300
合计	-	-	252000	0.56	140000

2. 批作业层次

(1) 检验成本按检验次数分配。计算过程如表12-5所示。

表12-5 检验成本分配表

产品名称	批量	每批检验数	合计（元）	分配率	分配额（元）
产品A	12	50	600	45.00	27000
产品B	600	5	3000	45.00	135000
产品C	1200	2	2400	45.00	108000
合计	-	-	6000	45.00	270000

注：*表示检验成本＝检验人员工资200000元＋供应商（检验）70000元。

(2) 材料处理成本以材料移动次数为基础分配。计算过程如表12-6所示。

表12-6 材料处理成本分配表

产品名称	批量	每批移动次数	合计（元）	分配率	分配额（元）
产品A	12	25	300	2.40	720
产品B	600	50	30000	2.40	71856
产品C	1200	100	120000	2.40	287424
合计	-	-	150300	2.40	360000*

注：*表示检验成本＝材料处理人员工资280000元＋折旧80000元。表中分配率和分配额根据四舍五入取整数列示。

(3) 整备成本以每批整备次数为基础分配。计算过程如表12-7所示。

表12-7 整备成本分配表

产品名称	每批整备次数	分配率	分配额（元）
产品A	12	176.60	2120
产品B	600	176.60	105960
产品C	1200	176.60	211920
合计	1812	176.60	320000

3. 产品作业层次

(1) 购买成本以购货订单为基础分配。计算过程如表12-8所示。

表12-8 购买成本分配表

产品名称	购货订单数量（件）	分配率	分配额（元）
产品A	200	135.00	27000
产品B	400	135.00	54000
产品C	1400	135.00	189000
合计	2000	135.00	270000*

注：*表示购买成本＝购买人员工资210000元＋供应商（购买）60000元。

(2) 产品分类成本以分类次数为基础分配。计算过程如表12-9所示。

表12-9 分类成本分配表

产品名称	分类次数	分配率	分配额（元）
产品A	50	430.77	21540
产品B	75	430.77	32310
产品C	200	430.77	86150
合计	325	430.77	140000*

注：*表示分类成本＝分类人员工资100000元＋供应商（产品分类）40000元。表中分

配率和分配额根据四舍五入取整数列示。

4. 能量作业层次

能量作业层次以主要成本（直接材料成本＋直接人工成本）为基础分配。计算过程如表12-10所示。

表12-10 主要成本分配表

产品名称	单位主要成（元）	生产数量（件）	主要成（元）	分配率	分配额（元）
产品A	7.00	120000	840000	0.33	277686
产品B	8.00	60000	480000	0.33	158678
产品C	11.00	12000	132000	0.33	43636
合计	-	-	1452000	0.33	480000*

注：*表示能量成本：

(1) 工厂管理人员工资 160000元

(2) 照明和热动力费用 80000元

(3) 房屋占用费 190000元

(4) 供应商（全面管理） 50000元

合计 480000元

表中分配率和分配额根据四舍五入取整数列示。综合上述计算结果，根据作业成本计算法，各种产品的总成本和单位成本汇总如表12-11所示。

表12-11 智董公司产品生产成本表

单位：元

项目	产品A		产品B		产品C	
	单位成本	总成本	单位成本	总成本	单位成本	总成本
1.单位作业层次：						
直接材料	5.00	600000	6.00	360000	8.00	96000
直接人工	2.00	240000	2.00	120000	3.00	36000
机器能量	0.56	66700	0.83	50000	1.94	23300
小计	7.56	906700	8.83	530000	12.94	155300
2.批作业层次：						
检验	0.23	27000	2.25	135000	9.00	108.000
材料处理	0.01	720	1.20	71856	24.00	287424
整备	0.02	2120	1.77	105960	17.66	211920
小计	0.26	29840	5.22	312816	50.66	607344
3.产品作业层次：						
购买	0.23	27000	0.90	54.00	15.75	189000
产品分类	0.18	21540	0.54	32310	7.18	86150
小计	0.41	48540	1.44	86310	22.93	275150
4.能量作业层次：						
全面管理（参见表12-10结果）	2.31	277686	2.64	158628	3.63	43636
合计	10.54	1 262766	18.13	1087898	90.16	1082006

表12-2与表12-11计算结果显示了传统成本计算法与作业成本计算的区别。作业成本计

算除了提供更为详细的成本信息外，其所确定的成本也与传统成本计算法大不相同。本例中，A产品和C产品的差别尤其明显。A产品是一种稳定大批量生产的产品，其单位成本几乎是传统成本计算法的一半；而C产品是一种技术较高、小批量生产的产品，其单位成本大约是传统成本计算法的3.5倍。事实上，以直接人工成本为基础的传统成本计算法导致A产品补贴了C产品。导致这种结果的主要原因在于传统成本计算法采用单一分配标准进行制造费用的分配，忽视了各种产品生产的复杂性和技术含量不同以及与此相联系的作业量不同。相比之下，传统成本计算法相关性较弱，而作业成本计算法考虑了引起制造费用发生的具有代表性的各种成本动因，并以此为基础分配制造费用，因而，它能较合理地反映高新技术环境下各种产品的成本。

传统成本计算法通过两个层次分配间接费用。企业发生的间接费用（主要是制造费用）首先归集到费用（主要是制造费用）账户，然后，再根据一定标准分配到产品。这隐含着“产品消耗资源”的假设。资源消耗量直接分配到产品，形成产品成本。从表面上看，这合乎逻辑，也无懈可击。其实，仔细地观察，它掩盖了作业在资源转化为产品过程中的作用这个实质性问题。实际上，作业是资源转换为产品必不可少的关键环节。然而，在传统成本计算方法下，这却是一个“黑箱”。尽管作业成本计算也采用两个层次分配间接费用（除了制造费用之外，还包括其他间接费用），但它以成本动因为媒介，从而打开了传统成本计算法的“黑箱”，不再是一步将资源越过作业分配到产品。传统成本计算法忽视了各种产品生产的复杂性和技术含量不同以及与此相联系的作业量不同。而作业成本计算考虑了引起间接费用发生的各种成本动因，并以此为基础分配间接费用，因而，它能提供较为相关的成本信息。可见，对比传统成本计算法，作业成本计算提高了成本信息的相关性。

然而，作业成本计算的意义远不止于此。更为重要的是，传统成本计算只是为了存货估价而将已发生的费用分配到成本计算对象，而作业成本计算则是为了管理决策，改进企业经营过程而将已发生的费用分配到成本计算对象。这一点可以从作业成本计算的“二维”观念—成本分配观和流程观得到进一步说明，具体如图12-8所示。

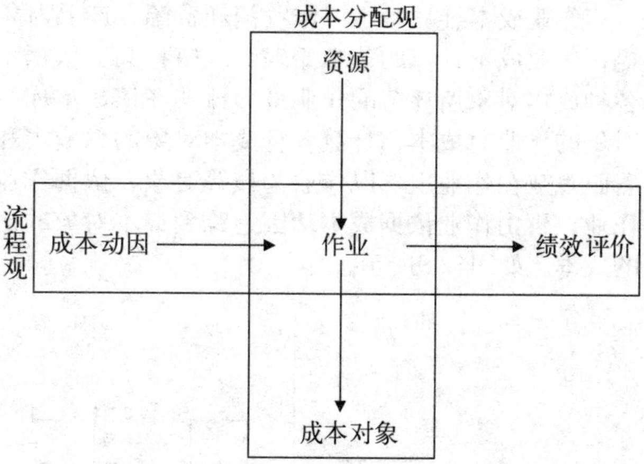

图12-8 作业成本计算的“二维”观念

图12-8的垂直部分，反映了成本分配观，它说明成本对象引起作业需求，而作业需求又引起资源的需求。这是成本分配的“资源流动”。成本分配观的“成本流动”却恰好相反，它从资源到作业，而后从作业到成本对象。成本分配观从“成本流动”与“资源流动”两个侧面全面地提供有关资源、作业和成本对象的信息。企业利用这些信息，可以改进作业链，提高从企业外部顾客获得的价值。作业成本计算从纵横两个侧面为企业改进作业链、减少作业耗费、提高作业的效益提供信息。

综上所述，作业成本计算从以“产品”为中心转移到以“作业”为中心，不仅能克服传统成本计算的许多固有缺陷，提供较合理的成本信息，而且更为重要的是作业成本计算不只对最终成本对象的成本进行控制，“就成本论成本”，而是把着眼点与着重点放在成本发生的前因和后果上，以作业为核心，以资源流动为线索，以成本动因为媒介，通过对所有作业活动进行跟踪动态反映，对最终成本对象的形成过程中所发生的作业成本进行有效控制。如此，作业成本计算就具有管理意义，它进一步展示产品或服务本身的获利能力。这样，作业成本计算可以更好地发挥决策、计划和控制作用，使企业处于不断改进的环境之中。因此，作业成本计算与其说是一种先进的成本计算方法，不如说是一种实现成本前馈控制与反馈控制相结合，成本计算与成本管理相结合的“全面成本管理系统”。作业成本计算的产生为成本管理提供一种新思维——作业成本管理（Activity-based Cost Management，ABCM）。同时，它也对整个会计信息系统产生一定的影响，展示了成本计算方法由“数量基础”到“作业基础”的最新进展，为会计信息系统与企业资源计划（ERP）的整合奠定基础，可以说作业成本计算的产生是管理会计发展的一次革命。我国企业应根据生产经营环境的变化和企业本身的具体条件，适时地推广和应用作业成本计算，提高成本信息的决策有用性。

三、作业成本计算法的基本原理

作业成本法就是以作业为基础计算和控制产品成本的方法，其基本理念是产品消耗作业、作业消耗资源，生产导致作业发生，作业导致间接成本的发生。作业是产品和间接成本的纽带。

在作业成本法下，将间接费用和直接费用都视为产品消耗作业而付出的代价。对直接费用的确认和分配，作业成本法与传统成本计算方法一样；但对于间接费用的分配，则与传统方法不同，在作业成本法下，间接费用分配的对象不是产品，而是作业。分配时，首先根据作业中心对资源的耗费情况将资源耗费的成本分配到作业中心去；然后再将上述分配给作业中心的成本按照各自的成本动因，根据作业的耗用数量分配到各产品。作业成本法下，对不同的作业中心，由于成本动因的不同，间接费用的分配标准也不同。

作业成本计算基于“作业消耗资源，产品对象消耗作业”这两个前提。根据这样的前提，作业成本计算的基本原理可以概括为：依据不同成本动因分别设置成本库，再分别以各种成本对象所耗费的作业量分摊其在该成本库中的作业成本，然后，分别汇总各种成本对象的作业总成本，计算各种成本对象的总成本和单位成本。由此可见，作业成本计算将着眼点放在作业上，以作业为核算对象，依据作业对资源的消耗情况将资源的成本分配到作业，再由作业依据成本动因追踪到成本对象的形成和积累过程，由此而得出各成本对象的成本，如图12-9所示。

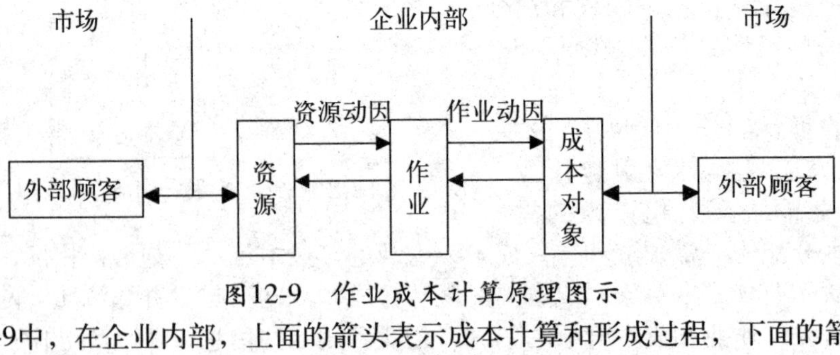

图12-9 作业成本计算原理图示

在图12-9中，在企业内部，上面的箭头表示成本计算和形成过程，下面的箭头表示资源消耗过程。

根据上述基本原理，作业成本计算的具体步骤如下：

第一步，确认主要作业和作业中心。一个作业中心就是生产程序的一个部分。例如，检验部门就是一个作业中心，按照作业中心披露成本信息，便于企业管理层控制作业，评估绩效。如何确认作业和作业中心涉及前述的“作业”的概念。

第二步，将归集起来的投入成本或资源分配到各个作业中心的成本库中，每个成本库所代表的是它所在的那个中心所执行的作业。因此，该步骤的成本动因是要确认每个成本中心的资源耗用量。这个步骤的分配工作，反映了作业成本计算的基本前提：作业量的多少决定着资源耗用量，资源耗用量的高低与最终的产出量（成本对象）没有直接的关系。这种资源耗用量与作业量之间的关系就是“资源动因”。“资源动因”是本步骤分配的基础。例如，当“检验部门”被定义为一个作业中心时，那么，“检验小时”就成为一个资源动因。这时，许多与检验有关的成本将会归集到消耗该项资源的作业中心。

第三步，将各个作业中心的成本分配到成本对象。例如，整备作业的成本动因是整备小时或整备次数，整备次数假定每次整备作业耗用的资源都是相同的，整备小时则假定资源的消耗量是随着产品所需要的整备时数的变动而变动。这个步骤的分配工作反映了作业成本计算的基本前提：产出量（成本对象）的多少决定着作业耗用量。这种作业耗用量与企业产出量（成本对象）之间的关系就是“作业动因”。

作业成本计算上述基本步骤可用图12-10表示。

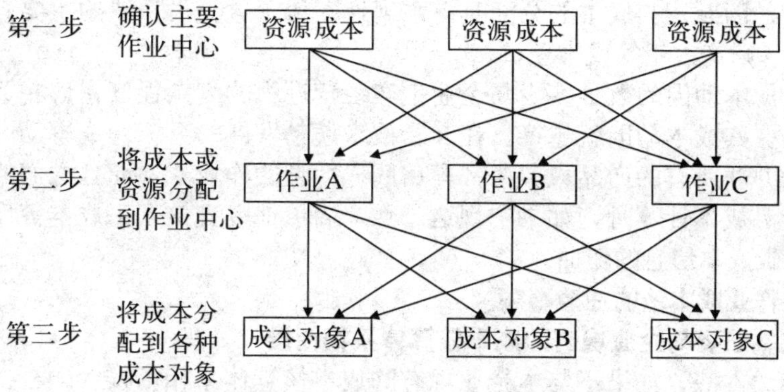

图12-10 作业成本计算基本步骤图示

根据上述作业成本计算的基本原理可知，成本动因的选择极为重要，企业对此必须审慎考虑。一般而言，成本动因的选定应由企业的工程技术人员和成本会计师等人员组成的专门小组讨论后确定。在选择成本动因时，必须注意两个问题：

(1) 成本动因应简单、易懂、可数，易从现存的资料中分辨出来，并与部门的产出有直接的关联性。

(2) 代表性与全面性相结合。

在选择成本动因时，为了避免作业成本计算过于复杂，难以执行而流于形式，企业不宜把面铺得太广，要挑选具有代表性的或重要性的，但是，又要避免过于简陋。

表12-12列示了作业成本计算的一些典型的作业成本库和成本动因。

表12-12 作业成本库和成本动因的典型例子

作业成本库	成本动因
整备	整备次数或整备时数
质量控制	检验次数
材料采购	供应商的数量或购货订单的数量
顾客关系	顾客的数量或部门分布或顾客订单数量
材料处理	材料移动次数或材料移动距离

然而，根据作业成本计算，还有必要确认在一个企业中不同作业层次所“驱动”的各项成本。例如，某些生产成本主要受到生产的产品单位数量的影响，如直接材料，而有些成本却受到生产线数量的影响，如生产经理的工资。因此，作业成本计算应该以一种不仅

能够反映总成本中的各个成分，而且能够反映成本“驱动”层次的方式对外报告。从这点出发，在作业成本计算的实践中，经常提到如下四个层次的作业：

(1) 单位作业是每生产一个单位执行一次，而且各个单位所消耗的资源数量大致相同的作业。属于这一类作业的主要有：直接人工成本、直接材料成本、机器能量和按产量法计提的折旧等成本项目。

(2) 批作业是每生产一批产品执行一次的作业，其资源的消耗反映在与各批相联系的成本动因上。属于这一类作业的主要有：整备过程的成本、批检验成本、材料处理和运送成本等成本项目。

(3) 产品作业是为了维持某特定生产线存在而执行的作业。这里，成本动因通过各种生产线与资源的消耗相联系。属于这一类作业的主要有：顾客关系、购买和零部件管理、产品分类等成本项目。

(4) 能量作业是为了维持某个生产企业的总体生产能力而执行的作业。这类作业与个别产品严重脱离，因而，其成本的分配具有主观性。属于这一类作业的主要有：工厂管理、照明和热动力、财产占用等成本项目。

一个企业成本动因的数量多少与企业生产经营过程的复杂程度密切相关。企业生产经营过程越复杂，其成本动因就越多。在高新技术蓬勃发展的今天，成本动因的数量也日趋增加。但是，并非所有的产品或劳务都耗用同样数量的作业量，而且它们的成本动因也各不相同。在产品成本计算时，如果忽视这一点，简单地以直接人工成本等作为制造费用分配标准，将导致成本信息的扭曲。

四、实施作业成本法的注意事项

1. 作业成本法要与企业现有的成本核算体系相衔接

推行作业成本法，如果不与本企业现有的成本核算体系相衔接、融合，而照搬理论或其他单位的做法，往往难于成功并取得良好效果。这是从许多企业成功的经验和失败的教训中得出的结论。这是因为：

(1) 一个企业的会计核算系统，是由一系列完整的成本管理与成本控制的基础工作来支持的。而各项基础工作的建立，不是一朝一夕所能完成的。让基础工作去适应新的会计核算系统，是困难的；在现实的基础上，对原来的会计核算系统进行改进和完善，是比较容易做到的。

(2) 由于推行作业成本法，对企业成本信息系统的要求很高，而且，信息系统改进通常先于作业成本法的推行。作业成本法顺利实施的一个重要前提，就是要求企业信息系统有着良好的子系统（如采购系统、制造系统、销售系统等）集成，要求用户界面友好，而且至少能够获得12个月的销售、成本等方面的数据资料。一个企业的成本信息系统不是独立的，而是企业整个管理系统的一个子系统。如果企业推行作业成本法，全面否定了现有的成本核算体系，则整个信息系统全部需要重新设计调整。信息系统改变后的“磨合”期也是相当长的。因此，企业应推行作业成本法应与现行的成本核算系统融合、衔接。

(3) 作业成本法与现有的成本系统有机结合，有助于成本会计人员迅速理解和尽快适应作业成本法的各项操作，缩短作业成本法达到使用条件的时间，实现平稳过渡。

2. 实施作业成本法应有明确的目的，正确分析成本动因，合理确定作业中心

从理论上讲，应用作业成本法可以实现科学的成本计算和进行产销决策、严格内部控制、优化价值链组合、协助全面质量控制、配合业绩评价和实现战略成本决策等多种目标。但是，对某一特定企业，必须明确从哪一方面入手，对传统的成本计算方法进行改进，以便实现什么是既定的目标，这一点是至关重要的。许多企业推行作业成本法中途失败的教训，充分证明了这一点。目的不明确，多管齐下，不但会增加实施作业成本法的难

度和成本，而且由于缺乏明确的信息需求目的，提供的信息没有针对性，而出现“真实”的作业成本信息无人使用的局面。因此，实施作业成本法之前，首先企业要有明确的目的，是要解决成本失真问题，还是要加强成本控制，或者是为了优化价值链，实现战略成本决策。在此基础上，企业还要结合自身的实际情况，找出传统成本计算方法中存在不适应当前管理需要的问题和薄弱环节，设计好运用作业成本法解决这些问题的路径。其次，要正确地分析成本动因，合理确定作业中心和作业成本库。确定多元化的作业成本和成本动因，是作业成本法与传统成本计算方法的本质区别。但是，这并不意味着成本动因划分越细越好，确定的作业中心越多越好。成本动因和作业中心越多，系统越复杂，不仅推行成本高，而且难于实施。从调查资料显示，从推行作业成本法开始到实际应用，一般要用三年以上，甚至更长的时间，而系统越复杂，这个时间越长，推行起来难度越大。合理的选择成本动因，确定作业中心是非常重要的。作业成本法理论认为，正确确定成本动因是很困难的。因此，确定的成本动因和作业中心，不宜过多，一定要切合实际。选择合理的成本动因，一般应由成本会计师、生产工艺工程师、ABC专家共同组成的专门小组来进行。

3. 推行作业成本法，不一定要一步到位，可以在局部试行

实施作业成本法是一个庞大的系统工程，涉及方方面面。如果全面推开，遇到的困难可能会很大。因此，可以先在企业内部，有针对性地选择某一局部率先推行。这样，成功的可能性较大，而且，能够解决现实存在的突出问题，获得良好的效果，同时，可以增强管理层和广大职工对推行作业成本法的信心，积累经验，为进一步推行作业成本法创造条件。

|第十三章|

质量成本

第一节 质量成本概述

质量成本是指企业为保持或提高产品质量所支出的一切费用，以及因产品质量未达到规定水平所产生的一切损失。

质量成本是定量评价企业质量管理经济性的重要指标，也是连接质量与成本的纽带。质量成本体现了技术经济一体化观念。

一、质量成本观

企业不论采用何种手段报告质量成本信息，都要使企业管理层树立这样一个观念：提高利润必须通过改善和提高质量来实现。如果盲目追求降低成本，可能事与愿违，产生灾难性的后果。用最少的质量成本，生产出最优质量的产品，这种成本便称之为最优质量成本。如何评价最优质量成本，存在两种观点，即提倡可以接受质量水平的传统观和被称为全面质量管理的现代观。

1. 最优质量成本的传统观

最优质量成本，亦即质量成本的最优分布，它的传统观假定控制成本（预防成本和鉴定成本）与故障成本（内外部故障成本）之间存在一种此消彼长的关系，即随着控制成本的增加，故障成本将相应减少。只要故障成本的减少额超过了相应的控制成本的增加额，那么，企业就应该努力去探查和防止不合格产品的产生，这样最终将找到一个“点”，从而使控制成本的任何增加额都将超过相应的故障成本的减少额，这个“点”便代表了质量成本总额的最低水平，也就是控制成本与故障成本之间的最优平衡点，并以此来界定可接受质量水平。以可接受质量水平为标志的传统观，其根据便是传统的有关不合格品的定义。按照传统的观念来理解，如果产品在某一质量特征或维度方面超出了可容忍的限度（一般为上、下限），就是有缺陷的产品。根据这个观念，只有当产品不符合规格时才会发生故障成本，而且在故障成本与控制成本之间存在一个最优的选择问题。这种传统观实际上不但允许而且鼓励一定数量的不合格品存在。这种观点一直盛行到20世纪70年代才受到“零缺陷”观念的挑战。“零缺陷”观念认为，将不合格产品降为零，不但具有成本效益上的合理性，而且对维护每一位顾客的权益也有其合理性和必要性。就某个企业而言，在一批产品中，存在百分之一、千分之一、万分之一的不合格品，可能是允许的，甚至也是合理的。但就购买这百分之一、千分之一、万分之一的不合格的顾客而言，他们购买的就是百分之百的不合格品。企业也就百分之百地侵犯了他们的权益。因此，允许和鼓励不合格品存在的观念无疑是错误的、有害的。它不仅害了顾客，同时也害了企业自己。事实上，那些不合格品越来越少的企业，比起继续采用传统观（即可接受质量水平）的企业，在市场上具有更强的竞争力。这个事实已经足以证明，传统观具有很大的局限性，它已不能适应现代企业发展的需要。

20世纪80年代中期，“零缺陷”观念向健全质量模型进一步推进，又一次向不合格品定义发出了挑战。根据健全质量模型，生产出与目标值有偏离的产品会带来损失，而且偏离度越大损失也越大。也就是说，偏离理想状态是要付出代价的。“零缺陷”模式低估了质量成本，因此，还有通过努力改进质量以形成节约的潜力。

理论和实践都证明，在激烈的竞争环境中，高质量可以大大增强企业的竞争力。由于健全质量模型紧缩了不合格品的定义，改进了质量成本的观念，强化了质量竞争，从而使企业可以利用它，在减少不合格品数量的同时降低质量成本总额，并逐步使产品达到“零缺陷”状态。因此，质量成本的最优水平存在于所生产产品达到目标价值之处。

2. 最优质量成本的现代观

如果说传统观反映的是质量的静态层面的话，那么，现代观反映的就是质量的动态层面。按照传统观来控制各类质量成本之间的此消彼长，当预防成本和鉴定成本增加，故障成本下降时，质量成本总体水平也会随之下降并将稳定在某一个平衡点上。质量成本总体水平不是静态而是动态的。因为预防成本和鉴定成本在增加到一定程度以后，也司能降低。因此，企业降低质量成本的战略包括：

(1) 直接针对故障成本，采取相应的措施，尽量将其降为零。

(2) 舍得投资于“合理”的预防作业，以求得质量改善计划的实现。

(3) 根据取得的成果，降低鉴定成本，如审定能提供优质原料的供应商的信誉资格，一经审定并签订固定合同后，此类的鉴定费用即可免除。

(4) 继续评价并进行新的预防作业，使质量得到进一步的改善。当然，采取这些战略的前提条件是：每种故障背后都有其根源，这些根源都是可以预防的，而预防总是比发生故障付出的代价更小。

二、质量经济效果与质量成本的关系

质量成本管理的理论基础之一是质量与成本的关系。企业的营业收入，从根本上说取决于产品和服务的质量。任何产品和服务的质量都需要投入一定资源才能达到。由于任何企业的资源都是有限的，因此需要在质量、成本和收益之间进行权衡、比较和设计。也就是说，使质量与成本的关系处于尽可能好的状态，获得尽可能好的质量经济效益。

质量经济效果与质量成本之间的关系见图13-1。

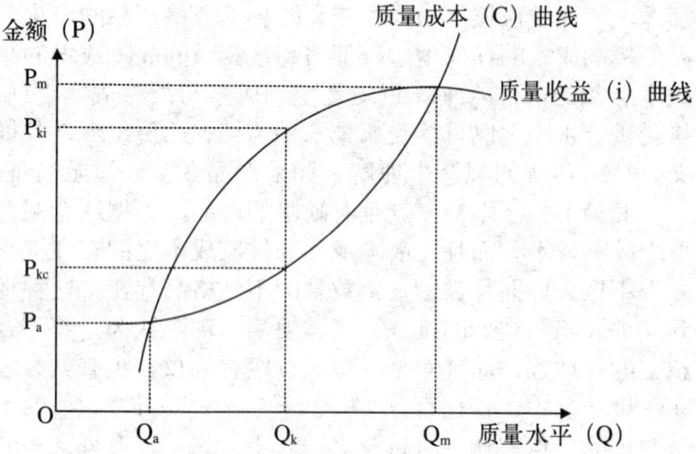

图13-1　质量经济效果与质量成本之间的关系

图中，横坐标表示质量水平（Q），纵坐标表示金额（P），既表示质量成本支出的金额，也表示质量收益的金额。

质量成本曲线的含义是：质量成本由P_a逐渐增加到P_{kc}时，质量水平由Q_a提高到Q_k，其中以较小的质量成本投入使质量水平有较大幅度的提高，这段曲线表示这部分质量成本支出非常必要；随着质量成本的进一步增加，质量成本由P_{kc}增加到P_m，质量水平也进一步提高，但提高的速度逐渐变慢，这段曲线表示这部分质量成本支出不经济；当质量成本的增加超过P_m后，质量水平的提高微乎其微，这段曲线表示这部分质量成本的支出非常不经济。

质量收益曲线的含义是：随着质量水平从Q_a提高到Q_k，质量收益明显增加，由P_a增加到P_{ki}，这段曲线表示这部分质量改进对提高质量收益具有十分重要的意义；随着质量水平由Q_k提高到Q_m，质量收益也进一步增加，但增加速度逐渐变慢，这段曲线表示这部分质量改进不经济；当质量水平的提高超过Q_m点后，质量收益的增长微乎其微，而质量成本却大幅度增加，这段曲线表示这部分质量水平的提高在经济上非常不合算。

质量成本曲线和质量收益曲线共同表明：当质量成本大于P_a小于P_m时，质量水平保持在Q_a和Q_m之间，这种条件可以带来质量收益；当质量成本处于最佳点P_{ki}时，质量水平也处于最佳点Q_k，这时会产生最大的质量净收益$P_{ki}-P_{kc}$，所谓进行质量经济性管理，就是采取有效措施，使质量成本控制在最合理的范围内（P_{kc}附近），使质量水平保持在最适宜的状态（Q_k附近），从而获得最理想的质量收益（P_{ki}附近）。

三、质量成本的动态性质

图13-2　现代质量成本图

可以按不同于图13-1所示来管理各类质量成本的此消彼长，这一发现类似于存货管理上的一个发现，即存货成本消长的管理，可按照不同于传统的存货模型（EOQ）所反映出的关系来进行。基本情况是，当企业增加了预防和鉴定成本并降低了故障成本时，它们发现其随后便可进一步降低预防和鉴定成本。原来各类质量成本相互之间似乎是此消彼长的，但实际的结果却是总成本的永久性减少。质量成本关系的变化见图13-2。该图显示的总质量成本函数和刚才所描述的质量成本关系相一致。与传统的关键区别在于：

(1) 在接近稳固零缺陷状态时，控制成本并非无限制地增加。

(2) 随着接近稳固状态，控制成本可能是先增后减。

(3) 故障成本可降至零。

例如，假设一企业决定通过实施供应商选择计划而改善其原材料投入的质量，计划的目标是找出并采用愿意达到特定质量标准的供应商。该企业实施这一计划，会发生一些附加成本（例如审查供应商、与供应商沟通以及合同协商等）。开始的时候，其他预防和鉴定成本会持续在现有水平。然而，一旦计划全面实施，故障成本降低的迹象也显露出来（例如返工减少、顾客投诉减少、修理减少等），公司便可以决定减少原材料进货的检验成本，降低产品验收的作业水平等。净效果是总质量成本降低，而质量得以提高。

这与美国质量控制协会所推荐的降低质量成本的战略相一致。降低质量成本的战略相当简单：

(1) 直接针对故障成本，尝试将其降为零。

(2) 投资于“正确”的预防作业以实现改善。

(3) 根据取得的成果降低鉴定成本。

(4) 继续评价并进行新的预防作业，以取得进一步的改善。

该战略的基础前提是：每种故障都有其根源；这些根源是可预防的；预防总是花费更少。

现实世界的经验证明了人们有能力大幅度地削减质量成本。例如，特纳恩特公司将其质量成本从1980年的占销售额的17%降到1988年的占销售额的2.5%，并同时对各类质量成本的相对分布做出了重大的改变。1980年，故障成本占总质量成本的50%（销售额的8.5%），控制成本也是50%（销售额的8.5%），到1988年，故障成本只占总质量成本的15%（销售额的0.375%），而控制成本增加到85%（销售额的2.125%）。特纳恩特公司提高了质量，降低了各类乃至全部的质量成本，并将质量成本分布转移向控制类，重点强调预防。这一成果极大地反驳了图13-3所示的传统的质量成本模型。根据该模型，总质量成本的减少，只能通过权衡失败成本来进行（增加一方，减少另一方）。西屋电气公司为全面质量控制模型提供了进一步的支持。与特纳恩特公司相同，西屋电气公司发现，它们的利润可以持续增长，直到控制成本占总质量成本的70%～80%为止。从这两个公司的经验，我们认识到大幅度降低总质量成本——所有种类的质量成本——是可能的，而这一过程会彻底改变各类质量成本的相对分布。

四、质量成本的性态

质量成本按性态可分为变动成本及固定成本。

对变动的质量成本而言，质量的改善是由变动成本率的降低来体现的。利用报告期间期初及期末的变动成本率，即可算出实际节约（或增加）的成本；利用预计及实际的成本率亦可衡量该期间的目标进展情况。

对于固定质量成本的评价，则只需将实际成本与预计成本进行比较分析即可。

五、质量成本的分类

(一) 为保证和提高产品质量而发生的一切费用，包括鉴定成本和预防成本两个组成部分

1. 鉴定成本

鉴定成本是为确定产品（或劳务）是否符合特定质量要求而发生的成本。具体包括：原辅材料的检验与测试、包装检验、鉴定作业的监督、产品验收、过程验收、计量（检验和测试）设备和外部的批准等方面发生的成本。

这里所说的“产品验收”是从各批完工的产品中抽样检查，以确定其是否达到规定的质量水平的作业。达到质量要求的产品才能被接受。

“过程验收”是在加工过程中抽样检查，以确定该过程是否处在控制之中，是否生产出无缺陷的产品，然后决定是否需要停工处理，以采取必要的纠正措施。因此，鉴定功能

的主要目的是为了防止将不合格的产品交付给客户。

2. 预防成本

预防成本也称预防费用，是为了防止产生不合格品与质量故障而发生的各项费用，主要包括质量工作费用、产品评审费用、质量培训费用、质量奖励费用、质量改进措施费用和质量管理专职人员工资及福利费用等。

（二）由于产品质量未达到规定标准而造成的一切损失，包括内部故障成本和外部故障成本两个组成部分

1. 内部故障成本

也称内部质量损失、内部缺陷成本，是产品在交付顾客之前，因检查出不合格产品（或劳务）而发生的成本。具体包括：废料、返工、停工（由于缺陷）重新检验、重新测试以及改变设计等方面发生的成本。

2. 外部故障成本

也称外部质量损失、外部缺陷成本，是将不符合质量要求的产品（或劳务）交付给顾客之后所发生的成本。具体包括：由于产品未达到应有的质量水平而失去的销售机会、质量低劣造成的退货与折扣、保修费、修理费以及产品存在的问题、顾客不满意进行投诉而发生的成本以及由此而失去的市场份额所形成的损失等。

从上述对质量成本构成的分析中可以看出，质量与成本看上去是一对矛盾，但若能把质量与成本辩证地统一在一起，从而形成质量成本予以控制，这就是成本控制管理中的一项创新。也就是说，产品质量的提高会引起成本变化，但不能因此将质量与成本对立起来，武断地认为提高产品质量必然会增加产品成本。在质量成本的结构中，质量损失成本属于可避免成本，而质量保证费用则属于不可避免成本，为了提高产品质量，必须贯彻"以预防为主"的方针，适当增加检验费用和预防费用，这样会大幅度减少因质量不好而造成的内部和外部的质量损失，最终会降低产品的寿命周期成本，即质量总成本。另外，即使产品质量的提高会加大成本的支出，但提高质量往往会导致产品的单位售价及整个销售收入的大幅度增加，就收入而言，产品的相对成本将会减少，从而扩大企业的净利。因此，怎样通过产品质量与成本的恰当配合，实现企业收益的最大化，成为质量成本决策的关键。

六、质量成本标准的形成

质量成本用于质量经济性管理，其主要作用是通过质量成本分析和设置，改进与控制产品和服务的质量水平，提高组织运行的质量经济效益。质量成本分析，着重成本对质量水平和质量收益的影响，包括分析已经发生的质量活动及其经济影响，预测未来的质量活动及其经济影响，特别是针对某些特定的质量事项，提出可能的选择方案，作为质量管理决策的依据。质量成本分析的这种特点使质量成本在具体核算上既涉及对已经发生的质量活动的经济统计，又涉及对未来质量活动的经济预测；质量成本项目既包括显见的质量费用（如产品检验费），又包括现行会计账簿上反映不出来的隐含的价值增值和损失（如产品品牌、服务态度对企业商誉的影响）。因此，质量成本具有不精确性。

由于质量成本有以上特点，各组织在核算质量成本时有很大差异。质量成本内容不同，核算方法不同，质量成本报告的内容不一致，甚至同一项目名称下的数据也可能代表着不同的含义，这就导致了各组织之间的质量成本无法比较。一个行业管理组织或一个大跨国集团公司，如果下属各企业的质量成本项目不同，核算方法不同，那么不但这些企业之间无法进行质量成本比较，而且该行业管理组织或该集团公司也将无法进行统一的质量成本管理，这就在质量经济分析、质量管理决策方面遇到了麻烦。

1988年，我国国防科学技术工业委员会发布了我国军用标准GJB/Z 4－1988《质量成本管理指南》。1991年，我国正式颁布了国家标准GB/T 13339－1991《质量成本管理导则》。我国的这两个标准对我国国防工业和各行业企业实施质量成本管理提供了指南。

七、质量成本的计量

质量成本从计量上可以分为显性质量成本和隐性质量成本两类。显性质量成本是直接可从会计记录中获取数据的成本。隐性质量成本则是由不良质量形成的机会成本，如因不良质量而失去的销售市场份额、顾客不满意和企业信誉损失等。隐性质量成本数额较大，且在会计记录中无法直接获得，因此企业必须予以估计。

1. 排列图法

排列图法，又称帕累托法、主次因素分析法。它是找出影响产品质量主要因素的一种简单而有效的图表方法。它是由意大利经济学家帕累托（Pareto）提出的。最初是用排列图分析社会财富分布状况，后来由美国的质量管理专家朱兰（Juran）将其用在质量管理上。排列图基于“关键的少数和次要的多数”的原理，将影响产品的质量的众多因素按其对质量影响程度的大小，用直方图形顺序排列，从而找出主要因素，其结构见图13-3。左侧纵坐标表示不合格品出现的频数，右侧纵坐标表示不合格品出现的频率（百分比），横坐标表示影响质量的各种因素，按照影响大小顺序排列，直方图的高度表示相应因素的影响程度，折线表示累计频率（也叫帕累托曲线）。通常按累计百分比将影响因素分为三类：A类因素占0～80%，即主要因素；B类因素占10%左右，即次要因素；C类占10%以下，即一般因素。

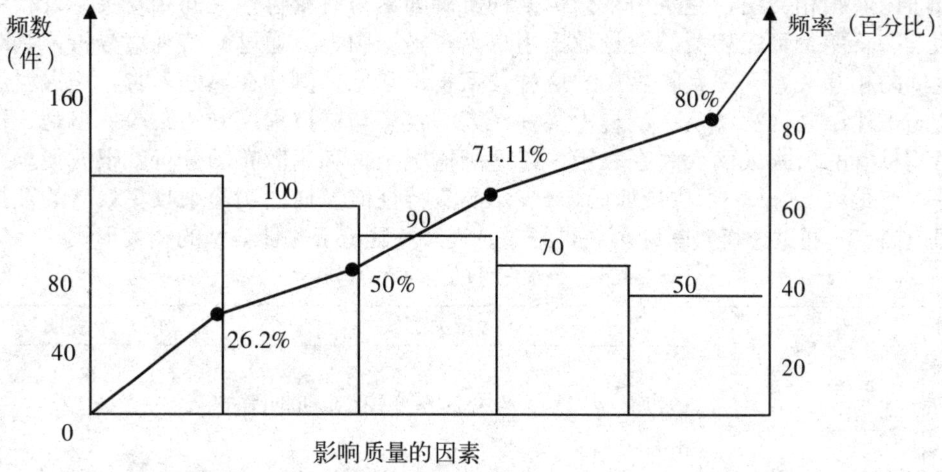

图13-3　排列图法分析

2. 因果分析图

因果分析图法是以结果为特征、以原因为因素，用于分析质量问题产生的具体原因的一种图表方法。它从操作者、操作方法、设备、原材料和环境等方面入手，逐步搜寻，在调查问题原因时，应充分发挥员工的积极能动性，广泛发动群众，集思广益，找出影响质量的因素，从粗到细、从大到小，形象描述它们的因果关系，直到能具体采取解决措施为止。经过记录和整理，将问题绘制成图。图13-4就是一个变速箱漏油可能存在的问题的因果，经过仔细分析和检查，从中找出主要原因。

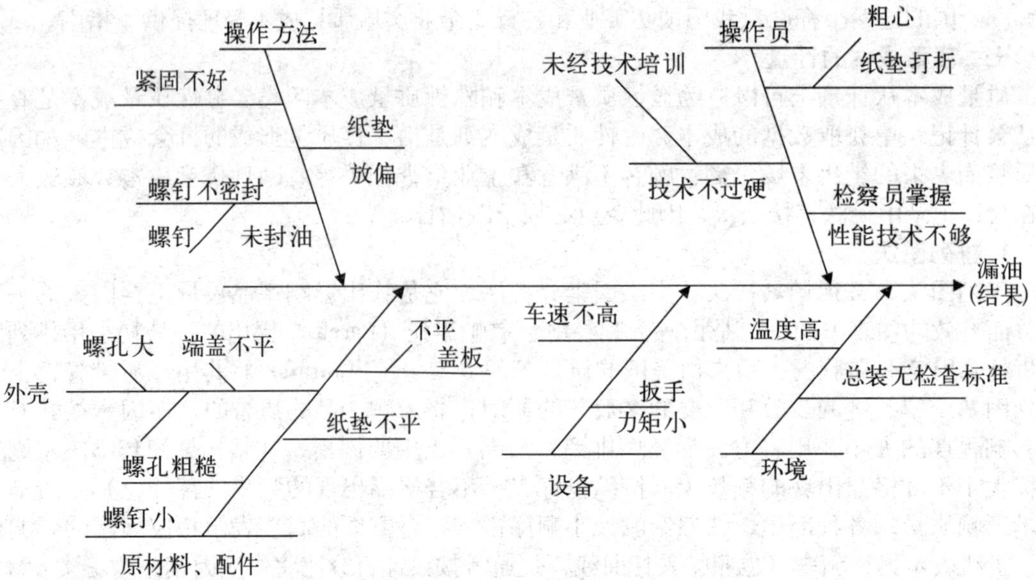

图13-4　因果分析图示例

3. 散布图

散布图又叫相关图，它是用来分析某种质量因素与质量特性之间相互关系及相关程度的方法，即将两个可能相关的变量数据用点画在坐标图上，通过对其观察分析，判断两个变量之间的相互关系。在实际生产中这种关系也很常见，例如在热处理时，淬火温度或冷却速度与工件硝硬度的关系，钢材中某种元素的含量与抗拉程度的关系等。但是，这种关系难以用精确的公式或函数关系表示，在这种情况下，利用散布图分析就很方便。例如，假设一对变量x、y，x表示质量原因，y表示质量特征值，通过实验来收集x、y的数据，在相关图上描点，通过分析判断即可获得结果。表13-1显示了几种典型的相关形式。

表13-1　相关图的基本典型形式

图形	x、y相关形式	说明
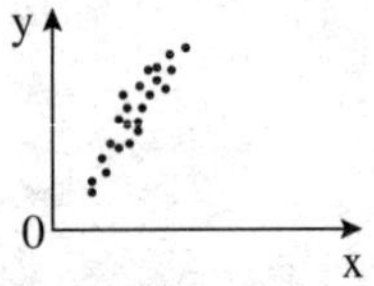	x增加、y增加，点分散程度较小，也叫强正相关	x、y之间可用直线表
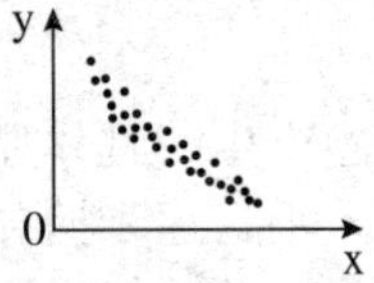	x增加、y减小，点分布密集也叫强负相关	
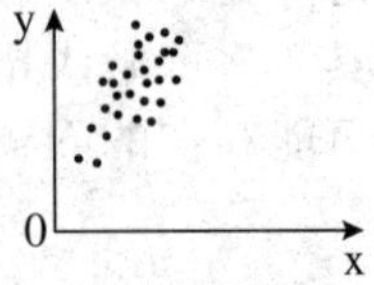	x增加、y也增加，点分散程度较大，也叫弱正相关	除x因素外， 还要考虑其他影响因素
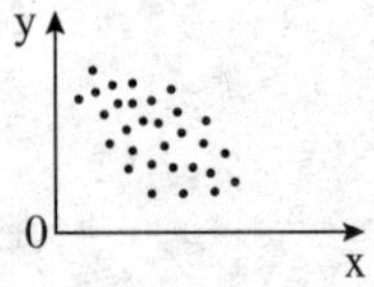	x增加、y减小，点分散程度较大，也叫弱负相关	

续表

图形	x、y相关形式	说明
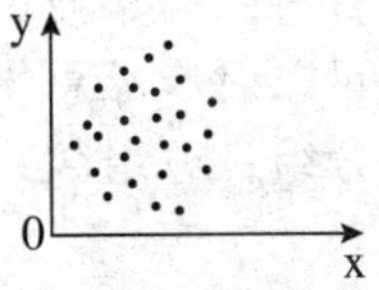	x与y在变化时无任何关系，称为x与y不相关或零相关	
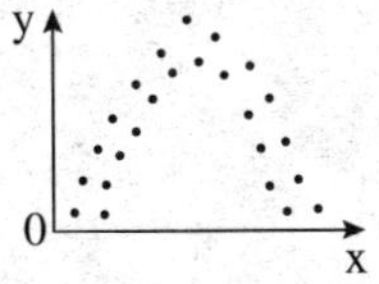	x与y是曲线关系，称为非线性相关	

4. 统计分析表

统计分析表就是利用统计分析其表对既得数据进行整理和初步分析其原因的一种表格，其格式多样，可以根据产品和工序的具体要求灵活确定。方法虽简单，但实用有效。常使用的表格主要有：

(1) 不良产品原因统计表。

(2) 不良项目分类调查表。

(3) 缺陷位置调查表。

5. 分层法

分层法是质量管理中经常用来分析影响因素的重要方法。实际生产中，影响质量的众多因素相互交织在一起，不归类分组，难于找出其变化的内在规律。分层是把性质相同的，在同一条件下收集的数据归纳在一起，便于分析比较。应用分层法研究质量因素时，企业可根据实际情况按多样方式进行，例如按原材料的进料时间、设备的种类、不同的工艺流程、不同的使用环境等。

6. 控制图

质量成本管理，要以预防为主，有效地进行现场质量控制，因此必须在了解过去、分析现在的基础上预测未来的质量状况，而控制图是一种能在现场直接研究质量数据时间变化的动态规律的方法。控制图又叫管理图（见图13-5），是一种有控制界限的数据图，通过分析和控制图中点的分布来反映生产过程中有无异常，对工序质量进行监督、预测和控制，它是工序质量控制系统法的中心内容。用途主要有：

一是供分析用，分析生产过程中有关质量特性的变化情况，看工序是否处于稳定受控状态。

二是供管理用，主要用于发现生产过程是否出现了异常情况，以预防不合格品的产生。

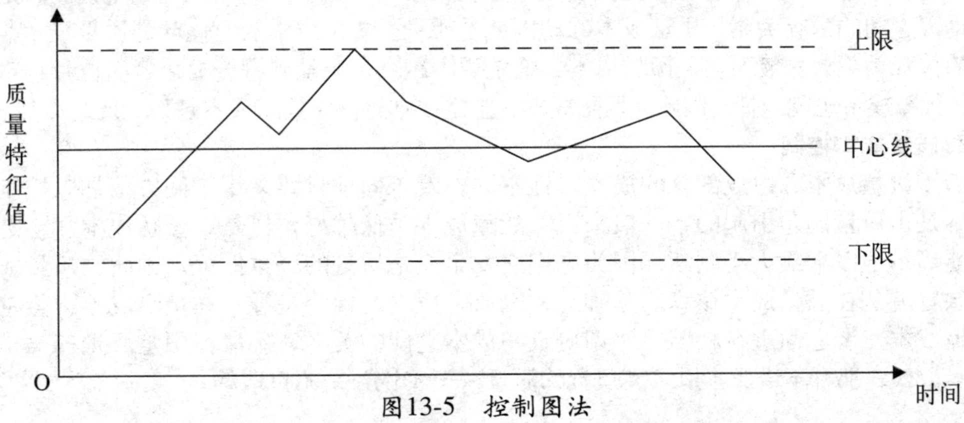

图13-5　控制图法

7. 直方图法

直方图法又称质量分布图法，是通过整理抽查的质量数据，将产品质量频率分布状态用直方条表示的图表。它是表示数据变化情况的一种主要工具。通过直方图，企业可以直观地看出产品质量特性的分布状态，判断工序是否处于受控状态，也可以对产品总体质量分布情况进行判断。在制作直方图时，要对数据按组距相等原则合理分组：分组数、组距（见图13-6），可分9组，组距为2。

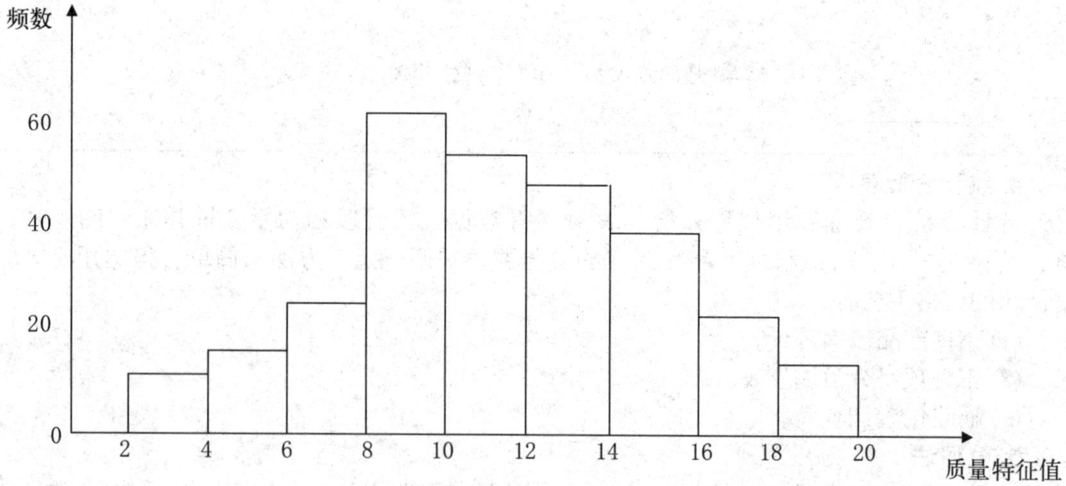

图13-6 直方图示例

第二节 质量成本管理

一、质量成本管理的基本内容

1. 质量成本习性分析

企业要进行质量成本管理，首先要了解质量成本的习性。成本习性简单地说，就是成本及其动因之间的依存关系。质量成本的动因就是质量。质量成本的习性就是质量成本与质量之间的依存关系。一般而言，预防成本、鉴定成本越高，质量越符合要求；而质量越符合要求，其故障成本也就越低。因此，预防成本、鉴定成本越高，故障成本越低；反之亦然。

2. 质量成本控制

由于质量成本各组成部分的成本习性不同，对不同项目要采用不同方法加以控制。故障成本是由质量问题引起的，一般来说，故障成本越低越好，但是，预防成本和鉴定成本却不能简单地以数额大小判断。因为它们之发生乃是质量的根本保证。因此，质量成本控制的宗旨就是在质量成本核算的基础上，以质量成本习性为指导，在预防成本、鉴定成本和故障成本三者之间进行权衡，协调质量与成本之间的关系，确保在预定质量标准下，质量成本最低。那种不惜成本追求高质量的质量“至善论”是不可取的。

3. 全面质量管理

质量问题贯穿整个企业的生产经营过程，甚至可以说在生产经营过程之前就存在质量问题。因此，企业应该将质量管理融于产品的整个生产过程之中，而不是对产品进行事后质量检查。企业的全体员工都要对质量问题负责，而不仅仅是由质检员对质量问题负责。要把质量管理落实到每个员工身上，实行全面的质量管理。在产品生产过程中，企业要做到随时发现质量问题，随时解决，决不允许达不到预定质量标准的产品进入下一道工序。

4. 质量成本核算

质量成本核算是质量成本管理的基础。因此，企业要根据有关会计资料（如废品损失单、质检等人员的工资表）和为了取得完整质量成本资料而增加的原始记录（如检查和试验记录、返修通知单、产品保修记录），按照预防成本、鉴定成本和故障成本分类归集质量成本，定期编制质量成本报告，反映质量成本及各组成部分的发生情况以及在生产成本中所占的比重，以供有关方面参考，并与质量成本预算对比，寻找差距，进一步改进质量与成本关系。

总之，建立质量成本管理体系，加强质量成本控制，不仅能扩大成本管理的作用范围，而且把质量管理与成本管理相结合，使质量与经济效益连接起来，把技术与经济在成本管理上融为一体。因此，质量成本管理是技术经济一体化成本管理工程的连接点。

二、质量成本核算

(一) 质量成本核算的特点

从质量成本项目中可以看出：质量成本的大部分内容包括在产品成本之中，但也有一部分不属于产品成本的范围；另有一部分并没有实际发生费用支出，而是预期的经济效益减少，如由于产品质量问题引起的降价销售；还有一部分属于专项资金的开支范围，如质量奖励。因此，质量成本一部分可以通过现行的会计核算体系反映出来，另有一部分则不能通过现行的会计核算体系直接反映出来。

凡是能根据现行成本核算规定列入成本开支范围的质量费用，以及由专项基金开支的质量费用，即能够在现有会计账簿上反映出来的实际发生的质量成本，称为显见质量成本。凡是未列入专项基金与现行成本核算规定的成本开支范围，是反映实际收益减少的质量损失，称为隐含质量成本。区分显见质量成本和隐含质量成本的目的是为了正确地收集质量成本的数据和进行质量成本核算。

显见质量成本的数据主要从会计资料中收集。在会计核算中，将与质量有关的成本数据，同时另外赋予一个与日常成本核算相区别的信息分类代码，建立质量成本数据库，就可以方便地将质量成本数据从现行的会计核算体系中分离出来。

隐含质量成本的数据主要从统计资料中收集。在统计核算中，将与质量有关的数据从返工单、返修单、工时卡、领料卡、生产台账、销售台账中找出来。明确标出质量损失的工时数，原材料消耗量，产品降级、降价，退货等数据；对照质量和经济分析报告，如事故分析报告、检验报告、市场分析报告、顾客投诉处理报告，按规定的程序和方法进行估计和测算。由此，可以分项、分产品地确定隐含质量成本的数额。在核算中要特别注意分清直接费用和间接费用。例如，返工损失，直接费用是由于质量问题造成工时浪费，直接增加人工成本；间接费用是返工造成劳动生产率降低，资金周转速度降低，交货期延迟以及由此造成的损失。对间接费用的核算要有统一的尺度，以保持一致性。质量成本一部分采用会计核算，另一部分采用统计核算，这个特点决定了质量成本核算中的费用原始凭证由会计原始凭证和统计原始凭证两部分组成，见图13-7。

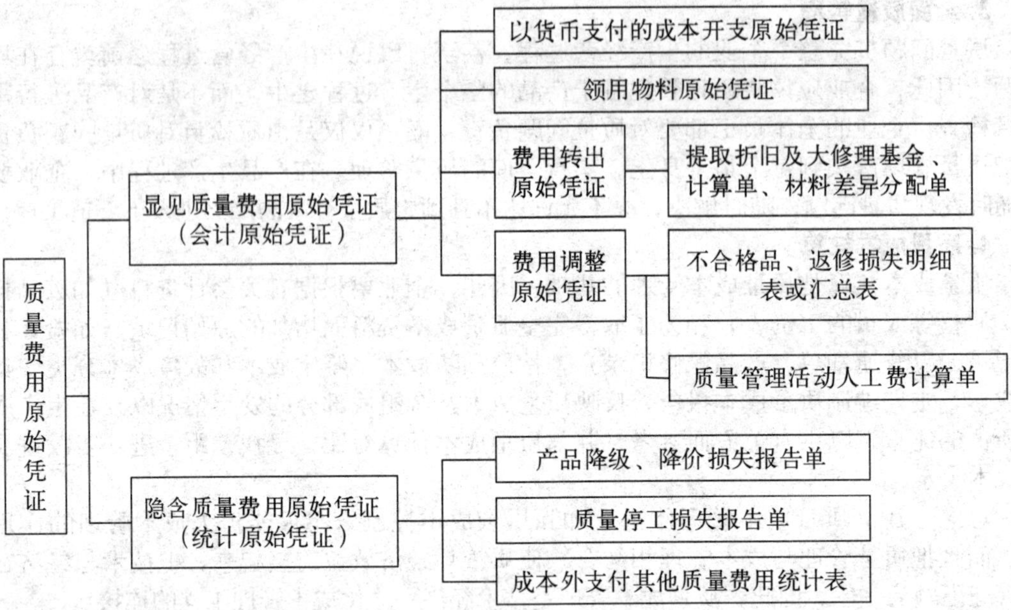

图13-7　质量费用原始凭证分类

(二) 质量成本核算的方法

1. 质量成本会计核算方法

该方法适用于显见质量成本核算，其主要内容如下：

(1) 设置会计科目、总账和明细账。

在一级科目“质量成本”下面设置四个二级科目，包括预防成本、鉴定成本（外部质量保证成本可列入鉴定成本之中）、内部故障成本和外部故障成本；在每个二级科目下设置若干个三级科目，设置与会计科目相应的总分类账和明细分类账。

(2) 按前面所述显见质量成本的数据收集方法收集数据，填制图13-7所示的显见质量成本费用的会计原始凭证，按质量成本会计科目记账，并编写质量成本科目汇总表。

(3) 把按现行会计制度规定的会计科目进行成本核算的有关质量费用转换为按质量成本会计科目核算的质量成本，填制质量成本费用对应表，见表13-2。该表显示了质量成本核算和现行成本会计核算的联系。质量成本核算的目的是为质量管理服务；现行成本会计核算的目的则是为制订产品价格、计算税金和进行成本管理提供依据。因此，现行成本会计核算必须严格遵循规定的成本开支范围。

2. 质量成本统计核算方法

该方法适用于隐含质量成本的核算，其主要内容如下：

(1) 建立质量成本统计核算点，即确定负责收集质量成本统计数据的报告部门。一般情况下，企业可利用原有统计组织和人员进行质量成本统计工作。

(2) 制订质量成本统计表，确定统计项目。

统计项目的确定，一方面要与质量成本项目相一致，另一方面还要与现行的统计项目相协调。一种现实的做法是：先从现有统计指标中确定哪些指标直接列入质量成本统计范围，然后再根据需要增加一些新的统计指标。所选定的质量成本统计指标要满足质量成本统计核算的要求。

(3) 按前面所述隐含质量成本数据收集方法收集数据，填制隐含质量成本费用的统计原始凭证，编制质量成本统计表，计算质量成本。

表13-2 质量成本费用对应表

质量成本项目 / 费用成本项目			预防费用		鉴定费用		内部故障		外部故障		合计
			明细科目	明细科目	明细科目	明细科目	明细科目	明细科目	明细科目	明细科目	
制造成本	材料	明细科目									
		明细科目									
	工资	明细科目									
		明细科目									
	制造费用	明细科目									
		明细科目									
期间费用	销售费用	明细科目									
		明细科目									
	管理费用	明细科目									
		明细科目									
	财务费用	明细科目									
		明细科目									
合计											

3. 总质量成本核算方法

此法将按会计核算方法计算的显见质量成本和按统计方法计算的隐含质量成本汇总，计算总质量成本。要确保按上述两种方法核算中对同一数据没有重复计算。

三、质量成本控制

质量成本控制是根据预定的质量成本目标，对实际工作中发生的所有质量成本，进行指导、限制和监督，及时发现问题，及时采取有效措施，或不断推广先进经验，以促进产品质量成本不断下降，取得最佳经济效益而实施的一种管理行为。

实施质量成本控制可以在产品质量、成本和经济效益三者之间寻求一个相对平衡。

为有效控制质量成本，企业应首先确定最佳质量水平，在此基础上设计出质量成本控制体系，并对相关质量成本控制人员进行培训，安排合适的人员进行管理控制。

小知识

最佳质量成本模型

1. 传统最佳质量成本模型

传统的最佳质量成本模型是由美国著名质量管理专家费根堡姆（A.V.Feigen-baum）提出的。该模型显示，产品质量水平与质量损失成反比，即质量水平越低，材料和人工工时的浪费现象越严重，销售的产品受到顾客索赔的可能性也越大。产品鉴定成本随着企业产品质量的提高而减少，但幅度不大。由于产品质量提高，采用抽样方法检测产品时抽取的样本可以相对小一些，小样本对应的检测费用相对就会少一些。预防成本随着产品质量的提高而增加。为了保证生产高质量的产品，企业必须建立更先进的质量成本控制系统，相应的质量控制管理费、质量管理培训费等就会提高。因此，产品的预防费用与产品质量水平同方向变动。

该模型显示，当产品质量水平较低时，质量损失较高，使得总质量成本（即上述各项质量成本之和）处于较高水平。随着产品质量水平的逐步提高，总质量成本不断下降，当质量水平提高到一定水平后，继续提高质量水平将会导致预防成本的大幅提高，从而导致总成本开始上升。只有当质量水平适度时，总质量成本才能处于最低点，上述过程如图13-8所示。

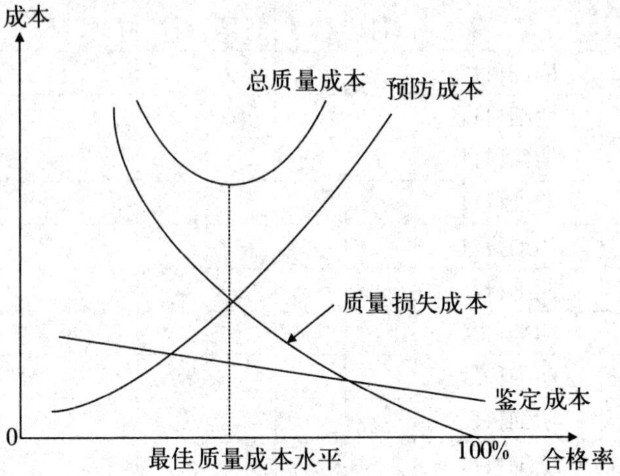

图13-8　最佳质量成本

2. 现代最佳质量水平新理念

在传统观念下，产品缺陷率过高与过低都将导致较高的总质量成本。最佳质量水平应该是适中的缺陷率水平。但是这一被人们广泛接受的观念近年逐步受到新理论的挑战。新的质量成本模型引入隐性质量成本概念之后，质量成本曲线的形态发生了改变，总质量成本最低点位于零缺陷处，即最佳的质量水平应是产品缺陷率为零。这一结果如图13-9所示。

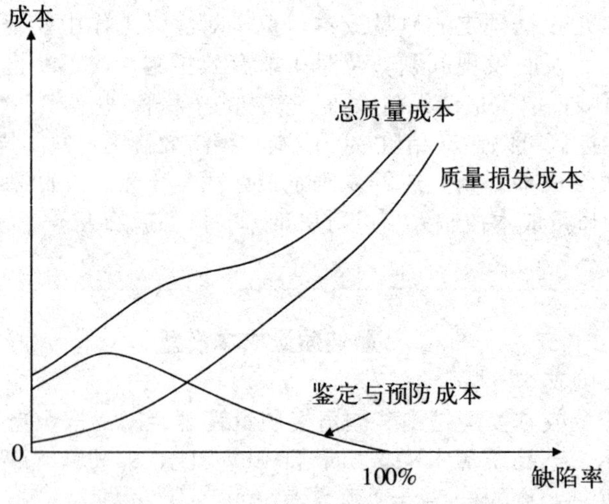

图13-9　新的质量成本模型

尽管新的质量成本模型的合理性在质量控制专家之间尚存争议，但是这种质量成本新理念在一些管理先进的企业中得到一定程度的认可。他们不断降低产品的缺陷率，以适应日益激烈的全球化竞争。

(一) 质量成本控制的程序

质量成本控制，就是要建立一个质量成本控制系统，安排一定的管理人员对该系统进行管理，让其正常运作，达到质量、成本、利润最佳组合的目的。质量成本控制系统运作流程，如图13-10所示。

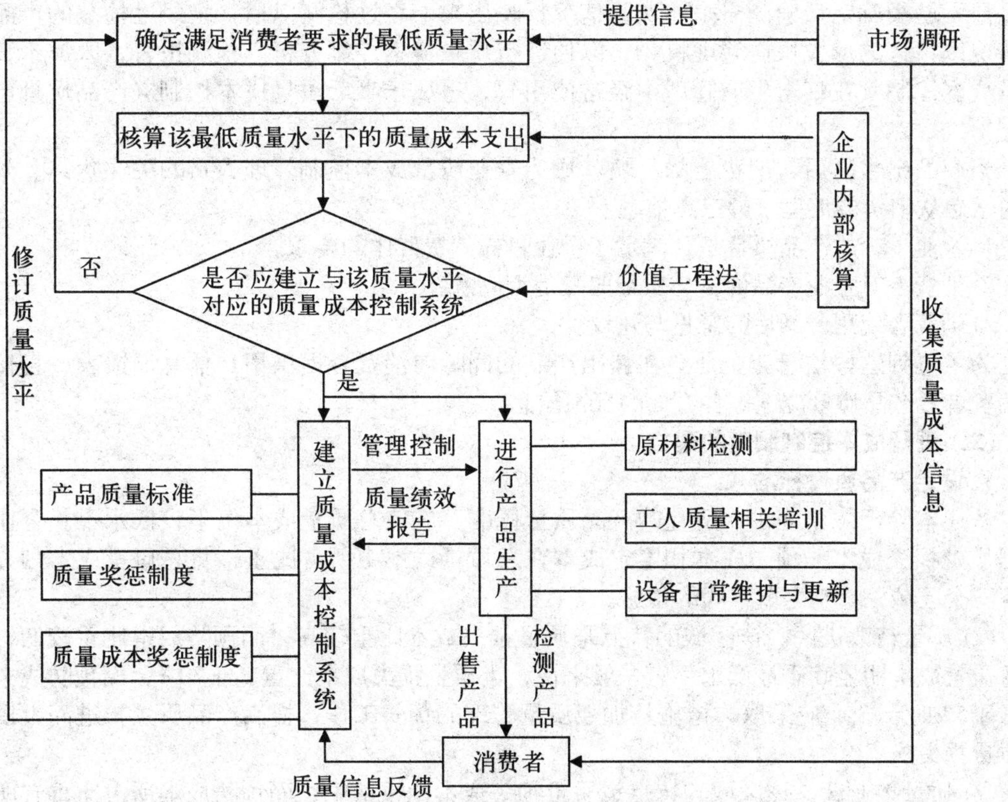

图13-10　质量成本控制流程图

从图13-10可以看出，质量成本控制可分为事前质量成本控制、日常质量成本控制及事后质量成本控制三个阶段。

(1) 事前质量成本控制主要涉及相关质量成本信息的收集，利用价值工程分析法确定最佳质量水平以及相关的成本水平。“产品质量是在设计和生产中制造出来的，而不是检验出来的”。日本质量管理专家石川馨教授的这句话充分说明了事前质量成本控制的重要性。

(2) 日常质量成本控制。从生产车间的角度来说，企业要对质量成本进行有效的生产控制，必须做好以下几项工作。

1) 原材料质量控制。原材料对产品质量有很大的影响。如果购入劣质原材料，将导致废品率增加、原材料耗用增加等一系列不利于保证质量、降低成本目标的问题。另外，对原材料质量进行检测，有助于成本分级归口管理。当企业产品质量出现问题时，生产部门和材料采购部门可能为了自身利益而将责任推给对方，导致责任不清，分级归口管理出现了瓶颈现象。因此，生产之前，就进行原材料质量检测，有助于管理层区别责任，加强质量成本控制。

2) 做好工人的技能、知识培训工作。工人的技能、知识培训，也是保证产品质量的重要因素。工人操作程序、操作时机选择不当是造成废品、次品增多的重要原因。因此，必须对工人进行培训，保证产品质量水平。

3) 设备日常维护与更新。如果产品出现了质量问题，而生产该批产品的原材料质量很好，工人的操作没有失误，那么这时就应该考虑是否是机器设备出现问题。当机器设备磨损严重时，很容易导致废品率、次品率的上升。因此，经常维护和检修机器设备对保持正常的生产状态十分重要。

(3) 事后质量成本控制。当产品生产完工以后，质量成本控制就转为事后控制。此时的产品质量已经确定，检测只是将实际情况反映出来。经过检测以后，把经过检测的产品质量情况以报告的形式报送管理机构，以便进行质量成本控制分析。检测报告，既属于日常质量成本控制（在日常生产管理中经常使用），也属于事后质量成本控制（产品质量已经确定）。

当产品出售以后，消费者的反映就成为企业质量成本控制管理人员的关注焦点。管理者通常想从消费者那里了解三点信息。

1) 企业生产的产品质量是否满足了企业目标消费群体的要求。

2) 消费者对企业产品价格与质量匹配是否满意。

3) 消费者使用产品后的意见与建议。

为了得到这些信息，企业会在售出产品的同时向消费者提供用户信息反馈表，直接获取消费者对产品质量成本等各方面的反馈信息。

(二) 质量成本控制制度的建立

1. 设定产品质量标准

从成本管理的角度讲，适宜的产品质量标准，应使总质量成本位于较低水平。企业可根据质量损失成本、预防成本和鉴定成本在总质量成本中所占比重，将总质量成本划分为以下三个区域，分别采取不同的措施。

(1) 质量待改进区。该区域的特点是质量损失成本比重较高，而预防成本比重较低，企业总质量成本明显高于最低水平。一般来说，当质量损失成本比重高于70%，而预防成本比重低于5%时，企业应采取的措施是加强质量管理的预防工作，提高产品质量，进而大幅降低质量损失成本。

(2) 质量控制区。该区域的特点是质量损失成本比重适中，而预防成本所占比重有所提高，总质量成本位于最低水平。一般来说，质量损失成本比重约为50%，而预防成本比重约为10%时，总质量成本处于最低水平。质量成本控制工作的重点，是将各有关质量成本维持和控制在这样的水平上。

(3) 质量过剩区。该区域的特点是质量损失成本比重偏低，而鉴定成本比重偏高，总质量成本明显高于最低水平。一般来说，当质量损失成本比重低于40%，而鉴定成本比重高于50%时，质量管理工作重点是适当放宽标准，减少检验程序，以降低总质量成本。

需要指出的是，对不同企业而言，用于划分区域的质量损失成本比重、预防成本比重和鉴定成本比重的界限有所不同。企业应根据有关成本资料，确定适合本企业的具体界限。

2. 设定产品质量奖惩制度

企业应该制订制度，将产品质量与员工奖惩结合起来，鼓励员工对产品质量提出更多的改进意见，对采用质量改进建议的提供者给予物质或精神上的奖励。这样能促使员工认真工作，保证产品质量，努力创新。

3. 设定产品质量成本奖惩制度

管理者希望通过奖惩制度来激励员工压缩总质量成本，进而为企业创造更多的利润。

(三) 质量绩效报告

质量绩效报告反映出企业在质量改进方面所取得的进展。报告类型主要有三种。

1. 中期质量绩效报告

中期质量绩效报告是将质量改进的成效与当期标准或目标进行比较的报告。采用这种报告类型，企业必须每年制订中期质量标准以及达到这个目标的计划。由于质量成本是衡量质量的一个数量指标，因此，各类质量成本及其成本项目的目标水平可以用预算金额表示。期末，企业通过中期质量绩效报告比较当期实际质量成本与预算成本，揭示差异。

【例13-1】 表13-3列示了一个中期质量绩效报告范本。

表13-3 中期质量绩效报告 单位：元

质量成本项目	实际成本	预算成本	差异
预防成本：			
质量培训	35000	30000	5000U
可信赖工程	80000	80000	0
预防成本合计	115000	110000	5000U
鉴定成本：			
材料检验	20000	28000	8000F
产品验收	10000	15000	5000F
流程检验	38000	35000	3000U
鉴定成本合计	68000	78000	10000F
内部故障成本：			
拆除	50000	44000	6000U
返工	35000	36500	1500F
内部故障成本合计	85000	80500	4500U
外部故障成本：			
顾客投诉	25000	25000	0
保证	25000	20000	5000U
维修	15000	17500	2500F
外部故障成本合计	65000	62500	2500U
质量成本合计	333000	331000	2000U
质量成本占实际销售的百分比（实际销售额2800000元）	11.89%	11.82%	0.07%U

注：U表示不利差异，F表示有利差异。

2. 长期质量绩效报告

在“零缺陷”观念下，故障成本是非增值成本，理应予以消除。降低乃至消除故障成本无疑可以增强企业的竞争力。然而，企业要实现更高的质量标准，并不意味着彻底消除预防成本和鉴定成本。一般而言，人们希望鉴定成本能有所下降。例如，产品验收可能在提高产品质量的同时会停产，但加强产品验收却是可能的。企业必须确保产品是在“零缺陷”条件下生产出来的。

【例13-2】 表13-4列示了一个长期质量绩效报告范本。

表13-4 长期质量绩效报告 单位：元

质量成本项目	实际成本	目标成本*	差异
预防成本：			
固定性：			
质量培训	35000	15000	20000U
可信赖工程	80000	40000	40000U
预防成本合计	115000	55000	60000U
鉴定成本：			
变动性：			
材料检验	20000	5000	15000U
产品验收	10000	0	10000U
流程检验	38000	10000	28000U
鉴定成本合计	68000	15000	53000U
内部故障成本：			
变动性：			
拆除	50000	0	50000U
返工	35000	0	35000U
内部故障成本合计	85000	0	85000U
外部故障成本：			
固定性：			
顾客投诉	25000	0	25000U
变动性：			
保证	25000	0	25000U
维修	15000	0	15000U
外部故障成本合计	65000	0	65000U
质量成本合计	333000	70000	263000U
质量成本占实际销售的百分比（实际销售额2800000元）	11.89%	2.5%	9.39%U

*这些成本属于增值成本。

由表13-4可见，长期质量绩效报告是比较当期实际成本与达到“零缺陷”标准所允许的成本水平。如果标准选择恰如其分的话，这个目标成本即为增值作业成本。两者之间的差异则为非增值作业成本，如此，长期质量绩效报告便是反映增值作业成本与非增值作业成本差异的报告。该质量绩效报告显示：企业尚有许多消除非增值作业的空间。企业在质量问题上花费了太多的资金。提高产品质量，就可以减少改进质量问题的人工成本，由此可以节省这方面的资金。例如，如果不需要返工的话，就不会发生返工所引起的成本。所节省下来的资金，企业可以用来扩展企业规模，从而提高企业的竞争力。

3. 多期质量趋势报告

多期质量趋势报告是将期内质量改进所取得的成效以图表的形式加以表达的报告。以横坐标表示年份，纵坐标表示相应时间内的销售百分比，将多期质量成本占销售的百分比描述在图上，即可反映质量改进所取得的成效。

【例13-3】 假设智董公司有关资料如表13-5所示。

以20×0年为起点，假设目标值为2.5%，由表13-5可以看出，以销售百分比表示的质量成本有持续下降的趋势（从20%下降到10%），但如果以目标值2.5%作为目标，企业还存在不断改进质量的空间。当然，企业也可以根据资料做出个别质量成本的趋势报告。

表13-5 智董公司质量成本与销售额资料

年份	质量成本（元）	实际销售额（元）	质量成本占销售的百分比
20×0	440000	2200000	20.00
20×1	423000	2350000	18.00
20×2	412500	2750000	15.00
20×3	406000	2800000	14.50
20×4	280000	2800000	10.00

四、质量成本报告

质量成本报告，是对某一时期（月度、季度、年度）质量成本状况的总结性文件。其作用是为企业的管理层和有关职能部门提供质量成本信息，评价质量管理活动和质量管理体系运行的经济性和有效性，并为确定下一时期的质量管理重点和质量成本目标提供依据。

（一）质量成本报告的目的

(1) 揭示企业目前实际发生的质量成本的大小，以便正确评价其财务影响。

(2) 公布各类质量成本的分布状态，以便公平地确定各类成本的重要性，进而采取措施，改进和控制成本。

质量成本报告通常是把质量成本与企业销售额联系起来，列示出质量成本占企业实际销售额的比重。这样做的目的是为了便于评价质量成本的财务重要性。表13-6列举了与质量成本报告有关的项目。

表13-6 质量成本报告项目（仅限举例）

预防成本	鉴定成本	内部故障成本	外部故障成本
工程设计	检测	废品	顾客支持
加工工程	现场加工制造和加工检测	返工产品	运输成本
质量工程	产品测试	残料	制造/加工工程
供应商评估		停工维修	质量担保维修成本
预防性设备维修		加工或加工工程	赔偿责任
质量培训			
使用新材料等			

需要指出的是，表13-6中所列项目，仅是为说明问题而使用的例子，实际中并非仅限于此。

（二）质量成本报告的形式

【例13-4】 假设智董复印机制造公司，采用作业成本制度。表13-7是该公司实际的质量成本报告。

表13-7 智董公司的质量成本分析报告（作业基础） 单位：元

质量成本和价值链类型(1)	分配基础或成本动因		总成本(4) − (2) × (3)	销售比例(5) − (4) ÷ 300000000
	数量(2)	比例（假设数字）、(3)		
预防成本				
工程设计（研究开发/设计）	40000小时①	80/小时	3200000	1.07%
加工设计（研究开发/设计）	45000小时	60/小时	2700000	0.90
总预防成本			5900000	1.97
鉴定成本				
检测（制造）	240000小时②	40/小时	9600000	3.20
总鉴定成本			9600000	3.20
内部故障成本				
返工产品（制造）	2500台返工③	4000/返工	10000000	3.33
总内部故障成本			10000000	3.33
外部故障成本				
顾客支持（营销）	3000维修④	200/维修	600000	0.20
运输成本（分销）	3000维修	240/维修	720000	0.24
质量担保维修成本（顾客服务）	3000维修	4400/维修	13200000	4.40
总外部故障成本			14520000	4.84
总质量成本			40020000	13.34%

注：①根据个案研究；②12小时/复印机×20000台复印机；③20000台复印机中有12.5%需要返工；④20000台复印机中有15%需要质量担保维修服务。

除了上述以报表的格式报告质量成本外，还可以用直方图，饼状图等来直观地表示各种质量成本的比例。但无论采用何种形式，管理者都应该树立一个观念：提高利润必须要通过改善和提高质量来实现。否则，如果只盲目地追求降低成本，可能会事与愿违。

（三）质量成本报告的内容

质量成本报告的内容包括：质量成本会计核算和统计核算的结果、质量成本的构成及关键内容分析、质量成本的计划执行情况及变化趋势分析、质量成本适宜性分析、质量管理重点活动分析和质量管理体系运行的经济性评价等。质量成本报告的内容见表13-8，质量成本报告的范本见表13-9。

表13-8 质量成本综合报表

项目		基期	本期计划	本期实际	比较	
					与基期差额	与计划差额
预防成本	三级科目					
	三级科目					
	三级科目					
	三级科目					
	合计					
鉴定成本	三级科目					
	三级科目					
	三级科目					
	三级科目					
	合计					
内部损失成本	三级科目					
	三级科目					
	三级科目					
	三级科目					
	合计					
外部损失成本	三级科目					
	三级科目					
	三级科目					
	三级科目					
	合计					
总计						
预防成本率						
鉴定成本率						
内部损失就成本率						
外部损失成本率						
质量损失率						
单位产量质量成本						
内部质量损失率						
分析结果：						

报表单位：

表13-9　质量成本报告

质量成本项目	实际成本（元）	占质量成本的百分比	占销售额的百分比
预防成本：			
质量培训	35000	10.51	1.25
可信赖工程	80000	24.02	2.86
预防成本合计	115000	34.53	4.11
鉴定成本：			
材料检验	20000	6.01	0.71
产品验收	10000	3.00	0.36
流程检验	38000	11.41	1.36
鉴定成本合计	68000	20.42	2.43
内部故障成本：			
拆除	50000	15.02	1.79
返工	35000	10.51	1.25
内部故障成本合计	85000	25.53	3.04
外部故障成本：			
顾客投诉	25000	7.51	0.89
保证	25000	7.51	0.89
维修	15000	4.50	0.54
外部故障成本合计	65000	19.52	2.32
质量成本合计	333000	100%	11.89%

当然，质量成本报告还可以采用分类统计图或陈述式的方式。

第十四章

项目成本

第一节 项目成本管理概述

项目成本管理是为保证项目实际发生的成本不超过项目预算成本所进行的项目资源计划编制、项目成本估算、项目成本预算、项目成本控制、项目成本预测等方面的管理过程和活动，也可以理解为它是为了确保完成项目目标，在批准的预算内，对项目实施所进行的按时、保质、高效的管理过程和活动。项目成本管理可以及时发现和处理项目执行过程中出现的成本方面的问题，达到有效节约项目成本的目的。

一、项目成本相关知识

（一）项目成本的概念

项目成本是围绕项目发生的资源耗费的货币体现，包括项目生命周期各阶段的资源耗费。

（二）项目成本与几个概念的联系和区别

1. 项目成本与项目造价

项目成本与项目造价的区别主要体现在概念性质不同和概念定义的角度不同两个方面。项目造价的直意就是工程的建造价格，含有“价格”之意，是价值的货币表现。“价格”是采购人（如业主）为某一项目或一种产品（如完整的建筑物）所要支付的货币数量。成本则是项目过程中耗费资源的货币形式。“成本”是按照组织会计制度核算的，是某一具体活动所需要支出的劳动力、材料、设备和管理等花费的总和。根据马克思政治经济学原理，成本是C+V，而造价则可以用C+V+M表示（C表示物化劳动的价值，V表示活劳动的价值，M表示劳动者创造的价值）。造价除了包括成本外，还包括创造出来的利润和税金，即造价是成本、税金及利润之和。成本概念是从项目组织或项目所属组织的角度定义的，主要受项目执行组织的关心，在市场决定价格的前提下，项目组织更关心如何降低成本，以便留出尽可能大的利润空间。造价是项目投资者为获得项目产品所需付出的代价，从这个层面上说，市场的交换价格（造价）当然越低越好，所以投资者关心的是造价。

项目成本与项目造价的共同点则主要体现在两者的构成上有相同之处，即两者均影响项目利润。成本和造价均包括C+V。造价与成本的差额决定项目的利润空间。对项目组织来说，在降低成本的同时，要尽量提高承包合同价。只有同时搞好造价管理和成本管理工作，才可能盈利，片面地强调一个而忽视另一个，项目都不可能实现预期利润。

2. 项目成本与项目投资

项目成本和项目投资所要表达的侧重点是不同的。通常投资是通过投入一定的资金、土地、设备、技术等要素，以便在未来获得一定的收益。投资强调资金付出的目标：在未来获得收益。项目投资所需的资金数额一般较大，而且这种资本性支出一旦发生，就将在较长时期内产生资金沉淀。因此，在投资项目实施之前，企业必须谨慎地从多方面进行技术经济评价，以期提高投资效益。成本通常是强调付出本身，可以是资源，但最后用货币衡量。成本的补偿速度相对于投资来说更快，一般不会在较长时间内沉淀。

但投资与成本均是为达到一定目标而发生的支出，二者之间的界限在某些情况下是比较模糊的，在一定情况下可以相互转化。例如，对房地产开发商而言，如果房地产项目开发完成后就进行销售，则为房地产项目发生的支出可以说是投资（期望得到回报，获得可观收益），也可以称之为成本（资金回收速度较快，使开发商可以进行下一轮的开发）。如果开发商在项目完成后并不进行销售，主要进行出租经营，则房地产项目发生的支出便是投资，开发商持有资产并通过对资产的长期运营来获利，在运营期内，投资以折旧和摊销的形式逐步分摊进入运营期的总成本中。

3. 项目成本与项目费用

为了避免提到立场，只是纯粹探讨管理本身的方法，有的人提出“费用”一词，认为费用是一个较中性的词，脱离立场，不过分强调业主或承包商，只是强调完成项目所必需的付出。但是，在会计上，“成本”与“费用”是有区别的。“成本”是针对一定的成本核算对象（如某工程、某软件）而言的，“费用”则是针对一定期间而言的。也可以说，“成本”的发生能直接与支出对象建立联系，而“费用”则是指在一定会计期间发生的支出，支出额与支出对象之间难以建立直接的对应关系，如管理费用、销售费用和财务费用等，这些费用在进行成本核算时，作为待摊费用的支出，需要按照一定的方法将其分摊到具体的产品或项目上。

(三) 项目成本的构成

项目成本是围绕项目发生的资源耗费的货币体现，包括项目生命周期各阶段的资源耗费。对不同的项目干系人（即项目利益关系者）来说，参与项目的工作阶段、时机不同，其所经历的项目生命周期的长度也不同。不同的干系人会在不同的时间以不同的方式测算成本。因此，不存在统一的项目成本构成。但任何项目成本构成都应该包括项目干系人眼中的项目生命周期各项工作的资源耗费，因此，进行成本管理，首先应该识别项目干系人的项目生命周期，进而确定各阶段的资源耗费和项目成本构成。

项目生命周期是定义一个项目的开始与结束。虽然许多项目生命周期有相似的阶段名称和相似的可交付成果，但实际上，它们很少是一样的。

1. 项目成本范围

项目成本的范围由项目范围决定。从根本上讲，任何一个项目都取决于项目的范围。项目范围是为了达到项目目标所要完成的全部工作，而且也仅仅是要求完成的工作。确定了项目范围就定义了项目的工作边界，明确了哪些方面是项目应该做的，哪些不应该包括在项目之内，明确了项目的目标和主要可交付成果。例如，项目范围可能是涉及建造房屋、开发软件、美化环境等的所有工作。成功正确地确定项目范围是项目成本估算的基础。

从项目的生命周期看，项目成本应包括项目全过程所发生的成本，主要有：

(1) 项目启动成本。项目启动是每个项目都必须经历的，也是项目形成的第一个阶段。项目启动成本包括市场调查费、可行性研究费等。项目决策的好坏，对项目建设和建成后的经济效益与社会效益会产生重要影响。为了对项目进行科学的决策，在这一阶段企业要进行翔实的调查研究，收集掌握第一手信息资料，进行项目的可行性研究，最终做出决策。完成这些工作需要耗用人力、物力资源，花费资金，这些费用构成了项目启动成本。

(2) 项目规划成本。在进行可行性研究之后，通过分析、研究和试验等环节，项目就可以进入规划阶段。任何一个项目都要开展项目规划设计工作。这些工作同样要发生费用，这项费用是构成项目成本的一个重要组成部分。

(3) 项目实施成本。项目实施成本是在项目实施过程中，为完成“项目产出物”所耗用的各项资源。这既包括在项目实施过程中所耗费的物质资源成本（这些成本实际上是以转移价值的形式转移到了项目产出物之中），也包括项目实施过程中所消耗的活劳动成本（这些多数以工资、奖金和津贴的形式分配给项目团队成员）。项目实施成本包括采购费、研制费、开发费、建设费及分包费等。

(4) 项目终结成本。项目结束阶段会发生竣工验收费、调试测试费及试生产费等，这些费用构成项目终结成本。

项目实施成本是项目成本的主要组成部分。在正确的项目决策和项目设计情况下，在项目成本中，项目实施成本一般占比90%左右。因此，项目成本控制在很大程度上是对项目实施成本的管理与控制。

进行项目成本估算时，项目领导班子除了要关心完成项目所需的各阶段工作的成本，有时也要考虑项目使用阶段的成本。全面考虑项目所有阶段，包括项目完成后投入使用阶段的总成本的估价思想叫作“全生命周期成本估算”。例如，限制设计审查的次数可能降低项目成本，但有可能发现不了设计中隐藏的问题以致造成日后顾客运营费用增加。

从项目子系统的构成上看，项目成本应包括所有子系统成本。例如，一个钢铁厂项目的成本可能包括原料系统、炼钢系统、轧钢系统、燃料动力系统、发电和供电系统、供水系统、运输系统、生产辅助系统、生活福利系统和通信系统等子系统的成本。

2. 项目成本要素

(1) 人工费是为项目工作的各类人员如设计师、计算机程序员、研究员、油漆工及其他方面项目工作人员的报酬，包括工资、津贴和奖金等全部发生在构成人员劳动上的成本。

(2) 材料费是项目组织或项目团队为实施项目所购买的各种原料、材料的成本，例如，油漆、木料、墙纸、灌木、毛毯、纸、艺术品、食品、计算机等。又如，新药开发项目中，使用的各种原料、试剂等的成本。

(3) 设备费包括设备或仪器、工具的折旧费、修理费、运行费等，在某些情况下，还包括设备的租赁费用。有时项目组织为实施项目会使用到某种专用仪器、工具或设备，就需要购买这种设备或仪器，在某些情况下也可以租用这种设备，这些都是项目成本的组成部分。

(4) 分包费（顾问费用）是部分项目工作内容分包出去时发生的成本。当承包商或项目团队缺少某项专门技术或没有完成项目任务的资源时，可以委托分包商完成这些任务。例如，项目经理可以把项目的对外宣传委托给某个广告公司，可以请管理和法律顾问协助项目的管理。

(5) 其他费用包括多项内容，如项目期间有关项目人员出差，就会发生差旅费（如机票费、住宿费、必要的伙食费和出差补贴），还包括为项目实施所需要的各种临时设施费等。

以上各项费用在不同项目中所占比例不同。例如，开发信息管理系统时，开发人员的成本是所耗原材料的几十倍甚至是几百倍；而工程建设项目中设备及材料费可能高达70%。

3. 项目成本的性质构成

从财务角度上看，项目成本构成按性质划分可分为直接成本和间接成本。

(1) 直接成本是可直接归因于项目组织或项目实施的有关成本，包括直接人工费、直接材料费、直接设备费及其他直接费用。例如，如果购进的一批材料全部用于某项目，则该材料成本可归属到直接成本。

(2) 间接成本不直接归因于任何组织内的特定领域，往往是在组织执行项目时发生的，包括管理成本、保险费、融资成本（手续费、承诺费、利息）等。

企业在经营过程中，像生产工厂或者办公室的相关设施以及在其中所发生的服务、管理、人事、培训、成本和管理会计、综合管理、取暖、照明和相关设施维护等方面的工作都能够发生成本，这些成本在企业的经营过程中会一直存在。间接成本中可以包括员工薪金、原材料成本以及其他费用，但这些支出是不能直接和项目或项目工作联系在一起的（除了单独为某项目而成立的组织外），所以这些费用被划归到间接成本。

企业对直接成本和间接成本的理解是千差万别的。有的公司会将项目设计图纸的印制费用计入项目直接成本，例如，可以直接向项目客户或发起人索要此项费用。而有的公司则可能将这项费用看作间接成本，直接列于公司的日常管理费用项下。有时，企业甚至在不同的项目中对于直接成本和间接成本的划分也是不同的，这主要取决于项目客户方与承包方在项目合同中所达成的就项目直接成本方面的共识。

项目成本预测人员和项目经理必须清楚地了解所属企业中直接成本和间接成本的构成要素，因此必须对项目计划和项目合同中的特别条款予以特别关注。

（四）影响项目成本的重要因素

影响项目成本的因素有许多，而且不同应用领域中的项目，其影响项目成本的因素也会不同，但是最为重要的项目成本影响因素包括几个方面。

1. 项目范围

项目范围是影响项目成本的根本因素，因为项目范围决定了项目需要完成的活动以及完成的程度。一般来讲，项目需要完成的活动越多、越复杂，则项目成本越大；反之，项目需要完成的活动越简单、越少，项目成本也就越小。

2. 项目消耗和占用资源的数量和价格

项目成本自身（或叫狭义的项目成本）受两个因素的影响：其一是项目各项活动所消耗和占用的资源数量，其二是项目各项活动所消耗与占用资源的价格。这表明项目成本管理必须要管理好项目消耗和占用资源的数量与价格这两个要素，通过降低项目消耗和占用资源的数量与价格去直接降低项目的成本。在这两个要素中，资源消耗与占用数量是第一位的，资源价格是第二位的。通常资源消耗与占用数量是一个相对可控的内部要素；而资源价格是一个相对不可控的外部要素，主要是由外部市场条件决定的。

在项目范围确定的情况下，资源价格越高，成本越高。因此，项目在通货膨胀时期实施，成本往往较高。

3. 项目工期

项目工期是整个项目或项目某个阶段或某项具体活动所需要或实际花费的工作时间

周期。从这个意义上说，项目工期与时间是等价的。在项目实现过程中，各项活动消耗或占用的资源都是在一定的时点或时期发生的。所以，项目成本与工期是直接相关并随着工期的变化而变化的。这种相关与变化的根本原因是因为项目所消耗的资金、设备、人力等资源都具有自己的时间价值，这表现为：等额价值量的资源在不同时间消耗或占用时，其价值之间的差额。实际上，项目消耗或占用的各种资源都可以看成是对货币资金的一种占用。这种资金的占用，不管是自有资金还是银行贷款都有其时间价值，这种资金的时间价值的根本表现形式就是资金占用所应付的利息。这种资金的时间价值既是构成项目成本的主要科目之一，又是造成项目成本变动的重要影响因素之一。

工期越长，不可预见的因素越多，风险越大，成本越高。

4. 项目质量

质量与成本之间存在辩证统一的关系。通常，质量水平越低，项目成本就越低。如果质量要求定位高，则在完成项目时需要采用更好的资源、耗费更长的时间，成本也越高。但是，如果质量水平低到无法使项目投入正常使用，经常发生故障，则总的成本反而上升。

项目质量是指项目能够满足业主或客户需求的特性与效用。一个项目的实现过程就是项目质量的形成过程，在这一过程中企业为达到质量要求需要开展两个方面的工作。一是质量的检验与保障工作，二是质量失败的补救工作。这两项工作都要消耗资源，产生项目的质量成本。其中，项目质量要求越高，项目质量检验与保障成本就会越高，项目成本也会越高。因此，项目质量也是项目成本最直接的影响因素之一。

根据上述分析可以看出，要实现对项目成本的科学管理，还必须对项目资源耗用和价格、项目工期和质量以及项目范围等要素进行集成的管理与控制。如果仅仅对项目资源耗用量和价格要素进行管理和控制，无论如何也无法实现项目成本管理的目标。

5. 管理水平

在项目进行期间，较高的管理水平可以减少失误，降低项目成本。

(五) 项目财务经理的职责

项目成本决算工作中，项目财务经理有着举足轻重的作用。项目财务经理，应该负责组织管理合同项目的财务、会计业务，通常由公司财务部派出，其主要职责共有12项。

(1) 参加项目的经济决策和预测。

(2) 组织编制项目年度、季度、月度财务资金计划。

(3) 负责实现企业或组织对项目的筹资计划，并按合同和计划向业主催收各种款项。

(4) 建立会计业务和账目，组织项目现金管理和成本核算。

(5) 办理设备、散装材料付款和施工工程付款。

(6) 处理工程欠款、拒付、索赔等事项。

(7) 根据规定和需要办理各种保险，缴纳各种税款。

(8) 定期进行财务结算，项目竣工时办理竣工决算。

(9) 定期提出项目财务报告。

(10) 项目结束时，对参加本项目财务、会计工作的人员提出考核意见。

(11) 组织对项目有关的财务、会计账目和资料整理归档。

(12) 对项目财务工作进行总结。

二、项目成本管理的理念

为了能科学、客观地遵循项目成本管理的客观规律，财务人员在项目成本管理中应该树立两个理念。

1. 全方位——项目全面成本管理的理念

它是国际全面成本管理促进会前主席（原美国造价工程师协会主席）R.E.Westney在

1991年5月发表的《90年代项目的发展趋势》一文中提出的。R.E.Westney给全面成本管理下的定义是："全面成本管理就是通过有效地使用专业知识和专门技术去计划和控制项目资源、成本、赢利和风险。"国际全面成本管理促进会对"全面成本管理"的系统方法所涉及的管理内容做出了界定，项目全面成本管理主要包括几个阶段的工作。

(1) 启动阶段相关的项目成本管理工作。

(2) 说明目的、使命、目标、指标、政策和计划阶段相关的项目成本管理工作。

(3) 定义具体要求和确定管理技术阶段相关的项目成本管理工作。

(4) 评估和选择项目方案阶段相关的项目成本管理工作。

(5) 根据选定方案进行初步项目开发与设计阶段相关的成本管理工作。

(6) 获得设备和资源阶段相关的成本管理工作。

(7) 实施阶段相关的成本管理工作。

(8) 完善和提高阶段相关的成本管理工作。

(9) 推出服务和重新分配资源阶段相关的成本管理工作。

(10) 补救和处置阶段相关的成本管理工作。

2. 全过程——项目全生命周期成本管理的理念（LCC，Life Cycle Costing）

它是由英美一些学者和实际工作者于20世纪70年代末和80年代初提出的，其核心内容包括几方面。

(1) 项目全生命周期成本管理是项目投资决策的一种分析工具，是用来选择项目备选方案的一种方法。

(2) 项目全生命周期成本管理是项目设计的一种指导思想和手段，它要计算项目整个服务期的所有成本，包括直接的、间接的、社会的和环境的。

(3) 项目全生命周期成本管理是一种实现项目全生命期（包括项目前期、项目实施期和项目使用期）总成本最小化的方法。

项目全生命周期成本管理理念的根本点要求人们从项目全生命期出发去考虑项目成本和项目成本管理问题，其最关键的是要实现项目整个生命期总成本的最小化。

三、项目成本管理的任务

1. 确保项目在批准的成本预算内尽可能好地完成

项目成本管理是在整个项目的实施过程中，为确保项目在批准的成本预算内尽可能好地完成而对所需的各个过程进行管理。项目成本管理不同于项目投资管理和项目造价管理。

项目投资管理必然要以投资收益的最大化或合理化为目标，即在投资额一定的情况下，收益最大化或收益一定的情况下，投资额最小。在项目决策阶段，需要对项目运营期间的财务状况进行预测与分析，只有财务收益指标达到目标时，项目才可能启动。项目投资管理不仅关注项目的投资过程，而且关注项目投资的回报过程和结果。项目投资管理不仅贯穿于项目生命周期，而且延伸到项目的运行使用期。

成本管理侧重项目生命周期自身的支出，在项目产品交付使用后，项目产品（软件、工厂、建筑物、道路）的支出管理，即项目运行期间的成本管理不属于项目管理范畴，而属于工业企业或其他常规组织的成本管理范畴。

因此，项目成本管理始于项目启动，止于项目结束，是在整个项目生命周期中以项目执行组织为主体的成本管理，其目标就是确保项目在批准的成本预算内尽可能好地完成项目的各个过程。在许多应用领域，对项目产品的未来财务执行的预测和分析是在项目之外进行的。但在诸如资金筹措项目等领域，项目成本管理也包括对未来财务的预测和分析，此时成本管理包括一些附加的过程和许多一般管理技术，例如，投资回报、回收期分析。实际上，这时项目成本管理应该更确切地称为项目投资管理。

项目成本管理首先关心的是完成项目活动所需资源的成本，但也会考虑对项目交付使用后成本的影响。例如，利用限制设计审查次数可以降低项目成本，但可能增加顾客的运营成本。再如，项目建设期间不能一味地降低成本而采用质低价廉的材料，为项目产品的运行使用留下隐患。项目成本管理的这种广义观点常被称为“全生命周期成本计算”。

2. 提供衡量项目管理绩效的客观标尺

项目成本管理的好坏反映了项目管理的水平。对项目管理绩效的评价，首先是对成本管理绩效的评价。通过对成本管理水平和成果的评价，可以使企业掌握项目管理状况和实际达到的水平，为项目绩效评价提供直观、量化的佐证。

项目成本管理还为企业考核和奖惩提供依据。为企业内部人事制度、工资分配制度、员工培训制度等一系列制度的建立和健全创造必要的环境条件。

四、项目成本管理的原则

1. 全面成本管理原则

全面成本管理是针对成本管理的内容和方法而言的。从全面性出发，需要对项目形成的全过程开展成本管理，对影响成本的全部要素开展成本管理，由项目全体团队成员参加成本管理。因此，全面成本管理就是全员、全过程和全要素的成本管理。

2. 全生命周期成本最低原则

项目成本管理的效果直接影响到项目的绩效。因此，应尽可能降低项目成本。但是，在进行成本管理时，企业不能片面要求项目形成阶段成本之和最低，而是要使项目全生命周期成本最低，即考虑项目从启动到结束，再到项目产品的寿命期结束的整个周期的成本最低，这是项目经济性评价的合理期限。

3. 成本管理有效化原则

成本管理的有效化包括两层含义：一是使项目经理部以较少的投入获得最大的产出；二是以最少的人力和财力，完成较多的管理工作，提高工作效率。

4. 成本管理科学化原则

成本管理的科学化原则，即把有关自然科学和社会科学中的理论、技术和方法运用于成本管理，包括预测与决策方法、不确定性分析方法和价值工程等。

5. 成本责任制原则

为了实行全面成本管理，必须对项目成本进行层层分解，使成本目标落实到项目的各项活动、各个人员。项目的各个参与人员都承担不同的成本责任，按照成本责任对项目人员的业绩进行评价。

五、项目成本管理应考虑的因素

(1) 完成项目活动所需资源的成本，是成本管理的主要内容。

(2) 各种决策对项目最终产品成本的影响程度，如增加对每个零件检查的次数会增加生产过程的测试成本，但这样会减少项目客户的运营成本。在决策时，要比较增加的测试成本和减少的运营成本的大小，如果增加的测试成本小于减少的运营成本，则应该增加对每个零件检查的次数。

(3) 不同项目干系人对项目成本的需求不同，项目干系人会在不同的时间以不同的方式了解项目成本的信息。例如，在项目采购过程中，项目客户可能在物料的预订、发货和收货等阶段详细或大概地了解成本信息。

六、项目成本管理的内容

1. 项目资源计划

项目资源计划是通过分析、识别和确定项目所需资源种类（人力、设备、材料、资金等）多少和投入时间的项目管理活动。在项目资源计划工作中最为重要的是确定能够充分保证项目实施所需各种资源的清单和资源投入的计划安排。

2. 项目成本估算

项目成本估算是根据项目资源需求和计划，以及各种资源的市场价格或预期价格等信息，估算和确定项目各种活动的成本和整个项目的全部成本的项目成本管理工作。项目成本估算最主要的任务是确定用于项目所需人、机、料、费等成本和费用的概算。

3. 项目成本预测

项目成本预测是在项目的实施过程中，依据项目成本的实施情况和各种影响因素的发展与变化，不断预测项目成本的发展和变化趋势与最终可能出现的结果，从而为项目成本控制提供决策依据的工作。

4. 项目成本预算

项目成本预算是一项制订项目成本控制基线或项目总成本控制基线的项目成本管理工作，主要包括根据项目的成本估算为项目各项具体活动或工作分配确定其费用预算，以及确定整个项目总预算这两项工作。项目成本预算的关键是合理、科学地确定项目的成本控制基准（项目总预算）。

5. 项目成本控制

项目成本控制是在项目的实施过程中，努力将项目的实际成本控制在项目成本预算范围之内的一项成本管理工作，包括：依据项目成本的实施情况不断分析项目实际成本与项目预算之间的差异，通过采用各种纠偏措施和修订原有项目预算的方法，使整个项目的实际成本能够控制在一个合理的水平。

事实上，上述这些项目成本管理工作相互之间并没有严格独立而清晰的界限，在实际工作中，它们常常相互重叠和相互影响，同时在每个项目阶段，上述项目成本管理的工作都需要积极开展。只有这样，项目团队才能够做好项目成本的管理工作。

七、项目成本管理的一般过程

项目管理的基本过程可划分为启动、计划、执行、控制、收尾五个阶段。项目成本管理包括确保在批准的预算内完成项目所需的诸过程。这些过程包括资源计划编制、成本估算、成本预算和成本控制。

上述的成本管理过程与项目管理的对应关系如表14-1所示。

表14-1 成本管理过程

知识领域	1.启动	2.计划	3.执行	4.控制	5.收尾
成本管理	—	资源计划编制、成本估算、成本预算	—	成本控制	—

上述成本管理过程并未与项目管理的基本过程完全对应，其中执行和收尾阶段的成本管理工作需要明确细化。

八、我国的项目成本管理过程

1. 成本预测

对项目未来的成本水平及其发展趋势所做的描述与判断。

2. 成本计划

对项目计划期内的成本水平所做的筹划，是对项目制订的成本管理目标。

3. 成本核算

利用核算体系，对项目实施过程中所发生的各种消耗进行记录、分类，并采用适当的成本计算方法，计算出各个成本核算对象的总成本和单位成本的过程。成本核算是对项目实施过程中所发生的耗费进行如实反映的过程，也是对各种耗费的发生进行监督的过程。

4. 成本分析

揭示项目成本变化情况及其变化原因的过程。在成本形成过程中，利用成本核算的资料（成本信息），比较项目实际成本与计划成本，了解成本的变动情况，系统分析影响成本变动的因素，寻找降低成本的途径。

5. 成本控制

在项目实施过程中，对影响项目成本的各项因素进行规划、调节，并采取各种有效措施，将实施中发生的各项支出控制在成本计划范围以内，计算实际成本和计划成本之间的差异并进行分析，通过成本控制，最终实现成本目标。

6. 成本考核

在项目完成后，对项目成本形成过程中的成本管理的成绩或失误进行总结与评价。

上述的成本预测对应资源计划编制和成本估算，成本计划对应成本预算。我国的成本管理对六个环节实行全过程的管理，与项目管理过程完全对应，其中，成本核算是执行阶段的管理，成本决算是项目收尾阶段的管理。

九、项目成本管理的组织

项目成本管理与项目所属机构的成本管理是不同的。项目成本管理的实施主体是项目部，由项目经理负责，项目部的其他成员参与。项目成本管理会与项目所属的企业或机构的其他职能部门如会计、财务部门发生关系，而项目部与职能部门间关系的紧密程度或形成何种关系，还取决于项目组织类型。

如果项目由企业运作实施，此时，项目成本是企业成本中不可缺少的组成部分之一。项目成本管理与企业成本管理的区别主要是管理对象不同、管理任务不同和管理责任不同。

项目成本管理的对象是某一个具体的项目，主要对项目的成本进行预测、控制、核算等。企业成本管理的对象是整个企业，不仅包括各个项目部，还包括企业的其他职能部门。项目成本管理的任务是在健全的成本管理责任制下，以合理的进度、合理质量、低耗的成本完成项目。企业成本管理的任务则是根据整个企业的现状和水平，通过合理调配资源、合理完成项目，使企业的成本控制在预定计划内。项目成本管理是由项目经理全面负责，项目的盈亏与项目经理部的全体成员的经济责任挂钩，责任明确，管理到位。企业成本管理强调部门成本责任，成本管理涉及各个职能部门和各个项目部，管理松懈。

第二节 项目全面成本管理

项目全面成本管理是一种用来指导人们分析、确定和控制项目成本的思想和方法。它强调在项目成本的分析、确定与控制中一定要全面考虑各种要素的影响，要考虑各个阶段的成本以及确定性和不确定性成本，并且项目相关利益主体都要参与项目成本管理。

一、项目全面成本管理的核心思想及其构成

项目全面成本管理的核心思想是在一个项目的成本管理中不能只顾及项目成本管理的某个方面，而必须全面考虑问题和管理好项目成本。这种全面管理包括四个方面：一是要做项目全过程和全生命周期的成本管理，而不是像传统项目成本管理那样只做项目实施过程的成本管理；二是从项目全要素管理的角度出发去管理项目的成本，而不是像传统项目那样只考虑狭义的节约成本而不顾项目的工期、质量等其他要素因成本节约而受到的影响；三是要做包括项目风险成本管理在内的项目全部成本的管理，而不是像传统造价管理那样只对确定性的项目成本进行管理；四是项目全团队成员都参加成本的管理，而不是像传统项目成本管理那样只是某个项目相关利益主体（业主或承包商）单独进行项目成本的管理。正是由于包含了这四方面的具体技术方法，所以该方法才被称为“全面”成本管理方法。项目全面成本管理示意图如图14-1所示。

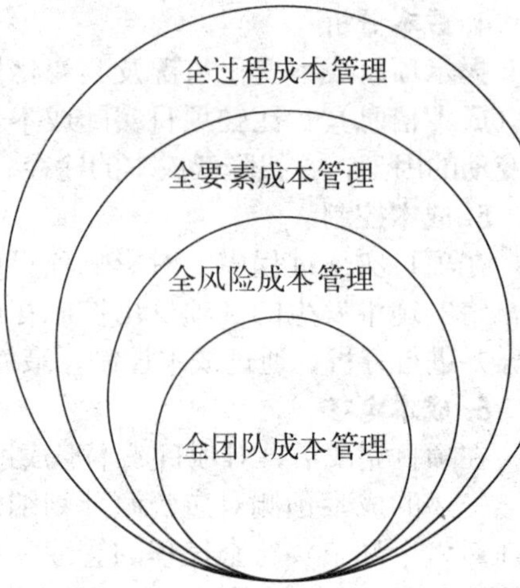

图14-1　项目全面成本管理示意图

项目成本集成管理的原理就是一种将项目全过程成本管理方法、项目全要素成本管理方法、项目全风险成本管理方法和项目全团队成本管理方法进行有机组合，从而构建出一个项目全面成本管理方法体系的基本原理。

根据上述内容可知，项目全面成本管理包括了项目全过程成本管理的思想和方法。在确定和控制项目成本时，一定要按照基于活动的管理方法去对项目成本进行全过程的管理，并且要考虑项目全要素和项目全风险成本管理工作，这些是项目全面成本管理横向轴线的核心内容与方法。项目全面成本管理的纵向轴线就是以项目全生命周期成本管理思想和方法以及全体项目相关利益主体参与项目成本管理与合作的方法作为核心内容之一。

二、项目全要素成本管理方法

项目成本的基本影响要素共有四个，包括项目的范围、项目工期、项目质量和项目成本本身。在现代项目管理中，人们将这四个要素看作项目成功的基本要素，同时，这四个要素可以看成是相互影响和转化的要素，一个项目的范围、工期和质量在一定条件下可以转化成项目的成本。例如，当需要扩大范围和缩短项目工期时，就会发生项目变更费用和项目赶工费，所以企业就需要增加额外的资源投入，这样项目范围的扩大和项目工期的缩短都会使项目成本增加。同样，当需要提高项目质量时也需要增加资源投入，所以项目质量的提高也会使项目成本增加。因此人们必须从影响项目成本的全部要素管理的角度出发，分析和找出项目范围、项目工期、项目质量和项目成本等要素间的相互关系，进而分析和找出一套项目全要素集成管理的方法。

（一）项目全要素成本管理的主要应用

对于项目活动，企业可以按照两要素集成管理、三要素集成管理以及全要素集成管理等不同的集成管理方法开展。在项目成本控制中，项目集成管理的应用主要有几个方面。

1. 项目工期与项目成本的两要素集成管理

在多数情况下，项目工期的提前和拖期都会造成项目成本的上升或下降，反过来，项目成本的增减同样会造成项目工期的变化，这两个项目要素是相关关系但不是线性函数关系。

2. 项目范围与项目成本的两因素集成管理

通常，项目范围的大小决定了项目活动的多少和规模，而项目活动的多少和规模决定了资源消耗和占用的多少，进一步形成项目成本的多少，所以项目成本实际上就是为了完成项目范围所规定的活动而发生的费用，二者是直接相关的。反过来，如果项目成本的预算有严格的限制，那么项目范围就必须根据这种项目成本预算的限制来确定。所以在项目管理中，项目范围和项目成本是紧密关联的两个要素，必须按照项目要素集成管理的方法去管理和控制。

3. 项目质量和项目成本的两要素集成管理

一般来讲，项目成本的削减可能会直接影响项目的质量，因为成本减少就不得不减工减料，这必然影响项目质量。反之，如果项目质量要求升高或出现返工等项目质量恢复活动，就会直接造成项目成本升高。二者必须要统一考虑并进行集成管理与控制。

4. 项目工期、成本、质量三要素的集成管理

项目工期、成本和质量这三个要素并不是简单的两两相互关系，而是三者共同相互作用的，因此，对这三个要素必须开展全面集成的管理和控制。

5. 项目范围、工期、成本、质量四要素的集成管理

项目各要素集成管理的最高境界是实现项目全部要素的全面集成管理和控制，但是这是很难实现的，因为人们还没有办法找出一个项目的全部要素之间的配置关系。所以人们最有希望实现的项目集成管理是对项目范围、工期、成本和质量的全面集成管理与控制，并将此称为项目的全要素集成管理与控制。人们必须主动地按照集成管理的原理和方法管理这四个要素，否则项目工作就会出现各种问题，从而造成项目最终无法获得符合要求的项目产出物和无法最终实现项目的目标。

(二) 项目全要素成本管理的基本模型和原理

项目全要素成本管理的基本模型实际上是在一个项目三要素集成成本管理思想和模型的基础上，再增加项目范围要素所构成的一个项目四要素集成成本管理的模型。项目全要素成本管理的基本模型是以三角形代表项目成本、项目质量和项目工期三个要素，而在三角形中增加一个表示项目范围的内切圆，如图14-2所示。

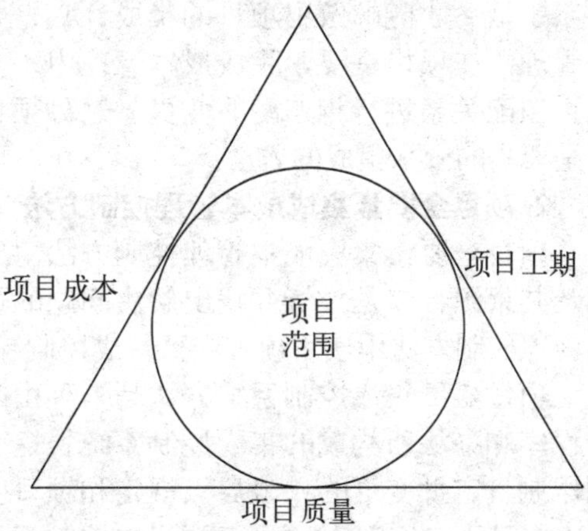

图14-2 项目全要素成本管理的基本模型

图中三角形内切圆的面积表示项目范围的大小，从图中可以看出两方面的关系。其一是项目范围实际上是由项目质量、项目工期和项目成本这三个要素综合决定的，项目质量决定了项目工作和活动的多少，从而会直接影响项目范围的大小，而项目工期和项目成本也会对项目范围造成直接和间接的影响。其二是项目范围的变化会同时影响其他三个要素，如果项目范围增加，则项目的工期、质量和成本要素都会增加。这些要素之间实际相互影响的大小和方向同样需要具体项目具体分析，但是项目全要素成本管理的方法应该以项目成本为核心，集成管理好项目成本、工期、质量和范围，最终为实现项目利益最大化服务。

项目全要素成本管理的方法是借助于美国国防部提出的项目“成本/工期控制系统规范”或叫作“挣得值管理系统”的原理开发而来的。作为项目集成管理的一种先进方法，其基本思想和概念是通过引进中间变量“项目已完成作业量的预算成本”（BCWP）来帮助人们分析项目的工期和成本的变动情况并给出相应的信息，从而使项目的管理者能够对项目工期和成本进行集成管理，能够对二者的发展趋势做出科学的预测与判断。

这种项目成本/工期控制系统的方法只是项目全要素集成管理中最基本的技术方法，因为它实际上只是实现了项目成本和项目工期两要素的集成管理。但是至今人们还没有研究出能够按照基于配置关系开展三要素或多要素集成管理的技术方法，因而这实际上是现有项目集成管理最基本的技术方法。

(三) 项目全要素成本管理的方法

1. 项目全要素集成成本管理计划方法

项目全要素集成成本管理计划方法的核心是如何考虑项目范围、成本、质量和工期的合理配置，以实现项目利益的最大化，通常会用到项目全要素配置关系确定方法。这实际上既是一种项目全要素综合平衡的集成计划方法，也是一种发现项目各要素的合理配置关系的方法。这种方法运用特定项目要素的配置关系试验法，确定项目全要素之间的关系并指导和完成项目集成计划的安排。

项目全要素集成计划和配置关系寻求方法的主要程序如下：首先识别和确定项目质量和项目范围要素之间的配置关系和特征；然后固定这种关系，再确定项目范围同项目工期之间的配置关系；进一步固定这种关系，再确定项目工期和项目成本之间的配置关系；最后固定二者的关系，分析并找出项目成本和项目范围之间的配置关系，从而形成第一个项目全要素配置关系或集成计划的循环。

如果发现此时项目成本与项目范围不匹配，就应采取调整项目成本或范围的方法去解决。如果采用调整项目范围的方法，就需要重新确定项目范围与项目质量之间的配置关系，因为改变项目范围会直接影响项目的质量。然后再按照上述程序进行第二次项目全要素配置关系和集成计划的循环。以此类推，直到找出项目全要素四者之间科学合理的配置关系，最终才能够做出项目的集成计划，并根据这种配置关系去开展项目全要素集成的成本管理。在项目全要素集成成本管理中，当项目某个要素出现变更时，其他要素必须按照这种匹配关系进行相匹配的变更。这种项目全要素配置关系和集成管理的方法也被称为项目全要素的分步集成的方法。

2. 项目全要素集成成本管理控制方法

项目全要素集成成本管理控制方法主要包括两步：一是分析并找出项目要素管理的问题及其根源；二是分析并找出解决问题的最佳方法与方案。同时还应在项目全要素集成成本管理控制方法中使用项目变更集成控制系统的方法。

项目变更集成控制系统方法是一种由改变、修订或变更项目任何一个要素都必须遵守的程序和办法所构成的集成控制系统。这个系统包括：项目变更的审批程序、变更跟踪控制体制、审批变更的权限层级规定和项目变更的文档化管理要求等。对于项目全要素集成成本管理而言，没有项目变更集成控制系统是不行的，所以必须根据项目的具体组织与管理情况，建立和完善项目变更控制系统。一般项目变更集成控制系统需要建立一个专门发展接收或拒绝项目变更要求的项目变更集成控制委员会，该委员会必须使用正式文件对项目变更做出明确的规定和说明。这种项目变更控制系统还必须包括处理项目变更的控制一整套程序，以及所有的项目变更都必须有正式文件证明和记录实施情况，这样可以很好地辅助人们开展项目全要素集成成本的管理。

三、项目全风险成本管理方法

(一) 项目全风险成本管理的概念

项目全风险成本管理是从对于项目的确定性成本和不确定性成本进行全面管理的角度提出的一种项目成本管理的技术方法。在这种技术方法中，最为重要的部分是关于项目风险性成本的确定和控制的技术方法。

人们要确定项目的风险性成本，首先要知道项目风险性成本的分布情况。项目风险性成本的理论分布是指项目各种风险事件所造成的风险性成本从理论上所具有的概率分布情况，这可以通过理论推导和使用风险事件的模拟仿真等方法获得。从理论上说，不同种类的项目风险事件及其所形成的项目风险性成本的概率分布都是不同的。

当项目活动的成本变动范围较小，不确定性很低，且发生概率很高时，就表明该项目活动成本的变动性很小，这实际上可以看成一般意义上所说的确定性项目活动的成本。而当项目活动的成本变动范围很大，不确定性很高，而它们的发生概率也较低时，表明项目活动的成本会因各种条件的变化而发生很大的变化，这就是一般意义上的项目不确定性成本。人们可以根据在项目风险分析与风险识别中所得到的信息，去找出这些项目具体活动的可能分布，从而根据它们的概率分布去进一步分析找出它们的期望值或者说是“最可能”的值，以最终确定它们的风险性成本。

但是使用这种方法确定具体项目活动的风险性成本，有时会非常困难和复杂，而且是很费时费力的，因此人们开始研究如何通过一种相对简单的办法去解决这一问题。英国的Stephen Grey等人研究发现，这些各不相同的项目风险性成本的分布最可行的简化办法，也是人们最能够接受的方法，就是将它们统一简化成一种三角分布（Triangle Distribution），如图14-3所示。

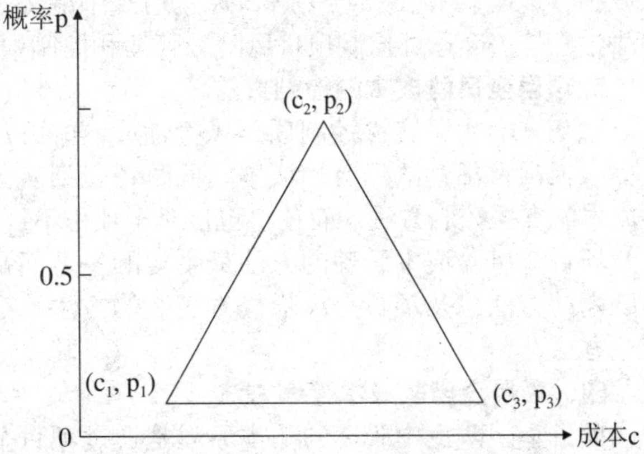

图14-3 项目具体活动风险性成本的三角分布模型

图中的三个点分别代表一项活动的最小成本及其发生概率（c_1，p_1）、最可能成本及其发生概率（c_2，p_2）和最大成本及其发生概率（c_3，p_3）。根据这些项目活动成本的数据，人们就可以通过下面的公式求出项目活动成本的期望值E，而这个期望值就可以作为项目的风险性成本。

$E=c_1p_1+c_2p_2+c_3p_3$，其中$p_1+p_2+p_3=1$

因此，人们在进行项目全风险成本管理时，首先需要使用这类方法找到项目各个活动的最小、最可能和最大成本，然后进一步分析和确定出项目各项活动的风险性成本。最终人们可以使用这种方法获得整个项目的风险性成本，并且根据这些项目活动成本的风险大小以及风险情况去开展项目全风险成本管理。

(二) 项目全风险成本管理方法的构成及模型

项目全风险成本管理的方法是一种主要用于对项目风险性成本进行管理的方法。人们要开展项目风险性成本的管理，首先必须从造成项目风险性成本的项目风险与项目活动风险入手。因为只有识别出一个项目所存在的各种风险，才能确定出项目的风险性成本并找到造成项目风险性成本的根本原因，然后才能确定项目风险应对措施和方法以规避和削减这些项目风险及其后果，从而实现对项目全风险成本的管理与控制。项目全风险成本管理方法的构成主要包括几个方面的内容。

1. 项目风险和风险性成本识别的方法

这是一套用于识别一个项目全过程和活动中存在的风险及其引发的风险性成本的方法。这套方法主要用于识别和确定与项目过程和活动有关的风险和风险性成本，以便下一步对其作出必要的项目风险和风险性成本的定量性度量。

2. 项目风险定性和定量度量的方法

这是一套用于度量一个项目全过程和活动中存在的风险的发生概率、后果严重程度、影响范围大小和时间进程以及风险征兆的方法。这套方法主要用于定性或定量地度量与项目过程和活动有关的各种后果，以便下一步对其作出必要的项目风险的应对和控制。

3. 项目风险性成本确定的方法

这是一套用于度量和确定项目全过程中各项项目活动的风险性成本以及整个项目的全风险成本的方法。在这套方法中，通过使用三角分布简化的办法确定所有项目活动风险性成本，然后使用期望值计算的方法确定一个项目的全风险成本。

4. 项目风险应对与控制的方法

这是一套用于应对和控制项目各项活动中的风险的方法。这是由项目的风险规避、风险分担、风险转移、风险化解、风险后果削减等一系列具体项目风险应对措施构成的一套方法。它是一套通过控制项目风险去管理和控制项目风险性成本的方法。

5. 项目全风险成本的控制方法

这是一套用于直接控制项目风险性成本的方法。这套方法借助于直接控制项目风险去努力降低项目活动的风险性成本，同时还包括有关项目结算和变更控制等方面的项目风险性成本的直接控制方法，而且也包括对于项目不可预见费或管理储备的管理办法。

项目全风险成本管理的方法最主要的三方面是：项目风险识别的方法、项目风险性成本确定的方法以及项目全风险成本控制的方法。这三者构成了一个完整的项目全风险成本管理方法。

四、项目全团队成本管理方法

项目全团队成本管理的基本原理是通过项目全体相关利益者的共同参与和努力，通过由项目全体相关利益者共同组成的项目全团队去做好一个项目的成本管理。由于一个项目的相关利益者之间可能有各自不同的利益，所以他们之间会存在相互的利益冲突。因此必须使项目全体相关利益者找到共同的利益，并由此使他们形成合作伙伴式的关系，最终才能更好地通过项目全团队的合作实现项目成本管理的目标。

确切地说，项目全团队成本管理的基本原理就是由一个项目的主要相关利益主体，按照合作伙伴式的关系建立一种共同管理项目成本的关系，最终通过共同努力实现“共赢”的项目成本管理目标。例如，项目业主要为项目提供资金与各种资源的支持与保障，项目承包商要在项目实施中努力节约资源和保证质量与工期，而项目的供应商则应该积极保证项目各种设备和资源的供应等。他们之间的关系一方面通过相互签署的合同来保障；另一方面通过共同签署的项目合作伙伴协议来保障。当然，项目全团队的全体成员在项目合作中的地位是完全平等的。项目管理的实践已经证明，人们只有通过真正平等的合作，才有可能使用项目全团队成本管理的方法，才有可能通过项目各相关利益主体的努力，最终管理好一个项目的各种成本。项目全团队成本管理的具体做法包括四个方面。

1. 找出项目的全体相关利益者

任何一个项目都有自己独特的相关利益主体，人们可以通过对项目相关利益主体分析去找出来，并分析和确定其中的主导者和主要的相关利益主体，以便由项目主要相关利益主体去组成项目全团队成本管理的那个“全团队”。

2. 决定采用合作伙伴式的关系

由项目全团队成员共同决定采用合作伙伴的管理模式，然后进一步制订和签署《项目合作伙伴关系协议》。该协议是在项目合同的基础上，按照合作伙伴关系规范“全团队”成员行为的基础文件。虽然它并不具备法律效力，但它对全团队成员行为具有一定的约束力。

3. 选定合作伙伴关系的合作促进人和工作组

在项目全团队成本管理中，项目合作促进人（Project Facilitator）以第三者的独立身份出现，充当项目全团队成本管理中的合作促进者。他在经济利益上必须与全团队其他成员任何一方均无瓜葛，他是促进项目合作伙伴关系而开展工作的合作促进人。同时，项目全团队成员还需要派人组成合作工作组，以便共同开展项目全团队成本管理工作。

4. 开展项目全团队成本管理

有了上述协议和促进人与工作组之后，人们就可以按照合作伙伴式的关系，按照“共赢”的原则开展项目全团队成本管理。在这种项目成本的管理中，项目全团队的成员是平等的，所有的项目相关利益主体都必须为项目成本管理的目标提供支持和服务，只是不同的项目全团队成员在服务方式与内容方面有所区别。

在这一方法的步骤中，除了最初的项目全团队组织建设外，主要是由一个不断重复的项目全团队成本管理会议和根据这些会议纪要而开展的项目全团队成本管理的日常作业的循环构成的。这一项目全团队成本管理的作业流程可以根据具体项目的特殊情况和特殊要求进行调整，但是其基本内容和做法是相同的。

五、项目全面成本管理方法评价

(一) 项目全面成本管理方法的核心及特点

1. 项目全面成本管理是一种全新的项目成本管理范式

它是一种用来指导人们分析、确定和控制项目成本的思想和方法，在实行全面成本管理的过程中可以使用的方法十分广泛，包括：经营管理和工作规划的方法、成本预算的方法、经济与财务分析的方法、造价工程的方法、项目管理的方法、工期计划与进度的方法、成本与进度的度量方法和成本变更控制的方法等。

2. 项目全面成本管理的思想和方法是现有各种项目成本科学管理方法的集成

它实现了集科学与有效的各种项目成本管理方法大成的目标，它包含了项目全生命周期及全过程成本管理方法、项目全要素成本管理方法、项目全风险成本管理方法和项目全团队成本管理方法等。项目全面成本管理方法最为关键的一点是不能丢弃任何东西，而要以现有的东西为基础去建立一套全新的理论与方法，去集成现有的项目成本管理方法，以适合今天和未来的需要，并推广它和使其物有所值。

由此可以看出，项目全面成本管理的思想不仅是人类社会和经济发展的客观需要，而且是人们对于所有项目工程成本管理方法的汇总和集成。

(二) 项目全面成本管理方法的不足

作为一种用来指导人们分析、确定和控制项目成本的思想和方法，全面成本管理方法科学有效地集成了各种项目成本管理方法，被认为是目前的项目成本管理方法中最全面和最科学的一种项目成本管理的理论，但是这种方法仍然有其不足。

1. 方法论与技术方面的问题

实际上，项目全面成本管理的理论和方法仍然处在探索阶段，人们至今尚未给出能够具体指导项目全面成本管理的方法论和具体的方法。例如，在英国成本工程师协会（AcostE）有关全面成本管理的文献中就只是提出：“全面成本管理超越了所有的项目成本管理原理，全面成本管理是建立在成功项目管理所需的全部经济与控制功能之上的。”但是对于项目全面成本管理的方法论与具体方法，他们也没有给出定义和描述。美国成本工程师协会有关项目全面成本管理方法论的内容也存在诸多缺陷，并未给出项目全面成本管理方法论的体系和应有的具体技术方法。

造成这一问题的主要原因是现有项目全面成本管理技术方法的研究与开发还存在不足，人们无法很好地将其应用于实践。正是这种现代项目成本管理方法论和技术方法方面的缺失，才造成这些先进的项目成本管理方法至今未能得到广泛应用。

2. 项目全要素成本管理方法的缺失

任何一个项目的成本都不是独立的或孤立的，它必然会受项目其他相关要素的关联影响。例如，任何项目的成本都会受到项目范围大小、项目质量高低、项目工期长短等诸多要素的影响。因此要想真正科学地管理好一个项目的成本，就必须努力地去集成管理好这些项目要素，一方面，人们必须设法消除相关要素变动对于项目成本的不利影响；另一方面，人们要消除项目成本变动对于项目其他要素的影响，从而设法实现对于项目成本的全要素集成管理。

项目全要素成本管理的原理在项目全面成本管理的体系中已经有所体现，但是现在已有的只是项目挣值管理方法这种项目成本和项目工期两要素的集成管理的方法，在分析与确定项目成本与质量和范围等成本主要影响因素的关系并进一步实现项目成本与这些要素的集成管理方法方面尚有缺失。事实上，在项目的实施过程中对项目成本产生影响的因素主要有项目工期、质量和范围，只有针对这些因素与项目成本管理之间的关系去研究与开发项目全要素成本管理的技术方法，才能够实现真正的项目全要素成本管理。

3. 项目全风险成本管理方法的缺失

在一个项目的实施过程中会有各种各样的突发事件和环境与条件的变化，这些都具有很高的风险性或不确定性，并且都会导致项目成本的变动。对于这种由项目风险性因素所形成的项目风险性成本也必须开展管理和控制，所以还必须有一套技术方法对项目确定性成本和风险性成本进行全面的管理。虽然现有的项目成本管理理论中已经提出了项目全风险成本管理的理念，但是还缺少对项目风险性成本的确定与控制的技术方法。

实际上，项目的确定性成本是指必然发生的项目成本，不管人们是否管理和如何管理，它都会发生，因此即使人们对于项目确定性成本开展科学的管理，也难以节约项目的成本，因为它们已经是确定要发生的了。所以项目全面成本管理关注的重点不应该是项目的确定性成本，而应该是项目的风险性成本。实际上项目全面成本管理的核心内容也应该是对于项目风险性成本的确定和控制，即对那些可能发生也可能不发生、可能多发生也可能少发生的项目风险性成本开展严格而又科学的管理。因为只有这样，才有可能节约项目成本或避免不必要的项目成本发生，从而最终实现项目成本最小化和价值最大化的目标。因此项目风险性成本的管理是十分重要的项目全面成本管理内容，对这方面的技术方法必须进行全面研究和建立。

4. 项目全团队成本管理方法的缺失

现有项目成本管理的理论已经包含了项目全团队成本管理的思想和原理，但是这方面的技术方法同样存在一定的缺失。人们还没有找到合理组织和安排一个项目的全体相关利益主体去共同管理好项目成本的技术方法，这使得项目成本管理在很大程度上缺乏组织方面的根本保障。因此，国内外许多项目因为项目业主、承包商、供应商、项目所在社区、政府主管部门等项目相关利益主体之间的利益冲突和纠纷而造成了大量的资金与资源的浪费，从而无法实现项目价值的最大化和成本的最小化。这种冲突和纠纷不但破坏了对项目成本的科学管理，而且还导致或产生了许多不必要的项目成本和经济损失。因此，必须建立一种基于合作伙伴关系的项目全团队成本管理的方法。

事实上，任何项目的成本管理都是由项目全体相关利益主体或主要相关利益者共同完成的。虽然任何一个项目的相关利益主体在多数情况下都会存在一些利益方面的对立（如项目业主与承包商之间在项目成本方面的利益对立），然而他们之间更多的是由项目体现出来的共同利益。因此，真正科学而有效的项目成本管理目标是实现项目全体相关利益主体整体利益的最大化，而这只有在项目相关利益主体各方做出利益妥协并共同合作时才能实现。所以必须有一种方法去实现和管理这种项目相关利益主体各方（项目全团队）的妥协与合作，从而实现项目整体利益的最大化和项目利益分配的合理化等目标。

总之，项目全生命周期成本管理、项目全过程成本管理以及项目全面成本管理方法都有其一定的适用性和先进性，但同时每种方法都存在一些特点和不足之处。在进行项目成本管理时，企业应结合项目的类型和方法方面的特点，选择一种或几种方法来进行项目成本管理。

第三节 项目全过程成本管理

一、基于活动的项目成本管理概念

基于活动的项目成本管理的思想和概念是在基于活动的管理（Activity Based Management，ABM）思想和理论的基础上发展起来的，但它开创了一种全新的项目成本管理的思想和方法。虽然这种管理的思想和方法最初是针对企业日常运营管理创建的，但是实际上它更加适用于项目管理，因为项目管理完全是由一系列活动所构成的，如果企业能够管理好一个项目全生命周期的各项活动，那么肯定能够管理好整个项目的成本。

按照基于活动的管理原理，企业使用的基于活动的管理方法需要开展几项基本的管理作业，这些基本管理作业的步骤与内容包括三个方面。

1. 活动分析

任何追求卓越的工作始于对工作的全面解释，而对于工作的全面理解又必须从对于工作产出的分析入手，然后通过全面分析找出形成工作产出的过程中所包含的各项活动，再进一步找出改进这些活动和提高工作产出的办法与出路。基于活动的管理方法对于企业具体活动的分析通常要回答这几个问题：开展的活动是顾客需要的吗？开展的活动是必需的吗？在活动中使用的方法是最适宜的吗？在活动中有资源的浪费或闲置的情况吗？在活动中有时间的浪费或空闲吗？

2. 活动的改进

基于活动的管理要求企业所有的员工必须不断努力去改进他们的活动。这种管理的理论认为改进企业各种活动的途径主要有几种：消除无效劳动；消除产生问题的根源；设法降低工作负荷；全面改进活动的方法；将未使用的资源降到最低水平等。

3. 活动过程控制

基于活动的管理理论认为，企业每一项活动的过程都必须严格控制，因为即使是在活动过程中所使用的方法有小小的错误或不足，都会造成企业产品或服务的缺陷，从而使企业蒙受损失。另外，失控的活动过程不但会造成活动产出的缺陷，还会造成活动本身的低效，更重要的是会造成顾客的不满意和交货期的延迟等各种各样的严重问题。

所以，基于活动的管理认为企业必须消除这些问题及其根源，而能够消除这些问题的唯一出路是开展严格的企业活动过程的控制。企业必须各种活动确定出活动过程控制的方法和手段，并使用这些活动控制的方法和手段去使企业活动过程都处于一种受控状态。这样做的最终结果是顾客们会得到想要的产品或服务，企业得到利润和收益。

上述基于活动的管理原理主要是针对企业日常经营活动的，但是它完全可以用于项目和项目成本的管理，甚至可以说它更适用于对项目和项目成本的管理。因为项目就是由一系列项目活动构成的，所以在项目和项目成本管理中使用基于活动的管理方法更为合适，特别是在项目成本管理中使用基于活动的管理方法更为合适。因为，实际上任何项目的成本都是因为开展项目活动造成的，如果人们能够使用基于活动的管理原理去管理好项目的每一项活动，那就完全可以很好地管理和控制一个项目的成本。

二、项目全过程成本管理方法的理论基础

项目全过程成本管理方法的理论基础是20世纪90年代前后发展起来的基于活动的成本核算（Activity Based Costing，ABC）原理与方法，以及同时出现的基于活动的管理（Activity Based Management，ABM）理论与方法。

三、项目全过程成本管理方法的根本指导思想

项目全过程成本管理方法的根本指导思想是通过这种管理思想实现项目投资效益最大化和合理地使用项目的人力、物力和财力以节约项目成本，根本方法是通过项目全过程中所涉及的各有关单位分工合作，共同承担项目全过程中所涉及的各有关单位分工合作，共同承担项目全过程的成本控制责任的一种方法。

四、项目全过程成本管理的核心内容

项目全过程成本管理的核心内容是按照基于活动的方法做好项目成本的确定和控制工作。其中，基于活动的项目成本确定方法是根据基于活动的成本核算原理，开展项目成本估算与确定的一种方法。它首先要全面分解和界定一个项目的工作，然后分解得到项目活动清单（Activity List），进一步分析和确定一个项目的各项活动所需的资源并收集和确定这些资源的市场价格，最终按照自上而下的方法估算或确定出一个项目的成本。基于活动的项目成本控制方法则是按照基于活动的管理原理和方法去开展项目成本管理控制的方法。它注重从项目活动和活动方法的控制入手，最终实现对项目成本的全面控制。它是一种以减少和消除项目无效或低效活动以及努力改善项目活动的方法去控制项目成本的方法。

五、项目阶段和工作与活动分解的方法

1. 项目全过程的阶段划分

项目全过程具有明显的阶段性，企业可以用不同的项目阶段划分方法将一个项目分成多种不同的项目阶段划分方案。一个项目可能会有五个阶段或六个阶段，通常一个项目的全过程至少划分成四个阶段，即定义与决策阶段、设计与计划阶段、实施与控制阶段和完工交付阶段。

2. 项目阶段的工作分解

任何一个项目阶段或一个完整的项目都可以按照一种层次型的结构化方法进行项目工作包的分解，从而给出一个项目的工作分解结构。这是现代项目范围管理的一种重要理论和方法，借用这种技术方法，企业可将一个项目的全过程分解成一系列的项目工作包，以便能够细致地确定和控制项目的成本。

3. 项目工作包的活动分解

任何一个项目的分解结构和工作包又都可以进一步划分成许多具体的项目活动，这些项目活动都是为生产项目产出物而直接开展作业的。这样可以将项目先划分成项目阶段，然后划分成项目工作分解结构和工作包，进一步分解得到一系列的项目具体活动，最终根据项目活动及其所消耗和占用的资源确定和控制一个项目的成本。因此，一个项目全过程的分解会涉及一系列的项目分解步骤。

项目全过程成本管理方法中首要的和基本的技术方法是项目的阶段、工作和活动分解的技术方法。这套方法从项目全过程成本管理的角度出发，将一个项目的全过程首先划分成多个项目阶段，然后再将这些阶段的项目工作包分解并做出项目工作分解结构，最后进一步将项目工作包分解成项目活动并给出项目各项活动的清单。这样企业就可以管理项目各项活动的成本，从而实现对整个项目全过程成本的管理。所以在项目全过程成本管理的技术方法中，首先是这套项目阶段、工作和活动分解的方法，这套技术方法是实现对项目全过程每项活动成本进行全面管理的手段和保障。

六、项目全过程成本确定的方法

要实现项目全过程成本的管理，企业必须开展两方面的工作：一是要合理地确定由各项项目活动的成本所构成的项目全过程成本；二是要科学地控制好各项项目活动，从而实现对项目全过程成本的控制和管理。因此项目全过程成本管理的方法中必须包括这两个方面的具体技术方法，即基于活动的项目全过程成本确定的技术方法和基于活动的项目全过程成本控制的技术方法。企业只有将二者结合在一起，才能够建立一套项目全过程成本管理的技术方法。

1. 项目全过程中各阶段成本的确定

根据项目的阶段性及其阶段划分理论，项目全过程的成本可以被看作各项目阶段成本之和，公式如下：

项目成本(C)=$\sum_{i=1}^{n}$项目不同阶段的成本(C_i)

式中i-1，2，3，…，n；

n表示项目的阶段数。

根据对项目全过程的四阶段划分法，项目的成本可以表述为

$C=C_1+C_2+C_3+C_4$

式中，C_1表示项目定义与决策阶段的成本；C_2表示项目设计与计划阶段的成本；C_3表示项目实施与控制阶段的成本；C_4表示项目完工与交付阶段的成本。

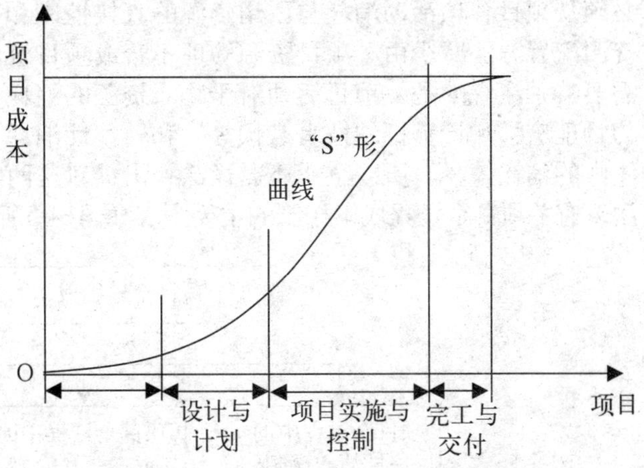

图14-4 项目全过程成本"S"形曲线示意图

实际上，项目各阶段成本的数额和用途各不相同，如项目定义与决策阶段的成本是由于决策和决策支持工作所形成的成本加上相应的服务利润构成的。通常由于这一项目阶段的工作多数是由项目业主或项目业主聘请的咨询服务机构开展的，所以这种项目决策支持和项目决策工作的代价主要是专家或咨询人员的工资。它在整个项目成本中所占比重较小（平均水平在1%～3%），其中还包含了委托咨询服务机构提供项目定义与决策服务时应付的相应利润和税金等。项目设计与计划阶段的成本多数由项目设计和实施组织所提供的服务成本再加上相应的服务利润构成，这一部分所占的项目成本比重也不大（平均水平在3%～5%）。项目实施与控制阶段的成本是由项目实施组织提供服务的成本加上相应的服务利润和在项目实施过程中所消耗和占用的各种资源的价值而形成的，这一阶段的项目成本所占比重最高（平均水平在90%左右）。项目最终完工与交付阶段的成本多数是一些检验、变更和返工等新工作所形成的成本（平均水平在2%～3%）。由于项目成本在定义与决策和完工与交付两个项目阶段的数额均较小，因此一般项目的累积成本都会呈现为一种"S"形的曲线，如图14-4所示。

上述每个项目阶段的成本实际上都是由一系列不同性质的项目活动所消耗和占用的资源形成的，因此要准确、科学地确定一个项目的成本，还必须分析和确定项目所有阶段的成本。根据前面有关项目活动分解的理论和方法，项目每个阶段的成本都是由其中的项目活动成本累积而成的，表达式如下：

项目各个阶段的成本(C_i)=$\sum_{j=1}^{m}(AC)_{ij}$

式中，$(AC)_{ij}$－项目的第i阶段的第j项活动的成本；

j-1，2，3，…，m；m是项目第i阶段的活动数。

2. 项目全过程总成本的确定

整个项目全过程总体成本可以按下式计算

项目全过程成本(C)=$\sum_{i=1}^{n}\sum_{j=1}^{m}(AC)_{ij}$

式中i-1，2，3，…，n；n为项目的阶段数；

j-1，2，3，…，m；m是该项目第i阶段的活动数。

由上述分析可以看出，项目全过程成本是由项目各个阶段的成本构成的，而项目各个不同阶段的成本又是由每一项目阶段中的项目工作包和项目具体活动成本构成的。所以在项目全过程成本的确定过程中企业必须按照项目阶段、工作和活动分解的方法，首先将一个项目划分成一系列的项目阶段，然后进一步分解找出项目的工作分解结构和项目活动清单，最终才能按照自下而上的方法估算得到项目的全过程成本的总和。

七、项目全过程成本控制的方法

项目全过程的成本是由项目各个阶段、各个工作包和各项具体活动的成本构成的，而这些成本又都是由于在项目实施活动中消耗和占用资源而形成的。因此对项目全过程成本管理的控制，企业首先必须从管理和控制项目全过程中的每项具体活动入手，通过努力消除与减少无效的项目活动和通过改善项目活动方法提高项目活动的效率，最终才能减少项目活动及其对各种资源的消耗与占用，从而降低和节约项目全过程成本。另外，企业还必须从项目各项活动消耗与占用资源的直接控制和管理入手，通过科学合理的物流管理和资源配置方法减少由于项目资源管理不善或项目资源配置不当所造成的项目成本的提高。需要特别注意的是，项目活动对于物质资源的消耗和占用又可以分为磨损性消耗（如设备的物理磨损和计算机的技术磨损等）和转移性消耗（如建筑三材和其他材料转移到工程主体中的消耗等），所以企业还需设法找出针对这两类不同项目资源使用方式的成本控制方法。有关项目全过程成本控制的主要内容如图14-5所示。

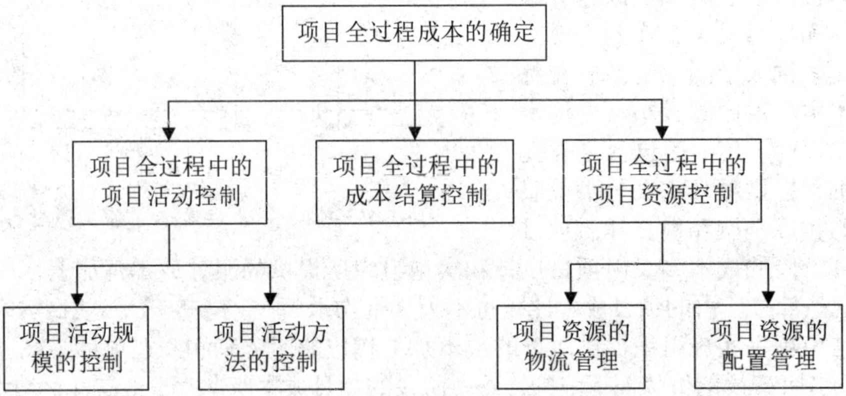

图14-5 项目全过程成本控制的主要内容

由图14-4可知，一个项目的全过程成本控制方法主要包括三项具体的项目成本控制技术方法。

1. 项目全过程中的项目活动控制

项目全过程中项目活动的控制工作主要包括两个方面：一是项目活动规模的控制；二是项目活动方法的控制。前者是为努力控制项目活动数量和大小服务的，企业通过消除各种不必要或无效的项目活动，能够实现节约资源和降低项目成本的目的。后者则是努力改进和提高项目活动的具体方法，进而通过提高项目活动的效率去降低资源消耗和减少项目成本。这两个方面的项目成本控制技术都属于直接项目成本控制方法的范畴，它们能够直接实现降低项目全过程成本的目标。

2. 项目全过程中的项目资源控制

项目全过程中的项目资源控制工作主要包括两个方面：一是对项目各种资源的物流等方面的管理；二是对项目各种资源的合理配置方面的管理。前者主要包括项目资源的采购和物流等方面的管理，其主要目的是降低项目资源在流通环节中的资源消耗和浪费，从而实现对项目全过程成本的有效控制。后者主要包括项目资源的合理调配和项目资源在时间和空间方面的科学配置，其主要目的是消除各种各样的停工待料或资源积压与浪费等问题，从而实现对项目全过程成本的有效控制。这两个方面的项目成本控制工作都属于项目成本的直接控制工作，它们能够直接实现降低项目全过程成本的目标。

3. 项目全过程中的成本结算控制

项目全过程中的成本结算控制工作是一种间接控制项目全过程成本的工作，这类工作虽然不能够直接降低项目的各种资源消耗，但是却可以在很大程度上从财务管理角度出发去减少项目贷款利息或汇兑损益，并在提高资金的时间价值等方面做出一定的贡献。例如，通过正确选择项目的结算方式和结算时间降低项目物料和设备采购或进口方面的成本，通过选择结算货币降低项目外汇的汇兑损益，以及通过及时结算和准时交割减少项目的利息支付等都属于间接的项目成本控制技术方法。虽然这方面的项目成本控制属于间接项目成本控制的范畴，但是它们同样是实现降低项目全过程成本目标的重要手段。

八、项目全过程成本管理方法评价

我国在20世纪80年代中后期提出建设项目全过程成本管理方法，随后经过我国建设项目造价管理界的学者和实际工作者的努力，现在项目全过程成本管理方法已取得很大的发展。

（一）项目全过程成本管理方法的核心及特点

(1) 项目全过程成本管理是一种全新的项目管理范式，是一种用来确定和控制项目成本的新方法。它认为项目实施是一个过程，项目成本的确定和控制也是一个过程，是一个关于项目成本的决策和实施过程，企业在项目全过程中都需要开展对项目成本的管理工作。

(2) 项目全过程成本管理中的项目成本确定是一种基于活动的项目成本确定方法，这种方法将一个项目的工作逐层分解成项目活动，然后确定出每项活动所消耗的资源，最终根据这些资源的市场价格等信息确定出该项目的成本。

(3) 项目全过程成本管理中的项目成本控制方法是一种基于活动的项目成本控制方法，这种方法认为项目成本控制必须从对项目各项活动及其方法的控制入手，只有通过减少和消除不必要的活动才能减少资源的消耗，从而实现降低和控制项目成本的目的。

(4) 项目全过程成本管理必须有项目全体相关利益主体的参与，通过共同合作并分别负责整个项目全过程中各项活动的成本确定与控制责任，最终做好项目全过程成本管理工作。

综上所述，项目全过程成本管理是一种现代项目成本确定与控制的方法，是一种适合于建设项目成本确定和开展的科学方法，这一项目成本管理的范式已经在许多地方得到了应用。

（二）项目全过程成本管理方法的不足

我国提出的项目全过程成本管理的思想还存在很多问题，这些问题主要造成了两个方面的不足。

1. 方法论体系方面的问题

由中国项目成本管理界提出的项目全过程成本管理发展到今天，在很大程度上还停留在一种管理理念的层面上。虽然已经有许多人对这种项目成本管理的方法进行了探索和研究，但至今仍没有一套系统的项目全过程成本管理方法体系，这说明到现在为止，还没有形成一套成形的项目全过程成本管理的技术方法。但是如果一种项目成本管理的思想或理论没有技术方法作为支持手段，是难以指导管理实践的。这一问题正是现在阻碍我们使用项目全过程成本管理方法的关键所在。

2. 配套技术与工具方面的问题

实际上，我们不但需要集中力量对项目全过程成本管理的方法论开展深入而系统的研究，同时我们还必须借用现代管理科学和项目管理科学等方面最新的技术和工具，去建立一套适用于项目全过程成本管理的技术方法和工具。因为即使我们的项目全过程成本管理思想是先进的，但是由于没有相应配套的项目成本管理的技术和工具，企业仍然没有办法使用这种思想和方法开展项目全过程成本的管理，所以这方面的配套技术与工具的研究同样是不可或缺的。我们认为，只有全面建设好项目成本管理的理论、方法、技术与工具，才能够建立起适合市场经济条件的项目全过程成本管理的科学办法。

第四节 项目全生命周期成本管理

一、项目全生命周期成本管理的概念

项目全生命周期成本的管理方法是一种对项目起始、项目论证、研究、设计、实施、产出物交付、维护和使用，一直到项目最后报废的整个项目生命周期的成本开展全面管理的方法。

这种方法管理的对象包括项目所耗费的研究与设计费用、项目实施费用、项目的运营与维护费用、项目最后废弃和拆除的费用总和。人们通过对各种产品开发项目所进行的研究发现，在产品全生命周期的各阶段成本中，产品设计成本约占全生命周期成本的10%～15%，产品制造成本约占15%～35%，产品运营与维护成本约占50%～75%，其他成本所占比例一般小于5%。

（一）项目生命周期的概念

1. 项目生命周期

项目作为创造独特产品与服务的一次性活动是有始有终的，项目从始到终的整个过程构成了一个项目的生命周期。根据美国项目管理协会，项目生命周期的定义是项目是分阶段完成的一项独特性的任务，一个组织在完成一个项目时会将项目划分成一系列项目阶段，以便更好地管理和控制项目，更好地将组织的日常运作与项目管理结合在一起。项目的各个阶段结合在一起就构成了一个项目的生命周期。这一定义从项目管理和控制的角度强调了项目过程的阶段性和由项目阶段所构成的项目生命周期，这些对于开展项目管理是非常有益的。项目生命周期的持续时间如图14-6中a部分所示。

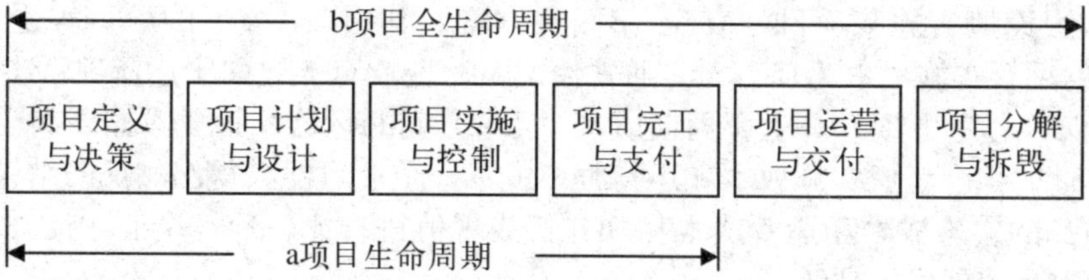

图14-6 项目生命周期示意图

2. 项目全生命周期

按照英国皇家特许测量师协会（RICS）所给的定义：项目全生命周期是包括项目的建造、使用以及最终清理的全过程，可划分成项目的建造阶段、运营阶段和清理阶段。项目的建造、运营和清理阶段还可以进一步划分为更详细的阶段，这些阶段构成了一个项目的全生命周期。由这个定义可以看出，项目全生命周期包括了一般意义上的项目生命周期（项目实施周期）和项目产出物的生命周期（从运营到清除的周期）两个部分，具体如图14-6中b部分所示。

项目生命周期是指从项目立项开始到最终由项目承包商将项目产出物移交给项目业主的过程，它实际上就是一个项目的实现过程。项目全生命周期则包含了项目的实现和项目运营维护，以及一直到最终拆除的全过程。因此，一般意义上的项目生命周期只是项目全生命周期中的一个阶段，即项目的实现阶段。

（二）项目全生命周期成本的构成

对某一项目产出物（包括产品或服务）的所有者来说，项目成本应该是在该项目的整个生命周期中所发生的全部成本，而不仅仅是在生产或购买该项目产出物时所花费的成本，因为项目产出物的后续使用和维护都需要发生成本。图14-7说明了在一般情况下，项目产出物（产品或服务）在不同时间范围内的成本发生情况。

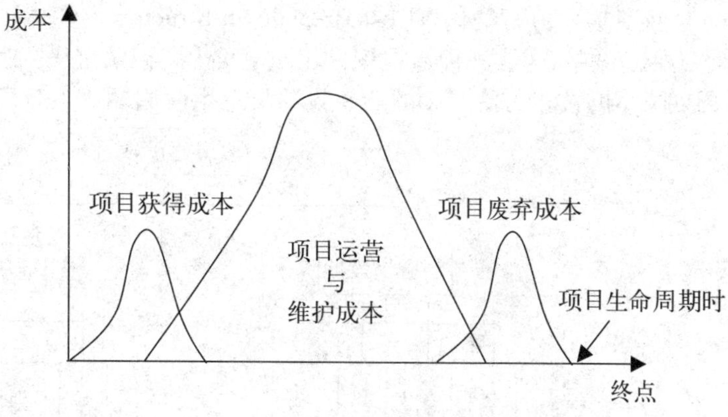

图14-7 项目全生命周期成本构成示意图

从图14-7可以看出，项目全生命周期成本包括三大部分。其一是项目获得成本，这是最先发生的，是为获得项目及其产出物而花费的全部成本。由图14-7可以看出，它相对于项目运营与维护而言，只是很小的一个部分，并且发生的时间周期也较短，只是从项目立项到项目产出物生成的这段时间。其二是项目运营与维护成本，这是项目全生命周期成本中比重最大的一部分成本，是在项目生成并投入运营之后此期间所发生的项目成本，所有这些在很长一段时间内持续发生的那部分项目成本。其三是项目废弃成本，即为最终项目的废弃进行处理而发生的成本。在某些情况下，项目废弃成本很小，可以忽略不计，但是在某些情况下，项目废弃成本会很高且必须计算，如各种建筑物的废弃、拆除甚至恢复耕地等费用有时是非常高的。

二、项目全生命周期成本管理的目标

由于项目全生命周期是包括项目实施阶段、项目运营阶段以及项目废弃和清理阶段的全生命周期，因此，项目全生命周期成本管理的目标应当是使项目全生命周期成本最小化。例如，假设拟实施某项目，有A、B两种方案。其中，A方案的项目实施成本为10万元，B方案的项目实施成本为15万元。通常情况下，企业可能倾向于选择项目实施成本低的A方案。然而，若考虑项目全生命周期成本，当A方案的运营维护成本显著高于B方案的运营维护成本时，综合考虑实施成本和运营维护成本，企业可能会得出相反的结论而选择B方案。在对项目的实施成本和运营成本相加并折成现值进行比较后，企业才能够得知哪个项目方案的全生命周期成本最低。

三、项目全生命周期成本管理的基本方法

项目全生命周期成本管理的原理和方法帮助企业在项目的成本管理中很好地综合考虑长远利益（项目全生命周期的成本和价值）和眼前利益（项目实施期间的成本和价值），合理确定项目的成本或投资（项目实施期所投入的成本）与项目的收益（项目运营维护期所创造的价值）。实际上，任何项目首先是为了未来获取一定的利益（或价值）而展开的，所以任何一个项目在实施期间的投入实际上只是一种垫付性的投资行为，这种投资行为的根本指向应该是获得最大的收益。所以项目全生命周期成本管理的技术方法不应该以节约项目成本为第一目标，而应该以促使项目获得最大收益为第一目标，即实现项目成本的最小化和项目价值的最大化为第一目标。

项目全生命周期成本管理的技术方法要求企业在做项目投资决策时必须充分考虑项目整个生命周期的总体成本的大小，即包括项目实施成本和项目运营与维护成本两方面的成本，而不应当只考虑项目实施过程中的成本。因此，企业必须认真分析每一个可能影响项目全生命周期成本的内部与外部因素。由于项目本身的复杂程度不同，所以项目全生命周期成本确定的难易程度与使用的技术方法也不同。例如，某些项目可以使用到一些预测数据分析和处理的方法，而另一些项目则可以用统计数据分析的方法。对一般项目而言，在项目全生命周期成本管理中会用到四种独特技术方法。

（一）项目成本分解结构的方法

项目成本分解结构（Cost Breakdown Structure，CBS）是项目全生命周期成本管理的核心方法之一。这是一种通过识别出全生命周期中所有的成本构成来确定和控制项目全生命周期成本的技术方法。为酒店建设项目全生命周期成本分解结构示意图如图14-8所示。

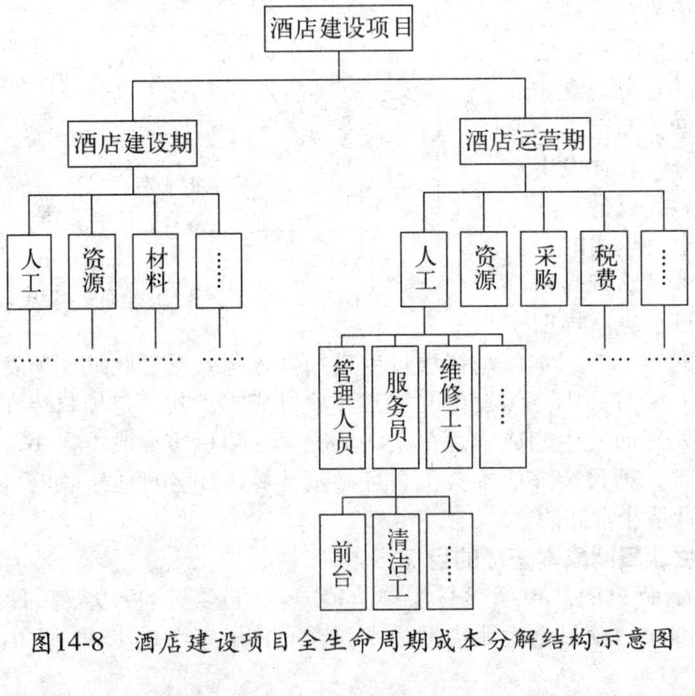

图14-8　酒店建设项目全生命周期成本分解结构示意图

这种分解方法的目的是找出项目成本的构成要素，即产生项目成本的所有具体因素。这种分解技术方法的步骤为：先根据一定的分类标准对项目全生命周期内的成本构成要素进行逐层细分，直至给出项目各个具体成本构成要素为止。在使用该方法时，首先企业必须很好地分析和界定一个项目的范围，然后找到合适的项目成本构成要素的分类标志，从而防止在项目成本分解过程中发生遗漏或者重复等方面的问题。在进行项目全生命周期成本分解时，由于项目本身的复杂程度不同，这种分解的难易程度也会不同。但不管项目是复杂还是简单，在使用项目成本分解结构时，企业应当注意下面几个方面：必须识别出所有的项目成本构成要素；对识别出的成本构成要素作详细说明；找出每个项目构成成本要素所对应的标的；分解满足项目成本管理的实际需要；项目成本分解结构应具有合规、合法性；项目成本分解结构应有一定的类聚性。

（二）项目成本估算的方法

在得到项目成本分解结构之后，企业还必须把所有类别的成本估算出来。具体的成本估算方法有三种。

1. 直接计算法

如果人们能够掌握项目成本分解结果以及资源价格和成本相关参数，那么他们就能够使用直接计算法得到项目成本的估算。

2. 类比估算法

类比估算法是通过历史数据或者已有项目的经验数据，进行项目成本估算的一种方法。使用这种方法估算出的项目成本多数精确度较低，很多情况下会有30%的误差，所以对这种方法的使用必须特别小心。因为这种方法中采用的历史数据会因为实际情况的变化而失去准确性，所以人们必须谨慎地使用这种方法。

3. 专家估计法

一直以来，人们对于这种方法心存疑虑，但是当人们无法获得所需要的数据时，这种方法就成了人们唯一的选择。当人们在项目全生命周期成本估算中使用这种方法时，必须认真选择专家，必须将各种相关假设前提提前告知专家，以便专家能够对项目成本做出估计并最终给出正确的项目成本估算结果。

（三）项目资金现值计算的方法

由于项目的资金都是有时间价值的，不管是项目的现金流入还是现金流出，都具有随时间推移而使价值发生变化的特性。因此在项目全生命周期成本的确定和控制方法中，人们必须考虑项目资金的时间价值。人们可以通过计算项目现金流量折现值的方法，将项目不同时间所发生的成本和收益折为现值，最终将项目不同时点上的现金流量变换成同度量资金现值，从而实现对项目成本和收益的有效度量和管理。在这一过程中所使用的项目资金折现率，从概念上说与银行利率和通货膨胀率的概念完全不同，它是一种项目所在行业的基准利润率。使用项目所在行业的基准利润率进行折现的目的，是要全面考虑在整个项目全生命周期中项目资金的时间价值。

由于项目全生命周期成本管理方法的最主要作用是帮助人们进行项目决策或项目方案选择以及项目成本的确定与控制，因为人们在对不同的项目或者不同的项目方案进行比较时，必须首先要保证它们之间的可比性，所以人们必须考虑项目资金的时间价值。同时，由于项目全生命周期跨越了项目实施期和项目运营期，所以这往往是一个很长的时间周期，如果不考虑项目资金如此长时间的价值变化，人们是无法实现科学管理项目成本和收益的。通常人们习惯于不考虑项目资金时间价值的数值进行项目成本的确定和项目方案的比较，这正是我国许多项目失败或项目效益低下的主要原因之一。因此，人们必须对项目全生命周期中所发生的成本和收益等现金流量按照行业基准折现率进行折现，科学地确定出成本和分析比较项目方案，从而做出正确而适当的项目决策和进行项目成本管理。

(四) 考虑项目成本影响要素的方法

在项目全生命周期过程中会有很多因素影响到项目成本，所以在项目全生命周期成本管理方法中还必须有一些充分考虑这些成本影响因素的技术方法。

1. 通货膨胀影响的计算方法

需要注意的是，项目资金的折现率和通货膨胀率是两个不同的概念。项目资金的折现率反映的是项目资金的时间价值，或者项目所属行业的投资平均利润率。通货膨胀则是在纸币流通的情况下，由于全社会总供给小于总需求或货币供应量过多，从而引起一国或地区出现的货币贬值或物价上涨的经济现象。但是，正确的项目收益率必须是在排除项目全生命周期中所出现的通货膨胀影响之后得出的，或者说正确的项目折现率是指在通货膨胀为零时计算出来的项目投资回报率。从项目成本管理的角度看，通货膨胀对于项目成本和收益估算的影响必须予以消除。通常情况下，人们使用不变价格的计算等方法消除通货膨胀对于项目全生命周期成本确定和管理所带来的影响。

2. 其他因素影响的计算方法

对项目全生命周期成本影响的其他因素主要还包括项目风险影响和项目变更影响。

项目全生命周期成本涉及多年的一个完整周期，在整个生命周期成本估计中必须考虑各种项目风险对项目成本的影响。因为在项目的全生命周期中存在很多不确定的情况和风险，因此必须考虑风险带来的影响。人们既可以使用简单的项目风险估算方法来计算项目的风险成本，也可以使用复杂的仿真与模拟等方法计算项目的风险成本。

同时，事实证明，没有任何一个项目是完全按照项目计划完成的，各种项目都会有各种各样的变更，既有项目业主和承包商提出的主观性变更，也有由于项目条件和环境变化而不得不开展的客观性项目变更。所有这些项目的变更都会造成项目成本的变化，即造成项目成本的增加或减少，所以人们需要根据项目变更的有关数据进行项目成本的估算。

四、项目全生命周期成本管理方法评价

项目全生命周期成本管理主要是由英国工程造价管理界于20世纪80年代初提出的。在20世纪80年代，以英国项目成本管理界为主的一批人，在项目全生命周期成本管理方面做了大量的研究工作并取得了突破。他们认为项目的全生命周期成本不应该仅仅包括项目实施过程的成本，还要考虑项目完成后在其寿命期内的运营维护成本，从而实现项目的整体利益最大化。这是一种项目成本事前管理的方法，主要是运用全生命周期的思想和方法进行项目的方案设计、比较和选择。

(一) 项目全生命周期成本管理方法的核心及特点

现有项目全生命周期成本管理的思想和我国提出的项目全过程成本管理的思想几乎是同一时代的产物，而且原则上说这二者是相辅相成和互为补充的。其中，项目全过程成本管理的思想更多地注重项目实施过程的全过程成本的确定与控制，而项目全生命周期成本管理的思想则更注重项目实施期间和项目运营期间的总体成本最低。这种项目全生命周期成本管理的原理作为项目决策和决策支持时所使用的一种非常重要的工具，已经受到了项目管理者的重视并获得了较好的应用。

1. 它主要是一种项目投资决策的分析工具

有人认为项目全生命周期成本管理的方法只是在项目投资决策、可行性分析和项目备选方案评价等项目前期工作中使用的一种项目决策的方法。实际上，传统的项目评价和决策方法中也都考虑了项目全生命周期的成本或造价。从20世纪30年代就开始使用的项目投资动态评价方法中（尤其是建设项目财务评价中NPV和IRR的计算中）就已经包含了考虑项目全生命周期成本和收益的思想。项目全生命周期成本管理的思想和方法，只是在此基础上进一步考虑项目实施成本和运营与维护成本的集成管理。

2. 它主要是一种建设项目工程设计的思想方法

还有人认为，项目全生命周期成本管理方法主要是一种确定项目设计和实施方案的技术方法，这种方法是在项目设计阶段指导人们选择项目设计与实施方案的方法。实际上，在传统的项目设计过程中，人们也有从项目全生命周期出发考虑设计和实施方案的思想，只是多数属于不自觉的和不全面的。项目全生命周期成本管理思想和方法能够使人们自觉而全面地从项目全生命周期出发，综合考虑项目实施成本和运营与维护成本，以便更科学地设计整个项目的方案，从而在确保项目质量的前提下实现降低项目成本的目标。

(二) 项目全生命周期成本管理方法的不足

1. 技术方面存在的问题

项目全生命周期成本管理的主要技术方法是有关如何确定和控制项目全生命周期成本的具体技术方法。其中，最核心的部分应该是如何运用项目成本的分解结构技术方法去分解项目全生命周期中发生的所有成本，然后使用项目成本预测和估算的技术方法去估算和预测项目在全生命周期内将会发生的所有费用，从而确定出一个项目的全生命周期成本。在确定项目全生命周期成本时，由于一个项目的全生命周期跨越的时期范围较长，所以人们必须考虑项目资金的时间价值及通货膨胀等因素，因此这方面的技术方法也是项目全生命周期成本管理的方法之一。

然而，实际上现有的项目全生命周期成本管理的技术方法存在较多的缺失，这主要表现在两个方面。其一，项目全生命周期成本的分解和确定方面的技术方法存在缺失，虽然已经有人做出了一些像高速公路建设项目、工厂建设项目的项目全生命周期成本估算和确定的技术方法，但是现有这类技术方法无论是在深度上还是在广度上都存在问题，甚至有很多种类的项目至今还没有相应的项目全生命周期成本的分解和估算方法。其二，项目全生命周期成本控制的技术方法方面的问题更大，甚至存在着严重的缺陷。这也是人们将这种项目成本管理原理仅看作一种设计和计划方法或工具的根本原因。

2. 应用方面的问题

项目全生命周期成本管理的不足主要包括两个方面。其一，项目全生命周期成本管理在很大程度上只是用于项目方案评价与选择的方法，不能够直接用于准确估算和预算一个项目的成本，所以它主要是用于项目设计和实施方案评估与选择的一种方法。其二，项目全生命周期成本管理在应用上存在较大的局限性，因为一个项目的全生命周期成本中包含着许多不确定性因素，在项目实际实施中项目的计划会有许多变更，因此人们很难事先准确确定和优化一个项目的全生命周期成本，而要管理一个项目的全生命周期成本就更难了。

正是这些原因使得项目全生命周期成本管理的方法至今还只是作为一种指导项目投资决策与实施方案优化的理论。

第五节 项目成本估算

项目成本估算是根据项目的资源需求和计划，以及各种项目资源的价格信息，估算和确定项目各种活动的成本和整个项目总成本的一项项目成本管理工作。项目成本是为实现项目目标所耗用资源成本费用的总和。

小知识

项目成本估算与定价的区别

项目成本估算是对完成项目各项活动所必需的资源成本的估算。根据合同进行项目成本估算时，应当区别成本估算与定价。

定价是一种经营决策（对提供的产品或服务，项目实施组织应当收取多少费用）。从某种意义上来说，报价是一门艺术。对每一种情况都要有具体的定价策略。在想获得一个项目时，可能会出现两种情况：第一种情况是，想获得的新项目可能没有或很少有潜在的后续业务；第二种情况是，新项目可能是较大后续业务的切入点，或可能代表有计划地突破新市场。显然，在以上两种情况下，都有明确的不同业务目标，其定价的主要依据也不同。第一种情况下，目标是赢得新项目，根据协议执行并获利，定价是由市场力量决定的。第二种情况下，目标是赢得项目并且很好地执行协议，以期望在新的细分市场站住脚或建立新的客户群，而不是为了获利，其定价的依据是实际成本。故成本估算仅是定价时需要考虑的因素之一。

一、项目成本估算管理过程

成本估算是资源计划的后续流程，理论上只要将资源需求清单乘以单位资源价格即可得出结果。但是，实际操作过程中，这两个计划的编制过程是互动的，价值的估算在很大程度上也能反馈并作用于资源的选择，最后形成的成本基准计划，并不单纯取决于功能或者价格的单一因素，而是取决于性价比的综合因素。项目成本估算管理过程如图14-9所示。

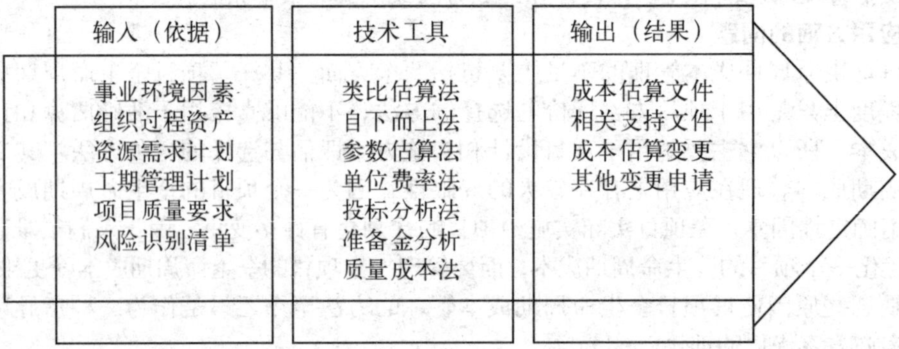

图14-9 项目成本估算管理过程

（一）成本估算的输入依据

1. 事业环境因素

包括相关资源的市场价格水平及波动幅度，汇率和税率，资源供求比率等。这些因素构成了成本估算的假设前提。任何数量模型都是建立在假设某些变量不变的前提下求出变量的，因此成本估算也往往建立在价格不变、汇率不变、税率不变等假设前提的基础上。

2. 组织过程资产

包括范围计划、工期计划、资源计划、质量计划、风险计划流程中输出的范围说明书，质量标准，工期管理计划，资源需求计划，风险识别清单等，都是项目管理的过程资产，会对成本估算产生影响。

(二) 成本估算的输出结果

1. 成本估算文件

这是项目的成本基准计划，也是投标文件、项目建议书、商务计划书、可行性研究报告的重要组成部分。

2. 相关支持文件

一般是成本估算文件的说明附件，包括对各种假设前提、质量要求、资源需求的解释。

3. 成本估算变更

成本估算有可能是一个逐步细化的过程，每一次细化都有可能引起成本估算总额的变更。变更后的成本估算将作为组织过程资产输入成本控制流程。

4. 其他变更申请

成本估算的变更也会对范围计划、工期计划、资源需求、质量标准、风险评估等产生反作用力，引发其他方面的计划调整。

二、项目成本估算的内容

项目成本估算的内容除了通常的项目成本构成内容外，还应当包括应急费或不可预见费。

应急费是考虑项目可能遇到的风险因素，在进行成本估算时要列入的成本内容，用于补偿差错、疏漏及其他不确定性对估算精度的影响。应急费一般分为实施应急费和经济应急费两类。实施应急费用于补偿估价和实施过程中的不确定性，包括估价质量应急费和调整应急费。经济应急费用于对付通货膨胀和价格波动，包括价格保护应急费和涨价应急费。

应急费用的数额是根据风险分析、同类项目的经验以及项目组的评估来确定的。在所有的成本估算和预测中，都应将意外费用单独列出。应急费用在项目成本中所占的比例一般为10%。但是，使用多少意外费用，完全取决于实际情况，不能一概而论。

三、项目成本估算的类型

项目在形成过程中要经历决策阶段、规划设计阶段、采购、招投标及实施阶段、结束阶段。各阶段都以一个或多个可交付成果作为标志。针对各阶段特定的成本管理任务，需要分阶段编制成本估算，因此，成本估算是贯穿项目整个生命周期的一种活动。同时，由于项目各阶段所具备的条件和掌握的资料不同，估算的精度也不同。随着阶段的不断推移，经过调查研究后掌握的资料越来越丰富，确定性条件越来越多，成本估算精度随之提高。

(一) 国外对项目成本估算的划分

不同的应用领域或不同的公司，对项目成本估算的分类不同。在某些应用领域有专门的指南，规定了何时进行各级成本估算及期望达到的精度水平。以下对具有一定代表性的几种成本估算类型划分作简单介绍。

1. 三阶段划分

项目成本估算的三阶段划分是将成本估算分为量级估算、预算估算和最终估算。各类型的特征如表14-2所示。

表14-2 项目成本估算的三阶段划分

估算类型	何时做	为什么做	精度如何
量级估算	在项目生命周期中前期，通常在项目完成之前的3～5年	为项目决策提供成本估算	−25%～+75%
估算类型	何时做	为什么做	精度如何
预算估算	早在项目完成前1～2年	将资金拨入预算计划	−10%～+25%
最终估算	项目的后期，项目完成前不足1年	为采购提供决策依据，估算实际成本	−5%～+10%

2. 四阶段划分

美国建筑业学会（CII）将成本估算划分为四阶段，各阶段及特征如表14-3所示。

表14-3 美国建筑业学会成本估算定义（CII SD-6）

估算等级	百分比范围	说明/方法
数量级估算	±30～±50%	可行性研究—成本/产量曲线，
系数估算	±25～±30%	主要设备—用于成本的系数
控制估算	±10～±15%	根据机械/电气/土建 图样计算的数量
详细或最终的估算	<±10%	根据详图

3. 五阶段划分

美国国际造价工程师协会（ACCE）定义了设计中工程造价估算的五种级别，顺序分别为量级估算、概念估算、初步估算、最终估算和控制估算。美国成本工程师促进会（AACE）则直接将项目成本估算划分为五等级，具体划分结果，如表14-4所示。

表14-4 美国成本工程师促进会（AACE）成本估算分类（18R-97）

估算等级	项目定义程度	最终用途 （估算特有的目的）	期望精度范围
5级	0～2%	概念筛选	-50%～+100%
4级	1%～5%	研究或可行性	-30%～+50%
3级	10%～40%	预算、批准或控制	-20%～+30%
2级	30%～70%	控制或招投标	-15%～+20%
1级	50%～100%	检查估算或招投标	-10%～+15%

4. 六阶段划分

项目管理领域的权威之一哈罗德·科兹纳（Harold Kerzner）在其所著的《项目管理——计划、进度和控制的系统方法》（第7版）中提到，许多公司试图通过建立“估算手册”来标准化估算过程。大多数估算手册中定义成本估算为六种类型。各类估算的精度及所需的工作清单和资料总结，如表14-5、表14-6和表14-7所示。

表14-5 估算类型及其精度

类型	种类	精度
Ⅰ	确切估算	±5%
Ⅱ	资本估算	±10%～±15%
Ⅲ	拨款估算（有一些资本成本）	±15%-±20%
Ⅳ	拨款估算	±20%～±25%
Ⅴ	可行性估算	±25%～±30%
Ⅵ	量级估算	>±35%

表14-6 不同类型项目估算所需的一般性工作清单

项目	Ⅰ	Ⅱ	Ⅲ	Ⅳ	Ⅴ	Ⅵ
一、询问	√	√	√	√	√	√
二、易读性	√	√	√			
三、复本	√	√				
四、进度	√	√	√	√		
五、供应商询价	√	√	√			

续表

项目	Ⅰ	Ⅱ	Ⅲ	Ⅳ	Ⅴ	Ⅵ
六、分包商	✓	✓				
七、列举	✓	✓	✓	✓	✓	
八、参观场地	✓	✓	✓	✓	✓	
九、估算大小	✓	✓	✓	✓	✓	
十、劳动比率	✓	✓	✓	✓	✓	
十一、设备和子合同选择	✓	✓	✓	✓	✓	
十二、税、保险和专利权税	✓	✓	✓	✓	✓	
十三、家庭办公成本	✓	✓	✓	✓	✓	
十四、建设方向	✓	✓	✓	✓	✓	
十五、基本估算	✓	✓	✓	✓	✓	✓
十六、设备列表	✓					
十七、总结单	✓	✓	✓	✓	✓	
十八、管理者评审	✓	✓	✓	✓	✓	✓
十九、最终成本	✓	✓	✓	✓	✓	✓
二十、管理者通过	✓	✓	✓	✓	✓	✓
二十一、计算机估算	✓	✓	✓	✓		

表14-7 不同类型项目估算所需的资料

项目	估算种类					
	Ⅰ	Ⅱ	Ⅲ	Ⅳ	Ⅴ	Ⅵ
总的						
产品	✓	✓	✓	✓	✓	✓
过程描述	✓	✓	✓	✓	✓	✓
规模	✓	✓	✓	✓	✓	✓
位置—总的					✓	✓
位置—具体的	✓	✓	✓	✓		
基本设计准则	✓	✓	✓	✓		
总的设计准则	✓	✓	✓	✓		
过程						
过程块流程图						✓
过程块流程图（有设备大小和材料）				✓	✓	
机械P&I	✓	✓	✓			
设备列表	✓	✓	✓	✓	✓	
催化剂/化工原料规格	✓	✓	✓	✓	✓	
场地						
土壤条件	✓	✓	✓	✓		
场地清洁度	✓	✓	✓			
地理和计量数据	✓	✓	✓			
公路、人行道和风景	✓	✓	✓			
财产保护	✓	✓	✓			
去场地的方便程度	✓	✓	✓			

续表

项目	估算种类					
	Ⅰ	Ⅱ	Ⅲ	Ⅳ	Ⅴ	Ⅵ
运输条件	√	√	√			
所涉及的主要成本					√	√
主要设备						
基本尺寸和材料			√	√	√	
最终尺寸、材料和附件	√	√				
批材料的数量						
设计的最终启用量		√				
设计的基本启用量	√	√	√	√		
工程						
制订计划和画正面图	√	√	√	√		
路线图	√	√	√			
管道线路排列	√	√				
电力单线	√	√	√	√		
防火设施	√	√	√			
排水系统	√	√	√			
预服务系统—详细估算	√	√				
预服务系统—费用估算			√	√	√	
催化剂/化工原料的数量	√	√	√	√	√	
建设						
劳动力工资、F/B、差旅费用	√	√	√	√	√	
劳动生产率和地区实践	√	√				
详细的建设执行计划	√	√				
间接领域—详细估算	√	√				
间接领域—费用估算			√	√	√	
进度						
总的执行时间				√	√	
详细执行进度	√	√	√			
编制进度的估算	√	√	√			

如果没有公认的标准衡量估算的准确程度，则估算本身应当指明项目成本可能的变化范围，例如，10000元±1000元或超过10000元的概率为15%等。

(二) 国内建设项目成本估算的类型

习惯上，我国建设项目成本估算分为投资估算、设计概算和施工图预算。

1. 投资估算

投资估算是在投资决策阶段，对项目从前期准备工作开始到项目全部建成投产为止所发生费用的估计。

2. 设计概算

设计概算是在初步设计阶段，由设计单位根据初步设计图样预先计算和确定项目从筹建到竣工验收，交付使用的全部建设费用。当设计阶段包括技术设计时，需编制修正概算。

3. 施工图预算

施工图预算也称设计预算，是在施工图设计阶段依据施工图设计确定的建筑安装工程费用。

(三) 成本估算精度的影响因素

1. 项目工作进展和资料

从表14-5、表14-6和表14-7可知，成本估算的精度与项目工作进展和资料有关，工作进展越深入，资料越丰富，估算精度越高。在项目的前期阶段，影响估算的因素较多，因而误差较大，随着可计算因素的增加，成本估算的精度得以提高。

2. 物价水平

如果项目执行期间，物价水平波动频繁，会使项目成本估算的难度加大。

3. 估算人员的知识水平和经验

在进行项目估算的过程中，存在各种不确定因素时，需要依靠估算人员的知识水平和经验，分析判断、主观估计求得估算值。因此，项目成本估算受估算人员个人估算特征的影响。尤其涉及人工费估计时，常要依赖估算人员判断劳动时间，故项目成本估算不是一门精确性的学问。事实上，成本估算人员可为分乐观型成本估算人员、悲观型成本估算人员、善变型成本估算人员和准确型成本估算人员。

(1) 乐观型成本估算人员对工作低估的情况要多于高估的情况。例如，在被问及完成某特定工作任务需要多少成本时，他们往往会表现得非常乐观。可事实上，成本常常超出原来的估计。乐观型成本估算人员的一个有趣的特点是，他们坚持认为自已的想法会成为现实，即使发现实际情况与预测相去甚远时也是如此。一些目光敏锐的项目经理凭借自己的经验能够判断自己企业中这种估算人员的估算准确度有多高，他们会在估算数据的基础上乘以一个修正系数使其更准确，通常使用的典型修正系数为1.5，即在最初估计数值的基础上再加上50%的值，就能够使估计值变得较为准确。

(2) 悲观型成本估算人员对几乎所有的工作任务都会过高估计。原因之一可能是该类型人员缺乏工作经验，而且估计能力也不强。保守估计也可以用修正系数进行修正。通常用小于1的系数乘以最初的估计值得到修正后的估计值。

(3) 善变型成本估算人员的估算结果可能是极度悲观的，也可能会是相当乐观的。导致这种情况的最可能原因是这些员工缺乏估计能力和工作经验。

(4) 准确型成本估算人员提供的成本估计值被实践证明很准确。虽然这种情况非常少，几乎可以不予以考虑。但如果真有这样一些估算人员，反而会令项目经理不适应。因为他们已经习惯对所有的估算数据进行修正，而不使用表面的数据进行成本估计。

以上是影响项目估算精度的主要因素。实际估算中，表现出来的是一些更直接的原因，如工作分解结构不正确、对任务定义了不适当的技术水平等。总之，成本估算的精度是可以控制的，只要掌握的资料可靠、准确，拥有经验丰富的估算人员，能够全面分析各种因素，就可以大大提高成本估算的精度，把误差控制在合理范围内。

在估算过程中，要明确地记住估算就是估算。不论估算使用的方法看上去多么复杂，也不论数学模型多么复杂，所有的估算结果不过是实际情况的近似值。估算并不是可以给出确切预计的精确计算。

四、项目成本估算的依据

(一) 项目范围说明书

项目范围确定的结果是正式的范围说明书。范围说明书是项目管理过程中确定项目主要可交付成果的一份重要书面文件，列入范围说明书清单中的事项的圆满完成，意味着项目阶段或项目的完成。如果项目的范围确定得不好，可能会导致意外的变更，有可能造成最终项目成本的提高。范围说明书一般包括四方面的内容。

1. 项目合理性说明

解释为什么要进行这一项目。启动一个项目的原因可能是市场需要、经营需要、顾客需求、技术进步或法律要求。

2. 项目目标

项目目标是确定项目成功所必须满足的某些数量标准。项目目标至少包括成本、进度和质量目标。项目目标应当有属性（如成本）、衡量单位（如货币单位）和数量（如200万元）。在制订项目目标时，企业应尽可能将目标数量化，以便测量承包商的工作是否达到预期的目标。不能数量化的项目目标隐含着很高的风险，如“达到使业主满意的程度”，就很难讲明业主在何种情况下能满意。

3. 项目可交付成果

项目可交付成果是为完成项目必须做出的可以测量、有形并可验证的事项，可以是一份主要的、具有归纳性层次的产品清单。产品清单的交付标志着项目的完成。例如，一个软件开发项目的主要可交付成果可能包括可运行的计算机程序、用户手册。一个工程建设项目的主要可交付成果可能是一条公路、工程验收资料。

4. 技术规范

技术规范可单独作为一部分，也可列入项目范围说明书内。它主要描述项目的各个部分在实现过程中采用的通用技术标准和特殊标准，包括设计标准、操作规范、竣工验收方法、调试方法等内容。为了达到上述要求，企业需要开展质量管理方面的工作：一是质量的检验和保障工作；二是质量失控的补救工作。这两项工作都要消耗资源，从而会产生质量成本。

要准确估算成本，必须正确理解项目范围说明书。例如，某国际工程项目的范围说明书中提到，要求进行至少15次试验以决定新物质的材料特性。在估算成本时，为安全起见，考虑了16次试验成本，但在15次试验结束后，客户认为对新物质的材料特性没有得出结论，要求必须再做15次试验，由此造成成本超支30000美元。

随着项目的进展，项目说明书可能需要修改或细化，以反映项目在以上几方面情况的变化。

（二）项目活动时间估算

在项目的实现过程中，各项活动所消耗或占用的资源都是在一定地点或在一定时期内发生的。所以项目的成本与项目的持续时间直接相关，而且随着时间的变化而变化。这种相关与变化的根本原因是项目所消耗的资金、设备、人力等各种资源都具有自己的时间价值。此处的时间价值是指消耗或占用资源本身价值中所包含的时间价值，即等额价值的资源在不同时间消耗或占用的价值之间的差别。这种资源消耗或占用的时间价值，是由于时间作为一种特殊的资源所具有的价值造成的。

项目消耗或占有的各种资源都可以看成是对货币资金的占用。其中人力资源和材料消耗所花费的资金（人工费和材料费），从表面上看是一种花费，实际上也是一种资金的占用，因为这些花费最终都将通过项目的运营而获得补偿。因此，项目的全部成本实际上都可以看成是在项目实现过程中所占用的货币资金。这些项目所占用的货币资金，不论是自有资金还是银行贷款，都有其时间价值。这种资金的时间价值的根本表现形式就是资金占用应付的利息。这种资金的时间价值既是构成项目成本的主要科目之一，又是造成项目成本变动的原因之一，因为资金的时间价值是随着项目工期（时间）的变化而变化的。

由于资金具有时间价值，所以项目本身及各项活动所需时间会对项目成本估算产生影响。项目成本估算之前，应编制粗略而简单的进度计划，估计为完成每一项活动可能需要的时间。编制时应充分考虑到各种可用资源的数量及限制，包括总量限制、单位时间用量限制、供应条件和过程的限制。例如，资金供应量的限制将影响到项目的实施进度，进度的制定应保证项目执行中有足够的资金；同时，项目的进度安排对资金的筹措提出要求，为估算利息费用提供依据。

（三）成本估算参考数据

1. 定额与指标

项目成本估算过程中经常需要套用一些指标或定额。在国外，成本指标及资源消耗定额通常由估算者根据经验或公司内部资料确定，无国家统一指标与消耗定额。我国则不同，有关部门，如建设部，制订了符合国家技术规范、质量标准并与一定时期工艺水平相适应的各工作单元的人工、材料、机械台班消耗量，并编制成本指标。

我国工程建设项目成本估算采用的定额与指标主要有概算定额、预算定额、概算指标、单位估价表及取费标准。概算定额、预算定额、概算指标可用来确定一定计量单位所需消耗的人工、材料和施工机械台班的数量标准及费用。单位估价表是预算定额中分项工程或结构构件的单位预算价格表。取费标准规定了有关费用如间接费、计划利润等的取费标准和有关价格调整办法、参数。

2. 项目数据库

由于国际上并没有国家、地区或部门统一制订的定额与指标用于成本估算，而项目成本又往往可根据已完成的类似项目的成本数据来推算，因此，较为普遍的做法是建立项目数据库，从中获取有关的成本资料来估算成本。项目数据库是各企业将自己开发或承担过的项目的主要数据进行系统分类、存储，建立数据库。建立项目数据库应注意对已经完成的具体项目情况有足够的说明，并按统一的要求和标准定义存储数据，使各个项目可以通过统一编码与项目数据库保持良好接口。

当利用历史数据进行成本估算时，应注意对项目的特征进行分析，尽可能选择相似的项目作为成本估算的参考对象。

3. 商业化成本估算数据

有一些公开发行的成本估算数据书，如估算工作手册等，可用于估算。估算工作手册中载有各项活动或工作的资源耗用量，并有常用计算公式、数据、计算规则、材料性能及规格换算等资料。它是计算工作量和完成资源量计算工作的工具书。

4. 项目执行部门的知识

项目成本估计值应该来自那些最适于进行此项工作的企业部门。这与那些常规性生产制造工作中的成本预测工作的侧重点是不同的，在常规性成本预测工作中，成本预测可以放心地交给那些专门从事该项工作的成本预测人员或者制造工程设计人员；而项目成本估计值往往必须从实施某项具体任务的企业职能部门的高层负责人那里得到。例如，由企业的总工程师提供某项目所有预计的设计成本是很自然的事情。所以，像生产制造经理、安装或售后服务经理以及其他经理或负责人都应当参与到项目的成本估算工作中。

项目成本估算工作中的这种将成本估算职能分散化的做法，显示了成本估算工作在项目管理中和在一般生产作业活动中的不同之处。尽管项目成本估算工作的首要目标依然是保证估算数据的准确性，但这种分散成本估算职能做法的目的已不仅局限于此。对大型项目而言，由于往往持续数年之久，所以在项目规划阶段对项目人工劳动时间的估算将会对相关职能部门人工成本的预算产生很大影响。不论是从事何种项目工作的企业职能部门，只有在该部门财务预算目标的制订上其部门经理发挥了重要作用的时候，该部门的预算报表才会真正有效，这是因为这些预算目标正是部门经理在未来实际工作中必须完成的职责。

如果企业采用上述职能分散型的成本估算方法进行项目成本估算，那么必须有一套成本估算表格在所有参与项目的企业部门之间传递，这种传递可以通过几种不同的方式来实现，当然其各自的有效性也是不同的。

第一种方案是用某种附有参与项目企业部门列表的估算表格，该表格将会依照部门列表上的顺序依次被传递，每经过一个部门，该部门的有关负责人就会在表格中填上本部门的成本估算数据，这一过程会一直持续到将该套表格返回项目经理手中为止，此时，所有的成本估算工作也就相应完成了。但是我们可以想象一下，图书馆中某本杂志的复印件需要多长时间才能在所有需要传阅的人手中传递完呢？而该复印件又会有多大风险在传递过程中被丢失呢？基于同样的考虑，上述这种收集成本估算数据的方案实际上是不可行的。

第二种方案就是为每一个参加项目的企业部门分别印制估算表格，将这些表格同时发放给这些部门，发放方式可以是派发书面文件也可以应用企业的内部计算机网络。这种做法能够降低第一种方案中由于递送而延迟的时间，但该方案的成功与否在很大程度上还是取决于各部门主管人员的合作态度。在回收这些估算表格的时候，时间延迟还会常常发生，在某些真实案例中也不难发现，那些书面预测表格有时也会被遗失。

由于缺乏合法的强制措施，又不能采取暴力手段进行要挟，所以对项目成本数据的收集而言，最佳的同时也是最快捷和最可靠的获得方式就是进行私人游说。该方法的第一步骤是准备一套完整的项目成本估算表格，其中要列明每一个可知的工作任务并对其进行编码。这些表格要依照项目工作分解结构进行逻辑排序，这样项目经理（或其代表）就可以按一定顺序去拜访参与项目的每个部门的经理，应用企业内部计算机网络同样可以达到这种目的。该种做法的目的在于迫使各部门为成本估算表格或相应的计算机系统提供令人满意的成本估算数据。在这一过程中，执行此项任务的人员可能并不会受到各部门的欢迎，但是博得别人的好感并不是项目经理工作的主要内容。

这种面对面的交谈可以为项目经理或项目计划经理提供一种评判有关当事人成本估算能力的机会，他们会对任何不切合实际或荒谬的数据当场提出质疑，对于一些细节性问题也会努力使异议和疑问降到最低的限度。他们提出的问题一般是这样的，“这项工作你们认为需要四个人工劳动周，那么四个工人能够在一周之内完成它吗？这项工作一定要一个工人用四周时间去完成吗？”此类问题的答案对于安排项目的时间进度和所用资源是十分重要的。

企业生产制造岗位上的员工在进行成本估算时往往需要帮助，如果派一名工程设计人员负责收集生产一线的成本估算数据，他会通过使用一线员工们能听得懂的术语为其提供帮助，并向其解释有关项目设计规格说明书的内容。除此之外，与新项目类似的以往实施的项目、任何形式的项目草图都将有助于该工程设计人员数据收集工作的完成，显然根据项目草图配以适当的口头描述会增强这种效果。

五、项目成本估算的技术路线

在项目进展的不同阶段，项目的分解结构层次可以不同。简单项目或方案阶段的项目，分解层次少，可能只有三层，即项目、子项目和活动。复杂项目或设计阶段项目则可以划分得很详细。根据估算单元在工作分解结构（WBS）中的层次关系，成本估算可分为自上而下的估算、自下而上的估算、自上而下与自下而上相结合的估算。

1. 自上而下的成本估算

自上而下的估算也叫作类比估算，其基础是收集上层和中层管理人员的经验判断，以及可以获得的关于以往类似项目的历史数据。这种技术路线适合项目信息详细程度有限时（项目的早期阶段，如规划阶段、项目建议书阶段、可行性研究阶段）采用。此时，仅确定初步的工作分解结构图，分解层次少，很难将项目的基本单元详细列出来。因此，成本估算的基本对象可能就是整个项目或其中的子项目，估算精度较差。

值得一提的是，自上而下的估算与自下而上的估算是有区别的。自上而下的估算是将成本从工作分解结构的上部向下部依次分配、传递，直至WBS的最底层。自上而下的估算实际上是以项目成本整体为估算对象，因WBS的上部成本已包括了下部组成部分的成本，故成本估算停留在WBS的上部层次，不再具体详细估算底层部分的成本。

对建设项目采用扩大指标估算法，包括单位生产能力估算法和生产能力指数估算法（后面介绍）进行估算时，就是按照自上而下的路线进行估算的。

2. 自下而上的成本估算

自下而上的成本估算是先估算各个工作单元的费用，然后自下而上将各个估算结果汇总，算出项目费用总和。采用这种技术路线的前提是确定了详细的工作分解结构，项目内容明确到能识别出为实现项目目标必须要做的每一项具体工作任务，对这些较小的工作单元能做出较准确的估算。当然，这种估算本身要花费较多的费用，项目管理班子必须决定是否值得为提高准确性而增加费用。这种技术路线适合在项目详细设计完成后采用。

建设项目的设计概算编制是按照自下而上的成本估算过程进行的。建设项目的设计概算内容随工程的大小而定，一般由单位工程概算、单项工程综合概算和建设项目总概算组成。通常在估算设计概算时，首先企业编制单位工程概算，将各单位工程概算汇总得到单项工程综合概算，之后将各单项工程综合概算汇总得到项目设计总概算。

3. 自上而下与自下而上相结合的成本估算

采用自上而下的估算路线虽然简便，但估算精度较差；采用自下而上的估算路线，所得结果更为精确，并且项目所涉及活动资源的数量更清楚，但估算工作量大。为此，可将两者结合起来，取长补短，即采用自上而下与自下而上相结合的路线进行成本估算。

自上而下与自下而上相结合的成本估算，就是针对项目的某一子项目进行详细、具体的分解，从该子项目的最低分解层次开始估算费用，并自下而上汇总，直至得到该子项目的成本估算值；之后，以该子项目的估算值为依据，估算与其同层次的其他子项目的费用；最后，汇总各子项目的费用，得到项目总的成本估算。这种估算路线将重点放在项目的主要组成部分，投入相当的人力进行详细估算；而其他次要部分则按经验估算。

自上而下与自下而上相结合的成本估算路线如图14-10所示。项目分解为A、B、C、D、E……子项目。因C子项目在整个项目中较重要，所需费用比例也较大，同时对它的分解较容易，所以继续分解C子项目，直到得到图14-10所示的结构后，从C子项目的最底层估算，依次汇总得到C子项目的费用。根据A、B、D、E……子项目费用与C子项目费用间的关系，估算A、B、D、E……子项目费用，最后汇总得到项目费用。

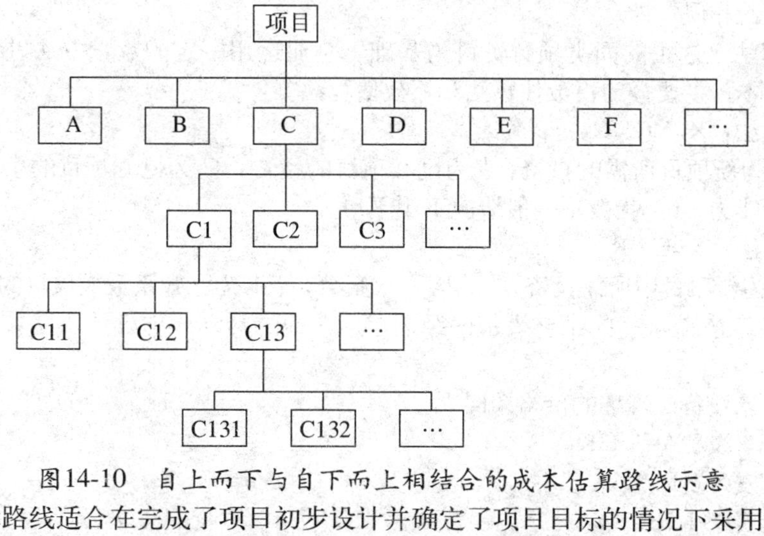

图14-10 自上而下与自下而上相结合的成本估算路线示意

这种技术路线适合在完成了项目初步设计并确定了项目目标的情况下采用。

自上而下与自下而上相结合的成本估算方法在工程造价中具体体现为比例投资估算法。

六、项目成本估算的技术工具

1. 自上而下估算法

该方法的过程是由上到下一层层进行，它是一种最简单的成本估算方法，实质上也是专家评定法。通常在项目初期或信息不足时使用，它是将以前类似项目的实际成本的历史数据作为估算的依据，并以此估算项目成本的一种方法，其主要步骤如图14-11所示。

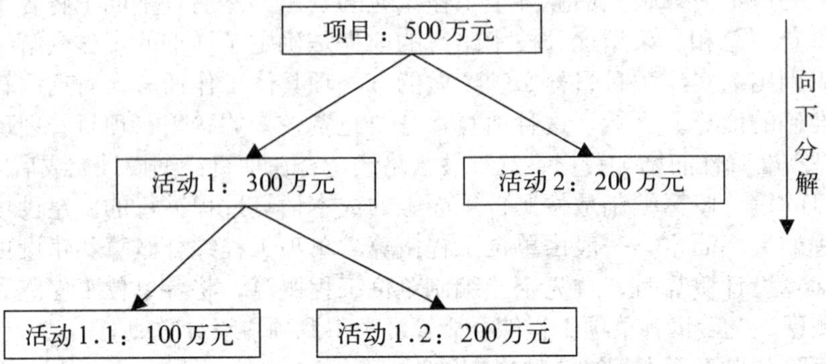

图14-11 自上而下估算法示意图

(1) 由项目的中上层管理人员收集类似项目成本的相关历史数据。

(2) 项目的中上层管理人员通过有关成本专家的帮助对项目总成本进行估算。

(3) 按照工作分解结构图的层次把项目总成本的估算结果自上而下传递给下一层的管理人员，在此基础上，下层管理人员对自己负责的子项目或子任务的成本进行估算。

(4) 继续向下逐层传递他们的估算，一直传递到工作分解结构图的最底层为止。

2. 参数估算法

参数估算法是一种比较科学的、传统的估算方法。它是根据权威性和专业性的参数建立函数模型，然后将代数值引入成本估算的方法。最典型的案例是土建工程，其建筑成本往往是以每平方米单位造价的行业参数来推算的，只要将建筑面积乘上这个参数，就可以估算出整个工程的造价。参数估算法的优点是数据采集量小，简单易用，省时省力，计划效率最高，成本最低。缺点是不经实践校验就无法保证数据的准确性，同时也无法适应技术的进步和社会的发展，一旦出现革命性的新材料或新工艺，整个函数模型就会随之倒塌，失去权威性和现实性。

参数估算法以过去的同类项目资料为基础，企业运用一定的数学方法进行加工和推理来估算项目成本，主要分为指数估算法和系数估算法。

指数估算法：$X=Y(C_2/C_1)^n$

式中，X为新项目所需的投资；Y为已知项目的投资；C_1为已知项目的生产能力；C_2为新项目的生产能力；n为指数（一般情况下小于1）。

系数估算法：$X=E\cdot K$

式中，X为新项目中所需投资，E为因子（系数）；K为已知系数或项目的投资。

【例14-1】某安装项目的工艺设备已经选定，其他的活动还未设计，用参数估算法估算其成本。

已知：工艺设备到现场的价格为K

设备及其安装费A=1.43K

设备配套安装费B=1.6A

直接建设费D=1.5B

则总建设费$X=1.38D=1.38\times1.5\times1.6\times1.43K=4.74K$

3. 工料清单法

工料清单法也叫自下而上法，这种方法首先要给出项目所需的工料清单，然后再对工料清单中各项物料和作业的成本进行估算，最后向上滚动加总得到项目总成本。这种方法通常十分详细而且耗时，但是估算精度较高，它可对每个工作包进行详细分析并估算其成本，然后统计得出整个项目的成本。这种方法的优点是工料清单为项目成本估计提供了相对详细的信息，所以它比其他方式的成本估算更为精确。这种基于项目详细工料资源需求清单的项目成本估算方法能够给出一个项目最接近实际成本的成本估算。这种方法的缺点是要求有详细的工料消耗和占用量信息，这种信息本身就需要大量的时间和经费的支持。另外，这种成本估算方法所需的工料消耗与占用数据本身也需要有数据来源，而且这些数据经常是过时的数据，所以这种方法往往需要在成本估算中做出各种各样的项目成本费率调整。

4. 单位费率法

单位费率法计算原理与参数估算法类似，首先核定单位资源的费率，然后乘上资源数量来估算成本。例如，租用推土机是按租用时间收费，先确定日租金，然后乘上所需设备数量和工作日，估算总租金成本。单位费率法与参数估算法的区别在于，前者的函数模型是内部协议标准，而后者的是外部先导型标准。相对而言，单位费率法的优点是比较灵活，适应性强；缺点是缺乏权威性和普遍性。

5. 投标分析法

根据供应商的竞标报价进行成本估算，这种方法也可用于发包的子项目的成本估算。这种方法的优点是可以轻易获得多方验证的估算数据，等于免费获得供应商或分包商的咨询服务。缺点是信息采集量大，费时耗力，有时容易受到供方的误导。

6. 准备金分析法

它类似于时间储备的方法，不把风险储备金分配在每一项活动中，以免降低整个成本估算的精确度，造成成本估算膨胀。它是将项目（或以子项目为单位）中所有活动的风险储备金汇集在一起，挂在一个虚拟活动账下，作为一个小金库。如果今后预算开支与成本估算发生偏差，可以通过小金库的储备额度进行平准调解，避免轻易变更成本基准计划。

7. 类比估算法

参照其他各种项目中类似资源的性能和价格，组成一个性价参考体系，以此为依据推算出各项资源的成本。例如，资源计划中列出了两个高级工程师的名额，成本估算需要为他们确定工资待遇，只要参考其他企业或机构同等职称或同等学力的工程师是什么待遇，就不难算出这两个高级工程师的人力资源成本。类比估算法的优点是操作简单，省时省力，计划成本比较低。缺点是很难一一找到类似的参照物，因此容易牵强附会、生硬类比，导致信息模糊，准确性低。另外，它无法用于那些没有参照物的资源。

七、项目成本估算的方法

项目成本估算方法主要有类比法、参数模型法、专家估计法和基于WBS的全面详细估算法等。上述方法按照是否采用数学模型又可归纳为：定性方法、定量方法及定性定量相结合的方法。

（一）类比法

1. 类比法的一般原理

类比法是通过新项目与以往一个或多个项目比较来进行估算的，运用类似项目的成本资料进行新项目的成本估算，然后根据新项目与类似历史项目之间的差异对估算进行调整以获得新项目的成本估计值。

例如，在估算某软件开发成本时，项目内的某人可能曾做过相似的项目，或者浏览文献查看别人在相似项目上的经验，那么这些经验可以类推到当前的新项目上，同时，考虑到新项目和以往项目有两个不同点。第一个不同点是查询程序中用户好友界面的需求有所增加。估算人员这样估算：增加的需求造成查询程序的工作量增加30%。如果查询程序的工作量占总工作量的20%，则总工作量增加6%。第二个不同点是开发的新项目和其他大型项目共享资源（以前的项目没有资源限制）。估算人员可以这样估算：将总工作量增加15%，由此，新项目的总工作量比以前增加了21.9%（1.15×1.06）。

类比法依靠相似项目的实际经验来估计，需要对以往项目的特性了解得足够清楚，以便确定它们和新项目之间的匹配程度。因为以往项目和新项目在需求、生命周期阶段、项目限制条件、实现需求等方面都有可能不同，因此，确定项目间匹配程度至关重要。

基于类似项目资料进行估算时，估算的对象既可以是总体项目，也可以是子项目或子系统。这取决于用来识别和尝试估算新项目的以往类似项目细节的可利用程度。

在新项目与以往项目只有局部相似时，可行的方法是“分而治之”，即对新项目适当地进行分解，以得到的更小的任务、工作包或单元作为类比估算的对象。通过这些项目单元与已有项目单元对比后进行类比估算，最后，将各单元的估算结果汇总得出总的估计值。

值得注意的是，使用类比法时，企业必须了解新项目与历史项目之间的异同之处。类比法本质上是一种直觉方法，很容易理解并便于向项目管理者或用户解释，因此，可以结合专家判断予以使用。

2. 常用的建设项目成本估算类比法

(1) 扩大指标估算法。它适用于对估算准确程度要求不太高的阶段。扩大指标估算法采用的指标是对大量积累的投资数据经科学系统分析后取得的。

1）单位生产能力估算法。根据其他已完成项目或其设备装置的投资额和生产能力求得单位生产能力的投资额后，推导当前项目或其设备装置的投资。当已经完成项目与当前项目的生产能力接近时，可认为生产能力与投资呈线性关系，并可以采用以下计算公式。

$$I_2=Q_2\left(\frac{I_1}{Q_1}\right)f$$

式中，Q_1为已完成项目或设备装置的生产能力；Q_2为当前项目或设备装置的生产能力；I_1为已完成项目或设备装置的投资额；I_2为当前项目或设备装置的投资额；f为不同时期、不同地点的综合调整系数。

采用上述方法需要对两个项目间生产能力和其他条件的可比性进行分析比较。由于要寻找与当前项目完全同类的已完成项目比较困难，估算时常将项目分解为子项目，分别套用类似子项目单位生产能力的投资指标进行估算，汇总子项目投资额后即得到总投资。

单位生产能力估算法多用于生产性建设项目。对于其他项目类型，该方法也可称之为单元指标估算法。单元指标是指一定计量单位的费用指标。计量单位或估算单位可以是建筑面积（m^2）、建筑体积（m^3）、客房（间）、床位（张）等。如，医院每个床位投资指标，冷库单位储藏量投资指标，旅店单位房间投资指标等。该方法的基本计算公式为

项目投资额=单位指标×工作量（估算单位数）×调整系数

例如，计算旅店投资总额时，可以根据大量资料统计编制出单位客房投资指标，以此指标乘以拟建客房数，就可得到旅店的总投资。

2）生产能力指数估算法。根据已完成的、性质类似的项目或设备装置的投资和生产能力估算当前项目或设备装置的投资额。计算公式为

$$I_2=I_1\left(\frac{I_2}{Q_1}\right)^n f$$

式中，I_1为已完成的类似项目或设备装置的投资额；I_2为当前项目或设备装置的投资

额；Q_1为已完成的类似项目或设备装置的生产能力；Q_2为当前项目或设备装置的生产能力；n为生产能力指数，$0 \leqslant n \leqslant 1$；f为不同时期、不同地点的综合调整系数。

采用上述方法时，当前项目或设备装置的生产能力与类似已完成的项目或设备装置的生产能力相差不宜大于50倍；当增加相同设备容量扩大规模时，n值取0.6～0.7；增加相同设备数量扩大规模时，n值取0.8～0.9。若已完成的类似项目或设备装置的规模和当前项目或设备装置的规模相差不大，生产规模比值在0.5～2之间，则指数 n的取值近似于1。

(2) 比例投资估算法用于对整个项目投资费用的估算，使用的比例系数是从已建成的类似装置的统计数据中总结出来的。

1）已知类似已建成的项目主要设备费占总投资额的比例，则估算出拟建项目的主要设备费后，按此比例估算拟建项目的总投资额。计算公式为

$$I = \frac{1}{k}\sum_{i=1}^{n} Q_i P_i$$

式中，I为拟建项目总投资额；k为主要设备费占拟建项目总投资额的比例（%）；n为设备的种类数；Q_i为第i种设备的数量；P_i为第i种设备的到达现场单价。

2）按统计资料计算出已经建成的类似项目中各专业工程（公用工程、三废工程、厂外工程等）占某个装置或某项费用的比例，以拟建项目的某装置或某项费用为基数，分别计算出拟建项目各专业工程投资，相加汇总后得到拟建项目总投资额。计算公式为

$$C=E(1+f_1P_1+f_2P_2+f_3P_3+\cdots f_nP_n)+I$$

式中，C为拟建项目总投资额；

E为拟建项目某个装置或某项费用；

P_1，P_2，P_3为各专业工程费用占某装置或某项费用的比例（%）；

f_1，f_2，f_3为不同时期、不同地点综合调整系数；

I为拟建项目的其他费用；

n为专业工程种类数。

(二) 参数模型法

1. 参数模型法的一般原理

参数模型法是指将项目特征（参数）用于数学模型来估算预测项目成本。模型既可以是简单的，也可以是复杂的。如果建立模型所用的历史信息是精确的、项目参数容易定量化，并且模型就项目大小而言是灵活的，那么，这种情况下参数模型是最可靠的。例如，麦道航空公司工程师在大量历史数据的基础上建立了一个参数模型估算飞机成本，该模型包括的参数为飞机型号（战斗机、货机、客机）、飞机航速、发动机推动力与承重比率、飞机不同部件的估算重量、飞机的产量、生产这些飞机允许的时间等。与这个复杂模型相比，有一些参数模型只是非常简单的启发式的或常理的。更复杂的参数模型通常需要运用计算机完成计算过程。

参数模型法需要积累数据，根据同类项目的管理状况和成本数据，运用建模技术建立模型，如回归分析和学习曲线。

2. 回归分析法

使用参数模型法首先要识别成本与项目特征之间的关系，即要识别项目成本的动因。项目可能会存在一个或多个成本动因。例如，项目设计成本与设计元素的数量、设计的变化，设备的维修成本与维修工时、设备已使用年限等有关，建筑物的建造成本与建筑面积、建筑体积、建筑结构类型有关。

对客观存在的现象之间相互依存关系进行分析研究，测定两个或两个以上变量之间的关系，寻求其发展变化的规律性，从而进行推算和预测，称为回归分析。显然，项目成本

与项目特征之间的这种因果关系适合采用回归分析法。在进行回归分析时，不论变量的个数多少，必须选择其中的一个变量为因变量，而把其他变量作为自变量，然后根据已知的历史统计数据资料，研究测定因变量和自变量之间的关系。

回归分析是为了测定客观现象的因变量与自变量之间的一般关系所使用的一种数学方法。它根据现象之间相关关系的形式，拟合一定的直线或曲线，用这条直线或曲线代表现象间的一定数量变化关系。这条直线或曲线在数学上称为回归直线或曲线，表现这条直线或曲线的数学公式称为回归方程。利用回归分析法进行预测，称为回归预测。

在回归预测中，所选定的因变量是指需要求得预测值的那个变量，即预测对象。自变量则是影响预测对象变化的，与因变量有密切关系的那个或那些变量。

在预测中，常用的回归预测法有一元回归预测和多元回归预测。这里仅介绍一元线性回归预测方法。

(1) 一元线性回归预测法的基本原理。一元线性回归预测法是根据历史数据在直角坐标系上描绘出相应点，再在各点间作一条直线，使直线到各点的距离最小，即偏差平方和最小，因而，这条直线最能代表实际数据的变化趋势（或称倾向线），用这条直线适当延长来进行预测是合适的，如图14-12所示。

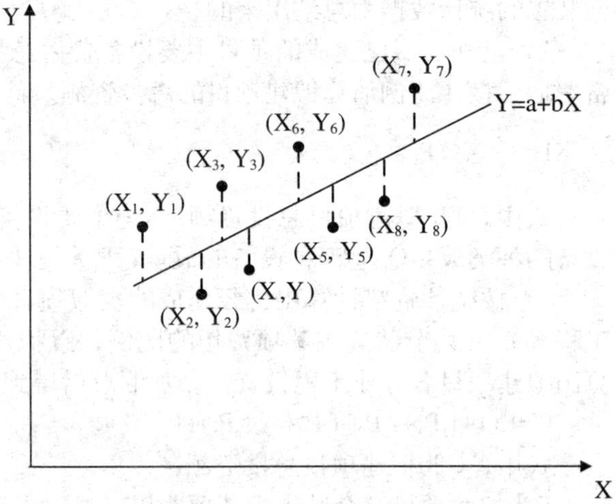

图14-12　一元线性回归预测法的基本原理

一元线性回归的基本公式是Y=a+bX

式中，X为自变量；Y为因变量；a、b为回归系数，也称待定系数。

(2) 一元线性回归预测的步骤。当X=0时，Y=a，a是直线在Y轴上的截距。Y是由口点起，随着X的变化开始演变的。a是利用统计数据计算出来的经验常数，b是直线的斜率，也是利用统计数据计算出来的经验常数。它用来表示自变量X与因变量的比例关系。Y是按b这个比值，随着X等比变化的。X与Y这两个变量之间的关系，将在a、b这两个回归系数的范围内，有规律地演变。因此，运用一元线性回归分析法的步骤如下所述。

1）先根据X、Y两个变量的历史统计数据，把X与Y作为已知数，寻求合理的a、b回归系数，然后，依据a、b回归系数确定回归方程。这是运用回归分析法的基础。

2）利用已求出的回归方程中a、b回归系数的经验值，把a、b作为已知数，根据具体条件，测算Y值随着X值的变化而呈现的未来演变。这是运用回归分析法的目的。

(3) 求回归系数a和b。求解回归直线方程式中a、b两个回归系数要运用最小二乘法。具体的计算方法不再叙述，其结果如下所示。

$$b=\frac{N\sum X_iY_i-\sum Y_i\sum X_i}{N\sum X_i^2(\sum X_i)^2}$$

$$a=\frac{\sum Y_i-b\sum X_i}{N}$$

或

$$b=\frac{\sum X_iY_i-\overline{X_i}\sum Y_i}{\sum X_i^2-\overline{X_i}\sum X_i}$$

$$a=\overline{Y_i}-b\overline{X_i}$$

式中，X_i为自变量的历史数据；Y_i为相应的因变量的历史数据；N为所采用的历史数据的组数；$\overline{X_i}$为X_i的平均值，$\overline{X_i}=\sum X_i/N$；$\overline{Y_i}$为$Y_i$的平均值，$\overline{Y_i}=\sum Y_i/N$。

【例14-2】 智董公司准备在某市投标承建教学楼（简称K工程），主体是砖混结构，建筑面积为2200平方米，工期为2017年1～5月。在投标之前，公司预测与分析该项目的施工成本。试用一元线性回归法预测成本。

【解】

1）搜集近期的同类工程的成本资料

智董公司总结的近期砖混工程的成本资料，如表14-8所示。

2）将各年度的工程成本换算到预测期的成本水平

由于成本水平主要受材料价格的影响，所以可按建材价格上涨系数来计算。智董公司测算的2016年度的建材价格上涨系数为23%，估计2017年度建材价格上涨系数为10%，换算结果如表14-9所示。

3）建立回归模型

线性回归方程式为Y=a+bX

式中，X为施工项目建筑面积；Y为施工项目总成本；a、b为回归系数。

采用列表计算回归系数。

根据表14-10，利用计算公式，计算出：

$$b=\frac{N\sum X_iY_i-\sum Y_i\sum X_i}{N\sum X_i^2(\sum X_i)^2}=\frac{6\times 613425-309.25\times 10600}{6\times 21180000-10600\times 10600}=0.0273$$

$$a=\frac{\sum Y_i-b\sum X_i}{N}=\frac{309.25-0.0273\times 10600}{6}=3.31$$

则回归模型为Y=a+bX=3.49+0.0273X

所预测的K工程的预测成本为Y(K)=3.31+0.0273×2200=63.37（万元）

表14-8 智董公司总结的近期砖混工程成本资料

工程代号	工程竣工日期	建筑面积/m^2	实际总成本/万元
zh1601	2016-09	1500	33.65
zh1602	2016-11	1800	39.78
zh1701	2017-03	2000	50.60
zh1702	2017-05	1000	26.90
zh1703	2017-07	1300	35.62
zh1704	2017-12	3000	77.70

表14-9 工程成本换算表

工程代号	建筑面积/m^2	实际总成本/万元	换算系数	2017年度成本水平的成本
(1)	(2)	(3)	(4)	(5)=(3)×(4)
zh1601	1500	33.65	(1+0.23)×(1+0.10)	45.53
zh1602	1800	39.78	(1+0.23)×(1+0.10)	53.82
zh1701	2000	50.60	(1+0.10)	55.66
zh1702	1000	26.90	(1+0.10)	29.59
zh1703	1300	35.62	(1+0.10)	39.18
zh1704	3000	77.70	(1+0.10)	85.47

表14-10　回归系数计算表

N	工程代号	建筑面积/m^2	实际总成本/万元	X_iY_i	X_i^2
1	zh1601	1500	45.53	68295	2250000
2	zh1602	1800	53.82	96876	3240000
3	zh1701	2000	55.66	111320	4000000
4	zh1702	1000	29.59	29590	1000000
5	zh1703	1300	39.18	50934	1690000
6	zh1704	3000	85.47	256410	9000000
合计		10600	309.25	613425	21180000

3. 软件开发项目成本估算模型简介

软件开发成本中人员费用占最大比例，企业进行成本估算时，主要是估算人员费用。人员费用或人力成本是以所估算的工作量为基础的，除此之外的其他成本，如差旅费、通信费、项目培训费用等，也需要估算，这些成本和人员费用一起构成了项目的总成本。

对软件开发项目来说，估算通常包括规模估算、工作量估算和进度估算，这三级估算会转化为成本估算。图14-13表示一个与规模、工作量、进度、成本相关的简单估算模型。

规模估算是最终工作产品规模的一个度量。它给出了实现最终结果所涵盖的一个度量范围，规模是估算工作量的基础。一些软件规模的衡量尺度是代码行数、功能点数、报告数量、界面数量等。

工作量估算是开发软件产品所需的人力的估算，通常以人月、人日或人年为单位衡量，并且有转换系数在不同单位之间进行转换。工作量也可以进一步细化为每种资源需要的人月（例如，设计人员、开发者人月等）。工作量估算是由规模和与项目有关的因素所驱动的，如团队的技术和能力、所使用的语言和平台、平台的可用性与适用性、团队的稳定性、项目中的自动化程度等。工作量估算的主要依据是组织的生产率数据，生产率随着小组人数的增加而降低，随着开发项目可用时间的减少而降低。工作量估算和进度估算一起决定了开发团队的规模和构建。

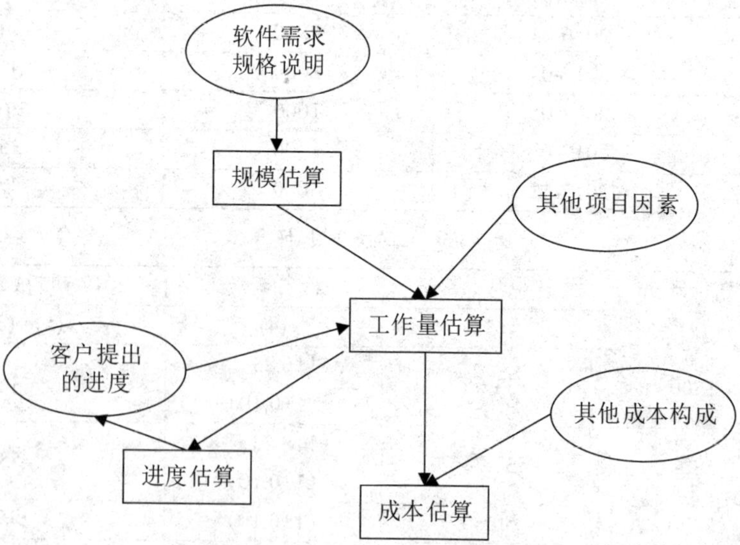

图14-13　软件估算的组成

进度估算是考虑组织的资源限制，并在能够得出并行程度的前提下，完成工作量所需的日历时间。如果客户要求比第一次估算的时间更早得到软件，那么需要对工作量估算做出修改，以满足客户提出的进度要求。

最终，客户和组织都关心项目的成本金额。此时，成本估计可按下面的公式计算：

成本估算=人月数×每个人月的价值

通常软件成本估算模型根据软件开发项目中使用的编程语言、编程人员的专业知识水平、程序规模和复杂性设计。模型既可以是静态模型，也可以是动态模型。由于用以支持大多数模型的经验数据都是从有限的一些项目样本中得到的，因此，至今还没有一种估算模型能够适用于所有的软件类型和并发环境。目前常用的估算模型主要有Putnam模型、SLIM模型、PRICE-S模型、COCOMO模型（Constructive Cost Model）等，其中COCOMO模型应用最广泛。

COCOMO模型是由TRW公司开发，保姆（Boehm）提出的结构型成本估算模型，是一种精确、易于使用的成本估算方法。

COCOMO模型的基本形式可表示为MM=a×(k DSI)bTDEV=2.5×(MM)c

在该模型中使用的基本量有以下几个：

DSI（源指令条数），定义为代码或卡片形式的源程序行数。若一行有两个语句，则算作一条指令。它包括作业控制语句和格式语句，但不包括注释语句。1kDSI=1024DSI。

MM（度量单位为人月），表示开发工作量，定义1MM=1人月=152人时=1/12人年。

TDEV（度量单位为月），表示开发进度，由工作量决定。

a、b、c这三个参数则是根据不同的软件开发类型和COMOMO模型来确定的。

COCOMO模型按其详细程度分成三级，即基本COCOMO模型、中间COCOMO模型和详细COCOMO模型。基本COCOMO模型是一个静态单变量模型，它用一个已估算出来的源代码行数（LOC）为自变量的（经验）函数来计算软件开发工作量。中间COCOMO模型则在用 LOC为自变量的函数计算软件开发工作量（此时称为名义工作量）的基础上，再用涉及产品、硬件、人员、项目等方面属性的影响因素来调整工作量的估算。详细COCOMO模型包括中间COCOMO模型的所有特性，但用上述各种因素调整工作量估算时，还要考虑对软件工程过程中每一步骤（分析、设计等）的影响。

（三）专家估计法

1. 专家的来源

专家估计法是以专家为索取信息的对象，组织专家运用专业方面的经验和理论，对项目的成本进行估计。此处专家是指具有专门知识或经过专业培训的团体或个人，专家的来源可能来自执行组织中的其他单位，咨询人员，专业和技术协会和工业团体。

如对某个新产品开发项目的成本进行估计时，企业可请相关的技术人员、材料采购人员、管理人员等参与。

2. 专家估计法的种类

专家估计法包括多种方法，主要有专家个人判断法、专家会议法和德尔菲法等。

(1) 专家个人判断法是专家依靠个人的知识和经验对成本预测值进行判断。这种方法的主要优点是不受外界影响，没有心理压力，可以最大限度地发挥个人的创造力，但也容易受到自身知识面、知识深度和占有的资料，以及对预测问题是否有热情的影响。

(2) 专家会议法是将有关专家集中起来召开会议，开展关于项目成本预测问题的讨论。专家会议有助于交换意见，相互启发，弥补个人的不足之处。但是，专家会议也有其缺点，表现为参加人员易受心理因素的影响，如屈服于权威和大多数人的意见，受劝说性意见的影响，可能不愿公开修正已发表的意见等。

(3) 德尔菲法是专家会议法的一种发展，它以匿名的方式通过几轮函询征求专家们的意见。专家们互不见面。这种方法需要成立一个预测领导小组，负责草拟预测主题，选择专家以及对预测结果进行分析、整理、归纳和处理。

德尔菲法的程序如下所示。

第一次，提出要求，明确预测目标，书面通知被选定的专家和专门人员，要求专家说明有什么特别资料可用来分析这些问题以及这些资料的使用方法，同时，请专家提供有关资料，并请专家提出进一步需要哪些资料。

第二次，专家接到通知后，根据自己的知识和经验，对所预测事件的未来发展趋势提出自己的观点，并说明其依据和理由，书面答复主持预测的单位。

第三次，预测领导小组，根据专家预测的意见，加以归纳整理，对不同的预测值要分别说明预测值的依据和理由（根据专家意见但不注明具体哪个专家），然后再寄给各位专家，要求专家修改自己原来的预测，以及提出的要求。

第四次，专家等人接到第二次信后，就各种预测的意见及其依据和理由进行分析，再次进行预测，提出自己修改的意见及其依据和理由。如此反复征询、归纳、修改，直至意见基本一致为止。修改的次数根据需要确定。

德尔菲法的结果要比专家个人判断法、专家会议法的预测结果更准确一些。

(四) 基于WBS的全面详细估算

1. 详细估算法的一般介绍

当项目进展到一定程度，有设计图样及设备清单，能够详细计算出各工作单元的工作量时，可采用详细估算法估算项目的成本。详细估算法是一种自下而上的估算，也称为工程估算法，要求对项目每一个环节的成本逐项落实，分别详细估算。不言而喻，这种方法耗时长、费用高，但其准确程度也是前几种方法不可比拟的。

具有代表性的详细估算法有施工项目成本估算的实物法。

2. 施工项目成本估算实物法

实物法编制估算就是首先计算出各工作单元的工作量，然后根据经验或消耗定额计算各工作单元的资源消耗量，包括各种材料、人工、机械台班的消耗数量，将各种资源的消耗量汇总，最后以资源的实物消耗量乘以相应的当时当地的实际单价计算人工费、材料费和机械使用费，汇总得到工作单元的直接工程费。在此基础上计算措施费、间接费，最后汇总得到项目总施工成本。

实物法的特点是根据市场竞争情况确定资源单价及各种费率，能比较准确地反映估算时各种材料、人工、机械台班的价格水平。在市场价格起伏较大的条件下，用实物法计算直接工程费比较恰当。但实物法要求搜集当时当地各种材料、人工、机械台班单价，要汇总各种材料、人工、施工机械台班耗用量，因此工作量大。

用实物法编制施工成本的具体步骤如下所示。

(1) 收集、准备资料。

(2) 了解现场施工条件、物资供应情况及施工技术组织措施。

(3) 列出分项工程项目并计算工程量。

(4) 计算分项工程直接工程费和单位工程直接工程费

公式为

分项工程人工费=∑人工工时×人工单价

分项工程材料费=∑材料消耗量×材料单价

分项工程机械使用费=∑机械台班数×台班单价

分项工程直接工程费=分项工程人工费十分项工程材料费+分项工程机械使用费

单位工程直接工程费=∑分项工程直接工程费

(5) 以直接工程费或直接工程费中人工费为基础，按有关取费规定，分别计算各项措施费用。

直接费=直接工程费+措施费

间接费=直接费×间接费费率

或 间接费=直接工程费中人工费×间接费费率（安装工程）

单位工程施工成本=直接费+间接费=直接工程费+措施费+间接费

=人工费+材料费+施工机械使用费+措施费+间接费

【例14-3】表14-11为某住宅楼项目基础部分施工直接工程费估算结果。

【解】运用项目成本估算实物法计算的某住宅楼工程费结果如表14-11所示。

【例14-4】表14-12、表14-13为某新药开发项目成本估算结果。

【解】运用项目成本详细估算法计算的某新药开发项目的直接成本如表14-12所示，其间接成本如表14-13所示。

表14-11　某住宅楼项目基础部分施工直接工程费估算结果

序号	名称	计量单位	实物工程量	单价/元	合计/元
1	人工	工日	2400.65	45	108029.25
2	土石屑	m^3	1226.94	68	83431.92
3	C10素混凝土	m^3	180.63	315	56898.45
4	C20钢筋混凝土	m^3	481.28	420	202137.6
5	M5主体砂浆	m^3	10.47	210	2198.7
6	机砖	千块	16.59	200	3318
7	黄土	m^3	2004.45	15.50	31068.98
8	打夯机	台班	110.24	30	3307.2
9	挖土机	台班	14.53	240	3487.2
10	推土机	台班	3.52	260	915.2
11	直接工程费小计	—	—	—	494792.5

表14-12　某新药开发项目直接成本估算结果　（单位：万元）

序号	工序	所用资源	资源编号	估算金额	备注
1	制剂工艺研究	原材料/药材	1-1	1	按市场价格计算
		辅料	1-2	0.5	按市场价格计算
		实验试剂	1-3	0.5	所用试剂费用总和
		包装设计材料	1-4	0.1	由设计费用得出
		药材净选、炮制设备	2.1	0.5	按市场价格计算
		粉碎设备	2-2	0.5	按市场价格计算
		提取设备	2-3	1	按市场价格计算
		研究人员	3-1	2	以研究人员工资计算
2	质量标准制订	原材料/药材	1-1	0.2	按市场价格计算
		实验试剂	1-3	0.4	按市场价格计算
		研究人员	3.1	30	以研究人员工资计算
3	毒理、药理研究	毒理、药理研究材料	1-5	1	根据历史资料计算
		实验试剂	1-3	0.4	按市场价格计算
		毒理、药理研究设备	2-4	2	以设备使用费计算
		研究人员/专家	3-1	37	含工资和专家费

续表

序号	工序	所用资源	资源编号	估算金额	备注
4	申报临床	申报材料	1-7	0.3	根据历史资料计算
		专家	3.1	5	专家费
5	临床试验	临床研究材料	1.6	1	根据历史资料计算
		实验试剂	1-3	0.3	按市场价格计算
		临床研究设备	2-5	2	以设备使用费计算
		专家	3.1	37	专家费
6	申报生产	申报材料	1-7	0.3	按规定计算
		专家	3.1	5	专家费
7	批准	专家	3.1	2	专家费
总计			130		

表14-13　某新药开发项目间接成本估算结果　　（单位：万元）

科目	估算金额	科目	估算金额
测试/计算/分析费	1	出版物/文献/信息传播事务费	0.5
能源/动力费	1	管理费	2
会议/差旅费	0.5	总 计	5

（五）成本估算方法的比较

在项目工作的不同时期，可以分别使用上面的四种方法。在项目处于选择和计划时，只能采用经验估算法进行大致估算；当项目完成了筛选之后，则可根据历史数据采用趋势法进行项目估算；设计已经完成、项目的目标确定之后可采用第三种方法；完成详细设计、项目的工作细节确定之后，就可以进行详细估算。

实践中还可将以上几种方法结合起来使用，如对项目成本的主要部分进行详细估算，其他相对次要的成本组成部分则用专家估计法或用参数模型法估算。

以上四种方法的比较，如表14-14所示。

表14-14　项目估算方法比较

估算方法	应用	优点	缺点
基于WBS的全面详细估算（工程估算法）	再采购，生产开发	•最详细的技术 •最准确 •为未来项目变化估算提供最好的估算基础	•需要详细的项目和生产定义 •耗时而且可能较昂贵 •以工程为基础 •可能忽略系统整合成本
参数模型法	生产开发	•应用简单，成本低 •统计数据基础可以提供期望值和预期范围在详细设计和项目计划之前可以用于设备或系统	•需要建立参数成本关系 •具体系统或系统硬件功能的频度有限 •依赖数据的质量和数量 •受有限的数据和独立变量的影响
类比法	再采购，生产开发项目计划	•相对简单 •成本低 •强调增量项目和生产变化相似系统的准确性高	•要求类似的生产和项目数据 •只限于稳定的技术 •电子应用范围狭窄 •可能只限于相同公司的系统和设备
专家估计法	所有的项目阶段	•当数据不足/参数成本关系和项目生产定义不足时也可以应用	•容易产生偏见 •产品和项目的复杂性增加会降低估算的精度 •主要的估算不是定量的

小知识

现有项目成本估算方法的问题

现有项目成本估算方法是按照基于资源消耗和基于部门的成本确定方法建立的，存在几个方面的问题。

1. 基于资源消耗的成本估算问题

现有项目成本估算方法是按照基于资源原理建立的，这种方法对项目成本的估算是从一个项目所消耗和占用资源的多少入手，根据项目所需资源的消耗和占用量做出项目成本的估算。这种项目成本估算方法不是从消耗资源的具体活动和过程的分析入手，不是从确定项目要开展哪些活动和采用什么样的方式、方法去进行，也不是从采用哪些具体的项目组织管理技术和项目实施技术等事务的根源入手，而是使用基于项目资源消耗定额或项目消耗统计数据等办法，通过套用标准定额或比照历史统计数据来确定项目成本。这种方法不考虑项目所需活动、所用技术和方法、项目具体的时间和地点，千篇一律地套用标准定额或统计数据，所以具有很大的不科学性。最新的项目成本管理理论与方法研究证明，现有基于资源的项目成本估算方法实际上存在着原因与结果倒置的问题。因为一个项目的具体活动以及具体活动的过程和方法是形成项目成本的根本动因，而资源消耗和占用数量只是开展项目活动的结果，要科学、正确地确定项目成本就应该首先从分析项目具体活动的内容与过程入手，然后依据开展项目活动所用的技术与方法去确定项目的资源消耗和占用数量，最终才能科学地确定项目成本。但是，现有成本估算方法与此正好相反，所以存在着结果与原因颠倒的问题。

2. 基于部门的成本估算问题

现有项目成本估算方法同时还是一种基于部门的成本估算方法。这种项目成本估算方法将那些不直接形成项目实体的活动费用，按照以部门津贴发放和分摊的方式去估算和确定。例如，构成项目成本的企业管理费、其他费用等项目成本科目就属于此类。这类费用的确定多数按照项目直接费乘以一个规定的取费比率的办法来确定，而且我国还规定要根据不同施工单位的资质套用不同的取费比率去估算和确定这类费用。这种基于部门的成本估算方法存在两个方面的问题，其一是这种基于部门的估算项目间接费的办法不是依据项目真实需要开展的管理和其他辅助活动去估算和确定它们的费用；其二是这种办法根据一个规定的比率估算和确定项目的间接费和其他费用很难保证规定取费比率是科学和准确的。所以，这种基于部门的成本估算方法是有问题的。同时，由于这种方法关于间接费和其他费用多少的确定是以直接费的成本部分为基数，这样一方面会引发和造成由于国家的干预而在取费比率和方法上形成对一些落后企业的保护或偏袒，从而破坏市场竞争；另一方面，这种方法还会鼓励各种项目组织（设计单位、承包商、分包商等）和部门（如承包商下属的各个部门）为了争取较高的间接费取费绝对量，而高估项目成本的直接费部分。

3. 成本估算依据方面的问题

现行项目成本的估算和确定的依据有两种，第一种是由国家或地区统一制订的项目成本标准定额。我国各省市的成本管理部门在不断地制订和发布有关项目的作业量、项目成本、取费指标等方面的标准定额以及工料价格指数、取费调整指数等各种各样的定额修订参数，这些都是我国官方规定的成本估算依据。其他国家多数按照历史统计数据作为参考依据确定具体项目的成本。例如，美国的项目成本估算主要是依据历史统计数据做出的，美国有许多项目咨询企业专门从事不同项目的成本数据收集、整理和加工，并将加工后的历史统计数据作为项目成本的确定依据。例如，设立在美国弗吉尼亚州的美国项目独立分析公司（Independent Project Analysis Corporation）就是一家专门从事化工工程项目的咨询公司，在该公司的项目成本数据库中有3000多个化工项目的成本历史统计数据。另外，还有一些国家是标准定额和历史统计数据两种数据混用的。所有这些标准定额或历史统计数据作为估算和确定项目成本依据都存在一个问题，即估算和确定项目成本的依据在一定时间内相对固定不变的问题。对一个具体项目而言，不管是标准定额还是历史统计数据，这种“相对固定不变”的成本估算依据存在一定的局限性和时滞性。对标准定额而言，其在编制出来以后的相当一段时期内是固定不变的，然而项目所用的实施技术、管理技术和实施环境等都是动态的，尤其是当今技术在高速发展，各种新工艺、新方法、新材料层出不穷，这些动态的变化一方面会影响项目实施的工作绩效，另一方面会影响项目所耗人力、物力资源的数量，从而全面影响项目的成本。所以，相对静态的项目成本估算依据在一定程度上是不科学的，它无法很好地适应市场与技术的不断变化，至少无法满足科学估算和确定项目成本的客观需要。

八、项目成本估算的结果

(一) 项目成本估算文件

这是通过采用前述项目成本估算方法而获得的项目成本估算最终结果文件。项目成本估算文件是对完成项目所需费用的估计和计划安排，是项目管理文件中的一个重要组成部分。项目成本估算文件要对完成项目活动所需资源、资源成本和数量进行概略或详细的说明。这包括对项目所需人工、物料、设备和其他科目成本估算的全面描述和说明。另外，这一文件还要全面说明并描述项目的不可预见费等内容。项目成本估算文件中的主要指标是价值量指标，为了便于在项目实施期间或项目实施后进行对照，项目成本估算文件也需要使用其他的一些数量指标描述项目成本。例如，使用劳动量指标（工时或工日）或实物量指标（吨、公斤、米等）。在某些情况下，项目成本估算文件将必须以多种度量指标描述，以便进行项目成本管理与控制。

(二) 相关支持细节文件

这是对项目成本估算文件的依据和考虑细节的说明文件。这类文件的主要内容包括：

1. 项目范围的描述

因为项目范围是直接影响项目成本的关键因素，所以这一文件通常与项目工作分解结构和项目成本估算文件一起提供。

2. 项目成本估算的基础和依据文件

这包括制订项目成本估算的各种依据性文件，各种成本计算或估算的方法说明，以及各种参照规定等。

3. 项目成本估算各种假定条件的说明文件

这包括在项目成本估算中所假定的各种项目实施的效率、项目所需资源的价格水平、项目资源消耗的定额估计等假设条件的说明。

4. 项目成本估算可能出现的变动范围的说明

这主要是关于在各种项目成本估算假设条件和成本估算基础与依据发生变化后，项目成本可能会发生什么样的变化、多大的变化的说明。

(三) 项目成本管理计划

这是关于如何管理和控制项目成本变动的说明文件，是项目管理文件的一个重要组成部分。项目成本管理计划文件可繁可简，具体取决于项目规模和项目管理主体的需要。一个项目开始实施后有可能发生各种无法预见的情况，从而危及项目成本目标的实现（如某些原材料的价格可能会高于最初估计的成本价格）。为了防止、预测或克服各种意外情况，企业需要对项目实施过程中可能出现的成本变动，以及需要采取的相应措施进行详细的计划和安排。项目成本管理计划的核心内容就是这种计划和安排，以及有关项目不可预见费的使用管理规定等。

第六节 项目成本预算

项目成本预算是在成本估算的基础上进行的，是进行项目成本控制的基础，也是一项制订项目成本控制标准的项目管理工作，根据项目的成本估算为项目各项具体工作分配和确定预算、成本定额，以及确定整个项目的总预算。

小知识

成本估算与成本预算的区别

成本估算的目的是估计项目的总成本和误差范围，而成本预算是将项目的总成本分配到各项工作上。成本估算的输出结果是成本预算的基础与依据，成本预算则是将已批准的估算（有时因为资金的原因需要砍掉一些工作来满足总预算要求，或因为追求经济利益而缩减成本额）进行分摊。

尽管成本估算与成本预算的目的和任务不同，但两者都以工作分解结构为依据，所运用的工具与方法相同，两者均是项目成本管理中不可或缺的组成部分。

一、项目成本预算的特性

1. 项目预算是一种分配资源的计划

项目成本预算具有投入资源的事先确定性，即在预计时间内需要投入多少资源。它是通过一系列的研究及决策活动，判定项目的各种活动的资源分配，并通过既定资源分配，确定项目中各个部分的关系和重要程度，以及对项目中各项活动的支持力度，如对环境、能源、运输、技术等资源和条件的支持力度。在确定预算时，既要充分考虑实际需要，又要坚持节约的原则，使现有的资源能够充分发挥效力。

2. 项目成本预算是一种项目成本控制机制

预算可以作为一种比较标准来使用，是一种度量资源实际使用量和计划用量之间差异的基线标准。对管理者来说，他的任务不只是完成预定的一个目标，而是必须使目标的完成具有效率，即尽可能在规定的时间内，在完成目标的前提下节省资源，这样才能获得最大的经济效益。所以，每位管理者必须在安排好生产进度的同时谨慎地控制资源的使用。由于预算时不可能完全预计到实际工作中所遇到的问题和可能变化的环境，所以项目预算发生一定的偏离是不可避免的。对于这种偏离管理者需要在项目进行中不断根据项目进度检查资源的使用情况，如果出现了预算的偏离情况，管理者需要对相应偏离的模式进行考察，制订约束措施，同时研究相应的对策，以便更清楚地掌握项目进展和资源使用情况，将项目的实施与预算的偏差控制在最小的范围内。

项目成本预算对整个项目的预算和实施过程有着重要的作用，因为它决定了项目实施中资源的使用情况。如果没有项目成本预算管理，那么管理者就可能忽视项目实施中的一些危险情况。例如，费用已经超出了项目进度所对应的预算，但并没有突破总预算，在这种情况下可能不会引起管理者的重视，但正是这些“突破”最后导致了项目出现严重问题，造成资金严重不足，以致项目被迫停工。在项目的实施过程中，项目负责人应该不断收集和报告有关进度和费用数据，以及对未来问题和相应费用的预计，使得管理者可以对预算进行控制，必要时对预算进行修正，严防项目在实施过程中的某一阶段或某一部分的资源投入超出了预算。

二、项目成本预算的内容

(1) 直接人工费用预算。

(2) 咨询服务费用预算。

(3) 资源采购费用预算。

(4) 意外开支准备金预算（显在、潜在）。

由于我们把因为成本预算中的不确定性所产生的风险作为确定意外开支准备金水平的基础，所以，意外开支准备金也经常充当成本预算的底线，如果在每个项目的条款中都能清楚地确定意外开支准备金的水平，那么确定整个项目的意外开支准备金的水平将会变得更容易些，其最终结果是将所有条款中意外开支准备金的数量加以汇总，从而确定其在整个项目成本预算中占的比重。

三、项目成本预算的依据

项目成本预算的依据主要有成本估算、工作结构分解、项目进度计划等。

其中工作结构分解确定了要分配成本的项目组成部分。项目进度计划包括要分配成本的项目组成部分的计划开始和预期完成日期，其作用是将成本分配到发生成本的时段上。

1. 项目成本估算文件

项目成本估算文件是项目成本估算后所形成的结果文件。项目成本预算的各项工作与活动的预算定额及确定主要是依据此文件来制订的。

2. 项目工作结构分解

项目的工作结构分解是在项目范围界定和确认中生成的项目工作分解结构文件。在项目成本预算工作中，要依据这一文件，进一步分析和确定项目各项工作与活动在成本估算中的合理性以及项目预算定额的分配。

3. 项目进度计划

项目进度计划是有关项目各项工作起始与终结时间的文件。依据这一文件可以安排项目的资源与成本预算方面的工作。项目的进度计划，通常是项目业主或客户与项目组织共同商定的，它规定了项目范围及必须完成的时间。制订项目进度计划的目的是为了控制项目的时间和节约时间，项目进度计划规定了每一项任务所需要的时间和每项活动所需要的人数与资源，所以它也是项目预算编制的依据。

四、项目成本预算编制的原则

1. 项目成本预算要切实可行

编制项目成本预算，要根据有关的方针政策、财经法律，从企业的实际情况出发，充分挖掘企业内部潜力，使成本指标既积极可靠，又切实可行。项目管理部门应当正确选择设计方案，合理组织各生产环节，提高劳动生产率，改善材料供应状况，降低材料消耗，提高机械利用率，节约管理费用等。但要注意，不能为降低成本而偷工减料，忽视质量，片面增加劳动强度，忽视安全工作。

编制成本预算，要针对项目的具体特点，要有充分的依据，否则，成本预算就要落空。编制成本预算过低，经过努力也难达到，实际作用很低；预算过高，便失去作为成本控制基准的意义。

2. 项目成本预算要与项目目标相联系

项目成本预算要与项目目标相联系，包括项目质量目标、进度目标。成本与质量、进度之间关系密切，三者之间既统一又对立，所以，在进行成本预算确定成本控制目标时，企业必须同时考虑项目质量目标和进度目标。项目质量目标要求越高，成本预算也越高；项目进度越快，项目成本越高。因此，编制成本预算，要与项目的质量计划、进度计划密切结合，保持平衡，防止顾此失彼，相互脱节。

3. 项目成本预算要以项目需求为基础

项目需求是项目成本预算的推动力。项目成本预算同项目需求直接相关。项目范围的存在为项目成本预算提供了充足的细节信息。如果以非常模糊的项目需求为基础进行预算，则成本预算不具有现实性，容易发生成本超支。

4. 项目成本预算应当有一定的弹性

项目在执行过程中，可能会有预料之外的事情发生，包括国际、国内政治经济形势变化和自然灾害等，这些变化可能对成本预算的实现产生一定的影响。因此，编制成本预算，要留有充分的余地，使预算具有一定的适应条件变化的能力，即预算应具有一定的弹性。通常可以在整个项目成本预算中留出10%～15%的不可预见费，以应付项目进行过程中可能出现的意外情况。

五、项目成本预算的方法

项目成本预算的两种基本方法是自上而下的预算和自下而上的预算。采用哪一种方法，这和项目组织的决策系统有很大的关系。

1. 自上而下的项目成本预算

自上而下的成本预算方法主要依据上层、中层项目管理人员的管理经验和判断。这些经验和判断可能来自历史上类似或相关项目的现实数据。首先由上层和中层管理人员对构成项目整体成本的子项目成本进行估计，并把这些估计的结果传递给低一层的管理人员。在此基础上由这一层的管理人员对组成项目和子项目的任务和子任务的成本进行估计，然后继续向下一层传递他们的成本估计，直到传递到最低一层。

这种预算方法的优点是总体预算往往比较准确，上、中层管理人员的丰富经验往往使得他们能够比较准确地把握项目整体的资源需要，从而能够保证项目预算控制在比较准确的范围内。这种方法的另一个优点是，由于在预算过程中管理人员总是将既定的预算在一系列任务之间进行分配，这就避免有些任务被过分重视而获得过多资源。

但是这种预算方法也存在不可避免的缺点。当上层的管理人员根据他们的经验进行成本估计并分解到下层时，可能会出现下层人员认为这些预算不足以完成相应任务的情况。这时，下层人员并不一定会表达出自己真实的观点，并和上层管理者理智地讨论，得出更为合理的预算分配方案。现实中，常常出现的情况是，由于下层人员很难提出与上层管理者不一致的看法，只能沉默地等待上层管理者自行发现其中的问题而进行纠正，这样就会导致项目在生产进行过程中出现困难，甚至失败。

2. 自下而上的预算方法

自下而上的预算方法，是管理人员对所有工作的时间和需求进行仔细的考察，尽可能精确地加以确定。首先，预算是针对资源进行的。意见上的差异可以通过上层和中层管理人员之间的协商来解决。如果必要，项目经理可以参与讨论，以保证估算的准确程度。形成了项目整体成本的直接估计后，项目经理在此之上加上适当的间接成本，例如，一定的管理费用、意外准备金，以及最终项目预算要达到的利润目标等。

与自上而下的预算方法相比，自下而上的预算方法对任务档次的要求更高、更为准确，关键在于要保证把所涉及的所有工作任务都考虑到，为此，这种方法比自上而下的预算方法更困难。例如，当进行估算的人员认为上层管理人员会以一定比例削减预算时，他们就会较高地估计自己的资源需求。而当他们这样做时，形成的总体预算结果自然会高估，结果使得高层管理人员认为要削减需求，最终只有经过反复测算才能使上下层管理人员达成一致。

自下而上预算的优点是，直接参与项目建设的人员与高层管理人员相比更为清楚项目涉及活动所需要的资源量。而且由于预算出自日后要参与实际工作的人员之手，所以可以避免引发上下层管理人员发生争执情况的出现。

六、编制项目成本预算的步骤

1. 步骤1：将项目的总预算成本分摊到各项活动中

根据项目成本估算确定出项目的总预算成本之后，将总预算成本按照项目工作分解结构和每一项活动的工作范围，以一定的比例分摊到各项活动中，并为每一项活动建立总预算成本。

2. 步骤2：将活动总预算成本分摊到工作包

这是根据活动总预算成本确定每项活动中各个工作包具体预算的一项工作，其做法是将活动总预算成本按照构成这一活动的工作包和所消耗的资源数量进行成本预算分摊。

3. 步骤3：制订项目费用预算的时间安排

确定各项成本预算支出的时间以及每一个时点所发生的累积成本支出额，从而制订出项目成本预算计划。图14-14为一个项目成本预算的分配示意图。

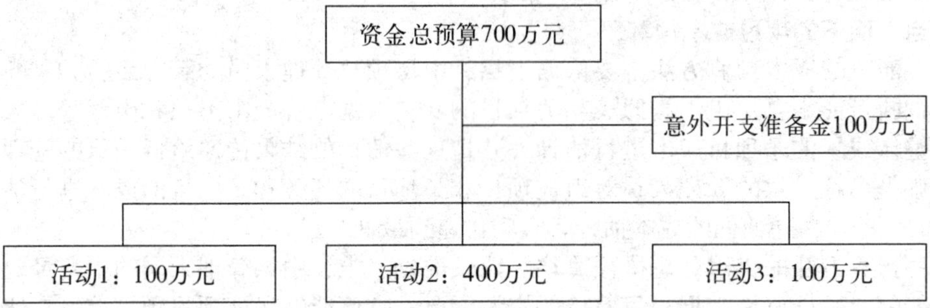

图14-14　项目成本预算分配示意图

小知识

项目成本计划的编制程序

项目成本计划工作是一项非常重要的工作，是项目成本管理的重要决策过程，是选定的技术上可行、经济上合理的降低成本的最优方案。通过成本计划把目标成本层层分解，落实到项目实施过程的每个环节，以调动全体职工的积极性，有效地进行成本控制。编制成本计划的程序，因项目的规模大小、管理要求不同而不同，大中型项目一般采用分级编制的方式，即先由各部门提出部门成本计划，再由项目经理部汇总编制全项目工程的成本计划；小型项目一般采用集中编制方式，即由项目经理部先编制各部门成本计划，再汇总编制全项目的成本计划。无论采用哪种方式，其编制的基本程序如下所述。

1. 搜集和整理资料

搜集和整理资料是编制成本计划的基础工作。所需搜集的资料是编制成本计划的依据。这些资料主要包括如下内容。

(1) 国家和上级有关部门编制的成本计划的规定。

(2) 项目经理部与企业签订的承包合同及企业下达的成本降低额、降低率和其他有关技术经济指标。

(3) 有关成本预测、决策的资料。

(4) 项目的施工图计划、施工计划。

(5) 施工组织设计。

(6) 项目使用的机械设备的生产能力及其利用情况。

(7) 项目的材料消耗、物资供应、劳动工资及劳动效率等计划资料。

(8) 计划期内的物资消耗定额、劳动工时定额、费用定额等资料。

(9) 以往同类项目成本计划的实际执行情况及有关技术经济指标完成情况的分析资料。

(10) 同行业同类项目的成本、定额、技术经济指标资料及增产节约的经验和有效措施。

(11) 本企业的历史先进水平和当时的先进经验及采取的措施。

(12) 国外同类项目的先进成本水平情况等资料。

除此之外，还要进一步分析目前市场状况、未来的发展趋势，了解影响成本升降的各种有利和不利因素，研究如何克服不利因素和降低成本的具体措施，为编制成本计划提供丰富、具体和可靠的成本资料。

2. 估算计划成本、确定目标成本

在掌握丰富资料的基础上，根据有关的设计、施工等计划，按照项目应投入的物资、材料、劳动力、机械、能源及各种设施，结合计划期内各种因素的变化和准备采取的各种增产节约措施，进行反复测算、修订、平衡后，估算生产费用支出的总水平，然后提出全项目的成本计划控制指标，最终确定目标成本。

目标成本确定是成本计划的核心问题，是成本管理所要达到的目的。可按如下步骤确定目标成本：

(1) 根据已有的投标、预算资料，确定中标合同价与施工图计划的总价格差，或确定施工图预算与施工预算的总价格差。

(2) 根据技术组织措施预算确定技术组织措施带来的项目节约数。

(3) 对施工计划未包括的项目，包括施工有关项目和管理费用项目，参照定额加以估算。

(4) 对实际成本可能明显超出或低于定额的主要子项目，按实际支出水平估算出其实际与定额水平之差。

(5) 充分考虑不可预见因素、工期制约因素以及风险因素、市场价格波动因素，对此加以测算调整，得出综合影响系数。

(6) 综合计算整个项目的目标成本降低额及降低率。

目标成本确定后要把总目标分解落实到各相关部门、班组，以便层层包干，责任分明。

3. 编制成本计划草案

在编制成本计划之前要编制成本计划草案，对于大中型项目，经项目经理部批准下达成本计划指标后，各职能部门要充分发动群众进行认真讨论，在总结上期成本计划完成情况的基础上，结合本期计划指标，找出完成成本计划的有利和不利因素，提出挖掘潜力、克服不利因素的具体措施，以保证计划任务的完成。为了使指标真正落到实处，各部门应尽可能将指标分解落实，下达到各班组及个人，使得目标成本的降低额和降低率得到充分的讨论、反馈、再修订，使成本计划既切合实际又能成为群众共同奋斗的目标。各职能部门还应当认真讨论项目经理部下达的费用控制指标，拟订具体实施的技术经济措施方案，编制各部门的费用计划。

4. 综合平衡及编制正式的成本计划

在各职能部门上报了部门成本计划和费用计划后，项目经理部首先应结合各项技术经济措施，检查各计划的可行性，并进行综合平衡，使各部门计划和费用预算之间相互协调、衔接；其次，要从全局出发，在保证企业下达的成本降低任务和本项目目标成本能够实现的情况下，以生产计划为中心，分析研究成本计划与生产计划、劳动工时计划、材料成本与物资供应计划、工资成本与工资基金计划、资金计划等的相互协调平衡，经反复多次平衡，最后确定成本计划指标，并作为编制成本计划的依据。此时项目经理部才正式编制成本计划，上报企业有关部门后即可正式下达至各职能部门执行。

项目成本计划的编制过程，如图14-15所示。

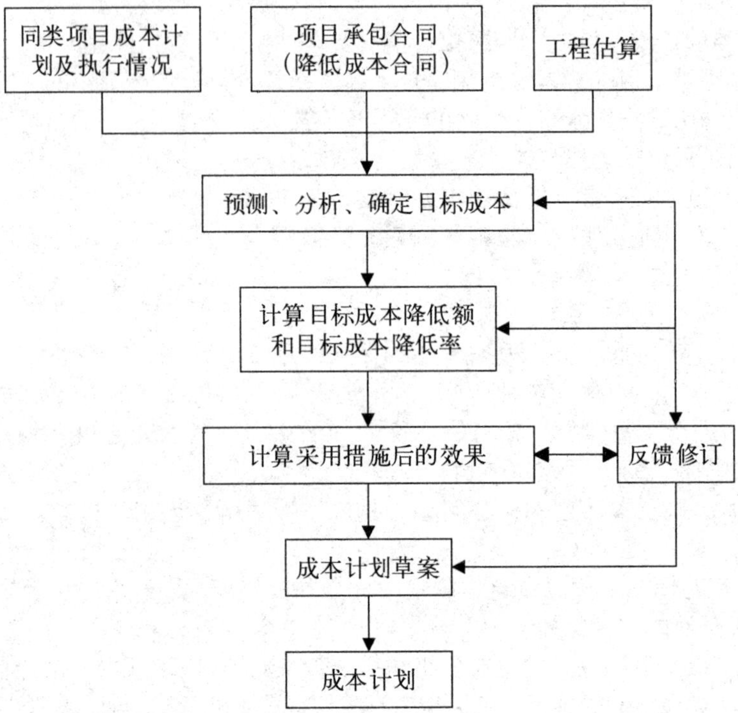

图14-15 成本计划的编制过程图

七、常用的项目工程成本计划表

在编制成本计划以后，还需要通过各种成本计划表的形式将成本降低任务落实到整个项目实施的全过程，并且在项目实施过程中实现对成本的控制。

成本计划表通常由项目成本计划任务表、技术组织措施表和降低成本计划表组成。间接成本计划可用项目管理费计划表来控制。

1. 项目成本计划任务表

项目成本计划任务表是反映工程项目估算成本、计划成本、成本降低额、成本降低率的文件。成本降低额是否能够实现主要取决于企业采取的技术组织措施。因此，计划成本降低额这一栏要根据技术组织措施表和降低成本计划表来填写（见表14-15）。

表14-15 项目成本计划任务表

工程名称： 项目经理： 日期： 单位：

项目	估算成本	计划成本	计划成本降低额	计划成本降低率
直接费用				
人工费				
材料费				
机械使用费				

续表

工程名称：	项目经理：	日期：	单位：	
项目	估算成本	计划成本	计划成本降低额	计划成本降低率
其他直接费用				
间接费用				
施工管理费				
合计				

2. 技术组织措施表

技术组织措施表是预测项目计划期内工程成本各项直接费用计划降低额的依据。它是提出的各项节约措施及其经济效益的确定的文件，是由项目经理部有关人员分别就应采取的技术组织措施来预测项目的经济效益，最终汇总编制而成的。编制技术组织措施表的目的，是为了在不断采用新工艺、新技术的基础上提高技术水平，改善工艺过程，推广工业化和机械化操作方法，以及通过采纳合理化建议达到降低成本的目的（见表14-16）。

表14-16 技术组织措施表

工程名称：		日期：			项目经理：			单位：			
措施项目	措施内容	涉及对象			降低成本来源		成本降低额				
		实物名称	单价	数量	预算收入	计划开支	合计	人工费	材料费	机械费	其他直接费用

3. 降低成本计划表

降低成本计划表是根据企业下达给该项目的降低成本任务和该项目经理部自己确定的降低成本指标，而制订的项目成本降低计划。此表是编制成本计划任务表的重要依据。必须由项目经理部有关业务和技术人员编制。它的根据是项目总包和分包的分工，项目各有关部门提供的降低成本资料及技术组织措施计划。在编制降低成本计划表时还应参照企业内外以往同类项目成本计划的实际执行情况，如表14-17所示。

表14-17 降低成本计划表

工程名称： 项目经理：	日期： 单位：					
分项工程名称	成本降低额					
	总计	直接成本				间接成本
		人工费	材料费	机械费	其他直接费用	

4. 现场管理费计划表

现场管理费计划表是构成现场管理的各个构成项目发生额的总和，由管理费用会计科目中的细项组成。反映现场管理中预算收入、计划情况、降低数额的预计资料如表14-18所示。

表14-18 现场管理费计划表

项目	预算收入	计划数	降低数
一、工作人员工资			
二、生产工人辅助工资			
三、工资附加费			
四、办公费			
五、差旅交通费			
六、固定资产使用费			
七、工具、用具使用费			
八、劳动保护费			
九、检验试验费			
十、工程保养费			
十一、财产保险费			
十二、取暖费、水电费			
十三、排污费			
十四、其他			
十五、合计			

八、软件开发项目预算编制中的问题

1. 预算基础

对开发人员来说，预算基础表明在项目进程的特定部分需要花费多少时间；对项目经理来说，预算基础是确保项目正常运作的基线；对销售人员或者客户来说，它直接关系到努力的成果。

项目的开销和项目预算是两码事。项目的开销不仅仅指花多少钱，它包括了实际的花费、运费和税费，也包括软件和硬件的采购费用。如果使用已经购买的软硬件设备，应把它们计算为时间量（使用的小时数）。同样的，开发人员的花费也应计算为时间而不是金钱。

一旦列出开销，就可以确定可能遭遇的风险，并量化每一个风险会对整个项目造成多大的影响，或者对部分项目造成影响的百分比。每一个开发团队都会被赋予一个风险值，用来处理有理由的开销，例如，雇用一个临时工来保证不会超期，或者应付无法预料的超时工作。这时候预算就是开销的总和，它被转化为现金表，加上总体风险花费。

预算并不是一张发票。一旦确定了报表，就要呈报给公司的决策人员做调整，确保他们理解报表中反映的开销。

2. 确定项目花费

当确定了开发过程的开销时，要尽可能地贴近实际。通过观察团队内的成员在以往项目中的表现，咨询开发负责人，了解程序的编写工作需要多少时间。这一点必须引起预算制订人员的重视。提防过度自信的评估，把可能的超时计入风险。

在项目花费中应把集成和发布的开销包括进去。会议、安全认证、许可证费用、质量检测耗时、除错、文档编写时间和资料费用，以及为经常遗漏的地方预留时间。尽管公司可能不会要求客户为这些付费，但这些都是合理的、确切的项目开销。计算这些费用有助于企业精确地计算项目最终的收益率。

3. 风险费用

风险费用和分配对一个项目的成功是至关重要的。没有它，当每个项目固有的风险周期性发生时，就会影响项目基线。评估的价值中应该包括这部分开销，但是可以不考虑销售的影响。风险的描述实际是对开发过程的评估。

可以考虑的风险包括开发团队的经验，技术应用不熟练（可容忍的程度），计划时间不足，开发队伍的数量和地区，标准组件的数量，项目依赖的数据库或者第三方软件以及所有未知的因素。

确定可以导致风险的项目后，为每一个项目分配范围和百分比。例如，如果应用程序由C语言应用程序和Java应用程序组成，而开发团队由C程序员组成，那么Java组件就是潜在的高风险，它会被记录到“开发经验”的项目中。

所有项目都不可避免地存在人为的风险，如生病或者休假。通常也会分配一个百分比给它，对于一个拥有10个开发人员、6个月的项目，合适的百分比是占整个项目风险的5%。对于拥有较少开发人员而相对长期的项目该值会高一些，反之则会低一些。

通常情况下，风险费用大体相当于总费用的20%～30%。实际的风险费用依赖于评估团队的经验和未来的努力。如果在经过计算评估后，数目过高，可以参考公司的其他计划将其降下来。如果不是，说明你可能是对的。如果是，那么可能是你对团队不太信任，应当重新评估你的风险预算。

不管离现实有多近，客户总是会对低于预算的项目感到高兴。建议项目团队根据自己项目的实际，使用一些常用的原则，从而使项目团队、项目管理人和客户满意。

第七节 项目资源计划

项目资源计划是分析和识别项目的资源需求，确定项目所需投入资源（人力、设备、材料、资金等）的种类、资源的数量和资源投入的时间，从而制订出项目资源计划的活动。

例如，建筑工程队需要熟悉当地建筑方面的法规，若雇用当地劳动力，这些法规往往可以通过雇用当地劳动力获得而不需要增加其他费用。若当地劳动力中缺乏专门的建筑技术人才，则获得当地建筑法规的最有效的方法是雇用一名咨询人员，但这会增加成本。又如，汽车设计小组应熟悉最新的汽车装配技术，这些知识的获得需要雇用一位咨询者，或吸纳某制造专家为小组成员。

小知识

资源的分类

资源可以理解为一切具有现实价值和潜在价值的东西。

在项目管理中，对所使用的资源进行分类的方法很多，常见的分类方式有四种。

(1) 根据会计学原理对资源分类，可将项目实施所需要的资源分为劳动力（人力资源）、材料、设备、资金等。这是划分项目资源最常见的方法，其优点是通用性强，操作简便，易于被人们接受。

(2) 根据资源的可得性分类，资源可分为三类。

1）可持续使用的资源，即能够用于相同范围项目的各个时间阶段，如固定的劳动力。

2）消耗性资源。这类资源在项目开始阶段，往往以总数形式出现。随着时间的推移，资源逐渐被消耗掉，如各种材料或计算机的机时。

3）双重限制资源。这类资源在项目的各个阶段的使用数量是有限制的，并且在整个项目的进行过程中，此类资源总体的使用量也是有限制的。在项目的实施过程中，资金的使用就是一种典型的双重限制资源。

(3) 根据资源的自然属性分类，资源可分为三类。

1）可耗尽资源一旦被使用，就不能再用于其他项目中，因为这种资源无法进行再补充。化石类燃料（如煤、石油和天然气等）以及矿藏（如从矿场开采出来的矿石）是可耗尽资源。某地区的某种上述资源一旦被开采完毕，以开采矿藏为内容的项目生命周期就将结束。时间是最重要的可耗尽资源。因为时间一经消耗就一去不复返。因此对这种特殊的资源，需要采用特殊的方法进行计划与安排。例如，项目管理中用甘特图法或关键路径法等对时间资源进行安排。

2）可补充资源，能够从市场购买的原材料和零部件等属于可补充资源。尽管这类资源在应用到项目中后可能会被耗尽，但人们可通过购买新的该类资源对项目进行补充。农作物及农产品可看作一种可补充资源，但是这些资源在短时期内也不全是可补充的（如木材资源）。

3）可重复使用资源是那些应用于项目工作中，但在项目任务完成后仍可继续使用的资源。这种资源就像化学反应中的催化剂，它们对推进反应进行是必需的，但在反应完成后，形态却不发生任何变化。从长期来看，这种资源一般可以维持在一个比较稳定的数量水平之上，但由于可能是稀缺性的，所以也应该对其进行细致的计划和安排。

拥有特定技能的员工、工业用机器和设备、其他生产装置和测试仪器等均是可重复使用资源。工厂和办公室等也属于可重复使用资源。

(4) 根据项目使用资源的特点分类，资源可分为两类。

1）没有限制的资源。这类资源在项目的实施过程中没有供应数量的限制，如没有经过培训的劳动力或通用设备。

2）价格非常昂贵或项目期内不可能完全得到的资源。例如，在项目实施过程中使用的特殊试验设备，每天只能运转四个小时；或某些技术专家同时负责多个项目的技术工作。

一般情况下，在制订计划的过程中，对于那些消耗性的资源和有限制的、需要定期使用的资源，企业应予以单独考虑。

此外，资源还分为自然资源和人造资源、内部资源和外部资源、有形资源和无形资源。

一、项目资源计划的主要工作

项目资源计划就是要确定完成项目活动所需资源（人力、设备、材料等）的种类，以及每种资源的需要量，从而为项目成本的估算提供信息。项目资源计划的主要工作如表14-19所示。

表14-19　项目资源计划的主要工作

依据	工具和方法	结果
工作分解结构 项目进度计划 历史资料 项目范围说明书 项目资源说明 项目组织管理政策和原则	资源计划矩阵表 资源数据表 资源需求甘特图 专家判断 资料统计法 资源平衡法	资源计划说明

二、项目资源计划编制的依据

1. 项目工作分解结构

工作分解结构（Work Breakdown Structure，WBS）是以产品为中心的"家谱"，该谱组织并定义了项目的整个范围。沿此谱由上向下，每降一层，对于项目各组成部分说明的详细程度就逐渐提高一层。以项目范围说明书为依据，对项目进行分解，将项目划分为较小的、更易管理的工作单元。这些工作单元的内容更容易确定，能识别出项目中需要的资源、技术、时间，提高资源、成本及时间估算的准确性。工作分解结构是进行项目成本估算、预算和控制的基础。

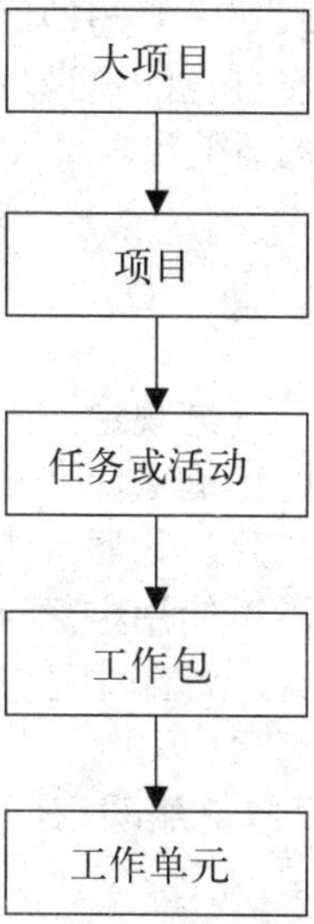

图14-16 工作分解结构层次示意图

由于项目既可按内在结构分解，又可按实施顺序分解，加上项目本身复杂程度、规模大小各不相同，因此可能形成不同的工作分解结构图。有时项目分解的层次会较少，有时会较多。图14-16为工作分解结构图的基本层次。在一些项目的工作分解结构中，可能仅需要三级，另外一些项目的工作分解结构可能需要十级或更多的层级，通常根据分解对象确定工作分解的详细程度。如果分解的是大而复杂的项目，最高层级的分解可粗略，逐级往下时则层级越低分解越详细；若分解的是相对较小而简单的项目，则可分解得更细一些。

虽然每个项目都是独一无二的，但许多项目彼此之间存在着某种程度的相似之处，在对一个项目进行分解时，可以参考过去类似项目的工作分解结构。

工作分解结构确定了需要资源的项目组成，因此，它是资源计划编制的基本依据。通过汇总工作分解结构各层次资源需求，可得到项目总体资源需求情况。

2. 项目进度计划

任何一个项目都有一个特定的范围，从某种角度说，项目范围计划确定了项目的目标、边界及其衡量标准。如果项目范围中的某个方面被忽略，就会在项目资源计划与保障方面出现漏洞，最终影响项目的成功率。例如，某个住宅项目的范围计划包括建造房屋、修建社区道路和绿化环境等工作，但是如果项目范围计划中遗漏了环境绿化工作，项目业主/用户就不会全部接受项目的成果，甚至会提出索赔。因此，项目范围计划文件也是项目资源需求计划制订中的重要参考依据之一，在制订项目资源计划时企业必须全面评审项目资源需求计划是否能够满足项目范围的需要。

3. 历史资料

历史资料记录了先前类似工作使用资源的情况，在可能的情况下，企业应该使用这些资料。历史资料是已完成的同类项目在项目所需资源、项目资源计划和项目实际实施消耗资源等方面的历史资料。此类资料可以作为新项目资源计划的参考资料，企业可以借鉴同类项目中的经验和教训。这种资料既可以使建立的新项目的工作分解结构和资源计划更加科学、合理和更具可操作性，而且还可以使建立的项目资源需求、项目资源计划和项目成本估算更加科学和符合实际。通常，一个项目结束后企业就应该确认项目有关文件的备份和存档，以便将来作为历史资料使用。

4. 各类资源的定额、标准和计算规则

这是项目资源计划编制中需要参考的项目工作量和资源消耗量的国家、地方或民间

组织发布的各种定额、标准和计算规则。在项目资源计划编制中有些项目的资源需求是按照国家、行业、地区的官方或民间组织的统一定额或统一工程量计算规则确定的。例如，英国和英联邦国家与地区在工程建设项目方面就有统一的工程量和工料测量标准和计算规则，我国有自己的建设项目资源消耗定额和标准，美国也有许多民间组织发布的标准和指数。这些都是工程项目人员在进行项目资源计划编制时需要参照的依据。

小知识

定额

“定”就是规定，“额”就是数量，因此，定额就是规定在产品生产中人力、物力或资金消耗的标准额度。定额既是管理科学化的产物，也是科学管理的基础。利用定额可以计算人力资源、物质资源、财力资源的需要量，定额是编制资源计划的依据。工业企业和建筑企业均可使用定额进行资源需求量的估算。定额具有时效性，它代表某个时期社会平均劳动水平。随着时间的推移，定额也需要修订。

1. 定额的种类

(1) 根据定额的物质内容和用途，定额分为劳动消耗定额、材料消耗定额和机械台班定额。

1）劳动消耗定额也称人工定额，按其表现形式划分，可分为时间定额和产量定额。

①时间定额：就是某专业、某技术等级工人班组和个人，在合理的劳动组织与合理使用材料的条件下，完成单位合格产品所必需的时间，包括准备与结束时间、基本生产时间、辅助生产时间、不可避免的中断时间和工人必需的休息时间。时间定额以工日为单位，在8小时工作制下，每工日按8小时计算。计算方法为

单位产品时间定额（工日）=1/每工日产量

或 单位产品时间定额（工日）=小组成员工日产量/台班产量

②产量定额：就是在合理的劳动组织与合理使用材料的条件下，某专业、某技术等级的工人班组或个人在单位工日中所完成的合格产品的数量。产量定额根据时间定额计算，两者互为倒数。

每工日产量=1/单位产品时间定额（工日）

或 台班产量=小组成员工日产量/单位产品时间定额（工日）

2）材料消耗定额是在合理使用材料的条件下，生产单位合格产品所必须消耗的一定品种规格的材料、燃料、半成品、配件、水、电等动力资源的数量标准。材料消耗定额由材料消耗净用量和材料损耗量两部分组成。

3）机械台班定额也称机械使用定额，按其表现形式分为机械时间定额和机械产量定额。

①机械时间定额：就是在技术条件正常和人机组合合理的条件下，使用某机械完成单位合格产品所必须消耗的人机工作时间，包括准备与结束时间、基本生产时间、辅助生产时间、不可避免的中断时间和工人必需的休息时间。时间定额以工日为单位，在8小时工作制下，每工日按8小时计算。计算方法为

单位产品机械时间定额（工日）=1/每工日产量

或 单位产品机械时间定额（工日）=小组成员工日产量/台班产量

②产量定额：就是在技术条件正常和人机组合合理的条件下，使用某机械在单位时间（台班或台时）内所应完成的合格产品的数量。产量定额根据时间定额计算，两者互为倒数。

每工日产量=1/单位产品机械时间定额（工日）

或 台班产量=小组成员工日产量/单位产品机械时间定额（工日）

(2) 按定额的编制单位和执行范围分，定额可分为全国统一定额、主管部门定额、地方定额和企业定额。在市场经济条件下，以使用企业定额为主，全国定额、主管部门定额及地方定额逐步取消。企业定额水平的高低，体现了一个企业的素质和管理水平的高低。企业要想获得较好的经济效益，就要确定适合本企业的定额，充分提高资源利用率，使企业利润相对最大化。

(3) 定额还可按所涉及的专业划分。工程建设行业中的各专业定额有建筑安装工程定额、设备安装工程定额、给排水工程定额、公路工程定额和铁路工程定额等。

(4) 建筑行业中使用的定额还可按不同的使用阶段划分，可分为施工定额、预算定额、综合预算定额和概算定额。

2. 定额制订方法

(1) 技术测定法是以现场观察为特征，以各种不同的技术方法为手段，通过对工作过程中具体活动的实地观察，详细记录人工、机械等各种工时消耗、完成产品的数量和各种影响因素，整理分析记录结果，取得技术数据，制订定额的一种方法。

技术测定法的具体观察方法分为两大类。一类为计时观察方法，包括测试法、写实记录法、工作日写实法、简易计时观察法；另一类为材料消耗观察试验的方法，包括实测法和试验法。技术测定法不仅可以用来测编定额，还可以用于发现和总结推广先进的工作方法，找出工作过程中存在的问题，提出改进措施，从而提高功效，降低设备损耗和材料消耗。用这种方法制订定额的说服力较强，但方法比较复杂，适用于工作条件正常，工作量大，经济价值较大的定额项目。

(2) 统计分析法是在取得同类工序的实耗工时及材料统计资料的基础上，结合新技术、新设备、新材料、新工艺的应用，以及管理水平、地域、时间等影响定额的相关因素的变化，采用统计学的方法进行整理和分析，用以确定定额水平的一种方法。

统计分析法对统计资料要求较高，必须完整可靠，但方法简单、工作量小，适合于工作量大，出现较频繁的定额项目，如钻孔灌浆材料的损耗、机械易损配件使用定额等。

(3) 经验估计法是在总结实践经验的基础上，参考设备、材料、工艺方法以及其他技术资料，直接估计定额的一种方法。这种方法的优点在于方法简便，工作量小，及时易行，缺点在于缺乏技术依据，偶然性较大，定额水平不易平衡。一般适用于品种多，工作量小，时间短以及一些不常出现的项目的一次性定额的确定。

(4) 类推比较法是以某种同类型的产品或工序的典型定额资料为依据，经过分析比较，类推出同类型的其他项目或相似项目的定额水平的方法。这种方法的优点是有一定的技术依据、及时性，具有较好的准确性和平衡性。但是，使用该法时项目之间必须有明显的可比性。

5. 范围说明书

范围说明书确定了项目管理过程中主要可交付成果，包括项目合理性说明和项目目标。根据对范围说明书的分析，可进一步明确资源的需求数量和范围，因此，企业在编制资源计划时应认真考虑范围说明书。

6. 项目资源说明

任何项目资源的种类、特性和数量都应该是限定的。所以，要制订项目资源计划就必须对一个项目所需资源的种类、数量、特性和质量予以说明和描述。这些描述的内容包括项目需要哪些种类的资源；这些资源的特性要求是什么；这些资源的价格是多少；何时需要这些资源等。例如，在项目的早期设计阶段需要哪些种类的设计工程师和专家顾问，对他们的专业技术水平有什么要求；而在项目的实施阶段需要哪些专业技术人员和项目管理人员，需要哪些种类的物料和设备等。这种项目资源的描述对于制订项目资源计划同样是至关重要的依据。

7. 项目组织的管理政策和原则

在资源计划编制过程中，必须考虑项目组织的企业文化、组织结构、相关人员雇用、设备租赁或购置以及资源消耗量的计算等原则。项目组织的管理政策包括项目组织的企业文化、项目组织的组织结构、项目组织获得资源的方式和手段方面的方针策略和项目组织在项目资源管理方面的有关方针政策。例如，一个项目组织对设计、施工和研究设备是采用购买、租赁的政策还是采用租用的政策，项目组织是采用零库存的资源管理政策还是采用经济批量订货的资源管理政策等。这些也是制订项目资源计划所必需的依据。

三、项目资源计划编制的工具

1. 资源计划矩阵表

这是项目分解结构的直接产品，其缺陷是无法囊括信息类的资源，如表14-20所示。

表14-20　资源计划矩阵表

工作	资源需求量					相关说明
	资源1	资源2	……	资源m-1	资源m	
工作1 工作2 …… 工作n-1 工作n						

2. 资源数据表

它与资源计划矩阵表的区别在于它所表示的是项目进展各个阶段的资源使用和安排情况，而不是对项目工作所需资源的统计汇总说明，如表14-21所示。

表14-21　资源数据表

资源需求种类	资源需求总量	时间安排（不同时间资源需求量）					相关说明
		1	2	……	T-1	T	
资源1 资源2 …… 资源m-1 资源m							

3. 资源需求甘特图

它直观地显示了资源在各个阶段的耗用情况，比资源数据表更为直观、简洁，其缺陷是无法显示资源配置效率方面的信息，如表14-22所示。

表14-22　资源需求甘特图

资源需求种类	时间安排（不同时间资源需求量）								
	1	2	3	4	5	6	7	8	9
资源1 资源2 …… 资源m-1 资源m									

四、资源计划的编制步骤与方法

资源计划编制就是确定完成项目活动所需要的物质资源（人、设备、材料）的种类，以及每种资源的需要量。项目资源计划的制订是一个过程，在这个过程中，项目经理须确定项目需要哪些资源，从哪里得到资源，什么时候需要资源以及如何使用资源等方面的问题。资源计划编制过程的结果是一份资源需求说明书。列出本项目需要使用的资源类型、数量以及工作分解结构中各部分需求资源的种类和所需数量。

资源计划的编制步骤包括资源需求分析、资源供给分析、资源成本比较与资源组合、资源分配与计划编制。

（一）资源需求分析

1. 资源需求的种类

通过分析完成工作分解结构中每一项任务所需的资源，确定项目的资源种类。例如，在项目策划阶段，需要市场研究人员进行市场调查；在工程项目设计阶段，需要建筑、结构、水、电等专业工程师的参与，同时需要电子计算机、绘图仪等设备。

如对于某新药开发项目，可列出资源需求种类清单如表14-23所示。

表14-23 某新药开发项目的资源需求种类

资源编号	资源名称	资源编号	资源名称
1-1	原材料/药材	2-1	药材净选、炮制设备
1-2	辅料	2-2	粉碎设备
1-3	实验试剂	2-3	提取设备
1-4	包装设计材料	2-4	毒理、药理研究设备
1-5	毒理、药理研究材料	2-5	临床研究设备
1-6	临床研究材料	3-1	研究人员/专家
1-7	申报材料	4-1	其他

2. 资源需求数量及使用时间

确定资源需求种类后，根据有关项目领域中的消耗定额或经验数据，计算资源需求量。在工程项目领域内，一般可按照以下步骤确定资源数量。

(1) 工作量计算。工作量的多少是选择实施方案，安排资源的依据。

(2) 确定实施方案。同一工作可以采用不同的实施方案，不同的实施方案需要不同种类和数量的资源，相应的成本有时也会相差较大。要根据工作量、技术规范及实施条件选择实施方案。

(3) 估计人员需求量。在计算出工作量和确定实施方案后，结合人工消耗的指标或定额可以估计直接劳务的需要量。其计算公式为

劳动力投入总工时=工作量/产量定额 或

劳动力投入总工时=工作量×时间定额

以项目所需的直接劳务数量为基础，参考一定的比例或经验，可以估算出项目所需的间接劳务和管理人员的数量。

(4) 估计材料需求量。根据工作量和材料消耗定额，可估计主要材料的需要量。其计算公式为

某材料的投入量=工作量×单位工作材料消耗定额

(5) 估计设备需求量。根据工作量和机械设备效率，可估计机械设备台班的需要量。其计算公式为

机械设备台班的需要量=工作量/产量定额 或

机械设备台班的需要量=工作量×时间定额

(6) 确定资源使用时间。结合项目进度计划，就可对项目所需的各种资源的需要时间做出安排。

(二) 资源供给分析

资源供给可以从组织内部或外部解决，而且解决的方式也多种多样。这时要分析资源的可获得性和获得的难易程度。

1. 对内部资源进行分析

例如，设计部门分析内部拥有的设计人员和各种设备及其可用性。在某些时候，如果内部设计人员正在从事其他项目，则需详细研究资源的可得性。

2. 对外部资源进行分析

在组织内部无法提供项目所需的资源时，需要对外部资源进行分析。例如，在决策阶段，可请专业的咨询公司完成可行性研究工作；在设计阶段，部分专业设计可请外部专业工程师完成；在施工阶段，将需要专门打桩设备的基础工程分包给专门的桩基施工公司。

(三) 资源成本比较与资源组合模式

确定需要哪些资源和如何得到这些资源后，就要比较这些资源的使用成本，从而确定资源的组合模式（即各种资源所占比例与组合方式）。完成同样的工作，不同的资源组合模式，其成本有时会有较大的差异。例如，大型土石方工程采用机械挖掘或人工挖掘的成本、时间的差异较大。要根据实际情况，考虑成本、进度等目标要求，具体确定合适的资源组合方式。

(四) 资源分配与计划编制

资源分配是一个系统工程，既要保证各个任务得到合适的资源，又要努力实现资源总量最少、使用平衡。简言之，所有任务都分配到了所需的资源，而所有资源也得到了充分的利用。通过编制资源计划可以清楚地知道需要使用何种类型的资源以及工作分解结构中每一项工作需要的资源数量，而将各种资源的数量、取得方式、使用时间等汇总起来，就得到了资源计划。

资源计划结果的表现形式有多种，可用资源计划矩阵表（见表14-24）、资源需求量表（见表14-25）、资源负荷图或资源需求曲线（见图14-17）、资源累计需求曲线（见图14-18）等表示。

表14-24 某项目资源计划矩阵表

工作	资源需求						
	资源1	资源2	资源3	……	资源m-2	资源m-1	资源m
工作1							
工作2							
……							
工作n							

表14-25 某项目资源需求量表

资源需求种类	资源需求总量	时 间					
		1	2	3	……	t-1	t
资源1							
资源2							
……							
资源m							

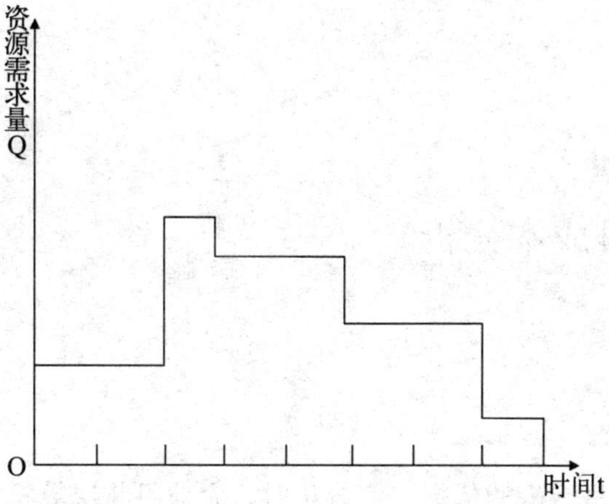

图14-17 某项目资源负荷图或资源需求曲线图

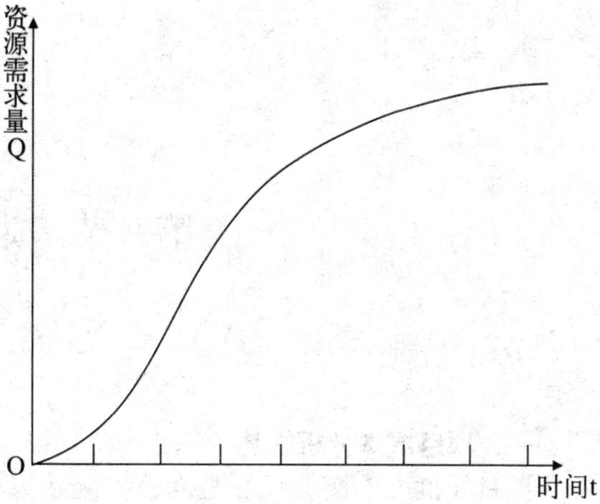

14-18 某项目资源累计需求曲线

在早期阶段，多数项目的资源需求以人力资源为主，需求的资源量较少，计划编制单一。在实施阶段，某些项目资源投入量很大，资源需求种类多，编制资源计划的难度较大。

小知识

项目资源计划编制的方法

1. 资料统计法

它是参考以往类似项目的历史统计数据和相关资料，计算和确定项目资源计划的方法。其优点是能够得出比较准确、合理和可行的项目资源计划。缺点是要求参照项目与本项目具有可比性，要求历史统计数据足够详细。此方法不适于创新性极强的项目，仅作为编制项目资源计划的辅助手段。

2. 统一定额法

它是使用第一标准定额和工程量计算规则去制订项目资源计划的方法。第一标准定额是由权威部门所制订的，在一定的技术装备和组织条件下为完成一定量的工作，所需消耗和占用的资源质量和数量限定标准或额度。这些第一标准定额都是一种衡量项目经济效果的尺度，套用这些第一标准定额去编制项目资源需求是一种很简便的方法。但是，由于第一标准定额相对比较固定，无法适应技术装备、工艺和劳动生产率的快速变化，所以近年来发达国家正在逐步放弃使用这种编制项目资源计划的方法。

3. 资源平衡法

它是通过确定项目所需资源的确切投入时间，尽可能均衡使用各种资源来满足项目进度计划的一种方法。该方法也是均衡各种资源在项目各阶段投入的一种常用方法。

4. 专家判断法

它是由项目成本管理专家根据经验进行判断，最终确定和编制项目资源计划的方法。配置是否合理取决于专家的专业水平和对项目的理解程度。

第八节 项目成本分析

一、项目成本分析综述

项目经批准的概、预算是考核实际建设项目造价的依据，在分析时，企业可将决算报表中所提供的实际数据和相关资料与批准的概、预算指标进行对比，以反映出竣工项目总造价和单方造价是节约还是超支，在比较的基础上，总结经验教训，找出不足，以便改进。

在考核概、预算执行情况，正确核实建设项目造价的，财务部门首先应积累概、预算动态变化资料，如设备材料价差、人工价差和费率价差及设计变更资料等。其次，考查竣工项目实际造价节约或超支的数额。为了便于比较分析，财务部门可先对比整个项目的总概算，然后对比单项工程的综合概算和其他工程费用概算，最后对比分析单位工程概算，并分别将建筑安装工程费、设备工器具费和其他工程费用逐一与竣工决算的实际工程造价对比分析，找出节约和超支的具体内容和原因。在实际工作中，其应侧重分析以下内容。

1. 主要实物工程量

概、预算编制的主要实物工程量的增减必然使工程概、预算造价和竣工决算实际工程造价随之增减。因此，要认真对比分析和审查建设项目的建设规模、结构、标准、工程范围等是否遵循批准的设计文件规定，其中有关变更是否按照规定的程序办理，它们对造价的影响如何。对实物工程量出入较大的项目，企业还必须查明原因。

2. 主要材料消耗量

在建筑安装工程投资中，材料费一般占直接工程费的70%以上，因此考核材料费的消耗是重点。在考核主要材料消耗量时，要按照竣工决算表中所列的三大材料实际超概算的消耗量，查清哪一个环节的超出量最大，并查明超额消耗的原因。

3. 建设单位管理费、建筑安装工程其他直接费、现场经费和间接费

要根据竣工决算报表中所列的建设单位管理费与概、预算所列的建设单位管理费数额进行比较，确定其节约或超支数额，并查明原因。对于建筑安装工程其他直接费、现场经费和间接费的费用项目的收费标准，国家和各地均有统一的规定，要按照有关规定查明是否多列或少列费用项目，有无重计、漏计、多计的现象以及增减的原因。

以上所列内容是项目成本对比分析的重点，应侧重分析。但对具体项目应进行具体分析，究竟选择哪些内容作为考核、分析重点，还要因地制宜，视项目的具体情况而定。

二、挣值分析法

(一) 挣值分析法的定义

挣值分析法又叫偏差分析法，是评价项目成本实际开销与进度情况的一种方法，通过测量和计算计划工作量的预算成本（PV，Planned Value）、已完成工作量的实际成本（AC，Actual Cost）和已完成工作量的预算成本（EV，Earned Value），得到有关计划实施的进度和费用偏差，从而可以衡量项目成本的执行情况。主要有以下两项内容：

一是评估和测算其工作进度，是将任一时刻已完成工作量的预算值与该时刻此项工作

任务的计划预算值进行对比，予以评价。

二是评估和测算其资源的执行效果，是将已完成工作量的预算值与实际资源消耗值进行对比，予以评价。

在挣值管理制度中，绩效分析涉及三个最重要的变量。

①PV，所完成计划工作量的预算值。

②AC，所完成工作的实际支出成本。

③EV，实际完成工作量的预算值。

其中，EV就是挣值，即项目团队已完成的工作应该挣到的那份预算款。

图14-19形象地表示了三个变量的含义。假设一个项目的工期为100天，工作总量为100%，项目完工总预算（BAC，Budget At Completion）为100万元。项目进行到了第50天，按照计划工程应该完成50%，成本支出应该为50万元。可是绩效考察数据表明。在第50天时，成本实际支出是60万元，而工作只完成了30%。这样，三个变量分别为

>PV=50万元，即考察期内计划工作量的预算值。

>AC=60万元，即考察期内实际支出的成本。

>EV=30万元，即考察期内实际完成工作量的预算值（挣值）。

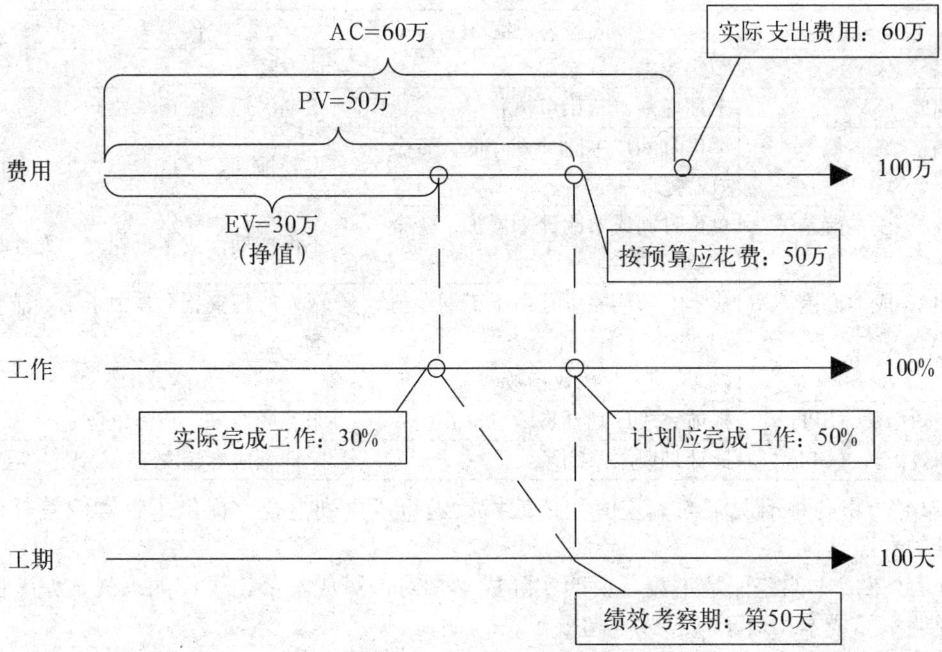

图14-19　挣值管理中三个最重要变量的含义

PV和AC比较容易确定，而挣值的计算有一个简单的方法，若工作量是按照百分比计算的，那么只要把实际完成工作的百分比乘以完工总预算即可求出挣值。例如，上例中的完工总预算为100万元，实际完成工作30%，那么

EV=100万元×30%=30万元

（二）挣值分析法的三大功能

如果企业把挣值付款制度看作一个自动控制体系，确定上述三个变量指标就是绩效（信息）跟踪，通过这三个关键指标，企业可以进行如下绩效（信息）分析。

(1) 偏差分析。通过偏差分析公式，企业可以求出项目的进度偏差（SV）和成本偏差（CV），用这两个数值来判断目前的工作进度和成本支出与计划之间的偏离度。

(2) 绩效分析。通过绩效分析公式，企业可以求出项目的工期绩效指数（SPI）和成本绩

效指数（CPI），以这两个指数来评估项目的劳动生产率和资金使用效益。

(3) 变更分析。挣值分析不但涉及对已完工部分的绩效测算，更重要的是根据已完工部分的绩效对变更后的总完工成本进行估算。这种估算通常基于两种依据，一是根据原计划进度推算出来的总完工成本，二是根据当前实际绩效推算出来的总完工成本。至于采取何种推算方案，则属于绩效信息反馈系统的功能。

下面是两个偏差公式和两个绩效指数公式

成本偏差=挣值－实际成本，即CV=EV－AC

进度偏差=挣值－预算成本，即SV=EV－PV（货币单位）

成本绩效指数=挣值/实际成本，即CPI=EV/AC

工期绩效指数=挣值/预算成本，即SPI=EV/PV

这里需要强调的是，进度偏差值不是以时间单位计量的，而是以货币单位计量的。

(三) 挣值分析法的参考尺度

求出挣值分析的各项指标并非难事，作为项目经理，重要的是要知道这些数据意味着什么，以及它们的对比结果代表什么意义。

表14-26　挣值分析的参考尺度

偏差分析	偏差为正值>0	偏差为负值<0
成本偏差（CV）	节约成本	成本超支
进度偏差（SV）	工期提前（货币单位）	工期滞后（货币单位）
进度偏差<成本偏差（SV< CV）	单位时间成本比计划降低，资金效益提高	尽管拖期，但成本节约了，良性拖期
进度偏差>成本偏差（SV> CV）	单位时间成本比计划增加，资金效益降低	不但拖期，成本也超支，恶性超支
进度偏差=成本偏差（SV=CV）	成本的节约完全是由于工期提前引起的	成本的超支完全是由于工期滞后造成的
绩效分析	绩效指数>1	绩效指数<1
工期绩效指数（SPI）	提前完成计划（货币单位）	未完成计划（货币单位）
成本绩效指数（CPI）	比计划成本节约了	比计划成本超支了

表14-26将各种情况下的偏差值和绩效指数进行了排列组合，提供了整套偏差分析和绩效分析的参照结论。

(1) 如果成本偏差值是正数，说明实际成本相对预算成本节约了；如果成本偏差值是负数，说明实际成本相对于预算成本超支了。

(2) 如果进度偏差值是正数，说明实际进度相对计划进度提前了；如果进度偏差值是负数，说明实际进度相对于计划进度滞后了。

(3) 如果进度偏差小于成本偏差，结果若是正值，说明单位时间成本比计划成本降低，资金效益相对提高；结果若是负值，说明尽管工期比计划拖延，可是成本也比预算节约了，属于良性拖期。

(4) 如果进度偏差大于成本偏差，结果若是正值，说明单位时间成本相对于计划成本提高了，资金效益相对降低；结果若是负值，说明不但工期比计划拖延了，而且成本也比预算超支了，属于恶性超支。

(5) 如果成本偏差值刚好等于进度偏差值，结果若是正值，说明成本的节约完全是由于工期提前引起的，即工期提前是成本节约的唯一原因。结果若是负值，说明成本的超支完全是由于工期拖延引起的，即工期拖延是成本超支的唯一原因。

(6) 如果工期绩效指数大于1，说明劳动生产率高于进度计划，工期提前了。如果工期绩效指数小于1，说明劳动生产率低于进度计划，工期滞后了。

(7) 如果成本绩效指数大于1，说明资金效益高于计划预算，资金有盈余。如果成本绩效指数小于1，说明资金效益低于进度计划，资金有浪费。

(8) 如果工期绩效指数小于成本绩效指数，无论结果大于1还是小于1，都说明劳动生产率相对低于资金使用效益，今后主要矛盾是加快进度。

(9) 如果工期绩效指数大于成本绩效指数，无论结果大于1还是小于1，都说明劳动生产率相对高于资金使用效益，今后主要矛盾是节约成本。

总之，在偏差分析中，结果以正数为优，以负数为劣；在绩效分析中，结果以大于1为优，以小于1为劣。

【例14-5】一个工作包的估算成本是1500元，该工作到今天实际上成本用了1350元，而工作只完成了全部的2/3，成本偏差是多少？

解：根据题意已知：PV=1500元

AC=1350元

EV=1500×2/3=1000元

成本偏差：CV=EV－AC=－350元

成本偏差－350元，说明成本超支了。

【例14-6】某项目由四项活动组成，各项活动的时间和成本如下表所示。总工时4周，总成本10000元，表14-27是第三周末的状态。

表14-27 各项活动的时间和成本表

活动	预计时间和成本	第1周	第2周	第3周	第4周	第3周末的状态
计划	1周，2000元					活动已完成，实际支付成本2000元
设计	1周，2000元					活动已完成，实际支付成本2500元
编程	1周，3000元					活动仅完成50%，实际支付成本2200元
测试与实施	1周，3000元					没开始

计算：

(1) 成本偏差（CV）是多少？(2) 进度偏差（SV）是多少？(3) 成本绩效指数（CPI）是多少？(4) 进度绩效指数（SPI）是多少？(5) 成本绩效指数（CPI）和进度绩效指数（SPI）说明了什么？

解：

(1) AC=（第1周）2000+（第2周）2500+（第3周）2200=6700元

PV=（第1周全部完成）2000+（第2周全部完成）2000+（第3周完成50%）3000=7000元

EV=（第1周）2000+（第2周）2000+（第3周）1500=5500元

故：CV=EV－AC=5500-6700=－1200元

(2) SV=EV－PV=5500-7000=－1500元

(3) CPI=EV/AC=5500/6700=0.82

(4) SPI=EV/PV=5500/7000=0.79

(5) 这两个指数均小于1，说明该项目处于不利状态，即完成该项目的成本效率和进度效率分别为82%和79%，也就是说该项目投入1元钱仅获得相当于0.82元的价值，如果说现在应完成项目的全部工程量（100%），但目前只完成了79%，所以必须要分析存在什么问题、原因是什么，应采取什么相应的措施予以解决。

（四）运用挣值分析进行项目成本预测

预测项目完工成本（EAC，Estimate At Completion），即最终成本，有三种方法，如图14-20所示。

1. 假定项目未完工部分按目前实际效率的预测方法

EAC=AC+（BAC－EV）/CPI

其中，BAC （Budget At Completion）=总预算（Total Budget）

2. 假定项目未完工部分按计划效率的预测方法

EAC=AC+BAC－EV

3. 全面重估剩余工作成本的预测方法

EAC=AC+ETC

其中，ETC（Estimate To Completion）是全面重新估算项目剩余工作的成本。

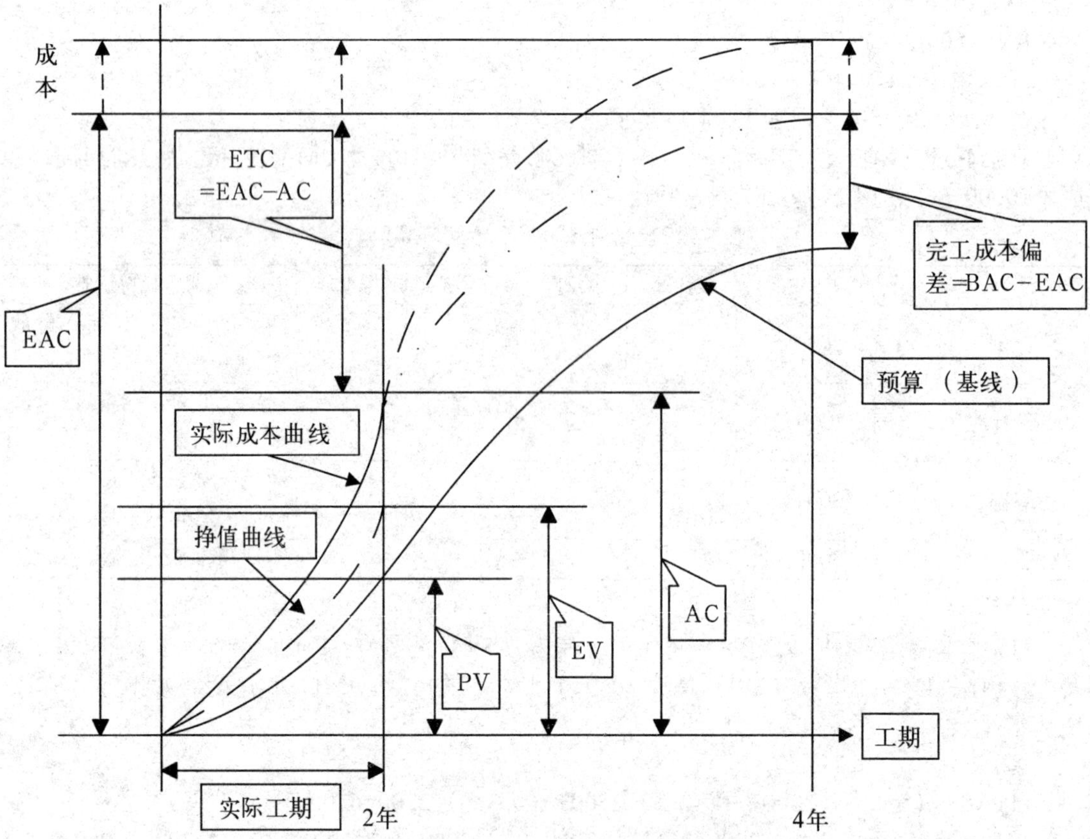

图14-20 项目成本挣值分析预测示意图

第九节 项目成本控制

项目的成本控制是控制项目预算的变更并做及时调整以达到控制目的的过程。具体来讲，就是采用一定方法对项目形成全过程所耗费的各种费用的使用情况进行管理的过程。

一、项目成本的全面控制

项目成本控制涉及对各种能够引起项目成本变化因素的控制（事前控制），项目实施过程中的成本控制（事中控制）和项目实际成本变动的控制（事后控制）三个方面。

要实现对项目成本的全面控制，最根本的任务是要控制项目各个方面的变动和变更，以及项目成本的事前、事中和事后控制。

二、项目成本控制的目标

进行项目成本控制的目标是实现成本计划，降低项目成本，把影响项目成本的各种成本控制在成本计划和成本标准之内，并尽可能地使耗费达到最小。

这里降低项目成本主要是通过运用各种现代化管理方法，减少项目施工过程中的各种机会损失，从而减少人工费用、材料费、机械使用费和管理费等各种费用开支，降低项目的施工成本，以最小的投入得到一定的产出，使项目获得最佳经济效益。

三、有效控制项目成本的关键

有效控制项目成本的关键是要经常及时地分析项目成本的实际状况，尽早发现项目成本出现的偏差和问题，以便在情况变坏之前能够及时采取纠偏措施。一旦项目成本失控是很难挽回的，所以，只要发现项目成本的偏差和问题就应该积极着手去解决它，而不是寄希望于随着项目的展开一切都将会变好。项目成本控制问题越早发现和处理，对项目范围和项目进度的冲击会越小，项目越能够达到整体的目标要求。

项目成本控制过程如图14-21所示。

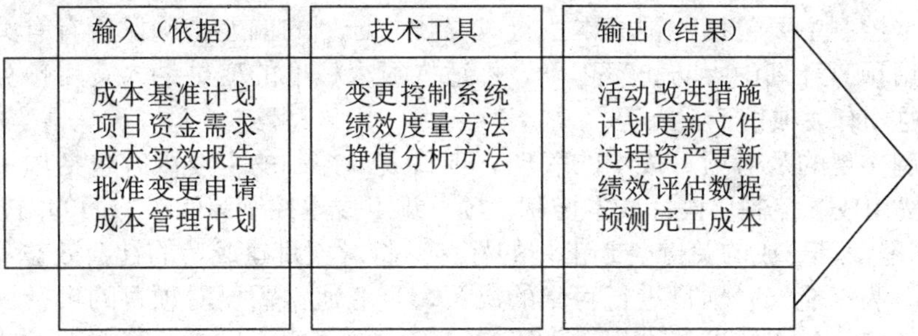

图14-21 项目成本控制过程

四、项目成本控制的具体工作

项目成本控制的具体工作包括，监视项目的成本变动，一旦发现项目成本控制中有偏差，就采取各种纠偏措施防止项目成本超过预算，确保实际发生的项目成本和项目变更都能够有据可查；防止不正当或未授权的项目变更所发生的费用被列入项目成本预算，以及采取相应的成本变动管理措施等。

五、项目成本控制的依据

对项目成本控制而言，其直接依据是费用预算计划、执行情况报告、变更申请、费用管理计划。

1. 费用预算计划

费用预算计划也称基准成本，是以时间为自变量的预算，被用于度量和监督项目执行成本。把预计成本按时间累加便为基准成本，许多项目（尤其大项目）可有多重基准成本以衡量成本的不同方面。例如，一个费用计划或现金流量预测是衡量支付的基准成本。

费用预算计划提供了费用预算和使用的一个基本范围，是实施成本控制的最基本依据。

2. 执行情况报告

执行情况报告一般应提供范围、进度、成本、质量等信息。执行情况报告对收集的信息进行组织和总结并提出分析结果。执行报告按照沟通管理计划的规定提供各类项目涉及人员所需求的符合详细等级的信息。该报告可以用多种方法报告费用信息，较常用的是开支表、直方图和S曲线等，任一报告均可全面地或针对某个问题编写。

执行情况报告提供了有关成本执行的资料，例如，哪些满足预算，哪些没有满足预算。执行情况报告还提醒项目队伍注意将来可能会引起问题的事项。

3. 变更申请

对项目执行情况的分析，常常产生对项目的某些方面做出修改的要求。这些变更申请由各类变更控制程序处理。变更申请是对费用使用方向和范围发生改变的一种记录。可能以多种形式表达，如口头或书面的，直接或间接的，外部或内部的，法律强制的或可以选择的等。变更既可能是要求增加预算，也可能是允许减少预算。

4. 费用管理计划

费用管理计划描述当实际成本与计划成本发生差异时如何进行管理（差异程度不同，则管理力度也不同）。费用管理计划可以是高度详细或粗框架的；可以是正规的或非正规的，这些取决于项目相关人员的需要。项目管理计划是整个项目计划的一个辅助部分。

费用管理计划是对整个成本控制过程进行的有序安排，以达到实现费用合理使用的目的。

5. 项目计划、标准和规范

与项目有关的各种计划以及项目实施必须遵循的各种标准、规范也是项目成本控制的依据。

六、项目成本控制的内容

项目成本控制主要包括监视成本执行以寻找与计划的偏差；确保所有有关变更被准确地记录在费用预算计划中；防止不正确、不适宜或未核准的变更纳入费用预算计划中；将核准的变更通知有关项目干系人等。

成本控制实现的是对项目成本的管理，项目成本控制的主要内容包括项目决策成本控制、招投标费用成本控制、设计成本控制、项目施工成本控制等四个方面的内容。

(1) 决策是项目形成的关键，其工作的好坏，将对项目建成后的社会效益与经济效益产生重要影响。为了能够对项目进行科学的决策，企业通常需要对项目的可行性，包括市场情况、施工环境、融资情况等进行详细研究，而完成这些工作需要资金，这些资金就构成了项目的决策成本，其预算和管理就构成了决策成本控制。

(2) 招投标费用成本控制是对进行招投标工作时开支的费用所进行的控制。为了实现项目的最大效益，选择最佳的承建商实施项目，或希望通过竞争获得项目的承建权，业主或单位常常投入一定的人力和物力进行招投标工作，因此，作为整个项目成本的一部分，招投标费用成本控制也是很重要的。

(3) 设计成本控制是对目标项目的各种设计，包括初步设计、施工图设计、复杂设计和其他技术设计等所需费用的管理和控制。

在以上三种成本控制中，由于它们在整个项目成本中所占的比重较小，因此，项目成本控制的研究主要以项目施工成本控制为主。当然，项目决策成本控制、招投标费用成本控制和设计成本控制尽管涉及费用较少，但也是相对而言的，因此企业采用相关方法，在科学分析的基础上，对其进行适当的控制，也是很有必要的。

(4) 项目施工成本控制是对整个项目施工所涉及费用进行的管理和控制。通常一个项目涉及的成本主要有设备费、材料费、人力资源费、施工管理费等，这些费用共同构成了项目成本的主体。其中，设备费、材料费、人力资源费通常称为直接成本或直接费用，施工管理费则称为间接成本或间接费用。项目总成本的四项费用，即项目决策成本、招投标费用成本、设计成本、项目施工成本之中，项目施工成本费用是主要的，通常可达90%以上。因此，项目成本控制从某种意义上说，实际就是项目施工成本控制。

成本控制除了确定成本范围之外，最重要的是管理整个项目成本费用的使用进，特别是在项目发生了变化或正在发生变化时，对这种变化实施管理。因此，成本控制还包括查找出现正负偏差的原因。该过程必须同其他控制过程包括范围变更控制、进度计划控制、质量控制和其他控制等紧密结合起来。例如，对成本偏差采取不适当的应对措施可能会引起质量或进度方面的问题，或引起项目在后期出现无法接受的风险。

七、项目成本控制的方法

项目成本控制的方法包括两类，一类是分析和预测项目各要素变动与项目成本发展变化趋势的方法，另一类是如何控制各种要素的变动从而实现项目成本管理目标的方法。这两个方面的具体技术方法将构成一套项目成本管理的方法。

(一) 项目变更控制体系

这是一种通过建立项目变更控制体系，对项目成本进行控制的方法。这包括从项目变更的请求，到变更请求批准，再到最终变更项目成本预算的项目变更全过程控制体系。项目变更是影响项目成败的重要因素。一般可以通过以下两方面的工作去解决这个问题。

1. 规避

在项目定义和设计阶段通过确保项目业主/客户和全体项目相关利益者的充分参与，真正了解项目的需求；在项目定义和设计结束后通过组织评审，倾听各方面的意见，同时保持与项目业主/客户沟通渠道的畅通，及时反馈，避免项目后期发生大的变更或返工，从而规避项目成本的变动。

2. 控制

建立严格的项目变更控制系统和流程，对项目变更请求不要简单地拒绝或同意，而是先通过一系列评估确定该变更会带来的成本和时间代价，再由项目业主/客户判断是否接受这个代价。简单地说，就是项目可以变更的前提是项目业主/客户必须接受项目成本发生变更的代价。在这里需要强调一点，即有些项目变更是由于设计缺陷或人们不可预见的原因造成的，这样的项目变更有时是必须的。

(二) 项目成本实效度量方法

这是项目实际成本完成情况的度量方法。在项目成本管理中“挣值”的度量方法是非常有价值的一种项目控制方法。其基本思想是通过引进一个中间变量即“挣值”（Earned Value），以帮助项目成本管理者分析项目的成本和工期变化并给出相应的信息，从而能够使人们对项目成本的发展趋势做出科学的预测与判断。

(三) 附加计划法

很少有项目是按照原定计划完成的，所以可以采用附加计划法，通过新增或修订原有计划对项目成本进行有效的控制，项目成本控制也一样需要使用附加计划法。如果没有附加计划法，当遇到意外情况时项目管理者会缺少应付办法，可能造成因实际与计划不符而形成项目成本失控的局面。所以，附加计划法是未雨绸缪、防患于未然的项目成本控制方法之一。

（四）计算机软件工具

这是一种使用项目成本控制软件来控制项目成本的方法。目前，市场上有大量这方面的软件可供选择。利用项目成本控制软件，用户可以进行的工作有：生成任务一览表（包括各项目任务的预计工期），建立项目工作任务之间的相互依存关系，以不同的时间尺度测量项目工作（包括工时、工日等），处理某些特定的约束条件（如某项任务在某天之前不得开始等），跟踪项目团队成员的薪金和工作，统计公司的假日、假期等，处理工人的轮班工作时间，监控和预测项目成本的发展变化，发现项目成本管理中的矛盾和问题，根据不同要求生成不同用途的成本或绩效报告，以不同方式整理项目信息，联机工作和网络数据共享，对项目进度、预算或职员变动迅速做出反应，通过实际成本与预算成本比较分析找出项目实施情况中存在的问题并能提供各种建议措施，以供项目成本管理人员参考。

八、项目成本控制的步骤

(1) 监督成本执行情况以及对发现实际成本与计划的偏离。

(2) 要把一些合理的改变包括在费用预算计划（基准成本）中。

(3) 防止不正确的、不合理的、未经许可的改变包括在费用预算计划（基准成本）中。

(4) 把合理的改变通知项目的涉及方。

九、项目不确定性成本的控制

由于各种不确定性因素的存在和它们对项目成本的影响，项目成本一般都会有三种不同成本。一是确定性成本，对这一部分成本企业知道它是确定会发生而且知道其数额大小；二是风险性成本，对此企业只知道它可能发生及其发生的概率大小与分布情况，但是不能确定它一定会发生；三是完全不确定性成本，对它企业既不知道其是否会发生，也不知道其发生的概率和分布情况。这三类不同性质的项目成本的综合构成了一个项目的总成本。

项目不确定性成本的不确定性主要表现在三个方面。一是项目具体活动本身的不确定性，二是项目具体活动的规模及其消耗和占用资源数量的不确定性，三是项目消耗和占用资源价格的不确定性。它们的特性和对它们控制与管理的详细说明如下所述。

1. 项目具体活动本身的不确定性

这是在项目实现过程中有一些项目具体活动可能发生，也可能不发生。例如，如果下雨，项目的一些室外施工就要停工，并且需要组织排水；如果不下雨就不需要停工，也不需要组织排水。但是否下雨是不确定的，所以停工和排水的活动就有很大的不确定性。虽然企业在安排项目实施计划时有气象资料作为参考，但是气象资料给出的只是“降水”的概率，即下雨的可能性，而不是确定性结论。这种项目具体活动的不确定性会直接转化成项目成本的不确定性，这是造成项目成本不确定性的根本原因之一。由于这种不确定性无法消除，对于这种不确定性成本的控制主要依赖于附加计划法和项目不可预见费等。

2. 项目具体活动规模的不确定性

这是在项目实现过程中有一些具体活动的规模本身的不确定性和这种活动规模的变动所造成的消耗与占用资源数量的不确定性，以及由此造成的项目成本的不确定性。例如，在一个工程建设项目的地基挖掘过程中，如果实际地质情况与地质勘查资料不一致，则地基挖掘工作量就会发生变化，从而消耗与占用资源的数量也会变化。虽然企业在确定地基挖掘工作量时有地质勘探资料作为依据，但是地质勘探调查多数是一种抽样调查，由此给出的调查结果只是在一定置信区间内相对可信的资料，所以存在着不确定性。这种项目的具体活动规模及其消耗和占用资源数量的不确定性也会直接转化为项目成本的不确定性，也是造成项目成本不确定性的主要根源之一。这种项目成本的不确定性是很难预测和消除的，所以，在多数情况下也需要使用项目不可预见费。

3. 项目具体活动耗资和占用资源价格的不确定性

这是在项目实现过程中有一些项目活动消耗和占用资源的价格会发生异常波动和变化（价格有规律性的变化不属于这一范畴）。例如，进口设备由于汇率短期内大幅变化所形成的价格波动就属于这一范畴。同样，人们虽然可以对项目实现活动消耗与占用资源的价格进行种种预测，但是通常这种预测都是相对条件下的预测，预测结果本身都包含相对的不确定性，所以项目具体活动消耗与占用资源的价格也是不确定的。这种项目具体活动消耗与占用资源价格的不确定性同样会直接导致项目成本的波动与变化，所以这种不确定性同样是项目成本不确定性的主要根源之一。对这种项目不确定性成本的控制多数也是需要使用项目不可预见费等项目成本控制方法。

另外，项目所有的不确定性成本会随着项目实施的展开，从最初的完全不确定性成本逐步地转变为风险性成本，然后转变成确定性成本。因为随着项目的逐步实施，各种完全不确定的事物和条件将逐步转化为风险性的（随着事物的进展，人们对于事物发生的概率逐步了解），然后风险性事件会再进一步转化成确定性的。当项目完成时一切都是确定的了，最终一个完全确定的项目成本也就形成了。因此，项目的成本控制必须从控制项目的确定性、风险性和完全不确定性三类不同性质的成本去开展控制工作。

依据上述分析可知，项目成本的不确定性是绝对的和客观存在的，这就要求在项目的成本管理中必须同时考虑对风险性成本和完全不确定性成本的管理，以实现对项目成本的全面管理。在实现项目成本全面管理中最根本的任务是，首先要识别一个项目具有的各种风险并确定出它们的风险性成本；其次要通过控制风险的发生与发展去直接或间接地控制项目的不确定性成本，同时还要开展对风险性成本和不可预见费等风险性成本管理储备资金的控制，从而实现项目成本管理的目标。

十、价值工程在施工项目成本控制中的应用

价值工程又称价值分析，是一门技术与经济相结合的现代化管理科学。它通过对产品的功能分析，研究如何以最低的成本去实现产品的必要功能。因此，应用价值工程，既要研究技术，又要研究经济，即研究在提高功能的同时不增加成本，或在降低成本的同时不影响功能，把提高功能和降低成本统一在最佳方案之中。

长期以来，从学校教育开始，质量管理和成本管理就被分成两个学科。在实际工作中，更把提高质量看作技术部门的职责，而把降低成本看作财务部门的职责。由于这两个部门的分工不同，业务要求不同，因而处理问题的观点和方法也会不同。例如，技术部门为了提高质量往往不惜工本，而财务部门为了降低成本又很少考虑保证质量的需要。通过价值工程的应用，则能使产量与质量、质量与成本的矛盾得到完美的统一。

由于价值工程是把技术与经济结合起来的管理技术，需要多方面的业务知识和技术数据，也涉及许多技术部门（如设计、施工、质量等）和经济部门（如预算、劳动、材料、财会等）。因此，在价值工程的应用过程中，企业必须按照系统工程的要求，把有关部门组织起来，通力合作，才能取得理想的效果。

（一）价值工程的定义和基本原理

价值工程是以功能分析为核心，使产品或作业达到适当的价值，即用最低的成本来实现其必要功能的一项有组织的活动。

1. 价值、功能和成本的关系

价值工程的目的是力图以最低的成本使产品或作业具有适当的价值，即实现其应该具备的必要功能。因此，价值、功能和成本三者之间的关系应该是

价值=功能（或效用）/成本（或生产费用）

用数学公式可表示为$V=\frac{F}{C}$

上述公式一方面客观地反映了用户的心态，都想买到物美价廉的产品或作业，因而必须考虑功能和成本的关系，即价值系数的高低；另一方面，又提示产品的生产者和作业的提供者，可从下列途径提高产品或作业的价值：

(1) 功能不变，成本降低。

(2) 成本不变，功能提高。

(3) 功能提高，成本降低。

(4) 成本略有提高，功能大幅度提高。

(5) 功能略有下降，成本大幅度下降。

为了对上述公式中的价值、功能和成本有一个正确的理解，需要做三点说明：

(1) 价值不是从价值构成的角度来理解的，而是从价值的功能角度出发，表现为功能与成本之比。

(2) 功能是一种产品或作业所担负的职能和所起的作用。这里有一个观念问题，当用户购置产品或作业，并非购买产品或作业的本身，而是购买它所具有的必要功能。如果功能过全、过高，必然会导致成本费用提高，而超过必要功能的部分用户并不需要，这就会造成功能过剩；反之，又会造成功能不足。

(3) 公式中的成本，并不是一般意义上的成本，而是产品寿命周期的成本。例如，工程项目的寿命周期，应从可行性研究开始到保修期结束，其寿命周期成本也应包括这期间的全部成本。

2. 价值工程的核心——功能分析

价值工程的核心是对产品或作业进行功能分析，即在项目设计时，要在对产品或作业进行结构分析的同时，还要对产品或作业的功能进行分析，从而确定必要功能和实现必要功能的最低成本方案（工程概算）。项目施工时，在对工程结构、施工条件等进行分析的同时，还要对项目建设的施工方案及其功能进行分解，以确定实现施工方案及其功能的最低成本计划（施工预算）。

3. 价值工程是一项有组织的活动

在应用价值工程时，必须有一个组织系统，把专业人员（如施工技术、质量安全、施工管理、材料供应、财务成本等人员）组织起来，发挥集体力量，利用集体智慧方能达到预订的目标。组织的方法有多种，在项目建设中，把价值工程活动同质量管理活动结合起来进行，不失为一种值得推荐的方法。

（二）价值工程的工作程序

根据价值工程的工作标准，结合项目施工的特点，施工项目的价值工程工作程序可分以下四个阶段实施。

1. 准备阶段

(1) 选择对象。价值工程的应用对象和需要分析的问题，应根据项目的具体情况来确定，一般可从设计、施工和成本三方面来考虑。

1）设计方面：如设计标准是否过高，设计内容中有无不必要的功能等。

2）施工方面：施工方面主要是寻找实现设计要求的最佳施工方案，如分析施工方法、

流水作业、机械设备等有无不必要的功能（即不切实际的过高要求）。

3）成本方面：主要是寻找在满足质量要求的前提下降低成本的途径，应选择价值大的工程进行重点分析。

(2) 组织价值工程小组。价值工程小组的建立，要根据选定的对象来组织。可在项目经理部组织，也可在班组中组织，还可上下结合起来组织。

(3) 制订工作计划。价值工程的工作计划，其主要内容应该包括预期目标、小组成员及分工、开展活动的方法和步骤等。

2. 分析阶段

(1) 收集资料。

1）基础资料是本项目及企业的基本情况，如企业的技术素质和施工能力，以及本项目的建设规模、工程特点和施工组织设计等。

2）技术资料包括项目的设计文件、地质勘探资料以及用料的规格和质量等。

3）经济资料，如项目的施工图预算、施工预算、成本计划和工、料、机费用的价格等。

4）业主单位意见，如业主单位对项目建设的使用要求等。

(2) 功能分析，即对项目实体进行系统的功能分析，如分析项目的每个部位、每个分项工程，甚至每道工序在项目施工中的作用。

(3) 功能评价，即对工序、分项工程、部位进行功能评价，求出其成本和价值。

3. 方案创新和评价阶段

(1) 提出改进方案。其目的是寻找有无其他方法能实现这项功能，如混凝土工程有无新的配合比或掺用附加剂，深基础工程有无不同的开挖方法等。

(2) 评价改进方案。评价改进方案主要是对提出的改进方案，从功能和成本两方面进行评价，具体计算新方案的成本和功能值。

(3) 选择最优方案，即根据改进方案的评价，从中优选最佳方案。

4. 实验与验收阶段

(1) 提出新方案，报送项目经理审批，有的还要得到监理工程师、设计单位甚至业主的认可。

(2) 实施新方案，并对新方案的实施进行跟踪检查。

(3) 进行成果验收和总结。

(三) 价值工程在施工项目成本控制中的应用

由于价值工程扩大了成本控制的工作范围，从控制项目的寿命周期费用出发，应结合施工，研究工程设计的技术经济的合理性，探索有无改进的可能性。具体地说，就是应用价值工程，分析功能与成本的关系，以提高项目的价值系数；同时，通过价值分析来发现并消除工程设计中的不必要功能，达到降低成本、降低投资的目的。

乍看起来，这样的价值工程工作，对于施工项目并没有太多的益处，甚至还会因为降低投资而减少工程收入。如遇这种情况，可以事先取得业主的谅解和认可，对投资节约额实行比例分成。一般情况下，只要不降低项目建设的必要功能，业主是乐意接受的。

1. 对工程设计进行价值分析的必要性

(1) 通过对工程设计进行分析的价值工程活动，企业可以更加明确业主单位的要求，更加熟悉设计要求、结构特点和项目所在地的自然地理条件，从而更利于施工方案的制订，企业更能得心应手地组织和控制项目施工。

(2) 通过价值工程活动，企业可以在保证质量的前提下，为用户节约投资，提高功能，降低寿命周期成本，从而赢得业主的信任。大大有利于甲乙双方关系的和谐与协作；同时，还能提高自身的社会知名度，增强市场竞争能力。

(3) 通过对工程设计进行分析的价值工程活动，对提高项目组织的素质，改善内部组织管理，降低不合理消耗等，也有积极的直接影响。

2. 确定价值工程活动对象

结合价值工程活动，制订技术先进、经济合理的施工方案，实现施工项目成本控制。

(1) 通过价值工程活动，进行技术经济分析，确定最佳施工方法。

(2) 结合施工方法，进行材料使用的比选，在满足功能要求的前提下，通过代用、改变配合比、使用添加剂等方法降低材料消耗。

(3) 结合施工方法，进行机械设备选型，确定最合适的机械设备的使用方案。如机械要选择功能相同、台班费最低或台班费相同、功能最高的机械；模板，要根据结构特点，在组合钢模、大钢模、滑模中选择最合适的一种。

(4) 通过价值工程活动，结合项目的施工组织设计和所在地的自然地理条件，对降低材料的库存成本和运输成本进行分析，以确定最节约的材料采购方案和运输方案以及最合理的材料储备。

3. 实施过程

某施工项目的价值工程活动及其成果如下所述。

(1) 制订提高价值的方案。根据用户对项目建设的要求，应用价值工程原理，制订提高价值的最佳方案，即在满足必要功能的前提下降低工程成本。

(2) 绘制功能系统图。根据本项目的特点，确定功能目标，绘制功能系统图。

(3) 计算功能比重因子。根据上述功能在分部工程中所起作用的大小（原始数据由技术部门提供），计算各种功能在分部工程中的比重。

(4) 修正功能比重。

(5) 计算功能系数。

功能系数=分部工程得分数/施工项目得分总数

根据分部工程功能作用分析表和功能作用修正表提供的数据，计算各分部工程的功能系数。

(6) 计算成本系数和价值系数。根据上述资料和财务部门可提供的预算成本及目标成本，计算各分部工程的成本系数和价值系数。

成本系数=分部工程预算成本/总成本

价值系数=分部工程功能系数/分部工程成本系数

(7) 确定价值分析的对象，制订改进措施。凡价值系数小于1者，均可作为价值改进对象，诊断存在问题，制订改进措施。

(8) 成果验收和总结。

1）不仅实现了主体结构和装饰工程达到功能要求、降低成本、提高价值的目的，而且促进了所有分部工程的技术和经济管理，使施工项目的管理水平总体提高了一步。

2）促进了技术进步。

3）提高了经济效益。根据该施工项目的竣工成本分析，与施工图预算对比，节约了原材料，降低了成本。

4）赢得了社会信誉。

十一、项目成本控制的输出结果

项目成本控制的结果是实施成本控制后的项目所发生的变化，包括修正后的成本估算、预算更新、纠正措施、完成估算、经验与教训等，成本控制的结果往往反映了项目实施的成功与否。

（一）修正后的成本估算

修正后的成本估算就是对用于管理项目的成本信息所做的修正。必要时，需通知有关的项目干系人。修正后的费用成本估算可能要求（也可能不要求）对整体项目计划的其他方面进行调整。

修正成本估算是为了管理项目的需要而修改费用信息。由于成本控制反馈出一些有关促进费用重新估算得更为有效的信息，如在成本控制中发现成本基准的某些异常情况或者是不适于目前项目进展要求的情况，那么就需要项目管理人员在不改变项目计划方向的前提下重新对成本估算进行完善。

（二）预算更新

预算更新是一种特殊的修改估算。预算更新是对已经批准的费用计划的修改。这些数字一般只有在反映项目范围的变化时才做相应的修改。在某些情况下，成本偏差可能非常严重，需要重新确定费用计划，才能提供测量成本控制情况所需的真实数据。

预算更新是一个更为激进的项目控制反馈活动，它的前提是发现了项目前期工作的重大失误，从而要对既定的费用基线进行更改（不包括项目干系人对项目的影响）。发生此类活动时，项目组要在不影响项目进展的情况下，按照正规的报告、审批和执行程序进行预算更新，并且要给出严密的书面报告，并及时按程序通知有关单位。

（三）纠正措施

纠正措施是为了将项目未来预期的成本控制在项目计划范围内而采取的所有行动的统称。在实施项目成本控制时，由于项目实施不可避免地要遇到各种问题，包括产品市场变化、设备及原材料价格变化、相关政策变化、资金来源和渠道变化、各种物资运输及项目内部建设和管理出现的各种问题等，都要影响到项目成本控制计划的正常实施。对于这些出现的问题，企业需要采取大量的措施予以纠正，并在需要时重新制订成本计划。因此，在任何一个项目中，如何采取纠正措施解决项目出现的各种问题往往是项目管理中最重要的问题。

（四）完成估算

完成估算（EAC，Estimate At Completion）是根据项目执行情况对项目总成本的预测。按照项目完成情况估计在目前状态下完成项目所需要的费用，EAC主要有三种情况。

1. EAC=实际支出+按目前情况对剩余预算所做的修改

此类情况通常用在认为项目将来的情况不会与目前情况有很大出入时。

2. EAC=实际支出+对未来剩余工作的重新估算

当目前的项目执行情况表明以往的费用估算假设基本失效，或者由于目前条件的改变使原有的假设不再成立时，可以使用该方法。

3. EAC=实际支出+剩余的预算

当项目管理者认为目前情况仅仅是一种特殊情况，不必对项目预算进行变动时，可以使用此方法。

（五）项目计划的变更

虽然费用使用计划是控制费用的标准性依据，但在实际执行时，还有一些出入，这就造成项目费用模型的变化。当变化幅度很大时，就需要产生更适合实际的费用管理计划。新计划产生必须与原计划的产生程序一致，只不过是更加适合于变化了的环境。新计划的出台，必须及时、准确。为了保持项目的连续性，原计划、新计划乃至于实际费用要在结构上、内容上和范围上保持高度的一致性。

（六）经验与教训

偏差的原因、所选纠正措施的理由以及从成本控制角度汲取的其他类型的教训都应编成文档，以作为本项目以及执行组织的其他项目可利用的历史数据库的组成部分。在项目实施过程中，进行成本控制的目的就是最大可能地降低工程成本。在寻找成本控制方法的过程中，有许多经验和诀窍是可以应用的。但是对于许多工程，特别是较大的工程项目，对所有项目作业的成本及成本控制情况进行研究，显然是不合适的，也是不可能的。这时，可选择对工程中影响较大的细分项目进行研究，往往能达到实现项目整个目标成本控制的目的。如在选择细分项目时，选择数量多的工种、重复作业的工种、费用高的工种、危险性大的工种等，获得整体成本控制的效果往往较好。另外，我们在进行成本控制时，还可以通过在有可能实现节约的环节上加强管理，实现费用的节约。如在材料费、人工费、转包费、机械费、临时设施费等环节的管理上，往往可以通过优化管理使得项目在正常进行的同时，成本却大大减少。从这些实现成本控制的各种方法中可以看出，实际上成本控制的程度如何，往往带有一定的弹性，在这里，起重要作用的就是规范的管理制度和较高素质的管理人员。因此，对每一个项目而言，及时总结并采取措施在相关项目中推广好的经验和防范教训是非常必要的。因为它既可以使项目的内在管理更加规范，也可以提高管理人员的管理水平，更为重要的是，它可以从成本控制上降低项目的风险，并保证项目实施的成功。

十二、项目成本控制应注意的几个问题

在市场经济中，项目的成本控制不仅在项目控制中，而且在整个项目管理以至于整个企业管理中都有着重要的地位，人们追求企业和项目的经济效益，企业的成就通常通过项目成就来实现。而项目的经济效益通常通过盈利的最大化和成本的最小化来实现。

特别是当承包商通过投标竞争取得项目，签订合同，同时确定了合同价格的，项目经济目标（营利性）完全是通过成本控制来实现的。

（一）实施中的计划变更问题

虽然原成本计划（预算）指标是控制的依据，但在实际工程中原计划和设计经常会有许多修改，这造成项目计划成本模型的变化。

这些变化产生了一种新的计划。它既不同于原来的计划成本（初始的计划），也不同于实际成本（完全的实际开支）。在项目实施过程中只有这种新的计划成本和实际成本相比较，才更有实际意义，才有可信度，才能获得项目收益的真正信息。而这个新计划版本在项目过程中是一直变动的，所以成本控制必须一直跟踪最新的计划。

新计划的依据是项目任务书或合同，以及相应的变化。对于承包商的项目，按照合同可以进行费用索赔（业主应追加费用）的各种因素都应作为对原计划的变更而纳入新计划中。例如，对于分项工程的成本，新计划应按已完成的实际工作量和相应合同单价中的成本份额计算新的计划成本（即可以从业主处获得的成本份额），并将它与实际成本比较才有意义，才能反映出承包商的实际施工成果。但对承包商（或项目管理者）合同风险范围内的事件处理比较困难，一般有两种处理方式。

(1) 对整个项目进行核算时，风险损失首先用风险准备金补偿。若不够，再用利润补偿。这种风险常常不能作为项目承担者的责任。

(2) 对下层次实施者，这种风险也不应由他承担，风险损失不应作为他的成本负担。所以对他来说，新计划应包括已发生的风险的影响。

为了保持可比性，原计划、新计划、实际成本在成本结构上、内容上、范围上应保持一致性。

（二）实际成本核算

1. 会计成本核算的问题

为了及时进行成本控制，企业必须不断地掌握实际成本的支出情况，所以首先必须进行成本核算。对此人们必然首先想到企业的会计核算系统。它中间包括项目的成本核算，这个成本核算反映项目的实际支付，对企业中项目成本的宏观控制是十分有用的。项目的成本核算必须与企业会计的成本核算相结合形成一个集成系统。但如果将企业会计核算用于工程的成本控制中，则会有如下问题。

(1) 会计作为企业经济核算的职能部门，他们不参与直接项目的控制过程，他们没有项目成本控制责任，即使下达这类任务，也不可能积极参与，并提供信息处理。

(2) 会计所进行的成本核算资料，只有在报告期结束（如月末）时，才形成信息，待到项目管理者手中，一般已有4~6周的滞后，这对项目控制来说，时间太长，几乎没有控制的可能。而成本控制，需要短期情况分析和诊断，它的数据更有现实性和实用价值。

会计核算是静态的核算，反映计划期的各项开支，而成本控制是动态的、跟踪的过程，根据目标变化，不断地进行成本分析、诊断、预测结束期成本状态，分析变化的影响因素。

(3) 企业的会计核算，一般科目的设立仅能达到项目，即以项目作为一个成本核算的科目，有时还可分到成本项目，这对项目成本控制是远远不够的。而且项目成本控制，有自己的成本分项规则，必须按成本计划多角度进行分析和控制，例如，工作包、合同报价、工程分项、各责任单位（或委托单位）等。实际成本需要与网络有较好的相容性，将成本引入到工程活动中。

(4) 对工程项目而言，成本管理必须分散到施工现场的各个地方，进行现场的已完工程的界定，工时、材料和设备的记录和分摊。所以，工程项目，特别是大的工程项目需要现场的成本核算系统。当然工地成本核算与企业的会计核算有多方面的沟通，以达到信息共享。这里应当防止信息的冗余和重复的处理过程。通过有效的编码系统可以保证简单而迅速地、可变地分类统计、分析并提供成本信息报告。

2. 实际成本核算过程（以工程项目为例）

(1) 记录各分项工程中消耗的人工、材料、机械台班及费用的数量，这是成本控制的基础工作。有时还要对已领用但未用完的材料进行估算。

(2) 本期内工程完成状况的量度。

在这里已完工程的量度比较简单，困难的是跨期的分项工程，即已开始但尚未结束的工程。由于实际工程进度是作为成本花费所获得的已完产品，它的量度的准确性直接关系到成本核算、成本分析和预测剩余成本估算的准确性。在实际工程中人为的影响较大，可能会造成项目成本的大起大落。

(3) 工程工地管理费及总部管理费开支的汇总、核算和分摊。

(4) 各分项工程以及总工程的各个费用项目核算及盈亏核算，提出工程成本核算报表。

在上面的各项核算中，许多费用开支是经过分摊进入分项工程成本或工程总成本的，例如，周转材料、工地管理费和总部管理费等。

分摊是选择一定的经济指标，按比例核算的。例如，企业管理费按企业同期所有工程总成本（或人工费）分摊进入各个工程；工地管理费按本工程各分项工程直接费总成本分摊进入各个分项工程，有时周转材料和设备费用也必须采用分摊的方法核算。由于分摊是平均计算的，所以不能完全反映实际情况。分摊的核算和经济指标的选取受人为因素的影响较大，常常会影响成本核算的准确性和成本评价的公正性。所以，对能直接核算到分项工程的费用应尽量采取直接核算的办法，尽可能减少分摊费用值及分摊范围。

3. 成本开支的监督

成本控制一定要着眼于成本开支之前和开支过程中，因为当发现成本超支时，损失已成为现实，很难甚至无法挽回。企业对超支的成本经常企图通过在其他工作包上的节约来解决。这是十分困难的。因为这部分工作包要想压缩成本必然会损害工期和质量。反之如果不发生损害，则说明原成本计划没有优化。

(1) 落实成本目标，不仅是一般的分项工程及项目单元的成本目标，而且要落实资源的消耗和工作效率指标。例如，下达与工作量相应的用工定额、用料定额、费用指标，如果需要追加应有一定的手续。对于各职能部门，管理部门要把落实费用指标作为控制对象。

(2) 开支的审查和批准，特别是各种费用开支，即使已经作了计划仍需加强事前批准，事中监督和事后审查。对于超支，或超量使用的必须作特别审批，追查原因，落实责任。

(3) 签订各种外包合同（如劳务供应、工程分包、材料供应、设备租赁等）时，一定要在合同价格方面严格控制，包括价格水准，付款方式和付款期，价格补偿条件和范围等。在实际施工中还应严格控制各款项的支付。

(三) 有关项目成本控制的其他工作

(1) 与相关部门（职能人员）合作，提供分析、咨询和协调工作，例如，提供由于技术变更、方案变化引起的成本变化，使各方面做决策或调整项目时考虑成本因素。

(2) 用技术经济的方法分析超支原因，分析节约的可能性，从总成本最优的目标出发，进行技术、质量、工期、进度的综合优化。

(3) 通过详细的成本比较、趋势分析获得一个涉及合同、技术、组织影响的项目最终成本状况的定量诊断。这是为制订调控措施服务的。

(4) 组织信息，向各个方面特别是决策者提供成本信息，保证信息的质量，为各方面的决策提供问题解决的建议和意见。在项目管理中成本的信息量最大。

(5) 对项目形象的变化，如环境的变化，目标的变化等所造成的成本影响进行测算分析，并调整成本计划，协助解决费用补偿问题（即索赔和反索赔）。

成本控制必须加强对项目变更和合同执行情况的处理。这是针对成本超支最好的战略。

成本控制是十分广泛的任务，它需要各种人员（如技术、采购、合同、信息管理人员）的介入，必须纳入项目的组织责任体系中。

第十节 项目成本决算

在项目的收尾阶段有必要对项目实施的所有支出进行核算，以便确定项目的最终实际支出以及项目实际成本是否超出项目成本预算。

项目成本决算是项目从启动到结束为止的全部费用的确定。

一、项目成本决算的分类

对工程项目而言，成本决算分为承包商编制的项目成本决算和业主编制的成本决算。

承包商编制的项目成本决算是以单位工程为对象，以工程竣工后的工程结算为依据，通过实际工程成本分析，为核算一个单位工程的预算成本、实际成本和成本降低额而编制的单位工程竣工成本决算。企业通过内部成本决算，进行实际成本分析，评价经营效果，以利于总结经验，不断提高企业经营管理水平。

业主编制的成本决算也称为竣工决算或基本建设项目竣工决算，是在建设项目全部完工并经竣工验收合格后，由项目业主编制的反映项目财务状况和建设成果的总结性文件，是对建设项目的实际造价和投资效益的总结，是建设项目竣工验收报告的重要组成部分。由业主在整个建设项目竣工后，以业主自身开支和自营工程决算及承包商在每项单位工程完工后向业主办理工程结算的资料为依据进行编制，反映整个建设项目从筹建到竣工验收投产全部实际支出费用，即建筑工程费用、安装工程费用、设备、工器具购置费用和其他费用等。竣工决算以实物量和货币为单位，综合反映项目实际投入和投资效益，核定交付使用财产和固定资产价值的文件，是项目的财务总结，是竣工验收报告的重要组成部分。基本建设竣工决算，是基本建设经济效果的全面反映，是核定新增固定资产和流动资产价值，办理交付使用的依据。通过编制竣工决算，可以全面清理基本建设财务，做到工完账清，便于企业及时总结基本建设经验，积累各项技术经济资料，提高基建管理水平和投资效果。

二、项目成本决算的内容及结果

项目成本决算的内容包括项目生命周期各个阶段支付的全部成本。项目成本决算的结果形成项目决算书，经项目各参与方共同签字后成为项目验收的核心文件。

决算书由两部分组成，即文字说明和决算报表。

文字说明主要包括工程概况、设计概算、实施计划和执行情况、各项技术经济指标的完成情况、项目的成本和投资效益分析、项目实施过程中的主要经验、存在的问题、解决问题的建议等。

决算报表分大中型项目和小型项目两种，大中型项目的决算报表包括竣工项目概况表、财务决算表、交付使用财产总表、交付使用财产明细表。

1. 工程项目竣工财务决算说明书

竣工决算说明书是从总的方面反映竣工项目的建设成果和经验以及遗留问题的处理等，是全面分析工程投资与造价的书面总结，是竣工决算的重要组成部分。其内容主要是：

(1) 从项目的进度、质量、造价和安全四大方面对工程进行总的评价。

(2) 各项财务和技术经济指标的分析，包括概、预算执行情况分析，新增生产能力的效益分析，以及交付使用财产占总投资额的比例和财务分析。

(3) 项目建设的经验、教训及有待解决的问题，包括结余设备、材料的处理意见和收尾工程的解决办法等。

项目竣工决算由建设单位汇总编制，其中有关施工部分的决算，由施工单位向建设单位提供。竣工决算编制完成之后，应报主管部门审查，同时抄送各有关部门并送开户投资银行签证。

2. 工程项目竣工财务决算报表

工程项目竣工财务决算报表按大中型建设项目和小型建设项目分别制订。

大中型建设项目竣工财务决算报表包括建设项目竣工财务决算审批表、大中型建设项目概况表、大中型建设项目竣工财务决算表、大中型建设项目交付使用资产总表和建设项目交付使用资产明细表。

小型建设项目竣工财务决算报表包括建设项目竣工财务决算审批表、小型建设项目竣工财务决算总表和建设项目交付使用资产明细表。

三、项目成本决算的编制

此处以工程项目的竣工决算为例，说明成本决算的编制。

1. 工程项目竣工决算的依据

工程项目竣工决算的主要依据包括十条。

(1) 经批准的可行性研究报告及其投资估算书。

(2) 经批准的初步设计或扩大初步设计及其概算或修正概算书。

(3) 经批准的施工图设计及其施工图预算书。

(4) 设计交底或图样会审会议纪要。

(5) 招投标的标底、承包合同、工程结算资料。

(6) 施工记录或施工签证单及其他施工发生的费用记录、如索赔报告与记录、停（交）工报告等。

(7) 竣工图及各种竣工验收资料。

(8) 历年基建资料、历年财务决算及批复文件。

(9) 设备、材料调价文件和调价记录。

(10) 有关财务核算制度、办法和其他有关资料文件等。

2. 竣工决算的编制步骤

(1) 收集、整理、分析原始资料。从工程开始就按编制依据的要求，收集、清点、整理有关资料，主要包括建设项目档案资料，如设计文件、施工记录、上级批文、概（预）算文件、工程结算的归集整理，财务处理、财产物资的盘点核实及债权债务的清偿，做到账账、账证、账实、账表相符。对各种设备、材料、工具、器具等要逐项盘点核实并填列清单，妥善保管，或按照国家有关规定处理，不准任意侵占和挪用。

(2) 工程对照、核实工程变动情况，重新核实各单位工程、单项工程造价。将竣工资料与原设计图纸进行查对、核实，必要时可实地测量，确认实际变更情况；根据经审定的施工单位竣工结算等原始资料，按照有关规定对原概预算进行增减调整，重新核定工程造价。

(3) 投资支出严格按要求列支。经审定的待摊投资、其他投资、待核销基建支出和非经营项目的转出投资，按照国家有关部门的要求，严格划分和核定后，分别计入相应的基建支出（占用）栏目内。

(4) 编制竣工财务决算说明书，力求内容全面、简明扼要、文字流畅、说明问题。

(5) 认真填报竣工财务决算报表。

(6) 认真做好工程造价对比分析。

(7) 清理、装订好竣工图。

(8) 按国家规定上报审批，存档。

3. 项目成本决算编制实例

某冶炼厂年产锌1万t（小型建设项目），竣工财务决算如表14-28所示（其他表格略）。

通过竣工成本决算，核定了企业新增固定资产和流动资产，其结果是企业办理交付使用的依据，同时对建设项目实际造价和投资效益也进行了总结。项目成本决算是对建设项目进行财务监督的有效手段。

表14-28 小型基本建设项目竣工财务决算总表

建设项目名称：××冶炼厂			建设地址：××县城东南					资金来源		资金运用	
初步设计概算批准文号								项目	金额/万元	项目	金额/万元
								一、基建拨款	270	一、交付使用资产	4140.4
占地面积	计划	实际	总投资/万元	计划		实际		其中：预算拨款	100	其中：固定资产	3604.75
	128公顷(1公顷=10000m²)	128公顷		固定资产	流动资产	固定资产	流动资产	二、项目资本	1050	二、待核销基建支出	
				3000	500	320.8	453.5	三、项目资本公积		三、非经营项目转出投资	
新增生产能力	能力（效益）名称		设计	实际				四、基建借款	1400		
	1万t/年		1万t/年	1万t/年				五、上级拨人借款	1050	四、应收生产单位投资	
建设起止时间	从 年5月开工至 年7月竣工							六、企业债券资金			
	从 年5月开工至 年10月竣工							七、待冲基建支出			
基建支出	项目							八、应付款		五、拨付所属投资借款	
	建筑安装工程							九、未交款			10.00
	设备工具器具							其中：未交基建收入		六、器材	15.60
	待摊投资							未交包干结余		七、货币资金	50.00
	其中，建设单位管理费							十、上级拨入资金	50	八、预付及应收款	24.00
	其他投资							十一、留成收入		九、有价证券	
	待核销基建支出									十、原有固定资产	
	非经营性项目转出投资										
	合计							合计	4270	合计	4270

第十一节 项目成本管理信息系统

在项目管理进程中，成本管理是一个逐渐明晰的过程，在项目构思、可行性研究、计划、设计、实施、最终结算各个阶段中，形成一个不断补充、修正、调整、反馈和控制的过程。不同阶段的成本估算精度是逐渐提高的。人们希望项目一开始就作出精确的成本估算是很困难的；另外，项目管理者还要有效地使用专门知识和技术去计划和控制项目的成本目标与项目的其他目标之间的关系，例如，与范围、工期、质量、风险、资源、资金、人力、沟通等全部目标之间的协调，从系统的角度去观察和控制这些目标间的相互影响，使它们相互平衡，从而达到项目总体目标。项目成本管理系统（PCMS，Project Cost Management System）正是在这种现实的需要下应运而生的。

一、项目成本管理系统

（一）系统纲要

1. 系统描述

这套系统应当由业主的组织来安装运行，或者根据合同将其授权给一家有竞争力的项目管理公司来负责。另外一点，此系统必须能够维护数据、准备报告，能够有效地帮助项目班子在管理项目中制订出决策。图14-22通过PCMS的功能链接展示了PCMS数据的广泛影响力。

2. 系统处理过程

项目成本管理系统是从投资者的角度来管理项目的成本。图14-23展示了在项目实施期间的成本管理系统的图式结构，可以看到项目成本管理系统不是单纯的项目成本累加，它体现了成本的信息化过程。PCMS意味着整套复杂的表格、程序、步骤以及报告，而这些设计是专门用来获得或给出项目成本的信息。

PCMS明显不同于传统公司的财务信息系统（Financial Information System，FIS）中的财务章程或账目表。在FIS中，账目是各种历史成本累积的永久性的储存所。每一个FIS账目的目的就是确定它的类型，例如，各类支付账目、购入资产的分类账目等。这也就是FIS不适用于项目管理目的的原因。

另外，不像公司中的FIS，PCMS在必要时忽略作为一个标准的日历时间。相反，它将重点放在最终的项目成本以及形成最终图表的那种阶段性的组成元素上。换言之，系统的这种报告性的功能至少对现在和历史起作用，甚至作用于未来。

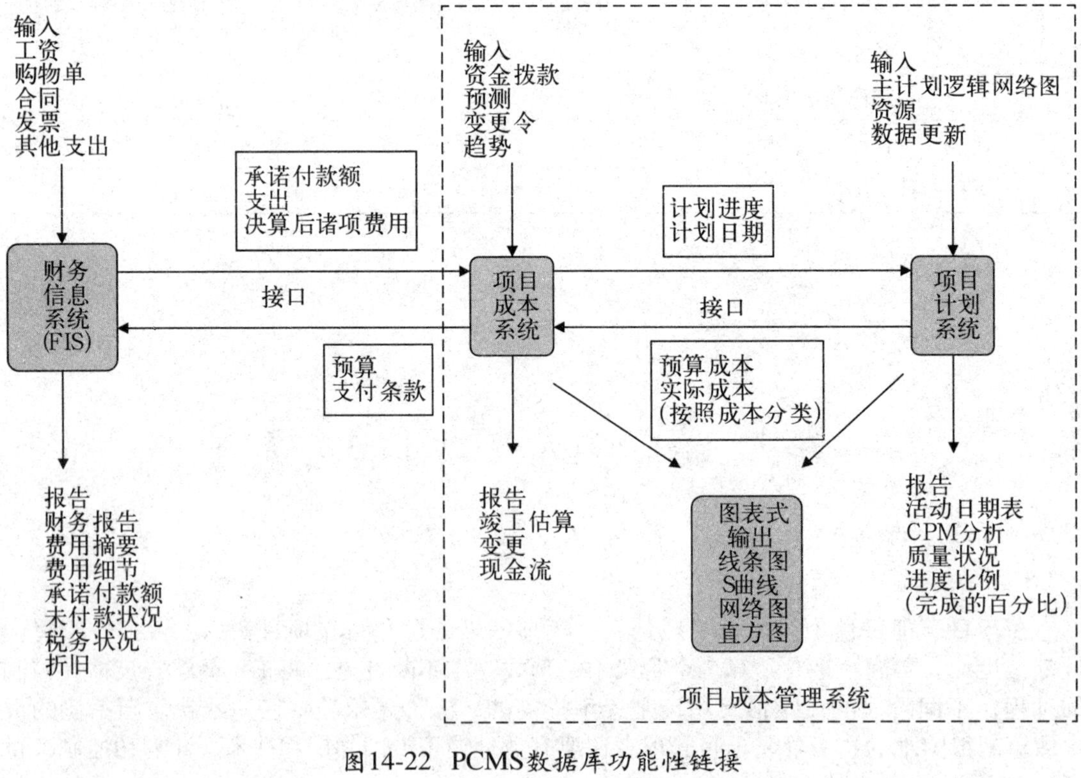

图14-22　PCMS数据库功能性链接

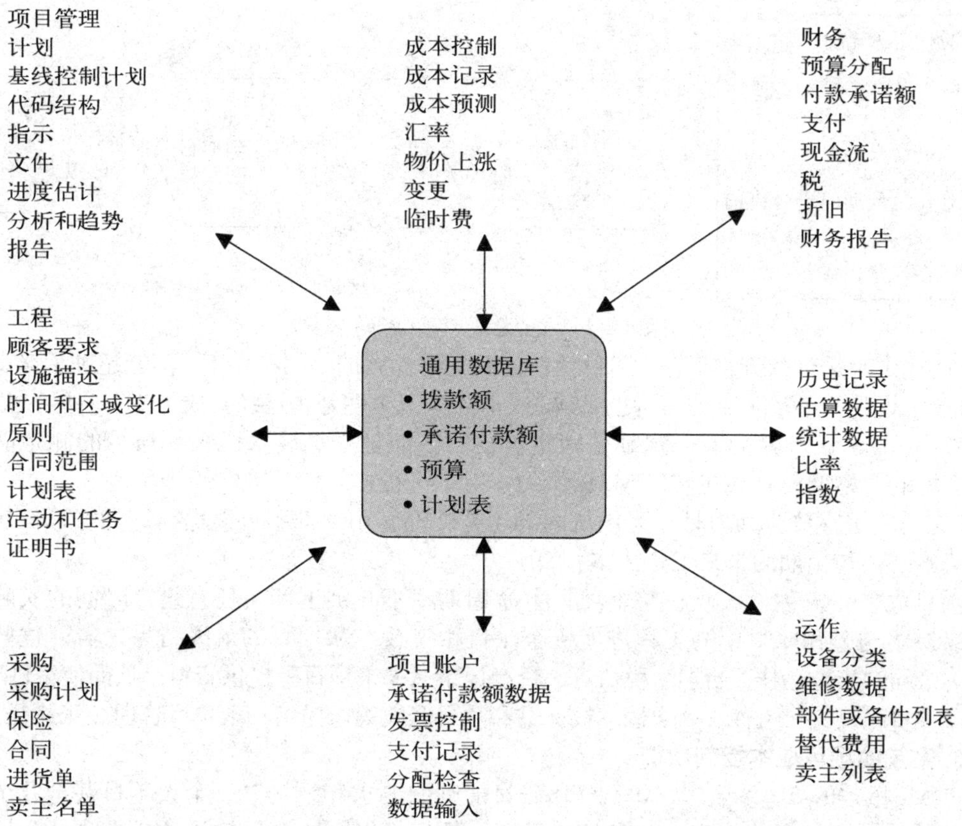

图14-23 在项目实施期间项目成本管理涉及的内容

报告的日期与时期会根据项目以及项目管理的要求随着项目进展阶段的不同而变化。也有可能要求非计划性的不定期的报告而满足在特殊情况下所需的成本审阅。如果PCMS仅仅是一个附加物，同时要求恰巧与典型的FIS月末活动或年终累加相一致，那么PCMS报告可能会被认为是滞后的。这就是PCMS要从FIS中分离出来的另一个原因。PCMS需要一个几乎独立的系统。尽管如此，它也可能不得不满足某种公司对FIS的要求来达到一种和谐性，同时维持它的可靠性。

为了服务于项目管理，重点应该放在未来的成本上，因为毕竟未来的成本对管理控制起着敏感性作用。因此，PCMS必须既能够处理“硬”的历史记录或已发生的成本，又能够处理“软”的预投资或预期成本。

PCMS中包含的主要处理过程是数据的获得、储存、修正，以及一定量的计算与数据分析，图14-24展示了这个过程。从此图中，我们可以看出，项目成本的控制是在项目的预算成本的基础上进行管理的。项目的状况是通过比较竣工时的决算成本与得到批准的资金拨款决定的，比较结果的不同会影响到报告日期的变化，接下来的变化的比较显示出是否应有提高或降低的趋势。

对忙碌的项目经理来说，影响到项目质量的最明显的一条信息是日期变动方面的变更或有此种趋势。其实最高水平的项目管理是基于理论成本而不是基于实际发生的成本。从法律角度来看，经签名的合同、协议书、买货单，类似于此的这类账单称为公司成本。根据FIS，它们在未开发票付款之前，属于软成本的（应付款）。

如果项目是利用承诺付款额与超出额来管理的，那么包括实际成本有什么目的呢？下面是项目班子为什么应密切关注实际支出的几个原因。

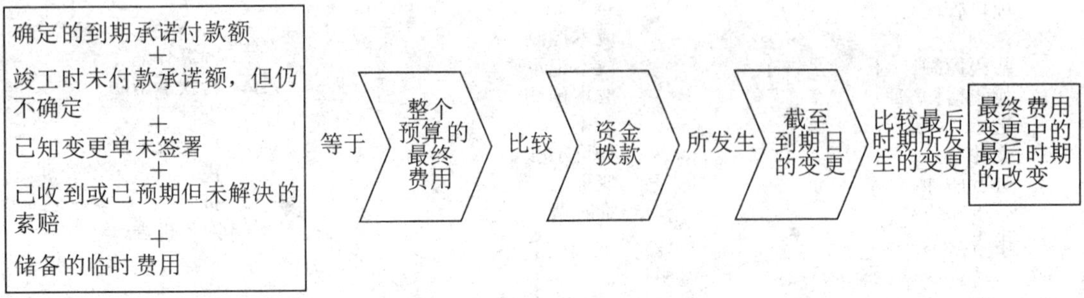

图14-24　注意最终费用的变更

(1) 固定承诺付款价格后，实际付款在没有文件性质调整的条件下，不能超过承诺支付款额。同时，即使是突然下降的支付也必须进行调查，以查明是否已经完成了所有应尽的义务。

(2) 一些承诺付款额不一定都是固定价格的，而是根据要求或最终质量的测定而确定的。合理的价格调整必须在有PCMS记录的情况下进行。

(3) 当雇用直接劳动力时，无论从内部还是外部雇用，都不可能提前计划好，但实际的工资成本必须与预期的未来工资成本相符。

项目成本（或称投入）在整个项目生命周期中不断被更新，任意给定时间的实际成本的记录应当与公司账目中的工程进度资金账目相一致。从项目的最终结果来看，这些记录可以为公司的资金运作、折旧、税估算、资产记录、未来项目等提供资料。从而使得PCMS通过资产项目以及材料文件，如合同、投标书和项目概要等，提供一条项目管理查账途径。

3. 系统的项目成本控制功能

PCMS报告的要求和结构不同于FIS账目准则的要求和结构。一个大项目甚至几个项目在财务系统中所包括的内容，如各类担保证、投标担保、决算后的诸项成本和抵扣后清账的款项等，都需要由有经验的人员建立特殊程序以及在明细分类账中有专门的记录。为了使其变得更加有效率，项目班子必须对这些专门的账目有当前状况的报告，这些经常被作为评价承包商工作表现的一部分。当有多个项目需要管理时，也需要检查一个单独的供应商或承包商的FIS记录，以查明他们的商务和整个债务的情况。这些信息在投标前资格预审或接受额外工程时有特殊的作用。

因此，一个大型项目或几个比较小的项目，对财务部门来讲意味着工作负担方面的明显增加，以及在优先权方面的明显的转变。从各种利益方面来考虑，建一套独立的项目成本信息管理系统进行项目成本管理是非常必要的，应当由项目会计师、项目估价人员、项目成本工程师、项目账目管理人员或有类似资质的人员来管理和维护 PCMS。此人对公司总会计师负责，且使用同一套成本数据资源库。但记账以及向项目班子报告的方式可能会不同。

在项目计划阶段，项目成本管理功能的主要责任是成本估算、预算形成计划。当项目进入到实施阶段时，此项功能就变为成本报告及成本预算修正了，这些成本的控制功能如下：

(1) 维护系统主要章程。

(2) 对被要求用来完成项目的设备、材料以及服务进行汇总，以计算竣工时的最终成本。

(3) 发货单控制以及支付记录。

(4) 对成本类别划分以及输入数据。

(5) 实际成本与计划成本的比较，变更报告。

(6) 成本预算，投标书比较，投标以及特殊关键条款。

(7) 材料、设备、服务的成本计算。

(8) 成本报告、成本数据、进度走势、S曲线以及直方图。

(9) 变更通知，估算与控制。

(10) 成本问题的分析与解决。

(11) 涨价、利息以及汇率趋势和统计数据。

(12) 资金拨款宽容及应急资金储备的状况。

(13) 现金流预测。

(14) 成本与估算记录的档案文件。

进行变更的权利与责任仅应当由业主代表在项目管理中使用。然而对成本控制的程度依赖于所有的机制，项目管理、设计与施工，采购与施工管理，它们中的每一个对其负责的区域负责。换句话讲，成本控制是整个项目班子的责任。图14-25显示了贯穿于整个生命周期中计划与施工阶段的成本控制行为的方法，所示的顺序代表了良好运作的建筑业的实际情况。

(二) 系统功能

项目成本管理系统的功能是为了实现成本控制，这也是项目管理三大控制任务之一，它直接涉及项目各方的切身利益。该系统的功能包括四个方面。

1. 文件组织系统

文件组织系统反映了用户在估价过程中要用到的文件。它主要包括可供估价师调用的原始资料文件和估价师估算工作结果的记录文件。

(1) 原始资料文件。

1）工程初始数据文件，是将工程量计算的有关数据（如柱子高度，截面积等二维、三维尺寸）输入计算机，为工程量的计算提供文件支持。

2）定额库文件，是计算工程直接费的基础数据库，它由消耗量库、资源价格库、定额基价库组成。

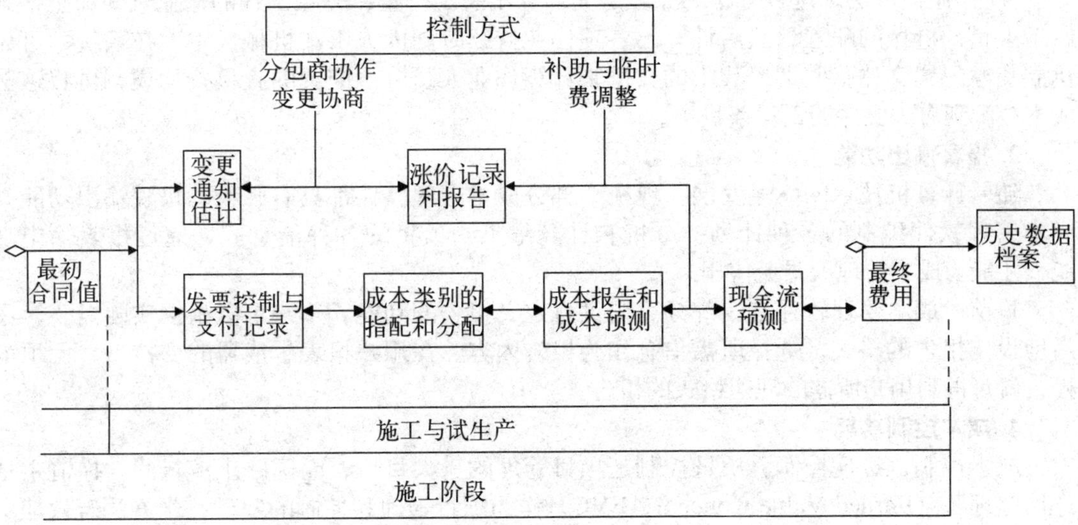

图14-25 从成本控制的角度来看项目生命周期

(2) 记录文件。

1）直接费文件。存放各种结构件、分部分项工程及整个工程的全部直接费构成。如果由于市场变化等原因导致直接费构成发生变化，则将经调整后的直接费存放于该文件中。另外，各类人员，如估价师、施工人员，也可调用直接费文件。

2）管理费文件。存放管理费、利税、税金及其他摊销费等数据。

3）工程量清单文件。存放有关工程量的众多细节内容，如工程编号、工程名称及概要、工程量、单价等内容。

2. 计算功能

它是成本管理系统基本且重要的功能，只有通过它才能实现对数据的加工和处理。我们可以把它分为两部分。首先，根据工程设计图样计算各分部分项工程的人工、材料、机械的资源消耗量及工程量；其次，利用所得数据，并选用适当的估价方法计算出工程估价。

(1) 工程量计算。计算工程量贯穿于整个施工过程的各个环节，是工程估价中最烦琐且重要的工作。工程量是工程估价的主要数据，它的准确性决定了工程估价的准确程度。由于工程初始数据输入的复杂性，在目前的成本管理软件中，有一部分仍需用户输入工程量，即由人工完成工程量计算。另外一些软件如Cato2000，只需简单输入二维或三维尺寸，并加以必要的描述，就可完成该项工作。

(2) 估价计算。估价计算相对于工程量计算较为简单，整个过程分为三步。

1) 在工程量清单文件基础上，调用定额库文件，并根据定额估算法，将计算结果相应输入人工费文件、材料费文件、机械费文件，这样有利于进行工料分析。

2) 将人工费文件、材料费文件、机械费文件相关联，并调用其中数据，可计算出直接费。

3) 打开直接费文件和管理费文件，汇总计算，得出数据输入估价文件。

估价方法是计算各分项工程人工、材料、机械的消耗，进而得出分项工程直接费的方法。由于各国的习惯做法，施工验收标准和具体施工方法不同，估价师按不同方法进行估价。具体有几种估价方法，单位定额估价法、作业估价法、匡算单价法、分包报价法、并入法、条目合计价法等。在土木工程估价中广泛采用单位定额估价法和作业估价法。

(3) 单位定额估价法。定额是在一定生产条件下，生产质量合格的单位产品所需消耗的资源的数量标准。这种方法是先选定额项目，再定义资源定额，并将资源价格库中的费率与之相乘，就可得到直接费单价。我国设计的估价系统通常采用这种方法。

(4) 作业估价法。这种方法的原理是先计算出总工作量、分项工程的作业时间和正常条件下人员、机械的配置，然后计算出各项作业持续时间内人工和机械成本。在系统中可先建立资源配置文件，并调用其中的数据来计算作业人员资源配置的直接费构成，再将这些成本分配到有关文件的工程条目中。

3. 报表输出功能

随着计算机技术的飞速发展，现在大部分成本管理软件都具有强大的报表输出功能。成本管理软件编制的各种计划、分析和计算结果、项目的各种信息等，通过报表输出功能，才能为成本管理人员所使用。

目前，成本管理软件有一部分可提供自定义报告的功能，用户可以根据实际需要，灵活地设定报告的格式，选择所需信息作为报告内容。在用户报表生成器的支持下，无须编程，就可得到用户所需的理想格式的报告。

4. 成本控制功能

成本控制、进度控制、质量控制是项目管理的三大目标，而国际上流行的“挣值定量评估定理”（Earned Value Concept，EVC）作为项目管理和控制的基础科学方法有效地实现了对项目的动态控制与管理，这种管理模式在国际上已被作为衡量承包商是否具备承包资格的标准之一。

（三）系统设计

考虑到整个系统的通用性，我们单独设计了程序和定额库以满足数据与程序的高度独立要求。

程序设计是计算机软件开发的一个重要部分，程序的质量直接关系到整个软件的质量，程序的设计方法对程序质量有直接影响。现在流行的结构化程序设计方法是用一组标准的规则和图表工具，确定系统有哪些模块，用什么方式连接在一起，从而构成比较完善的系统结构，在此基础上根据“由顶向下，逐步细化”原则进行详细设计。

工程造价的基础是概预算定额，而每项定额都由其所消耗的各种资源定额消耗量及这些资源在一定时间和地区的市场价格乘积之和得到。由于工程造价定额是在一定条件下，生产合格的单位产品所需消耗的人工、材料、机械台班的标准，具有客观性，一般不产生变化，且适用的范围也比较广。而资源价格具有社会性，它随国家的政策、经济形势的变化而波动，会随着地区和时间的不同而有所变化。由于这两方面因素的差异性，应建立各自的数据库，便于各方面数据的维护和管理。定额库包括消耗量库、资源价格库、定额基价库三个库。其关系如图14-26所示。

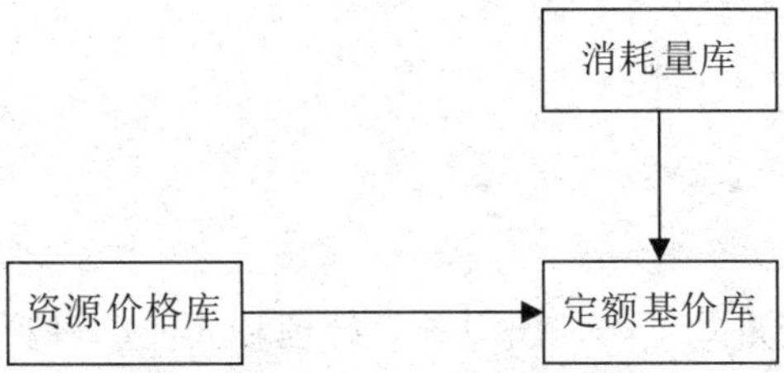

图14-26 三个库之间的关系

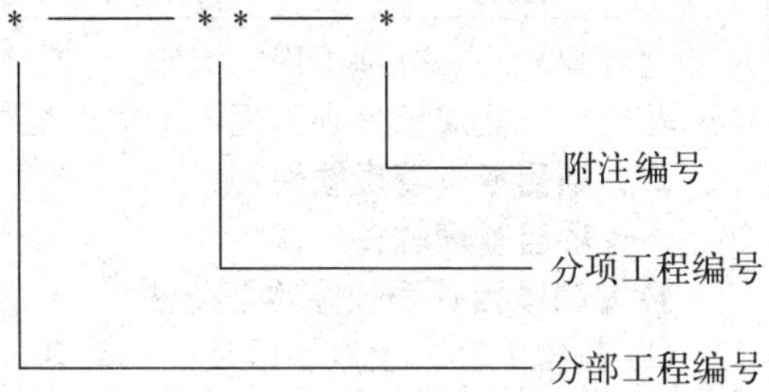

图14-27 具体编码形式示意图

1. 消耗量库

消耗量库是储存完成某分项工程所需人工、材料、机械的定额用量的数据库，它是进行工、料、机分析与汇总的基础数据库。消耗量库的结构设计是关键，它是影响系统运行速度，解决定额换算的重要问题，消耗量库结构设计水平高低制约着系统功能的实现，消耗量库结构如下所示。

分项工程定额编码	单位1	资源编码	单位2	消耗量	标记1

分项工程定额编码——根据电算化的要求，将定额手册中每项工程的定额编码号按一定的逻辑顺序排列成字符串，它是区分和识别一个定额项目的关键字，必须能代表某个定额的一切特征。它包括分部工程编号、分项工程编号、附注编号。其中附注编号说明该定额是换算定额，还是补充定额，具体编码形式如图14-27所示。

单位1——定额的单位。在定额手册中，定额项目的计量单位有多种，必须选择合适的计量单位。选定的定额单位必须与工程量文件中的计量单位保持一致。

资源编码——分项工程所消耗资源的具体编号。

单位2——分项工程所消耗资源的单位，该单位选择要与资源价格库相应的单位一致。

标记——说明分项工程消耗的资源是人工、材料，还是机械。

2. 资源价格库

为满足不同时期和地区使用定额库的需要，我们设置了资源价格库。由于资源价格受市场因素影响，所以资源价格库需要经常调整。一般资源价格库结构如下所示。

资源编号	资源名称	资源规格	资源单价	单位	日期

资源名称——不应泛泛说明所属人工、材料、机械，以材料为例，应具体到到底是哪种材料，如水泥。

资源规格——人工类，在国际市场，一般按技术条件分为普工、技工和高工三个等级；材料类指区分同种材料的特征，如水泥的标号；机械类，指机械的型号等。

资源单价——人工类，按工资标准分小时工资、日工资和月工资三种，一般采用日工资；材料类，主要包括市场价、运杂费、保险费等。

日期——资源价格的确定日期，该字段的设置有利于长期统计、整理、分析查询，掌握市场价格变动情况，以利预测。

3. 定额基价库

工程定额基价是定额单位（分部分项工程、结构件等）所需全部人工费、材料费、施工机械使用费之和。定额基价库是通过调用消耗量库中完成某项定额所消耗的各种资源定额消耗量及资源价格库中各种人工、材料、机械价格来实现的。它是计算工程直接费的基础数据库。定额基价库结构如下所示。

定额编号	分项工程名称	单位	人工费	材料费	机械费

定额编号——分项工程的编码。

基价——完成该分项工程人工费、材料费、机械费总和。

二、项目成本管理软件

(一) 项目管理软件

1. 编制项目管理软件的必要性

(1) 简化工作。项目管理是一项复杂、细致而繁重的工作，所以项目经理和其他项目管理人员需要合适的辅助工具。在项目实施的过程中，随着项目的进展、环境的变化，管理者需要随时调整项目计划，并做出各阶段的汇总、报表、报告等，其工作量是惊人的。

随着计算机技术的快速发展，利用计算机对项目各方面相关信息进行集成化管理已成为可能，并且越来越必要。利用计算机软件辅助项目管理工作有很多好处。

1）精确。计算机软件擅长处理绘制甘特图、网络图、计算各任务的起止时间、监控各资源的使用情况等事务，并且可以自动检测出人工的疏漏和错误。

2）经济。虽然项目管理软件价格不菲，但如果没有软件，这部分工作就需要更多的人力和时间来完成，就会耗费项目本身的人力资源和时间，这同时意味着更多的资金损耗。这种隐形的代价往往是无法估量的。更重要的是，如果没有项目管理软件，人工管理的出错概率可能会增加，由此导致的项目风险也可能成倍地增加。

3）速度。计算机在数据运算与信息处理速度上的优势是手工操作不可同日而语的。

4）处理复杂问题的能力。绝大多数情况下，使用软件能够使工作简单得多。特别是对大型项目来说，软件的应用价值更大，效益更明显。

(2) 指导工作。项目管理是一项需要丰富经验、高度技巧的实践性技术，对于项目管理人员的知识、经验、技能等综合素质要求很高，而这样理想的项目经理人选或许是难以找到的。特别是今日的中国，经济建设突飞猛进，百业并举，迫切需要大批量高素质的项目管理人才。因此，项目管理专家的需求缺口很大。可以说，缺乏高素质的管理人才已经成为制约我国项目上档次、投资上效益的一大“瓶颈”。

然而经验的积累却需要时日，人才的培养不可能一蹴而就。解决这一难题的办法是，1）加速培养；2）大量引进；3）使用“专家系统软件”。

“专家系统”是计算机技术的重要分支，它是针对特定的知识或技术领域，将有关专家的思想、经验、方法、技术、窍门等汇集在一起，供使用者参考、学习，指导使用者像专家一样解决实际问题。

2. 项目管理软件的基本功能

(1) 日程表。项目管理软件通常提供日程表功能，用以确定项目中各项资源的工作时间。根据这些日程表，企业可以自动计算出项目的进度计划，自动检测出资源分配的合理性与冲突。汇报工作进度时也要用到这些日程表，汇报者可以将每项资源按日、周、月或年显示/打印出来。

(2) 项目计划。所有项目管理软件的基本作用之一是帮助用户制订项目计划。每一个项目都是由许多任务组成的，合理科学地安排各项任务对每一个项目都是至关重要的。

一般的，项目管理软件可以支持几千至上百万个相关的任务。另外，大部分软件支持建立工作分解结构。

(3) 进度安排。项目管理软件提供许多自动化的功能，使这一大量而烦琐的工作大大地减轻。大多数软件可以依据任务清单、资源清单以及所有的相关信息自动制作出甘特图、网络图，并且随时自动地将这些信息的更新情况反映在进度安排上。

另外，用户可以制订进度安排的优先顺序，制订从结束日期向开始日期的反向进度安排，确定工作轮换班次，调整任务，调整工期和开始及结束时间等。

(4) 项目监控与跟踪。为项目设计好计划后，必须对此计划的实际执行情况进行监控和跟踪，包括时间进程、实际费用和资源消耗情况。项目管理软件一般是支持建立一个比较基准计划，并就实际进程及其成本与基准计划中的相应部分进行比较。软件可以提供多种类型、多种格式的报告，帮助监控和跟踪这些随时更新的信息。

(5) 资源管理。项目管理软件一般是通过资源清单实现对资源的管理。清单中可以罗列数以万计的各种资源，包括各种资源的名称、代码、描述、可以利用的时间极限、日程表、收益方式等。用户可以为任务分配资源，设定资源配置的优先标准，管理同一任务中多个资源的工作顺序。

软件还可以自动检测资源分配是否合理，例如，在某些任务上的资源分配是否太少或过多，并能突出显示不合理的分配，帮助用户修正、调整、均衡不合理的配置。

(6) 预算与成本管理。为了完成同一项任务，无论是谁，都必须付出一定的代价，或者付出人工，或者占用机器时间，或者消耗材料，最终都可以反映为一定的费用，这就是成本费用问题。人员的工资可以按小时、日、周、月、年等来计算，包括加班情况的处理，也可以是指定期限一次性支付；对于原材料，则可以确定其持续成本或一次性支付成本。

此外，还有由用户自定义成本函数的算法，使软件计算出项目总成本、各阶段成本、各资源成本，以及各项任务的成本情况。在项目进行过程中，随时可以跟踪费用的支出情况，就单项资源费用、团体资源费用或整体费用实际支出情况与预算成本进行比较、对比分析，随时打印出来，做出报告、小结和计划调整。

(7) 子项目及多重项目的管理。大多数项目管理软件都可以提供这方面的帮助。它们支持把每一个项目或子项目存放在不同的项目文件里，而在每个文件之间建立起必要的连接，以使共用资源的分配相互之间不产生冲突，并能绘制出相互之间没有冲突的甘特图和网络图等。当然，项目管理软件也支持将不同的项目存放在同一个项目文件中，同时处理成百上千的项目。使用多项目文件的最重要的特点是，在不同的项目之间共享资源，平衡几个项目之间的人员和设备的工作负荷。

(8) 打印图表。利用项目管理软件，可以打印符合特定的人或工作所需要的视图和报表。现今流行的项目管理软件已经有了强大的报表功能，包括标准报表、反映全面信息的各种财务报表、资源配置报表、阶段信息汇总报表、全面汇报报表、交叉报表、变量基准对比表等，而且，大多数软件支持用户自己定制新的报表形式。

(9) 排序与筛选。排序功能使用户浏览信息更加快捷、方便。例如，按成本从高到低的顺序排列各资源，一目了然地了解影响整个项目成本的关键因素；按字母或代码的顺序将任务、资源等进行排列，可以快速地从长长的列表中找出当前所关心的任务或资源，便于维护和操作。

筛选功能帮助用户从繁多的清单列表中选择出符合条件的具体内容，暂时隐藏起与当前所关注的问题无关的任务、资源等，以使清单、报表等简洁、清晰。

(10) 信息共享。项目的组织与实施往往涉及许多人，分布在不同的地方。传统的沟通手段需要大量的人力与时间，致使沟通本身的成本很高，效果也不好。比较新的项目管理软件通常都可以支持电子邮件等高效、远程的信息沟通手段。

(11) 调整与优化项目计划。一般来讲，项目应该尽可能早地进行分析和调整，项目开始后还需要随时检查和调整。项目的评估取决于日程中信息的详细程度。利用项目管理软件，可以模拟演练多种可能方案，分析各种计划的日程安排，比较其实施结果，从而缩短项目工期，合理配置资源，使计划符合成本预算。

(12) 信息安全性。项目管理中，可能有某些信息是不便于公开的，某些信息只对某部分人员开放。所以，信息的安全性是一个重要的需要考虑的方面。较新的项目管理软件中，大多有密码保护功能，以确保未经授权的人员不能够获知其不应该知道的内容。某些项目管理软件可以分别对项目管理软件包本身、单个的项目文件、项目文件中的部分信息项等施加分层次、分级别的口令保护。

3. 项目管理中项目管理软件的作用

(1) 项目计划。一般的项目管理软件包可以为项目计划工作提供如下的支持功能。

1）生成任务清单，包括它们的预计工期。

2）建立各任务之间的相互依存关系。

3）以不同的时间尺度为观察角度，例如，小时、日、周、月和年。

4）处理某些限制条件，例如，某项任务必须从某一天开始，某些时间的工作人数不得超过5人等。

5）跟踪团队成员，包括他们的薪金率、迄今为止在项目上的工作时间、即将到来的假日日期等。

6）将公司的节假日、周末和团队成员的假期整合于日历表中。

7）处理工作人员的轮班工作时间（早班、中班、夜班）。

8）预测并监控预算。

9）寻找冲突和矛盾，例如，时间冲突、资源配置不当等。

10）生成种类繁多的报告。

11）与其他软件包，如电子表格、数据库系统等接口。

12）以不同的方式整理信息，例如，按项目、按团队或按工作类型来整理信息。

13）处理多个项目。

14）联机工作，并对进度、预算或全体职员的变动情况迅速做出反应。

15）将实际成本与预算成本加以比较。

(2) 进度安排。一般项目管理软件的基本功能之一是安排工作进度。估计和调整各项活动的工期，可以以小时、日、周、月或年为单位，通过简单的鼠标操作就可以方便、快捷地实现从日到周、从周到月等时间转换。日历表为项目经理提供了周末、节假日等处理功能。

(3) 进度控制。项目一旦开始实施，就必须对其进度进行监控，以确保每个任务按进度如期进行。监控的实质是将项目进行的实际过程与计划进度进行比较。如果发现项目进展落后于计划进度，则必须采取措施加以纠正和弥补。

项目管理软件帮助项目团队对项目的实际进程进行监控。当一项活动正在进行中或已经完成时，可以将当前信息输入，则软件会自动更新实际进度情况，并与计划进度相比较，判断其是否按计划进展。

同样，如果未来活动的预计工期发生了变更，软件会自动根据输入的变更信息更新整个进度计划。全部甘特图、网络图、表格、报告等都会自动更新，以反映最新情况，不必一一修正，不会出现数据不一致、相互矛盾的情况。

(4) 资源配置。对于资源配置问题，项目管理软件可以提供良好的功能。大多数项目管理软件包用资源表的形式来组织资源信息。

资源表由项目团队来创建并且维护，包括资源的名称、可获得的最大单位数量、标准和超时工时率以及成本等条件。该表中的资源是该项目中各项任务可以获得的，并且可以编制一个日历表来反映其可获得的时间限制条件。

项目管理软件能够自动判断并提醒使用者：是否在一个或几个项目之间有过量的资源分配；是否有资源配置的时间冲突……软件能够以图表的形式使资源的分配、利用等情况得以清晰、直观地表现。

项目管理软件通常能提供两种选择来解决资源冲突，或平衡资源分配：一种是手动修改方式，由使用者修改任务信息、要求，或修改资源表，然后重新评估问题是否得到了解决；另一种是由软件自动尝试修改过程，以找到解决问题的途径，提出修改意见，供项目团队参考、选择、做出决定。

(5) 成本计划与绩效。项目管理软件使成本核算变得容易。软件记录着与每一种资源相关联的各种成本，也记录着与每一项活动相关联的各种资源使用情况，从而计算每一工作包和整个项目的预算成本，并可以随着项目的不断进展随时计算实际成本，预测期末成本。

项目管理软件通常允许使用者对每一种资源定义不同的价格结构，以反映现实中每一资源价格结构的不同。为各种资源付费的时间点也是不同的，软件可以自动地根据设置随时按需要计算出来。在项目进展过程中的任何时候，都能容易地算出有关每一项任务、每一个工作包乃至于整个项目的成本估计、分摊总预算成本、累计预算成本、实际成本、盈余量、承付款项、成本绩效指数、成本差异和成本预测等指标。同时，各种表征成本分析的图表也可以即时得出，用以帮助分析成本绩效。

4. 典型的项目管理软件

(1) 通用项目管理软件（P3，Primavera Project Planner）。P3是美国 Primavera公司的产品，用于工程计划进度、资源、成本控制，是国际上流行的高档项目管理软件，已成为项目管理的行业标准。它有两个补充模块Parade和Expedition。Parade用于工程成本分析预测和项目执行评估；Expedition用于工程合同、文书、事务管理。

P3软件可用于任何工程项目，能有效地控制大型复杂项目，并可以同时管理多个工程。P3软件提供各种资源平衡技术，可模拟实际资源消耗曲线、延时；支持工程各个部门之间通过局域网或Internet进行信息交换，使项目管理者随时掌握工程进度。P3还支持ODBC，可以与Windows程序交换数据，通过与其他系列产品的结合支持数据采集、数据存储和风险分析。

(2) 专项项目管理软件Pro Trak Plus（成本核算）。Pro Trak Plus是支持多个小项目的成本核算系统。对每个项目，它可以跟踪预算、实际投入和透支情况，而不跟踪假定盈利，这一切都基于实际项目目标、工作顺序、票据、时间表等。利用多达20组用户定义代码，可获得对最终成本与资金的预测。根据对进度进展与实际完成情况的跟踪可以评价预算与进度计划的符合程度。结合一个内涵应用工具Pro Trak Cab可在系统范围内生成关于成本与进度的明细与汇总报表。

(3) 专用项目管理软件firstcase（应用软件开发）。firstcase是AGS管理系统公司的产品。firstcase是一个基于个人计算机平台并支持客户机/服务器管理应用系统开发的程序。

fc methods，一套方法论包括：

1）客户机/服务器系统开发——它提供一个框架并指导开发客户机/服务器的应用。

2）企业体系结构规划（EAP）——它给出信息系统战略计划的开发指南。

3）信息工程——一个关注商业需求和企业战略的方法。

4）结构开发——它强调开发过程的传统方法应用，这一方法适用于特定应用开发项目的项目管理。

fc process是一个过程管理单元，它提供一套自动的方法论，可根据客户的不同需要进行过程管理，或者自动采用自己的标准和方法管理，也可采用任何其他商业方法进行管理。

fc manager提供估计（包括功能点分析）和项目管理。它等价于用户使用计划、组织、监测与指导一个数目不限的不同规模的任何复杂程度的项目管理工具。它包括项目模板并提供用于“what if”方案的项目仿真，并可以在多项目间进行资源约束进度计划。

fc developer是一个时间与进展情况报表模块，它提供一个机制来启动、指导和监测项目小组的工作活动。它自动向开发者提供“to do”任务列表，并指导他们为了完成这一活动而必须做的工作，同时指导开发者使用合适的技术。它提议开发者报告进展情况并实时报表。

使用firstcase企业可以通过工作站与位于局域网文件服务器上的中心数据库来工作。对于小型项目，firstcase可以在独立工作站环境中使用。

(4) 常见的项目管理软件。

1）Project Management Workbench（PMW）。PMW是商业应用技术公司（ABT）的商业项目管理软件产品，该软件可以管理复杂的项目。它运行在Windows操作系统下，提供了项目建模、分析和控制的图形化手段，具有项目管理所需的各种功能，深受广大工程人员的欢迎。

2）Project Scheduler。Scitor公司的Project Scheduler是一个简单易用而且功能强劲的项目管理工具，曾获得《电脑杂志》的“编辑选择奖”。它可以帮助用户组织所有项目管理活动，从多项目计划与跟踪到分析与报告，具有项目经理所需要的各种先进特性。

Project Scheduler图形界面出色，报表功能强大，制图方面也很突出。它可以通过相关联的甘特图、用户可配置的工作表与点击图标视图为用户理顺计划。利用项目分组，用户可以观察多项目中的一个主进度计划，并可以分离更新。数据可以通过工作分解结构、组织分解结构和资源分解结构进行整理与汇总。

Project Scheduler中资源的优先设置和资源的平衡算法非常实用。它提供了统一的先进资源跟踪工作表，允许用户根据一个周期的基础来评价资源成本与利用率。面向对象的报表书写器具有完全客户化的书写报表能力。Project Scheduler对多个项目及大型项目的操作处理也比较简单，还提供了详细的“what if”分析功能、ODBC数据库连接。

3）Microsoft Project。Microsoft Project是微软公司的产品，目前已经占领了通用项目管理软件包市场的大量份额。Microsoft Project的数据库保存了大量的详细数据。它可以利用这些信息计算和维护项目的日程、成本以及其他要素，并建立项目计划和对项目进行评估。

这个软件的主要优点是它与微软其他产品（Access、Excel、Power-point、Word）很相似，菜单栏、工具栏几乎一样。用户可以在应用文件之间轻易地移动信息资料，例如，可以把Excel资源表的成本信息转移到Microsoft Project中，Microsoft Project的甘特图也可轻易地转入Word中。日常用语、提示卡以及大量帮助范例大大简化了程序的应用，交互式日程系统、电子邮件以及分配设备的功能强大。现在，这个软件还包含应用文件的视像（Visual Basic for Applications），便于高级用户设计接口或自动处理重复性工作。Microsoft Project的缺点是它的关键路径处理，用户不容易查看，并且它也不如其他一些软件包能处理多个项目及子项目。

(5) Synergy综合项目控制系统。Synergy是美国Bechtel西方电力公司在其工程项目控制方法和工艺规程两方面积累了多年实践经验的基础上开发的一个高级软件产品。它以特有的各个功能模块作为公司工程项目控制的标准，它还作为产品销售到世界各地。

Synergy是一个十分完整的项目控制软件，能管理项目承包合同工作范围内的建设工作和维护两方面的所有项目控制因素。在程序结构上，它由围绕Oracle关系数据库建立起来的一套应用模块组成，用户可以根据合同条款的需要，任意选用模块，灵活的组合。软件在运行环境中对硬件的适应面较广，可以移植于各类PC机、VAX机或IBM的各类大中型机。

Synergy与用户的界面是一套驱动选单，通过它来进行人机对话，另外还可以通过一个接口模块，与任何工程计划进度控制软件接口，如P3。通过接口把Synergy的数量和费用数据送入Primavera；同时由Primavera把日期和目标反馈到Synergy中。

(二) 成本管理软件

工程项目投资大，数据繁多。项目管理人员不仅要求对数据处理的速度要快，而且计算结果要求准确。在激烈的市场竞争中，传统的手工计算已难以应对庞大繁杂的数据。对原始数据不断更新、补充、调整，以及对数据处理的多方面要求，强烈呼唤现代化工具的运用。计算机以其速度快、可靠性高等优点，逐渐介入项目成本管理范畴，并发挥着越来越重要的作用。

目前，一些专业软件公司和建筑公司开发出许多实用性强、技术水平高的商业化费用管理软件。其中比较优秀的软件有美国Primavera公司的项目管理软件P3，英国ECL公司的工程估价软件Cato2000等。一般来说，市场上的费用管理软件除具有文件管理功能、计算功能、报表输出功能等基本功能外，有些还具有费用控制功能，在对项目进展情况跟踪的基础上，通过分析实际费用和预算费用之间的关系，纠正偏差，达到费用控制的目的；估价功能，计算整个工程项目或其中一部分工程项目的估价；报价调整功能，根据工程预算、成本测算、中标模拟的结论，调整报价，形成最优投标报价。

1. 英国工程估价软件——Cato2000

英国ECL公司早在1979年就开发出了工程评估软件，经过多年实践不断补充、完善，于1993年推出工程评估软件——Cato2000。该软件与其他软件相比具有许多优点：灵活多样的输入方式和工程量计算方式，强大的分析功能，众多的辅助软件和支持软件，系统环境适应性强。其系统框图如图14-28所示。

(1) Cato2000的功能。

1）工程量计算。工程量清单生成程序于1979年即已开发成功，就目前来说，它仍是Cato2000的核心功能。由于Cato2000具有多种灵活的输入方式，其中Qmeasure软件与CAD连接，可以使一些工程量直接从设计图样得出。还能输入二维或三维尺寸，并加以必要的对分项工程描述，计算出工程量。在计算过程中，用户不仅可按常规方式进行工程量计算，也可由用户自己定义的组合项形式自动生成工程量清单。Cato2000还可按用户需要，产生大致的工程量清单或详细的工程量清单。

2）估价功能。在整个工程造价管理过程，主要涉及两次估价。一次是在项目方案阶段，要求快速而且准确的初步估算；另一次是在工程量计算过程中以及计算结束之后，以资源为基础的估价。两次估价虽然都是对项目进行费用估算，但应用的程序却不同。初步估算程序是根据过去类似项目的投标价或最终财务报告分析，并充分考虑投标价、项目地理位置、新设备要求和基本工程量等方面差异的前提下，进行的估算。

与之不同的是以资源为基础的估价程序是建立在工程量清单基础上的估价。

3）分析或评价。分析与评价功能是Cato2000最重要功能之一，这也是我国估价软件发展和需要借鉴的方面。分析与评价分两阶段进行。其一，在报价书形成之后，投标书递出之前，可调用其费用分析程序快速地进行投标分析，可通过存储在数据库中的过去投标或中标项目的报价书资料，以及用户的经验来分析报价书的合理性，中标的可能性，加以适当调整，这样可指导最终的报价决策，有利于提高标价竞争力，以便中标。其二，在施工过程中为有效地对项目造价进行控制，可经常将实际结算费用与合同价进行比较，并对费用差异进行分析和评价。

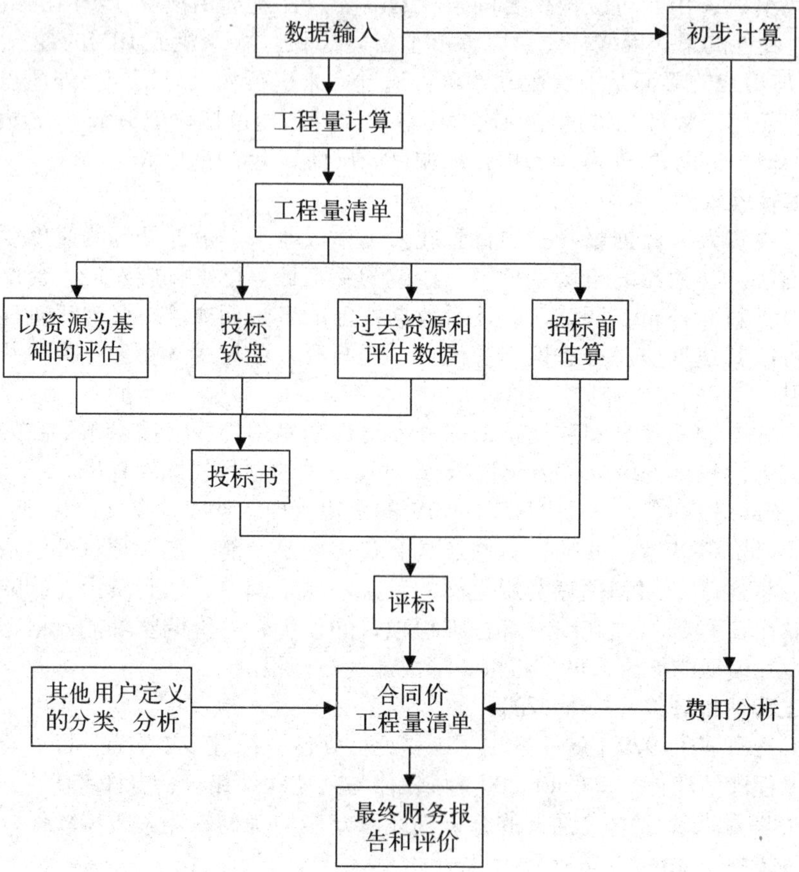

图14-28　Cato2000系统框图

4）财务和费用报告。Cato2000的费用控制和报告程序可自动生成财务报表或费用报告，并可依据对财务报表的不同需要，选择费用综合报告或详细报告。该软件还具有最终财务报告评价程序，它是在承包商中标之后，按Cato2000计算的报价书转入该程序，可自动计算已完工程的最新价值量并生成最终财务报告。

(2) 系统环境

Cato2000系统环境具有很强的适应性，既可用于单机用户系统，也可用于网络用户系统和多用户系统，满足了不同用户的需要。

1）单机用户系统。可以在IBM或其他在PC-DOS或MS-DOS条件下运行的可兼容的计算机上运行。

2）网络用户系统。适用Novell Netware或Microsoft MS-Net操作系统。

3）多用户系统。适用xemx或umx操作系统。

2. 项目管理软件P3

下面主要针对成本控制的功能进行讲述。

(1) 数据输入。数据输入是一项繁杂的工作，其中包括承包商提供的总施工计划的输入，项目实施过程中采集的数据输入等内容。用户利用P3能方便地输入数据。P3几乎能从所有的数据库系统，如Foxbase、Foxpro、ACCESS、Paradox和电子表格系统（如EXCEL）中读取数据。对于需要手工输入的数据，P3提供了三种方式。FORM、TABLE和PENGUIN，即线性、表格和图形方式输入数据。

(2) 资源和费用管理功能。用户可通过P3分配资源，利用P3提供的九种标准资源分布曲线，通过资源均衡解决资源冲突，调整和控制资源使用计划并对相应的费用进行管理。同时，P3允许非线性的资源分布，可根据工程实际进展调整资源费率和资源限量，以便项目实施保持一致。

P3提供了多达12项费用控制参数，可有效地对项目进行费用管理，可进行任一点上的汇总成本；措施调整后完成成本的预测；付款延误后资金需求预测以及盈利分析等工作。另外，P3提供用户可自定义的自动计算（Autocost）功能可调整工序预算费用。

(3) 强大的图形和文体报告输出功能。P3输出的图形报告包括横道图、纯网络图、资源需求网线、资源使用对比图、资源流曲线、现金流量图，同时显示资源流和横道图等多种形式图形。这些图形报告使用户对项目当前情况一目了然。

同时，P3还提供了100多种进度、资源、费用标准报告可供用户选择。并可在用户报表生成器支持下，无须编程可得到用户所需的理想格式的报告。

(4) P3还具有良好的用户图形界面Penguin、多项目管理功能、多用户功能，还具有一些特殊功能，如依次输入或批输入、或图形输入，DXF和ASCII文本文件的输入/输出等。

3. Project Central

Microsoft同时带来了Microsoft Project 2000的一个新的伴随产品——Project Central。

工程项目管理软件在过去的10年中已经取得了很大的进展，但是传达工程计划和使计划保持更新依然是重要的难题。虽然试验了各种各样的解决方案，包括客户机/服务器应用和电子邮件，但是没有任何一种方案可以显示出比Internet更大的潜力。

Project Central很清楚地显示出Web带给工程项目管理的一切，一种标准化的方式。这种方式通过一个不论何时何地都可使用的浏览器来访问工程信息并与之交互。管理员在Project 2000中创建工程计划并把它们下载到Project Central，Project Central将信息存放在数据库中（当前支持Microsoft Database Engine，Microsoft SQL Server和Oracle）。工程人员和公司管理者可以以几种方式浏览工程计划，包括 Personal Gantt图，这种图可以显示复杂工程的任务和时间线；同时还可以得到摘要报告。

工程状态信息可以通过时间卡片（Time Sheet）输入。如果允许的话，工程人员可以加入他们自己的任务，甚至可以给其他人分配任务。工程管理者可以制订规则提醒他们在何时某些类型的更新出现或不出现（例如何时一项任务落后于进度表）。所有这些因素创建了一种有效的“通告—回应”反馈循环，这种循环最终使开发和维护一个工程计划真正成为共同合作努力的结果。

4. Parade与施工项目的成本控制

Parade将整个项目结构化，建立起评测成本的监测标准，从项目开工到结束全过程跟踪成本管理趋势以及盈利情况。丰富的过程图表可显示在屏幕上，更可以打印输出以便做不同层次的分析。Parade还可以帮助用户制作项目组织结构图和项目分项工程结构树。

Parade将计划和成本完全整合在一起，以目标计划作为测评完成情况的标准，全部数据来自P3。因为能进行实际开支的跟踪，所以成本控制中的一些数据自动产生，并将各种费用归入对口成本项目、财务账号。同时基于剩余工程量以及完成计划情况可以得到完成整个工程的最终成本。Parade还考虑了处理间接费等综合管理费用。

在项目施工的具体实践中，利用P3、Parade可以进行不同深度的成本控制，得到下列项目成本控制的基本数据：预算成本（输入）、实际成本（输入）、单项工程成本、单位工程成本、分部工程成本、工期施工成本、到本期累计施工成本、未完施工成本、竣工工程成本、工程成本指数、工程计划完成指数等。

5. Microsoft Excel

Microsoft Excel for Windows是一个功能强大，操作方便，应用广泛的电子表格软件。经过多年发展，它逐渐占领了世界商用软件的市场。Excel是由Microsoft公司提供的一个拥有电子数据表、图表与数据库三种功能的操作环境。Excel不是专门用于费用管理的软件，但由于它具有表格处理、图表处理和数据清单管理的强大功能，以及简易操作的特性，在费用管理领域占有一席之地。

首先按照概预算书的格式编制表头（包括定额编号、项目名称、单位、单价、工程量、金额、差价、差价合计、人工、人工合计、定额主材费、定额损耗等项目）。

在电子表格中输入公式后，这个电子表格的大部分已经完成，可以用来进行预算的计算。以后的工作是将这个电子表格进行一些完善和增强。例如，编制好一层楼（或一个房间）的自动计算的电子表格以后，如果下一楼层的工程项没有什么变化，那么只需修改表格的工程量栏，其他项目如单价、差价、人工、定额损耗等自动引用相关的单元格。而且Excel的单元格引用可以通过下拉自动填充，使用方便，而金额、差价合计、人工合计等均可以自动计算完成，一套概预算就可以计算完成。

在预决算书中要重复出现的项目都可以通过单元格引用的办法解决，只要在完成引用后，输入第一次出现的单元格，以后便可以自动生成，而且精确度高，便于查找和修改。另外通过VBA编程，可以给这个概预算电子表格加上一个操作界面，并可实现一些自动化功能。

|第十五章|

成本预测、预算

第一节 成本预测

成本预测是根据企业现有的经济、技术条件和今后的发展前景，以及市场供求状况，通过对影响成本变动的有关因素的分析、测算，科学地测定企业未来一定期间内的成本水平和变动趋势。

一、可比商品成本费用的预测

预测可比商品成本费用水平的基本方法是高低点法和回归分析法。

（一）高低点法

高低点法是将成本费用的发展趋势用$y=a+bx$的直线方程来表示，选用一定时期历史资料中的最高业务量与最低业务量的成本费用总额之差与两者业务量之差进行对比，先求出b的值与a的值，然后对未来一定时期的成本费用进行预计和测算的一种方法。计算公式为

$$y=a+bx$$

式中，y为成本总额或费用总额；a为固定成本或固定费用总额；b为单位变动成本或单位变动费用；x为业务量。

$$b=\frac{\text{最高点成本（或费用）总额}-\text{最低点成本（或费用）总额}}{\text{最高点业务量}-\text{最低点业务量}}$$

$a = y - bx$

【例15-1】智董公司20×1年度1~6月费用总额及销售额资料见表15-1。

表15-1 智董公司费用总额与销售额资料表 单位：万元

月份	费用总额y	销售额x
1	10.8	240
2	10.4	220
3	10.0	200
4	11.0	250
5	12.5	300
6	11.0	260

若该企业同年7月份的预计销售额为320万元，下面我们测算7月份该企业需要支出的费用总额。

$$b = \frac{12.5 - 10.0}{300 - 200} = 0.025$$

当$x = 200$时，$y = 10.0$

$\therefore a = y - bx = 10.0 - 0.025 \times 200 = 5$

或

当$x = 300$时，$y = 12.5$

$\therefore\ a = y - bx = 12.5 - 0.025 \times 300 = 5$

因为在相关范围内，固定费用总额不随业务量变动而变动，所以，a的值通过最高点或最低点来计算都是一致的。

通过上述计算，可写出费用总额的直线方程式

$y = 5 + 0.025x$

当$x = 320$时，$y = 5 + 0.025x = 5 + 0.025 \times 320 = 13.0$（万元）

即该企业同年7月份需支出的费用总额为13.0万元。

高低点法是一种比较简单的预测方法。但由于所采用的历史资料数据较少，因此计算结果比较粗略。该方法只适用于成本、费用比较稳定的企业。

（二）回归分析法

回归分析法是根据直线方程式$y = a + bx$，按照最小平方法的原理，确定一条最能反映自变量x（即业务量）与因变量y（即成本或费用总额）之间关系，即二者误差平方和最小的直线，并以此来预测成本或费用总额的一种方法。其中，系数b与常数项a的值，可按下列公式计算：

$$a = \frac{\sum y - b\sum x}{n}$$

$$b = \frac{n\sum xy - \sum x\sum y}{n\sum X^2 - (\sum x)^2}$$

式中，y为成本或费用总额；x为业务量；a为固定成本或固定费用总额；b为单位变动成本或单位变动费用。

依【例15-1】资料，我们用回归分析法预测该企业20×1年7月份的费用总额。

根据给定资料，将有关数值进一步加工（见表15-2）。

根据表15-2有关数据，可得

$$b=\frac{n\sum xy-\sum x\sum y}{n\sum x^2-(\sum x)^2}=\frac{6\times 16240-1470\times 65.7}{6\times 366100-1470^2}=0.024$$

$$a=\frac{\sum y-b\sum x}{n}=\frac{65.7-0.024\times 1470}{6}=5.07$$

表15-2 回归分析法费用额测算表

月份	销售额（万元）x	费用总额（万元）y	xy	x^2
1	240	10.8	2592	57600
2	220	10.4	2288	48400
3	200	10.0	2000	40000
4	250	11.0	2750	62500
5	300	12.5	3750	90000
6	260	11.0	2860	67600
$\sum n=6$	$\sum x=1470$	$\sum y=65.7$	$\sum xy=16240$	$\sum x^2=366100$

根据以上计算结果，可得如下直线方程式

$y=5.07+0.024x$

$\because$ 7月份的销售额$x=320$（万元）

$\therefore$ $y=5.07+0.024\times 320=12.75$（万元）

即该企业20×1年7月份的费用总额为12.75万元。

二、不可比商品成本费用的预测

企业除了对可比商品成本费用计划指标进行预测外，还要对不可比商品成本费用的计划指标进行预测。

1. 类比分析法

类比分析法是以国内外同类商品为依据，结合自身条件，进行对比分析，从而测定商品成本费用的一种方法。在既定的生产技术、市场价格等条件下，同一类型商品的成本费用，一般是比较接近的。因此，可以采用与同类商品成本费用相对比的办法进行预测。在预测时，如果条件不可比或情况有变化，应做必要的调整或修正。该方法简便易行，工作量小，但预测结果不太准确。

2. 目标成本法

目标成本法是根据商品价格、成本费用和利润三者之间的内在联系确定出目标成本，进而测定商品成本费用的一种方法。用这种方法进行预测时首先调查市场，确定一个适当的销售价格，然后减去按目标利润计算的利润和应向国家缴纳的税金，测定出商品成本。该方法比较简便易行，但若市场调查失误，则预测值将会受到影响。

3. 技术测定法

技术测定法是根据商品设计结构、生产技术条件和工艺方法，对影响人力、物力消耗和各项因素逐个进行技术测试，从而分析计算商品成本的一种方法。这种方法要对材料、劳动效率和工时消耗，以及各种技术定额逐项测定，然后分析、汇总，计算出商品成本。该方法科学合理，预测较精确，但工作量大，不适用于技术资料不齐全的商品。

三、费用率的预测

费用总额是由固定费用、变动费用和半变动费用组成的。由于半变动费用又可分解为变动性商品流通费和固定性商品流通费，因而，费用总额包含变动费用和固定费用两部分。由于单位业务量所负担的变动费用是基本不变的，而单位销售额所负担的固定费用却因销售总额的多少而异，又由于费用率为费用总额与销售额的比率，故可将费用率的公式

列为

$$z=\frac{a+bx}{x}=\frac{1}{x}a+b$$

式中，z为费用率；a为固定费用；b为单位销售额所包含的变动费用额；x为销售额。

依据上式，在确定参数a与b的值后，可根据销售额（或销售量）预测费用率。

【例15-2】智董公司计划期的销售额为1000万元，固定费用总额为40万元，单位销售额所包含的变动费用为30元。下面我们测算该企业计划期的费用率。

$$z=\frac{1}{x}a+b=\frac{1}{1000}\times 40+0.003=0.043$$

即该企业计划期的费用率预计为4.3%。

以上我们介绍了直接利用费用率的公式预测费用率的方法，费用率的预测亦可采用回归分析法。用回归分析法预测成本费用总额时，可用下列直线方程式y＝a＋bx来表示成本费用总额与销售额之间的关系。当用销售额x来除等式左右两边时，则上式变形为$\frac{y}{x}=\frac{a}{x}+b$，而$\frac{y}{x}$为费用率，我们设其为z，并把$\frac{1}{x}$设为x′，则上式变形为z＝ax′＋b。利用上式，即可用回归分析法预测费用率。

【例15-3】智董公司2×11年计划销售额为1000万元，其过去五年的销售额及商品流通费总额资料见表15-3。预测该企业该年度的费用率。

表15-3　智董公司销售额与费用情况表

项目＼时间	2×06	2×07	2×08	2×09	2×10
销售额（万元）	801	882	959	976	987
费用总额（万元）	42.05	44.19	46.90	47.34	47.67
费用率（%）	5.25	5.01	4.89	4.85	4.83

根据以上资料，列表计算有关指标（见表15-4）。

表15-4　回归分析法费用率测算表

年份	销售额（万元）x	x′	费用率（%）z	x′z	$(x')^2$
2×06	801	0.00124844	5.25	0.0000655431	0.0000015586
2×07	882	0.00113379	5.01	0.0000568029	0.0000012855
2×08	959	0.00104275	4.89	0.0000509905	0.0000010873
2×09	976	0.00102459	4.85	0.0000496926	0.0000010498
2×10	987	0.00101317	4.83	0.0000488878	0.0000010265
n＝5	$\sum x=4605$	$\sum x'=0.00546274$	$\sum z=24.83$	$\sum x'z=0.0002719169$	$\sum (x')^2=0.0000060077$

根据表15-4计算有关数据，可得

$$a=\frac{n\sum x'z-\sum x'\sum z}{n\sum (x')^2-(\sum x')^2}=\frac{5\times 0.0002719169-0.00546274\times 0.2483}{5\times 0.0000060077-0.00546274^2}=16.0689798$$

$$b=\frac{\sum z-a\sum x'}{n}=\frac{0.2483-16.06898\times 0.00546274}{5}=0.032104$$

根据以上计算结果，可得费用率直线方程式为

$z=b+ax'=0.032104+16.06898x'$

当$x=1000$时，$x'=\frac{1}{1000}$

$z=0.032104+16.06898\times\frac{1}{1000}=0.0482$

即该企业2×11年的费用率预计为4.82%。

四、费用率降低幅度的预测

费用率的升降通常受制于两个因素，变动费用和固定费用的增减。我们将分别讨论这两个因素变动对费用率升降的影响。

1. 变动费用增减对费用率的影响

根据某些变动费用增减的比率，以及该项变动费用占费用总额的比重，可以预测其对费用率升降的影响。其计算公式为

$z_1=uR_1$

式中，z_1为费用率升降幅度；u为某项变动费用的增减率；R_1为该项变动费用占费用总额的比重。

【例15-4】 智董公司包装费上年实际发生额为5万元，占商品流通费总额的比重为20%。计划期在销售额不变的情况下，拟采取措施将包装费降至4.5万元。

下面我们来预测包装费的变动对费用率的影响。

$\because u=\frac{5-4.5}{5}\times100\%=10\%$

$\because R_1=20\%$

$\therefore z_1=uR_1=10\%\times20\%=2\%$

即由于包装费降低了0.5万元，使费用率降低了2%。

2. 固定费用增减对费用率的影响

当业务量在一定范围内保持稳定时，企业的固定费用总额一般不会发生变化。但当业务量超过了一定的相关范围，固定费用总额则会发生相应的增减变化。固定费用的变化同样会引起费用率的升降变动。它们之间的关系可用下列公式表示为

$$Z_2=\left(1-\frac{1+F}{1+S}\right)R_2$$

式中，Z_2为费用率降低幅度；F为固定费用增减率；S为销售额增减率；R_2为固定费用占费用总额的比重。

【例15-5】 智董公司计划期销售额预计增长15%，固定费用总额需增加3%，固定费用在费用总额中占20%。

下面我们来预测固定费用的变动对费用率的影响。

$\because F=3\%,\ S=15\%,\ R_2=20\%$

$$\therefore Z_2=\left(1-\frac{1+F}{1+S}\right)R_2=\left(1-\frac{1+3\%}{1+15\%}\right)\times20\%=2.09\%$$

即由于计划期间销售额增加了15%，固定费用增了 3%，使费用率约降低2.09%。

第二节 成本预算

产品成本预算是对预算期内产品生产成本的预算，是直接材料预算、直接人工预算和制造费用预算的汇总。其主要内容是企业产品的总成本和各产品的单位成本。

一、直接材料预算

直接材料在产品生产过程和最终的成本核算中占据重要地位，直接材料预算是以产量预算为基础，关于企业生产产品所需直接原材料的投入、使用和购买情况的预算。

在实际工作中，经常把直接材料预算分为使用预算和采购预算两部分；并分别编制。这是因为，直接材料采购和使用预算是由不同的部门编制的，如直接材料使用预算经常由生产部门编制，而采购预算则由采购部门编制。所以，如果直接材料使用和采购预算联合编制，这样提供的信息会显得混乱，使用不方便，尤其是当企业的产品需要的材料不是一种，而是涉及几种甚至几十种的时候，庞大的信息量可能会使具体的操作人员难以处理，而且联合编制的预算会使管理团队中谁应对某一具体的方面负责产生混淆。基于这些原因，尽管一个合并的直接材料使用和采购预算可以提供关于材料的总体情况，一般来说还是不采用联合编制的形式。直接材料预算包括直接材料成本、材料采购和应付账款预算。其主要依据生产预算、材料单耗量定额、存货预算、采购成本预算等指标确定。

（一）直接材料预算内容

直接材料预算是以生产量预算为基础编制的企业在预算期内各种直接材料消耗数量及其成本的预算。当产品产量确定以后，就可以根据工艺流程和产品设计估算出所需的直接材料，产品由多种原料共同生产而成的时候，首先确定主要原料的成本，然后根据主料和辅料的搭配比例计算出辅助材料的成本。直接材料是企业产品制造成本的主要组成部分，搞好直接材料预算的编制，不仅可以保障预算期内产品生产的材料需要，而且通过严格的材料消耗控制，还能有效降低产品的制造成本。直接材料预算一般由生产部门负责编报。对生产基层单位来说，大多数直接成本和大多数变动成本都是可控的。通常，预算的编制、预算完成情况的考核，主要是针对可控成本进行的。

对生产所需的原材料，企业要及时进行采购并保持一定储备。直接材料预算的目的，就是为了保证生产的正常进行，对预算期内直接材料的采购及存储成本和数量进行合理预计。

另外，企业除了编制直接材料预算外，还需编制其他材料预算，如备品备件预算、仪器仪表预算等，其编制原理同直接材料预算一样。

（二）直接材料预算的编制方法

编制直接材料预算涉及产品生产量、材料消耗定额、材料预算价格三类数据资料。

1. 材料消耗定额

材料消耗定额是在一定的生产技术组织条件下，制造单位产品或完成单位劳务所必须消耗的物资数量的标准。它包括主要原材料、辅助材料、燃料与动力等材料消耗定额。制订先进合理的材料消耗定额，对于直接材料预算的编制有决定性的作用。

材料消耗定额的制订原则是，在保证产品质量的前提下，根据生产部门的具体条件，结合产品结构和工艺要求，以理论计算和技术测定为主，以经验估计和统计分析为辅制订先进合理的消耗定额。

(1) 主要原材料消耗定额的制订。主要原材料消耗定额由工艺性消耗定额和非工艺性消耗定额构成。

(2) 辅助材料消耗定额的制订。辅助材料消耗定额可根据不同用途，采用几种制订方法。

1）与主要材料配合使用的辅助材料，按主要材料消耗定额比例来确定。

2）与产品重量有关的辅助材料，可按产品的数量、单位面积或单位重量来确定。

3）与设备开动时间或工作日有关的辅助材料，可按设备使用量或工作日来确定。

4）与使用寿命有关的辅助材料，可按其使用期限来确定。

此外，有些辅助材料，可以根据统计资料或实际耗用情况加以确定。

(3) 燃料消耗定额的制订。燃料消耗定额包括煤、焦炭、石油等，其消耗定额可根据不同用途，不同消耗标准分别制订。例如，动力用燃料消耗定额，以发一度电所需燃料为标准来制订；工艺用燃料消耗定额，以加工单位产品所需燃料为标准来制订。

(4) 动力消耗定额的制订。动力消耗定额也需要按不同用途分别制订。例如，用于机器运转的电力，一般是先按实际开动马力计算电力消耗，再按每种产品所耗用设备的时间，核定分摊到单位产品的电力；用于工艺过程的电力，如电炉炼钢则直接按单位产品来计算。

2. 材料预算价格

直接材料预算中的材料成本总额是由材料消耗量乘以材料预算价格计算得来的。因此，材料预算价格的高低直接影响着直接材料预算的多少和产品制造成本的高低。只有正确、合理地制订出材料预算价格，才能如实地反映产品生产的材料成本，避免和减少材料成本偏高或偏低的现象。

材料预算价格是企业编制直接材料预算、核算产品生产的材料成本时所采用的价格，系不含税材料单价，一般有买价加运输费、装卸费、保险费、包装费、仓储费、运输途中的合理损耗、入库前的挑选整理费用和按规定应计入成本的税金等组成。编制直接材料预算所用的材料预算价格一般采用企业内部计划价格。其主要原因是，编制预算期直接材料预算时，材料的实际采购价格是不可能确定下来的，只能采用计划内部价格。另外，生产部门在实际核算产品制造成本时，也应采用计划价格核算材料消耗成本，以保持材料消耗成本计算与直接材料消耗预算口径的可比性。计划价格的制订依据如下所述。

(1) 外购原材料和辅助材料、外协配套件、包装物等的计划价格是以现行实际采购价格为基础，考虑年内市场价格变动情况，加合理的运杂费来确定的。

(2) 自制半成品的计划价格，可参照自制半成品的定额成本制订。

总之，审慎的采购规划对企业而言，可以大大降低成本、节省开支。确定了生产量预算，安排好了生产进度，就应据以编制直接材料采购预算。编制采购预算与编制生产量预算一样，要考虑预算期的期初与期末存料水平。预计应购材料的数量可按下列公式进行计算。

直接材料预算

材料耗用量=预计生产量×单件消耗量采购量

$$\text{材料消耗定额(单位消耗量采购量)}=\frac{\text{单位产品（部件）净重+各种工艺性损耗重量}}{\text{产品合格率}}$$

预计材料采购数量＝预计生产量×单位产品的材料需用量+预计期末存货－预计期初存货

根据预计材料采购量和预计采购单价，可以计算出预计材料的采购成本。计算公式为

预计材料的采购成本=预计购料量×预计采购单价

根据预计材料耗用量和预计采购单价，可以计算出预计材料的耗用成本。其计算公式为

预计材料耗的用成本=预计材料耗用量×预计单价

二、职工薪酬（直接人工）预算

直接人工预算是企业预算期内直接人工成本的预算，主要反映预算期直接人工工时消耗水平和人工成本水平。

直接人工预算是在生产预算的基础上，依据企业预算期标准工资率、标准单位直接人工小时、其他直接费用计提标准等资料编制。实务中，由于各期直接人工成本中的直接工资一般均由现金开支，而以福利费为主的其他直接费用则不一定在提取的当期用现金开支，因此通常不单独编制现金支出预算，但应对其他直接费用进行适当的调整，以反映预算期福利费的开支情况，为编制现金流量预算提供依据。

该预算主要包括预算期直接人工总工时、直接人工工资、其他直接费用、直接人工成本、直接人工成本现金支出等内容，可根据以下原理和步骤进行。

1. 确定预算期每种产品直接人工总工时预算数

根据生产预算提供的生产量预算数和企业预先制订的工时定额计算。计算公式为

某产品直接人工总工时预算数=预算数生产量×单位产品工时定额

单位产品工时定额由企业技术分析确定，通常与特定产品的生产流程有关，不同产品可能有不同的工时定额。

2. 确定每种产品直接人工工资预算数

根据产品直接人工总工时和单位工时直接工资计算。计算公式为

某产品直接人工工资预算数=某产品直接人工总工时×单位工时直接工资（预计小时工资率）

单位工时直接工资即标准小时工资率，使企业根据预算期直接工资预算总额和直接人工预算总工时确定。各种产品的单位工时直接工资相同。

3. 确定每种产品其他直接费用（福利费）预算数

其他直接费用预算数直接人工工资预算数的一定比例计算，计算公式为

某产品其他直接费用预算数=某产品直接人工工资预算数×其他直接费用计提标准

4. 某产品直接人工成本预算数

直接人工成本包括直接工资和按直接工资的一定比例计算的其他直接费用（福利费）。计算公式为

某产品直接人工成本预算数=某产品直接人工工资预算数+某产品其他直接费用预算数

5. 直接人工成本的现金支出预算数

预算期各季度（或月份）预计直接人工成本的现金支出包括，预计直接人工工资和预计福利费形成的现金支出。计算公式为

预计直接人工成本现金支出=Σ（某产品预计直接人工工资+预计福利费现金支出）

预计福利费现金支出=Σ（某产品预计其他直接费用×预计福利费支用率）

预计福利费支用率是企业预算期内支用的福利费占提取的福利费的百分比，由企业根据经验估计。

三、制造费用预算

制造费用预算是为了规划预算期内除了直接材料和直接人工之外预计发生的其他生产费用而编制的费用预算。

对绝大多数的企业来说，制造费用的发生不能明确是为了某一种产品而发生的，所以也不能像直接材料、直接人工成本那样在发生的时候就直接归集到相应获益的产品上，只能在一定的时期内对制造费用加以归集，然后按照一定的方法分配到相应的产品成本中。

制造费用预算通常分为固定制造费用和变动制造费用两部分，之所以在编制制造费用

预算时，将其分为两部分分别编制，主要是为了便于成本的控制和考核。制造费用的编制通常是由生产部门编制的。

(一) 变动制造费用

变动制造费用是以生产预算为基础编制的。如果有完善的标准成本资料，则用预测的生产量乘以单位产品的标准成本，即可得出变动制造费用的预算金额。

在这里需要说明单位产品的标准成本的计算，步骤如下所示。

(1) 将各部门的制造费用总额除以该部门的一定的标准总额，这个标准可以是生产总工时，工人工资总额等。

(2) 计算出每一单位该标准消耗的费用。

(3) 按照每种产品消耗的这种标准数量，乘以标准分摊额就可以得出该产品的单位产品的标准成本。

以标准是直接人工标准工时为例，假设甲企业预计制造费用成本总额为200000元，预计直接人工工作小时数为5000小时，每种产品的生产需要消耗5个小时，则每小时消耗的制造费用为200000 ÷ 5000=40（元），单位产品的标准成本为40 × 5=200（元）。

如果没有标准成本资料，就需要逐项预算要生产计划产量所需要的各种变动制造费用，一般的变动制造费用所包括的项目主要有间接人工、间接材料、维修费、水电费、动力费等。

(二) 固定制造费用

固定制造费用，通常与本期产量无关，需要逐项进行预算，然后将其加总，就可以得出固定制造费用的预算金额。固定制造费用可以在基期实际水平的基础上根据生产需要和预算上级管理部门下达的成本降低率指标等有关因素加以适当的修改，做出本期预算。

为了以后编制现金预算，需要在制造费用中预计现金支出。在制造费用中，除了折旧费用不需要现金支付外，其余的制造费用都需要现金支出。所以，根据各期制造费用数额扣除折旧费用后，即可得出现金支出的费用。

【例15-6】智董公司维修部门的变动制造费用计算如下，假设变动制造费用率为2元/小时，上级下达的固定成本制造费用降低率为2%，固定制造费用中除了折旧费用之外都必须用现金支付，则制造费用预算编制如下表15-5所示。

表15-5　智董公司制造费用预算

季度	一	二	三	四	全年
预计人工总工时（小时）	1500	1550	1980	1820	6850
变动制造费用率（2元/小时）	2	2	2	2	2
变动制造费用	3000	3100	3960	3640	13700
预计固定制造费用	2000	2000	2000	2000	8000
成本降低后的固定制造费用	1960	1960	1960	1960	7840
预计制造费用合计	4960	5060	5920	5600	21540
减：折旧费用	500	500	500	500	2000
制造费用现金支出	4460	4560	5420	5100	19540

同样的，企业的其他部门也可用同样的方法，编制出企业总的制造费用预算（见表15-6）。

表15-6 企业总的制造费用预算

项目	一	二	三	四	全年
预计人工总工时（小时）	1500	1550	1980	1820	6850
变动制造费用：					
间接材料	450	480	510	510	1950
间接人工	600	640	680	680	2600
维修费	750	800	850	850	3250
水电费	300	320	340	340	1300
动力费	250	280	320	325	1175
变动制造费用合计	2350	2520	2700	2705	10275
固定制造费用：					
间接材料	100	100	100	100	400
间接人工	200	200	200	200	800
折旧费用	500	500	500	500	2000
维修费	300	300	300	300	1200
水电费	350	350	350	350	1400
动力费	150	150	150	150	600
固定制造费用合计	1600	1600	1600	1600	6400
降低成本后固定制造费用	1568	1568	1568	1568	6272
制造费用合计	3918	4088	4268	4273	16547
减：折旧费用	500	500	500	500	2000
现金支出合计	3418	3588	3768	3773	14547

为了便于编制后面的产品成本预算，需要计算出小时费用率。

变动制造费用分配率=10275/6850=1.5（元/小时）

固定制造费用分配率=6272/6850=0.92（元/小时）

四、产品成本预算

产品成本预算是反映企业预算期每种产品的生产成本、销售成本的预算，主要是为编制预计资产负债表和预计利润表提供依据，它以销售预算、生产预算、直接材料预算、直接人工预算、制造费用预算为基础，按产品品种编制。

不同的成本计算方法和存货计价方法对预算的编制会产生不同的影响。

在采用完全成本法的情况下，产品成本是包括直接材料、直接人工、变动性制造费用和固定性制造费用在内的完全成本。而在采用变动成本法的情况下，产品成本只包括直接材料、直接人工和变动性制造费用，固定性制造费用全部作期间费用处理。

存货计价方法主要包括先进先出法、加权平均法、移动平均法等。

以变动成本法和存货计价的先进先出法为例，介绍产品成本预算编制的原理和步骤。

1. 编制某产品单位生产成本预算数

某产品单位生产成本预算数=单位产品直接材料预算数+单位产品直接人工预算数+单位产品变动性制造费用预算数

单位产品直接材料预算数=∑单位产品材料耗用量×该材料单位采购成本

单位产品直接人工预算数=单位产品工时定额×该产品单位工时直接人工成本

单位产品变动性制造费用预算数=单位产品工时定额×该产品单位变动性制造费用预算分配率

2. 编制某产品生产成本总额预算数

某产品生产成本总额预算数=该产品直接材料预算数+该产品直接人工预算数+该产品变动性制造费用预算数

该产品直接材料预算数=该产品产量预算数×该产品单位直接材料预算数

该产品直接人工预算数=该产品产量预算数×该产品单位直接人工预算数

该产品变动性制造费用预算数=该产品产量预算数×该产品单位变动性制造费用预算数

3. 编制某产品完工生产成本预算数

某产品完工生产成本预算数=产品生产成本总额预算数+该产品在产品期初成本预算数－该产品在产品期末成本预算数

为简化预算编制过程，可假设在产品期初、期末成本均为零，或者当在产品数量变动不大时，也可把在产品期初、期末成本设定为一个常数。

4. 编制某产品销售成本预算数

某产品销售成本预算数=该产品完工生产成本预算数+期初产成品成本预算数－期末产成品成本预算数

某产品单位销售成本预算数=该产品销售成本预算数÷销售量预算数

期初产成品成本预算数=期初产成品库存数量×该产成品期初单位成本预算数

期末产成品成本预算数=期末产成品库存数量×该产成品期末单位生产成本

五、期间费用预算

费用预算也叫期间费用预算，是企业组织经营活动产生的销售费用、管理费用、财务费用等预算。包括销售费用预算、管理费用预算和财务费用预算等。

（一）销售费用预算

销售预算通常有销售收入预算、销售成本预算、营销费用预算三个部分。销售费用预算是为了实现销售预算所需支付的费用预算。它以销售预算为基础，通过分析销售利润、销售收入和销售费用的关系，力求实现销售费用的最佳使用效果。销售费用预算的作用在于，保证销售业务的顺利开展，并据以考核销售业务的成果和效率。因此，企业的销售费用预算必须与销售预算相协调。

在正常情况下，企业产品销售量或销售额大小与销售工作的质量与效率相适应。企业要使产品销售量或销售额有较大幅度的增长，或者保持较高水平，必须开展大量复杂而有效的销售工作，这就决定了销售费用与销售收入两者之间有着非常密切的联系。一般来说，要取得较高的销售收入，就必须采取扩大广告宣传、改善服务质量、提高销售人员的积极性等措施，因此也必须适当增加销售费用。如果销售费用压缩不当，就会影响销售业务的开展。企业在制订总体预算过程中，对于销售费用预算的编制和审定，必须与销售预算相结合，同时进行。

1. 销售费用预算的编制方法

(1) 零基预算法。零基预算法是在确定销售费用项目的开支数时，不以基期销售费用预算和实际开支水平为基础，而是一切以零为起点分析各项销售费用发生的必要性及其支出规模，并据以编制销售费用预算的方法。具体操作步骤如下所述。

1）测算费用项目和开支数额。通过对预算期销售目标、销售利润和市场预测的研究，企业提出预算期需要发生的费用项目及开支数额。

2）区分费用性质，分析费用开支的必要性。要将所有销售费用项目划分为“约束性项目”和“酌量性项目”，并对各项费用按性质与轻重缓急确定开支等级和先后顺序。

3）确定各项目的预算数额。约束性费用，如工资、折旧费、保险费、办公费和差旅费等项目必须得到全额保证；酌量性费用，如广告宣传费、修理费、物料消耗、培训费等项目，可根据预算期销售业务需要和财务状况酌情增减。

(2) 销售百分比法。销售百分比法是用基期销售费用与基期销售收入的百分比，结合预算期的销售收入预算来编制销售费用预算的方法。基本计算公式为

$$销售费用预算=预算期销售收入\times\left(\frac{基期销售费用}{基期销售收入}\right)\times 100\%$$

采用销售百分比法编制销售费用预算时要注意三点。

1）销售费用包含一些固定费用，它们一般不会随销售收入的变动而变动，因此，销售百分比法的基本计算公式只适应核定变动费用。企业编制销售费用预算时，首先应将销售费用划分为变动费用和固定费用，然后按基本计算公式核定出预算期变动费用，再加上固定费用后即为预算期的销售费用总额。

2）为了防止基期销售百分比存在的偶然性，可以采用将最近几年的销售费用与销售收入百分比加权平均的办法核定预算期的销售费用。

3）在市场竞争激烈的环境下，企业每年的销售费用一般会波动比较大，编制销售费用预算必须充分考虑企业在预算期有无新产品投放市场以及企业采取的营销策略和促销手段等因素，同时还要考虑企业加强内部管理、压缩各项费用的要求等情况。所以，采用销售百分比法核定销售费用时，必须将用基本公式计算得来的数据经过加减校正后才能确定为销售费用预算。

(3) 弹性预算法。弹性预算法是在编制销售费用预算时，考虑到预算期间销售业务量可能发生的变动，编制出一套能适应多种业务量的销售费用预算，以便分别反映在不同销售业务量情况下所应开支的销售费用水平。

运用弹性预算法编制销售费用预算时，首先将销售费用划分为固定费用和变动费用两部分。对于固定性销售费用，只需要按项目反映全年预计费用水平；对随销售业务量成正比例变动的变动性销售费用，需要反映各个项目单位业务量的费用分配额，并根据费用的发生额与业务量的内在比例关系分别测算不同业务量的销售费用预算。

总而言之，不管企业采用何种方法编制销售费用预算，都要对销售费用的构成和支出数额认真分析，要充分利用历史数据并结合实际情况合理测算，考察销售费用支出的必要性和投入产出效果，并考虑预算期销售业务量以及其他相关因素的变化，逐项确定销售费用预算数额。

此外，为了编制现金预算，需要将销售费用预算总额分解为付现成本和沉没成本。付现成本是本期动用现金支付的成本，沉没成本是前期已经支付或发生的，不需要本期支付现金的成本。

2. 销售费用预算的编制

(1) 销售费用预算的主要项目。在编制销售费用预算时，要对过去的销售费用进行分析，考察过去销售费用支出的必要性与效果，并考虑预算期销售业务量以及其他相关因素的变化，逐项确定费用的预算数额。这些项目包括如下所述。

1）广告宣传费。广告宣传费包括为介绍产品、开拓市场和提高企业信誉、宣传企业形象而支付的广告费和赠品、样品费等费用开支。广告宣传费，一般可以根据报告期的支出数额，同时考虑预算期经营规模的扩大或缩小、业务情况和费用标准（如报纸、电视、广播等的广告费标准）的变化而加以确定。

2）销售人员工资和销售佣金。销售人员工资是支付给销售人员的基本工资、附加工资和工资性补贴以及在费用中列支的其他工资。这部分工资按工资计划确定。在实行计件工资的销售单位，企业支付给销售人员的销售佣金，通常根据预算期预计的业务量和单位业务量佣金标准加以确定。

3）保险费。保险费指企业参加与产品销售有关的保险所支付的各种费用，可根据预算期预期投保的财产价值和保险费标准加以确定。

此外，还有差旅费、福利费、办公费、售后服务费等各类销售费用，对这部分费用也应逐项加以确定。确定上述各项费用之后，即可编制销售费用预算。

(2) 销售费用预算的编制的步骤。

1）预计基期的销售费用，并将费用项目划分为固定费用和变动费用。

2）按照“销售费用预算=预算期销售收入×（基期销售费用/基期销售收入）×100%”的基本公式，计算预算期变动销售费用项目。

3）计算固定销售费用。

4）计算出销售总费用（销售总费用－固定销售费用+变动销售费用）。

5）经过指标校正，编制销售费用预算表。

(二) 管理费用预算

管理费用预算是企业预算期为组织和管理企业生产经营活动场所预计发生的各项费用的预算。

管理费用预算编制可将管理费用划分为变动性费用和固定性费用。编制管理费用预算可直接按项目反映全部管理费用的全年预计水平。管理费用预算还应编制相应的现金支出预算。

编制管理费用现金支出预算时要剔除非付现费用部分，如固定资产折旧费、无形资产摊销额、开办费摊销额等。

某季度预计管理费用现金支出=（预算年度管理费用预算总额－预计该年度折旧费－预计该年度摊销额）÷4

【例15-7】智董公司为了简化预算编制工作，直接按项目反映管理费用的全年预计水平。该公司2017年管理费用及其现金支出预算见表15-7所列。

表15-7 智董公司2017年管理费用及其现金支出预算 单位：元

费用项目	金额
(1) 公司经费	4200
(2) 工会经费	1600
(3) 办公费	2100
(4) 董事会费	1200
(5) 折旧费	1500
(6) 无形资产摊销	500
(7) 职工培训费	1250
(8) 其他	750
管理费用合计	13100
现金支出合计	11100

项目	第一季度	第二季度	第三季度	第四季度	全年合计
管理费用合计	3275	3275	3275	3275	13100
现金支出合计	2775	2775	2775	2775	11100

表15-7中有关指标计算示例如下

1）现金支出合计=13100－1500－500=11100（元）

2）各季度管理费用=13100÷4=3275（元）

3）各季度现金支出=11100÷4=2775（元）

（三）财务费用预算

财务费用是企业为筹集生产经营所需资金等活动而发生的费用。其内容包括利息支出、利息收入、汇兑损失、相关手续费及其他财务费用等。由财务部负责对财务费用的计算，要严格按财务制度的规定，既不能将应在损益中列支的财务费用计入固定成本或挂账不列，也不应将资本化的借款利息、融资费用列入财务费用。

【例15-8】 信达利公司20×7年度的现金预算如表15-8所示。

要求：为信达利公司编制20×7年度的财务费用预算。

解答：编制的信达利公司20×7年度财务费用预算如表15-8所示。

表15-8　20×7年度信达利公司财务费用预算　　单位：元

季度	1	2	3	4	全年
应计并支付短期借款利息	0	0	75	525	600
应计并支付长期贷款利息	2400	2025	1650	1650	7725
应计并支付公司债券利息	0	0	0	2400	2400
支付利息合计	2400	2025	1725	4575	10725
减：资本化利息	0	0	0	2400	2400
预计财务费用	2400	2025	1725	2175	8325

六、其他费用预算

1. 包装费用预算

包装费是包装商品、产品所需支出的费用，包括包装材料费、修理费、租赁费、包装物折损费等。它可以分为包装费和间接包装费。在编制某类商品的包装费预算时，直接包装费可按商品的包装件数乘以该商品每件的直接包装费计算确定。间接包装费可用企业间接包装费总额按一定的分摊标准计算出一个分配比率，然后分别乘上各种商品的分配标准数（如包装的件数，包装商品的产值、销售收入等）以确定某种商品的间接包装费。

2. 运杂费用预算

运杂费包括运费、装卸费、运输杂费等。运杂费金额的大小取决于货运量多少、运输距离远近、运输方式和运输价格高低等因素的变动情况。一般根据产品销售计划，用运输产品的重量乘以运费率计算得出。企业的运输费用分为营业运输费用和自家运输费用。这两种费用的支付对象、支付形式以及项目构成都有较大的差别。因此，必须区别对待，分别编制预算。营业运输费，其运输费用是直接以劳务费的形式支付给承运单位（运输企业）的。自家运输费用的发生情况比较复杂，有随运输业务量增减而成比例增减的变动运输费，也有不固定运输费用，因此，为了有效地实施预算控制，需要在编制运输费用之前，首先区分变动运输费和固定运输费。

3. 仓储费用预算的编制

仓储费用预算也是物流成本预算的重要组成部分。根据所使用的仓库是否归本企业所有，可将仓储形式分为自家仓储和营业仓储。由于自家仓储与营业仓储所支付的费用形式与内容都有很大的差别，不可等同对待。所以，在编制仓储费用预算时，也要分别编制营业仓储费用预算和自家仓储费用预算。

使用营业性仓储设备，只需向仓储企业支付一笔保管费即可。自家仓储费用预算的编制相对较复杂。首先要区分变动仓储费用和固定仓储费用；可按月、季和年度编制；可根据上年统计资料在预算期的变化因素进行计算，然后编制预算表。

七、应交税费及附加预算

应交税费及附加预算是企业预算期内因生产经营活动而产生的增值税、销售税金及附加的预算，主要包括应交增值税、消费税、资源税、城市维护建设税和教育费附加。

应交税费及附加预算以销售预算、材料采购预算为基础编制，可根据以下原理计算：

应交税费及附加预算数=应交增值税预算数+销售税金及附加预算数

(一) 应交增值税预算

应交增值税预算数可以按两种方法进行估算。

1. 直接计算法

直接计算法即按增值税的实际计税方法，直接以预算期增值税销项税额预算数抵扣进项税额预算数的方法估算应交增值税预算数。其计算公式为

应交增值税预算数=预计增值税销项税额－预计增值税进项税额

2. 比率计算法

比率计算法是通过事先确定的应交增值税估算率，即实际或估算的应交增值税额占不含税销售收入的比例估算应交增值税额的方法。该法下预计应交增值税额可按以下简化公式计算

应交增值税预算数=销售收入预算数×应交增值税估算率

应交增值税估算率是实际或估算的应交增值税额占不含税销售收入的比例，通常是企业的经验数据。计算公式为

应交增值税估算率=上年应交增值税额实际或预算数÷上年销售收入实际或预算数

上年应交增值税额实际或预算数=上年应交增值税销项税额实际或预算数－上年应交增值税进项税额实际或预算数

【例15-9】 智董公司2016年不合税销售收入总额为80万元，销售利润率为25%，增值税率为17%，材料成本占总成本的60%，生产所用材料都在当期采购。该公司2017年销售收入预算数为90万元。试按2016年实际估算率测算2017年应交增值税额。

2016年销项税额=80×17%=13.6（万元）

2016年总成本=80×(1－25%)=60（万元）

2016年材料采购成本=60×60%=36（万元）

2016年进项税额=36×17%=6.12（万元）

2016年应交增值税额=13.6－6.12=7.48（万元）

2016年应交增值税估算率=7.48÷80=9.35%

2017年应交增值税额=90×9.35%=8.415（万元）

3. 比率计算法和直接计算法的比较

比率计算法在估算各季度应交增值税时，存在一定误差，与直接计算法在数量上存在一定程度的差异，但两种方法估算的全年应交增值税总额基本相等。

由于直接计算法需要分别计算销项税额和进项税额，计算比较麻烦。因此，只要预算期内应交增值税和销售收入基本保持一定的比例关系，就可利用比率计算法估算出预算期的应交增值税。

(二) 应交销售税金及附加预算

企业预算期应交销售税金及附加预算包括消费税、资源税、城市维护建设税和教育费附加等的预算。其计算公式为

应交销售税金及附加预算数=应交消费税预算数+应交资源税预算数+应交城市维护建设税预算数+应交教育费附加预算数

第十六章

成本核算

第一节 成本核算综述

在财务会计中，成本可以称为“报表成本”“制度成本”或“法定成本”，它是取得资产或劳务的支出。

一、成本核算时的分类

（一）成本按转为费用的方式分类

费用是应从营业收入中扣除的已耗用成本。企业发生的全部成本转为费用的方式（即与收入配比的方式）分为三类。

1. 可计入存货的成本，按“因果关系原则”确认为费用

可计入存货的成本，是在发生时先记为存货，在其出售时转为费用的成本。例如，生产耗用的材料成本、人工成本和间接制造费用，先记为产品成本，产品未出售前作为“资产”列入财务报表，产品出售时一次转为费用，从收入中扣减。

可计入存货的成本，是按照“因果关系原则”确认为费用的。本期销售成本与本期营业收入存在因果关系，因此要在确认产品销售收入时将有关的产品成本转为费用。

2. 资本化成本，按“合理地和系统地分配原则”确认为费用

资本化成本，是先记录为资产，然后逐步分期转为费用的成本。例如，固定资产的购置支出，先记为固定资产成本，在财务报告中列为“资产”，该资产在使用年限内分期提取折旧，陆续转为费用。

资本化成本，是按照“合理地和系统地分配原则”确认为费用的。长期资产成本与本期收入没有因果关系，它们能使若干个会计期受益，因此应合理假定它和收入之间的受益关系，然后按一定规则和程序，系统地将其分配给各会计期。

3. 费用化成本，在发生时立即确认为费用

费用化成本是在成本发生的当期就转为费用的成本。例如，公司管理人员工资和广告费等，在发生时立即确认为当期费用。

费用化成本包括两种类型，一种是根据因果关系原则确认的费用，例如，公司管理人员的工资，其效用在本期已经全部消失，应在本期确认为费用；另一种是不能按“因果关系”和“合理地和系统地分配原则”确认的费用，例如广告成本，它可以为企业取得长期的效益，但很难确定哪一个会计期获得多少效益，因此不得不立即确认为费用。

为了贯彻配比原则，生产经营成本按其转为费用的不同方式分为产品成本和期间成本。

(1) 产品成本是可计入存货价值的成本，包括按特定目的分配给一项产品的成本总和。

按照配比原则的要求，收入和为换取收入的费用要在同一会计期间确认。产品成本在产品出售前与当期收入不能配比，应按“存货”报告，是“可储存的成本”。只有产品出售时才能与当期收入配比，因此在出售时将其成本转为费用。

“产品”在这里是广义的，不仅指工业企业的产成品，还包括提供的劳务，实际上是企业的产出物，即最终的成本核算对象。

“分配”给产品的成本，可能是全部生产经营成本，也可能是其中的一部分。将哪些生产经营成本分配给产品，取决于成本核算的目的和对信息的利用方法。

对外财务报告使用的产品成本内容，由企业会计准则规定。我国过去的会计制度，曾规定工业企业的“企业管理费”和“销售费用”要分配给产品，是一种全部成本法。1993年改为目前的“制造成本法”，只将生产成本分配给产品，是一种“部分成本法”。

(2) 期间成本是不计入产品成本的生产经营成本，包括除产品成本以外的一切生产经营成本。

期间成本不能经济合理地归属于特定产品，因此只能在发生当期立即转为费用，是“不可储存的成本”。正因为期间成本不可储存，在发生时就转为费用，因此也称之为“期间费用”。

无论是产品成本还是期间成本，都是生产经营的耗费，必须从营业收入中减除，但它们减除的时间不同。期间成本直接从当期收入中减除，产品成本要待产品销售时才能减除。

产品成本和期间成本的划分是相对的。所有生产经营成本，如果不列入产品成本，就必须列入期间成本。计入产品成本的范围越大，期间成本的范围就越小，反之亦然。

按照我国目前的企业会计准则规定，属于期间成本的是“销售费用”“管理费用”和“财务费用”。

一般认为，财务费用不是生产经营活动的成本而属于筹资活动的成本。筹资成本包括借款利息和股利两部分，其中借款利息成本转为费用的方式有两种，一种是资本化借款成本，例如为购置固定资产所借款项的利息，应当计入固定资产的成本，将来在使用中陆续分期转为费用；另一种是费用化借款成本，例如生产经营所需的短期借款利息，在发生的当期作为费用处理，称为财务费用。也有人认为，为筹集生产经营资金而发生的借款利息，也可以作为生产经营成本的一部分看待，甚至主张应将其计入产品成本。还有人认为，权益资本的成本（股利）也应计入产品成本，才能准确计量企业的经营成果。不过，这些观点并未在国际范围内获得广泛认同。

(二) 成本按职能分类

1. 生产经营成本按其职能分类

(1) 研究与开发成本，指为创造新产品、新服务和新生产过程而发生的成本。

(2) 设计成本，指为了产品、服务或生产过程的详细规划、设计而发生的成本。

(3) 生产成本，指为了生产产品或提供服务而发生的成本。

(4) 营销成本，指为了让人们了解、评估和购买产品而发生的成本。

(5) 配送成本，指为将产品或服务递交给顾客而发生的成本。

(6) 客户服务成本，指向客户提供售后服务的成本。

(7) 行政管理成本，指企业为组织和管理企业生产经营活动所发生的成本。

2. 在实务中，生产经营成本按照现行企业会计准则规定分类

生产经营成本分为生产成本、销售费用和管理费用三大类。

(1) 生产成本包括四个成本项目。

1) 直接材料，指直接用于产品生产、构成产品实体的原料及主要材料、外购半成品、有助于产品形成的辅助材料以及其他直接材料。

2) 直接人工，指参加产品生产的工人工资以及按生产工人工资总额和规定的比例计算提取的职工福利费。

3) 燃料和动力，指直接用于产品生产的外购和自制的燃料及动力费。

4) 制造费用，指为生产产品和提供劳务所发生的各项间接费用。

为了使生产成本项目能够反映企业生产的特点，满足成本管理的要求，会计准则允许企业根据自己的特点和管理要求，对以上项目做适当的增减调整。如果直接用于产品生产的外购半成品成本比重较大，可以将“外购半成品”单独列为一个成本项目；外部加工费比较多的产品，可以将“外部加工费”单独列为一个成本项目；如果产品成本中燃料和动力费所占比重很小，也可以将其并入“制造费用”成本项目中。

(2) 销售费用包括营销成本、配送成本和客户服务成本等。

(3) 管理费用包括研究与开发成本、设计成本和行政管理成本等。

(三) 成本按经济性质分类

生产经营成本按其经济性质可以分为劳动对象的耗费、劳动手段的耗费和活劳动的耗费三大类。前两类是物化劳动耗费，后一类是活劳动耗费，它们构成了生产经营成本的三大要素。

在实务中，为了便于分析和利用，生产经营成本按经济性质划分为以下类别。

(1) 外购材料，指耗用的一切从外部购入的原料及主要材料、半成品、辅助材料、包装物、修理用备件、低值易耗品和外购商品等。

(2) 外购燃料，指耗用的一切从外部购入的各种燃料。

(3) 外购动力，指耗用的从外部购入的各种动力。

(4) 工资，指企业应计入生产经营成本的职工工资。

(5) 提取的职工福利费，指企业按照工资总额的一定比例提取的职工福利费。

(6) 折旧费，指企业提取的固定资产折旧。

(7) 税金，指应计入生产经营成本的各项税金，例如土地使用税、房产税、印花税、车船税等。

(8) 其他支出，指不属于以上各要素的耗费，例如邮电通讯费、差旅费、租赁费、外部加工费等。

上述生产经营成本的各要素称为“费用要素”。按照费用要素反映的费用称为“要素费用”。

按照费用要素分类反映的成本信息可以反映企业在一定时期内发生了哪些生产经营耗费，数额各是多少，用以分析企业耗费的结构和水平；还可以反映物质消耗和非物质消耗的结构和水平，有助于统计工业净产值和国民收入。

(四) 成本按其计入成本对象的方式分类

成本对象是需要对成本进行单独测定的一项活动。成本对象可以是一件产品、一项服务、一项设计、一个客户、一种商标、一项作业或者一个部门等。

成本对象，可以分为中间对象和最终对象。最终成本对象是累积的成本不能再进一步分配的成本归集点。最终成本核算对象通常是一件产品或一项服务，是企业的最终产出物。中间成本对象是累积的成本还应进一步分配的归集点，有时也称成本中心。成本中心是企业中与成本相关联的某个可识别的部门，它们是将共同成本按某个分配基础进一步分配给成本对象之前的一个成本归集点，例如机械加工车间、维修车间、地区销售部等。设置多少中间对象以及中间对象之间的联系，取决于生产组织的特点和管理的要求。

产品成本按其计入成本对象的方式分为直接成本和间接成本。这种分类的目的是为了经济合理地把成本归属于不同的成本对象。

1. 直接成本

直接成本是直接计入各种、类、批产品等成本对象的成本。

一种成本是否属于直接成本，取决于它与成本对象是否存在直接关系，并且是否便于直接计入。因此，直接成本也可以说是与成本对象直接相关的成本中可以用经济合理的方式追溯到成本对象的那一部分成本。例如大部分构成产品实体的原材料的成本、某产品专用生产线的工人工资等。对只有一种产品的企业来说，所有产品成本都是直接成本。

所谓“与成本对象直接相关”，是说该成本与某一特定的成本对象存在直接关系，它们之间存在明显的因果关系或受益关系。所谓“追溯”，是指在成本发生后，寻找引起成本发生的特定对象。例如，构成产品主要实体的某种材料成本，很容易找到被用于何种产品。所谓“经济合理的方式追溯”，是说将某项成本直接分派给该对象是合乎逻辑的、有道理的，并且追溯到对象的代价不能过高，不得超过所能得到的好处。

2. 间接成本

间接成本是直接成本的反义词，是与成本对象相关联的成本中不能用一种经济合理的方式追溯到成本对象的那一部分产品成本。例如，车间辅助工人的工资、厂房的折旧等大多属于间接成本。

所谓“不能用经济合理的方式追溯”，有两种情况。一种是不能合理地追溯到成本对象；另一种是不能经济地追溯到成本对象。例如，董事长的工资很难分辨出每种产品应分担的数额，属于不能合理地追溯到成本对象。

一项成本可能是直接成本，也可能是间接成本，要根据成本对象的选择而定。例如，一个企业设有一个维修车间、若干个按生产工艺划分的生产车间，生产若干种产品，它们都是需要单独计算成本的成本对象。维修车间的工人工资直接计入维修车间成本，随后维修成本要分配给各生产车间成本，生产车间成本还要分配给各种最终产品成本。此时，维修车间工人工资对于“维修车间成本”来说是直接成本，而对于“生产车间成本”和“最终产品成本”来说是间接成本。

二、成本核算的要求

为了正确计算成本，要分清这些费用界限。

(一) 正确划分应计入产品成本和不应计入产品成本的费用界限

企业的活动是多方面的，企业耗费和支出的用途也是多方面的，其中只有一部分费用可以计入产品成本。

1. 非生产经营活动的耗费不能计入产品成本

只有生产经营活动的成本才可能计入产品成本。筹资活动和投资活动不属于生产经营活动，它们的耗费不能计入产品成本，而属于筹资成本和投资成本。按照我国现行企业会计准则规定，下列与生产经营活动无关的耗费不能计入产品成本：对外投资的支出、耗费和损失；对内长期资产投资的支出、耗费和损失，包括有价证券的销售损失、固定资产出售损失和报废损失等；捐赠支出；各种筹资费用，包括应计利息、贴现费用、证券发行费用等。

2. 生产经营活动的成本分为正常的成本和非正常的成本，只有正常的生产经营活动成本才可能计入产品成本，非正常的经营活动成本不计入产品成本

非正常的经营活动成本包括灾害损失、盗窃损失等非常损失；滞纳金、违约金、罚款、损害赔偿等赔偿支出；坏账损失、存货跌价损失、长期股权投资减值损失、固定资产减值损失等不能预期的原因引起的资产减值损失；以及债务重组损失等。

3. 正常的生产经营活动成本又被分为产品成本和期间成本

正常的生产成本计入产品成本，其他正常的生产经营成本列为期间成本。

(二) 正确划分完工产品和在产品成本的界限

月末计算产品成本时，如果某产品已经全部完工，则计入该产品的全部生产成本之和，就是该产品的“完工产品成本”。如果这种产品全部尚未完工，则计入该产品的生产成本之和，就是该产品的“月末在产品成本”。如果某种产品既有完工产品又有在产品，已计入该产品的生产成本还应在完工产品和在产品之间分配，以便分别确定完工产品成本和在产品成本。

(三) 正确划分各会计期成本的费用界限

应计入生产经营成本的费用，还应在各月之间进行划分，以便分月计算产品成本。应由本月产品负担的费用，应全部计入本月产品成本；不应由本月负担的生产经营费用，则不应计入本月的产品成本。

为了正确划分各会计期的费用界限，要求企业不能提前结账，将本月费用作为下月费用处理，也不能延后结账，将下月费用作为本月费用处理。

(四) 正确划分不同成本对象的费用界限

对于应计入本月产品成本的费用还应在各种产品之间进行划分。凡是能分清应由某种产品负担的直接成本，应直接计入该产品成本；各种产品共同发生、不易分清应由哪种产品负担的间接费用，则应采用合理的方法分配计入有关产品的成本，并保持一贯性。

第二节 成本的归集和分配

一、成本的归集、分配的原则

成本核算的过程，实际上也是各项成本的归集和分配过程。

(一) 成本的归集

成本的归集是通过一定的企业会计准则规定以有序的方式进行成本数据的收集或汇

总。收集某类成本的聚集环节，称为成本归集点或成本集合。例如，制造费用是按车间归集的，所有间接制造费，包括折旧、间接材料、间接人工等都聚集在一起。以后分配时不再区分这些项目，而是统一地按一个分配基础，分配给产品。

(二) 成本的分配

成本的分配，是将归集的间接成本分配给成本对象的过程，也叫间接成本分摊或分派。

成本分配要使用某种参数作为成本分配基础。成本分配基础是能联系成本对象和成本的参数。可供选择的分配基础有人工工时、机器台时、占用面积、直接人工工资、订货次数、采购价值、品种数、直接材料成本、直接材料数量等。

为了合理地选择分配基础，正确分配间接成本，企业需要遵循四个原则。

1. 受益原则

受益原则是说“谁受益多，谁多承担成本”，应按受益比例分摊间接成本。按此原则，经理人员要确定间接成本的受益者，例如房屋维修成本按各车间的面积分摊，广告费按各种产品的销售额分摊等。因果原则是看“起因”，受益原则是看“后果”，两者有区别。

2. 因果原则

因果原则是说资源的使用导致成本发生，两者有因果关系，因此应当按使用资源的数量在对象间分摊成本。按此原则，要确定各对象使用资源的数量，例如耗用的材料、工时、机时等，按使用资源的数量比例分摊间接成本。

3. 公平原则

公平原则是成本分配要公平对待涉及的双方。在根据成本确定对外销售价格和内部转移价格时，合理的成本是合理价格的基础，因此计算成本时要对购销双方公平合理。公平是个抽象概念，不具有可操作性，因此在实务中政府规范或有权威的标准成为公平性的具体尺度。

4. 承受能力原则

承受能力原则是假定利润高的部门耗用的间接成本大，应按成本对象的承受能力分摊成本。例如，按部门的营业利润分配公司总部的费用，其依据是承受能力原则。

二、生产费用的归集和分配

(一) 材料费用的归集和分配

企业的生产活动要大量消耗各种材料，如各种原料及主要材料、辅助材料及燃料。它们有的用于产品生产，有的用于维护生产设备和管理、组织生产，此外，还有的用于非工业生产等。其中应计入产品成本的生产用料，还应按照成本项目归集，如用于构成产品实体的原料及主要材料和有助于产品形成的辅助材料，列入“直接材料”项目；用于生产的燃料列入“燃料和动力”项目；用于维护生产设备和管理生产的各种材料列入“制造费用”项目。不应计入产品成本而属于期间费用的材料费用则应列入“管理费用”“销售费用”科目。用于购置和建造固定资产、其他资产方面的材料费用，则不得列入产品成本，也不得列入期间费用。

1. 材料费用计入产品成本和期间费用的方法

用于产品生产的原料及主要材料，如纺织用的原棉、铸造用的生铁、冶炼用的矿石、造酒用的大麦、制皂用的油脂等，通常是按照产品分别领用的，属于直接费用，应根据领料凭证直接计入各种产品成本的“直接材料”项目。

但是，有时一批材料为几批产品共同耗用。例如，某些化工生产的用料，属于间接费用，则要采用简便的分配方法，分配计入各种产品成本。在消耗定额比较准确的情况下，通常采用材料定额消耗量比例或材料定额成本的比例进行分配，计算公式为

$$分配率=\frac{材料实际总消耗量（或实际成本）}{各种产品材料定额消耗量（或定额成本）之和}$$

某种产品应分配的材料数量(费用)=该种产品的材料定额消耗量(或定额成本)×分配率

原料及主要材料费用除按以上方法分配外，还可以采用其他方法分配。例如，不同规格的同类产品，如果产品的结构大小相近，也可以按产量或重量比例分配。

辅助材料费用计入产品成本的方法，与原材料及主要材料基本相同。凡用于产品生产、能够直接计入产品成本的辅助材料，如专用包装材料等，其费用应根据领料凭证直接计入。但在很多情况下，辅助材料是由几种产品共同耗用的，这就要求采用间接分配的方法。

上述耗用的基本生产产品的材料费用，应计入“生产成本”科目及所属明细账的借方，在明细账中还要按“直接材料”“燃料和动力”项目分别反映。此外，用于辅助生产的材料费用、用于生产车间和行政管理部门为管理和组织生产所发生的材料费用，应分别计入“生产成本—辅助生产成本”“制造费用”“管理费用”等科目及其明细账的借方。至于用于非生产用的材料费用，则应计入其他有关科目。

2. 材料费用分配表的编制

在实际工作中，材料费用的分配一般是通过“材料费用分配表”进行的。这种分配表应该按照材料的用途和材料类别，根据归类后的领料凭证编制。

(二) 人工费用的归集和分配

人工费用包括工资和福利费用。分配工资和福利费用，也要划清计入产品成本与期间费用和不计入产品成本与期间费用的工资和福利费用的界限。其中应计入产品成本的工资和福利费用还应该按成本项目归集：凡属生产车间直接从事产品生产人员的工资费用，列入产品成本的“直接人工费”项目；企业生产车间为组织和管理生产所发生的管理人员的工资和计提的福利费，列入产品成本的“制造费用”项目；企业行政管理人员的工资和计提的福利费，作为期间费用列入“管理费用”科目。

1. 直接从事产品生产人员的工资费用计入产品成本的方法

由于工资制度的不同，生产工人工资计入产品成本的方法也不同。在计件工资制下，生产工人工资通常是根据产量凭证计算工资并直接计入产品成本；在计时工资制下，如果只生产一种产品，生产人员工资属于直接费用，可直接计入该种产品成本；如果生产多种产品，这就要求采用一定的分配方法在各种产品之间进行分配。工资费用的分配，通常采用按产品实用工时比例分配的方法。其计算公式为

$$分配率=\frac{生产工人工资总额}{各种产品实用工时之和}$$

某种产品应分配的工资费用=该种产品实用工时×分配率

按实用工时比例分配工资费用时，需要注意从工时上划清应计入与不应计入产品成本的工资费用界限。如生产工人为安装固定资产服务了，那么这部分生产工时应该划分出来，所分配的费用应计入固定资产的价值，不得计入产品成本。

按照规定的工资总额的一定比例从产品成本中计提的职工福利费可与工资费用一起分配。

2. 工资费用分配表的编制

为了按工资的用途和发生地点归集并分配工资及计提的福利费用，月末应分生产部门根据工资结算单和有关的生产工时记录编制“工资费用分配表”，然后汇编“工资及福利费用分配汇总表”。

(三) 外购动力费的归集和分配

企业发生的外购动力（如电力、蒸气），有的直接用于产品生产，有的用于照明、取暖等其他用途。动力费应按用途和使用部门分配，也可以按仪表记录、生产工时、定额

消耗量比例进行分配。分配时，可编制“动力费用分配表”，据以进行明细核算和总分类核算。直接用于产品生产的动力费用，列入“燃料和动力费用”成本项目，计入“生产成本”科目及其明细账；属于照明、取暖等用途的动力费用，则按其使用部门分别计入“制造费用”“管理费用”等科目。

如果企业设有供电车间这一辅助生产车间，则外购电费应先计入“生产成本—辅助生产成本”科目，再加上供电车间本身发生的工资等项费用，作为辅助生产成本进行分配。

(四) 制造费用的归集和分配

制造费用是企业各生产单位为组织和管理生产而发生的各项间接费用。它包括工资和福利费、折旧费、修理费、办公费、水电费、机物料消耗、劳动保护费、租赁费、保险费、排污费、存货盘亏费（减盘盈）及其他制造费用。

企业发生的各项制造费用，是按其用途和发生地点，通过“制造费用”科目进行归集和分配的。根据管理的需要，“制造费用”科目可以按生产车间开设明细账，账内按照费用项目开设专栏，进行明细核算。费用发生时，根据支出凭证借记“制造费用”科目及其所属有关明细账，但材料、工资、折旧等，要在月末时，根据汇总编制的各种费用分配表计入。材料、产品等存货的盘盈、盘亏数，则应根据盘点报告表登记。归集在“制造费用”科目借方的各项费用，月末时应全部分配转入“生产成本”科目，计入产品成本。“制造费用”科目一般月末没有余额。

在生产一种产品的车间中，制造费用可直接计入其产品成本。在生产多种产品的车间中，就要采用既合理又简便的分配方法，将制造费用分配计入各种产品成本。

制造费用分配计入产品成本的方法，常用的有按生产工时、定额工时、机器工时、直接人工费等比例分配的方法。

在具有产品实用工时统计资料的车间里，可按生产工时的比例分配制造费用。如果企业没有实用工时统计资料，而制订有比较准确的产品工时定额，也可采用按产品定额工时的比例进行分配。在机械化程度较高的车间中，制造费用也可按机器工时比例分配。其计算公式为

$$制造费用分配率=\frac{制造费用总额}{各种产品实用（定额、机器）工时之和}$$

某产品应负担的制造费用=该种产品实用工时数×分配率

制造费用的大部分支出，属于产品生产的间接费用，因而不能按照产品制订定额，而只能按照车间、部门和费用项目编制制造费用计划加以控制。通过制造费用的归集和分配，反映和监督各项费用计划的执行情况，并将其正确及时地计入产品成本。

通过各种费用的分配和归集，应计入本月产品成本的各种产品的费用都已计入“生产成本—基本生产成本”科目的借方，并已在各种产品之间划分清楚，而且按成本项目分别登记在各自的产品成本核算单（基本生产成本明细账）中了。

(五) 辅助生产费用的归集和分配

1. 辅助生产费用的归集

企业的辅助生产，主要是为基本生产服务的。有的只生产一种产品或提供一种劳务，如供电、供气、运输等辅助生产；有的则生产多种产品或提供多种劳务，如从事工具、模型、备件的制造以及机器设备的修理等辅助生产。辅助生产提供的产品和劳务，有时也对外销售，但这不是辅助生产的主要目的。

辅助生产费用的归集和分配，是通过“生产成本—辅助生产成本”科目进行的。该科目应按车间和产品品种设置明细账，进行明细核算，辅助生产发生的直接材料、直接人工费用，分别根据“材料费用分配表”“工资及福利费用分配汇总表”和有关凭证，计入

该科目及其明细账的借方；辅助生产发生的间接费用，应先计入“制造费用”科目的借方进行归集，然后再从该科目的贷方直接转入或分配转入“生产成本—辅助生产成本”科目及其明细账的借方。辅助生产车间完工的产品或劳务成本，应从“生产成本—辅助生产成本”科目及其明细账的贷方转出。“生产成本—辅助生产成本”科目的借方余额表示辅助生产的在产品成本。

2. 辅助生产费用的分配

归集在“生产成本—辅助生产成本”科目及其明细账借方的辅助生产费用，由于所生产的产品和提供的劳务不同，其所发生的费用分配转出的程序方法也不一样。制造工具、模型、备件等产品所发生的费用，应计入完工工具、模型、备件等产品的成本。完工时，作为自制工具或材料入库，从“生产成本—辅助生产成本”科目及其明细账的贷方转入“周转材料（低值易耗品）”或“原材料”科目的借方；领用时，按其用途和使用部门，一次或分期摊入成本。提供水、电、气和运输、修理等劳务所发生的辅助生产费用，多按受益单位耗用的劳务数量在各单位之间进行分配，分配时，借记“制造费用”或“管理费用”等科目，贷记“生产成本—辅助生产成本”科目及其明细账。在结算辅助生产明细账之前，还应将各辅助车间的制造费用分配转入各辅助生产明细账，归集辅助生产成本。

辅助生产提供的产品和劳务，主要是为基本生产车间和管理部门使用和服务的。但在某些辅助生产车间之间也有相互提供产品和劳务的情况。例如，锅炉车间为供电车间供气取暖，供电车间也为锅炉车间提供电力。这样，为了计算供气成本，就要确定供电成本；为了计算供电成本，又要确定供气成本。这里就存在辅助生产费用在各辅助生产车间交互分配的问题。辅助生产费用的分配通常采用直接分配法、交互分配法和按计划成本分配法等。

这里仅就直接分配法进行说明和举例。采用直接分配法，不考虑辅助生产内部相互提供的劳务量，即不经过辅助生产费用的交互分配，直接将各辅助生产车间发生的费用分配给辅助生产以外的各个受益单位或产品。分配计算公式如下

$$\text{辅助生产的单位成本}=\frac{\text{辅助生产费用总额}}{\text{辅助生产的产品或劳务总量(不包括对辅助生产各车间提供的产品或劳务量)}}$$

$$\text{各收益车间、产品或各部门应分配的费用}=\text{辅助生产的单位成本}\times\text{该车间、产品或部门的耗用量}$$

三、完工产品和在产品的成本分配

通过上述各项费用的归集和分配，基本生产车间在生产过程中发生的各项费用，已经集中反映在“生产成本—基本生产成本”科目及其明细账的借方，这些费用都是本月发生的产品的费用，并不是本月完工产成品的成本。要计算出本月产成品成本，还要将本月发生的生产费用，加上月初在产品成本，然后再将其在本月完工产品和月末在产品之间进行分配，以求得本月产成品成本。

本月发生的生产费用和月初、月末在产品及本月完工产成品成本四项费用的关系可用下列公式表达

月初在产品成本＋本月发生生产费用=本月完工产品成本＋月末在产品成本

或

月初在产品成本＋本月发生生产费用－月末在产品成本=本月完工产品成本

由于公式中前两项是已知数，所以，在完工产品和月末在产品之间分配费用的方法有两种。一是将前两项之和按一定比例在后两项之间进行分配，从而求得完工产品与月末在产品的成本；二是先确定月末在产品成本，再计算求得完工产品的成本。但无论采用哪一种方法，都必须取得在产品数量的核算资料。

（一）在产品收发结存的核算

企业的在产品是没有完成全部生产过程、不能作为商品销售的在产品，包括正在车间加工中的在产品和已经完成一个或几个生产步骤但还需继续加工的半成品两部分。对外销售的自制半成品，属于商品产品，验收入库后不应列入在产品之内。以上在产品，是从广义的或者就整个企业来说的在产品。从狭义的或者就某一车间或某一生产步骤来说，在产品只包括该车间或该生产步骤正在加工中的那部分产品，车间或生产步骤完工的半成品不包括在内。

在产品结存的数量，同其他材料物资结存的数量一样，应同时具备账面核算资料和实际盘点资料。企业一方面要做好在产品收发结存的日常核算工作，另一方面要做好在产品的清查工作。做好这两项工作，既可以从账面上随时掌握在产品的动态，又可以清查在产品的实际数量。这不仅对正确计算产品成本、加强生产资金管理以及保护财产有着重要意义，而且对保证账实相符有重要意义。

车间在产品收发结存的日常核算，通常是通过在产品收发结存账进行的。在实际工作中，这种账簿也叫在产品台账，应分车间并且按照产品的品种和在产品名称（如零、部件的名称）设立，以便用来反映车间各种在产品的转入、转出和结存的数量。各车间应认真做好在产品的计量、验收和交接工作，并在此基础上根据领料凭证、在产品内部转移凭证、产成品检验凭证和产品交库凭证，及时登记在产品收发结存账。该账簿由车间核算人员登记。

为了核实在产品的数量，保证在产品的安全完整，企业必须认真做好在产品的清查工作，应定期清查在产品，也可以不定期轮流清查。有的车间没有建立在产品的日常收发核算，则每月月末都必须清查一次在产品，以便取得在产品的实际盘存资料。清查后，应根据盘点结果和账面资料编制在产品盘点表，填明在产品的账面数、实存数和盘存盈亏数，以及盈亏原因和处理意见。对于报废和毁损的在产品，还要登记残值。

如果在产品的盘亏是由于没有办理领料或交接手续，或者由于某种产品的零件被另一种产品挪用，则应补办手续，及时转账更正。

（二）完工产品与在产品的成本分配方法

生产成本在完工产品与在产品之间的分配，在成本核算工作中是一个重要而又比较复杂的问题。企业应当根据在产品数量的多少、各月在产品数量变化的大小、各项费用比重的大小以及定额管理基础的好坏等具体条件，选择既合理又简便的分配方法。常用的方法有以下六种。

1. 不计算在产品成本（即在产品成本为零）

这种方法适用于月末在产品数量很小的情况。算不算在产品成本对完工产品成本影响不大，为了简化核算工作，可以不计算在产品成本，即在产品成本是零。本月发生的产品生产费用就是完工产品的成本。

2. 在产品成本按年初数固定计算

这种方法适用于月末在产品数量很小，或者在产品数量虽大但各月之间在产品数量变动不大，月初、月末在产品成本的差额对完工产品成本影响不大的情况。为简化核算工作，各月在产品成本可以固定按年初数计算。采用这种方法，某种产品本月发生的生产费用就是本月完工产品的成本。年终时，根据实地盘点的在产品数量，重新调整计算在产品成本，以避免在产品成本与实际出入过大，影响成本核算的正确性。

3. 在产品成本按其所耗用的原材料费用计算

这种方法是在产品成本按所耗用的原材料费用计算，其他费用全部由完工产品成本负担。这种方法适合于在原材料费用在产品成本中所占比重较大，而且原材料是在生产开始时一次就全部投入的情况下使用。为了简化核算工作，月末在产品可以只计算原材料费用，其他费用全部由完工产品负担。

4. 约当产量法

约当产量是在产品按其完工程度折合成完工产品的产量。例如，在产品10件，平均完工40%，则相当于完工产品4件。按约当产量比例分配的方法，就是将月末结存的在产品，按其完工程度折合成约当产量，然后再将产品应负担的全部生产费用，按完工产品产量和在产品约当产量的比例进行分配。其计算公式为

在产品约当产量=在产品数量×完工程度

$$单位成本=\frac{月初在产品成本+本月发生生产费用}{产成品产量+月末在产品约当产量}$$

产成品成本=单位成本×产成品产量

月末在产品成本=单位成本×月末在产品约当产量

采用这种方法，道理不难理解，问题在于在产品完工程度的确定比较复杂。一般是根据月末在产品的数量，用技术测定或其他方法，计算在产品的完工程度。例如，在具备产品工时定额的条件下，可按每道工序累计单位工时定额除以单位产品工时定额计算求得。因为存在于各工序内部的在产品加工程度不同，有的正在加工之中，有的已加工完毕，有的还尚未加工。为了简化核算，所以在计算各工序内在产品完工程度时，按平均完工50%计算。

有了各工序在产品完工程度和各工序在产品盘存数量，即可求得在产品的约当产量。各工序产品的完工程度可事先制订，产品工时定额不变时可长期使用。如果各工序在产品数量和单位工时定额都相差不多，在产品的完工程度也可按50%计算。

应当指出，在很多加工生产中，原材料是在生产开始时一次投入的。这时，在产品无论完工程度如何，都应和完工产品同样负担材料费用。如果原材料是随着生产过程陆续投入的，则应按照各工序投入的材料费用在全部材料费用中所占的比例计算在产品的约当产量。

5. 在产品成本按定额成本核算

这种方法是事先经过调查研究、技术测定或按定额资料，对各个加工阶段上的在产品，直接确定一个定额单位成本，月终根据在产品数量，分别乘以各项定额单位成本，即可计算出月末在产品的定额成本。将月初在产品成本加上本月发生费用，减去月末在产品的定额成本，就可算出产成品总成本。产成品总成本除以产成品产量，即为产成品单位成本。计算公式为

月末在产品成本=月末在产品数量×在产品定额单位成本

产成品总成本=（月初在产品成本＋本月发生费用）－月末在产品成本

$$产成品单位成本=\frac{产成品总成本}{产成品产量}$$

6. 按定额比例分配完工产品和月末在产品成本的方法（定额比例法）

如果各月末在产品数量变动较大，但制订了比较准确的消耗定额，生产费用可以在完工产品和月末在产品之间用定额消耗量或定额费用作比例分配。通常材料费用按定额消耗量比例分配，而其他费用按定额工时比例分配。

以按定额成本比例分配为例，计算公式为

$$材料费用分配率=\frac{月初在产品实际材料成本+本月投入的实际材料成本}{完工产品定额材料成本+月末在产品定额材料成本}$$

完工产品应分配的材料成本=完工产品定额材料成本×材料费用分配率

月末在产品应分配的材料成本=月末在产品定额材料成本×材料费用分配率

$$工资（费用）分配率=\frac{月初在产品实际工资（费用）+本月投入的实际工资（费用）}{完工产品定额工时+月末在产品定额工时}$$

完工产品应分配的工资（费用）=完工产品定额工时×工资（费用）分配率

月末在产品应分配的工资（费用）=月末在产品定额工时×工资（费用）分配率

四、联产品和副产品的成本分配

（一）联产品加工成本的分配

联产品是使用同种原料，经过同一生产过程同时生产出来的两种或两种以上的主要产品。如炼油厂，通常是投入原油后，经过某个加工过程，可以生产出汽油、轻柴油、重柴油和气体四种联产品。

在分离点以前发生的成本，称为联合成本。分离点是在联产品生产中，投入相同原料，经过同一生产过程，分离为各种联产品的时点。分离后的联产品，有的可以直接销售，有的还需进一步加工，才可销售。

联产品成本的计算，通常分为两个阶段。

(1) 联产品分离前发生的生产费用即联合成本，可按一个成本核算对象设置一个成本明细账进行归集，然后将其总额按一定分配方法（如售价法、实物数量法等）在各联产品之间进行分配；(2) 分离后按各种产品分别设置明细账，归集其分离后所发生的加工成本。

1. 售价法

在售价法下，联合成本是以分离点上每种产品的销售价格为比例进行分配的。采用这种方法，要求每种产品在分离点时的销售价格能够可靠地计量。

如果联产品在分离点上即可供销售，则可采用销售价格进行分配。如果这些产品尚需要进一步加工后才可供销售，则需要对分离点上的销售价格进行估计。此外，也可采用可变现净值进行分配。

2. 实物数量法

采用实物数量法时，联合成本是以产品的实物数量为基础分配的。实物数量可以是数量、重量。实物数量法通常适用于所生产的产品的价格很不稳定或无法直接确定。

$$单位数量（或重量）成本=\frac{联合成本}{各联产品的总数量（或总重量）}$$

（二）副产品加工成本的分配

副产品是在同一生产过程中，使用同种原料，在生产主要产品的同时附带生产出来的非主要产品。它的产量取决于主产品的产量，随主产品产量的变动而变动，如甘油是生产肥皂这个主产品时的副产品。由于副产品价值相对较低，而且在全部产品生产中所占的比重较小，因而可以采用简化的方法确定其成本，然后从总成本中扣除，其余额就是主产品的成本。例如副产品可以按预先规定的固定单价确定成本。

在分配主产品和副产品的加工成本时，通常先确定副产品的加工成本，然后确定主产品的加工成本。

第三节 成本核算的方法

一、成本核算的品种法

产品成本核算的品种法，是按照产品品种计算产品成本的一种方法。

(一) 品种法的特点

品种法的特点是既不要求按照产品批别计算成本，也不要求按照生产步骤计算成本，而只要求按照产品的品种计算成本。

在工业企业中，确定不同的产品成本核算对象，采用不同的产品成本核算方法，这主要是企业或者生产车间为了结合本身产品生产的特点，加强成本管理。不论什么工业企业，不论什么生产类型的产品，也不论管理要求如何，最终都必须按照产品品种算出产品成本。这就是说，按照产品品种计算成本，是产品成本核算最一般、最起码的要求，品种法是最基本的成本核算方法。

(二) 品种法的适用范围

品种法适用于大量大批的单步骤生产，例如发电、采掘等生产。

在大量大批多步骤生产下，如果从原材料投入到产品产出的全部生产过程，都在一个车间内进行，或者生产是按流水线组织的，管理上不要求按照生产步骤计算产品成本，也可以采用品种法计算产品成本。例如小型水泥厂，虽然是多步骤生产，但可以采用品种法计算产品成本。又如大量大批生产的铸件熔铸和玻璃制品的熔制等，如果管理上不要求分熔炼与铸造或制造两个生产步骤计算产品成本，也可以采用品种法计算产品成本。

此外，辅助生产的供水、供气、供电等单步骤的大量生产，也采用品种法计算成本。

(三) 品种法的计算程序

在采用品种法计算产品成本的企业或车间中，如果只生产一种产品，成本核算对象就是这种产品的产成品成本。计算产品成本时，只需要为这种产品开设一本产品成本明细账，账内按照成本项目设立专栏或专行。在这种情况下，发生的生产费用全部都是直接计入费用，可以直接计入该种产品成本明细账，没有在各个成本核算对象之间分配费用的问题。如果生产的产品不止一种，就要按照产品的品种分别开设产品成本明细账，发生的直接计入费用应直接计入各产品成本明细账，发生的间接计入费用则应采用适当的分配方法，在各个成本核算对象之间进行分配，然后计入各有关产品的成本明细账。

在月末计算产品成本时，如果没有在产品，或者在产品数量很少，就不需要计算月末在产品成本。这样，各种产品成本明细账中按照成本项目归集的全部生产费用，就是各该产品的产成品总成本；总成本除以产品产量，就是各该产品的单位成本。如果有在产品，而且数量较多，还需要将产品成本明细账中归集的生产费用，采用适当的分配方法，在完工产品和月末在产品之间进行分配，计算完工产品成本和月末在产品成本。

在生产组织是大量大批生产、工艺过程是单步骤生产的企业或车间中，如果产品单一、没有在产品，或者在产品很少，可以不计算在产品成本，其所采用的品种法也称单一法、简单法或简化的品种法。

(四) 品种法成本核算的账务处理程序

产品成本核算品种法账务处理的基本程序，如图16-1所示。

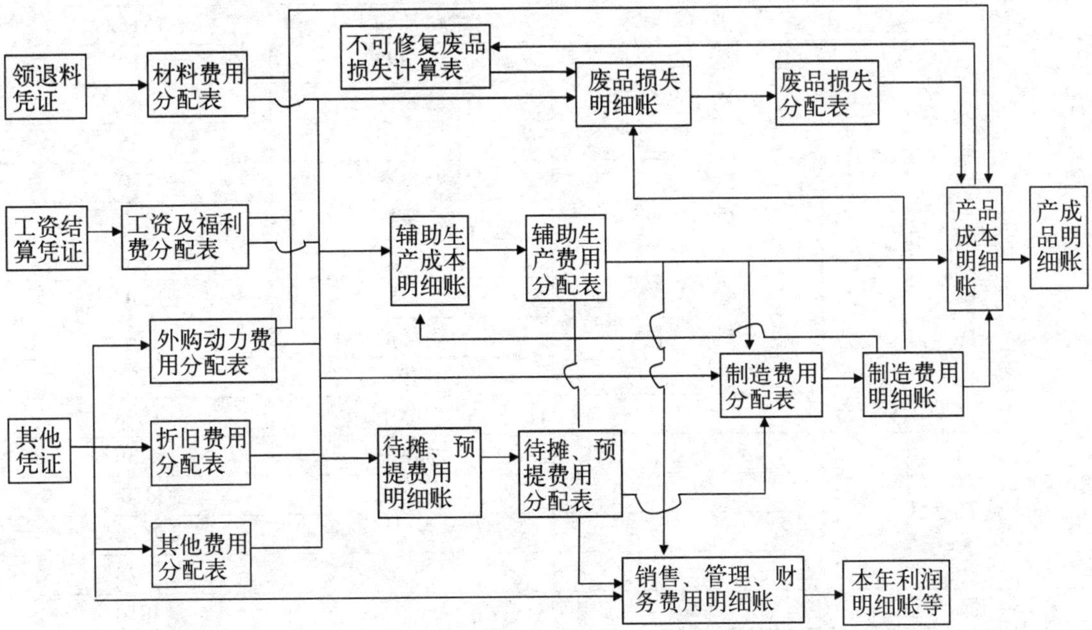

图16-1　品种法成本核算财务处理基本程序图

由于品种法是产品成本核算最基本的方法，因而品种法的计算程序，体现着产品成本核算的一般程序。各种成本核算方法，除了产品成本明细账的设立和登记程序有所不同外，其他的计算程序基本相同。

【例16-1】假定智董工厂设有一个基本生产车间，大量生产甲、乙两种产品，其生产工艺过程属于单步骤生产。根据生产特点和管理要求，确定采用品种法计算这两种产品成本。该企业还设有供电和机器修理两个辅助生产车间，为基本生产供电和修理机器。辅助生产的制造费用通过“制造费用”科目核算。该企业单独核算废品损失，产品成本包括“原材料（直接材料）”“燃料及动力”“工资及福利费（直接人工）”“制造费用”和“废品损失”五个项目。

下面以该企业201×年3月的费用资料为例，说明甲、乙两种产品的成本计算程序和相应的账务处理。

1. 根据各项费用的原始凭证和其他有关资料，登记各项货币支出，编制各种费用分配表，分配各种要素费用

(1) 根据按支出用途归类的3月份银行存款付款凭证汇总的货币支出登记各项费用（为简化举例，假定货币支出全部用银行存款支付）。汇总的货币支出如表16-1所示。

在实际工作中，支付货币资金的业务应逐项填制记账凭证，分别编制会计分录。这里为了简化举例，汇总编制会计分录，汇总记账。

表16-1　汇总的货币支出

应借科目			金额
总账科目	明细科目	成本或费用项目	
辅助生产成本	供电车间	燃料及动力	15162
制造费用	基本生产车间	办公费	510
		劳动保护费	369
		其他	186
	供电车间	办公费	230
		劳动保护费	210
		其他	128
	机修车间	办公费	20
		劳动保护费	28
		其他	17
	小计		1698
管理费用		办公费	2430
		差旅费	810
		其他	2688
	小计		5928
预提费用	预提利息费用		4810
合计			27598

会计分录①：

借：辅助生产成本　　15162

　　制造费用　　1698

　　管理费用　　5928

　　预提费用　　4810

贷：银行存款　　27598

(2) 根据按材料用途归类的领退料凭证和有关的分配标准（用来分配直接用于产品生产的间接计入材料费用），编制材料费用分配表分配材料费用。材料费用分配表如表16-2所示。

表16-2　材料费用分配表（分配表3）

201×年3月

应借科目				原料及主要材料	辅助材料	其他材料	合计
总账科目	明细科目		成本或费用项目				
基本生产成本	甲产品		原材料	10800	5900		16700
	乙产品		原材料	43800	8900		52700
	小计			54600	14800		69400
辅助生产成本	机修车间		原材料		218		218
制造费用	基本生产车间		机物料		2320	800	3120
			劳动保护费	1800		300	2100
	辅助生产车间	供电车间	机物料		310	80	390
		机修车间	机物料			53	53
	小计			1800	2630	1233	5663

续表

应借科目			原料及主要材料	辅助材料	其他材料	合计
总账科目	明细科目	成本或费用项目				
管理费用		物料		700	300	1000
废品损失	乙产品	原材料	600	120		720
合计			57000	18468	1533	77001

会计分录②：

借：基本生产成本　　69400

　　辅助生产成本　　218

　　制造费用　　5663

　　管理费用　　1000

　　废品损失　　720

　贷：原材料　　77001

(3) 编制工资及福利费分配表分配工资及福利费。工资及福利费分配如表16-3所示。

表16-3　工资及福利费分配表（分配表3）

201×年3月

应借科目		生产工人工资		管理人员工资	工资合计	应付职工薪酬—职工福利（假设为工资的14%）	工资及福利费合计
总账科目	明细科目	生产工时	分配率2元/时				
基本生产成本	甲产品	2900	5800		5800	812	6612
	乙产品	4700	9400		9400	1316	10716
	小计	7600	15200		15200	2128	17328
废品损失	乙产品	500	1000		1000	140	1140
合格品和废品小计		8100	16200		16200	2268	18468
辅助生产成本	供电车间		1200		1200	168	1368
	机修车间		500		500	70	570
	小计		1700		1700	238	1938
制造费用	基本车间			2200	2200	308	2508
	供电车间			800	800	112	912
	机修车间			100	100	14	114
	小计			3100	3100	434	3534
管理费用				3300	3300	462	3762
合计			17900	6400	24300	3402	27702

在下列工资及福利费分配表中，合格品和废品的生产工人工资小计16200元，为基本生产车间的生产工人工资，均按生产工时比例在各种合格产品和废品（可修复废品）之间分配。

会计分录③：

借：基本生产成本　　15200

　　废品损失　　1000

　　辅助生产成本　　1700

　　制造费用　　3100

　　管理费用　　3300

　贷：应付职工薪酬—工资　　24300

会计分录④：

借：基本生产成本　　2128

　　废品损失　　140

　　辅助生产成本　　238

　　制造费用　　434

　　管理费用　　462

　贷：应付职工薪酬—职工福利　　3402

(4) 根据各车间、部门2月初固定资产的折旧额和2月份增、减固定资产的折旧额，编制折旧费用分配表分配折旧费用。折旧费用分配如表16-4所示。

会计分录⑤：

借：制造费用　　9010

　　管理费用　　2870

　贷：累计折旧　　11880

表16-4　固定资产折旧费用分配表（分配表3）

201×年3月

车间、部门	2月初固定资产折旧额	2月增加固定资产的折旧额	2月减少固定资产的折旧额	本月固定资产折旧额
基本生产车间	7100	750	40	7810
供电车间	940	130	20	1050
机修车间	190	30	70	150
车间小计	8230	910	130	9010
行政管理部门	2750	210	90	2870
合计	10980	1120	220	11880

2. 根据原材料和在产品的盘存表以及其他有关资料，计算原材料和在产品的盘存盈亏，并从有关费用中冲减盘盈价值，将盘亏和毁损损失计入生产费用

(1) 原材料盘盈，按计划单位成本计价共为1450元；经审批，冲减当月管理费用。

会计分录⑥：

借：原材料　　1450

　贷：待处理财产损溢　　1450

会计分录⑦：

借：待处理财产损溢　　1450

　贷：管理费用　　1450

(2) 乙产品的在产品盘亏和毁损10件，按定额成本计价：在产品的单位原材料费用定额为82元；盘亏和毁损在产品的定额工时为10小时，每小时费用定额为：燃料及动力0.80元，工资及福利费1.90元，制造费用2.10元。盘亏和毁损在产品的定额成本和净损失的计算如表16-5所示。

表16-5　在产品盘亏和毁损损失计算表（分配表3）

产品名称：乙（在产品盘亏和毁损成本按定额成本计算）　　盘亏和毁损

盘亏和毁损数量：10件　　201×年3月31日　　定额工时：10

项目	原材料	燃料及动力	工资及福利费	制造费用	合计
单价（或小时）费用定额	82	0.80	1.90	2.10	
盘亏和毁损在产品成本	820	8	19	21	868

续表

项目	原材料	燃料及动力	工资及福利费	制造费用	合计
减：回收残料价值	45				45
在产品盘亏和毁损损失	775	8	19	21	823
向过失者索赔					200
基本生产车间在产品盘亏和毁损净损失					623

会计分录⑧：

借：待处理财产损溢　　　　868

　贷：基本生产成本　　　　868

(3) 回收毁损在产品的残料，计价45元；经审批，盘亏和毁损在产品的过失人应赔偿损失200元，净损失计入当月基本生产车间制造费用。

会计分录⑨：

借：原材料　　　　45

　　其他应收款　　　　200

　　制造费用　　　　623

　贷：待处理财产损溢　　　　868

3. 根据待摊费用和预提费用明细账记录，编制待摊费用分配表和预提费用分配表，分配各该费用

注：新准则没有设置"待摊费用""预提费用"科目，但允许企业根据需要自行增设相应科目用于日常核算。

资产负债表日，对于执行新准则后发生的尚未摊销完毕的待摊费用余额，应根据其性质进行分析，在资产负债表"预付账款""其他流动资产"等项目中填列。

资产负债表日，对于执行新准则后发生的尚未冲减完毕的预提费用余额，应根据其性质进行分析，在资产负债表"应付利息""其他应付款""其他流动负债"等项目中填列。

(1) 该企业扩建工程完工投入生产，本月新领低值易耗品一批。根据低值易耗品领用单归类汇总：基本生产车间新领工具24480元，厂部新领家具用具16200元，共计40680元，采用五成法摊销。由于一次领用数量较大，经审批，将领用时应摊的50%，列做待摊费用，从本月起分三个月平均摊入产品成本。待摊低值易耗品摊销明细账如表16-6所示。

表16-6　待摊费用明细账

待摊费用种类：待摊低值易耗品摊销

月	日	摘要	借方金额（费用发生额）	贷方金额（费用摊销额）	余额	
					借或贷	金额
3	2	根据低值易耗品领用单，待摊额为：基本生产车间12240元，厂部8100元。由3、4、5月分摊	20340		借	20340
3	31	根据表(5)		6780	借	13560

会计分录⑩：

借：待摊费用　　　　20340

　贷：周转材料—摊销　　　　20340

上列待摊费用明细账中的贷方摊销额，应根据摊销低值易耗品的待摊费用分配表登记。当月的分配表如表16-7所示。

表16-7　待摊费用分配表（分配表3）

待摊费用种类：待摊低值易耗品摊销

201×年3月

摘要	应借科目		应贷（摊销）金额
	总账科目	明细科目	
基本车间：12240÷3=4080	制造费用	基本生产车间—低值易耗品摊销	4080
厂部：8100÷3=2700	管理费用	低值易耗品摊销	2700
合计			6780

会计分录⑪：

借：制造费用　　4080

　　管理费用　　2700

　贷：待摊费用　　6780

(2) 该企业该年1月份进行厂房大修理，其大修理费用为：基本生产车间23928元，供电车间6000元，机修车间1200元，厂部10920元，共计42048元。规定由1～12月份按月平均摊销。待摊大修理费用明细账如表16-8所示。

表16-8　待摊费用明细账

待摊费用种类：待摊大修理费用

月	日	摘要	借方	贷方	余额	
					借或贷	金额
1	20	厂房大修理，大修理费用为：基本生产车间23928元，供电车间6000元，机修车间1200元，厂部10920元。从当月起，分12个月摊销	42048		借	42048
1	31	根据表×		3504	借	38544
2	28	根据表×		3504	借	35040
3	31	根据表(6)		3504	借	31536

上列待摊费用明细账中的一二月份发生额，已在该2个月登记；账中3月的贷方摊销额，应根据当月摊销大修理费用的待摊费用分配表登记。该分配表如表16-9所示。

表16-9　待摊费用分配表（分配表3）

待摊费用种类：待摊大修理费用

201×年3月

摘要	应借科目		应贷金额
	总账科目	明细科目	
基本车间：23928÷12=1994 供电车间：6000÷12=500 机修车间：1200÷12=100 厂部：10920÷12=910	制造费用	基本生产车间—修理费	1994
		供电车间—修理费	500
		机修车间—修理费	100
		小计	2594
	管理费用	修理费	910
合计			3504

会计分录⑫：

借：制造费用　　2594

　　管理费用　　910

　贷：待摊费用　　3504

(3) 该企业银行短期借款利息采用按月预提季末结算的办法。第一季度一二月份各预提1600元；季末（本月下旬）银行通知：全季利息支出为4810元，已用银行存款转付（见第1项分录）。预提利息费用明细账如表16-10所示。

表16-10　预提费用明细账

费用种类：预提利息费用

月	日	摘要	借方金额（费用发生额）	贷方金额（费用预提额）	余额	
					借或贷	金额
1	31	根据表×		1600	贷	1600
2	28	根据表×		1600	贷	3200
3	25	根据付款凭证	4810		借	1610
3	31	根据表(7)		1610		0

上列预提费用明细账中的3月份计提额1610（即4810－1600×2）元，应根据当月预提利息费用的预提费用分配表登记。该分配表如表16-11所示。

表16-11　预提费用分配表（分配表3）

预提费用种类：预提利息费用

201×年3月

摘要	应借科目		应贷（预提）金额
	总账科目	明细科目	
一二两个月各预提1600元，本月实付4810元，本月应提：4810－1600×2=1610	财务费用	利息支出	1610

会计分录⑬：

借：财务费用　　　　1610

　贷：预提费用　　　　1610

4. 根据上列各种费用分配表和其他有关资料，登记辅助生产成本明细账和辅助生产的制造费用明细账，归集和分配辅助生产费用

(1) 该企业采用按计划成本分配法分配辅助生产费用。供电车间本月供电103500度，计划单位成本为每度0.20元；机修车间提供机修劳务952小时，计划单位成本为每小时2.50元。由于机修所用的材料很少，修理费用均按机修工时分配。其辅助生产成本明细账和辅助生产的制造费用明细账如表16-12、表16-13、表16-14、表16-15所示。

表16-12　辅助生产成本明细账

车间名称：供电车间

月	日	摘要	原材料	燃料及动力	工资及福利费	制造费用	合计	转出	余额
3		根据付款凭证		15162			15162		
3	31	根据表(2)			1368		1368		
3	31	待分配费用小计		15162	1368		16530		16530
3	31	根据表(8)						20700	
3	31	根据表(10)				4090	4090		80
3	31	根据表(8)						80	
3	31	合计		15162	1368	4090	20620	20620	0

表16-13 辅助生产成本明细账

车间名称：机修车间

月	日	摘要	原材料	燃料及动力	工资及福利费	制造费用	合计	转出	余额
3	31	根据表(1)	218				218		
3	31	根据表(2)			570		570		
3	31	待分配费用小计	218		570		788		788
3	31	根据表(8)		1530			1530	2380	
3	31	根据表(10)				602	602		540
3	31	根据表(8)						540	
3	31	合计	218	1530	570	602	2920	2920	0

表16-14 制造费用明细账

车间名称：供电车间

月	日	摘要	工资及福利费	机物料	折旧费	修理费	劳动保护费	水电费	办公费	其他	合计	转出	余额
3		根据付款凭证					210		230	128	568		
3	31	根据表(1)		390							390		
3	31	根据表(2)	912								912		
3	31	根据表(3)			1050						1050		
3	31	根据表(6)				500					500		
3	31	待分配费用小计	912	390	1050	500	210		230	128	3420		3420
3	31	根据表(8)				670					670		4090
3	31	根据表(10)										4090	
3	31	合计	912	390	1050	1170	210		230	128	4090	4090	0

表16-15 制造费用明细账

车间名称：机修车间

月	日	摘要	工资及福利费	机物料	折旧费	修理费	劳动保护费	水电费	办公费	其他	合计	转出	余额
3		根据付款凭证					28		20	17	65		
3	31	根据表(1)		53							53		
3	31	根据表(2)	114								114		
3	31	根据表(3)			150						150		
3	31	根据表(6)				100					100		
3	31	待分配费用小计	114	53	150	100	28		20	17	482		482
3	31	根据表(8)						120			120		602
3	31	根据表(10)										602	
3	31	合计	114	53	150	100	28	120	20	17	602	602	0

在上列辅助生产成本明细账和辅助生产的制造费用明细账中，待分配费用小计是应通过后列辅助生产费用分配表分配的费用；该行以下各行所记的费用是通过后列各有关的费用分配表分配转入和转出的费用。

(2) 根据辅助生产成本明细账和辅助生产的制造费用明细账中的待分配费用小计数、供电度数和修理工时数，以及各该计划单位成本，编制辅助生产费用分配表分配辅助生产费用。分配表如表16-16所示。

表16-16 辅助生产费用分配表（分配表3）

（按计划成本分配）

201×年3月

项目				供电车间		机修车间		费用合计
				数量	费用	数量	费用	
待分配的数量和费用	“辅助生产成本”科目发生额			103500	16530	952	788	
	“制造费用”科目发生额				3420		482	
	小计			103500	19950	952	1270	
计划单位成本					0.20		2.50	
辅助生产车间耗用	应借“辅助生产成本”科目	机修车间	动力	7650	1530			1530
		供电车间						
	应借“制造费用”科目	供电车间	修理费			268	670	670
		机修车间	水电费	600	120			120
		小计			120		670	790
基本生产车间耗用	×	动力		69300	13860			13860
	应借“制造费用”科目	水电费		19600	3920			3920
		修理费				452	1130	1130
		小计			3920		1130	5050
行政管理部门耗用	应借“管理费用”科目	水电费		6350	1270			1270
		修理费				232	580	580
		小计			1270		580	1850
按计划成本分配金额合计					20700		2380	23080
辅助生产实际成本					20620		2920	23540
辅助生产成本差异					-80		+540	+460

在上列辅助生产费用分配表中，辅助生产的实际成本应按下列算式计算：

供电实际成本=19950+670=20620（元）

机修实际成本=1270+1530+120=2920（元）

辅助生产的成本差异规定计入管理费用的“其他”费用项目。

表16-16中的基本生产车间动力费用13860元，由甲、乙两种产品共同耗用，不能分设电表计量，还应另编基本生产车间动力费用分配表，在该两种合格产品及其废品之间按实际机器工时比例进行分配。分配表如表16-17所示。

表16-17 基本生产车间动力费用分配表（分配表3）

201×年3月

应借科目		实际机器工时	动力费（分配率：9）
总账科目	明细科目		
基本生产成本	甲产品	560	5040
	乙产品	930	8370
	小计	1490	13410
废品损失	乙产品	50	450
合计		1540	13860

通过上列分配表，将基本生产车间动力费用13860元，分配为甲、乙两种合格产品动力费13410元，乙种废品动力费450元。

根据辅助生产费用分配表和基本生产车间动力费用分配表，编制辅助生产费用分配的会计分录（为了节省篇幅，前面各项分录未列示明细科目；为了便于理解基本生产车间动力费用分配表的作用和辅助生产费用归集、分配的账务处理，下面有关的分录按明细科目分别列示）。

会计分录⑭：

借：辅助生产成本—机修车间　　1530
　　制造费用—供电车间　　670
　　　　　　—机修车间　　120
　　　　　　—基本生产车间　　5050
　　基本生产成本—甲产品　　5040
　　　　　　　　—乙产品　　8370
　　废品损失—乙产品　　450
　　管理费用　　1850
　贷：辅助生产成本—供电车间　　20700
　　　　　　　　　—机修车间　　2380

(3) 将辅助生产费用分配表的各项分配数，亦即第14项会计分录计入各有关明细账以后，结算辅助生产的制造费用明细账，并据以编制辅助生产车间制造费用分配表，将各该车间的制造费用分配转入辅助生产成本明细账，归集各该辅助生产成本。

辅助生产车间制造费用分配表如表16-18所示。

表16-18　辅助生产车间制造费用分配表（分配表30）

201×年3月

应借科目		供电车间制造费用	机修车间制造费用	合计
总账科目	明细科目			
辅助生产成本	供电车间	4090		4090
	机修车间		602	602
合计		4090	602	4692

会计分录⑮：

借：辅助生产成本—供电车间　　4090
　　　　　　　　—机修车间　　602
　贷：制造费用—供电车间　　4090
　　　　　　　—机修车间　　602

按照计划成本分配登记辅助生产车间之间互供劳务的费用以后，再将辅助生产的制造费用分配转入各辅助生产成本明细账，也就是将辅助生产的制造费用全部（包括交互分配转入的制造费用在内）归集以后，再将辅助生产的制造费用分配转入各辅助生产成本明细账，可以避免辅助生产的制造费用分两次结转，从而简化核算工作。正因此，前列辅助生产费用分配表中的待分配费用，要按“辅助生产成本”科目发生额和“制造费用”科目发生额分列两行。由于辅助生产费用分配转出数（“辅助生产成本”科目贷方发生额）中已经包括了待分配的制造费用，因而只有在将制造费用转入辅助生产成本（“辅助生产成本”科目借方发生额）以后，“辅助生产成本”科目才有可能结平。

(4) 将辅助生产费用分配表所列辅助生产成本差异，转入管理费用。

会计分录⑯：

借：管理费用　　460

贷：辅助生产成本—供电车间 80

—机修车间 540

5. 根据上列各种费用分配表和其他有关资料，登记基本生产的制造费用明细账，归集和分配基本生产车间的制造费用

(1) 基本生产的制造费用明细账如表16-19所示。

表16-19 制造费用明细账

车间名称：基本生产车间

月	日	摘要	工资及福利费	机物料	低值易耗品摊销	折旧费	修理费	水电费	办公费	劳动保护费	在产品盘亏	其他	合计	转出	余额
3		根据付款凭证							510	369		186	1065		
3	31	根据表(1)		3120						2100			5220		
3	31	根据表(2)	2508										2508		
3	31	根据表(3)				7810							7810		
3	31	根据表(4)									623		623		
3	31	根据表(5)			4080								4080		
3	31	根据表(6)					1994						1994		
3	31	根据表(8)					1130	3920					5050		28350
3	31	根据表(11)												28350	
3	31	合计	2508	3120	4080	7810	3124	3920	510	2469	623	186	28350	28350	0

(2) 根据基本生产的制造费用明细账归集的该车间制造费用，以及甲、乙两种合格产品和废品（乙产品）的生产工时，编制基本生产车间制造费用分配表分配该车间制造费用。该分配表如表16-20所示。

表16-20 基本生产车间制造费用分配表（分配表31）

201×年3月

应借科目		实际生产工时	分配金额（分配率：3.5）
总账科目	明细科目		
基本生产成本	甲产品	2900	10150
	乙产品	4700	16450
	小计	7600	26600
废品损失	乙产品	500	1750
合计		8100	28350

会计分录⑰：

借：基本生产成本—甲产品 10150

—乙产品 16450

26600

废品损失—乙产品 1750

贷：制造费用—基本生产车间 28350

6. 根据上列各种费用分配表和其他有关资料，登记管理费用明细账和财务费用明细账，归集和结转管理费用和财务费用

(1) 管理费用明细账如表16-21所示。

表16-21 管理费用明细账

月	日	摘要	工资及福利费	机物料	低值易耗品摊销	折旧费	修理费	水电费	办公费	劳动保护费	在产品盘亏	其他	合计	转出	余额
3		根据付款凭证							2430	810		2688	5928		
3	31	根据表(1)									1000		1000		
3	31	根据表(2)	3762										3762		
3	31	根据表(3)			2870								2870		
3	31	根据盘存凭证									1450		1450		
3	31	根据表(5)		2700									2700		
3	31	根据表(6)				910							910		
3	31	根据表(8)				580	1270						1850		
3	31	根据表(8)										460	460		18030
3	31	根据转账凭证												18030	
3	31	合计	3762	2700	2870	1490	1270	2430	810	1000	1450	3148	18030	18030	0

为了节省账页篇幅，多栏式费用明细账只按费用项目分设借方专栏，因而上列材料盘盈冲减管理费用贷记“管理费用”科目的金额（见第7项会计分录），用红字计入管理费用明细账借方“材料产品盘亏”专栏进行冲减。由此可见，在实际工作中，总账和明细账的平行登记，不一定都是用蓝字进行同方向登记；登记结果，总账科目借方或贷方发生额与所属明细账借方发生额之和或贷方发生额之和，不一定能核对相符；但总账科目余额与所属明细账余额之和，应该核对相符。

(2) 根据管理费用明细账编制转账凭证，将其归集的管理费用结转计入当月损益。

会计分录⑱：

借：本年利润　　　　　　　　　　18030

　贷：管理费用　　　　　　　　　18030

(3) 财务费用明细账如表16-22所示。

表16-22 财务费用明细账

月	日	摘要	利息支出	汇兑损失	财务手续费	合计	转出	余额
3	31	根据表(7)	1610			1610		1610
3	31	根据转账凭证					1610	0
3	31	合计	1610			1610	1610	0

(4) 根据财务费用明细账编制转账凭证，将归集的财务费用结转计入当月损益。

会计分录⑲：

借：本年利润　　　　　　　　　　1610

　贷：财务费用　　　　　　　　　1610

7. 根据上列各种费用分配表和不可修复废品成本等有关资料，编制不可修复废品损失计算表，登记废品损失明细账，归集和分配可修复废品和不可修复废品的损失

(1) 该企业乙种产品发生若干废品，其中不可修复废品25件，已完成的定额工时为470小时，不可修复废品成本按定额成本计算，回收残料计价120元。编制不可修复废品损失计算表如表16-23所示。

表16-23　不可修复废品损失计算表（分配表32）

产品名称：乙（废品成本按定额成本计算）

废品数量：25件　　201×年3月　　废品定额工时：470

项目	原材料	燃料及动力	工资及福利费	制造费用	合计
单件（或小时）费用定额	82	0.80	1.90	2.10	×
废品定额成本	2050	376	893	987	4306
减：回收残料价值	120				120
废品报废损失	1930	376	893	987	4186

根据上列不可修复废品损失计算表，结转不可修复废品的生产，成本和回收残料价值。

会计分录⑳：

借：废品损失　　4306

　贷：基本生产成本　　4306

会计分录㉑：

借：原材料　　120

　贷：废品损失　　120

(2) 根据上列不可修复废品损失计算表和各种费用分配表中有关可修复废品的修复费用资料，登记废品损失明细账归集全部废品损失。废品损失明细账如表16-24所示。

表16-24　废品损失明细账

产品名称：乙

月	日	摘要	原材料	燃料及动力	工资及福利费	制造费用	合计
3	31	根据表(1)	720				720
3	31	根据表(2)			1140		1140
3	31	根据表(9)		450			450
3	31	根据表(11)				1750	1750
3	31	可修复废品修复费用小计	720	450	1140	1750	4060
3	31	根据表(12)	2050	376	893	987	4306
3	31	根据表(12)	120				120
3	31	废品损失合计	2650	826	2033	2737	8246
3	31	根据转账凭证					930
3	31	废品净损失					7316
3	31	根据表（13）					7316

*明细账中内的数字表示红色数字，为贷方发生额。

上列废品损失明细账只按成本项目分设借方专栏，未设贷方专栏，因而贷方发生额应用红字登记。

有关可修复废品修复费用的会计分录已在前面分别编制。为了计算废品净损失，还应结转应向过失人索赔的款项。经检查，应向过失人索赔930元，根据转账凭证进行转账。

会计分录㉒：

借：其他应收款　　930

　贷：废品损失　　930

(3) 根据废品损失明细账所记废品净损失，编制废品损失分配表，将净损失分配由同种合格产品成本负担。废品损失分配表如表16-25所示。

表16-25 废品损失分配表（分配表33）

201×年3月

应借科目		分配标准	分配金额
总账科目	明细科目		
基本生产成本	乙产品		7316

会计分录㉓：

借：基本生产成本　　7316

　贷：废品损失　　7316

8. 根据各种费用分配表和其他有关资料，登记产品成本明细账，分别归集甲、乙两种产品成本，并采用适当的分配方法，分配计算这两种产品的完工产品成本和月末在产品成本

(1) 根据各种费用分配表，登记产品成本明细账的本月生产费用发生额。该两种产品成本明细账如表16-26、16-27所示。

表16-26 产品成本明细账

产品名称：甲

月	日	摘要		产量（件）	原材料	燃料及动力	工资及福利费	制造费用	废品损失	成本合计
2	28	在产品费用			4800	520	715	1365		7400
3	31	根据表(1)			16700					16700
3	31	根据表(2)					6612			6612
3	31	根据表(9)				5040				5040
3	31	根据表(11)						10150		10150
3	31	本月生产费用小计			16700	5040	6612	10150		38502
3	31	生产费用累计			21500	5560	7327	11515		45902
3	31	产成品成本	总成本	300	14300	4744	5389	9373		33806
3	31		单位成本		47.67	15.81	17.96	31.25		112.69
3	31	在产品费用			7200	816	1938	2142		12096

表16-27 产品成本明细账

产品名称：乙

月	日	摘要	产量(件)	原材料	燃料及动力	工资及福利费	制造费用	废品损失	成本合计
2	28	在产品费用		7140	958	908	5160		14166
3	31	根据表(1)		52700					52700
3	31	根据表(2)				10716			10716
3	31	根据表(9)			8370				8370
3	31	根据表(11)					16450		16450
3	31	根据表（13）						7216	7316
3	31	本月生产费用小计		52700	8370	10716	16450	7316	95552
3	31	生产费用累计		59840	9328	11624	21610	7316	109718
3	31	不可修复废品成本（表32）		2050	376	893	987		4306
3	31	在产品盘亏成本（表3）		820	8	19	21		868
3	31	生产费用净额		56970	8944	10712	20602	7316	104544
3	31	费用分配率		1.036949	0.753496	0.902443	1.735636	×	×

续表

月	日	摘要		产量(件)	原材料	燃料及动力	工资及福利费	制造费用	废品损失	成本合计
3	31	产成品成本	定额		36900	9900时				
3			实际	450	38263	7460	8934	17183	7316	79156
3			单位成本		85.02	16.58	19.85	38.18	16.27	175.90
3	31	在产品费用	定额		18040	1970时				
3			实际		18707	1484	1778	3419		25388

在上列产品成本明细账中，月初在产品费用（即上月末在产品费用），加上本月生产费用小计，即为生产费用累计，应在本月完工产品与月末在产品之间分配。该企业产品的消耗定额比较准确、稳定，甲产品各月在产品数量变动不大，采用在产品按定额成本计价法进行分配。乙产品各月在产品数量变动较大，采用定额比例法进行分配：原材料费用按定额费用比例分配，其他各项费用均按定额工时比例分配。

(2) 根据在产品的盘存资料和费用定额资料编制月末在产品定额成本计算表，作为分配计算完工产品成本和月末在产品成本的依据。

甲、乙产品月末在产品定额成本计算表如表16-28所示。

表16-28　甲、乙产品月末在产品定额成本计算表

201×年3月

产品名称	所在工序	在产品数量(价)	原材料费用		累计工时定额	定额工时	燃料及动力(每时定额0.80元)	工资及福利费(每时定额1.90元)	制造费用(每时定额2.10元)	定额成本合计
			费用定额	定额费用						
①	②	③	④	⑤=③×④	⑥	⑦=③×⑥	⑧	⑨	⑩	⑪=⑤+⑧+⑨+⑩
甲	1	120			5	600				
	2	30			14	420				
甲产品合计		150	48	7200		1020	816	1938	2142	12096
乙产品合计		220	82	18040		1970	×	×	×	×

在上列月末在产品定额成本计算表中，各工序在产品的数量应根据在产品盘存凭证或在产品收发结存账填列；每件在产品的原材料费用定额和每小时费用定额，应根据有关的定额资料填列。由于原材料是在生产开始时一次投入的，因而各工序在产品的原材料费用定额相同。

甲产品第1道工序的工时定额为10小时，在产品按50%计算，为5小时；第2道工序的工时定额为8小时，其在产品的累计工时定额为10+8×50%=14（小时）

在产品定额工时乘以各项费用的每小时定额，即为各该费用的定额费用。由于在产品定额成本不必分工序计算，因而定额费用不必分工序计算。由于乙产品的各项加工费用均按定额工时比例分，因而其在产品不必计算定额加工费用。

(3) 分配计算完工产品和月末在产品的实际成本。将甲产品月末在产品定额成本计入甲产品成本明细账，并从生产费用累计数中减去月末在产品定额成本，即可算出完工产品（产成品）的实际成本。

乙产品完工450件，完工产品的原材料定额费用为450×82=36900（元）

乙产品的工时定额为22小时，完工产品的定额工时为450×22=9900（小时）

将乙产品的完工产品和月末在产品的原材料定额费用和定额工时计入乙产品成本明细账，即可分配计算其完工产品（产成品）和月末在产品的实际成本。

在乙产品成本明细账中，在产品费用和本月生产费用与甲产品成本明细账一样，是借方的余额和发生额；不可修复废品成本，是从借方归集的生产费用中转出来的贷方发生额（见会计分录⑳）；应计入合格产品成本的废品净损失，计入本月生产费用（借方发生额）的“废品损失”项目（见会计分录㉓）。账中在产品盘亏成本，是从借方归集的生产费用中转出来的贷方发生额（见会计分录⑧）；应计入产品成本的在产品盘亏和毁损净损失，计入基本生产车间制造费用明细账以后，与其他制造费用一起分配转入本月生产费用的“制造费用”项目（见会计分录⑨和⑰）。账中生产费用净额为生产费用累计（借方发生额）减去不可修复废品成本和在产品盘亏成本（贷方发生额）以后，应在完工产品与月末在产品之间分配的费用。费用分配率为生产费用净额与完工产品和月末产品的定额费用（或定额工时）之和的比率。例如：

$$原材料费用分配率=\frac{56970}{36900+18040}=1.036949$$

$$燃料及动力分配率=\frac{8944}{9900+1970}=0.753496$$

产成品实际费用＝产成品定额费用（或定额工时）×费用分配率

月末在产品实际费用＝月末在产品定额费用（或定额工时）×费用分配率

或=生产费用净额-产成品实际费用

例如：

产成品实际原材料费用=36900×1.036949=38263（元）

月末在产品实际原材料费用=18040×1.036949=18707（元）

产成品实际燃料及动力费用=9900×0.753496=7460（元）

月末在产品实际燃料及动理费用＝1970×0.753496＝1484（元）

乙产品成本明细账中的废品损失，全部由产成品成本负担，不必计算费用分配率，不必进行分配。

9. 根据甲、乙产品成本明细账中的产成品成本，汇编产成品成本汇总表，结转产成品成本。产成品成本汇总表如表16-29所示

表16-29　产成品成本汇总表

201×年3月

产成品名称	单位	数量	原材料	燃料及动力	工资及福利费	制造费用	废品损失	成本合计
甲产品	件	300	14300	4744	5389	9373		33806
乙产品	件	450	38263	7460	8934	17183	7316	79156
合计			52563	12204	14323	26556	7316	112962

会计分录㉔：

借：库存商品　　　　　　112962

　贷：基本生产成本　　　　112962

10. 根据上列各种费用分配表和汇总表以及有关的记账凭证，日记生产经营管理费用和产品成本的总账科目

总账科目（简化格式）如表16-30所示。

11. 将总账科目月末余额与所属明细账月末余额进行核对

总账“基本生产成本”科目月末借方余额37484元，等于甲产品成本明细账月末在产品成本12096元与乙产品成本明细账月末在产品成本25388元之和。

表16-30 总账科目（简化格式）

基本生产成本

月初余额	21566	⑧	868
②	69400	⑳	4306
③	15200	㉔	112962
④	2128		
⑭	13410		
⑰	26600		
㉓	7316		
本月合计	134054	本月合计	118136
月末余额	37484		

辅助生产成本

①	15162	⑭	23080
②	218	⑯	460
③	1700		
④	238		
⑭	1530		
⑮	4692		
本月合计	23540	本月合计	23540

制造费用

①	1698	⑮	4692
②	5663	⑰	28350
③	3100		
④	434		
⑤	9010		
⑨	623		
⑪	4080		
⑫	2594		
⑭	5840		
本月合计	33042	本月合计	33042

废品损失

②	720	㉑	120
③	1000	㉒	930
④	140	㉓	7316
⑭	450		
⑰	1750		
⑳	4306		
本月合计	8366	本月合计	8366

待摊费用

月初余额	35040	⑪	6780
⑩	20340	⑫	3504
本月合计	20340	本月合计	10284
月末余额	45096		

预提费用

①	4810	月初余额	3200
		⑬	1610
本月合计	4810	本月合计	1610

产成品

㉔	112962		
本月合计	112962		
本月余额	112962		

管理费用

①	5928	⑦	1450
②	1000	⑱	18030
③	3300		
④	462		
⑤	2870		
⑪	2700		
⑫	910		
⑭	1850		
⑯	460		
本月合计	19480	本月合计	19480

财务费用

借方		贷方	
⑬	1610	⑲	1610
本月合计	1610	本月合计	1610

本年利润

借方		贷方
⑱	18030	
⑲	1610	
本月合计	19640	

总账“辅助生产成本”“制造费用”“废品损失”“预提费用”“管理费用”和“财务费用”科目及其所属各明细账月末均无余额。其中总账“管理费用”科目本月借贷发生额均为19480元，而管理费用明细账本月借贷发生额均为18030元，前者大于后者1450元。这是因为，材料盘盈所冲减的管理费用1450元，在总账“管理费用”科目中是作为贷方发生额登记的，而在管理费用明细账中是用红字作为借方的冲减数登记的。

总账“待摊费用”科目月末借方余额45096元，等于待摊低值易耗品摊销明细账月末借方余额13560元与待摊大修理费用明细账月末借方余额31536元之和。

二、成本核算的分批法

（一）分批法的特点

产品成本核算的分批法，是按照产品批别计算产品成本的一种方法。这种方法的特点是不按产品的生产步骤而只按产品的批别（分批、不分步）计算成本。

（二）分批法的适用范围

分批法适用于小批生产和单件生产，例如精密仪器、专用设备、重型机械和船舶的制造，某些特殊或精密铸件的熔铸，新产品的试制和机器设备的大中修理，以及辅助生产的工具模具制造等。

在小批单件生产的企业中，产品的品种和每批产品的批量往往根据需用单位的订单确定，因而按照产品批别计算产品成本，往往也是按照订单计算产品成本。所以产品成本核算的分批法，也称订单法。如果在一张订单中规定的产品不止一种，为了考核和分析各种产品成本计划的执行情况，并便于生产管理，还要按照产品的品种划分批别组织生产，计算成本。如果在一张订单中只规定一种产品，但这种产品数量较大，不便于集中一次投产，或者需用单位要求分批交货，也可以分为数批组织生产，计算成本。如果在一张订单中只规定一件产品，但这件产品属于大型复杂的产品，价值较大，生产周期较长（如大型船舶的制造），也可以按产品的组成部分分批组织生产，计算成本。如果同一时期内，在几张订单中规定有相同的产品，为了更加经济合理地组织生产，也可以将相同产品合为一批组织生产，计算成本。对于同一种产品也可能进行分批轮番生产，这也要求分批计算产品成本。由于各批产品往往耗用相同的原材料和半成品，在填列领料单、记录生产工时、进行在产品转移核算时，都应分清批别，防止“串批”。

（三）分批法的计算程序

工业企业按照产品批别组织生产时，生产计划部门要签发生产通知单下达车间，并通知会计部门。在生产通知单中应对该批生产任务进行编号，称为产品批号或生产令号。会计部门应根据生产计划部门下达的产品批号，也就是产品批别，设立产品成本明细账。产品成本明细账的设立和结账，应与生产通知单的签发和结束密切配合，协调一致，以保证各批产品成本核算的正确性。

如果是单件生产，产品完工以前，产品成本明细账所记的生产费用，都是在产品成本；产品完工时，产品成本明细账所记的生产费用，就是完工产品的成本，因而在月末计算成本时，不存在在完工产品与在产品之间分配费用的问题。

如果是小批生产，批内产品一般同时完工。在月末计算成本时，或者全部已经完工，或者全部未完工，因而一般也不存在在完工产品与在产品之间分配费用的问题。但在批内产品跨月陆续完工的情况下，月末计算成本时，一部分产品已完工，另一部分尚未完工，这时就要在完工产品与在产品之间分配费用，以便计算完工产品成本和月末在产品成本。

由于小批生产的批量不大，批内产品跨月陆续完工的情况不多，因而可以采用简便的分配方法，即按计划单位成本、定额单位成本或最近一期相同产品的实际单位成本核算完工产品成本；从产品成本明细账中转出完工产品成本后，各项费用余额之和即为在产品成本。为了准确考核和分析该批产品成本计划的执行情况，在该批产品全部完工时，还应计算该批产品的实际总成本和实际单位成本；但对已经转账的完工产品成本，不做账面调整。如果批内产品跨月完工的情况较多，月末批内完工产品的数量占全部批量的比重较大，为了提高成本核算的正确性，则应根据具体条件采用适当的分配方法，在完工产品和月末在产品之间分配生产费用，计算完工产品成本和月末在产品成本。

为了减少在完工产品与月末在产品之间分配费用的工作，提高成本核算的正确性和及时性，在合理组织生产的前提下，也可以适当缩小产品的批量，以较小的批量分批投产，尽量使同一批的产品能够同时完工，避免跨月陆续完工的情况。但是缩小产品批量，应有一定的限度。如果批量过小，不仅会使生产组织不合理、不经济，而且会使设立的产品成本明细账过多，加大核算工作量。

在实际工作中，还采用着一种按产品所用零件的批别计算成本的零件分批法。首先按零件生产的批别计算各批零件的成本，然后按照各批产品所耗各种零件的成本，加上装配成本，计算各该批产品的成本。采用这种分批法，由于一批零件一般都能同时完工，因而也能减少在完工产品与月末在产品之间分配费用的工作；而且还能及时、深入地进行成本分析；还便于根据各个购买单位在订购产品时对于某些零部件的不同要求，组合计算不同订货的成本，拟订不同订货的价格。但是，这种方法的计算工作量较大，因而只能在自制零件种类不多或者成本核算工作已经实现电算化的情况下采用。

此外，在同一月份内投产的产品批数很多的企业中，还采用一种简化的不分批计算在产品成本的分批法。

【例16-2】假定智董工厂按照购买单位的要求，小批生产甲、乙、丙等种产品，采用分批法计算各批产品成本。该企业4月份投产甲产品10件，批号为20401，5月（本月）份尚未完工。4月份投产乙产品5件，批号为20402，5月份全部完工入库。5月份投产丙产品15件，批号为20501，月末完工8件，在产品7件；其完工产品与月末在产品之间，直接材料费用按完工产品与月末在产品实际数量分配，其他费用均采用约当产量比例法分配。该三批产品的成本明细账如表16-31、表16-32、表16-33所示。

表16-31　产品成本明细账

批号：20401　　产品名称：甲　　开工日期：4/20

购货单位：HLXY工厂　　批量：10件　　完工日期：

月	日	摘要	直接材料	燃料及动力	直接人工	制造费用	合计
4	30	累计	37950	3640	5680	20450	67720
5	31	材料费用分配表	73780	1200			74980
5	31	动力费用分配表		6250			6250
5	31	工资及福利费分配表			9540		9540
5	31	制造费用分配表				33390	33390
5	31	累计	111730	11090	15220	53840	191880

表16-32 产品成本明细账

批号：20402　　产品名称：乙　　开工日期：4/13

购货单位：LH公司　　批量：5件　　完工日期：5/28

月	日	摘要	直接材料	燃料及动力	直接人工	制造费用	合计
4	30	累计	25600	2850	3940	14400	46790
5	31	材料费用分配表	52460	1130			53590
5	31	动力费用分配表		4590			4590
5	31	工资及福利费分配表			7890		7890
5	31	制造费用分配表				28610	28610
5	31	累计	78060	8570	11830	43010	141470
5	31	转产成品（5件）	78060	8570	11830	43010	141470
5	31	产成品单位成本	15612	1714	2366	8602	28294

表16-33 产品成本明细账

批号：20501　　产品名称：丙　　开工日期：5/1

购货单位：XYHK工厂　　批量：15件　　完工日期：5/28完工8件

月	日	摘要	直接材料	燃料及动力	直接人工	制造费用	合计
5	31	材料费用分配表	145680	2310			147990
5	31	动力费用分配表		12120			12120
5	31	工资及福利费分配表			13620		13620
5	31	制造费用分配表				46300	46300
5	31	合计	145680	14430	13620	46300	220030
5	31	转产成品（8件）	77696	9877	9323	31692	128588
5	31	产成品单位成本	9712	1235	1165	3962	16074
5	31	结余	67984	4553	4297	14608	91442

在上列丙产品成本明细账中，直接材料费用分配表的算式为

$$直接材料费用分配率=\frac{145680}{8+7}=9712$$

产成品直接材料费用=9712×8=77696（元）

月末在产品直接材料费用=9712×7=67984（元）

假定该产品由三道工序加工而成，其各工序月末在产品的数量、完工率，以及约当产量的计算如表16-34所示。

表16-34 丙产品月末在产品约当产量计算表

工序	完工率	盘存数	约当产量
①	②	③	④=②×③
1	18.75%	3	0.5625
2	62.5%	2	1.25
3	93.75%	2	1.875
合计		7	3.6875

$$燃料及动力费分配率=\frac{14430}{8+3.6875}=1234.6524$$

产成品燃料及动力费=1234.6524×8=9877（元）

月末在产品燃料及动力费=1234.6524×3.6875=4553（元）

直接人工和制造费用比照燃料及动力费进行分配。

上述例子列示了三批产品成本明细账的格式和金额，其计算程序和计算工作都比较简便。但不能因此得出结论：产品成本核算的分批法比品种法简单。实际上，前面所述品种法的全部计算程序和各项计算工作，在分批法中都可能进行。举例只列举这些结构比较简单的产品成本明细账及其登记方法，目的是为了突出分批法的特点。

(四) 简化的分批法

1. 简化的分批法的特点

采用这种分批法，每月发生的各项间接计入费用，不是按月在各批产品之间进行分配，而是将这些间接计入费用先分别累计起来，到产品完工时，按照完工产品累计生产工时的比例，在各批完工产品之间再进行分配。其计算公式为

$$全部产品某项累计间接计入费用分配率=\frac{全部产品该项累计间接计入费用}{全部产品累计生产工时}$$

$$\begin{matrix}某批完工产品应负担\\的某项间接计入费用\end{matrix}=\begin{matrix}该批完工产品\\累计生产工时\end{matrix}\times\begin{matrix}全部产品该项累计\\间接计入费用分配率\end{matrix}$$

这种分批法所设立的基本生产二级账的作用在于两个方面。

(1) 按月提供企业或车间全部产品的累计的生产费用和生产工时（实际生产工时或定额生产工时）资料。为此，不仅应按成本项目登记全部产品的月初在产品费用、本月生产费用和累计生产费用，而且还要登记全部产品的月初在产品生产工时、本月生产工时和累计生产工时。

(2) 在有完工产品的月份，按照上列公式计算登记全部产品累计间接计入费用分配率，以及完工产品总成本和月末在产品总成本。

上述简化的分批法，也称为累计间接计入费用分配法。这种方法与前述一般的分批法不同之处在于，各批产品之间分配间接计入费用的工作以及完工产品与月末在产品之间分配费用的工作，即生产费用的横向分配工作和纵向分配工作，是利用累计间接计入费用分配率，到产品完工时合并在一起进行的。

2. 简化的分批法的优缺点和应用条件

采用这种分批法，可以简化费用的分配和登记工作；月末未完工产品的批数越多，核算工作就越简化。但是，这种方法在各月间接计入费用水平相差悬殊的情况下则不宜采用，否则会影响各月产品成本的正确性。例如，前几个月的间接计入费用水平高，本月间接计入费用水平低，而某批产品本月投产，当月完工，在这种情况下，按累计间接计入费用分配率分配计算的该批完工产品的成本就会发生不应有的偏高。另外，如果月末未完工产品的批数不多，也不宜采用这种方法。因为在这种情况下，绝大多数产品的批号仍然要分配登记各项间接计入费用，核算工作量减少不多，但计算的正确性却会受到影响。

综上所述，可以看出，要使这种分批法充分发挥其简化成本核算工作的优点，避免可能影响各月产品成本正确性的缺点。采用这种分批法时必须具备两个条件，即各个月份的间接计入费用的水平相差不多；月末未完工产品的批数比较多。

3. 简化的分批法的计算程序

在小批单件生产的企业或车间中，同一月份内投产的产品批数往往很多，有的多至几十批，甚至几百批。在这种情况下，各种间接计入费用在各批产品之间按月进行分配的工作

就极为繁重。因此，在投产批数繁多而且月末未完工批数较多的企业（例如属于这种情况的机械修配厂）中，还采用一种简化的分批法，也就是不分批计算在产品成本的分批法。

采用这种方法，仍应按照产品批别设立产品成本明细账，但在各该批产品完工以前，账内只需按月登记直接计入费用（例如直接材料费用）和生产工时，而不必按月分配、登记各项间接计入费用，计算各该批在产品的成本；只是在有完工产品的那个月份，才分配间接计入费用，计算、登记各该批完工产品的成本。各批全部产品的在产品成本只分成本项目以总数登记在专设的基本生产成本二级账中。从计算产品实际成本的角度来说，采用其他的成本核算方法，可以不设立基本生产成本二级账；但采用简化的分批法，则必须设立这种二级账，详见表16-35所示。

【例16-3】 假定智董工厂小批生产多种产品，产品批数多，为了简化产品成本计算工作，采用简化的分批法计算成本。该企业6月（本月）各批产品的情况如下所述。

20408号：甲产品9件，4月投产，本月完工。

20519号：乙产品8件，5月投产，本月完工5件。

20523号：甲产品12件，5月投产，尚未完工。

20601号：丙产品10件，6月投产，尚未完工。

该企业设立的基本生产成本二级账如表16-35所示。

该企业的直接材料费用为直接计入费用；该企业采用计时工资制度，因而直接人工费用为间接计入费用。

表16-35 基本生产成本二级账

（各批全部产品总成本）

月	日	摘要	直接材料	生产工时	直接人工	制造费用	成本合计
5	31	在产品	123550	39780	35404	111383	270337
6	30	本月发生	40750	58420	52976	163577	257303
6	30	累计	164300	98200	88380	274960	527640
6	30	全部产品累计间接费用分配率			0.9	2.8	
6	30	本月完工转出	87130	48970	44073	137116	268319
6	30	在产品	77170	49230	44307	137844	259321

在上列基本生产成本二级账中，月初在产品的生产工时和各项费用系上月末根据上月的生产工时和生产费用资料计算登记；本月发生的直接材料费用和生产工时应根据本月各批产品原材料费用分配表、生产工时记录，与各该批产品成本明细账平行登记；本月发生的各项间接计入费用，应根据各该费用分配表登记。全部产品累计间接计入费用分配率计算为（以直接人工费用为例）

$$直接人工费用累计分配率=\frac{88380}{98200}=0.9$$

基本生产成本二级账中完工产品的直接材料费用和生产工时，应根据后列各批产品成本明细账中完工产品的直接材料费用和生产工时汇总登记。完工产品的各项间接计入费用，可以根据账中完工产品生产工时分别乘以各该费用累计分配率计算登记；也可以根据后列各批产品成本明细账中完工产品的各该费用分别汇总登记。基本生产成本二级账中月末在产品的直接材料费用和生产工时，可以根据账中累计的直接材料费用和生产工时分别减去本月完工产品的直接材料费用和生产工时计算登记；也可以根据后列各批产品成本明细账中月末在产品的直接材料费用和生产工时分别汇总登记。两者计算结果应该相符。基本生产成本二级账中月末在产品的各项间接计入费用，可以根据其生产工时分别乘以各该费用累计分配率计算登记；也可以根据各该费用的累计数分别减去完工产品的相应费用计算登记。由此可见，全部产品的按成本项目反映的在产品总成本仍然是计算登记的。

该企业设立的各批产品成本明细账如表16-36、表16-37、表16-38、表16-39所示。

表16-36　产品成本明细账

产品批号：20408　　产品名称：甲　　投产日期：4/12

订货单位：HXYL工厂　　产品批量：9件　　完工日期：6/28

月	日	摘要	直接材料	生产工时	直接人工	制造费用	成本合计
4	30	本月发生	31220	11220			
5	31	本月发生	18980	7590			
6	30	本月发生	12930	14220			
6	30	累计数及累计间接费用分配率	63130	33030	0.9	2.8	
6	30	本月完工产品转出	63130	33030	29727	92484	185341
6	30	完工产品单位成本	7014.44		3303.00	10276	20593.44

表16-37　产品成本明细账

产品批号：20519　　产品批量：乙　　投产日期：5/2

订货单位：PPXY公司　　产品批量：8件　　完工日期：5/30完工5件

月	日	摘要	直接材料	生产工时	直接人工	制造费用	成本合计
5	31	本月发生	38400	8620			
6	30	本月发生		15880			
6	30	累计数及累计间接费用分配率	38400	24500	0.9	2.8	
6	30	本月完工产品（5件）转出	24000	15940	14346	44632	82978
6	30	完工产品单位成本	4800		2869.20	8926.40	16595.60
6	30	在产品	14400	8560			

表16-38　产品成本明细账

产品批号：20523　　产品名称：甲　　投产日期：5/20

订货单位：BCXY工厂　　产品批量：12件　　完工日期：

月	日	摘要	直接材料	生产工时	直接人工	制造费用	成本合计
5	31	本月发生	34950	12350			
6	30	本月发生	15450	15110			

表16-39　产品成本明细账

产品批号：20601　　产品名称：丙　　投产日期：6/13

订货单位：GFHL公司　　产品批量：10件　　完工日期：

月	日	摘要	直接材料	生产工时	直接人工	制造费用	成本合计
6	30	本月发生	12370	13210			

在各批产品成本明细账中，对于没有完工产品的月份，只登记直接材料费用（一般只有直接材料费用是直接计入费用）和生产工时。这些月份发生的直接材料费用和生产工

时，也就是各该月份月末在产品的直接材料费用和生产工时。因此，在各批产品成本明细账中，属于在产品的各个月份的直接材料费用或生产工时发生额之和，应该等于基本生产成本二级账所记在产品的直接材料费用或生产工时。

在上列各批产品成本明细账中，对于有完工产品（包括全批完工或批内部分完工）的月份，除了登记直接材料费用和生产工时，以及各该累计数以外，还应根据基本生产成本二级账登记各项间接计入费用的累计分配率。

第20408批产品，月末全部完工，因而其累计的直接材料费用和生产工时就是完工产品的直接材料费用和生产工时，以其生产工时分别乘以各项间接计入费用累计分配率，即为完工产品的各该间接计入费用。

第20519批产品，月末部分完工、部分在产，因而还应在完工产品与月末在产品之间分配费用。该种产品所耗直接材料在生产开始时一次投入，因而直接材料费用按完工产品与月末在产品的数量比例分配为

$$直接材料费用分配率=\frac{38400}{5+3}=4800$$

完工产品直接材料费用=5×4800=24000（元）

月末在产品直接材料费用=3×4800=14400（元）

假定月末在产品工时按工时定额计算，其定额工时共计8560小时。完工产品工时应为15940（即24500－8560）小时。以该工时分别乘以各项间接计入费用累计分配率，即为完工产品的各该间接计入费用。

各批产品成本明细账登记完毕，其中完工产品的直接材料费用和生产工时应分别汇总计入基本生产成本二级账，并据以计算、登记各批全部完工产品的总成本。

三、成本核算的分步法

产品成本核算的分步法，是按照产品的生产步骤计算产品成本的方法。

这种成本核算方法的特点是，不按产品的批别计算产品成本，而按产品的生产步骤计算产品成本。

（一）分步法的适用范围

分步法适用于大量大批的多步骤生产，如冶金、纺织、造纸，以及大量大批生产的机械制造等。在这些生产企业中，产品生产可以分为若干个生产步骤进行，例如，钢铁可分为炼铁、炼钢、轧钢等步骤；纺织可分为纺纱、织布等步骤；造纸可分为制浆、制纸、包装等步骤；机械可分为铸造、加工、装配等步骤。为了加强各生产步骤的成本管理，企业往往不仅要求按照产品品种计算成本，而且还要求按照生产步骤计算成本，以便为考核和分析各种产品及其各生产步骤的成本计划的执行情况提供资料。

（二）分步法的计算程序

在采用分步法计算产品成本时，产品成本明细账应按生产步骤和产品品种设立，或者按生产步骤设立，账中按产品品种反映。

应该指出的是，产品成本核算的分步与实际的生产步骤不一定完全一致。为了简化成本核算工作，企业可以只对管理上有必要分步计算成本的生产步骤单独设立产品成本明细账，单独计算成本；管理上不要求单独计算成本的生产步骤，则可与其他生产步骤合并设立产品成本明细账，合并计算成本。例如，造纸企业的包装步骤，如果费用不大，为了简化成本核算工作，也可以与制纸步骤合并在一起计算成本。

此外，在按生产步骤设立车间的企业中，一般说来，分步计算成本也就是分车间计算成本。但是，如果企业生产规模很小，管理上不要求分车间计算成本，也可以将几个车间合并为一个步骤计算成本。相反，如果企业生产规模很大，车间内还可以分成几个生产步

骤，管理上又要求分步计算成本，这时，也可在车间内分步计算成本。因此，分步计算成本和分车间计算成本，有时也不是一个概念。

由于大量大批多步骤生产的产品往往跨月陆续完工，因此，采用分步法计算产品成本时，计入各种产品、各生产步骤成本明细账中的生产费用，大多要采用适当的分配方法在完工产品和月末在产品之间进行分配，计算各该产品、各该生产步骤的完工产品成本和月末在产品成本；然后按照产品品种结转各步骤的完工产品成本，计算每种产品的产成品成本。

根据成本管理对于各生产步骤成本资料的不同要求（要不要计算各生产步骤的半成品成本）和对简化成本核算工作的考虑，各生产步骤成本的计算和结转，采用逐步结转和平行结转两种方法。这样，分步法也就分为逐步结转分步法和平行结转分步法两种。需要计算和结转产品的各步成本，是分步法按生产步骤计算产品成本这一特点所引起的。

(三) 分步法——逐步结转分步法

1. 逐步结转分步法的采用原因

逐步结转分步法，是按照产品的生产步骤逐步结转半成品成本，最后算出产成品成本的分步法。

在采用分步法的大量大批多步骤生产企业中，由于以下四个方面的原因，成本管理需要提供各个生产步骤的半成品成本资料。

(1) 各生产步骤所产的半成品不仅由本企业进一步加工，而且还经常作为商品产品对外销售。为了计算外售半成品的成本，全面地考核和分析商品产品成本计划的执行情况，就要计算这些半成品的成本。例如，钢铁企业的生铁、钢锭，纺织企业的棉纱就是如此。

(2) 有的半成品虽然不一定外售，但要进行同行业成本的评比，因而也要计算这种半成品的成本。例如，作为化肥工业成本评比重要指标之一的半成品合成氨的成本就是如此。

(3) 有一些半成品，为本企业几种产品所耗用，为了分别计算各种产品的成本，也要计算这些半成品的成本。例如造纸企业所产的纸浆、机械企业所产的铸件就是如此。

(4) 在实行厂内经济核算或责任会计的企业中，为了全面地考核和分析各生产步骤等内部单位的生产耗费和资金占用水平，需要随着半成品实物在各生产步骤之间的转移，逐步计算和结转半成品成本。

逐步结转分步法就是适应上述计算和结转各生产步骤半成品成本的需要而采用的。这种分步法，也称计列半成品成本分步法。

2. 逐步结转分步法的优点

(1) 能够提供各个生产步骤的半成品成本资料。

(2) 各生产步骤的成本随着半成品实物转移而逐步结转，各生产步骤产品成本明细账结存的数量和成本，即为各该步骤加工中在产品的数量和成本，因而能够为各生产步骤在产品的实物管理和资金管理提供资料。

(3) 各生产步骤的产品成本包括所耗用的直接材料费用、半成品费用和各项加工费用，能够全面地反映各该步骤产品的生产耗费水平，能够较好地满足这些生产步骤成本管理的要求。

3. 逐步结转分步法的缺点

(1) 各个生产步骤逐步结转半成品成本，会影响成本核算的及时性。

(2) 在需要按照原始成本项目提供产成品成本的企业中，如果采用综合结转法，还要进行成本还原；如果采用分项结转法，虽然不必进行成本还原，但各步成本结转的工作量较大。这些都不利于简化和加速成本核算工作。

与上述优缺点相联系，逐步结转分步法一般应在半成品种类不多，逐步结转半成品成本的工作量不大，管理上要求提供各生产步骤半成品成本资料的情况下采用。

4. 逐步结转分步法的计算程序

在这种分步法下，计算各生产步骤产品成本时，上一步骤所产半成品成本，要随着半成品实物的转移，从上一步骤的产品成本明细账转入下一步骤相同产品的成本明细账中，以便逐步计算前面各个步骤的半成品成本和最后一个步骤的产成品成本。

逐步结转分步法的成本核算程序如图16-2所示。

在逐步结转分步法下，各步骤完工转出的半成品成本，应该从各该步骤的产品成本明细账中转出；各步骤领用的半成品的成本，构成下一步骤的一项费用，称为半成品费用，应该计入各该步骤的产品成本明细账中。如果半成品完工后，不直接为下一步骤领用。

而要通过半成品库收发（见图16-2），在验收入库时，应编制借记“自制半成品”科目，贷记“生产成本”科目的会计分录，在下一步骤领用时，再编制相反的会计分录。如果半成品完工后，不通过半成品库收发，而直接为下一步骤领用，半成品成本则应在各步骤的产品成本明细账之间直接结转，不编制上述会计分录。

每月月末，各项生产费用（包括所耗上一步骤半成品的费用）在各步骤产品成本明细账中归集以后，如果既有完工半成品，又有加工中的在产品（见图16-2），则应将各步骤的生产费用采用适当的分配方法在其完工半成品与加工中在产品（也就是狭义的在产品）之间进行分配，以便计算完工半成品成本。这样，通过半成品成本的逐步结转，在最后一个步骤的产品成本明细账中，即可计算出产成品的成本。

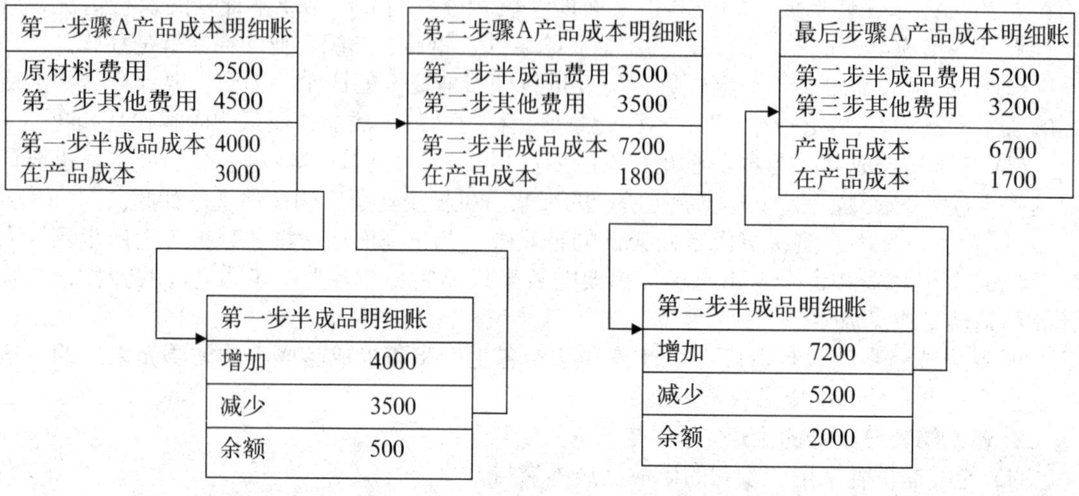

图16-2　逐步结转分步法成本核算程序图

从以上所述可以看出，逐步结转分步法实际上就是品种法的多次连接应用，即在采用品种法计算出上一步骤的半成品成本以后按照下一步骤的耗用数量转入下一步骤成本；下一步骤再一次采用品种法归集所耗半成品的费用和本步骤其他费用，计算其半成品成本；如此逐步结转，直至最后一个步骤算出产成品成本。

逐步结转分步法，按照半成品成本在下一步骤成本明细账中的反映方法，又可分为综合结转和分项结转两种方法。

5. 逐步结转分步法之综合结转法

(1) 综合结转法。采用这种结转法，企业应将各步骤所耗用的半成品成本，以“原材料”“直接材料”或专设的“半成品”项目综合计入其成本明细账中。综合结转可以按照半成品的实际成本结转，也可以按照半成品的计划成本（或定额成本）结转。

1）按实际成本综合结转。采用这种结转方法时，各步骤所耗上一步骤的半成品费用，应根据所耗半成品的数量乘以半成品的实际单位成本核算。由于各月所产半成品的单位成本不同，因而所耗半成品的单位成本要同材料费用核算一样，采用后进先出或加权平均等方法计算。为了提高各步骤成本核算的及时性，在半成品月初余额较大，本月所耗半成品全部或者大部分是以前月份所产的情况下，本月所耗半成品费用也可按上月末的加权平均单位成本核算。

【例16-4】假定智董工厂的甲种产品生产分两个步骤，分别由两个车间进行。第一车间生产半成品，交半成品库验收；第二车间按照所需数量向半成品库领用。第二车间所耗半成品费用按全月一次加权平均单位成本计算。两个车间月末的在产品均按定额成本计价。其成本计算程序如下所述。

①根据各种费用分配表、半成品交库单和第一车间在产品定额成本资料，登记第一车间甲产品成本明细账如表16-40所示。

在上列产品成本明细账中，由于在产品按定额成本计价，因而完工转出的半成品成本应根据生产费用的累计数，减去按定额成本计算的月末在产品成本计算。

根据第一车间的半成品交库单（单中按所列交库数量和上列甲产品成本明细账中完工转出的半成品成本进行计价）编制会计分录。

表16-40 产品成本明细账

第一车间 甲半成品

月	日	摘要	直接材料	生产工时	直接人工	制造费用	成本合计
2	28	在产品成本（定额成本）		6000	2500	12500	21000
3	31	本月费用		8050	3800	17650	29500
3	31	累计		14050	6300	30150	50500
3	31	完工转出半成品成本	500	10050	5300	25150	40500
3	31	在产品成本（定额成本）		4000	1000	5000	10000

借：自制半成品—甲种半成品 40500

贷：生产成本—基本生产成本—第一车间—甲种产品 40500

②根据计价后的半成品交库单和第二车间领用半成品的领用单，登记自制半成品明细账如表16-41所示。

表16-41 自制半成品明细账

甲半成品

月份	月初余额		本月增加		累计			本月减少	
	数量	实际成本	数量	实际成本	数量	实际成本	单位成本	数量	实际成本
3	100	8700	500	40500	600	49200	82	540	44280
4	60	4920							

在自制半成品明细账中，本月增加的数量和实际成本，应根据计价后的半成品交库单登记；累计的单位成本是全月一次加权平均单位成本，应根据累计的实际成本除以累计的数量计算登记，本月减少的数量，应根据第二车间领用半成品的领用单登记；本月减少的实际成本，应根据本月减少数量乘以累计单位成本计算登记。

根据第二车间领用半成品的领用单（单中按所列领用数量和自制半成品明细账中累计单位成本计价），编制会计分录。

借：生产成本—基本生产成本

—第二车间—甲种产品 44280

贷：自制半成品—甲种半成品 44280

③根据各种费用分配表、半成品领用单、产成品交库单，以及第二车间在产品定额成

本资料，登记第二车间甲产品成本妇细账如表16-42所示。

表16-42　产品成本明细账

第二车间 甲产成品

月	日	摘要	直接材料	生产工时	直接人工	制造费用	成本合计
2	28	在产品成本（定额成本）		20800	4875	14625	40300
3	31	本月费用		44280	13000	39260	96540
3	31	累计		65080	17875	53885	136840
3	31	完工转出产成品成本	280	45880	12640	38180	96700
3	31	产成品单位成本		163.86	45.14	136.36	345.36
3	31	在产品成本（定额成本）		19200	5235	15705	40140

上列第二车间甲产成品成本明细账增设了“半成品”成本项目，其中本月半成品费用就是根据计价后的半成品领用单登记的。

根据产成品交库单（单中按交库数量和上列甲产成品成本明细账中完工转出的产成品成本进行计价），编制会计分录。

借：库存商品—甲种产成品　　96700

　贷：生产成本—基本生产成本—第二车间—甲种产品　　96700

2) 按计划成本综合结转。采用这种结转方法时，半成品的日常收发均按计划单位成本核算；在半成品实际成本算出以后，再计算半成品的成本差异率，调整所耗半成品的成本差异。按计划成本综合结转所用账表的特点在于两个方面。

①为了调整所耗半成品的成本差异，自制半成品明细账不仅要反映半成品收发和结存的数量和实际成本，而且要反映半成品的收发和结存的计划成本、成本差异额和成本差异率。

②在产品成本明细账中，对于所耗半成品，可以按照调整成本差异后的实际成本登记；为了分析上一步骤半成品成本差异对本步骤成本的影响，也可以按照所耗半成品的计划成本和成本差异分别登记。在后一种登记方法下，产品成本明细账“半成品”项目、“原材料”或“直接材料”项目，要分设“计划成本”“成本差异”和“实际成本”三栏。

【例16-5】仍以上例企业资料列示其自制半成品明细账如表16-43所示。

表16-43　自制半成品明细账

甲半成品　单位：件　　计划单位成本：80

月份	月初余额			本月增加			累计					本月减少		
	数量	计划成本	实际成本	数量	计划成本	实际成本	数量	计划成本	实际成本	成本差异	成本差异率	数量	计划成本	实际成本
	①	②	③	④	⑤	⑥	⑦=①+④	⑧=②+⑤	⑨=③+⑥	⑩=⑨+⑧	⑪=⑩+⑧	⑫	⑬	⑭=⑬+⑬×⑪
3	100	8000	8700	500	40000	40500	600	48000	49200	+1200	+2.5%	540	43200	44280
4	60	4800	4920											

在表16-43自制半成品明细账中，本月增加和本月减少的计划成本，应根据半成品的交库单和领用单所列数量，按计划单位成本计价以后登记。本月增加的实际成本，应根据第一车间甲产品成本明细账中完工转出的半成品成本登记；累计的成本差异、成本差异率和本月减少的实际成本，应根据账中所列算式计算登记。

在第二车间甲产品成本明细账中，如果“半成品”“原材料”或“直接材料”成本项目按调整成本差异后的实际成本登记，其格式和金额与前列相同。现列示该产品成本明细账该成本项目划分为“计划成本”“成本差异”和“实际成本”三栏的格式如表16-44所示。

表16-44 产品成本明细账

第二车间 甲产成品

月	日	摘要	产量（件）	半成品			直接人工	制造费用	成本合计
				计划成本	成本差异	实际成本			
2	28	在产品成本（定额成本）		20800	×	20800	4875	14625	40300
3	31	本月费用		43200	+1080	44280	13000	39260	96540
3	31	累计		64000	+1080	65080	17875	53885	136840
3	31	完工转出产成品成本	280	44800	+1080	45880	12640	38180	96700
3	31	产成品单位成本		160	+3.86	163.86	45.14	136.36	345.36
3	31	在产品成本（定额成本）		19200	×	19200	5235	15705	40140

在表16-44产品成本明细账中，本月所耗按计划单位成本计算的半成品费用，应根据按计划单位成本计价的半成品领用单登记；本月所耗半成品的成本差异，应根据所耗半成品的计划成本乘以自制半成品明细账中的成本差异率计算登记。由于在产品按定额成本计价，因而其所耗半成品没有成本差异，也正因此，本月所耗半成品的成本差异全部归由产成品成本负担。

通过以上所述，可以看出，各个生产步骤领用上一生产步骤的半成品，等于领用原材料，因此，综合结转半成品成本的核算，相当于各生产步骤领用原材料的核算。按实际成本综合结转半成品成本的核算原理与材料按实际成本进行核算的原理基本相同；按计划成本综合结转半成品成本的核算原理，与材料按计划成本进行日常核算的原理基本相同。

(3) 按计划成本综合结转的优点和所应具备的条件

按照计划成本综合结转半成品成本有着如下的优点：

1）简化和加速核算工作。按计划成本结转半成品成本，可以简化和加速半成品收发的凭证计价和记账工作；在半成品种类较多，按类计算半成品成本差异率、调整所耗半成品成本差异时，更可以省去按品种、规格设立产品成本明细账逐一计算所产半成品的实际成本和成本差异、逐一调整所耗半成品成本差异的大量计算工作；如果月初半成品结存量较大，本月耗用的半成品大部分甚至全部是以前月份生产的，这时，本月所耗半成品成本差异也可以根据上月半成品的成本差异率，即月初结存半成品的成本差异率调整计算。这样，各生产步骤都可以根据本步骤所耗上一步骤半成品的计则成本乘以月初半成品成本差异率，同时计算所耗半成品的成本差异和实际费用，而不必等到月末算出上一步骤本月半成品的实际成本、成本差异和成本差异率以后，再来计算所耗半成品的成本差异和实际费用，成本核算不必逐步等待，因而可以加速成本核算工作。

2）便于考核和分析成本。按计划成本结转半成品成本，可以在各步骤的产品成本明细账中分别反映所耗半成品的计划成本和成本差异，因而在考核和分析各步骤组品成本时，可以扣除上一步骤半成品成本节约或超支的影响，便于成本考核和分析工作的进行。如果各步骤所耗半成品的成本差异，不是调整计入各步骤成本，而是直接调整计入最后的产成品成本，不仅可以进一步简化和加速各步骤的成本核算工作，而且各步骤的产品成本中不包括上一步骤半成品成本节约或超支的影响，从而更加便于成本考核和分析工作的进行。

按照计划成本综合结转半成品成本所应具备的条件是半成品的计划成本必须比较准确。

(4) 综合结转法的成本还原。采用综合结转法结转成本，各步骤所耗半成品的成本是以“半成品”“原材料”或“直接材料”项目综合反映的。这样计算出来的产成品成本，不能提供按原始成本项目反映的成本资料；在生产步骤较多的情况下，逐步综合结转以后，表现在产成品成本中的绝大部分费用是最后一个步骤所耗半成品的费用；其他费用只是最后一个步骤的费用，在产成品成本中所占的比重很小。这显然不符合企业产品成本的结构（也就是各项成本之间的比例关系）的实际情况，因而不能据以从整个企业的角度来考核和分析产品成本的构成和水平。

【例16-6】假定智董工厂某种产品由三个生产步骤组成，上一生产步骤直接为下一生产步骤提供半成品直至第三个生产步骤。其各步成本逐步结转如表16-45所示。

表16-45　各步成本逐步结转表

成本项目	第一生产步骤半成品成本	第二生产步骤半成品成本	第三生产步骤半成品成本	原始成本项目合计
半成品		1200	2200	
直接材料	500			500
直接人工	300	450	350	1100
制造费用	400	550	650	1600
合计	1200	2200	3200	3200

从上例可以看出，各步成本逐步结转结果，最后算出的第三步骤产成品成本，绝大部分是半成品费用，为2200元，而直接人工只有350元，制造费用只有650元。这与该企业该种产品成本的实际结构，即直接材料500元、直接人工1100元、制造费用1600元，出入很大。因此，在管理上要求从整个企业角度考核和分析产品成本的构成时，企业还应将逐步综合结转算出的产成品成本进行成本还原，即将产成品成本还原为按原始成本项目反映的成本。

如果如上例所列，各步骤所耗的半成品费用，恰好是上一生产步骤生产的半成品成本，两者可以互相抵销，成本还原的方法很简单，只要将各步骤所耗半成品费用略而不计，将各步骤的直接材料、直接人工和制造费用分别汇总即可。但在实际工作中，上一步骤所产半成品的数量与下一步骤所耗半成品的数量往往不相等，因而上述两者不能互相抵销。这就需要进行专门的成本还原。

通常采用的成本还原方法是，从最后一个步骤起，把各步骤所耗上一步骤半成品的综合成本，逐步分解，还原成直接材料、直接人工和制造费用等原始成本项目，从而求得按原始成本项目反映的产成品成本资料。

【例16-7】假定前例企业第二车间甲种产品明细账中算出的本月产成品所耗半成品费用45880元，按照第一车间产品成本明细账中算出的本月所产半成品成本40500元的各项成本的比例关系进行分解、还原，求出按原始成本项目反映的甲种产成品成本。为此，编制产成品成本还原计算表如表16-46所示。

表16-46　产成品成本还原计算表

201×年3月

行次	项目	产量(件)	还原分配率	半成品	直接材料	直接人工	制造费用	成本合计
①	还原前产成本品成本	280		45880		12640	38180	96700
②	本月所产半成品成本				10050	5300	25150	40500
③	产成品成本中半成品费用还原值		$\frac{45880}{40500}=1.13284$	-45880	11385	6004	28491	0
④=①+③	还原后产成品总成本	280			11385	18644	66671	96700
⑤	还原后产成品单位成本				40.66	66.59	238.11	345.36

在上列产成品成本还原计算表中，还原前产成品成本，应根据第二车间甲产品成本明细账中完工转出的产成品成本填列，其中“半成品”成本项目45880元，是成本还原的对象；本月所产半成品成本，应根据第一车间甲产品成本明细账中完工转出的半成品成本填列，其中各成本项目费用之间的比例，是成本还原的依据。表中还原分配率，就是每一元所产半成品成本相当于产成品所耗半成品费用若干元。以此分配率乘以本月所产半成品成本中的直接材料费用，即可还原算出产成品所耗半成品费用45880元中的直接材料费用11385（即10050×1.13284）元；其他各项费用的还原计算方法类推。还原以后的各项费用之和等于还原对象，应与产成品所耗半成品费用相抵销。表中还原前产成品成本与产成品成本中半成品费用还原值之和，即为按原始成本项目反映的还原后产成品总成本。

由于产成品成本中所耗半成品还原后的各项费用，是以本月所产半成品的各项费用，分别乘以相同的倍数（还原分配率）计算求出的，因而两者的各项费用间的比例关系不变。

由此可见，进行成本还原必须计算还原分配率，其计算公式可概括为

$$还原分配率=\frac{本月产成品所耗上一步骤半成品成本合计}{本月所产该种半成品成本合计}$$

以还原分配率分别乘以本月所产该种半成品各个成本项目的费用，即可节本月产成品所耗该种半成品的综合费用，按照本月所产这种半成品的成本结构进行分解、还原，求得按原始成本项目反映的产成品成本。

【例16-8】 如果上例甲产品的生产步骤不是两步，而是三步，按照上述方法还原以后，上表“半成品”项目还会有未还原尽的综合费用，这时应再进行一次还原。如果是四步，则应还原三次，以此类推，直至“半成品”项目的综合费用全部分解、还原为原始成本项目时为止。

应该指出，上例本月产成品所耗半成品费为45880元，而本月所产半成品成本只有40500元，其中5380（即45880－40500）元是以前月份所产的半成品成本。以前月份所产半成品的成本结构与本月所产半成品的成本结构不可能是一致的。按照以上方法进行成本还原，没有考虑以前月份所产半成品的成本结构对本月产成品所耗半成品成本结构的影响。因此，在各月所产半成品的成本结构变动较大的情况下采用这种方法，对成本还原结果的正确性就会有较大的影响。如果半成品的定额成本或计划成本比较准确，为了简化成本还原工作，并提高还原结果的正确性，产成品所耗半成品费用也可以按半成品定额成本或计划成本的结构进行还原。这时，上列成本还原计算表中按成本项目分列的本月所产半成品的总成本，应该改为按成本项目分列的半成品定额的或计划的单位成本。

(5) 综合结转法的优缺点。

优点：可以在各生产步骤的产品成本明细账中反映各该步骤所耗半成品费用的水平和本步骤加工费用的水平，有利于各个生产步骤的成本管理。例如，可以从钢铁工业企业炼钢车间产品（钢锭）成本明细账中看出所耗半成品生铁或铁水的费用水平和炼钢费用水平，有利于炼钢车间的成本管理。

缺点：为了从整个企业的角度反映产品成本的构成，加强企业综合的成本管理，必须进行成本还原，从而要增加核算工作。因此，这种结转方法只宜在半成品具有独立的国民经济意义、管理上要求计算各步骤完工产品所耗半成品费用，但不要求进行成本还原的情况下采用。例如，钢铁工业企业的半成品生铁和钢锭，既是本企业半成品，又是具有独立的国民经济意义的商品产品，要求计算生铁和钢锭成本，在考核和分析产成品钢材成本时，只需要了解所耗钢锭费用若干、轧钢步骤的加工费用若干即可，而不需要了解所耗原材料铁矿石费用若干、所耗各生产步骤直接人工费用总额若干、各生产步骤的制造费用总额若干。这种企业就适用综合结转法。

6. 逐步结转分步之分项结转法

(1) 分项结转法。采用这种结转法，是将各步骤所耗半成品费用，按照成本项目分项转入各步骤产品成本明细账的各个成本项目中。如果半成品通过半成品库收发，那么，在自制半成品明细账中登记半成品成本时，也要按照成本项目分别登记。

分项结转，可以按照半成品的实际单位成本结转；也可以按照半成品的计划单位成本结转，然后按成本项目分项调整成本差异。

显然，后一种做法的计算工作量较大。因此，一般采用按实际成本分项结转的方法。

(2) 分项结转法的计算程序。

【例16-9】现仍以前例企业甲产品成本为例，说明按半成品实际成本进行分项结转的计算程序如下所述。

①根据前列第一车间甲产品成本明细账，以及半成品的交库单和领用单，登记自制半成品明细账如表16-47所示。

表16-47　自制半成品明细账

甲半成品

月份	项目	数量（件）	实际成本			
			直接材料	直接人工	制造费用	成本合计
3	月初余额	100	2200	1200	5300	8700
3	本月增加	500	10050	5300	25150	40500
3	累计	600	12250	6500	30450	49200
3	单位成本		20.42	10.83	50.75	82
3	本月减少	540	11027	5848	27405	44280
4	月初余额	60	1223	652	3045	4920

在上列自制半成品明细账中，本月增加的数量，应根据第一车间半成品交库单所列交库数量登记；本月增加的实际成本，应根据第一车间甲产品成本明细账所记完工转出的半成品成本按成本项目登记；本月减少数量，应根据第二车间领用半成品的领用单所列领用数量登记；本月减少的实际成本，应根据领用数量乘以按成本项目分列的单位成本计算登记；月末余额，应根据累计的数量和实际成本减去本月减少的数量和实际成本计算登记。

②根据各种费用分配表、半成品领用单、自制半成品明细账、产成品交库单和第二车间在产品定额成本资料，登记第二车间甲产品成本明细账如表16-48所示。

表16-48　产品成本明细账

第二车间 甲产成品

月	日	摘要	产量（件）	直接材料	直接人工	制造费用	成本合计
2	28	在产品成本（定额成本）		5200	7475	27625	40300
3	31	本月本步加工费用			13000	39260	52260
3	31	本月耗用半成品费用		11027	5848	27405	44280
3	31	累计		16227	26323	94290	136840
3	31	完工转出产成品成本	280	11427	18688	66585	96700
3	31	产成品单位成本		40.81	66.74	237.81	345.36
3	31	在产品成本（定额成本）		4800	7635	27705	40140

在表16-48产品成本明细账中，本月本步加工费用，应根据工资及福利费和制造费用的分配表登记；本月耗用半成品费用，应根据半成品领用单和自制半成品明细账登记；完工转出的产量，应根据产成品交库单登记；完工转出的产成品成本，应根据生产费用累计数

减去按定额成本计算的在产品成本计算登记。

账中产成品单位成本的合计数345.36元，与前列产成品成本还原计算表中的还原后产成品单位成本的合计数相同；但两者的成本结构并不相同。这是因为，产成品成本还原计算表中产成品所耗半成品各项费用是按本月所产半成品的成本结构还原算出的，没有考虑以前月份所产半成品，即月初结存半成品成本结构的影响；而上列产品成本明细账中产成品所耗半成品各项费用，不是按本月所产半成品的成本结构还原算出的，而是按其原始成本项目逐步转入的，包括了以前月份所产半成品成本结构的影响，是比较正确的。

(3) 分项结转法的优缺点和应用条件。

根据上述内容，采用分项结转法结转半成品成本，可以直接、正确地提供按原始成本项目反映的企业产品成本资料，便于从整个企业的角度考核和分析产品成本计划的执行情况，不需要还原成本。但是，这一方法的成本结转工作比较复杂，而且在各步骤完工产品成本中看不出所耗上一步骤半成品费用是多少，本步骤加工费用是多少，不便于进行各步骤完工产品的成本分析。例如，机械制造企业的铸工车间所产半成品铸件的成本，如果分项转入加工车间产品成本明细账各成本项目中，那么，在其完工转出的产品机械零件成本中就看不出所耗铸件费用和加工费用各是多少，从而不便于进行加工车间的成本管理。

分项结转法一般适用在管理上不要求计算各步骤完工产品所耗半成品费用和本步骤加工费用，而要求按原始成本项目计算产品成本的企业。这类企业，各生产步骤的成本管理要求不高，实际上只是按生产步骤分工计算成本，其目的主要是编制按原始成本项目反映的企业产品成本报表。

在上列第二车间A产品成本明细账中，虽然分行分成本项目登记了本月本步加工费用和本月所耗半成品费用；但在完工转出的产成品成本中，就看不出其中所耗半成品费用是多少，本步骤加工费用是多少。为了反映各步骤完工产品所耗半成品费用和加工费用，也可以先将月初在产品所耗半成品费用与本月所耗半成品费用之和，按完工产品与月末在产品数量比例分配（半成品往往与原材料一样，也在生产开始时一次投入，因而也可以按完工产品与月末在产品数量比例分配），分别计算完工产品和月末在产品所耗半成品费用；然后再将月初在产品所耗本步加工费用与本月所耗本步加工费用之和，采用适当分配方法，分配计算完工产品和月末在产品的本步加工费用。为此，在各步骤产品成本明细账中，不仅本月生产费用要按所耗半成品费用和本步加工费用分别登记，而且月初和月末的在产品费用也要按所耗半成品费用和本步加工费用分别登记。

这样分配、登记要增加核算工作量；但可以做到，既反映产成品的原始成本项目，为考核和分析企业产品成本提供资料，又反映各步骤完工产品所耗的半成品费用和本步加工费用，为考核和分析各步骤完工产品成本提供资料。

(四) 分步法——平行结转分步法

在采用分步法的大量大批多步骤生产的企业中，有的企业（如生产类型的机械制造厂）各生产步骤所产半成品的种类很多，但并不需要计算半成品成本。因此，为了简化和加速成本核算工作，在计算各步骤成本时，可以不计算各步骤所产半成品成本，也不计算各步骤所耗上一步骤的半成品成本，只计算本步骤发生的各项其他费用以及这些费用中应计入产成品成本的“份额”。将相同产品的各步骤成本明细账中的这些份额平行结转、汇总，即计算出该种产品的产成品成本。这种结转各步成本的方法，就是平行结转分步法。

平行结转分步法，是平行结转各生产步骤生产费用中应计入产成品成本的份额，然后汇总计算产成品成本的分步法，也称不计列半成品成本分步法。

1. 平行结转分步法的优点

(1) 各步骤可以同时计算产品成本，平行汇总计入产成品成本，不必逐步结转半成品成本。

(2) 能够直接提供按原始成本项目反映的产成品成本资料，不必进行成本还原，因而能够简化和加速成本核算工作。

2. 平行结转分步法的缺点

(1) 不能提供各个步骤的半成品成本资料。

(2) 在产品的费用在最后产成以前，不随实物转出而转出，即不按其所在的地点登记，而按其发生的地点登记，因而不能为各个生产步骤在产品的实物管理和资金管理提供资料。

(3) 各生产步骤的产品成本不包括所耗半成品费用，因而不能全面地反映各该步骤产品的生产耗费水平（第一步骤除外），不能更好地满足这些步骤成本管理的要求。

与上述优缺点相联系，平行结转分步法一般只宜在半成品种类较多，逐步结转半成品成本的工作量较大，管理上又不要求提供各步骤半成品成本资料的情况下采用；而且在采用时，应该加强各步骤在产品收发结存的数量核算，以便为在产品的实物管理和资金管理提供资料（在产品数量乘以单位定额成本即为在产品资金）。此外，还应加强各步骤废品损失的核算和在产品的清查工作，以便及时发现在产品的报废和短缺、毁损情况，及时反映在产品加工报废和盘亏、举损造成的损失，借以弥补这种分步法由于在产品费用与在产品实物脱节所产生的缺点。

3. 平行结转分步法的计算程序

这种分步法计算、结转各步成本的程序如图16-3所示。

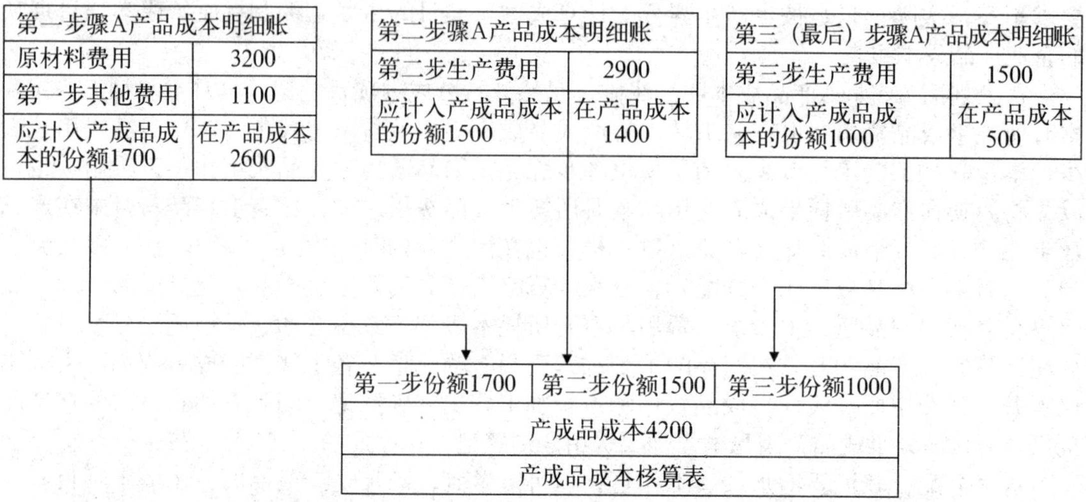

图16-3　平行结转分步法成本核算程序表

从图16-3平行结转分步法成本核算程序图中可以看出，各生产步骤不计算、也不逐步结转半成品成本，只是在企业的产成品入库时，才将各步骤费用中应计入产成品成本的份额，从各步骤产品成本明细账中转出，从“生产成本—基本生产成本”科目的贷方转入“库存商品”科目的借方。因此，采用这一方法，不论半成品是在各生产步骤之间直接转移，还是通过半成品库收发，都不通过“自制半成品”科目进行总分类核算。

采用平行结转分步法，每一生产步骤的生产费用也要在其完工产品与月末在产品之间进行分配。但这里的完工产品，是企业最后完工的产成品；每一生产步骤完工产品的费用，都是该步骤生产费用中用于产成品成本的份额。与此相联系，这里的在产品是尚未产成的全部在产品和半成品，包括：尚在本步骤加工中的在产品；本步骤已完工转入半成品库的半成品；已从半成品库转到以后各步骤进一步加工、尚未最后产成的在产品。这是就整个企业而言的广义在产品。因此，这里的在产品费用，是这三个部分广义在产品的费用。其中后两部分的实物已经从本步骤转出，但其费用仍留在本步骤产品成本明细账中，尚未转出。

由此可见，在平行结转分步法下，各步骤的生产费用（不包括所耗上步骤的半成品费用）要在产成品与广义在产品之间进行分配，计算这些费用在产成品成本和广义在产品成本中所占的份额。

进行这种费用分配，也应采用各种分配方法。但在平行结转分步法下，通常采用在产品按定额成本计价法或定额比例法。因为采用这两种方法，作为分配费用标准的定额资料比较容易取得，产成品的定额消耗量或定额费用，可以根据产成品数量乘以消耗定额或费用定额计算；在产品的定额消耗量或定额费用，由于广义在产品的实物分散在本步骤、半成品库和以后各步骤，具体的盘存、计算工作虽然比较复杂，但大多数月份可以采用简化的倒挤方法计算，因而也较简便。如果消耗定额或费用定额准确，这两种方法的分配结果也比较合理。

【例16-10】假定智董工厂某种产品产成品入库70件，在该种产品的工时定额中，某生产步骤所占的工时定额为185小时，该步骤月初广义在产品的定额工时和本月投入的定额工时共为21320小时，月初广义在产品和本月的直接人工费用共为31980元。该产品该步骤的直接人工费用采用定额比例法分配为

$$该步骤该产品直接人工费用分配率=\frac{31980}{21320}=1.5$$

产成品该步骤定额工时=70×185=12950（小时）

月末广义在产品该步骤定额工时=21320－12950=8370（小时）

产成品直接人工费用中该步骤份额=12950×1.5=19425（元）

广义在产品直接人工费用中该步骤份额=8370×1.5=12555（元）

或=31980－19425=12555（元）

【例16-11】仍以前例企业甲种产品为例，但在完工产品与在产品之间分配费用的方法改用定额比例法，直接材料费用按定额直接材料费用比例分配；其他各项费用均按定额工时比例分配。其成本计算程序如下所述。

(1) 计算、提供甲种产品有关的定额资料如表16-49所示。

表16-49 甲种产品有关定额资料

车间份额	月初在产品		本月投入		本月产成品				
	定额直接材料费用	定额工时	定额直接材料费用	定额工时	单件定额		产量（件）	定额直接材料费用	定额工时
					直接材料费用	工时			
第一车间份额	13200	6100	8000	3500	40	20	280	11200	5600
第二车间份额		3250		8640		30	280		8400
合计	13200	9350	8000	12140	40	50	560	11200	14000

(2) 根据定额资料、各种费用分配表和产成品交库单，登记第一、二车间的产品成本明细账如表16-50和表16-51所示。

表16-50 产品成本明细账

第一车间 甲产品

月	日	摘要	产量（件）	直接材料		定额工时	直接人工	制造费用	成本合计
				定额	实际				
2	28	在产品费用		13200	15270	6100	6280	30350	51900

续表

月	日	摘要	产量（件）	直接材料 定额	直接材料 实际	定额工时	直接人工	制造费用	成本合计
3	31	本月生产费用		8000	8050	3500	3800	17650	29500
3	31	生产费用累计		21200	23320	9600	10080	48000	81400
3	31	费用分配率			1.1		1.05	5	
3	31	产成品成本中本步份额	280	11200	12320	5600	5880	28000	46200
3	31	在产品费用		10000	11000	4000	4200	20000	35200

表16-51　产品成本明细账

第二车间　甲产品

月	日	摘要	产量（件）	直接材料 定额	直接材料 实际	定额工时	直接材料	制造费用	成本合计
2	28	在产品费用				3250	3646	13056	16702
3	31	本月生产费用				8640	13000	39260	52260
3	31	生产费用累计				11890	16646	52316	68962
3	31	费用分配率					1.4	1.4	
3	31	产成品成本中本步份额	280			8400	11760	36960	48720
3	31	在产品费用				3490	4886	15356	20242

在产品成本明细账中，定额直接材料费用和定额工时，应根据前列定额资料登记。该企业月末没有盘点在产品，因而没有提供月末在产品的定额直接材料费用和定额工时资料。账中该两项定额资料，系根据月初在产品、本月投入和本月产成品的定额直接材料费用和定额工时，采用前述倒挤的方法求得。账中本月实际生产费用与前列逐步结转分步法举例相同，根据各种费用分配表登记，但第二车间没有本月耗用的半成品费用。例如，

$$第一车间甲产品直接材料费用分配率=\frac{23320}{21200}=1.1$$

$$第一车间甲产品直接人工费用分配率=\frac{10080}{9600}=1.05$$

产成品成本中本步骤直接材料费用份额=11200×1.1=12320（元）

产成品成本中本步骤直接人工费用份额=5600×1.05=5880（元）

在产品直接材料费用=10000×1.1=11000（元）

在产品直接人工费用=4000×1.05=4200（元）

由于各步骤产品都是在产成品与广义在产品之间分配费用，所以上列第一、二车间甲产品的定额资料和成本明细账中的产量，都是最后产成品的数量。在逐步结转分步法下，除了最后一个步骤以外，都是完工半成品的数量。

上列产品成本明细账所记月初、月末在产品成本与前列逐步结转分步法举例不同。这是因为：

1) 两者在完工产品与月末在产品之间分配费用的方法不同，逐步结转分步法举例中的在产品成本，是按在产品费用定额计算的定额成本；上列平行结转分步法举例中的在产品成本，是按定额比例法分配计算的实际成本。

2) 在逐步结转分步法下，如果各步骤在产品数量和单位成本相差不多，由于后面各步骤的在产品成本包括所耗前面各步骤的半成品费用，各步在产品成本越滚越大，因而

后面各步骤在产品成本的金额大，前面各步骤在产品成本的金额小。而在上列平行结转分步法下，在产品是广义的，前面各步骤的在产品费用包括本步骤加工中在产品费用，以及本步骤已经完工转入半成品库的半成品费用和转入后面各步骤、但尚未最后产成的在产品费用，因而前面各步骤在产品费用金额大，后面各步骤在产品费用金额小；最后一个步骤的在产品，只要完工就是产成品，没有半成品，因而该步骤的在产品与逐步结转分步法一样，也是狭义在产品，其费用金额最小。在这两方面原因中，后一方面是主要的。

(3) 根据第一、二车间产品成本明细账所记产成品成本份额，平行汇总产成品成本如表16-52所示。

表16-52　甲产成品成本汇总表

201×年3月

车间	产量（件）	直接材料	直接人工	制造费用	成本合计
第一车间	280	12320	5880	28000	46200
第一车间	280		11760	36960	48720
合计	280	12320	17640	64960	94920
单位成本	280	44	63	232	339

由于本节所列两种分步法举例在完工产品与月末在产品之间分配费用的方法不同，因而上列汇总表中算出的甲种产成品单位成本339元与前列逐步结转分步法举例中该种产成品单位成本345.36元不同。

四、成本核算的分类法

在一些工业企业中，生产的产品品种、规格繁多，如果按照产品的品种、规格归集费用、计算成本，计算工作就极为繁重。产品成本核算的分类法，就是在产品品种、规格繁多，但可以按照一定标准分类的情况下，为了简化计算工作而采用的一种成本核算方法。

产品成本核算分类法的特点是，按照产品类别归集费用、计算成本；同一类产品内不同品种（或规格）产品的成本采用一定的分配方法分配确定。

(一) 分类法的适用范围

凡是产品的品种、规格繁多，又可以按照上述要求划分为若干类别的企业或车间，均可采用分类法计算成本。

分类法与生产的类型没有直接的关系，因而可以在各种类型的生产中应用。例如，钢铁企业生产的各种牌号和规格的生铁、钢锭和钢材，无线电元件企业生产的各种不同类别和规格的无线电元件，灯泡企业生产的各种不同类别和瓦数的灯泡，针织企业生产的各种不同种类和规格的针织品，以及食品企业生产的各种饼干和面包等。它们的生产类型虽然不同，但是都可以采用分类法计算成本。

有一些工业企业，特别是化工企业，在生产过程中对同一原料进行加工，可以生产出几种主要产品，例如原油经过提炼，可以炼出各种汽油、煤油和柴油等产品，这些产品称为联产品。联产品所用的原料和工艺过程相同，其生产费用都是间接计入费用，各种产品的各项费用都必须通过间接分配的方法分配确定，因而必须采用分类法计算各种产品的成本。

还有一些工业企业，特别是轻工业企业，有时可能生产出品种相同、但质量不同的产品。如果这些产品的结构、所用的原材料和工艺过程完全相同，产品质量上的差别是由于工人操作而造成的，这些产品称为等级产品。不同等级产品的单位成本，应该是相同的，因而不能将分类法的原理应用到这些产品的成本核算中去。也就是说，不能按照等级产品的不同售价或者以售价为依据确定的系数分配费用，为不同等级的产品确定不同的单位成本。次级产品由于售价较低造成的损失，说明企业在提高产品质量上还存在着需要改进的缺点。如果不同质量的产品，是由于内部结构、所用原材料的质量或工艺技术上的要求不同而产生的，那么，这些产品应是同一品种不同规格的产品，也可以归为一类，采用分类法计算成本。

另有一些工业企业，除了生产主要产品以外，还可能生产一些零星产品，例如为协作企业生产少量的零部件，或者自制少量材料和工具等。这些零星产品，虽然内部结构、所耗原材料和工艺过程不一定完全相近，但是它们的品种、规格多，而且数量少，费用比重小。为了简化成本核算工作，这些零星产品也可以归为几类，采用分类法计算成本。

（二）分类法的优缺点和应用条件

采用分类法计算产品成本，每类产品内各种产品的生产费用，无论是间接计入费用还是直接计入费用，都采用分配方法分配计算，因而领料凭证、工时记录和各种费用分配表都可以按照产品类别填列，产品成本明细账也可以按照产品类别设立，从而简化成本核算工作，而且还能够在产品品种、规格繁多的情况下，分类掌握产品成本的水平。

分类法也是有缺点的。这是由于同类产品内各种产品的成本均按一定的比例分配计算，因而计算结果有着一定的假定性。

与上述优缺点相联系，产品的分类和分配标准（或系数）的确定是否适当，是采用分类法时能否做到既简化成本核算工作，又使成本核算相对正确的关键。因此，采用分类法，不仅需要对各种产品按照前述要求进行分类，而且在进行产品分类时，类距既不宜定得过小，使成本核算工作复杂，也不能定得过大，造成成本核算的“大锅烩”；在选择分配标准时，要选择与成本水平高低有密切联系的分配标准分配费用。当产品结构、所用原材料或工艺过程发生较大变动时，应该修订分配系数或考虑另选分配标准，以保证成本核算的正确。

（三）分类法的计算程序

采用分类法计算产品成本，首先根据产品结构、所用原材料和工艺过程的不同，将产品划分为几类，按照产品的类别设立产品成本明细账，归集产品的生产费用，计算各类产品成本；然后选择合理的分配标准，在每类产品的各种产品之间分配费用，计算每类产品内各种产品的成本。

同类产品内各种产品之间分配费用的标准，有定额消耗量、定额费用、售价，以及产品的体积、长度和重量等。选择分配标准时，应考虑分配标准是否与产品成本的高低关系较大。各成本项目可以采用同一分配标准分配；也可以按照成本项目的性质，分别采用不同的分配标准分配，以使分配结果更加合理。例如，直接材料费用可按材料定额费用或材料定额消耗量比例分配，直接人工费用等其他费用可按定额工时比例分配。

为了简化分配工作，也可以将分配标准折算成相对固定的系数，按照固定的系数分配同类产品内各种产品的成本。确定系数时，一般是在同类产品中选择一种产量较大、生产比较稳定或规格折中的产品作为标准产品，把这种产品的分配标准额的系数定为“1”；用其他各种产品的分配标准额与标准产品的分配标准额相比，求出其他产品的分配标准额与标准产品的分配标准额的比率，即系数。系数一经确定，应相对稳定不变。在分类法中，按照系数分配同类产品内各种产品成本的方法，也叫系数法。因此，系数法是分类法的一种，也可称为简化的分类法。

1. 系数的确定

【例16-12】假定智董工厂甲、乙、丙三种产品的结构、所用原材料和工艺过程相近，合为一类计算成本。该类产品的直接材料费用按照各种产品的直接材料费用系数进行分配；直接材料费用系数按直接材料费用定额确定。该企业规定乙种产品为标准产品。各该产品所耗各种直接材料的消耗定额、计划单价以及费用定额和直接材料费用系数计算如表16-53所示。

表16-53 直接材料费用系数计算表

产品名称	单位产品直接材料费用				直接材料费用系数
	直接材料名称或编号	消耗定额（公斤）	计划单价	费用定额	
甲	3214	27	12	324	$\frac{1980}{1650}=1.2$
	4653	35	24	840	
	8543	20	18	360	
	9632	30.4	15	456	
	小计			1980	
乙（标准产品）	3214	23	12	276	1
	4653	30	24	720	
	8543	28	18	504	
	9632	10	15	150	
	小计			1650	
丙	3214	21	12	252	$\frac{1485}{1650}=0.9$
	4653	28	24	672	
	8543	25	18	450	
	9632	7.4	15	111	
	小计			1485	

只要系数计算表中所列产品的直接材料消耗定额和计划单价没有变动，表中计算确定的系数可以长期使用。

2. 各类和各种产品成本的计算

【例16-13】假定上例企业根据各种费用分配表和月初、月末在产品定额成本资料（在产品按定额成本计价），登记该类产品成本明细账如表16-54所示。

表16-54 某类产品成本明细账

月	日	摘要	直接材料	直接人工	制造费用	合计
6	30	在产品成本（定额成本）	9900	1881	4752	16533
7	31	本月生产费用	15180	3285	8219	26684
7	31	生产费用累计	25080	5166	12971	43217
7	31	完工转出产成品成本	14080	3038	7595	24713
7	31	在产品成本（定额成本）	11000	2128	5376	18504

该企业规定该类产品的直接人工费用和制造费用均按各种产品的定额工时比例分配，其工时定额为，甲产品28小时、乙产品31小时、丙产品17小时。7月份的产量为，甲产品15件、乙产品19件、丙产品30件。

该类产品7月份的各种产成品成本计算表如表16-55所示。

表16-55　某类产品内各种产成品成本计算表

201×年7月

项目	产量（件）	直接材料费用系数	直接材料费用总系数	工时定额	定额工时	直接材料	直接人工	制造费用	成本合计
①	②	③	④=②×③	⑤	⑥=②×⑤	⑦=④×率	⑧=⑥×率	⑨=⑥×率	⑩
费用分配率						220	2	5	
产成品甲	15	1.2	18	28	420	3960	840	2100	6900
产成品乙	19	1	19	31	589	4180	1178	2945	8303
产成品丙	30	0.9	27	17	510	5940	1020	2550	9510
合计			64		1519	14080	3038	7595	24713

在上例产成品成本计算表中，各项费用的合计数（即“合计”余额），是分配的对象。应根据该类产品成本明细账完工转出的产成品成本登记。表中直接材料费用分配率，应根据直接材料费用合计数除以直接材料费用总系数的合计数计算填列；以该项费用分配率分别乘以各种产成品的直接材料费用总系数，即为各种产成品的直接材料费用。由此可见，按系数分配费用，实际上是按以产量加权的总系数分配费用。表中直接人工等项费用的分配率，应根据各项费用的合计数，分别除以定额工时的合计数计算填列；以各该费用分配率，分别乘以各种产成品的定额工时，即为各该种产成品的各该项费用。从上例可以看出，在按消耗定额或费用定额计算系数的情况下，按系数比例分配费用的结果与直接按定额消耗量或定额费用比例分配费用的结果相同，因为两者的比例关系是一致的。

在实际工作中，有的企业还采用按标准产品产量比例分配同类产品内各种产品成本的方法，即按照系数将各种产品的实际产量折算为标准产品的产量，据以分配同类产品的成本。这种分配方法，实际上也是按照系数分配成本的一种方法，因为标准产品产量实际上就是总系数。

（四）分类法下副产品的成本核算

副产品是在主要产品的生产过程中附带生产出来的非主要产品。例如，炼铁生产中产生的高炉煤气，提炼原油过程中产生的渣油、石油焦，以及制皂生产中产生的甘油等。如果副产品的比重较大，为了正确计算主、副产品的成本，应该将主、副产品视同联产品计算成本。如果副产品的比重不大，为了简化成本核算工作，可以采用与分类法相类似的方法计算成本，即将副产品与主产品合为一类设立产品成本明细账，归集费用、计算成本；然后将副产品按照一定的方法计价，从总成本中扣除，以扣除后的成本作为主产品的成本。

副产品可以按照售价减去按正常利润率计算的销售利润后的余额计价；也可以在此基础上确定固定的单价，以固定的单价计价。副产品的计价额，一般从总成本的“原材料”或“直接材料”项目中扣除。

对副产品进行正确的计价，对于正确计算主副产品的成本很重要。副产品计价既不能过高，以免把主产品的超支转嫁到副产品上；也不能过低，以免把销售副产品的亏损转嫁到主产品上。如果副产品的售价不能抵偿其销售费用，则副产品不应计价，即不从主产品成本中扣除副产品价值。

1. 主、副产品分离前后的成本核算

如果副产品与主产品分离后，还要进行加工，例如制皂过程中产生的含有甘油的盐水，在与主产品分离后，还要加入某些辅助材料，经过一定的加工，才能生产出甘油，这时，还应根据副产品加工生产的特点和管理要求，采用适当的方法单独计算副产品的成本。

【例16-14】 假定智董工厂在主产品—甲产品生产的过程中，还生产出可以加工成为副产品—乙产品的原料。甲产品的生产和乙产品的加工处理，都在同一个车间内进行，都不分步计算成本。副产品按固定单价每公斤0.50元计价，从甲产品的原材料费用中扣除。甲、乙产品的在产品都按原料的定额费用计价。本月（7月）份的产量为，甲产品5600公斤、乙产品1020公斤。

根据在产品定额成本（定额原料费用）资料、各种费用分配表和产成品交库单登记该两种产品成本明细账如表16-56和表16-57所示。

表16-56　产品成本明细账

产品名称：甲（主产品）

月	日	摘要	产量（公斤）	原料	辅助材料	工资及福利费	制造费用	成本合计
6	30	在产品定额成本		59760				59760
7	31	本月生产费用		152910	42780	12840	27392	235922
7	31	减：副产品（乙产品原料）		2160				2160
7	31	生产费用累计		210510	42780	12840	27392	293522
7	31	本月产成品成本转出	5600	153310	42780	12840	27392	236322
7	31	产成品单位成本		27.38	7.64	2.29	4.89	42.20
7	31	在产品定额成本		57200				57200

表16-57　产品成本明细账

产品名称：乙（副产品）

月	日	摘要	产量（公斤）	原料	辅助材料	工资及福利费	制造费用	成本合计
6	30	在产品定额成本		560				560
7	31	本月生产费用		2160	988	945	2016	6109
7	31	生产费用累计		2720	988	945	2016	6669
7	31	本月产成品转出	1020	2224	988	945	2016	6173
7	31	产成品单位成本		2.18	0.97	0.93	1.97	6.05
7	31	在产品定额成本		496				496

在上例甲产品成本明细账中，生产费用为主、副产品分离前共同发生的费用。原料和辅助材料费用为直接计入费用，应根据领料凭证按照材料类别和用途汇总编制的材料费用分配表（本例略）登记；工资及福利费等其他费用，应根据后列工、费分配表登记。假定生产过程中产生副产品1080公斤，每公斤计价2元，共计2160元，从甲产品的原料费用中扣减。生产费用累计减去月末在产品定额成本，即为主产品甲的产成品成本。由于在产品定额成本只计算原料费用，因而在产品原料成本差异和其他各项费用均由产成品成本负担。

在上例乙产品成本明细账中，生产费用为本月副产品与主产品分离以后为加工乙产品所发生的费用。其中原料费用应根据副产品成本的结转凭证登记；辅助材料也是直接计入费用，应根据上述材料费用分配表（本例略）登记；工资及福利费等其他费用，应根据下列工、费分配表登记。账中生产费用累计减去按定额原料费用计算的在产品成本，即为副产品分离后加工制成的乙产品成本。工、费分配表如表16-58所示。

表16-58　工、费分配表

201×年7月

项目	生产工时	工资及福利费	制造费用
本月发生额	9190	13785	29408
工费分配率		1.5	3.2
甲产品（主产品）	8560	12840	27392
乙产品（副产品）	630	945	2016
合计	9190	13785	29408

在上列工、费分配表中，生产工时发生额应根据工时记录登记；工资及福利费等项费用发生额，为该车间主、副产品分离前发生的加工费用和对副产品进一步加工发生的加工费用，在甲、乙两种产品之间按照生产工时比例进行分配。前列两种产品成本明细账中本月各该项费用，就是根据上列工、费分配表登记的。

2. 副产品成本按计划单位成本核算

如果副产品加工处理所需时间不长，费用不大，为了简化成本核算工作，副产品也可以按计划单位成本计价，而不计算副产品的实际成本。这样，从主、副产品的生产费用总额中扣除按计划单位成本核算的副产品成本以后的余额，即为主产品的成本。在这种情况下，主、副产品（不论分离前还是分离后）的领料凭证、工时记录和产品成本明细账，都可以作为主产品而合并填列和设立。

【例16-15】假定上例中乙产品加工处理所需时间不长，费用不大，按计划单位成本计价，其计划单位成本为，原料2.20元、辅助材料0.95元、工资及福利费1元、制造费用2元，合计6.15元。这种计算方法下的甲产品成本明细账如表16-59所示。

表16-59　产品成本明细账

产品名称：甲（主产品）

月	日	摘要	产量（公斤）	原材料	辅助材料	工资及福利费	制造费用	成本合计
6	30	在产品定额成本		59760				59760
7	31	本月生产费用		152910	43768	13785	29408	239871
7	31	生产费用累计		212670	43768	13785	29408	299631
7	31	减：乙（副产品）成本	1020	2244	969	1020	2040	6273
7	31	本月产成本品成本转出	5600	153226	42799	12765	27368	236158
7	31	产成品单位成本		27.36	7.64	2.28	4.89	42.17
7	31	在产品定额成本		57200				57200

上列甲产品成本明细账就是按分离前和分离后的主、副产品合并设立的。其中本月辅助材料费用、工资及福利费和制造费用，均为前例中甲、乙两种产品本月生产费用之和。这是因为，在这种计算方法下，先按总的实际生产费用合并计算甲、乙两种产品的总成本，再按计划单位成本计算乙产品成本，并将其从总成本中减去，计算甲产品成本。其中辅助材料费用即为前列甲、乙两种产品成本明细账中本月辅助材料费用之和；工资及福利费、制造费用即为前列工、费分配表中各该费用本月发生额。账中本月原料费用则不应包括前列乙种产品成本明细账中的原料费用，因为后一项原料费用就是从甲产品成本明细账的原料费用中转入的。上列甲产品成本明细账中的生产费用累计数减去乙种产品计划成本和甲产品的在产品定额成本，即为甲产品的产成品成本。

将上述两种计算方法算出的甲种产成品单位成本进行比较，可以看出，只要符合前述条件，采用后一种简化的计算方法对主产品成本正确性的影响不大。

有一些工业企业，在生产过程中会产生一些废气、废液和废料。对于“三废”的综合利用，例如从废气、废液中回收稀有金属，利用炉渣制造水泥、耐火砖等，是企业增产节约、防止环境污染的主要途径之一，必须大力提倡，积极开展。“三废”的综合利用，是随着生产的发展和科学技术的进步而不断发展的。“三废”一经利用也就成了副产品，就应该按照副产品的成本计算方法计算成本。

另有一些工业企业，除了生产主要产品以外，有时还为其他企业提供少量加工、修理等作业。如果这些作业费用的比重很小，为了简化成本计算工作，企业也可以比照副产品的成本计算方法，与主要产品合为一类归集费用，然后将这些作业按照固定价格或计划单位成本计价，从总的生产费用中扣除，以其余额作为主要产品成本。

同样理由，工业企业的基本生产车间（如机械厂的机加工车间），除了生产主要产品以外，如果还为本企业的其他车间和部门提供少量的加工和修理作业。这些作业也可以按照计划单位成本计价结算，不必计算和调整成本差异。也就是说，这些作业和主要产品也可以合并设立产品成本明细账，归集生产费用，然后从中转出按计划单位成本计算的作业成本。这些作业的实际成本与计划成本的差异由基本生产的主要产品成本负担。这样做，不仅可以简化成本计算工作，而且还便于受益车间的成本考核和分析。

五、成本核算的定额法

在品种法、分批法、分步法和分类法下，生产费用的日常核算，都是按照生产费用的实际发生额进行的，产品的实际成本，也都是根据实际生产费用计算的。这样，生产费用和产品成本脱离定额的差异及其发生的原因，只有在月末时通过实际资料与定额资料的对比、分析，才能得到反映，而不能在费用发生的当时得到反映，因而不能更好地加强定额管理，加强成本控制，更有效地发挥成本核算对于节约生产费用、降低产品成本的作用。

产品成本核算的定额法，就是为了及时地反映和监督生产费用和产品成本脱离定额的差异，加强定额管理和成本控制而采用的一种成本核算方法。

(一) 定额法的特点

(1) 事前制订产品的消耗定额、费用定额和定额成本作为降低成本的目标，对产品成本进行事前控制。

(2) 在生产费用发生的当时，将符合定额的费用和发生的差异分别核算，加强对成本差异的日常核算、分析和控制。

(3) 月末在定额成本的基础上加减各种成本差异，计算产品的实际成本，为成本的定期考核和分析提供数据。因此，定额法不仅是一种产品成本核算的方法，更重要的，还是一种对产品成本进行直接控制、管理的方法。

(二) 定额法的优缺点

定额法是将产品成本的定额工作、核算工作和分析工作有机地结合起来，将事前、事中、事后反映和监督融为一体的一种产品成本核算方法和成本管理制度。

1. 定额法的优点

(1) 通过生产耗费和生产费用脱离定额和计划的差异的日常核算，能够在各该耗费和费用发生的当时反映和监督脱离定额（或计划）的差异，加强成本控制，从而及时、有效地促进节约生产耗费，降低产品成本。

(2) 由于产品实际成本是按照定额成本和各种成本差异分别反映的，因而还便于进行产品成本的定期分析，有利于进一步挖掘降低成本的潜力。

(3) 通过脱离定额差异和定额变动差异的核算，还有利于提高成本的定额管理和计划管理工作的水平。

(4) 由于有着现成的定额成本资料，因而还能够比较合理和简便地解决完工产品和月末在产品之间分配费用（即分配各种成本差异）的问题。

2. 定额法的缺点

必须制订定额成本，单独核算脱离定额差异，在定额变动时还要修订定额成本，计算定额变动差异，因而要增加一些核算工作量。

（三）定额法的适用范围和应用条件

定额法不是为了解决产品成本核算的对象问题而产生的，它与产品的生产类型没有直接的联系，因而适用于各种类型的生产。正因为如此，定额法不能单独应用，必须与确定产品成本核算对象的基本方法，即品种法、分批法或分步法结合起来应用。

此外，为了充分发挥定额法的作用，并且简化成本核算工作，采用定额法必须具备一定的条件：定额管理的制度比较健全，定额管理工作的基础比较好；产品的生产已经定型，消耗定额比较准确、稳定。由于大批大量生产比较容易具备这些条件，因而定额法最早应用在大批大量生产的机械制造企业中。

（四）产品定额成本与产品计划成本的异同

采用定额法，必须先制订单位产品的消耗定额、费用定额，并据以核算单位产品的定额成本。产品的消耗定额、费用定额和定额成本，既是日常控制生产耗费的依据，也是月末计算产品实际成本的基础。

产品的定额成本与计划成本既有相同之处，又有不同之处。相同之处是，两者都是以产品生产耗费的消耗定额和计划价格为根据确定的目标成本。

产品原材料消耗定额×原材料计划单价＝原材料费用定额

产品生产工时定额×生产工资计划单价＝生产工资费用定额

产品生产工时定额×其他费用计划单价＝其他费用定额

上列生产工资计划单价，就是计划每小时工资额，计划的生产工资分配率，也称计划工资率；上列其他费用是制造费用等。这些费用通常按生产工时比例分配计入产品成本，因而其计划，单价通常是计划的每小时各该费用额，计划的各该费用分配率，简称计划费用率。上述各项费用额的合计数，就是单位产品的定额成本或计划成本。

两者不同之处是，计算计划成本的消耗定额是计划期（一般为一年）内平均消耗定额，也叫计划定额，在计划期内通常不变；计算定额成本的消耗定额则是现行定额，它应随着生产技术的进步和劳动生产率的提高不断修订。此外，计算计划成本的原材料等的计划单价，在计划期内通常也是不变的。计算定额成本的生产工资和其他费用的计划单价，也就是每小时的生产工资和其他费用定额则可能变动。计划成本一般是国家或上级公司等管理机构在计划期内对企业进行成本考核的依据。定额成本是企业自行制订的，是企业内部当时进行成本控制和考核的依据。国家或上级机构没有规定成本计划的产品，企业可以不制订计划成本，但为了使这些产品成本有一个较长时期（例如一年或一年以上）的努力目标，也应制订计划成本。

由此可见，制订定额成本，能够使企业的成本控制和考核更加有效，更加符合实际，从而保证成本计划的完成。定额成本和计划成本的制订过程，都是对产品成本进行事前的反映和监督，实行事前控制的过程。

（五）产品定额成本的计算程序和计算方法

产品定额成本包括零、部件定额成本和产成品定额成本，通常由计划、会计等部门共同制订。在零、部件不多的情况下，一般先制订零件定额成本，然后再汇总计算部件和产成品的定额成本。零、部件定额成本还可以作为在产品和报废零、部件计价的根据。如果产品的零、部件较多，为了简化成本核算工作，也可以不计算零件定额成本，而根据列有零件原材料消耗定额、工序计划和工时消耗定额的零件定额卡，以及原材料计划单价、计划的工资率和其他费用率，计算部件定额成本，后汇总计算产成品定额成本；或者根据零、部件的定额卡直接计算产成品定额成本。在不计算零、部件定额成本的情况下，在产品和报废零、部件的计价，就要根据零、部件定额卡和原材料计划单价、计划的工资率和其他费用率临时计算。

为了便于成本考核和分析，定额成本包括的成本项目和计算方法，应该与计划成本、实际成本包括的成本项目和计算方法一致。

零件定额卡和部件定额成本核算表格式如表16-60和表16-61所示。

表16-60 零件定额卡

零件编号、名称：3201 年7月

材料名称、编号	计量单位	材料消耗定额
23108	公斤	4.5
工序	工时定额	累计工时定额
1	3	3
2	5	8
3	2	10
4	4	14

在上列部件定额成本核算表中，每种零件的材料消耗定额和工时定额，按每一零件的材料消耗定额和工时定额，分别乘以部件所用零件的数量计算；部件的工资及福利费和制造费用定额按部件的工时定额，分别乘以每小时工、费定额计算。

产成品定额成本核算表的格式与部件定额成本核算表的格式相类似，不另举例。

在实际工作中，产品的定额成本，由于是企业自行制订和修订的，国家或上级机构对企业没有约束力，修订定额成本的工作量又较大，降低消耗定额又会遇到一些阻力，因而有的企业一年甚至几年内不予修订，定额往往脱离实际。而产品的计划成本，由于国家或上级机构每年一般要下达新的成本指标，每年修订一次，相对来说，比较符合实际。在这种情况下，定额成本就失去了它原有的作用。定额法采用的定额成本，不应该是长期特别是几年不变的定额成本。

表16-61 部件定额成本核算表

部件编号、名称：3200 年7月

所用零件编号	零件数量	材料定额							工时定额
		23108			23216			金额合计	
		数量	计划单价	金额	数量	计划单价	金额		
3201	3	13.5	5.20	70.20				70.20	42
3202	4				11.3	6.40	72.32	72.32	37
装配									4
合计				70.20			72.32	142.52	83

定额成本项目					定额成本合计
原材料	工资及福利费		制造费用		
	每小时定额	金额	每小时定额	金额	
142.52	1.12	92.96	2.85	236.55	472.03

(六) 脱离定额差异的核算

要加强生产耗费的日常控制，必须进行脱离定额差异的日常核算，及时分析差异发生的原因，确定差异的责任，并且及时采取措施进行处理。属于实际消耗中存在的浪费和损失等问题，应制止发生或防止以后再次发生；属于定额脱离实际；应按规定进行调整、修订。这样做，就能将生产耗费控制在既先进又切实可行的定额范围之内，节约生产耗费、降低产品成本。因此，及时、正确地核算和分析生产费用脱离定额的差异，控制生产费用支出，是定额法的重要内容。为此，在发生生产费用时，应该为符合定额的费用和脱离定额的差异，分别编制定额凭证和差异凭证，并在有关的费用分配表和明细账中分别登记。为了防止生产费用的超支，避免浪费和损失，差异凭证填制以后，还必须按照规定办理审批手续。在有条件的企业中，也可以将脱离定额差异的日常核算同车间或班组的经济核算或者责任成本核算结合起来，依靠广大职工群众管好生产耗费。

1. 原材料脱离定额差异的核算

在各成本项目中，原材料费用，包括自用半成品费用，一般占有较大比重，而且属于直接计入费用，因而更有必要和可能在费用发生的当时就按产品核算定额费用和脱离定额差异，加强控制。原材料脱离定额差异的核算方法有限额法、切割核算法和盘存法。

(1) 原材料脱离定额差异核算的限额法也叫差异凭证法。为了控制材料领用，在采用定额时，必须实行限额领料（或定额发料）制度，符合定额的原材料应根据限额领料单（或定额发料单）等定额凭证领发。如果增加产品产量，需要增加用料，在办理追加限额手续以后，也可根据定额凭证领发。由于其他原因需要超额领料或者领用代用材料，应根据专门的超额材料领料单、代用材料领料单等差异凭证，经过一定的审批手续领发。

为了减少凭证的种类，上述这些差异凭证也可用普通领料单代替，但应以不同的颜色或加盖专用的戳记加以区别。在差异凭证中，应该填明差异的数量、金额以及发生差异的原因。差异凭证的签发，必须经过一定的审批手续，其中由于采用代用材料、利用废料和材料质量低劣等原因而引起的脱离定额差异，通常由技术部门计算、审批。对于材料代用和废料利用，还应在有关的限额领料单中注明，并且从原定的限额内扣除。

在每批生产任务完成以后，应该根据车间余料编制退料单，处理退料手续；退料单也应视为差异凭证。退料单中所列的原材料数额和限额领料单中的原材料余额，都是原材料脱离定额的节约差异。

采用限额法对于控制领料，促进节约用料有着重要作用。但是，上述差异凭证反映的差异往往只是领料差异，不一定是用料差异，不能完全控制用料。

【例16-16】限额领料单规定的产品数量为100件，每件产品的原材料消耗定额为2公斤，则领料限额为200公斤。假定实际领料为195公斤，其领料差异为少领5公斤。如果实际耗用所领原材料的产品数量，即投产的产品数量，符合限额领料单规定的产品数量，也是100件，则领料限额就是原材料定额消耗量，上述少领5公斤的领料差异就是用料脱离定额的节约差异。但是，投产的产品数量不一定等于规定的产品数量；所领原材料的数量也不一定等于原材料的实际消耗量，因为车间中可能有期初、期末余料。假定投产的产品数量小于规定的产品数量，为90件，车间期初余料为8公斤，期末余料为4公斤。则

原材料定额消耗量=投产产品数量×消耗定额=90×2=180（公斤）

原材料实际消耗量=本期领料量＋期初余料量－期末余料量=195＋8－4=199（公斤）

原材料脱离定额差异=原材料实际消耗量－原材料定额消耗量

=199－180=＋19（公斤）（超支）

由此可见，只有耗用材料的产品数量，即投产产品数量等于规定的产品批量，而且车间没有余料时，领料或发料差异才是用料脱离定额差异。因此，要控制用料不超支，不仅要控制领料不超过限额，而且还要控制投产的产品数量不少于计划规定的产品数量。

(2) 原材料脱离定额差异核算的切割核算法。为了核算用料差异，更好地控制用料，对

于经过切割（下料）才能使用的材料，例如板材、棒材等，除了采用限额法以外，还应采用切割核算法，即通过材料切割核算单，核算用料差异，控制用料。

材料切割核算单应按切割材料的批别开立，单中填明发交切割材料的种类、数量、消耗定额和应切割成的毛坯数量；切割完毕，再填写实际切割成的毛坯数量和材料的实际消耗量。根据实际切割成的毛坯数量和消耗定额，即可计算求得材料定额消耗量，以此与材料实际消耗量相比较，即可确定用料脱离定额的差异。材料定额消耗量和脱离定额的差异，也应填入材料切割核算单中，并应注明发生差异的原因，由主管人员签证。这种核算单的格式如表16-62所示。

表16-62　材料切割核算单

材料编号或名称：3304　　材料计量单位：公斤　　材料计划单价：8.50元

产品名称：A　　零件编号或名称：3205　　图纸号：807

切割工人工号和姓名：苗青　　机床编号：246

发交切割日期：2017年9月9日　　完工日期：2017年9月11日

<table>
<tr><td colspan="3">发料数量</td><td colspan="4">退回余料数量</td><td colspan="2">材料实际消耗量</td><td colspan="3">废料实际回收量</td></tr>
<tr><td colspan="3">121</td><td colspan="4">4</td><td colspan="2">117</td><td colspan="3">11</td></tr>
<tr><td colspan="2">单价消耗定额</td><td colspan="3">单价回收
废料定额</td><td colspan="2">应割成的
毛坯数量</td><td>实际割成的
毛坯数量</td><td colspan="2">材料定额
消耗量</td><td colspan="2">废料定额
回收量</td></tr>
<tr><td colspan="2">5</td><td colspan="3">0.2</td><td colspan="2">23</td><td>21</td><td colspan="2">105</td><td colspan="2">4.2</td></tr>
<tr><td colspan="2">材料脱离
定额差异</td><td colspan="5">废料脱离定额差异</td><td colspan="4">差异原因</td><td>责任者</td></tr>
<tr><td>数量</td><td>金额</td><td colspan="2">数量</td><td colspan="2">单价</td><td>金额</td><td colspan="4" rowspan="2">未按规定要求操作，因而多留了边料，减少了毛坯</td><td rowspan="2">切割工人</td></tr>
<tr><td>12</td><td>102</td><td colspan="2">−6.8</td><td colspan="2">0.50</td><td>−3.40</td></tr>
</table>

在上列切割核算单中，余料是剩余的可以按照原来用途使用的材料，不是实际消耗的材料；废料是剩余的不能按照原来用途使用的边角料，是实际消耗材料的一部分。材料实际消耗量117公斤除以消耗定额5公斤，为23.4件，因而应切割成的毛坯数量为23件。材料定额消耗量和废料定额回收量应按实际切割成的毛坯数量分别乘以材料消耗定额和废料回收定额计算。材料实际消耗量减去定额消耗量为材料脱离定额的差异数量；乘以材料计划单价，为差异金额。废料实际回收量减去定额回收量为废料脱离定额的差异数量；乘以废料单价，为差异金额。由于废料价值可以冲减材料费用，因而废料回收超过定额的差异，填为负数；不足定额的差异填为正数。上例废料超额回收6.8公斤，虽然可以冲减材料费用3.40元；但由于该项超额回收是在实际切割成毛坯数量比应该切割成毛坯数量少2件的情况下发生的，这使单价为8.50元的2件毛坯所用的好料变成了单价为0.50元的废料，单位毛坯的材料费用将因此增加。这种超额回收废料的差异是不利差异。在实际切割成毛坯数量等于甚至大于应该切割成毛坯数量的情况下，超额回收废料的差异，才会降低单位毛坯的材料费用，才是有利差异。

采用材料切割核算单进行材料切割的核算，可以及时反映材料的耗用情况和发生差异的具体原因，加强对材料耗用的监督。如果条件具备，材料切割的核算也可以与车间或班组的经济核算或者责任成本核算结合起来，由有关的经济核算或责任成本核算人员进行。

(3) 原材料脱离定额差异核算的盘存法。对于不能采用切割核算法的原材料，为了更好地控制用料，除了采用限额法以外，还应按期（按工作班、工作日或按周、旬等）通过盘存的方法核算用料差异。即根据完工产品数量和在产品盘存（实地盘存或账面结存）数量算出投产产品数量，乘以原材料消耗定额，计算原材料定额消耗量；根据限额领料单和超额领料单等领、退料凭证和车间余料的盘存数量，计算原材料实际消耗量；然后将原材料的实际消耗量与定额消耗量相比较，计算原材料脱离定额差异。

由于：

期初在产品数量+本期投产产品数量=本期完工产品数量+期末在产品数量

所以：

本期投产产品数量=本期完工产品数量+期末在产品数量－期初在产品数量

本期完工产品数量=本期投产产品数量+期初在产品数量－期末在产品数量

上列公式表明，投产产品数量与完工产品数量不同。本期完工产品所用的原材料包括期初在产品中的上期用料，但未包括期末在产品中的本期用料，因而不能根据本期完工产品数量计算本期原材料的定额消耗量。只有本期投产产品数量才是本期实际用料的产品数量，才能据以计算本期原材料的定额消耗量和本期用料的脱离定额差异。

应该注意的是，按照上列公式计算本期投产产品数量，必须具备下述条件：即原材料在生产开始时一次投入，期初和期末在产品都不再耗用原材料。如果原材料随着生产进度连续投入，在产品还要耗用原材料，那么，上列公式中的期初和期末在产品数量应改为按原材料定额计算的期初和期末在产品的约当产量。

限额领料单中的产品数量一般按月规定。为了及时核算用料脱离定额差异，有效地控制用料，用料差异的核算期越短越好，应尽量按工作班或工作日进行核算。这样，差异核算期内的投产产品数量一般小于按月规定的产品数量。因此，除了经过切割才能使用的材料以外，大部分原材料应采用盘存法核算和控制用料差异。

(4) 原材料定额费用及脱离定额差异汇总表的编制和作用。不论采用哪一种方法核算原材料定额消耗量和脱离定额差异，都应分批或定期地将这些核算资料按照成本核算对象汇总，编制原材料定额费用和脱离定额差异汇总表。表中填明该批或该种产品所耗各种原材料的定额消耗量、定额费用和脱离定额的差异，并分析说明发生差异的主要原因。

【例16-17】现以智董工厂A产品为例，列示其7月份原材料定额费用和脱离定额差异汇总表如表16-63所示。

表16-63 原材料定额费用和脱离定额差异汇总表

2017年9月1—30日

产品名称：A

原材料类别	材料编号	单位	计划单位	定额费用		计划价格费用		脱离定额差异		差异原因
				数量	定额	数量	定额	数量	定额	
原料	13802	公斤	5	7230	36150	6730	33650	－500	－2500	（略）
主要原料	2422	公斤	3	4760	14280	4860	14580	+100	+300	（略）
辅助材料	3551	公斤	2	1270	2540	1220	2440	－50	－100	（略）
合计					52970		50670		－2300	（略）

在上列汇总表中，计划价格费用是按材料的实际消耗量和计划单价计算的费用，因而表中材料脱离定额差异的金额，是按材料计划单价反映的材料脱离定额的数量差异。表中材料的定额费用、计划价格费用和脱离定额差异，都是按材料的计划单价计算的，不包括材料的价格差异。

原材料定额费用及脱离定额差异汇总表，既可用来汇总反映和分析原材料脱离定额差异，又可用来代替原材料费用分配表登记产品成本明细账，还可以报送有关领导或向职工群众公布，以便根据差异发生的原因采取措施，进一步挖掘降低原材料费用的潜力。

自用半成品的定额消耗量、定额费用和脱离定额差异的核算方法，与原材料相同。

2. 生产工时和生产工资脱离定额差异的核算

在计件工资制度下，生产工人工资属于直接计入费用，其脱离定额差异的核算与原材料脱离定额差异的核算相类似，符合定额的生产工人工资，应该反映在产量记录中，脱离定额的差异通常反映在专设的补付单等差异凭证中。工资差异凭证也应填明原因，并经过一定的审批手续。

在计时工资制度下，生产工人工资属于间接计入费用，其脱离定额的差异不能在平时按照产品直接计算，只有在月末实际生产工人工资总额确定以后，才能按照下列公式计算。

$$\text{计划每小时生产工资} = \frac{\text{某车间计划产量的定额生产工人工资}}{\text{该车间计划产量的定额生产工时}}$$

$$\text{实际每小时生产工资} = \frac{\text{该车间实际生产工人工资总额}}{\text{该车间实际生产工时总额}}$$

某产品的定额生产工资＝该产品实际完成的定额生产工时×计划每小时生产工资

该产品的实际生产工资＝该产品实际生产工时×实际每小时生产工资

该产品生产工资脱离定额的差异＝该产品实际生产工资－该产品定额生产工资

从上列计算公式可以看出，要降低单位产品的计时工资，必须降低单位小时的生产工资和单位产品的生产工时。为此，要进行以下三个方面的日常控制。

(1) 控制生产工资总额不超过计划。

(2) 控制非生产工时不超过计划，即在工时总数固定的情况下，充分利用工时，使生产工时总额不低于计划；这样，如果其他条件不变，可以控制单位小时的生产工资不超过计划。

(3) 控制单位产品的生产工时不超过工时定额；这样，如果单位小时的生产工资不变，就可以控制单位产品的生产工资不超过定额。

从以上所述可以看出，在定额法下，产品计时工资费用的日常控制，应通过核算生产工时脱离定额差异的方法，监督生产工时的利用情况和工时消耗定额的执行情况，以便促使企业降低单位产品的工资费用。为此，要在日常核算中，按照产品核算定额工时、实际工时和工时脱离定额的差异，并且及时分析发生差异的原因。

此外，不论采用哪种工资形式，还应根据上述核算资料，按照成本核算对象汇编定额生产工资及脱离定额差异汇总表。表中汇总反映各种产品的定额工时和工资、实际工时和工资、工时和工资脱离定额的差异，以及产生差异的原因等资料，用以考核和分析各种产品生产工时和生产工资定额的执行情况，并据以计算产品的工资费用。

3. 制造费用脱离定额差异的核算

制造费用通常与计时工资费用一样，属于间接计入费用，在日常核算中不能按照产品直接核算脱离定额的差异，而只能根据月份的费用计划，按照费用发生的车间、部门和费用的项目核算脱离计划的差异，据以控制和监督费用的发生。对于其中材料费用，也可以采用前述限额领料单、超额领料单等定额凭证和差异凭证进行控制。领用生产工具、办公用品和发生零星费用，则可采用领用手折和费用限额卡等凭证进行控制；在这些凭证中，先要填明领用计划数，然后登记实际发生数和脱离计划的差异数；对于超过计划领用，也要经过一定的审批手续。因此，制造费用差异的日常核算，通常是指脱离费用计划的差异核算。各种产品所应负担的定额制造费用和脱离定额的差异，只有在月末时才能比照上述计时工资的计算公式计算确定。

由此可见，要控制产品的制造费用等间接计入费用不超过定额，不仅需要按照上述办法控制这些间接计入费用的总额不超过计划；同时也需要与控制生产工人计时工资一样，控制生产工时总额不低于计划，控制单位产品的工时不超过定额。

在单独核算废品损失的企业中，对于废品损失及其发生的原因，应该采用废品通知单和废品损失计算表单独反映，其中不可修复废品的成本应按定额成本核算。由于产品的定额成本一般不包括废品损失，因而发生的废品损失，通常作为脱离定额的差异处理。

在定额法下，生产费用既然是按照定额费用和脱离定额差异分别核算的，那么，根据产品的定额成本加上或者减去脱离定额的差异，即可求得产品的实际成本。计算公式为

产品实际成本=产品定额成本 ± 脱离定额差异

（七）材料成本差异的分配

1. 产品所耗材料成本差异的分配

采用定额法，为了便于产品成本的考核和分析，材料的日常核算必须按计划成本进行。因此，原材料的定额费用和脱离定额差异都按原材料的计划成本核算。前者是定额消耗量乘以计划单位成本；后者是消耗数量差异乘以计划单位成本，即按计划单位成本反映的量差。两者之和，就是实际消耗数量乘以单位计划成本，即原材料的计划价格费用。因此，在月末计算产品的实际原材料费用时，还必须乘以由材料核算提供的原材料成本差异率，计算应该分配负担的原材料成本差异，即所耗原材料的价差。其计算公式为

$$\frac{\text{某产品应分配的}}{\text{原材料成本差异}} = \left(\frac{\text{该产品原材}}{\text{料定额费用}} \pm \frac{\text{原材料脱离}}{\text{定额差异}}\right) \times \frac{\text{原材料成}}{\text{本差异率}}$$

【例16-18】 前列A种产品9月份所耗原材料的定额费用为52970元，脱离定额差异为节约2300元。假定原材料的成本差异率为超支10%。则

甲种产品应分配的原材料成本差异＝(52970－2300)×(+10%)=+5067（元）

2. 材料成本差异分配表的编制

在实际工作中，原材料成本差异的分配是在发料凭证汇总表或专设的材料成本差异分配表中进行的。

【例16-19】 现仍以上列资料为例，编制该企业原材料成本差异分配表（见表16-64）。

表16-64 原材料成本差异分配表

2017年9月

产品名称	定额费用	脱离定额差异	计划价格费用	原材料成本差异率	原材料成本差异
A	52970	－2300	50670	+10%	+5067

在上列原材料成本差异分配表中，A产品所耗原材料的定额费用、脱离定额差异和计划价格费用，均应根据前列该产品的原材料定额费用及脱离定额差异汇总表填列；原材料成本差异率应根据材料核算的有关资料填列。

在多步骤生产中采用定额法时，如果逐步结转半成品成本，半成品的日常核算也应按照计划成本或定额成本进行。在月末计算产品实际成本时，也应比照原材料成本差异的分配方法，分配计算产品所耗半成品的成本差异。这时，产品实际成本的计算公式应为

产品实际成本＝产品定额成本 ± 脱离定额差异 ± 原材料或半成品成本差异

（八）定额变动差异的核算

定额变动差异是由于修订消耗定额或生产耗费的计划价格而产生的新旧定额之间的差额。在消耗定额或计划价格修订以后，定额成本也应随之及时修订。定额成本一般在月初、季初或年初定期进行修订，但在定额变动月份，月初在产品的定额成本并未修订，它仍然是按照旧的定额计算的。为了将按旧定额计算的月初在产品定额成本和按新定额计算的本月投入产品的定额成本，在新定额的同一基础上相加起来，以便计算产品的实际成

本，还应计算月初在产品的定额变动差异，用以调整月初在产品定额成本。

1. 定额变动差异核算的系数折算法

月初在产品定额变动的差异，可以根据定额发生变动的在产品盘存数量或在产品账面结存数量和修订前后的消耗定额，计算月初在产品消耗定额修订前和修订后的定额消耗量，从而确定定额消耗量的差异和差异金额。这种计算要按照零、部件和工序进行，工作量较大。为了简化计算工作，也可以按照单位产品采用下述系数折算的方法计算：

$$定额变动系数=\frac{按新定额计算的单位产品费用}{按旧定额计算的单位产品费用}$$

月初在产品定额变动差异＝按旧定额计算的月初在产品费用×(1－定额变动系数)

【例16-20】假定前例企业A产品的某些零件从9月1日起修订原材料消耗定额，单位产品旧的原材料费用定额为125元，新的原材料费用定额为117.71元。则

$$甲种产品定额变动系数=\frac{117.71}{125}=0.94$$

假定该种产品8月31日在产品的原材料定额费用为18750元。则

甲种产品月初在产品定额变动差异＝18750×(1－0.94)＝1125（元）

2. 月初在产品定额变动差异计算表的编制

在实际工作中，月初在产品定额变动差异应通过专设的计算表计算、反映。

【例16-21】上例A产品的月初在产品定额变动差异计算表如表16-65所示。

表16-65 月初在产品定额变动差异计算表

产品名称：A 2017年9月

成本项目	单位产品		定额变动系数	月初在产品定额费用	月初在产品定额变动差异
	原费用定额	新费用定额			
原材料	125	117.71	0.94	18750	1125
合计	125	117.71	×	18750	1125

由于上述系数是按照单位产品计算，而不是按照产品的零、部件和工序计算的，因而在零、部件生产不成套或成套性较差的情况下采用系数折算法，就会影响计算结果的正确性。例如某产品只是一部分零、部件的消耗定额做了修改，如果零、部件生产不成套，月初在产品所包括的零、部件又都不是消耗定额发生变动的零、部件。这时，采用上述方法计算，就会使本来不应有定额变动差异的月初在产品定额成本，不正确地做了调整。因此，这种方法，多在零、部件成套生产或零、部件生产的成套性较大的情况下采用。

消耗定额变动一般表现为不断降低的趋势，因而月初在产品定额变动差异，通常表现为月初在产品价值的降低，即贬值。这时，一方面应如上述从月初在产品定额费用中扣除该项差异；另一方面，还应将属于月初在产品生产费用实际支出的该项差异，加入本月产品成本中。相反，如果消耗定额不是降低，而是提高，月初在产品增值的差异则应加入月初在产品定额费用之中，同时从本月产品成本中予以扣除（因为实际上并未发生这部分支出）。这就是说，本月产品成本总额未变，即月初在产品费用与本月生产费用之和，或者本月完工产品费用与月末在产品费用之和都不变，只是内部的表现形式有所改变：定额降低时，减少了定额成本，增加了定额变动差异；定额提高时，情况相反。否则账目就不平。

在修订定额成本的月份，产品的实际成本应该按下列公式计算：

$$\begin{matrix}产品实\\际成本\end{matrix}=\begin{matrix}按现行定额计算\\的产品定额成本\end{matrix}\pm\begin{matrix}脱离现行\\定额差异\end{matrix}\pm\begin{matrix}原材料或半成\\品成本差异\end{matrix}\pm\begin{matrix}月初在产品定\\额变动差异\end{matrix}$$

(九) 完工产品实际成本和月末在产品成本的计算和分析

1. 完工产品和月末在产品定额成本的计算和各种成本差异的分配

上节所列公式中的产品，包括完工产品和月末在产品。某种产品如果既有完工产品又有月末在产品，也应在完工产品与月末在产品之间分配费用。

由于定额法的日常核算是将定额成本和各种成本差异分别核算的，因而分配费用时也应按定额成本和各种成本差异分别进行：首先计算完工产品和月末在产品的定额成本，然后分配各种成本差异。在定额法下，有着现成的定额成本资料，各种成本差异应采用定额比例法或在产品按定额成本计价法分配。前者将成本差异在完工产品与月末在产品之间按定额成本比例分配；后者将成本差异归由完工产品成本负担。

分配成本差异时，应按脱离定额差异、材料成本差异和月初在产品定额变动差异分别进行。差异金额不大，或者差异金额虽大但各月在产品数量变动不大的，可以归由完工产品成本负担差异金额较大而且各月在产品数量变动也较大的，应在完工产品与月末在产品之间按定额成本比例分配。但其中月初在产品定额变动差异，如果产品生产的周期小于一个月，定额变动的月初在产品在月内全部完工，那么，即使差异金额较大而且各月在产品数量变动也较大，也可以将其归由完工产品成本负担。

分配各种成本差异以后，根据完工产品的定额成本，加减应负担的各种成本差异，即可计算完工产品的实际成本；根据月末在产品的定额成本，加减应负担的各种成本差异，即可计算月末在产品的实际成本。

2. 完工产品实际成本的计算和分析

【例16-22】 假定前例企业A种产品由一个封闭式车间进行生产，不分步计算成本。该企业规定：该种产品的定额变动差异和材料成本差异归由完工产品成本负担；脱离定额差异按定额成本比例，在完工产品与月末在产品之间进行分配。

根据A种产品的在产品成本、定额变动差异和各种费用分配表等资料，登记产品成本明细账如表16-66所示。

表16-66　产品成本明细账

产品名称：A　　　2017年9月　　　产量：500件

成本项目	月初在产品成本		月初在产品定额变动		本月生产费用			生产费用累计				差异率	本月产成品成本					月末在产品成本	
	定额成本	脱离定额差异	定额成本调整	定额变动差异	定额成本	脱离定额差异	材料成本差异	定额成本	脱离定额差异	材料成本差异	定额变动差异	脱离定额差异	定额成本	脱离定额差异	材料成本差异	定额变动差异	实际成本	定额成本	脱离定额差异
	①	②	③	④	⑤	⑥	⑦	⑧=①+③+⑤	⑨=②+⑥	⑩=⑦	⑪=④	⑫=⑨÷⑧	⑬	⑭=⑬×⑫	⑮=⑩	⑯=⑪	⑰=⑬+⑭+⑮+⑯	⑱	⑲=⑱×⑫
原材料	18750	−1229.75	−1225	+1225	52970	−2300	+5067	70595	−3529.75	+5067	+1125	−0.05	58500	−2925	+5067	+1125	61767	12095	−604.75
工资及福利费	1021	+113.50			3829	+323		4850	+436.50			+0.09	4500	+405			4905	350	+31.50
动力费用	4084	−108			15316	+2242		19400	+2134			+0.11	18000	+1980			19980	1400	+154
制造费用	2042	+230			7658	+1807		9700	+2037			+0.21	9000	+1980			10890	700	+147
成本合计	25897	−994.25	−1125	+1125	79773	+2072	+5067	104545	+1077.75	+5067	+1125		90000	+1350	+5067	+1125	97542	14545	−272.25

在上列产品成本明细账中，月初在产品成本资料，应根据上月末在产品成本资料登

记；由于材料成本差异和定额变动差异均由完工产品成本负担，因而月初在产品成本中不包括这两种成本差异。

月初在产品定额变动资料，应根据前列月初在产品定额变动差异计算表登记，其中定额成本调整数，是用来调整按旧定额计算的月初在产品定额成本的（定额降低时为负数，定额提高时为正数）；定额变动差异数，是应由本月产品成本负担的月初在产品定额变动差异（定额降低时为正数，定额提高时为负数）。两者数额相等，但正负方向相反。本月生产费用中的原材料的定额费用和脱离定额差异，应根据前列原材料定额费用和脱离定额差异汇总表登记；本月生产费用中的材料成本差异，应根据前列原材料成本差异分配表登记；本月生产费用中的工资及福利费以及制造费用的定额费用和脱离定额差异，应根据各该费用的分配表（本例略）登记。如果材料成本差异和定额变动差异也由完工产品和月末在产品成本共同负担，上列产品成本明细账中的差异率也应包括该两种成本的差异率。

上列产品成本明细账中的本月产成品的定额成本，应根据入库产成品数量乘以产品单位定额成本核算登记；本例A种产品的单位定额成本为原材料费用117元、工资及福利费9元、动力费用36元、制造费用18元，合计180元。

上列产品成本明细账中的月末在产品的定额成本，可以根据该种产品各工序各种在产品的盘存数量或账面结存数量，乘以各该新的费用定额计算登记，也可以根据定额成本累计数（第8栏）减去本月产成品定额成本（第13栏），即按照倒挤的方法计算登记；两者计算结果应该相等。月末在产品的脱离定额差异，可以根据其定额成本乘以脱离定额差异率计算登记，也可以根据脱离定额差异的累计数减去产成品脱离定额差异计算登记；两者计算结果也应相等。

从以上所述可以看出，在月末在产品定额成本采用倒挤方法计算的情况下，在定额降低时，如果月初在产品定额成本不做降低的调整，由于本月生产费用和本月产成品成本中的定额成本已按降低后新的定额计算，月初在产品应降低而未降低的定额成本，即月初在产品定额变动差异，会全部计入月末在产品定额成本中，形成月末在产品定额成本虚增，使月末在产品分配负担的脱离定额差异也虚增（定额提高时，情况相反），从而影响成本核算的正确性，并使产成品成本不能单独反应定额变动差异，从而影响成本分析工作的进行。在月末在产品定额成本根据月末在产品盘存数量（或账面结存数量）和新的费用定额计算的情况下，在定额降低时，如果月初在产品定额成本不做降低的调整，由于本月生产费用、本月产成品成本和月末在产品成本中的定额成本已按降低以后新的定额成本核算，则月初在产品成本和本月生产费用中的定额成本之和，与产成品成本和月末在产品成本中的定额成本之和不相等，会使账目不平（定额提高时也是如此）。在这种情况下，如果成本差异率仍按上列产品成本明细账中的计算公式计算，则会使成本差异分配不完。因为作为差异率计算公式分母的定额成本，大于产成品与月末在产品的定额成本之和（定额提高时，情况相反）。

根据上列产品成本明细账所列本月产成品成本资料，可以看出，产成品的定额成本为90000元，实际成本为97542元。

仍以上述A产品的成本资料为例，说明采用定额法时完工产品实际成本的分析方法。

上例A种产品的实际成本与定额成本相比较，超支7542元。其中由于脱离定额差异而超支1350元，即生产耗费超支（量差）1350元，这是生产车间工作的缺点。由于材料成本差异超支而超支5067元，这是材料供应部门的缺点。由于月初在产品定额变动（定额降低）而引起的超支1125元，这不仅不是车间工作的缺点，而且是车间工作的成绩；但这不是车间本月份工作的成绩，而是车间以前月份工作的成绩，也就是车间前一个时期提高生产技术或提高劳动生产率的结果。此外，这种分析还可以按照各个成本项目分别进行。由此可见，采用定额法，在完工产品成本中按成本项目分别反应定额成本和各种成本差异，便于进行成本的考核和分析。

六、各种成本核算方法的实际应用

(一) 几种成本核算方法的结合应用

在实际工作中，即使是一种产品，它的各个生产步骤、各种半成品和各个成本项目之间，它们的生产特点和管理要求也不一定一样，因而几种成本核算方法可能结合起来应用。

1. 一种产品可能结合采用几种成本核算方法

在计算一种产品的成本时，结合采用几种成本核算方法的情况也是不少的。一种产品的不同生产步骤，由于生产特点和管理要求的不同，可以采用不同的成本核算方法。例如，小批单件生产的机械厂，铸工车间可以采用品种法计算铸件的成本；加工装配车间则可采用分批法计算各批产品的成本；而在铸工和加工装配车间之间，则可采用逐步结转分步法结转铸件的成本；如果在加工和装配车间之间要求分步骤计算成本，但加工车间所产半成品种类较多，又不外售，不需要计算半成品成本，那么，在加工和装配车间之间则可采用平行结转分步法结转成本。这样，该厂就在分批法的基础上，结合采用了品种法和分步法；在分步法中还结合采用了逐步结转的方法和平行结转的方法。

在构成一种产品的不同零、部件（半成品）之间，也可采用不同的成本核算方法。例如，机械厂所产产品的各种零、部件，其中不外售的专用件，不要求单独计算成本；经常外售的标准件以及各种产品通用的通用件，则应按照这些零、部件的生产类型和管理要求，采用适当的成本核算方法单独计算成本。

另外，在一种产品各个成本项目之间，也可采用不同的成本核算方法。例如，钢铁厂产品的原料成本，占全部成本的比重较大，又是直接计入费用，应该采用分步法，按照产品的品种和生产步骤设立成本明细账计算成本；其他成本项目，则可结合采用分类法，按照产品类别设立成本明细账归集费用，然后按照一定的系数分配计算各种产品的成本。又如，机械厂产品的原材料费用占全部成本的比重较大，如果定额资料比较准确稳定，可以采用定额法计算成本；其他成本项目，则可采用其他方法计算成本。

2. 成本核算的辅助方法一般均应与基本方法结合应用

产品成本核算的辅助方法，分类法和定额法，都是为了解决成本核算或成本管理工作中某一个方面的问题（简化成本核算或加强成本管理）而采用的成本核算方法。这两种成本核算方法同生产类型的特点没有直接的联系，在各种类型生产中都可以应用，但一般都应与各该类型生产中所采用的基本方法，品种法、分批法和分步法结合起来应用，而不能单独应用。例如，食品厂所产各种面包（单步骤大量生产）的成本，可采用品种法和分类法相结合的方法计算：先采用品种法计算面包这一类产品的成本，然后采用分类法分配计算其中各种面包的成本。又如，灯泡厂所产各类各种灯泡（多步骤大量生产）的成本，可采用分步法和分类法相结合的方法计算：先采用分步法计算各类灯泡的成本，然后采用分类法分配计算每类产品内各种灯泡的成本。再如，在大量大批、多步骤生产的企业中，如果定额管理基础较好，则可在采用分步法的基础上，结合采用定额法计算产品成本。

有的企业将某种产品所采用的成本核算方法，简单称为定额法，实际上是在分步法或其他基本方法基础上，为了加强成本的定额管理和控制，结合应用定额法；在计算这种产品成本时，也有分步还是不分步，分步是逐步结转还是平行结转等问题。

综上所述可知，实际情况错综复杂，因而所采用的成本核算方法也是多种多样。应用时，需结合不同的生产特点和管理要求，并考虑到企业的规模和管理水平等具体条件，从实际出发加以运用。应当防止不考虑具体情况、机械搬用某种成本核算方法的做法。

为了考核和分析产品成本计划的执行情况，成本核算的方法应该与成本计划的方法口径一致。为了企业进行各期成本资料的对比、分析，为了防止企业利用改变成本核算方法来人为调节各期的成本和利润，以及与之相联系的应交所得税，企业的成本核算方法一经确定，不应任意变更。

(二) 几种成本核算方法的同时应用

在实际工作中，一个企业的各个车间，一个车间的各种产品，其生产特点和管理要求并不一定相同，因而在一个企业或一个车间中，可能同时应用几种不同的成本核算方法。

1. 一个企业或一个车间的各种产品可能同时采用几种成本核算方法

一个工业企业或者一个生产车间所生产的各种产品，其生产类型可能不同，因而采用的成本核算方法也会有所不同。例如，木器厂所产各种木器，有的已经定型，大量大批生产，可以采用分步法计算成本；有的则正在试制或者刚刚试制成功，只能单件、小批生产，则应采用分批法计算成本。又如，玻璃制品厂所产的日用玻璃杯和玻璃仪器，前者是利用原料直接熔制而成，可以看作单步骤生产；后者是先将原料熔制成各种毛坯，再加工、装配成为仪器，属于多步骤生产。因此，即使这两种产品的生产都已定型，而且均系大批大量生产，但由于工艺过程不同，也应采用不同的方法计算成本：前者采用品种法计算成本；后者采用分步法计算成本。

2. 一个企业的各个车间可能同时采用几种成本核算方法

在一个工业企业中，不同的生产车间同时采用几种成本核算方法的情况是很多的。工业企业一般都有基本生产车间和辅助生产车间。基本生产车间和辅助生产车间的生产类型往往不同，因而采用的成本核算方法也往往不同。例如，纺织厂的纺纱和织布等基本生产车间，一般属于多步骤大量生产，应该采用分步法计算半成品纱和产成品布的成本；而厂内供电、供汽等辅助生产车间，属于单步骤大量生产，则应采用品种法计算成本。

一个工业企业的基本生产车间和辅助生产车间的生产类型即使相同，由于管理要求不一样，也可采用不同的成本核算方法。例如，发电厂的基本生产车间—发电车间和辅助生产车间—供水车间，都是单步骤大量生产，均可采用品种法计算成本，由于供水不是企业的主要生产，如果企业规模很小，也可以不单独计算供水的成本。

第四节 成本会计科目

为了按照用途归集各项成本，划清有关成本的界限，正确计算产品成本，根据最新企业会计准则体系中的相关规定，应设置“生产成本”“制造费用”等科目。

一、生产成本

1. 本科目核算企业进行工业性生产发生的各项生产成本

企业应设置“生产成本”科目核算企业进行工业性生产发生的各项生产成本，包括生产各种产品（产成品、自制半成品等）自制材料、自制工具、自制设备等。

企业（农业）进行农业生产发生的各项生产成本，可将本科目改为“5001农业生产成本”科目，并分类种植业、畜牧养殖业、林业和水产业，确定成本核算对象（消耗性生物资产、生产性生物资产、公益性生物资产和农产品）和成本项目，进行费用的归集和分配。

企业（房地产开发）可将本科目改为“5001开发成本”科目。

2. 本科目可按基本生产成本和辅助生产成本进行明细核算

基本生产成本应当分别按照基本生产车间和成本核算对象（产品的品种、类别、订单、批别、生产阶段等）设置明细账（或成本核算单，下同），并按照规定的成本项目设置专栏。

3. 生产成本的主要账务处理

(1) 企业发生的各项直接生产成本，借记本科目（基本生产成本、辅助生产成本），贷记“原材料”“库存现金”“银行存款”“应付职工薪酬”等科目。

各生产车间应负担的制造费用，借记本科目（基本生产成本、辅助生产成本），贷记“制造费用”科目。

辅助生产车间为基本生产车间、企业管理部门和其他部门提供的劳务和产品，期（月）末按照一定的分配标准分配给各受益对象，借记本科目（基本生产成本）“管理费用”“销售费用”“其他业务成本”“在建工程”等科目，贷记本科目（辅助生产成本）。

企业已经生产完成并已验收入库的产成品以及入库的自制半成品，应于期（月）末，借记“库存商品”等科目，贷记本科目（基本生产成本）。

(2) 生产性生物资产在产出农产品过程中发生的各项费用，借记“农业生产成本”科目，贷记“库存现金”“银行存款”“原材料”“应付职工薪酬”“生产性生物资产累计折旧”等科目。

农业生产过程中发生的应由农产品、消耗性生物资产、生产性生物资产和公益性生物资产共同负担的费用，借记“农业生产成本—共同费用”科目，贷记“库存现金”“银行存款”“原材料”“应付职工薪酬”“农业生产成本”等科目。

期（月）末，可按一定的分配标准对上述共同负担的费用进行分配，借记“农业生产成本—农产品”“消耗性生物资产”“生产性生物资产”“公益性生物资产”等科目，贷记“农业生产成本—共同费用”科目。

应由生产性生物资产收获的农产品负担的费用，应当采用合理的方法在农产品各品种之间进行分配；如有尚未收获的农产品，还应当在已收获和尚未收获的农产品之间进行分配。

生产性生物资产收获的农产品验收入库时，按其实际成本，借记“农产品”科目，贷记本科目（农产品）。

4. 本科目期末借方余额，反映企业尚未加工完成的在产品成本或尚未收获的农产品成本

二、制造费用

(1) 企业应设置“制造费用”科目核算企业生产车间（部门）为生产产品和提供劳务而发生的各项间接费用。企业行政管理部门为组织和管理生产经营活动而发生的管理费用，在“管理费用”科目核算。

(2) 本科目可按不同的生产车间、部门和费用项目进行明细核算。

(3) 制造费用的主要账务处理。

1）生产车间发生的机物料消耗，借记本科目，贷记“原材料”等科目。

2）发生的生产车间管理人员的薪酬，借记本科目，贷记“应付职工薪酬”科目。

3）生产车间计提的固定资产折旧，借记本科目，贷记“累计折旧”科目。

4）生产车间支付的办公费、水电费等，借记本科目，贷记“银行存款”等科目。

5）发生季节性的停工损失，借记本科目，贷记“原材料”“应付职工薪酬”“银行存款”等科目。

6）将制造费用分配计入有关的成本核算对象，借记“生产成本（基本生产成本、辅助生产成本）”“劳务成本”等科目，贷记本科目。

7）季节性生产企业制造费用全年实际发生额与分配额的差额，除其中属于为下一年开工生产做准备的可留待下一年分配外，其余部分实际发生额大于分配额的差额，借记“生产成本—基本生产成本”科目，贷记本科目；实际发生额小于分配额的差额做相反的会计分录。

(4) 除季节性的生产性企业外，本科目期末应无余额。

三、劳务成本

(1) 企业应设置“劳务成本”科目核算企业对外提供劳务发生的成本。企业（证券）在为上市公司进行承销业务发生的各项相关支出，可将本科目改为“5201 待转承销费用”科目，并按照客户进行明细核算。

(2) 本科目可按提供劳务种类进行明细核算。

(3) 企业发生的各项劳务成本，借记本科目，贷记“银行存款”“应付职工薪酬”“原材料”等科目。建造承包商对外单位、专项工程等提供机械作业（包括运输设备）的成本，借记本科目，贷记“机械作业”科目。结转劳务的成本，借记“主营业务成本”“其他业务成本”等科目，贷记本科目。

(4) 本科目期末借方余额，反映企业尚未完成或尚未结转的劳务成本。

四、研发支出

(1) 企业应设置“研发支出”科目核算企业进行研究与开发无形资产过程中发生的各项支出。

(2) 本科目可按研究开发项目，分别“费用化支出”“资本化支出”进行明细核算。

(3) 研发支出的主要账务处理。

1）企业自行开发无形资产发生的研发支出，不满足资本化条件的，借记本科目（费用化支出），满足资本化条件的，借记本科目（资本化支出），贷记“原材料”“银行存款”“应付职工薪酬”等科目。

2）研究开发项目达到预定用途形成无形资产的，应按本科目（资本化支出）的余额，借记“无形资产”科目，贷记本科目（资本化支出）。

期（月）末，应将本科目归集的费用化支出金额转入“管理费用”科目，借记“管理费用”科目，贷记本科目（费用化支出）。

(4) 本科目期末借方余额，反映企业正在进行无形资产研究开发项目满足资本化条件的支出。

五、工程施工

(1) 企业应设置“工程施工”科目核算企业（建造承包商）实际发生的合同成本和合同毛利。

(2) 本科目可按建造合同，分为“合同成本”“间接费用”“合同毛利”进行明细核算。

(3) 工程施工的主要账务处理。

1) 企业进行合同建造时发生的人工费、材料费、机械使用费以及施工现场材料的二次搬运费、生产工具和用具使用费、检验试验费、临时设施折旧费等其他直接费用，借记本科目（合同成本），贷记“应付职工薪酬”“原材料”等科目。发生的施工、生产单位管理人员职工薪酬、固定资产折旧费、财产保险费、工程保修费、排污费等间接费用，借记本科目（间接费用），贷记“累计折旧”“银行存款”等科目。

期（月）末，将间接费用分配计入有关合同成本，借记本科目（合同成本），贷记本科目（间接费用）。

2) 确认合同收入、合同费用时，借记“主营业务成本”科目，贷记“主营业务收入”

科目，按其差额，借记或贷记本科目（合同毛利）。

3) 合同完工时，应将本科目余额与相关工程施工合同的“工程结算”科目对冲，借记“工程结算”科目，贷记本科目。

(4) 本科目期末借方余额，反映企业尚未完工的建造合同成本和合同毛利。

六、工程结算

(1) 企业应设置“工程结算”科目核算企业（建造承包商）根据建造合同约定向业主办理结算的累计金额。

(2) 本科目可按建造合同进行明细核算。

(3) 企业向业主办理工程价款结算，按应结算的金额，借记“应收账款”等科目，贷记本科目。

合同完工时，应将本科目余额与相关工程施工合同的“工程施工”科目对冲，借记本科目，贷记“工程施工”科目。

(4) 本科目期末贷方余额，反映企业尚未完工建造合同已办理结算的累计金额。

七、机械作业

(1) 企业应设置“机械作业”科目核算企业（建造承包商）及其内部独立核算的施工单位、机械站和运输队使用自有施工机械和运输设备进行机械作业（包括机械化施工和运输作业等）所发生的各项费用。

企业及其内部独立核算的施工单位，从外单位或本企业其他内部独立核算的机械站租入施工机械发生的机械租赁费，在“工程施工”科目核算。

(2) 本科目可按施工机械或运输设备的种类等进行明细核算。

施工企业内部独立核算的机械施工、运输单位使用自有施工机械或运输设备进行机械作业所发生的各项费用，可按成本核算对象和成本项目进行归集。

成本项目一般分为人工费、燃料及动力费、折旧及修理费、其他直接费用和间接费用（为组织和管理机械作业生产所发生的费用）。

(3) 机械作业的主要账务处理。

1) 企业发生的机械作业支出，借记本科目，贷记“原材料”“应付职工薪酬”“累计折旧”等科目。

2) 期（月）末，企业及其内部独立核算的施工单位、机械站和运输队为本单位承包的工程进行机械化施工和运输作业的成本，应转入承包工程的成本，借记“工程施工”科目，贷记本科目。对外单位、专项工程等提供机械作业（包括运输设备）的成本，借记“劳务成本”科目，贷记本科目。

(4) 本科目期末应无余额。

第十七章

成本控制

第一节 成本控制综述

一、成本控制的特点

1. 成本控制具有不可逆转的特点

成本控制的直接结果就是成本费用的发生情况。通常情况下，成本费用一旦发生，就无法再挽回。由此可见，成本控制具有不可逆转性。针对这种不可逆转性，企业在成本控制过程中，必须强化成本费用的事前控制和事中控制，保证成本费用的发生合法、合理和有效，防止失控的现象发生。

2. 成本控制具有内容多、项目细的特点

成本控制既包括成本控制，也包括费用控制，内容多、项目细。以直接材料控制为例，一个企业就可能涉及几十、上百甚至几百、上千种材料的耗费，企业必须同时对这些材料的耗费进行控制，控制内容之多可见一斑。再以管理费用控制为例，企业发生的管理费用也有几十个二级明细项目，每个二级明细项目又有若干个三级明细项目，管理费用控制所涉及的项目很多、很细。

3. 成本控制具有涉及部门多、协作性强的特点

企业的组织机构中，上下左右设有很多部门和单位，每一个部门和单位在为企业创造价值的同时也都耗费企业的资源，而这些资源的耗费最终都形成企业的成本费用。因此，成本费用的控制涉及企业内部的每一个部门和单位，需要这些部门和单位的相互协作。只有各个部门和单位协调地合作，成本控制才有可能达到预定的目标。

4. 成本控制具有流程化、规范化的特点

成本控制必须针对成本费用发生的过程设计一些严格的、规范的控制流程，把成本控制引入流程化、规范化的轨道。例如，生产成本的业务流程经历以下几个环节：制订定额与标准，编制计划，领料，记录工时与产量，记录动力消耗，办理核算等。为了保证生产成本控制目标的实现，应在流程中设置一些控制点，如审批、签发、审核、稽核、记账、对账等。通过设置这些控制流程和控制点，实现成本控制的流程化、规范化。

二、成本控制的目标

1. 保证成本费用发生的合理性

企业的成本费用哪些应该发生，哪些不应该发生，国家的相关法律法规都做了原则性的规定，企业的规章制度也都做了具体的规定。成本控制必须保证成本费用发生的合理性，应该发生的让其发生，不应该发生的就不让其发生。为此，企业应该制订严格的控制标准和控制程序来保证成本费用发生的合理性。

2. 保证成本费用发生的有效性

成本费用发生的有效与否与企业的内部控制制度直接相关。企业应当建立健全内部控制制度，完善业务处理流程，在业务流程上设置控制点，采取审批、签发、审核、稽核等措施，使整个成本费用的发生处于有序的控制之中，保证成本费用的发生能够有利于提高企业的经济效益。

3. 保证成本费用确认的正确性

企业在成本费用确认的过程中很容易出现将费用作为资产挂账，导致当期费用低估，资产价值高估的后果；将资产列为费用，导致当期费用高估，资产价值低估的结果；或者随意变更成本计算方法和费用分配方法，导致成本费用失真等问题。这些问题都严重影响了成本费用确认的正确性。因此，企业必须根据有关法律法规的规定，正确划分生产成本和期间费用的界限、资本性支出和收益性支出的界限、营业支出和营业外支出的界限以及本期成本费用与下期成本费用的界限等，根据成本费用的确认条件准确地对成本费用进行确认，以保证成本费用确认的正确性。

4. 保证成本费用计量的准确性

成本费用计量的正确性是以成本费用的正确确认为前提的。成本费用的计量不仅涉及会计信息载体，如记账凭证、明细账、总账等的可靠性，而且还涉及财务报表的正确性。为了保证成本费用计量的准确，企业应在成本费用计量过程中设置核查、稽查、对账等控制点，防止发生有意或者无意的计量错误，对于特殊产品、材料的计量还应请示专家的意见，采用物理或者化学等合理的计量方法进行计量。对于有损耗的存货应该制订合理的损耗额度，以此为标准对这些存货进行准确计量。准确计量企业所发生的成本费用是正确计量企业利润总额、所得税和净利润的重要保证。

5. 保证成本费用记录和报告的真实性和及时性

企业每日进行账务处理，划分年度、季度、月度进行财务报表的编制，目的是利用真实、及时、有用的会计信息为企业的生产经营服务。成本费用信息的真实性、及时性是其有用性的重要前提，虚假、滞后的信息是无用的信息。企业应采取各种控制措施，加强对生产经营活动过程中成本费用的控制，保证成本费用记录和报告的真实性和及时性。

6. 保证成本费用发生的合法性

成本费用是企业利润的抵减项目，在收入确定的情况下，成本费用越多，利润就会越少；成本费用越少，利润就会越多。而企业利润是国家税收的重要来源，为了保证这一税收来源的真实性、充足性和稳定性，国家制定了有关法律法规对成本费用的开支范围、归集项目、确认条件、计量标准、记录规则、报告条例都做出了明确的规定。企业必须依据这些规定进行成本控制，通过控制成本费用发生过程中的各项手续、程序、各种文件记录以及账面的反映和财务报表的披露等，使成本费用的发生符合国家法律法规的规定。

三、成本控制的思想

成本控制思想是关于成本管理理论的概括和总结，它决定着成本控制理论和方法体系展开的基本思路。

1. 培养员工的成本意识

成本意识是节约成本与控制成本的观念，是了解成本控制的执行结果。成本意识包括注意控制成本，努力使成本降低到最低水平并设法使其保持在最低水平。树立员工的成本意识，就是要使员工树立这样一些思想：成本是可以控制的，成本控制需要大家的共同参与，并在工作中时刻注意节约成本。只有树立起员工的成本意识，只有员工具备了良好的成本意识，员工才能建立降低成本的主动性，才能使降低成本的各项措施、方法和要求得以贯彻和执行。

员工良好的成本意识是成本控制的必要条件，成本意识的普遍建立有赖于公司经理层的提倡、强有力的制度约束、管理人员的以身作则和员工素质的普遍提高，还需要建立适当的利益机制、约束机制和监督机制，并与之相配合。

2. 成本的源流管理思想

管理成本要从成本发生的源流入手，成本控制的重点应该是成本发生的源流，成本控制措施的着重点也应该是成本发生的源流。构造成本控制方法措施体系的重点要放在成本发生的源流上，要针对成本发生的源流进行设计。

成本发生的源流包括时间源流、空间源流和业务源流。从成本发生的角度看，成本发生的基础条件是成本发生的三大源流的交汇点。成本发生的基础条件是企业可资利用的经济资源的性质及其相互之间的联系方式，包括劳动资料的技术性能、劳动对象的质量标准、劳动者的素质和技能、产品的技术标准、企业的组织架构、职能分工和管理制度，以及企业文化、外部协作关系等。这些因素的性质及相互之间的联系方式构成了成本发生的基础条件。改变成本发生的基础条件是成本不断降低的源泉，这代表了成本源流管理思想，同时也是现代管理“不断改进思想”在成本领域的综合体现。改变成本发生的基础条件可以从根本上改变公司的治理结构，改变企业参与竞争的基本条件。

降低成本可以有两种方式。

第一种方式是在既定的经济规模、技术条件、质量标准条件下，通过降低消耗、提高劳动生产率等措施降低成本。这种方式的成本降低以现有条件为前提，是日常成本控制的重点内容。

第二种方式是改变成本发生的基础条件。在既定条件下，成本改善会有一个极限幅度，在这个极限幅度内，改进的逐步增加量最后可能会在达到收益递减的临界点后，使成本降低变得不太可能。在这种情况下，进一步的成本改进有赖于新的技术和新的观念，改变成本发生的基础条件为进一步的成本降低提供了新的基础。这是成本持续降低的潜力所在，更多地具有战略性，是战略成本控制的重点。大多数情况下，企业为削减成本所做的努力是在现有的条件下争取更多的成本改善，而不是改变成本发生的基础条件的途径。

3. 成本控制方法措施的融入思想

成本控制中存在的一个十分突出的问题是成本控制措施如何融合到具体的业务过程和管理过程中，使成本控制措施能够得到顺利实施，使成本控制方法能够真正发挥作用。成本自身特征和成本控制的特点要求将成本控制的方法措施融入管理过程和业务活动中去。成本是企业经营活动的结果，影响成本的各项因素和动因分散在企业经营管理的各个部门、各个环节。实施成本控制必须要控制企业的整个生产经营过程，因为这一过程同时也是成本的发生过程。

但是，按照企业的职能分工，生产经营过程由相应的职能部门进行管理，分属不同的子系统，成本控制不能直接干预生产经营活动。这种事实上的矛盾在一定程度上使成本控制处于两难境地。在这种情况下，如何实施成本控制，如何使成本控制的方法措施发挥作用，是成本控制无法回避的困难选择。成本控制方法措施的融入思想实质上是针对这一矛盾提出来的。

有效的成本控制方法措施是那些融入各部门的业务管理和业务活动过程中的方法措施，成本控制方法措施的应用机制要优先于成本控制方法措施本身。只有将成本控制的理念、方法、规章制度融入各部门的业务管理和业务过程之中，融入企业员工头脑中去，才有可能变成真正有效的成本控制措施，成本控制的方法才能发挥作用。

四、成本控制的原则

1. 合理性原则

不同的企业，甚至同一个企业的不同发展阶段，其成本费用发生的具体内容和形式是不完全相同的，其在成本控制上所采取的方法和措施也会有所差别。但不管哪一个企业或企业发展的哪一个阶段，其成本费用的发生都有其合理性要求。因此，成本控制必须坚持合理性原则。通过有效的控制，使成本费用的发生满足合理性的要求。即通过有效控制，只允许那些确实为企业生产经营活动所必需的成本费用发生，而对那些不是企业生产经营活动所必需的成本费用则限制或禁止发生。

2. 有效性原则

企业成本费用在合法合理的基础上还要达到有效，这是投入产出规律的必然要求。按照投入产出规律的要求，产出必须大于投入，投入方才有效。企业成本费用的发生昭示着企业资源的耗费，而企业资源的耗费从根本上说就是企业对生产经营活动的投入，这种投入必然要求能够得到合理的回报。因此，企业在成本费用的控制上还必须坚持有效性原则，从事前控制、事中控制和事后控制三个方面来加强有效性控制，使成本费用的发生能够取得合理的回报，从而提高企业的经济效益。

3. 全面控制原则

全面控制，即全体职工参与，对企业生产经营全过程中所耗费的全部成本进行严格的限制和监督。它要对企业全部的料、工、费支出进行控制；对产品成本形成的全过程，包括产品的设计和试制、物资的采购和储存、生产工艺的制订、生产组织、质量检查、供销、运输、售后服务等各环节发生的成本进行控制；企业内部所有职工参与的全员成本控制。

4. 分级归口管理原则

企业上下左右的每一个部门、每一个单位在参与创造企业价值的同时，也都耗费着企业的资源，发生着各种成本费用。按照企业内部的组织分工，每一个部门、每一个单位都有其各自的职责权限，相互之间不能逾越但需要沟通和协调。把成本费用的控制按照各个部门和单位的职责权限进行分级归口控制，是成本控制的一个基本原则。通过分级归口控制，把成本控制的目标层层分解、层层归口、层层落实到各部门、各单位、各车间、各工段、各小组甚至每一个人，使成本控制形成一个严密的组织系统，从而提高控制的效果。

5. 激励与约束相结合原则

成本控制通过分级归口控制，把控制的目标层层分解、层层归口、层层落实到各部门、各单位、各车间、各工段、各小组甚至每一个人之后，还需要建立相应的激励与约束制度，才能保证控制目标的实现。激励是对完成控制目标的部门、单位、车间、工段、小组和个人，企业要根据其完成的程度给予适当的物质和精神奖励。约束是对没完成控制目标的部门、单位、车间、工段、小组和个人，企业要根据其没完成的程度给予适当的物质和精神处罚。通过建立相应的激励与约束制度，各部门、各单位、各车间、各工段、各小组甚至每个人在明确自身的职责的同时，还了解自身的利益，从而调动其积极性，提高成本控制的效果。

6. 因地制宜原则

因地制宜原则，即成本控制必须适合本企业特点、部门和岗位设置、成本项目等实际情况，不可照搬别人的做法。

适合企业的特点，是不同规模、行业、发展阶段的企业，其成本控制方法应有不同。

适合部门和岗位的设置，是对不同职能部门以及不同的岗位，由于其职责及活动引发的成本不同，成本控制方法应有区别。

适合成本项目的特点，是不同成本有不同的性质及目的，成本控制方法应有差别。

7. 管理层推动原则

成本控制涉及全体员工和企业生产经营的全部过程，因此必须由管理层来推动。这一原则对管理层的要求是：重视并全力支持成本控制；具有完成成本控制目标的决心和信心；具有实事求是的精神；以身作则，严格控制自身的责任成本。

8. 合法性原则

对成本费用进行控制是为了企业本身的利益，但是在采用各种控制手段时不能违反国家的相关法律法规。在控制过程中要兼顾国家利益、企业利益和消费者利益。成本控制的基本目标是降低成本费用的消耗，从根本上说，对国家、企业、消费者都是有利的，但是如果在成本控制过程中采用不适当的手段损害国家和消费者的利益，则是不妥的，从长远来看对企业的发展也是不利的。企业不能为了自身的利益采取一些不符合法律法规规定的控制办法。

五、成本费用业务中常见的弊端

1. 成本费用管理上失控

(1) 成本费用支出不预算、无审批、缺乏严格的控制程序和方法。

(2) 成本费用支出失控，超预算开支现象严重。

(3) 成本费用凭证不规范，其主要表现为：有的单位以“白条”入账；有的单位商品发票、劳务发票和收款收据不分，相互替代；有的单位以发票、收据的副本或复印件入账。

2. 成本费用核算上失真

(1) 成本费用结转、摊销不实。有的单位虚列费用、虚计成本，任意调节成本费用与利润；有的单位利用“预提”或“待摊”的方法，提前或延迟费用分摊，造成成本费用与收入不配比，与应计会计期间不符。

(2) 成本费用分配不当。有的单位成本费用分配方法选用不当，随意变更；有的单位成本费用方法运用不正确，在费用分配时任意增减分配对象应负担的费用，分配方法名存实亡。

(3) 商品、材料退货核算不正确，在产品盘亏不上账，致使产品生产成本虚增实减或虚减实增。

六、成本控制的内容

(一) 成本控制内容的综述

1. 生产成本控制

生产成本指企业为生产产品而发生的费用，主要包括直接材料、直接人工和制造费用。

(1) 直接材料控制。直接材料，包括企业生产经营过程中实际消耗的原材料、辅助材料、备品备件、外购半成品、燃料、动力、包装物以及其他直接材料。控制主要是通过制订消耗定额和严格有关制度、手续实施控制。要对材料出入库严格实行计量检验，大力推广新工艺、新技术，开展材料代用和综合利用；要及时发现和解决采购不合理、用料不经济、领发不严格，回收无制度以及废品多、单耗高等问题，从而使产品单位直接材料成本有所下降。

(2) 直接人工控制。直接人工成本包括企业直接从事产品生产人员的工资、奖金、津贴和补贴以及职工福利费等。直接人工控制主要是通过人员定岗定编，制订工资基金限额和工时消耗定额等实施控制。企业应根据生产任务合理安排使用劳动力，实行定员定额，控制各种产品的实际工时消耗。采用计件工资制的企业应制订先进合理的产品计件单价，确保劳动生产率增长大于工资水平的增长，从而降低产品的直接人工成本。

(3) 制造费用控制。制造费用包括企业各个生产单位（分厂、车间）为组织和管理生产所发生的生产单位管理人员工资，生产单位房屋、建筑物、机器设备等的折旧费、租赁费（不包括融资租赁费）、修理费、机物料消耗、低值易耗品摊销、取暖费、水电费、办公费、差旅费、运输费、保险费、设计制图费、试验检验费、劳动保护费、职工福利费、在产品和毁损（含盘盈）、季节性和修理期间的停工损失以及其他制造费用。制造费用控制主要是通过编制制造费用预算和有关的费用开支标准实施控制。制造费用开支不仅在绝对数上不得突破预算指标，而且在内容上要符合财务制度规定，严格遵守开支范围和开支标准。

2. 特定成本控制

成本控制除了对生产成本进行控制外，还应该对某一方面的特定成本进行控制，如产品设计成本控制、产品质量成本控制、产品周期成本控制、工艺方案成本控制、工艺装配成本控制、设备维修成本控制等。

(1) 产品设计成本控制。构成产品成本的费用主要发生在生产过程中，而对成本控制却不能仅限于产品生产阶段。产品设计成本控制就是在生产设计阶段，通过对产品的价值工程分析，选择最佳方案以控制投产后的产品成本。产品成本的高低在一定情况下主要是由该产品在设计、研制阶段的工作质量所决定的，所以在新产品设计研制阶段开展价值工程，效果最为显著。在这一阶段进行价值分析可以提高产品及其零件的标准；利用价值工程的分析方法，可以去掉无用的或不必要的零、部件，采用先进的生产工艺和生产流程；通过价值工程，可以节约能源和材料的使用，从而使产品的功能与成本控制保持在最佳状态，降低产品成本，改进产品质量，最终提高企业的经济效益。

(2) 质量成本的控制。在新技术环境下，质量、时间、成本是企业获得并保持竞争优势的重要法宝，产品或服务的质量在一定程度上决定了企业能否确保并扩展市场份额。质量成本是企业为了保证和提高产品质量而支出的一切费用以及因未达到质量标准而产生的一切损失。如何加强成本管理，提高产品的质量，让企业在产品竞争中靠质量、信誉取胜，是企业在市场竞争中立于不败之地的重要保证。质量成本包括预防成本、鉴定成本、损失成本（内、外部损失成本）。

1）预防成本，为防止产品质量达不到预定标准而发生的成本，一般发生于研究开发阶段。如质量工程、质量培训、质量报告等方面发生的成本。

2）鉴定成本，为保证产品质量达到预定标准而对产品进行检测所发生的成本，一般发生在生产阶段。如原、辅材料检验与测试，包装检验，鉴定作业的监督，产品验收，过程验收等方面发生的成本。

3）损失成本，分为内部和外部损失成本。内部损失成本是由于产品达不到预定标准而发生的故障成本，一般发生在生产阶段，是产品进入市场之前，由于产品存在缺陷而发生的成本，如废料、返工、修复、停工、重新检验、重新测试以及改变设计等方面发生的成本等。外部损失成本是产品进入市场之后，由于产品存在缺陷而发生的成本，一般发生于营销阶段。如由于产品未达到应有的质量水平而失去销售机会、质量低劣造成的退货与折扣、保修费、修理费，因顾客不满意，进行投诉而发生的成本，以及由此而失去的市场份额形成的损失。

通常把预防成本与鉴定成本称为质量保证成本，是企业为了减少故障成本而自愿发生的；把内部差错成本与外部差错成本称为质量损失成本（也称故障成本）。由于预防和鉴定成本通常来说是预先可以控制的，也称为可控质量成本。质量损失成本则往往是事先难以控制的，称为不可控质量成本。质量损失成本会随着产品质量的提高而下降，质量保证成本却会随着产品质量的提高而提高。在低质量水平下，质量保证成本上升速度较慢；在高质量水平下，质量保证成本上升速度却加快了许多。即使产品质量有一个较小的提高，也必须花费较大的质量保证费用。因此企业在实施成本控制的过程中，要寻找一个合适的质量水平，使质量成本最低。

(3) 设备维修成本控制。作为产品成本的一个组成部分，设备维修成本更应得到足够的控制。特别是随着现代科技的进步，设备的运行、维护成本在产品所占的份额越来越大，对设备维修成本的控制越来越受到重视。设备成本控制是通过制订合理的设备维修计划来实现的。

设备维修成本控制的目的并不只是降低设备维修成本。如果只注意降低设备维修成本，可能会造成为了节约维护成本而让设备带病运行，不仅会缩短设备的使用寿命，影响产品的质量水平，还有可能造成停工事故，给企业造成严重的损失。所以，设备维修成本预算要和设备定期维护制度相结合，在设备运行状态良好的前提下努力降低设备维护成本。

(4) 产品寿命周期成本控制。产品寿命周期成本就是用户为获得某种功能而耗费的成本。在这里，用户购买某种产品的目的是为了某种功能。产品寿命周期成本包括产品的购买成本和运行维护成本（使用成本）两部分，产品寿命周期成本中的购买成本和使用成本因商品的不同而不同。对于耐用产品来说，购买成本与使用成本有密切关系，购买成本低的，往往使用成本高；购买成本高的，往往使用成本低。对产品寿命周期成本进行控制要求进行全面的成本管理，扩大成本控制范围，将成本控制延伸至产品的整个寿命期限。对降低产品成本的考虑不能只局限于生产成本，而应考虑成本与质量之间的关系，以及质量与销售、利润的关系。产品寿命周期成本控制还要求维护成本的节约必须大于购买成本的提高，或维护成本的提高必须小于购买成本的降低，即维护成本和购买成本的变动应以降低总的产品寿命周期成本为目标。

(二) 费用控制的内容

1. 销售费用控制

销售费用是企业为销售产品而支出的各种费用，包括企业销售商品过程中发生的运输费、装卸费、包装费、保险费、展览费和广告费，为销售本企业商品而专设销售机构（含销售网点、售后服务网点等）的职工工资及福利费、类似工资性质的费用、业务费等经营费用，以及商业企业在购买商品过程中发生的运输费、装卸费、包装费、保险费、运输途中的合理损耗和入库前的整理挑选费等。它与产品成本有着很大的差别。与管理费用相比，销售费用中具有更多的变动费用性质，如销售费用中的运输费、委托代销手续费、包装费、装卸费、支付中介人的佣金等。这些费用随着产品销售量的增减而增减。从成本控制分析的角度来看，变动费用一般通过控制单位变动成本支出和结合销售量来控制，因此，销售费用更易控制。企业在对销售费用的预算控制时，其中部分销售费用采用弹性预算法进行预算，并相应地采用弹性控制。由于销售费用是因为销售产品（或商品）而发生的费用，且一般常发生于企业的销售业务部门，作用于销售业务。因此，将销售费用的支出与取得的销售绩效联系起来，以销售绩效来衡量销售费用支出的合理性和有效性，借以激励销售人员降低费用、节约开支，是基本的控制措施。

2. 管理费用控制

管理费用是为生产经营活动的正常进行而发生的各项费用，包括公司经费、工会经费、职工教育经费、劳动保险费、待业保险费、董事会费、咨询费、聘请中介机构费、诉讼费、排污费、绿化费、税金、土地使用费、土地损失补偿费、技术转让费、研究开发费、业务招待费、计提的坏账准备和存货跌价准备、存货盘盈盘亏、矿产资源补偿费、其他管理费用，以及专利权、商标权、著作权、土地使用权等无形资产的摊销。它与产品成本有很大的不同，其大部分属于固定费用性质；从成本责任来看，管理费用属于不可控成本。管理费用的高低大都由企业规模和管理水平决定，职工个人对其无太多的约束力，是企业整体的一次费用支出，而不像制造成本中的直接材料、直接人工和变动制造费用那样可以通过“价格差异”和“数量差异”的分析来控制其发生。其固定性决定其主要体现在企业高层领导管理人员的决策，不易被人们所意识而失去控制。

3. 财务费用控制

企业发生的财务费用指企业为筹集生产经营所需资金等而发生的各项费用（不包括为购建固定资产而发生的，应于固定资产达到可使用状态前按规定应予资本化、计入固定资产价值的筹资费用）。财务费用的控制是与借款筹集资金的经济活动控制分不开的，对其控制在很大程度上归属于筹资控制。财务费用的控制要点有五点。

(1) 控制借款数额，从而控制借款费用。

(2) 控制借款种类，不能借超过企业承担能力的高利息款项。

(3) 控制因签发带息票据和票据贴现而产生的财务费用。

(4) 控制借款费用资本化范围，正确计量资本化金额。

(5) 做好考核工作，通过考核控制财务费用。

七、成本控制的方法

企业应当建立成本控制系统，强化成本预算约束，推行质量成本控制办法，实行成本定额管理、全员管理和全过程控制。

(一) 全面成本管理

全面成本管理包括全员成本管理和全过程成本管理两层含义。成本的发生涉及企业内部每个部门、每位职工，每位职工都负有成本责任。企业任何会发生成本的活动，都应纳入成本控制的范围。

1. 全员成本管理

企业实行全员成本管理，就要充分调动各个部门、职工的积极性和主动性，使其了解自己在成本控制中的作用，明确自己的职责和权限，建立广泛的责任成本制度，将企业的专业成本控制和群众性成本控制工作结合起来，才能使企业各项费用定额、费用开支标准、成本目标等更加趋于合理，降低成本的措施才能得到更好地执行。

为了调动全体职工成本控制的积极性，企业应注意五个方面的问题。

(1) 需要有客观的、准确的、适用的控制标准。

(2) 鼓励参与制订标准，至少也要让职工充分了解控制标准建立的依据和必要性。

(3) 让职工了解企业的困难和实际情况，自觉适应工作的需要。

(4) 建立适当的激励措施，激发全员成本控制的积极性。

(5) 冷静处理成本超支和过失。始终记住，分析成本不利差异的根本目的是寻求解决问题的办法，而不是处罚。

2. 全过程成本管理

企业实行全过程成本管理，其成本控制不应当只局限于生产过程的制造成本，而应当贯穿成本形成的全过程，扩大到产品寿命周期成本的全部内容，即包括产品在企业内部所发生的规划成本、设计成本、研制成本、工艺成本、质量成本、功能成本、采购成本、销售成本、物流成本、管理成本，以及产品在用户使用过程中发生的运行成本、维修成本、保养成本等各个方面。实践证明，只有当产品的整个寿命周期成本得到有效控制，成本才会显著降低。

企业实行全面成本管理，要求职工，具有控制成本的愿望和成本意识，养成节约成本的习惯，关心成本控制的结果；具有合作精神，理解成本控制是一项集体的努力过程，不是个人活动，必须在共同目标下齐心协力；能够正确理解和使用成本控制信息，据以改进工作，降低成本。

（二）成本控制系统

企业的成本控制系统包括组织系统、信息系统、考核制度和奖励机制等内容。

1. 组织系统

一般而言，财务和人事属于高度集中的领域，而业务经营领域则朝着分权化模式发展。

企业是由若干个部门（分厂）车间、科室等组织构成的，成本控制系统必须与企业组织结构相适应。换言之，成本控制活动，如记录实际数据、提出控制报告、成本预算的分析与考核等，都是由各个成本控制单位实现的。企业可以将其组织机构的一个分部、车间、科室等作为成本控制单位，并按其所负责任和控制范围不同，分为成本中心、利润中心和投资中心。成本中心是以达到最低成本为经营目标的组织单位；利润中心是以获得最大净利为经营目标的组织单位；投资中心是以获得最大的投资收益率为经营目标的组织单位。按企业的组织结构合理划分责任中心，是进行成本控制的必要前提。

2. 信息系统

信息系统，又称责任会计系统。责任会计系统是企业会计系统的一部分，负责计量、传送和报告成本控制使用的信息。责任会计系统主要包括编制责任预算、核算预算的执行情况、分析评价和报告业绩三个部分。

通常企业分别编制销售、生产、成本和财务等预算。这种预算主要按经营管理的领域来落实企业的总体预算。为了便于控制，必须分别考查各个执行人的业绩，这就要求按责任中心来分解预算。这项工作即是编制责任预算，其目的是使各责任中心的管理人员明确自己应负责的事项和应控制的范围。

在实际业务开始之前，责任预算和其他控制标准要下达给有关人员，他们以此控制自己的活动。对实际发生的成本、取得的收入和利润，以及占用的资金等，要按责任中心汇集和分类。为此，需要在设置各明细账时考虑责任中心分类的需要，并与预算的口径一致。在进行核算时，为减少责任的转嫁，分配共同费用时应按责任归属选择合理的分配方法。各单位之间相互提供产品或劳务，要拟订适当的内部转移价格，以利于单独考核各自的业绩，以及报告预算的执行情况。

在预算期末应编制业绩报告，比较预算与实际执行的差异，分析差异产生的原因和责任归属。此外，要实行例外报告制度，对预算中未规定的事项和超过预算限额的事项，要及时向适当的管理级别报告，以便及时做出决策。

3. 考核制度

考核制度是成本控制系统发挥作用的重要因素。其主要内容包括五个方面。

(1) 规定代表责任中心目标的一般尺度。它因责任中心的类别而异，可能是销售额、可控成本、净利润或投资报酬率。必要时还要确定若干级次目标的尺度，如市场份额、次品率、占用资金的限额等。

(2) 规定责任中心目标尺度内涵的解释。例如，什么是销售额，是总销售额还是扣除折扣和折让后的净销售额。作为考核标准，对其内涵的界定必须事先十分明确，以避免在具体执行时引起歧义。

(3) 规定业绩考核标准的计量方法。例如，成本如何分摊，相互提供劳务和产品使用的内部转移价格使用历史成本还是使用重置成本等，都要规定具体的计算方式。

(4) 规定采用的预算标准。例如，使用固定预算还是弹性预算，是宽松的预算还是严格的预算，编制预算时使用的各种常数是多少等。

(5) 规定业绩报告的内容、时间、详细程度等。

4. 奖励机制

奖励机制是维持成本控制系统有效运行的重要保证。人的工作努力程度受业绩评价和奖励办法的影响。责任中心的经理人员往往将注意力集中在与业绩评价有关的工作上，尤其是业绩中能够影响奖励的部分。因此，奖励可以激励员工更加勤勉地工作。

奖励制度中应明确规定奖励办法，让被考核部门和人员清楚地知道业绩与奖励之间的关系，知道什么样的业绩会得到什么样的奖励。恰当的奖励制度将引导员工将自己的行为纳入与企业总目标相一致的轨道中去，去争取更好的工作业绩。

(三) 成本定额管理

成本定额管理是在资源价格一定的前提下，通过事先制订单位产品或活动的标准资源消耗量，控制产品成本和期间费用水平的一种成本控制方法。

成本定额管理的关键，首先制订标准消耗量。一般方法为经验估计法、类推比较法、统计分析法和技术测定法。其次，通过成本核算，揭示实际消耗量与定额的差异。最后，分析定额差异的原因，找出责任者，并将差异及时反馈到责任部门或责任者，以便其采取切实有效的措施加以解决。成本定额管理与企业的经济责任制相结合，能收到更好的效果。

需要指出的是，如果产品或经济活动消耗的资源价格也发生变动，那么企业除了制订标准消耗量和比较量的差异外，还需制订各类资源的标准单价和比较价的差异，这就是通常所说的“标准成本管理”。从这个角度看，成本定额管理和标准成本管理的理念是一致的。

(四) 成本预算控制

成本预算是企业成本控制的主要方法，是企业财务预算中最基本的预算。它要求企业加强成本预算编制、执行、分析、考核等环节的管理，明确预算项目，建立预算标准，规范预算的编制、审定、下达和执行程序，及时分析和控制预算差异，采取改进措施，确保预算的执行。

强化成本预算控制，要求企业严格按照预算执行。在日常控制中，企业应当健全凭证记录，完善各项管理规章制度，严格执行生产经营月度计划和成本费用的定额、定率标准，加强适时的监控。对预算执行中出现的异常情况，企业有关部门应及时查明原因，提出解决办法。

企业可以结合自身情况，建立相应的成本预算，例如产品成本预算、制造费用预算、营业成本预算、期间费用预算等。企业各职能部门应当充分利用自身管理优势，对在成本中占重要份额的能耗、成材率等重点指标进行全过程的控制，并有针对性地采取措施，使降低成本指标落到实处，最终形成一系列贯穿全生产过程的预算控制线，确保成本预算指标的全面完成。

(五) 质量成本控制

企业应当结合自身特点，推行质量成本控制办法。质量成本是企业将产品质量保持在规定的标准上而需支出的费用，以及因未达到规定的质量标准而发生的损失两者之和。

1. 质量成本的分类

(1) 预防成本，即为了防止产生不合格品与质量故障而发生的各项费用。

(2) 检验成本，即为检查和评定产品质量、工作质量、工序质量、管理质量是否满足规定要求和标准所需的费用。

(3) 内部缺陷成本，即产品交用户前由于自身的缺陷造成的损失以及处理故障所支出的费用之和。

(4) 外部缺陷成本，即产品交用户后，因产品质量缺陷引起的一切损失费用。

(5) 外部质量保证成本，即为提供用户要求的客观证据所支付的费用。

质量成本控制是根据预定的质量成本目标，对实际工作中发生的所有质量成本，进行指导、限制和监督，及时发现问题，及时采取有效措施，或不断推广先进经验，以促进产品质量成本不断下降，取得最佳经济效益而实施的一种管理行为。实施质量成本控制，可以在产品质量、成本和经济效益三者之间寻求一个相对平衡。

2. 正确核算质量成本，是实施质量成本控制的中心环节

(1) 树立质量成本导向的思想。企业应当树立质量经营理念，“不考虑成本，就不能给质量下定义；搞好质量管理，成本管理才成为成本管理；真正进行质量成本管理，质量管理的效果就逐步提高；不赚钱的质量，就不是质量；质量管理要控制成本。”

质量的关键是适用性。从产品适用性讲，其质量标准应包含性能、寿命、可靠性、安全性和经济性五个方面的指标。不顾消费者的真实需求，盲目追求高精度、高性能，价格昂贵，并不一定会令顾客满意。质量必须给用户带来价值，即产品的功能、效用能够满足用户的使用需求，达到一定的用户满意度。

(2) 确定质量成本目标。企业在确定质量成本目标时，既要考虑节约开支，降低质量成本，又要处理好质量成本与质量、功能等方面的关系，通过质量成本效益分析，结合企业的具体条件，寻求质量成本的最佳值。

现代质量成本管理以零缺陷为目标，倡导全面质量管理，要求将不符合质量要求的产品降低到零。同时，强调顾客愿意接受增加价值的作业并支付其相应成本，但拒绝接受非增值作业以及支付其相应成本。因此，因产品交付用户前后出现缺陷导致的非增值作业，应予以避免。预防作业可视为增值作业，而一部分的检验作业如质量审计，是预防作业所必需的，应视为增值作业，则应予以保留。

(3) 确定产品的设计质量水平。确定产品的设计质量水平，就是要找出质量变化与价格、功能、成本、收益（利润）之间的关系。一般而言，随着产品设计质量水平由低至高，价格和成本亦随之提高，但由于价格增长幅度更大，企业的收益呈上升趋势。当质量水平达到一定高度后，再提高质量水平，成本增长幅度就会超过价格，企业收益反而呈下降趋势。企业收益曲线出现拐点时的质量水平，就是理论上的最佳产品设计质量水平。企业在实际确定质量水平时，不仅要进行经济分析，而且要慎重考虑消费者的需要、本企业的技术条件、设备能力、工人及技术人员的技术水平、营销能力等。

(4) 确定产品使用寿命周期的最佳质量水平。产品使用寿命周期是产品从研制、设计、制造、流通、使用到报废为止的整个过程。寿命周期中每个阶段耗费的费用，构成产品寿命周期的总成本，大致分为生产成本和使用成本两大部分。生产成本包括设计、制造、外协等在内，与产品质量水平成正比；产品出厂以后的成本计入使用成本，主要包括运转费用、维修费用、停工损失、折旧费、转卖和更新损失等费用，与产品质量水平成反比。生产成本与使用成本之和为最小值时的质量水平，是产品使用寿命周期的最佳质量水平。

需要注意的是，合理有效地控制产品质量成本必须通力合作，多管齐下，合理运用统计、预测、计划、分析、核算等多种方法，对产品生产各个环节都进行有效管理。同时，企业应结合自身特点，在实行基本质量成本管理方法和理念的基础上，适当引入质量成本预算管理、作业质量成本管理、战略质量成本管理、目标质量成本管理等方法。

八、成本控制的制度

为保证生产经营活动所发生的成本费用合法、合理和有效，企业必须制订各种成本控制制度。这些成本控制制度通常包括以下一些内容。

1. 人员素质控制

生产经营活动离不开人的参与，企业人员素质的高低直接影响企业的发展。现代企业都应该重视人才的培养。企业应该配备合格的技术、管理、生产人员。合格的技术人员具有较高的开发、设计新产品的能力。合格的管理人员具有丰富的生产管理经验和生产管理知识。合格的生产人员具有较高的生产技能，遵守生产纪律和操作规程。

企业应该实行员工考核制度，全面考查员工的职业能力，考核评估员工的工作业绩，员工凭合格证书上岗工作。建立员工定期培训制度，不断提高员工的职业道德素质和技术业务素质。建立奖惩制度，建立激励机制，鼓励员工积极创新和勤奋工作，提高生产质量和效率，奖励有功者。建立必要的升迁机制，对工作出色者给予升迁奖励，对玩忽职守者、不能胜任者给予降职或下岗等处分。

2. 职务分离控制

生产环节需要进行分离的不相容职务主要有：

(1) 授权批准产品生产计划与具体执行计划人员的职务分离。

(2) 仓库保管、成本会计记账、生产管理人员、材料物资和产品检验人员的职务相分离等。

3. 授权批准控制

其内容主要有：生产计划的授权批准，材料领用的授权批准，对存货盘盈盘亏的授权批准等。

授权控制法要求单位明确规定设计会计及相关工作的授权批准的范围、权限、程序、责任等内容，单位内部的各级管理层次必须在授权范围内行使职权和承担责任，经办人员也必须在授权范围内办理业务。

授权批准是单位在办理各项经济业务时，必须经过规定程序的授权批准。授权批准形式通常有一般授权和特别授权。一般授权是对办理常规性的经济业务的权利、条件和有关责任者做出的规定，这些规定在管理部门中采用文件形式或在经济业务中规定一般性交易办理的条件、范围和对该项交易的责任关系。在日常业务处理中可以按照规定的权限范围（包括制订产品销售价格的权力、购买固定资产的权力以及招聘员工的权力等）和有关职责自行处理。特别授权指授权处理非常规性交易事件，例如重大的筹资行为、投资决策、资本支出和股票发行等。特别授权也可以用于超过一般授权限制的常规交易。

内部控制要求明确一般授权和特别授权的责任和权限，以及每笔经济业务的授权批准程序，并按照有关规定的权限和程序执行。

4. 财产安全控制

财产安全控制是确保企业财产物资安全完整所采取的各种方法和措施。在生产过程中，材料物资应该采取永续盘存制、定期的实地盘存制与不定期的实地盘存制相结合的方法，以保证企业的材料物资在每一个会计时点都账实相符。建立健全原材料、在产品、产成品等各项物资的收发、领退、转移、报废制度。对于盘盈盘亏存货必须及时查明原因进行正确的处理。对财产物资按照顺序编号与存放，便于清查、点数和保管等。财产安全控制制度要和存货的保管制度相结合，有助于企业加强管理。

九、成本控制的流程、控制点

1. 制订预算

企业应当建立严格的成本费用预算制度，成本费用预算应当符合企业的发展目标和成本效益原则。

2. 预算分解

企业应当根据成本费用预算内容，分解成本费用指标，落实成本费用责任主体，考核成本费用指标的完成情况，制订奖惩措施，实行成本费用责任追究制度。

3. 申请

企业应当根据费用预算，提出费用支出申请。

4. 审批

企业应当根据费用预算和经济业务的性质，按照授权批准制度所规定的权限，对费用支出申请进行审批。

5. 审核支付

企业会计机构或人员在办理费用支出业务时，应当根据经批准的费用支出申请，对发票、结算凭证等相关凭据的真实性、完整性、合法性及合规性进行严格审核。

6. 预算考核

企业应考核成本费用指标的完成情况，制订奖惩措施，实行成本费用责任追究制度。

成本费用具体控制业务流程及控制点如图17-1所示。

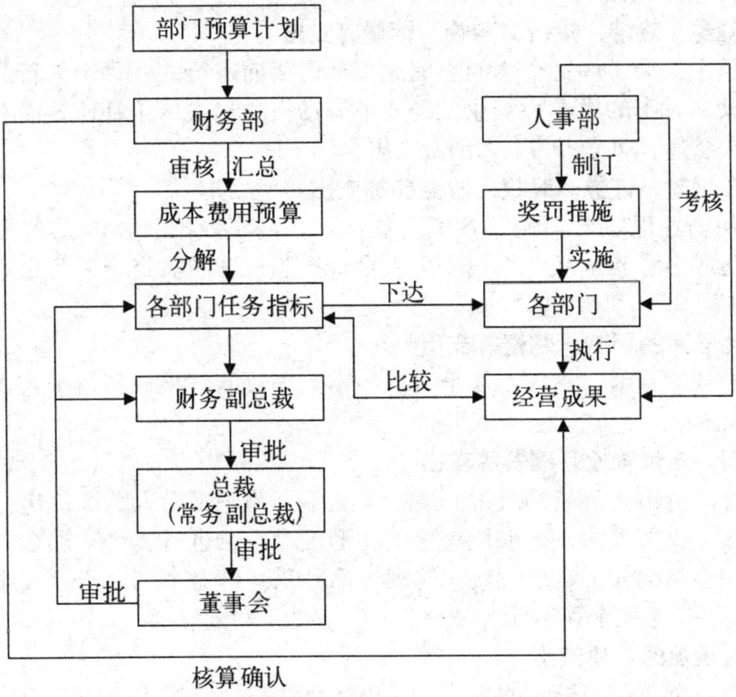

图17-1 成本控制业务流程

在建立成本控制制度过程中，尤其应强化以下关键方面和关键环节的风险控制。

(1) 权责分配和职责分工应当明确，机构设置和人员配备应当科学合理。

(2) 成本费用定额、成本计划编制的依据应充分适当，成本费用事项和审批程序应当明确；

(3) 成本费用预测、决策、预算、控制、核算、分析、考核的控制流程清晰，对成本费用核算、内部价格的制订和结算办法、责任会计及有关成本费用考核等规定明确。

十、成本控制责任的落实

企业应当将成本控制的责任，层层分解、落实到各级单位及个人，做到责任内容清楚，职权范围明确，考核奖惩分明，贯彻责、权、利三结合原则。

成本控制责任的承担者，对责任范围内的成本，应做到：了解所分管成本指标的要求和资料来源；了解所分管成本指标的实际执行情况和计算依据；能够调节、控制所分管成本指标的耗费数。

第二节　成本控制细述

一、财务开支的责任界限

根据《企业财务通则》第四十六条的规定，对属于个人的各类支出，有损于企业法人财产权，不得由企业承担。

1. 娱乐、健身、旅游、招待、购物、馈赠等支出

个人消费是个人为了满足个体的心理或生理需要而进行的一种个人行为。对个人为企业生产经营活动所付出的成本，企业已经通过劳动报酬形式给予补偿，没有义务额外承担不属于企业生产经营活动范畴的个人消费支出。

2. 购买商业保险、证券、股权、收藏品等支出

职工个人向商业保险公司购买各类商业保险，购买股票、债券，入股投资，购买邮票、字画、古玩等各类收藏品，都属于个人投资行为，其所需资金应当由职工个人负担，不得由企业报销。

3. 个人行为导致的罚款、赔偿等支出

个人行为导致的罚款、赔偿，属个人行为不当导致的结果，不属于企业的民事责任范畴，理应由个人承担。

4. 购买住房、支付物业管理费等支出

根据住房分配货币化改革的政策制度，企业不再为职工个人购买住房、支付物业管理费。如果企业为了吸引人才，采取住房等实物形式对职工进行奖励，那么，其资金来源必须是劳动报酬，应当纳入工资总额统一管理，而且只是针对个别属于“人才”的职工，在财务监督中才能经得起检查和审计。

5. 应由个人承担的其他支出

企业只承担由企业行为导致的支出，或由法律法规规定应由企业承担的责任，不承担不属于企业责任范围的个人支出。

二、期间费用方面的控制

期间费用，应当按照权责发生制和配比原则确认，凡属于本期发生的费用，不论其款项是否支付，均确认为本期费用；不属于本期发生的费用，即使其款项已经在本期支付，也不能确定为本期费用。企业确认的期间费用，应当进一步划分为管理费用、销售费用和财务费用等项目，并直接计入当期损益。《企业财务通则》第三十七条规定：“企业实行费用归口、分级管理和预算控制，应当建立必要的费用开支范围、标准和报销审批制度。”

1. 费用的分级归口管理

如何用好管好费用，应当有具体标准、控制方法，能落实责任、分析考核。企业规模大小、经营情况各不相同，完全可以理论联系实际，因地制宜，选择适合企业自身发展的又行之有效的费用控制方法。

《企业财务通则》推崇费用归口、分级管理和预算控制，从第三十七条起到第四十六条，其详尽地做出了企业实施费用归口、分级管理和预算控制的规定。

实施费用归口、分级管理和预算控制涉及企业管理的各个环节，包括费用的发生、归集与分配的整个过程，归纳起来，应关注以下几个方面。

(1) 为了实行费用归口、分级管理和预算控制，企业所有的成本费用支出应当按照国家规定纳入账内核算，不得私设“账外账”，搞“小金库”，不得违反规定进行调整。

(2) 企业应当建立必要的费用开支范围、标准和报销审批制度，以规范费用报销行为。

(3) 企业应当按照会计准则和相关会计制度的要求进行成本费用核算，严格区分本期成本与下期成本的界限、成本支出与营业外支出的界限、收益性支出与资本性支出的界限。

(4) 企业可以根据法律、法规和国家有关规定，对经营者和核心技术人员实行与其他职工不同的薪酬办法，属于本级人民政府及其部门、机构出资的企业，应当将薪酬办法报主管财政机关备案。

(5) 企业应当按照劳动合同及国家有关规定支付职工报酬，并为从事高危作业的职工缴纳团体人身意外伤害保险费，所需费用直接作为成本（费用）列支。

(6) 经营者可以在工资计划中安排一定数额，对企业技术研发、降低能源消耗、治理“三废”、促进安全生产、开拓市场等做出突出贡献的职工给予奖励。

(7) 企业应当依法为职工支付基本医疗、基本养老、失业、工伤等社会保险费，所需费用直接作为成本（费用）列支。

已参加基本医疗、基本养老保险的企业，具有持续盈利能力和支付能力的，可以为职工建立补充医疗保险和补充养老保险，所需费用按照省级以上人民政府规定的比例从成本（费用）中提取。超出规定比例的部分，由职工个人负担。

企业为职工缴纳住房公积金以及职工住房货币化分配的财务处理，按照国家有关规定执行。

(8) 职工教育经费按照国家规定的比例提取，专项用于企业职工后续职业教育和职业培训。

(9) 工会经费按照国家规定比例提取并拨缴工会。

2. 费用的预算控制

企业应当对期间费用实行预算控制，把费用预算纳入企业的预算管理之中。期间费用预算是预算期内对预算执行单位组织经营活动必要的管理费用、财务费用、销售（营业）费用的预安排。在编制时，企业应当区分变动费用与固定费用、可控费用与不可控费用，根据上年实际费用水平和预算期内生产经营的需要，结合费用开支标准和企业降低成本、费用的要求，按照一定的方法，分项目、分责任单位进行。其中，研发费用、业务招待费、出国经费、会议费、差旅费、宣传广告费等重要项目，应当重点控制。

3. 费用的开支审批制度

企业应当自行建立必要的费用开支范围、标准和报销审批制度。一切费用在开支以前都要经过申请、批准手续后才能支付，即使是预算内的费用项目，也要经过申请和批准。这样有利于在费用将要发生前再进行一次深入的研究，根据已变化的情况，再一次确定费用的合理性，以保证费用的使用效果。同时，对于一些零星的、金额较小的费用开支，在预先确定的开支范围和额度之内，也应赋予相应的灵活性。

三、业务费用方面的控制

《企业财务通则》第四十条规定："企业发生销售折扣、折让以及支付必要的佣金、回扣、手续费、劳务费、提成、返利、进场费、业务奖励等支出的，应当签订相关合同，履行内部审批手续。

"企业开展进出口业务收取或者支付的佣金、保险费、运费，按照合同规定的价格条件处理。

"企业向个人以及非经营单位支付费用的，应当严格履行内部审批及支付的手续。"

（一）业务费用的产生及其内容

在市场竞争中，企业有时可能需要直接给协作单位予以优惠，包括销售折扣、折让、返利、进场费等，以调动对方的积极性，争取有利的市场机会、交易条件。有时也可能需要借助一些中间人的帮助，才能捕捉商机，或者促成交易。中间人泛指为促成交易而为交易双方提供信息、施加影响、代理服务等活动的单位和个人，既包括以从事中介服务为职业的经纪组织及经纪人，也包括偶尔从事中介服务的非职业人员。这些中间人为促成交易提供了一些劳务活动或帮助，企业可能需要支付一些必要的报酬，包括佣金、回扣、手续费、劳务费、提成、业务奖励等。

1. 佣金

佣金是企业在市场交易中给予为其提供服务的具有合法经营资格的中间人的劳务报酬。它既可由买方单独支付，也可由卖方单独支付，或者由双方分摊。根据《中华人民共和国反不正当竞争法》的规定，佣金的给付对象不能是交易双方本身或其代表人、代理人，而是"为其提供服务的具有合法经营资格的中间人"。同时，我国禁止国家机关工作人员经商，因此，企业不能向国家机关工作人员支付佣金。企业给予佣金必须以明示的方式支付，给予和接受佣金的，都必须如实入账。手续费与佣金具有相同的性质。

需要注意的是，进出口佣金，特指在国际贸易中的价格条件或合同规定应支付给中间商的推销报酬。它包括明佣、暗佣和累计佣金三种。明佣是价格条件中规定的佣金，即在出口或进口发票上注明的佣金。暗佣是价格条件中未作规定，出口或进口发票上只列销售货款或购进货款总额，但在购销合同中做出规定的佣金。累计佣金是在国际贸易中同国外包销、代销客户订立协议，在一定的时期内按照其累计销售和规定的佣金率计算的佣金。一般情况下，出口商品支付佣金，进口商品取得佣金。

2. 提成

提成是企业在销售产品、提供劳务过程中，根据合同约定，按实现的销售额的一定比例提取，并支付给对方的费用。对方可以是从事该项销售业务的企业单位或者个人。对从事该项销售业务的职工而言，这是参与企业收益分配、获取劳动报酬的一种形式。劳务费、业务奖励也具有相同的性质。

3. 返利

返利是本企业为了促进销售、维系经销商的忠诚度等原因，将通过经销商实现的销售或者销售利润按照一定比例予以返还。例如，某厨具公司给经销商制订了如下返利政策：根据不同区域先给经销商制订不同的销售任务，年底依据签订的任务多少和经销商的完成情况，返利2%～4%。为鼓励经销商提高单次进货金额，一次性打现款超过100万元的，即给予现金返利2%。返利往往用于生产厂家统一定价的产品销售，和商业折扣是相对的，商业折扣是在销售前给予的价格优惠，返利是在销售后给予的支出。

4. 进场费

进场费是企业在销售产品、提供劳务中，为了取得利用大型商业企业的场地、人员、柜台以及信誉等资源的资格，而向该商业企业支付的费用。这种费用是一次性支付的，其是否存在以及金额大小由市场行为决定，具有资格费的性质。因此，企业支付进场费后，仍需支付场地租金。

5. 回扣

回扣是企业在销售产品、提供劳务时，为了促进销售等目的，按照合同约定给予购买方一定比例的成本返还。这种返还，是由于企业业务往来产生的，而个人只是履行岗位职责和义务，因此购买方收取的回扣应当属于企业所有，销售方应当直接向购买方支付回扣，并作为企业的支出进行管理。

（二）业务费用的管理要求

企业开展业务发生的销售折扣、折让以及支付必要的佣金、回扣、手续费、劳务费、提成、返利、进场费、业务奖励等支出，必须以合同为依据，必须是合法的。销售折扣、折让、佣金、回扣、手续费、劳务费、提成、返利、进场费、业务奖励等的支出，必须依据相关管理制度的规定，按照企业内部授权审批制度和程序执行。同时，根据合同约定的金额和支付方式，在依法设立的账簿上按规定明确如实记载。

（三）价格条件及佣金、运保费的处理

1. 价格条件

又称为价格术语，是以英文或英文字母表示的商品交易双方各自应承担的责任、费用以及货物所有权转移界限的符号。价格条件规定了商品交易双方的责任，对商品运输、保险、各种手续由谁办理等做出了规定。在国际贸易中，使用价格条件，可以简化磋商内容，缩短磋商过程，促进商品成交，节省业务费用。它以交货地方不同，分为出口国和进口国二大类、13种，其中最为常用的是三种。一是离岸价格（F·O·B），即转运港船上交货价格；二是到岸价格（C·I·F），即成本加保险费、运费价格；三是成本加运费价格（C·F·R），即运费在内价格、离岸加运费价格。随着全球经济一体化进程的加快，企业将逐渐接触和扩大国际贸易业务。企业从事国际贸易业务，应当遵循国际贸易惯例，遵守有关法律法规，在签订合同和履约时，遵循国际贸易的价格条件，履行内部相关审批手续。

2. 佣金、运保费的处理

企业从事进出口业务，发生的佣金、运保费与使用的价格条件密切相关。在以外汇衡量出口销售收入和进口采购成本的情况下，出口商品价格一般以离岸价格为基础，如果出口合同确定价格不是离岸价格，企业在出口商品离岸以后支付的运费、保险费、佣金，抵减出口销售收入；进口商品价格则以到岸价格为基础，如果进口合同签订的价格不是到岸价格，在商品到达目的港口以前，由企业以外汇支付的运费、保险费和佣金，也作为进口商品的进价来管理。

（四）向个人以及非经营单位支付费用的管理

根据《中华人民共和国反不正当竞争法》的规定，企业不得采用财物或者其他手段进行贿赂以销售或者购买商品。在账外暗中给予对方单位或者个人回扣的，以行贿论处；对方单位或者个人在账外暗中收受回扣的，以受贿论处。企业给对方折扣、给中间人佣金；给经销商返利、给销售人员提成或业务奖励等，必须以公开明示的方式进行，并如实入账。以公开明示的方式进行，是正常的业务费用与商业贿赂的根本区别。销售折扣、折让、佣金、回扣、手续费、劳务费、提成、返利、进场费、业务奖励的结付，应当凭真实有效的居间合同、中介合同或代理合同，履行内部审批手续。企业如果向非经营者的公民个人支付劳务费等报酬，或者向非经营单位支付费用（如捐赠等），应当符合法律法规的规定，并履行内部程序，从严控制，防止发生商业贿赂或者其他转移企业经济利益的非法行为。

四、研发费用方面的控制

《企业财务通则》第三十八条规定："企业技术研发和科技成果转化项目所需经费，可以通过建立研发准备金筹措，据实列入相关资产成本或者当期费用。

"符合国家规定条件的企业集团，可以集中使用研发费用，用于企业主导产品和核心技术的自主研发。"

1. 研发费用的组成

企业研发费用（即原"技术开发费"），指企业在产品、技术、材料、工艺、标准的研究、开发过程中发生的各项费用，包括下列八个方面。

(1) 研发活动直接消耗的材料、燃料和动力费用。

(2) 企业在职研发人员的工资、奖金、津贴、补贴、社会保险费、住房公积金等人工费用以及外聘研发人员的劳务费用。

(3) 用于研发活动的仪器、设备、房屋等固定资产的折旧费或租赁费以及相关固定资产的运行维护、维修等费用。

(4) 用于研发活动的软件、专利权、非专利技术等无形资产的摊销费用。

(5) 用于中间试验和产品试制的模具、工艺装备开发及制造费，设备调整及检验费，样品、样机及一般测试手段购置费，试制产品的检验费等。

(6) 研发成果的论证、评审、验收、评估以及知识产权的申请费、注册费、代理费等费用。

(7) 通过外包、合作研发等方式，委托其他单位、个人或者与之合作进行研发而支付的费用。

(8) 与研发活动直接相关的其他费用，包括技术图书资料费、资料翻译费、会议费、差旅费、办公费、外事费、研发人员培训费、培养费、专家咨询费、高新科技研发保险费用等。

企业依法取得知识产权后，在境内外发生的知识产权维护费、诉讼费、代理费、"打假"及其他相关费用支出，从管理费用据实列支，不应作为研发费用。

企业研发人员，指从事研究开发活动的企业在职和外聘的专业技术人员以及为其提供直接服务的管理人员。许多企业还有专门的研发机构，包括按照《国家认定企业技术中心管理办法》认定的企业技术中心及分中心，按照国家有关规定组建的国家（重点、工程）实验室、国家工程（技术）研究中心及其他形式的研发机构，以及企业内部设置的、经当地市级以上有关主管部门认定的研发中心、研究院所，与高等院校及科研机构联合设立的博士后站、中试基地、实验室等。这些研发机构发生的各项开支，应当纳入研发费用管理，但同时承担生产任务的，要合理划分研发与生产费用。

根据研发项目成功的可能性以及最终成果的体现形式，企业研发费用既可能资本化，也可能收益化。换言之，企业应根据实际情况，将发生的研发费用列入相关资产成本或者当期费用。由于研发活动对培养企业核心竞争力至关重要，而且国家对企业研发支出有一系列的财税优惠政策，因此，企业应当规范和加强研发费用管理，明确研发费用的开支范围和标准，严格审批程序，并按照研发项目或者承担研发任务的单位，设立台账归集核算研发费用。

2. 研发准备金的管理

《国家中长期科学和技术发展规划纲要（2006—2020）》（国发〔2005〕44号）中提出，"结合企业所得税和企业财务制度改革，鼓励企业建立技术研究开发专项资金制度"。为了贯彻落实这项政策，《企业财务通则》规定，企业可以通过建立研发准备金，筹措技术研发和科技成果转化项目所需经费。具体指研发项目已经确定、预算管理较为成熟的企业，可以根据研发计划及资金需求，按销售收入的一定比例提前安排资金，实行预算管理。建立研发准备金制度，对当年的研发资金提前做出安排，能够增强企业自主创新的规划性，确保企业研发活动的资金需求。

为了加强事中控制，企业可以结合自身特点建立研发准备金使用情况的定期报告制度以及追踪反馈制度。例如，要求企业内部研发或者科技部门，每半年向财务部门报送技术研发和科技成果转化费收支情况，年度终了编制年度收支决算上报财务部门，项目完成后编制项目经费决算及项目固定资产清单等报财务部门。因各种原因中止技术研发和科技成果转化项目的，应要求研发或者科技部门在规定期限内编制经费决算，连同固定资产购置情况，一并报财务部门核批，并缴回剩余的项目经费。为了避免突击花钱的情况，同时考虑研发活动有较强的不确定性，技术研发和科技成果转化项目当年结余的资金一般可允许结转下年继续使用，但是已完工并通过验收的项目结余经费必须要求及时缴回。

五、社会责任的承担

《企业财务通则》第三十九条规定："企业依法实施安全生产、清洁生产，污染治理、地质灾害防治、生态恢复和环境保护等所需经费，按照国家有关标准列入相关资产成本或者当期费用。"

1. 安全生产责任

根据《中华人民共和国安全生产法》的规定，实施安全生产是企业依法必须承担的一项社会责任。企业对职工在生产工作中的安全负有保障义务。企业的从业人员有依法获得安全生产保障的权利。为保证安全生产所需资金投入，形成企业安全生产投入的长效机制，高危行业企业应当建立安全生产费用和风险抵押金制度。

2. 清洁生产责任

企业清洁生产，就是要不断采取改进设计、使用清洁的能源和原料、采用先进的工艺技术与设备、改善管理、综合利用等措施，从源头削减污染，提高资源利用效率，减少或者避免污染物的产生和排放，以减轻或者消除对人类健康和环境的危害。清洁生产可以提高资源利用效率，减少和避免污染物的产生，保护和改善环境，保障人体健康，促进经济与社会可持续发展。根据《中华人民共和国清洁生产促进法》的规定，在中华人民共和国领域内，从事生产和服务活动的单位以及从事相关管理活动的部门，应当组织、实施清洁生产。企业用于清洁生产和培训的费用，直接列入企业成本、费用。

3. 污染治理责任

根据我国各项污染防治法律的规定，企业应当履行污染治理责任，努力贯彻国家环境管理系列标准，开展环境管理体系认证，并按照国家有关标准提取或者承担相关费用。

污染治理是一项专业性较强的工作，涉及很多专业技术、专用设备和专业人才，不少污染治理工程需要一个或多个部门共同完成，因而不少企业采取委托方式治理污染。为此，企业要预先做好工程概算，与受托方签订治理污染合同，并支付相关费用。

4. 地质灾害防治责任

《地质灾害防治条例》第五条规定，地质灾害防治工作，应当纳入国民经济和社会发展计划。因自然因素造成的地质灾害的防治经费，在划分中央和地方事权和财权的基础上，分别列入中央和地方有关人民政府的财政预算。因工程建设等人为活动引发的地质灾害的治理费用，按照谁引发、谁治理的原则由责任单位承担。企业应依法承担地质灾害防治责任，按照国家有关标准提取或者承担相关费用。

六、缴纳政府非税收入的义务

政府非税收入是除税收以外，由各级政府、国家机关、事业单位、代行政府职能的社会团体及其他组织依法利用政府权力、政府信誉、国有资源、国有资产或提供特定公共服务、准公共服务，取得并用于满足社会公共需要或准公共需要的财政资金，是政府财政收入的重要组成部分。事业单位和社会团体通过市场取得的体现政府职能的经营服务性收费，也属于政府非税收入。从承担者角度讲，政府非税收入也是企业的一种成本（费用）支出，应当按规定缴纳。

《企业财务通则》第四十五条规定："企业应当依法缴纳行政事业性收费、政府性基金以及使用或者占用国有资源的费用等。

"企业对没有法律法规依据或者超过法律法规规定范围和标准的各种摊派、收费、集资，有权拒绝。"

(一) 政府非税收入的种类

1. 行政事业性收费

依据法律、行政法规、国务院有关规定、国务院财政部门与计划部门共同颁布的规章或者规定以及省、自治区、直辖市的地方性法规、政府规章或者规定和省、自治区、直辖市人民政府财政部门与计划（物价）部门共同发布的规定执行。

2. 政府性基金（附加）

这是各级政府及其所属部门根据法律、行政法规和中共中央、国务院有关文件规定，为支持某项公共事业发展，向公民、法人和其他组织无偿征收的具有专项用途的财政性资金。依据法律、行政法规和国务院的规定以及国务院财政部门批准征收的规定执行。

3. 国有资源（资产）有偿使用收入

国有资源（资产）有偿使用收入包括土地转让金，新增建设用地土地有偿使用费，海域使用金，探矿权和采矿权使用费及价款收入，场地和矿区使用费，出租汽车经营权、公共交通线路经营权、汽车号牌使用权等有偿出让取得的收入，政府举办的广播电视机构占用国家无线电频率资源取得的广告收入，以及利用其他国有资源取得的收入。我国正在逐步健全国有资源有偿使用收入管理制度，依法推行国有资源使用权招标、拍卖，进一步加强国有资源有偿使用收入征收管理，确保应收尽收，防止收入流失。国有资源（资产）有偿使用收入应严格按照财政部门规定缴入国库或财政专户。

拥有国有资本的企业，按规定向国家上缴的税后利润、股利，或者国有产权转让收益等国有资本收益，也属于政府非税收入，但不属于企业的成本（费用），企业应当通过利润分配处理。

(二) 企业拒绝"三乱"的权利

根据《中共中央、国务院关于治理向企业乱收费、乱罚款和各种摊派等问题的决定》（中发〔1997〕14号），国家建立健全向企业的行政事业性收费、罚款、集资、基金项目的审批管理制度。严禁擅自设立行政事业性收费、罚款、集资、基金项目；严禁擅自提高收取标准，扩大收取范围；严禁向企业摊派、索要赞助和无偿占用企业的人财物；严禁向企业强买强卖，强制企业接受指定服务，从中牟利；严禁将应由企业自愿接受的咨询、信息、检测、商业保险等服务变为强制性服务，强行收费等。抵制没有法律法规依据或者超过法律法规规定范围和标准的各种摊派、收费、集资，是企业的权利。企业要建立健全内部监督约束机制，严格执行各项财务制度，定期向职工代表大会报告企业交费情况。

第十八章

成本报表

第一节　成本报表概述

成本报表是根据成本管理的需要，依据企业日常成本核算资料和其他有关资料编制的，用以反映企业成本水平，分析和考核企业在一定时期内成本计划执行情况及结果的会计报表。它是企业成本信息的主要载体。

成本报表不需要对外报送，而是为满足企业内部管理需要而设置的内部会计报表，因此，其种类、格式和内容均可由企业根据其生产经营特点和管理要求自行确定。

一、成本报表的特点

1. 针对性

编制的目的主要是满足企业内部经营管理者的需要，因而内容更具有针对性。

企业对外提供的会计报表，包括资产负债表、利润表、现金流量表和所有者权益变动表等附表，是为政府部门、企业投资人和债权人以及企业内部经营管理者服务的，反映企业财务状况和经营成果的财务报表。因而成本报表的内容要有针对性，而不要泛泛地、千篇一律地提供情况；要主动地促进各有关部门和人员关心成本，了解其工作好坏对成本的影响，明确其在成本升降中的责任。

2. 灵活性

现行制度中的财务报表，其种类、内容、格式以及报送对象等等均由国家统一规定，企业不能随意改动。成本报表则不同，编制什么表，其内容、格式以及编制方法均由企业自行决定、自己设计。为适应不同的管理要求，会计部门除了定期编报全面反映成本计划（包括产品成本计划和各项费用计划）完成情况的报表外，还可以对某一方面问题，或从某一侧面编制报表进行重点反映；报表格式可以灵活多样，内容、指标可多可少；可以事后编报，也可以事中编报或事前预报。成本报表应本着实质重于形式的要求，力求简明扼要，讲求实效。如果主管企业的上级机构要求企业将其主要成本报表作为会计报表的附表上报，在这种情况下，企业主要成本报表的种类、内容、格式和编制方法，也可以由主管企业的上级机构会同企业共同商定。

3. 多样性

成本报表是根据企业的生产特点和管理要求而设计的，不同企业的生产特点和成本管理要求有所不同，因此，成本报表在种类、格式、指标项目等都有所不同，呈现出多样性。

4. 综合性

由于成本报表需要同时满足企业内部财会、生产技术、计划管理等部门对成本管理的需要，不仅要提供用于事后分析的资料，还要提供事前、事中控制所需要的大量信息，因此，成本报表不仅要设置货币指标，还要设置反映成本消耗的数量等指标，不仅包括会计核算提供的指标，还包括统计、业务核算提供的指标。成本报表包含了各方面的信息，具有较大的综合性。

5. 时效性

成本报表作为对内报表更注重时效。对外报表（财务报表）一般都是定期编制和报送，而作为对内报表的成本报表，除了为满足定期考核和分析成本计划的完成情况定期编报一些报表外，为了及时反馈成本信息，及时揭示成本工作中存在的问题和技术经济指标变动对成本的影响，还可采用日报、周报或旬报的形式，定期或不定期地向有关部门和人员编报不同内容的成本报表，或者是报告直接与成本升降有关的技术经济指标的变动情况，尽可能使报表或报告提供的信息与其反映的内容在时间上保持一致，以发挥成本报表及时指导生产的作用。

二、成本报表的种类

成本报表属于内部报表，其目的主要是为了满足企业内部经营管理的需要，不对外报送或公布。因此，成本报表的种类、项目、格式和编制方法、编报日期、具体报送对象，国家都不做统一规定，由企业自行确定。主管企业的上级机构为了对本系统所属企业的成本管理工作进行指导，为了给国民经济管理部门提供所需的成本数据资料，也可以要求企业将其成本报表作为会计报表的附表上报。在这种情况下，企业成本报表的种类、项目、格式和编制方法以及具体报送对象等，也可以由主管企业的上级机构会同企业共同制订。

1. 按报送对象分类

(1) 对外成本报表，是企业向外部单位，如上级主管部门和联营单位等报送的成本报表。在社会主义市场经济条件下，成本报表一般被认为是企业内部管理用的报表，为了保守商业秘密，按惯例不对外公开，但在我国国有企业和集体企业占比较大的情况下，为了管理上的需要，企业都仍然有分管和托管的主管部门，这些主管部门为了监督和控制成本费用，了解目标成本的完成情况，进行同行业的分析对比，并为成本预测和决策提供依据，以及满足投资者了解企业经营状况和经营成果的需要，都要求企业提供成本数据资料。实际上这仍然是一种内部报表，只不过是一种扩大范围的内部报表。

(2) 对内成本报表，是为了企业内部经营管理需要而编制的成本报表。此类报表由于不对外报送，所以，其内容、种类、格式、编制程序和方法、编制时间和报送对象，均由企业根据自己生产经营和管理的需要自行确定。内部成本报表编制的目的，主要在于让企业领导和职工了解企业日常成本费用计划、预算执行的情况，以便调动各方面的积极性，控制费用的发生，降低产品成本，提高企业经济效益。同时，为企业领导、管理人员和投资者提供成本信息资料，以便其做出决策和采取有效措施，不断降低成本费用。

2. 按编报的时间分类

(1) 定期编报的成本报表，是根据管理上的要求所分为的月报、季报和年报，其主要目的是定期反映一定时期的成本水平及其构成情况，以满足企业定期考核、分析成本计划完成情况的需要。此外，为了满足企业内部管理的特殊需要，成本报表也可以按旬、周、日，甚至工作班组编报，其目的在于及时提供成本核算数据资料，服务企业生产经营的全过程，充分发挥成本核算及时、指导生产的作用，满足日常成本管理的需要。

(2) 不定期编报的成本报表，是企业为了满足临时的、特殊的需要而向有关部门和人员编报的成本报表。例如，企业为了将成本管理与技术管理相结合，分析企业产品成本升降的具体原因，进一步寻求降低成本的途径和方法，而将成本指标与技术经济指标结合起来，不定期地向有关部门和人员编报的技术经济指标变动对产品成本影响情况的报表等。不定期报表可以及时反映和反馈成本信息，揭示存在的问题，促使有关部门和人员及时采取措施，改进工作，提高效率，控制费用的发生，达到节约费用支出、降低成本的目的。

3. 按反映的经济内容分类

(1) 反映成本执行情况的报表。这类报表主要有产品生产成本表和主要产品单位成本表，主要反映报告期内企业各种产品的实际成本水平。通过本期实际成本与前期平均成本、本期计划成本的比较，可以了解企业成本计划的完成情况。

(2) 反映费用支出情况的报表。这类报表主要有制造费用明细表等，主要反映企业在报告期内某些费用支出的总额及其构成情况。通过这类报表可以分析费用支出的合理程度及变化趋势，有利于企业制订费用预算，考核费用预算的实际完成情况。

(3) 反映生产经营情况的报表。这类报表属于反映企业某项专项成本、费用情况或成本管理中某些专题情况的报表，通常设置的有生产情况表、材料耗用成本表、材料价格差异分析表等，主要反映企业在报告期内某些费用、成本的具体支出的总额及其构成情况。通过对此类信息的分析，有利于企业采取针对性措施，加强企业成本管理。

4. 按编制的范围分类

成本报表按编制的范围划分，可分为全厂成本报表、车间成本报表和班组成本报表等。一般的，产品生产成本表、主要产品单位成本表等都是全厂成本报表，制造费用明细表、生产情况表既可以是全厂成本报表，也可以是车间成本报表。

三、成本报表的编制依据

(1) 报告期的成本账簿资料。

(2) 本期成本计划及费用预算等资料。

(3) 以前年度的会计报表资料。

(4) 企业有关的统计资料和其他资料等。

四、成本报表的编制方法

各种成本报表，有的反映本期产品的实际成本，有的反映本期经营管理费用的实际发生额；有的还可能反映实际成本或实际费用的累计数。为了考核和分析成本计划的执行情况，这些报表一般还反映有关的计划数和某些补充资料。

成本报表中的实际成本、费用，应根据有关的产品成本或费用明细账的实际发生额填列。表中的累计实际成本、费用，应根据时期报表的本期实际成本、费用加上上期报表的累计实际成本、费用计算填列；如果有关的明细账簿中记有期末累计实际成本、费用，可以直接根据有关的明细账相应数据填列。

成本报表中的计划数，应根据有关的计划填列；表中其他资料和补充资料，应按报表编制规定填列。

五、成本报表的编制要求

1. 数字准确

数字准确是报表中的各项数据必须真实可靠，不能任意估计，更不允许企业弄虚作假、篡改数字。因此，企业在编制报表前，应将所有的经济业务登记入账，并核对各种账簿之间的记录，做到账账相符；清查财产、物资，做到账实相符。

2. 计算正确

计算正确是在编制成本报表的过程中，表内各项指标数据的计算必须准确无误，不得出现计算、书写错误。如果成本报表在填列过程中产生错误，或者账、证等资料中出现计算错误，则据此编制的报表同样不准确，也就不能客观、真实地反映企业在一定时期内的费用和成本水平。

3. 内容完整

内容完整是在编制成本报表时，报表种类必须齐全，表内的指标、项目、报表补充资料必须填列完整，不得少填漏填，任意取舍。

4. 编报及时

编报及时是企业按规定的时间编制并报送各种成本报表，及时进行成本信息资料的传递、反馈；否则时过境迁，即使指标非常准确，也将因此而丧失其应有的作用。

5. 内容实用，不拘泥于形式

成本报表的格式和内容、种类的设计应根据各企业的生产经营特点和管理要求进行，在满足管理需要的前提下尽可能简化，并且注重报表内容的实用性，不拘泥于形式。报表格式和明细项目的设置应充分考虑成本报表的专题性、指标的实用性和报表格式的针对性。

第二节 一般成本报表

一、产品生产成本报表

产品生产成本表是反映工业企业在报告期内生产的全部产品的总成本的报表。该表一般分为两种，一种按成本项目反映；另一种按产品种类反映。

全部产品生产成本报表可以从两个不同角度进行编制和分析。

(1) 按产品种类编制全部产品生产成本表，反映企业在报告期所产全部产品的总成本和各种主要产品（含可比产品和不可比产品）单位成本及总成本。利用此表可以定期、总括地考核和分析企业全部产品成本计划的完成情况和可比产品成本降低计划的完成情况，对企业产品成本工作从总体上进行评价，并为进一步分析指明方向。

(2) 按成本项目编制全部产品生产成本表，汇总反映企业在报告期发生的全部生产费用（按成本项目反映）和全部产品总成本。利用此表可以定期、总括地考核和分析企业全部生产费用和全部产品总成本计划的完成情况，对企业成本工作从总体上进行评价，并为进一步分析指明方向。

(一) 产品生产成本（按成本项目反映）表

该表是按成本项目汇总反映工业企业在报告期内生产的全部产品总成本的报表。

1. 产品生产成本（按成本项目反映）表的结构

该表分为生产费用和产品生产成本两部分。生产费用部分按照成本项目反映报告期内发生的各项生产费用及其合计数；产品生产成本部分是在生产费用合计基础上，加上在产品和自制半成品的期初余额，减去在产品和自制半成品的期末余额，算出产品生产成本合计数。各项费用和成本，还可以按上年实际数、本年计划数、本月实际数和本年累计实际数分栏反映。

【例18-1】现列示智董工业公司201×年12月份的产品生产成本（按成本项目反映）表，如表18-1所示。

表18-1　产品生产成本（按成本项目反映）表

××工厂　　201×年12月

项目	上年实际	本年计划	本月实际	本年累计实际
生产费用：				
直接材料费用	423760	411310	41440	421270
直接人工费用	174550	193840	16070	182410
制造费用	323088	288070	26980	294607
生产费用合计	921398	893220	84490	898287
加：在产品、自制半成品期初余额	49200	47920	41170	38498
减：在产品、自制半成品期末余额	38498	39860	50230	50230
产品生产成本合计	932100	901280	75430	886555

2. 产品生产成本（按成本项目反映）表的编制

在上列产品生产成本（按成本项目反映）表中，上年实际数应根据上年12月份本表的本年累计实际数填列；本年计划数应根据成本计划有关资料填列；本年累计实际数应根据本月实际数，加上上月份本表的本年累计实际数计算填列。

现说明表18-1中本月实际数的填列方法。

表中按成本项目反映的各项生产费用数，应根据各种产品成本明细账所记本月生产费用合计数，按照成本项目分别汇总填列。

假定上例企业生产甲、乙、丙三种产品，各种产品成本明细账所记12月份的生产费用合计数如下所示。

甲产品：直接材料7800元，直接人工2410元，制造费用4930元，合计15140元。

乙产品：直接材料15320元，直接人工6870元，制造费用9080元，合计31270元。

丙产品：直接材料18320元，直接人工6790元，制造费用12970元，合计38080元。

根据上列资料按照成本项目进行汇总，即可填列上列产品生产成本表中按成本项目反映的本月生产费用及其合计数。

表18-1中产品生产成本合计数的计算原理为

由于

$$\text{期初在产品、自制半成品成本} + \text{本期生产费用} = \text{本期完工产品生产成本} + \text{期末在产品、自制半成品成本}$$

因此

$$\text{本期完工产品生产成本}=\text{本期生产费用}+\text{期初在产品、自制半成品成本}-\text{期末在产品、自制半成品成本}$$

上列公式中的本期完工产品生产成本是表中的产品生产成本合计数；公式中的本期生产费用是表中的生产费用合计数。表中的期初、期末在产品、自制半成品余额，应根据各种产品成本明细账的期初、期末在产品成本和各种自制半成品明细账的期初、期末余额分别汇总计算填列。

假定上例企业甲、乙、丙三种产品成本明细账所记12月份的月初、月末在产品成本如下。

月初在产品成本为：甲产品6850元，乙产品14910元，丙产品19410元，合计41170元。

月末在产品成本为：甲产品5840元，乙产品18820元，丙产品25570元，合计50230元。

假定上例企业12月份甲、乙、丙三种产品均无自制半成品。

根据上列资料，即可汇总填列表18-1中在产品、自制半成品的期初余额数和期末余额数。

根据表18-1中的生产费用合计数，加、减在产品、自制半成品期初、期末余额，即可计算求出表中的产品生产成本合计数。

3. 产品生产成本（按成本项目反映）表的作用

(1) 可以反映报告期内全部产品生产费用的支出情况和各项费用的构成情况，并据以进行生产费用支出的一般评价。

(2) 将12月份该表本年累计实际生产费用与本年计划数和上年实际数相比较，可以考核和分析年度生产费用计划的执行结果，以及本年生产费用比上年的升降情况。

(3) 将表中各期产品生产成本合计数与各该期的产值、销售收入或利润进行对比，计算成本产值率、成本销售收入率或成本利润率，还可以考核和分析各该期的经济效益。

(4) 将12月份该表本年累计实际的产品生产成本与本年计划数和上年实际数相比较，还可以考核和分析年度产品生产总成本计划的执行结果，以及本年产品生产总成本比上年的升降情况，并据以分析影响成本升降的各项因素。

产品生产成本（按成本项目反映）表中本月实际和本年累计实际的产品生产成本合计数，应该与后列产品生产成本（按产品种类反映）表中相应的产品生产成本合计数核对相符。

(二) 产品生产成本（按产品种类反映）表

按产品种类反映的产品生产成本表，是按产品种类汇总反映工业企业在报告期内生产的全部产品的单位成本和总成本的报表。

1. 产品生产成本（按产品种类反映）表的结构

该表可以分为实际产量、单位成本、本月总成本和本年累计总成本四部分。表中按照产品种类分别反映本月产量、本年累计产量，以及上年实际成本、本年计划成本、本月实际成本和本年累计实际成本。

【例18-2】上例企业按产品种类反映的产品生产成本表如表18-2所示。在上列产品生产成本（按产品种类反映）表（18-2）中，对于主要产品，应按产品品种反映实际产量和单位成本，以及本月总成本和本年累计总成本；对于非主要产品，则可按照产品类别，汇总反映本月总成本和本年累计总成本；对于上一年度没有正式生产过、没有上年成本资料的产品，一般称为不可比产品，不反映上年成本资料；对于上一年度正式生产过、具有上年成本资料的产品，一般称为可比产品，还应反映上年成本资料。

表18-2 产品生产成本（按产品种类反映）表

××工厂 201×年12月

产品名称	计量单位	实际产量		单位成本				本月总成本			本年累计总成本		
		本月	本年累计	上年实际平均	本年计划	本月实际	本年累计实际平均	按上年实际平均单位成本计算	按本年计划单位成本计算	本月实际	按上年实际平均单位成本计算	按本年计划单位成本计算	本年实际
甲	件	100	1100	163.10	162.30	161.50	162.50	16310	16230	16150	179410	178530	178750
乙	件	200	2450	134.20	135.00	136.80	135.90	26840	27000	27360	328790	330750	332955
丙	件	300	3500	110.30	108.40	106.40	107.10	33090	32520	31920	386050	379400	374850
合计		×	×	×	×	×	×	76240	75750	75430	894250	888680	86555

2. 产品生产成本（按产品种类反映）表的编制

在该表中，各种产品的本月实际产量，应根据相应的产品成本明细账填列。本年累计实际产量，应根据本月实际产量，加上上月本表的本年累计实际产量计算填列。上年实际平均单位成本，应根据上年度本表所列全年累计实际平均单位成本填列；本年计划单位成本，应根据本年度成本计划填列；本月实际单位成本，应根据表中本月实际总成本除以本月实际产量计算填列。如果在产品成本明细账或产成品成本汇总表中有着现成的本月产品实际的产量、总成本和单位成本，表中这些项目都可以根据产品成本明细账或产成品成本汇总表填列。表中本年累计实际平均单位成本，应根据表中本年累计实际总成本除以本年累计实际产量计算填列。按上年实际平均单位成本计算的本月总成本和本年累计总成本，应根据本月实际产量和本年累计实际产量，乘以上年实际平均单位成本计算填列。按本年计划单位成本计算的本月总成本和本年累计总成本，应根据本月实际产量和本年累计实际产量，乘以本年计划单位成本计算填列。本月实际总成本，应根据产品成本明细账或产成品成本汇总表填列。本年累计实际总成本，应根据产品成本明细账或产成品成本汇总表本年各月产成品成本计算填列。如果有不合格品，应单列一行，并注明“不合格品”字样，不应与合格产品合并填列。

对于可比产品，如果企业或上级机构规定有本年成本比上年成本的降低额或降低率的计划指标，还应根据该表资料计算成本的实际降低额或降低率，作为表的补充资料填列在表的下端。可比产品成本的降低额和降低率的计算公式为

$$\begin{matrix}\text{可比产品}\\\text{成本降低额}\end{matrix}=\begin{matrix}\text{可比产品按上年实际平均单位}\\\text{成本计算的本年累计总成本}\end{matrix}-\begin{matrix}\text{本年累计}\\\text{实际总成本}\end{matrix}$$

$$\begin{matrix}\text{可比产品成}\\\text{本降低额}\end{matrix}=\frac{\text{可比产品成本降低额}}{\text{可比产品按上年实际平均单位成本计算的本年累计总成本}}\times 100\%$$

假定上例企业所产甲、乙、丙三种产品都是主要产品，而且都是可比产品。根据上列计算公式和产品生产成本（按产品种类反映）表所列有关资料，计算该企业全部可比产品的成本降低额和降低率所示。

可比产品成本比上年降低额 $=894250-886555=7695$（元）

$$\text{可比产品成本比上年降低率}=\frac{7695}{894250}\times 100\%=0.86\%$$

如果本年可比产品成本比上年不是降低，而是升高，上列成本的降低额和降低率应用负数填列；如果企业可比产品品种不多，其成本降低额和降低率，也可以按产品品种分别计划和计算。

按产品种类反映的产品生产成本表中的本月实际总成本的合计数和本年累计实际总成

本的合计数，应与按成本项目反映的产品生产成本表本月实际的产品生产成本合计数和本年累计实际的产品生产成本合计数分别核对相符（上例企业均为75430元和886555元）。但是，按产品种类反映的产品生产成本表中按上年实际平均单位成本计算的本年累计总成本（894250元）和按计划单位成本计算的本年累计总成本（888680元），不能与按成本项目反映的产品生产成本表中的上年实际产品生产成本合计数（932100元）和本年计划产品生产成本合计数（901280元）核对相符。这是因为，按产品种类反映的产品生产成本表是根据本年产品的实际产量和实际品种比重条件下的产品成本核算资料编制的。而按成本项目反映的产品生产成本表中的上年实际产品生产成本合计数，是上年的实际产量、实际品种比重条件下的实际总成本；按成本项目反映的生产成本表中的本年计划产品生产成本合计数，是本年的计划产量、计划品种比重条件下的计划总成本。其中产量和品种比重不同。

3. 产品生产成本（按产品种类反映）表的作用

(1) 分析和考核各种类产品和全部产品本月和本年累计的成本计划的执行结果，对各种类产品成本和全部产品成本的节约或超支情况进行一般的评价。

(2) 分析和考核各种可比产品和全部可比产品本月和本年累计的成本比上年的升降情况。

(3) 对于规定有可比产品成本降低计划的产品，分析和考核可比产品成本降低计划的执行情况，促使企业采取措施，不断降低产品成本。

(4) 了解哪些产品成本节约较多，哪些产品成本超支较多，为进一步进行产品单位成本分析指明方向。

(三) 按成本性态反映的产品成本表

这种格式的产品成本表，其基本结构是按成本性态分别变动成本和固定成本列示的产品总成本，并按上年实际数、本年计划数、本月实际数、本年实际数，分项分栏进行反映。

【例18-3】设智董工业公司201×年12月份按成本性态（即按变动成本和固定成本）反映的产品生产成本表，如表18-3。

表18-3　产品生产成本表（按成本性态反映）

201×年12月　　　　单位：千元

成本项目	上年实际成本	本年计划成本	本月实际成本	本年实际成本
变动成本：				
直接材料	2520	3114	242	2909
直接人工	504	623	52	636
变动制造费用	126	175	13	187
小计	3150	3912	307	3732
固定成本：				
固定制造费用	210	240	25	252
产品生产成本	3360	4152	332	3984

(四) 商品产品成本表

商品产品成本表是反映企业在报告期内生产的全部商品产品（包括可比产品和不可比产品）的总成本和各种主要商品产品单位成本和总成本的报表。

企业编制商品产品成本表的目的，是为了利用该表所反映的资料，考核全部商品产品和主要商品产品成本计划的执行结果和各种可比产品成本降低任务的完成情况，分析成本增减变化的原因，指出进一步降低产品成本的途径。

商品产品成本表由基本报表和补充资料两部分组成，具体格式如表18-4所示。在基本报表中，一般将全部商品产品划分为可比产品和不可比产品两大类，并分别列出它们的单位成本、本月总成本、本年累计总成本等栏目。

表18-4 商品产品成本表

编报单位：××公司　　　　201×年12月　　　　单位：元□□

		可比产品				不可比产品			全部商品产品生产成本
		(1) A	(2) B	(3) C	合计	(1) M	(2) N	合计	
规格									
实际产量（件）	本月	320	200	150		20	25		
	本年累计	3400	2600	2000		240	320		
单位成本	上年实际平均	550	225	380					
	本年计划	518	210	350		800	240		
	本月实际	438	180	330		710	205		
	本年累计实际平均	448	200	340		720	210		
本月总成本	按上年实际平均单位成本计算	176000	45000	57000	278000				
	按本年计划单位成本计算	165760	42000	52500	260260	16000	6000	22000	282260
	本月实际	140160	36000	49500	225660	14200	5125	19325	244985
本年累计总成本	按上年实际平均单位成本计算	1870000	585000	760000	3215000				
	按本年计划单位成本计算	1761200	546000	700000	3007200	192000	76800	268800	3276000
	本年实际	1523200	520000	680000	2723200	172800	67200	240000	2963200

补充资料：可比产品成本降低额为491800元。可比产品成本降低率为15.3%。

可比产品是企业过去正式生产过并拥有完备的成本资料的产品，而不可比产品则是企业过去没有生产过，或过去仅是试制而并未正式生产的产品，由于它们缺乏可比的成本资料，所以称为不可比产品。

对于可比产品的单位成本、本月总成本和本年累计总成本，均应分别列出上年实际平均数、本年计划数、本月实际数和本年累计平均数。这样做，企业便于分析可比产品成本降低任务的完成情况。对于不可比产品的单位成本、本月总成本和本年累计总成本，以及全部商品产品的总成本，则应同时列出本年计划数、本月实际数和本年累计实际平均数。这样做，有利于考核不可比产品以及全部商品产品成本计划的执行情况。

1. 商品产品成本表的填列方法

(1)“产品名称”项目应填列主要的“可比产品”与“不可比产品”的名称，对主要商品产品的品种，要按规定注明其名称、规格和计量单位。

(2)“实际产量”项目反映本月和从年初起至本月末止各种主要商品产品的实际产量，要依据成本计算单或产成品明细账的记录计算填列。

(3)“单位成本”项目内，“上年实际平均”栏反映各种主要可比产品的上年实际平均单位成本，应分别根据上年度本表所列各种可比产品的全年实际平均单位成本填列；“本年计划”栏反映各种主要商品产品的本年计划单位成本，应根据年度成本计划的有关数字填列；“本月实际”栏和“本年累计实际平均”栏分别反映本月和自年初起至本月末止企业生产的各种商品产品的实际总成本，应根据成本计算单的有关数字，并分别按下列公式计算填列：

$$某产品本月实际单位成本=\frac{该产品本月实际总成本}{该产品本月实际产量}$$

$$某产品本年累计实际平均单位成本=\frac{该产品本年累计实际总成本}{该产品本年累计实际产量}$$

(4)“本月总成本”项目内，“按上年实际平均单位成本计算”栏根据本月实际产量乘以上年实际平均单位成本计算填列；“按本年计划单位成本计算”栏根据本月实际产量乘以本年计划单位成本计算填列；“本月实际”栏根据本月产品成本计算单的资料填列。

(5)“本年累计总成本”项目内，“按上年实际平均单位成本计算”栏根据本年累计实际产量乘以上年实际平均单位成本计算填列；“按本年计划单位成本计算”栏根据本年累计实际产量乘以本年计划单位成本计算填列；“本年实际”栏根据本年成本计算单的资料填列。

(6)“补充资料”是商品产品成本表不可缺少的组成部分，是为了完整反映企业成本管理状况而提供的补充成本信息，一般包括“可比产品成本降低额”与“可比产品成本降低率”两个指标。

$$可比产品成本降低额=\sum\left[\left(\begin{matrix}上年实际平\\均单位成本\end{matrix}-\begin{matrix}本年实际平\\均单位成本\end{matrix}\right)\times\begin{matrix}本年实\\际实量\end{matrix}\right]$$

$$可比产品成本降低率=\frac{可比产品成本降低额}{\sum(上年实际平均单位成本\times本年实际产量)}\times100\%$$

【例18-4】根据表18-4的数字计算如下：

可比产品成本降低额 = 3215000 − 2723200 = 491800（元）

$$可比产品成本降低率=\frac{491800}{3215000}\times100\%=15.30\%$$

表18-4“商品产品成本表”中有关数据（以A产品为例）的计算具体说明如下所示。

按上年实际平均单位成本计算的本月总成本 = 320 × 550 = 176000（元）

按本年计划单位成本计算的本月总成本 = 320 × 518 = 165760（元）

按本月实际单位成本计算的本月总成本 = 320 × 438 = 140160（元）

按上年实际平均单位成本计算的本年累计总成本 = 3400 × 550 = 1870000（元）

按本年计划单位成本计算的本年累计总成本 = 3400 × 518 = 1761200（元）

按本年实际平均单位成本计算的本年累计总成本 = 3400 × 448 = 1523200（元）

2. 按产品种类编制的商品产品成本表的作用

(1) 分析和考核全部商品产品以及各种产品的成本计划执行情况，并对成本的超支或节约情况进行评价。

(2) 分析和考核全部可比产品以及各种可比产品成本与上年相比的升降情况，并进行评价。

(3) 分析和考核各种可比产品成本降低计划的完成情况，并进行评价。

(4) 根据上述分析和考核的结果，采取降低产品成本的有效措施。

二、主要产品单位成本表

主要产品单位成本表是反映企业在报告期内生产的各种主要产品单位成本构成情况的成本报表，是按产品品种反映的产品生产成本表中主要产品“单位成本”栏的补充和说明。

该表可以反映企业各种主要产品生产的实际成本水平、成本构成和技术经济指标的现状。基于该表，企业可以考核主要产品单位成本计划的执行结果，分析各项单位成本节约或超支的原因；可以将本月实际单位成本和本年累计实际平均单位成本与上年实际平均单位成本和历史先进水平进行对比，找出差距，挖掘降低成本的潜力；还可以通过各厂不同时期的此表的连续对比，分析各主要产品单位成本变化、发展趋势，这为企业编制计划，修订定额提供参考资料。

1. 主要产品单位成本表的作用

(1) 可以按照成本项目分析和考核主要产品单位成本计划的执行情况，分析主要产品单位成本升降的具体原因。

(2) 可以按照成本项目将本月实际和本年累计实际平均单位成本与上年实际平均单位成

本和历史上先进的单位成本进行对比，了解其与上年相比的升降情况，以及与历史先进水平之间是否有差距，是否已经赶上或超过历史先进水平。

(3) 可以分析和考核主要产品的主要技术经济指标的执行情况。

(4) 可以为修订各种消耗定额，编制下一期主要产品单位成本计划提供参考资料。

2. 主要产品单位成本的特点

本表主要特点是，按产品成本项目，分别反映产品单位成本及各成本项目的历史先进水平、上年实际平均水平、本年计划、本月实际和本年累计实际平均的成本资料。本表分为两个部分。第一部分为本表的基本部分，是分别按每一种主要产品进行编制的，表中除反映产品名称、规格、计量单位、产量、售价之外，主要是按成本项目反映单位成本的构成和水平；第二部分为本表的补充资料，反映上年和本年的几项经济指标，为分析、考核提供简便的资料。

3. 主要产品单位成本表的编制结构

主要产品单位成本表分为表首、基本部分（正表）和补充资料三大部分，如表18-5所示。

表18-5 主要产品单位成本表

201×年12月

编制单位：智董公司　　本月实际产量：30件　　单位售价：1350元

产品名称：甲产品　　本年累计实际产最：320件　　金额单位：元

成本项目	行次	历史先进水平（××年）	上年实际平均	本年计划	本月实际	本年累计实际平均
单位产品生产成本	1	850	1010	970	880	900
其中：直接材料	2	440	500	450	440	450
直接人工	3	220	300	310	300	250
制造费用	4	190	310	210	140	200
主要技术经济指标	计量	耗用量	耗用量	耗用量	耗用量	耗用量
(1) A材料	公斤	34	38	35	35	36
(2) B材料	公斤	50	53	51	52	53

补充资料：可以出售的不合格品产量________；主要产品的不合格品率________。

表首部分：主要列示报表名称、编制单位、编报时间、主要产品名称、计量单位、销售单价、本月实际产量和本年累计实际产量等资料。

基本部分：主要按成本项目反映各种主要产品单位成本的构成情况和水平，以及主要技术经济指标的完成情况。

补充资料部分：提供主要产品的不合格品率等资料。

主要产品单位成本表实质上是对商品产品成本表中主要产品“单位成本”栏的补充说明，以更加完整地反映产品单位成本状况。

(四) 主要产品单位成本表的编制方法

1. 表首有关项目的填列

产品名称是主要产品的名称。主要产品是企业经常性生产且在全部产品中所占比重较大，能从主要方面反映企业生产经营面貌的那些产品。

本月实际产量，反映企业本月生产的各种主要产品的合格品的产量，不包括可以出售的不合格品的产量。本栏目根据产品成本计算单填列。

本年累计实际产量，反映从年初至本月末止的累计实际产量。本栏目根据产品成本计算单计算填列。

2. 基本部分有关项目的填列

成本项目应按有关制度规定的项目填列。现行制度规定的成本项目一般包括直接材料、直接人工和制造费用三项。

历史先进水平，是企业历史上同种产品单位成本最低的实际平均成本水平，应根据本企业同种产品单位成本最低的有关资料按成本项目分别填列。

上年实际平均，是企业上年实际平均单位成本，应根据企业上年度本表的有关资料填列。

本年计划，应根据企业本年度单位成本计划填列。

本月实际，是企业本月生产的各种主要产品的实际单位成本水平，应根据企业本月产品成本计算单的有关资料填列。

本年累计实际平均，是从年初至本月末止各种主要产品的实际平均单位成本，应根据自年初至本月末止的完工产品成本计算单的有关资料加权平均计算后填列。

主要技术经济指标应根据有关规定和统计资料填列。

3. 补充资料的计算填列

可以出售的不合格品产量，由于在会计核算上仍包括在商品产品范围内，因而应作为补充资料单独反映。该指标应根据产品成本计算单的有关资料计算填列，并加上从年初至本月末止的累计实际产量。

不合格品的百分比，反映企业所生产的不合格品的比例，它从另一个角度反映企业产品的合格率。该指标根据不合格品的产量除以该种产品的产量计算填列。格式如表18-6所示。

表18-6 主要产品单位成本表

20××年12月

产品名称：甲　　　　本月实际产量：300

规格：　　　　本年累计实际产量：3150

计量单位：件　　　　单位：元

成本项目	历史先进水平	上年实际平均	本年计划	本年实际	本年累计实际平均
直接成本	313	365	343	318	325
直接人工	45	58	55	45	46
制造费用	60	110	96	71	72
产品生产成本	418	533	494	434	443
补充资料：					
(1) 成本利润率（%） (2) 资金利税率（%） (3) 产品销售率（%） (4) 净产值率（%） (5) 实际利税总额 (6) 职工工资总额 (7) 年末职工人数 (8) 全年平均职工人数					

本表的填列方法如下所述。

(1) 各成本项目的历史先进水平的数字，根据成本历史资料填列。

(2) 各成本项目的上年实际平均单位成本的数字，根据上年度的成本资料填列。

(3) 各成本项目的本年计划单位成本的数字，根据本年计划资料填列。

(4) 各成本项目的本期实际单位成本的数字，根据实际成本资料填列。

(5) 各成本项目的本年累计实际平均单位成本的数字，根据本年1月至本期为止该种产品的各该项目总成本除以累计产量后的商数填列。

在补充资料中，有关指标的计算公式为

成本利润率＝产品销售利润/产品销售成本×100%

资金利税率＝实际利税总额/资金×100%

产品销售率＝产品销售利润/产品销售收入×100%

净产值率＝工业净产值/产品销售收入×100%

三、其他成本报表

企业除按时编制商品产品成本表、主要产品单位成本表和制造费用明细表等成本报表外，还需要按特定的生产工艺特点和成本管理要求，设置其他成本报表，如生产情况表、材料成本考核表、人工成本考核表等。这些报表具有较大的灵活性、多样性和及时性，产品成本水平的细微变化，可以通过这些报表及时显现出来。合理设置和充分利用这些报表就为有效的成本控制打下了坚实的基础。以下是供参考的其他成本报表的常用格式。

(一) 成本及产量情况表

成本及产量情况表是反映一定期间整个企业、一个部门、一个车间或一种产品的生产数量和成本的报表。本表可由财会部门编制，采用成本和产量对比方式，以加强对产品成本的控制。本表按照每种产品编制，可每隔五日、一旬或半月编报一次，其格式如表18-7所示。

表18-7　成本及产量情况表

车间：

产品名称：　　　　　　　　　　年　月　　　　　　　　　　单位：元

日期	摘要	直接材料	直接人工	制造费用	其他	合计	生产数量		
							日期	完工入库数	产品数

如果要按整个企业或部门编制成本及产量情况表，则上表可按产品品种汇总，只要将表中的日期和摘要栏改为产品名称栏即可。表内的各项成本数可以根据领料单，生产工时统计和单位工资率编列，完工入库数可根据产成品入库单计算，在产品数可根据“期初数＋投产数－完工数－废品数”推算，或根据产成品台账填列。

在实行经济责任制的情况下，成本可按照权责的划分进行分层控制和考核。例如，可以分别按各个班组、车间或部门、厂部来进行分级控制。这类成本控制可采用表18-8的格式加以反映。

表18-8 实际及预算成本报表

部门： 年 月

项目	预算数	实际数	差异数
直接材料			
直接人工			
间接人工			
停工损失			
加班津贴			
低值易耗品			
物料用品			
管理人员工资			
折旧			
合计			

本表可由车间或职能部门编制，用以进行成本控制。表内项目只包括由该部门主管负责并控制的成本部分，不属本部门主管负责的成本不在本表内反映。如果该表由厂部编制，则项目栏可按各个部门的成本合计数编制，以便对各部门实施控制。格式基本同表18-8，仅项目栏应改为各责任部门名称，如供电、生产、机修、供应、销售、运输、财务、厂部等。

（二）主要材料成本考核表

反映材料成本的内部报表可分别由仓库部门和财会部门编制，前者格式如表18-9所示，主要反映重要材料的消耗数量，一般逐日编制。其实际用量根据领料单汇总，标准用量以实际产量乘以消耗定额求得，二者之间的差额计入差异数栏，节约用负号表示。财会部门编制的材料耗用成本表的格式如表18-10所示，用以汇总反映各部门材料耗用金额，并与标准成本做比较。这里的各部门可以是班组、车间或职能部门。

表18-9 材料耗用量月报表

材料名称：甲 年 月 单位：千克

日期	本日数				本月累计数				本年累计数			
	实际用量	标准用量	差异数	差异率	实际用量	标准用量	差异数	差异率	实际用量	标准用量	差异数	差异率
1	50	55	－5	－9.09%	50	55	－5	－9.09%	1680	1760	－80	－4.55%
2												
3												

表18-10 材料耗用成本

20××年1月1日至1月10日 单位：元

部门	实际成本（实际用量×计划单价）	标准成本（标准用量×计划单价）	差异数	差异率
甲部门	16840	17000	－160	－0.94%
乙部门	20860	20000	860	4.3%
丙部门	13830	13790	40	0.29%
合计	51530	50790	740	1.46%

材料价格差异分析表如表18-11所示，也是材料成本表的一种，用于分析材料采购成

本。通过本表可以了解各个采购渠道的经济效益，为进一步降低单位产品成本中的原材料成本提供可能。本表由财会部门或材料核算部门编制，每旬或每五日编制一次。

表18-11 材料价格差异分析表

年 月 日至 月 日

采购单编号	供货单位	材料名称	计量单位	采购数量	实际成本		计划成本		差异		
					单位成本	总成本	单位成本	总成本	单位成本	总成本	差异数

(三) 人工成本考核表

人工成本的考核可采取多种形式进行，表18-12所示的人工成本考核表主要用于分析工人在生产时间内的工作效率。本表可由生产班组编制并逐级汇总，不仅可用作成本考核的资料，也可用作发放劳动报酬的依据之一。

表18-12 工人工作效率月报表

班组　　　　　　　　　　　　年 月 日

工人姓名或工号	实际动用工时	完成定额工时	工作效率

四、费用明细表

各种费用是一定时期在生产经营过程中，各个车间、部门为进行产品生产和销售，以及组织和管理生产经营活动和筹集生产经营资金等所发生的制造费用、销售费用、管理费用和财务费用。前者属于产品成本的组成部分，后三项属于期间费用。

企业应定期编制制造费用明细表、销售费用明细表、管理费用明细表和财务费用明细表。

上述费用明细表可以反映企业各种费用计划（预算）的执行情况，帮助企业了解一定期间内各种费用支出总额及其构成情况，据以分析各种费用支出的合理性及其变动趋势，并为正确编制下期费用计划（预算）控制费用支出、明确各有关部门和人员的经济责任提供依据。

以下仅为简略介绍，详细内容请参阅本书“第六章 期间费用”。

(一) 销售费用明细表

销售费用明细表是反映工业企业销售部门在报告期内为销售产品所发生的各项费用及其构成情况的报表。销售费用明细表一般按照销售费用的费用项目分别反映各该费用的本年计划数、上年同期实际数、本月实际数和本年累计实际数。

1. 格式

销售费用明细表的格式见表18-13。

2. 填列方法

(1) 本年计划数应根据本年度销售费用计划填列。

(2) 上年同期实际数应根据上年同期本表的本月实际数或本年累计实际数填列。

(3) 本月实际数应根据销售费用明细账的本月合计数填列。

(4) 本年累计实际数应根据销售费用明细账本月末的累计数填列。

表18-13　销售费用明细表

××工厂　　201×年×月　　单位：元

项　目	本年计划数	上年同期实际数	本月实际数	本年累计实际数
工资	（略）	（略）	（略）	2246
职工福利费				314
业务费				824
运输费				3096
装卸费				1672
包装费				2936
保险费				767
展览费				400
广告费				6000
差旅费				3296
租赁费				800
机物料消耗				224
低值易耗品摊销				432
折旧费				717
修理费				192
其他				0
销售费用合计				23916

(二) 财务费用明细表

财务费用明细表是反映工业企业在报告期内为筹集生产经营资金所发生的各项费用及其构成情况的报表。财务费用明细表一般按照财务费用的费用项目分别反映各该费用的本年计划数、上年同期实际数、本月实际数和本年累计实际数。

1. 格式

财务费用明细表的格式见表18-14。

表18-14　财务费用明细表

××工厂　　201×年×月　　单位：元

项目	本年计划数	上年同期实际数	本月实际数	本年累计实际数
利息支出（减利息收入）	（略）	（略）	（略）	3320
汇兑损失（减汇兑损益）				1824
调剂外汇手续费				0
金融机构手续费				614
其他筹资费用				0
财务费用合计				5758

2. 填列方法

(1) 本年计划数应根据本年度财务费用计划填列。

(2) 上年同期实际数应根据上年同期本表的本月实际数或本年累计实际数填列。

(3) 本月实际数应根据财务费用明细账的本月末的合计数填列。

(4) 本年累计实际数应根据财务费用明细账的本月末的累计数填列。

(三) 管理费用明细表

管理费用明细表是反映企业管理部门在报告期内为组织和管理企业生产所发生的各项

费用及其构成情况的报表。管理费用明细表一般按照管理费用的费用项目分别反映各该费用的本年计划数、上年同期实际数、本月实际数和本年累计实际数。

1. 格式

管理费用明细表的格式见表18-15。

表18-15 管理费用明细表

××工厂　　201×年×月　　单位：元

项目	本年计划数	上年同期实际数	本月实际数	本年累计实际数
工资	（略）	（略）	（略）	7880
职工福利费				1103
折旧费				2600
修理费				2608
办公费				2256
差旅费				3854
运输费				1584
保险费				1456
租赁费				1400
咨询费				600
诉讼费				0
排污费				1424
绿化费				712
机物料消耗				575
低值易耗品摊销				544
无形资产摊销				624
长期费用摊销				312
坏账损失				592
研究开发费				0
技术转让费				0
业务招待费				3088
工会经费				1584
职工教育经费				960
劳动保护费				2976
待业保险费				0
税金				5584
存货盘亏和毁损（减盘盈）				464
其他				0
管理费用合计				44780

2. 填列方法

(1) 本年计划数应根据本年度管理费用计划填列。

(2) 上年同期实际数应根据上年同期本表的本月实际数或本年累计实际数填列。

(3) 本月实际数应根据管理费用明细账的本月合计数填列。

(4) 本年累计实际数应根据管理费用明细账的本月末的累计数填列。

(四) 制造费用明细表

制造费用明细表是反映工业企业在报告期内发生的制造费用及其构成情况的报表。

由于辅助生产车间的制造费用已通过辅助生产费用的分配转入基本生产车间制造费用、管理费用等有关的成本、费用项目，因而该表的制造费用只反映基本生产车间制造费用，不包括辅助生产车间制造费用，以免重复反映。

1. 制造费用明细表的作用

(1) 可以按照费用项目分析制造费用本月实际数比上年同期实际数的增减变化情况；在表中列有本月计划数的情况下，还可以分析本月计划的执行结果；

(2) 可以在年度内按照费用项目分析制造费用年度计划的执行情况，预测年末时制造费用能否节约，会不会超支，以便企业采取措施，将制造费用控制在年度计划之内；可以在年末按照费用项目分析制造费用年度计划执行的结果，分析节约或超支的原因。

(3) 可以分析本月实际和本年累计实际制造费用的构成情况，并与上年同期实际构成情况和计划构成情况进行比较，分析制造费用构成的发展变化情况和原因。

2. 制造费用明细表的结构

该表一般按照制造费用的费用项目分别反映各该费用的本年计划数、上年同期实际数、木月实际数和本年累计实际数。

【例18-5】制造费用明细表的格式如表18-16所示。

表18-16 制造费用明细表

××工厂　　　　201×年12月

费用项目	本年计划数	上年同期实际数	本月实际数	本年累计实际数
工资及福利费	62700	4984	5410	63873
折旧费	42700	3493	3570	43820
修理费	26910	2580	2320	26950
办公费	29950	2327	2120	27410
水电费	34900	2789	2860	34874
机物料消耗	29800	2360	2250	27120
劳动保护费	35170	2976	2780	33162
在产品盘亏、毁损		2382	2130	14895
停工损失		1871		5144
其他	25940	3618	3540	17359
合计	288070	29380	26980	294607

3. 制造费用明细表的编制

(1) 本年计划数应根据本年制造费用计划填列。

(2) 上年同期实际数应根据上年同期本表的本月实际数填列。

(3) 本月实际数应根据“制造费用”总账科目所属各基本生产车间制造费用明细账的本月合计数汇总计算填列。

(4) 本年累计实际数应根据这些制造费用明细账本月末的累计数汇总计算填列。如果需要，也可以根据制造费用的分月计划，在表中加列本月计划数。

五、期中成本预报

期中成本预报是在成本计划执行过程中，在前期成本计划完成情况分析的基础上，对后期的成本水平进行预测分析，借以预计成本计划能否完成和超额完成，以预报的形式报出，敦促有关车间、部门及早采取有效措施，发挥有利因素，克服不利因素，保证成本计划的完成。期中成本预报可以根据实际需要定期或不定期进行。一般月度成本预报是在中旬末进行；季度预报是在第二个月月末进行；年度预报是在第三季度末进行。

现以年度预报为例，说明成本预报的步骤和方法。

(1) 根据第四季度的生产计划和成本计划，计算第四季度产品计划总成本和各项费用支出计划总额。

(2) 对前三个季度的成本计划完成情况进行分析，找出影响成本升降的主要因素，并检查这些因素对第四季度成本水平是否继续存在影响，如果有影响，程度有多大。

(3) 深入生产实际和有关部门，调查了解第四季度可能出现的新的因素和新的情况，包括有利和不利因素和情况，了解这些因素产生的原因和责任部门，并估算它们对第四季度成本水平的影响程度。

(4) 汇总上述各项有利和不利因素以及对第四季度成本水平的影响，预计第四季度成本计划的完成情况。

(5) 总结推广先进经验，针对存在的问题提出建议，发挥有利因素，克服不利因素，以保证成本计划的完成和超额完成。

上述方法也可用于某项降低产品成本或费用支出措施效果的预计分析。下面以提高原材料利用率、降低产品原材料成本措施的预计效果分析为例，说明进行分析预报的方法。

【例18-6】 假定智董公司产品耗用的原材料为薄钢板，1～9月产品原材料成本高于同行业企业同类型产品。经过分析得知，主要原因是原材料利用率低，只有80%，其余20%的边角料本来可以用来生产小产品，但工人嫌下料麻烦，就全部作为废料卖掉了。

针对上述问题，会计部门会同有关部门和车间研究决定在计划期严格执行大小型产品合理搭配套裁下料的办法，并辅以奖惩制度，以提高原材料利用率，降低产品的原材料成本。

假定1～9月耗用钢板75吨，利用率为80%，有15吨边角料作为废料出售。10～12月预计耗用钢板25吨，如果利用率仍为80%，边角料也作为废料出售，可取得的收入详见表18-17。

表18-17计算表明，如果10～12月边角料全部作为废料出售，预计可取得收入223元。如果10～12月严格执行套裁下料办法，充分利用各种边角料，其效果详见表18-18。

表18-17　废料销售情况表

种类	单价（元）	1～9月实际		10～12月预计	
		销售数量（吨）	销售收入（元）	销售数量（吨）	销售收入（元）
大块料	90	1	90	0.3	27
中块料	50	11	550	3.4	170
小块料	20	3	60	1.3	26
合计		15	700	5	223

表18-18　废料计划利用效果分析表

种类	生产数量（吨）	利用率（%）	利用数量（吨）	利用金额（元）	剩余边角料			
					种类	数量（吨）	单价（元）	销售收入（元）
大块料	0.3	70	0.21	168	大碎料	0.09	20	1.80
中块料	3.4	50	1.7	1360	中碎料	1.7	16	27.20
小块料	1.3	10	0.13	104	小碎料	1.17	10	11.70
合计	5		2.04	1632*		2.96		40.70

由表18-18计算表明，如果按计划严格执行大小型产品合理搭配套裁下料，充分利用边角料，提高原材料利用率，企业可节约钢板2.04吨，每吨800元，则该项措施利用金额为1632

元，剩余的大碎料、中碎料和小碎料无法利用，出售后还可收入40.70元，两项共计1672.70元。这比不利用而全部作为废料出售可节约原材料费用1449.70元（1672.70－223）。

显然，将上述情况及时预报给有关部门和车间，同时贯彻执行奖励制度，就可以激发广大职工改进操作技术、合理执行套裁下料制度的积极性，提高原材料的利用率，降低单位产品的原材料成本。

第三节 特殊成本报表

一、责任成本报表

责任成本报表是根据成本责任中心（或单位）的日常责任成本核算资料定期进行编制，用以反映和考核责任成本预算完成情况的内部成本报表。

责任成本是责任者的可控成本，是根据成本管理责任制的要求，按成本划分责任进行管理的成本。责任成本报表应以责任单位（如车间、部门等）逐级按月进行编报，主要的责任成本项目还可以按月或按旬进行编报，其资料来源于责任成本计划和责任成本核算。因此，编制这一张报表的前提是有进行责任成本计划和核算的企业。

（一）责任成本报表的意义和内容

责任成本报表的编报内容取决于各成本中心（车间和部门）控制成本的责任范围。责任范围大的成本中心，其报告可涉及成本若干项内容，责任范围小的成本中心，其报告内容可能只涉及某项用料、用工标准的执行情况。责任成本报表内容的详简程度应服从于各级成本管理人员的信息需求。在一般的情况下，越低层次的报告越详细，越高层次的报告越概括。成本中心的责任成本报表，一般只按该中心可控成本的明细项目列示其计划数（即责任预算）、实际数和差异。其指标可用金额、实物或时间量度表示。

该表报告的核心内容是差异的揭示，是考核成本中心对责任成本控制的业绩。如果计划数大于实际数，称为有利差异，通常在差异后用符号F表示，表示可控成本为节约；如果出现计划数小于实际数，称为不利差异，通常在差异后用符号U表示，表明可控成本为超支。对于成本中心的不可控成本，在报告中可以不予列示，以突出重点或者作为参考资料列示，让管理机关了解该成本中心一定时期发生消耗的全貌，并便于考察责任成本信息与产品信息相互印证。

（二）责任成本报表的编制

责任成本报表是反映各责任单位在报告期内实际发生的责任成本及其与责任成本预算差异情况的报表。其结构和格式可由企业根据内部管理的需要自行设计。

现按生产车间、供应部门、管理部门分述如下。

1. 生产车间责任成本报表的编制

(1) 企业采用制造成本法计算产品成本的情况下，其责任成本报表可按成本项目列示，反映各项目计划责任成本、实际责任成本和差异。其格式如表18-19所示。

表18-19 责任成本报表

责任单位：加工车间　　201×年12月　　单位：元

成本项目	本月责任成本					累计责任成本		
	计划	全部费用	不可控费用	实际	差异	计划	实际	差异
	①	②	③	④＝②－③	⑤＝①－④	⑥	⑦	⑧＝⑥－⑦
直接材料	80000	88600	2800	85800	5800（U）		（略）	
直接人工	20000	22400		22400	2400（U）			
制造费用	30000	27000		27000	3000（F）			
合计	130000	138000	2800	135200	5200（U）			

表18-19中各栏数字的填列方法如下所述。

1）本月计划责任成本（第①栏）应分别根据当月生产的各种产品的定额消耗量乘以单位消耗计划成本汇总计算填列。其中，直接材料项目本月计划责任成本，应根据当月生产的各种产品的各种材料的定额消耗量分别乘以各该种材料的计划单位成本汇总计算填列；其他项目本月计划责任成本，应根据当月加工各种产品消耗的定额工时之和分别乘以单位工时各项目费用计划计算填列。

2）全部费用（第②栏）为当月生产各种产品实际发生的费用，应根据各种产品成本计算单的各成本项目本月费用汇总计算填列。如果月初在产品在本月加工中发生不可修复废品，其废品损失应计入本月费用。

3）不可控费用（第③栏）应根据当月实际发生的不可控费用计算填列。

4）本月实际责任成本（第④栏）应根据本月全部费用减去不可控费用计算填列。

5）差异（第⑤栏）应根据计划责任成本减去实际责任成本计算填列。其有利差异用（F）表示，不利差异用（U）表示。

6）累计责任成本各栏目均应根据上月责任成本表的累计责任成本加上本月责任成本报表的本月责任成本计算填列。

(2) 企业采用变动成本法计算产品成本的情况下，其责任成本报表应分为变动责任成本和固定责任成本两部分。变动责任成本可以按成本项目分别列示，固定责任成本可以按费用项目分别列示。该表也分别反映各项目的计划责任成本、实际责任成本和差异。其格式如表18-20所示。

表18-20 责任成本报表

责任单位：加工车间　　201×年×月　　单位：元

成本性态	成本或费用项目	本月责任成本			累计责任成本		
		计划	实际	差异	计划	实际	差异
变动责任成本	直接材料	80000	85800	5800（U）		（略）	
	直接人工	20000	22400	2400（U）			
	变动性制造费用	9000	8000	1000（F）			
	小计	109000	116200	7200（U）			
固定责任成本	工资及福利费	6000	6200	200（U）			
	办公费	2000	2600	600（U）			
	折旧费	8000	8000	0			
	劳动保护费	4000	400	3600（F）			
	水电费	600	1000	400（U）			

续表

成本性态	成本或费用项目	本月责任成本			累计责任成本		
		计划	实际	差异	计划	实际	差异
固定责任成本	其他	400	800	400 (U)			
	小计	21000	19000	2000 (F)			
合计		130000	135200	5200 (U)			

表18-20中各栏数字的填列方法如下所述。

1）本月计划变动责任成本各项目，应分别根据各种产品各项定额消耗量和单位消耗量计划成本汇总计算填列。

2）本月实际变动责任成本各项目，应根据各种产品成本计算单中本月费用汇总计算填列。

3）本月变动责任成本差异各项目，应根据计划变动责任成本减去实际责任成本计算填列。如为有利差异则用（F）表示，如为不利差异则用（U）表示。

4）本月计划固定责任成本各项目，应根据可控固定费用计划数填列。

5）本其实际固定责任成本各项目，应根据责任单位可控固定费用明细分类账本月发生额填列。

6）本月固定责任成本差异各项目，应根据计划固定责任成本减去实际固定责任成本计算填列。如为有利差异则用（F）表示，如为不利差异则用（U）表示。

7）累计责任成本各项目，应根据上月止累计责任成本加本月责任成本计算填列。

2. 供应部门责任成本报表的编制

供应部门责任成本报表分为材料采购成本、管理费用和其他费用三部分，分别反映其计划责任成本、实际责任成本和差异。其中，材料采购成本按材料类别分别列示，管理费用按费用项目分别列示，其他费用是由其他责任单位转入由本责任单位承担的损失性费用，也按费用项目分别列示。其格式如表18-21所示。

表18-21 责任成本表

责任单位：供应部　　201×年×月　　单位：元

成本性态	成本或费用项目	本月责任成本			累计责任成本		
		计划	实际	差异	计划	实际	差异
外购材料成本	原材料	170000	179200	9200 (U)			
	包装物	14000	13600	400 (F)		（略）	
	低值易耗品	8000	8200	200 (U)			
	小计	192000	201000	9000 (U)			
管理费用成本	办公费	600	560	40 (F)			
	差旅费	3000	4000	1000 (U)			
	水电费	200	240	40 (U)			
	运输费	4000	5120	1120 (U)			
	其他	200	280	80 (U)			
	小计	8000	10200	2200 (U)			
其他费用	料废损失						
	代用材料损失		2800	2800 (U)			
	小计		2800	2800 (U)			
合计		200000	214000	14000 (U)			

表18-21中各栏数字的填列方法如下所述。

(1) 外购材料本月计划责任成本，应根据各种材料采购明细分类账当月入库材料计划成本汇总计算填列；本月实际责任成本，应根据各种材料采购明细分类账当月入库材料实际成本汇总计算填列；差异应根据本月计划责任成本减去本月实际责任成本计算填列，有利差异用（F）表示，不利差异用（U）表示。

(2) 管理费用本月计划责任成本，应根据可控费用计划填列；本月实际责任成本，应根据本部门当月实际发生的可控费用填列；差异应根据本月计划责任成本减去本月实际责任成本计算填列，有利差异用（F）表示，不利差异用（U）表示。

(3) 其他费用是其他责任单位发生的不可控而供应部门可控的费用。由于它属于一种损失性费用，所以不列计划责任成本数，因而实际发生的责任成本即为差异数，均为不利差异。其他费用可以采用责任转账的方式转入，也可以采用费用转移通知单的方式转入。如采用前者，其本月实际责任成本应根据有关明细分类账的发生额填列；如为后者，则应根据费用转移通知单填列。

(4) 累计责任成本各栏应根据上月止累计责任成本加本月责任成本计算填列。

3. 其他管理部门责任成本报表的编制

其他管理部门责任成本报表一般分为管理费用和其他费用两部分，分别反映其本月计划责任成本、本月实际责任成本和差异。其填列方法与供应部门责任成本报表的管理费用和其他费用的填列方法相同，不再赘述。

责任成本报表应逐级上报和逐级汇总编制，下一级的成本中心编制的责任成本报表应定期向上一级成本中心报送，上一级成本中心收到其下属所有的成本中心报来的责任成本报表后，应予汇总，再加上直接属于自身的可控成本，编制本成本中心的责任成本报表，并再向更高层次的成本中心报送，直至最后汇编出整个企业的责任成本报表，通过责任成本报表的逐级上报汇编形成整个企业的连锁责任。下面举例说明责任成本报表的汇编方法。

【例18-7】假定智董公司设有一个制造部、一个供应部和一个销售部，分别由各部门经理负责；制造部下设铸造、加工和装配三个车间，均为成本中心。则该公司的责任成本报表分为车间、供应部、销售部和公司三个层次，除前述表18-20和8-21所列的加工车间和供应部责任成本报表外，下面着重说明由各生产车间责任成本表汇编制造部责任成本报表，以及由各部责任成本报表汇编公司责任成本报表。其格式如表18-22和8-23所示。

表18-22 责任成本报表

责任单位：制造部　　　　201×年×月　　　　单位：元

项目	本月责任成本			累计责任成本		
	计划	实际	差异	计划	实际	差异
制造部管理费	28000	27200	800（F）		（略）	
铸造车间责任成本	76000	74000	2000（F）			
加工车间责任成本	130000	135200	5200（U）			
装配车间责任成本	80000	90000	10000（U）			
可控成本合计	314000	326400	12400（U）			

表18-23 责任成本表

责任单位：公司总部　　201×年×月　　单位：元

项目	本月责任成本			累计责任成本		
	计划	实际	差异	计划	实际	差异
公司总部管理费	60000	56800	3200（F）		（略）	
制造部责任成本	314000	326400	12400（U）			
供应部责任成本	200000	214000	14000（U）			
销售部责任成本	160000	156000	4000（F）			
可控成本合计	734000	753200	19200（U）			

二、质量成本报表

质量成本报表是按质量成本项目反映企业在报告期内实际发生的质量成本及其与质量成本预算差异情况的报表。质量成本是企业在生产经营过程中，为了保证和提高产品质量所支出的一切费用以及未达到质量标准而产生的损失费用。质量成本报表反映的内容包括故障成本、鉴定成本和预防成本。

故障成本，即质量损失，它分内部故障成本和外部故障成本。内部故障成本是产品在出厂以前因质量不合格而发生的损失和处理费用，包括废品损失、不合格品返修费用、返修产品复检费、因质量事故造成的停工损失等。外部故障成本是产品出售后由于质量问题而发生的损失和支付的一些费用，如退换损失、折价损失、保管和修理费用等。

鉴定成本，是检验和评定产品质量而发生的各种费用，包括产品检验费、产品生产工序检查费、进料检验费以及各种检测设备的维修费等。

预防成本，是为了维护和保证产品质量，使它达到设计标准而发生的一切费用，包括质量控制的技术和管理费用，工序控制费用、质量管理培训费、质量改进措施费等。

1. 质量成本报表的意义和内容

质量成本信息发生在生产经营过程的各个环节中，在每一个环节控制质量成本需要解决的问题，可能涉及许多部门，这就需要确定追踪和控制质量成本的网点。根据质量管理的内部分工，通常，内部故障成本由生产部门负责，外部故障成本由销售部门负责，鉴定成本由检验部门负责，预防成本由质量管理部门负责，质量总成本由财会部门与质量管理部门共同负责。质量成本报表的内容是根据各网点追踪和控制质量成本的具体内容和对质量管理分工的要求来确定的。各网点的质量成本报表和汇总的质量成本报表，都应反映质量成本有关项目的预算控制数、实际数和差异数。

2. 质量成本报表的编制依据

(1) 表中质量成本的实际数一般来源于原始记录和原始凭证，如废品通知单、返修单、检验工时报告单、质量事故减产损失计算表及各种台账的统计数等。质量管理各网点的核算人员，应负责收集原始资料，进行登记、汇总，并据以编制质量成本报表。

(2) 表中质量成本的预算控制数，应根据计划年度企业制订的质量成本预算控制数逐项填列。

(3) 表中的差异数应根据质量成本实际数与预算控制数逐项计算填列。差异栏中用金额表示的差异应等于实际数减去预算控制数，用百分比表示的差异应等于差异额除以预算控制数求得的。

3. 质量成本报表的编制方法

质量成本报表是根据质量成本的日常核算资料进行编制的。进行质量成本核算时，必须搞好统计工作，及时、准确地统计因发生废品而损失的材料、工时等，为正确进行质量成本核算提供可靠的原始资料。质量成本有显见成本与隐含成本之分，显见成本可用会计方法进行核算，对未实际支出的隐含成本，如质量事故的停工损失、产品降级损失、产品降价损失等，很难用会计方法进行核算，只能用统计方法计算确定。因此，质量成本的核算可以说是以会计核算为主，统计核算为辅，相互配合，才能全面、正确、及时地反映质量成本。我们知道，根据日常核算的资料进行质量成本报表的编制，质量成本报表可分为两类：一类汇总反映全厂质量成本预算的执行情况；另一类是分别反映各个责任层次的质量成本预算的执行情况。质量成本报表参考格式见表18-24、表18-25和表18-26。分责任层次的内部质量成本报表，编制时，应分别按责任单位（即分级归口单位），分车间、科室进行编报。

表18-24　质量成本报表

201×年12月　　单位：元

类别		项目	预算控制数 ①	实际数 ②	差异 金额 ③＝②－①	差异 % ④＝③÷①
故障成本	内部故障成本	1.不合格品返修费				
		2.返修产品复检费				
		3.废品损失				
		4.质量事故造成停工损失费用				
		5.降级损失				
		小计				
	外部故障成本	1.折旧损失				
		2.赔偿费用				
		3.保修费用				
		4."三包"管理费				
		5.退货损失				
		小计				
鉴定成本		1.进料检验费				
		2.工序检查费				
		3.产品检验费				
		4.检测手段维护费				
		小计				
预防成本		1.质量管理培训费				
		2.质量管理活动费				
		3.质量管理文件制订费				
		4.质量改进措施费				
		小计				
质量成本合计						
本期产品生产总成本 质量成本率（百元）						

表18-25　质量成本表

车间：　　　　201×年×月

类别	项目	预算数	实际数	差异数		差异原因
				金额	%	
内部故障成本	1.不合格品返修费 2.返修产品复检费 3.废品损失 4.质量事故造成停工损失费用 5.降级损失					
	小计					
预防成本	1.质量管理培训费 2.质量管理活动费 3.质量管理文件制订费 4.质量改进措施费					
	小计					
鉴定成本	1.进料检验费 2.工序检查费 3.产品检验费 4.检测手段维护费					
	小计					
合计						

表18-26　科室质量成本报告

科室：　　　　201×年×月

类别	项目	预算数	实际数	差异数		差异原因
				金额	%	
外部故障成本	1.折旧损失 2.赔偿费用 3.保修费用 4."三包"管理费 5.退货损失					
	小计					
内部故障成本	1.不合格品返修费 2.返修产品复检费 3.废品损失 4.质量事故造成停工损失费用 5.降级损失					
	小计					
合计						

第十九章

成本分析

第一节 成本费用分析综述

成本分析是企业利用成本核算资料及其他有关资料，对企业成本费用水平及其构成情况进行分析研究，查明影响成本费用升降的具体原因，寻找降低成本、节约费用途径的一项管理活动。

降低成本，节约费用，是企业提高盈利能力的有效途径，成本费用分析是财务分析的重要内容。

成本分析是成本核算工作的继续，它贯穿于成本管理工作的全过程，包括事前分析、事中分析、事后分析。在实际工作中，经常使用的是成本报表分析。

一、成本分析的意义

(1) 通过成本分析，企业可以检查成本计划（预算）完成或未完成的原因，对成本计划本身及其成本计划执行结果进行评价，发现成本管理中存在的问题，认识和掌握企业成本变动的规律，总结成本管理中的经验教训，促使企业领导及一般职员增强成本管理意识，提高企业的成本管理水平。

(2) 成本分析帮助企业对各种生产经营投资、筹资决策方案进行成本效益比较，为企业决策者做出正确的决策提供依据。在企业投资过程中，企业要注重资金成本计算和分析、项目投资成本的计算和分析；在产品设计、试制过程中应加强产品设计成本的计算和分析；在材料采购过程中要关注材料采购成本的计算和分析；在产品生产过程中应强调产品制造成本的计算和分析。这样将有助于企业经营管理者在各项决策中运用成本思想，提高决策能力。

(3) 成本分析促使企业不断地降低成本、节约费用，以便其在激烈的市场竞争中立于不败之地。通过成本分析，企业在制造产品时做到心中有数，明白哪些产品的成本过高，哪些产品有进一步降低成本的潜力，可以从哪些方面降低成本，调动全体职员控制成本、节约费用的积极性，增强企业的竞争能力。

(4) 通过成本分析，企业可以检查成本管理行为的合理性、合法性，更好地执行国家有关成本管理的法规和制度。通过成本分析，企业了解成本的具体构成，便于发现其是否违反了成本开支范围和费用规定标准，保证企业遵守国家有关财经法规，依法经营、合法开支、正确核算。

(5) 通过成本分析，企业可以分清成本管理各个环节或部门的成本管理责任，有利于考核和评估其成本管理业绩，有利于了解成本管理责任制是否健全，促进企业完善成本管理责任制，把成本管理工作做得更深入、更具体。

二、成本分析的任务

1. 正确分析成本计划的完成情况，客观评价成本责任单位的工作业绩

成本计划完成情况如何，一般很难简单地根据成本核算资料直接做出可信的结论，而要在成本核算的基础上，通过系统、全面的分析，才能做出正确的评价。同时，通过成本分析企业还可以正确评价成本责任单位实施成本计划的成绩好坏，弄清其主客观原因，为落实奖惩制度提供可靠依据，以调动各成本责任单位及职工提高成本效益的自觉性、积极性和创造性。

2. 揭示成本差异原因，把握成本变动规律，逐步提高成本管理水平

由于成本是一个综合性较强的指标，因而在成本计划执行过程中必然要受到多方面因素的影响。因此，成本分析应运用科学手段与方法，揭示成本差异，查明和测定影响成本差异的因素及其影响程度，从而逐步认识和把握成本变动的特征和规律，以便采取措施，进一步提高企业的成本管理水平。

3. 寻找进一步降低成本的有效途径和方法，不断提高企业的利润水平

成本分析的根本目的是为了挖掘潜力，寻找进一步降低成本的途径和方法，促使企业以较少的劳动耗费生产出更多符合质量标准的产品，或以较少的支出得到更多更好的服务。因此，在成本分析中应积极、主动地找差距、查原因，总结经验，指出问题所在，以便今后更好地推广先进经验，克服工作中的缺陷和薄弱环节，把企业降低成本的潜力挖掘出来，不断提高企业的利润水平。

三、成本分析的原则

1. 必须以国家有关财经政策、《会计法》、企业会计准则等为衡量依据

在成本分析中，应该揭示那些不符合政策、违背财经纪律、不符合财务会计准则的事项，如把不应该列作成本开支的费用计入成本，或者把应该计入成本的费用列作其他方面的支出。

2. 必须坚持实事求是的精神

分析影响产品成本升降的原因，都要从客观实际出发，恰如其分地得出结论。不能凭主观臆想或以点滴、片面的情况作为分析的依据，不能把成本升高的主观原因推向客观。

3. 必须相互联系地看问题

成本是企业经济活动情况的综合反映，是多种因素影响的综合结果，必须从经济活动

的各个方面相互联系地进行研究，才能真正揭示成本升降的原因。例如，质量的提高，往往使成本增加；但是质量提高，同时会使生产和销售量扩大；而生产和销售量的扩大又会导致成本降低。因此，不能简单地说，提高质量会使成本增加，而是要把提高质量所增加的成本和扩大销售所降低的成本综合起来考虑，才能得出正确的结论。

4. 必须坚持辩证的方法

事物发展是不平衡的，整个企业产品总成本下降，并不等于所有产品成本都下降，也不等于所有车间、部门的成本都下降，更不等于所有成本项目都下降。要善于用辩证的方法揭露矛盾，找出差距，在肯定成绩的同时发现新问题。

5. 必须抓住重点，找出关键

影响成本的因素很多，分析时不应该面面俱到，必须抓住重点，找出关键性问题，搞深搞透。只有把主要问题分析清楚了，才能提出恰当的改进措施，促使成本的进一步降低。

6. 必须搞好调查研究，掌握实际情况

根据成本核算资料，用科学的方法进行分析，这是完全必要的。但是真正搞清问题，提出恰当的改进措施，仅仅凭数字资料是不够的，必须深入实际，有针对性地做一些调查研究，摸清实际情况，才能提高分析的质量。

四、成本分析的要求

1. 全面分析和重点分析相结合

全面分析就是要着眼于整体，树立全局观念，切忌片面性，要运用一分为二的观点分析问题，对成绩和缺点、有利因素和不利因素要全面分析，不能强调一方面而忽视另一方面。全面分析并不意味着对与成本有关的所有因素不分巨细，面面俱到地分析，而应按照例外管理的原则，抓住重点问题，深入剖析。

2. 专业分析与群众分析相结合

企业的成本费用涉及企业的各个部门和每个职工的工作业绩与切身利益，为了达到成本分析的目的，企业必须发动全体职员参加成本分析，将分析化为广大群众的自觉性行动。普通职工工作在生产经营第一线，他们最了解成本费用变动的具体原因，只有充分发挥他们分析成本、挖掘降低成本潜力的积极性，把专业人员分析与生产经营第一线的广大职员分析有机地结合起来，才能使成本分析产生有效的作用，才能提出更多切实可行的降低成本的措施。

3. 经济分析与技术分析相结合

企业成本的高低既受经济因素的影响，也受技术因素的影响。成本分析如果只停留在经济指标的分析上，而不考虑技术方面的因素，就不可能达到分析的目的。为此，企业在进行成本分析时，既要组织经营管理人员，又要吸收生产技术人员，把企业经济分析与技术分析有效地结合起来，通过改进技术，寻求降低成本的有效途径。

4. 纵向分析与横向分析相结合

纵向分析是企业范围内的纵向（不同时期）成本水平进行对比分析，包括本期实际成本与上期实际成本对比分析，或与上年同期实际成本对比分析，或与历史最好水平的成本对比分析。通过纵向分析，企业了解成本的变化趋势。横向分析是企业成本与其他相同行业的成本进行对比分析，即厂际分析。通过横向分析，企业可以发现自己的差距和存在的潜力，有利于激发自身继续努力的积极性。

五、成本分析的内容

（一）一般成本分析的内容

一般成本分析（或称传统成本分析）的内容是按成本费用的构成要素来组织分析的。费用是企业在生产经营过程中为取得营业收入而发生的各项耗费。这些耗费有的与资产的耗费相伴随，如材料费、折旧费等。一般而言，费用的发生与营业收入的取得有一定的因果联系，但这种因果关系并不是化学反应式的因果关系，同时这种因果关系也并不表示它们在数量上存在固定的比例关系。因为费用与营业收入之间的数量比例关系，受多种因素的影响，会发生各种变化，如材料价格上升，会使材料费用提高；某些会计处理程序和方法的变化，也会影响某一时期费用与收入的比例关系。例如，在材料价格上升的情况下，以后进先出法代替先进先出法对领用的材料计价，在某一时期，即使材料单位耗用量不变，材料费用亦会上升。

一般成本分析主要包括以下的内容。

1. 制造成本分析

在制造成本法下，产品生产的制造成本包括直接材料、直接人工和间接制造费用，是产品销售成本的主要组成部分。制造成本水平的高低直接影响企业的盈利能力的大小。因此，加强对制造成本的分析，就抓住了企业成本分析的重点，对降低物料消耗，节约人工费用，提高经济效益有着至关重要的作用。制造成本分析可以从静态和动态两方面着手，静态分析就是根据成本核算资料，按成本构成项目分析各成本项目在产品总成本中所占比重，以便找出成本管理和控制的重点；动态分析则是对制造成本增减变动情况及各成本因素变动对制造成本变动的影响的分析。

2. 期间费用分析

期间费用是由当期损益全部负担的，如企业行政管理部门为组织和管理生产经营活动而发生的管理费用、企业筹集生产经营所需资金而发生的财务费用，以及为销售和提供劳务而发生的销售费用。在股份制企业，期间费用就是“销售费用”，相当于过去的“企业管理费”和“销售及其他费用”。按照《企业会计准则》规定，期间费用包括销售费用、管理费用和财务费用三部分。其共同特点是全部计入当期损益，不需要在已销商品和结存商品之间进行分摊。

根据国家有关规定，各项期间费用的内容如下。

(1) 销售费用包括销售商品，提供劳务中发生的应由企业负担的运输费、装卸费、包装费、保险费、展览费、代销手续费和广告费，以及为销售本企业商品而专设的销售机构的职工工资、福利费、业务费等。

(2) 管理费用包括企业的董事会和行政管理部门在企业经营管理中发生的费用，或者应当由企业统一负担的公司经费（包括行政管理部门职工工资、折旧费、修理费、物料消耗、低值易耗品摊销、办公费、差旅费）、工会经费、待业保险费、董事会费、聘请注册会计师和律师费、咨询费、业务招待费、房产税、车船税、土地使用税、印花税、技术转让费、无形资产摊销、职工教育经费、研究开发费、提取的坏账准备等。

(3) 财务费用包括利息净支出、汇兑净损失和银行手续费等。

期间费用分析是根据期间费用的历史资料，通过对各类费用构成项目的不同期间对比，借以观察期间费用的变动趋势的活动。

(二) 特殊成本分析

随着现代成本管理方法的创新和发展，成本分析的内容已突破了传统成本分析的范畴。出现了许多针对某一成本管理方法或某类成本进行重点分析的特殊成本分析，如作业成本分析、标准成本分析、成本性态分析、研究开发成本费用分析等。

1. 作业成本分析

作业成本分析是对按作业成本法（ABC）或作业基础成本法计算的产品成本或顾客费用所进行的成本分析。作业成本法是基于“产品消耗作业，作业消耗资源”思想的一种成本计算方法，是以作业为间接费用的归集对象，通过资源动因的确认、计量，归集资源费用到作业上，再通过作业动因的确认、计量，归集作业成本到产品或顾客的间接费用的分配方法。它是一种更精确地分配间接成本和辅助资源的分配方法。ABC的目标是把所有为不同顾客和产品提供作业（包括辅助作业）所耗费的资源价值测量和计算出来，并恰当地把它们分配给顾客和产品。因此，相对于传统成本分析，作业成本分析是一个全新的概念，有其独特的内涵。

2. 标准成本分析

在标准成本制度下，对成本的事中控制是通过成本差异的计算和分析进行的。成本差异是指实际成本与标准成本的差额，又称为标准差异。实际成本超过标准成本形成的差异称为不利差异，亦称逆差，表示成本超支，用正数表示；实际成本低于标准成本的差异称为有利差异，亦称顺差，表示成本节约，用负数表示。对成本差异的分析，主要目的在于查出差异产生的原因，以便及时采取措施提高效率，降低生产成本，并为成本考核和奖惩提供依据。因此，成本差异的分析是采用标准成本制度进行成本控制的关键。

小知识

事前成本分析、事中成本控制分析和事后成本分析的内容

成本分析的内容，包括事前成本分析、事中成本控制分析和事后成本分析。

1. 事前成本分析

事前成本分析是事前预计和测算有关因素对成本的影响程度，其主要包括两个方面内容，即成本预测分析和成本决策分析。

2. 事中成本控制分析

事中成本控制分析是以计划、定额成本为依据，通过分析实际成本与计划成本或定额成本差异，对成本进行分析控制。

3. 事后成本分析

事后成本分析是产品生产过程中发生的实际成本与计划成本的比较，对产生的差异进行分析，找出成本升降原因。事后成本分析的主要内容包括全部产品成本分析、可比产品成本分析、主要产品单位成本分析、产品成本技术经济分析。

六、成本费用分析的基础

（一）建立健全有关成本核算的原始记录和凭证

原始记录是按照规定的格式，对企业生产经营活动中的具体事实所做的最初记载。它是反映企业经济活动情况的第一手材料。企业应根据经济活动内容，制订具有一定格式的表格，用以反映经济活动情况的具体项目，并规定填制方式、传递程序以及责任单位等。健全原始记录制度，对加强企业经营管理，正确计算产品成本，具有重要的意义，也是进行成本费用分析的基础。

1. 凭证的种类

按照企业生产经营的过程，企业的经营活动包括生产准备阶段、产品生产阶段、产品销售阶段，在每个阶段都应该编制相应的原始凭证。

(1) 记载生产准备阶段的原始凭证。这类原始凭证包括固定资产投入使用的相关凭证，如工程竣工验收单、固定资产购入凭证、固定资产清理报废单等；存货收发相关凭证，如原材料验收入库单、出库单、余料退库单等；记载员工所属部门、职务与工资级别等有关劳动工资情况的原始记录。

(2) 记载产品生产阶段的原始记录。它同企业的生产特点关系密切，因而在不同行业的企业中有很大的差别，即使在同一行业内的企业中，也由于各企业的生产组织和管理方法的不同，其具体格式与内容也不尽相同，但其基本的记录还是大同小异的。

(3) 记载产品销售阶段的原始记录。这类原始记录在不同行业企业中没有太大差别，是登记产品发生变动时填制的，一般表明它的来源和去向，往往采用套写的方式来满足有关方面的需要，如记载产品入库、出库、销售以及同产品销售有关的结算记录等。

2. 原始凭证的内容

上述不同种类的原始记录，尽管在具体格式上互不相同，但是一般都应具备下述几项基本内容：原始记录的名称，经济活动的内容与项目，经济活动的计量单位和数量，经济活动发生的时间和地点，填制人员与负责人的签章等。原始记录一般由业务部门或财务部门按业务性质和范围统一制订。原始凭证如果为几个部门所需要，应一式多份进行套写，如果是采取一式一份的原始凭证，应按需要部门依次传递使用。原始凭证应建立清理、归档、保管和销毁制度。

(二) 加强财产物资的管理，严格计量验收和盘点制度

原始凭证为企业管理工作提供所需各项数据，这些数据主要是从数量上反映企业生产经营活动中各项财产物资的耗用情况，计量工作是确定这些数据的依据，如没有准确的计量，就不能提供准确的数量，也就无法据以进行管理。在企业生产经营过程中移动的各项财产物资，其质量、规格是否符合规定的要求，也可以通过计量验收制度进行检验。因此，企业应该设置专职的质量检验机构和上下工序相互检查相结合制度，做到不符合质量、规格要求的材料物资不入库；不符合质量要求的零、部件不移送；不符合质量标准的产品不入库、不发货。同时对财产物资要建立临时和定期盘点制度，以保证财产物资的安全和完整，保证会计核算资料的真实性，挖掘财产物资的潜力，提高物资的使用效率。

(三) 建立健全成本部门和人员的岗位责任制

企业的生产经营活动，是一个有机的整体。各部门都有一定数量的员工，分布在不同的工作岗位上履行各自的责任，使企业生产经营活动能有秩序地进行，这是企业管理的客观要求。企业责任制的基础是个人的岗位责任制。因为任何部门都是由或多或少的个人组成的，要把各岗位责任落实到每个人、每个班组，只有每个人、每个班组的责任都完成了，整体的责任才有保证。应根据每个人所处工作岗位性质的不同，规定应尽的责任，以及为完成这些责任应具有的权限，建立起个人岗位责任制。岗位责任制一般包括工作范围、工作要求、协作配合、履行职责的权限或条件等规定。

为了对复杂的生产活动进行合理的组织和管理，应在个人岗位责任制的基础上按照产品生产各个阶段的专业性质，划分若干个专业化的生产部门，并明确规定各部门在厂部统一计划下应完成的相应工作以及与之相适应的权限，建立起部门和个人的岗位责任制度。岗位责任制是义务和权利的统一，一定的责任制要求人们履行一定的义务，也要给予人们一定的权限。不承担义务，就无所谓责任制，同样没有相应的权限，责任制也根本无法实行。因此，要求人们执行、遵守责任制时，也要尊重部门和个人在履行责任制中应享有的权限。这一要求应该列入岗位责任制的内容中，并作为考核条件之一进行考核。

责任制度的制订，必须按照企业的生产特点和管理要求进行。不能脱离企业实际情况，必须考虑各部门和个人岗位的工作量及其之间的内在联系，以及提高工作质量的相互制约作用等方面来制订，必须从企业全局出发，衔接各项制度的内容，避免相互重复、相互矛盾或遗漏现象。

岗位责任制的实行，还必须建立执行制度的监督体系。要实行相互之间（如上下工序、某项工作牵连的双方等）的制约监督，以及更广泛的群众监督。加强各职能部门的专职监督是贯彻执行责任制的保证，如质量检验部门对产品质量的检验，是保证产品质量的关键；财务部门的会计监督，对促进企业严格遵守财经纪律，全面贯彻厂内经济核算会起到积极的推动作用。

(四) 强化内部结算制度，合理制订内部转移价格

为了更好地进行成本核算和成本费用分析，企业必须建立全面的内部经济核算制，各部门发生的经济往来，要和对外经济业务一样，制订内部转移价格进行核算，只有这样才能考核各部门的成本控制情况。制订内部转移价格要兼顾前后不同部门的利益，留有一定的成本空间，以调动其积极性。计量是解决各项财产物资的移动、消耗的数量问题；内部转移价格是解决财产物资消耗的计价问题。因此，要根据不同的对象，如原材料、辅助材料、外购和自制工具、外购和自制产品部件、在产品、协作件等分别确定各自的价格。由于企业内部转移价格的制订涉及各个方面，不是某一个部门能单独完成的，而且工作量大，所以，企业应结合自身实际情况，由企业的计划部门、财务部门、劳动工资部门、工艺部门以及其他有关部门共同协作制订。企业内部转移价格规定得是否合理、准确，直接关系到以其为基础的计划、计算资料是否准确的问题，也同样影响成本费用分析的结果。

(五) 实行定额管理制度

定额是企业制订的要求各成本中心对生产过程中消耗的人、财、物所应达到的数量标准。包括劳动定额、物资消耗定额、设备利用定额、流动资金利用定额和管理费用定额等。定额是企业制订生产经营计划的依据，是进行成本核算和成本分析的基础，也是企业进行考核的重要依据，是企业管理的重要组成部分。

1. 定额制订的方法

各种不同的定额，其制订的方法不尽一致，但基本包括经验估计法、统计分析法与技术分析法三种。

(1) 统计分析法是根据过去统计的历史资料，在分析当前生产条件变化的基础上制订定额的方法。这种方法的优点是比较简单易行，但同样对构成定额外负担的各种因素缺乏仔细的分析与计算，容易受过去的平均统计数字的影响。

(2) 技术分析法是在充分分析现有生产技术和生产组织，以及可能采取的技术组织措施的基础上，采取数学、统计方法计算测定定额的方法。利用这种方法制订的定额，其主要优点是比较准确，但这种方法比较复杂，需要有系统的技术资料积累，要投入大量的人力进行测定，成本较高，且这种方法只适合在大量大批生产类型企业中使用。

(3) 经验估计法是由定额管理人员、技术人员和生产工人，根据实际经验，依据相关技术文件资料来制订定额的方法。这种方法的优点是简便易行，花费的时间比较少。但这种方法对构成定额的各种因素缺乏仔细的分析与计算，容易受估计人员经验的主观因素的影响。

企业在制订定额时究竟采用什么方法合适，要从企业的实际出发，根据需要与可能的条件来确定。在实际工作中，针对不同定额，这几种方法往往是结合使用的。

定额的制订要先进、合理，要随企业生产技术条件的变化和管理水平的提高，及时地调整和修改，否则定额就失去应有的作用。但定额又不能经常变动，要保持相对的稳定性。

2. 定额的执行

定额的制订只是定额管理工作的开始，企业在生产经营过程中必须要求所有员工按照定额进行生产，认真执行定额，同时企业要切实贯彻执行各项必要的技术组织措施和各项管理制度，从客观上为完成定额提供必要的条件。还要积极组织广大员工深入开展增产节约、技术革新，改善经营管理，以保证定额的全面实施。

七、成本分析方法

(一) 因素分析法

因素分析法是某一综合指标分解为若干个相互联系的因素，按顺序分别计算和分析各因素影响程度的一种分析方法。

成本指标是一个综合性指标，它受到许多因素的影响。只有把成本指标分解为若干个构成因素，才能明确成本指标完成情况的原因和责任，而且还能克服对比分析法的不足，即能揭示产生差异的因素和各因素对指标的影响程度。

运用因素分析法时，首先要确定综合指标由哪几个因素构成，并建立各因素与该指标之间的函数关系，然后根据分析目的，选用适当的方法进行分析，测定各因素变动对指标的影响程度。因素分析法按照计算程序不同可分为连环替换分析法和差额计算分析法。

1. 连环替换分析法

连环替换分析法是顺序用各项因素的实际数替换基数，借以计算各项因素影响程度的一种分析方法。

采用对比分析法和比率分析法，可以揭示实际数与基数之间的差异，但不能揭示产生差异的因素和各因素的影响程度。采用连环替换分析法就可以解决这一问题，从而找出主要矛盾，明确进一步调查研究的主要方向。

这种分析法的计算程序如下所述。

(1) 根据指标的计算公式确定影响指标变动的各项因素。

(2) 排列各项因素的顺序。

(3) 按排定的因素顺序和各项因素的基数进行计算。

(4) 顺序将前面一项因素的基数替换为实际数，将每次替换以后的计算结果与其前一次替换以后的计算结果进行对比，顺序算出每项因素的影响程度，有几项因素就替换几次。

(5) 将各项因素的影响（有的正方向影响，有的反方向影响）程度的代数和，与指标变动的差异总额核对相符。

连环替换分析法的计算原理如表19-1所示（假定指标为三项因素的乘积）。

表19-1　连环替换分析法计算表

替换次数	因素			乘积编号	每次替换的差异	产生差异的因素
	第1项	第2项	第3项			
基数	基数	基数	基数	A.		
第1次	实际数	基数	基数	B.	B. − A.	第1项因素
第2次	实际数	实际数	基数	C.	C. − B.	第2项因素
第3次	实际数	实际数	实际数	D.	D. − C.	第3项因素
	各项因素影响程度合计				差异总额	各项因素

【例19-1】假定某种产品的直接材料费用，定额为800000元，实际为851400元，超支51400元。该种产品直接材料费用总额为该种产品数量、单位产品直接材料消耗量和直接材料单价的乘积。该种产品有关数据如表19-2所示。

表19-2　×种产品直接材料费用

项目	产品数量	单位产品消耗量	材料单价	材料费用
定额	1000	20	40	800000
实际	1100	18	43	851400
差异	+100	−2	+3	+51400

采用连环替换分析法计算产品数量、单位产品材料消耗量和材料单价三项因素，对产品直接材料费用超支51400元的影响程度如表19-2所示。

表19-3 ×种产品直接材料费用差异分析计算表

替换次数	因素			各因素乘积		每次替换的差异		产生差异的因素	
	产品数量	单位产品消耗量	材料单价	金额	编号	算式	金额		
基数	1000	20	40	800000	①				
第1次	1100	20	40	880000	②	②－①	+80000	产品数量	
第2次	1100	18	40	792000	③	③－②	－88000	单位产品消耗	
第3次	1100	18	43	851400	④	④－③	+59400	材料单价	
各因素影响程度合计								+51400	各因素

从以上分析计算可以看出，该种产品直接材料费用超支51400元，主要是由于产品数量的增加（影响程度为80000元）。如果这种产品适销对路，由于产品数量增加而引起的材料的超额领用，是允许的；否则将会由于产品积压而形成浪费。直接材料费用超支的第二个原因是材料单价的提高（影响程度为59400元），这是企业材料供应部门的责任。在材料消耗方面则不仅没有超支，而且还是节约的。如果产品数量没有增加、材料单价没有提高，直接材料费用不仅不会超支，而且还会节约88000元，通常这是生产车间成本管理的成绩。应该在以上分析计算的基础上，进一步查明产品数量增加、材料单价提高以及单位产品材料消耗节约的具体原因，以便采取措施克服缺点、发扬成绩，节约产品的直接材料费用。

从以上举例可以看出，计算某项因素变动的影响程度时，假定其他因素不变（只有这样才能算出该项因素变动的影响程度）；还假定前面的因素已经变动，后面的因素尚未变动。因此，采用这种分析方法，必须按照事物的发展规律和各因素的相互依存关系合理排列各因素的顺序。

确定各因素排列顺序的一般原则是，如果既有数量因素又有质量因素，先计算数量因素变动的影响，后计算质量因素变动的影响；如果既有实物数量因素又有价值数量因素，先计算实物数量因素变动的影响，后计算价值数量因素变动的影响；如果有几个数量因素或质量因素，还应区分主要因素和次要因素，先计算主要因素变动的影响，后计算次要因素变动的影响。

2. 差额计算分析法

差额计算分析法是根据各项因素的实际数与基数的差额来计算各项因素影响程度的方法，是连环替换分析法的一种简化的计算方法。

上述连环替换分析法的计算原理，可按下列公式表示：

第1项因素的影响程度=（第1项因素实际数×第2项因素基数×第3项因素基数）－（第1项因素基数×第2项因素基数×第3项因素基数）=（第1项因素实际数－第1项因素基数）×第2项因素基数×第3项因素基数。

第2项因素的影响程度=（第1项因素实际数×第2项因素实际数×第3项因素基数）－（第1项因素实际数×第2项因素基数×第3项因素基数）=（第2项因素实际数－第2项因素基数）×第1项因素实际数×第3项因素基数。

第3项因素的影响程度=（第1项因素实际数×第2项因素实际数×第3项因素实际数）－（第1项因素实际数×第2项因素实际数×第3项因素基数）=（第3项因素实际数－第3项因素基数）×第1项因素实际数×第2项因素实际数

在上列计算公式中，第二个等号后面的计算公式都是差额计算分析法的计算公式。这种分析法与连环替换分析法的因素排列顺序如果相同，则计算结果完全相同。

【例19-2】现按前例产品直接材料费用的资料，采用差额计算分析法计算如下：

产品数量变动的影响=（1100－1000）×20×40=＋80000（元）

单位产品消耗量变动的影响=（18－20）×1100×40=－88000（元）

材料单价变动的影响=（43－40）×1100×18=＋59400（元）

上列计算结果与连环替换分析法的计算结果完全相同。

在只有两项因素的情况下，由于能够简便、合理地排列因素的顺序，因而普遍地采用差额计算分析法。例如，影响单位产品材料费用大小的因素只有材料消耗数量和材料价格（单价）两项，按照事物总是从量变到质变的发展规律，可以很容易地确定材料消耗数量因素排列在前，材料价格因素（质量因素）排列在后，因而在单位产品材料费用的分析工作中，普遍地采用这种分析方法计算材料消耗数量变动（量差）和材料价格变动（价差）对材料费用变动的影响程度，计算既准确又简便。

（二）比率分析法

比率分析法是通过计算和对比经济指标的比率进行数量分析的一种方法。采用这一方法，先要把对比的数值变成相对数，求出比率，然后再进行对比分析。

1. 相关指标比率分析

将两个性质不同但又相关的指标对比求出比率，然后再以实际数与计划（或前期实际）数进行对比分析，以便从经济活动的客观联系中，更深入地认识企业的生产经营状况。例如，将成本指标与反映生产、销售等生产经营成果的产值、销售收入、利润指标对比求出的产值成本率、销售成本率和成本利润率指标，可据以分析和比较生产耗费的经济效益。

这些指标的计算公式为

$$产值成本率=\frac{产品成本}{商品价值}\times100\%$$

$$销售成本率=\frac{产品成本}{产品销售收入}\times100\%$$

$$成本利润率=\frac{利润总额}{产品成本}\times100\%$$

不同企业或一个企业的不同时期，由于生产规模不同，有些指标不具有可比性，如利润指标。采用相关指标比率分析方法，如将利润指标与同期企业的产品销售收入或产品成本指标对比求出的比率，就可以把企业规模不同的影响剔除，把在某些不同条件下的不可比指标变为可比指标。

2. 构成比率分析

构成比率是某项经济指标的各个组成部分占总体的比重。例如，将构成产品成本的各个成本项目同产品成本总额相比，计算其占成本的比重，确定成本的构成比率；然后将不同时期的成本构成比率相比较，通过观察产品成本构成的变动，掌握经济活动情况，了解企业改进生产技术和经营管理对产品成本的影响。计算公式为

$$原材料费用比率=\frac{原材料费用}{产品成本}\times100\%$$

$$工资费用比率=\frac{工资及福利费}{产品成本}\times100\%$$

$$制造费用比率=\frac{制造费用}{产品成本}\times100\%$$

（三）趋势分析法

趋势分析法是通过连续若干期相同指标对比，来揭示各期之间的增减变化，据以预测经济发展趋势的一种分析方法。

【例19-3】 智董工业公司生产的A产品2013～2017年各年的单位成本见表19-4。

表19-4 A产品单位成本表

单位：元

年度	2013	2014	2015	2016	2017
单位成本	100	99.2	96	90	85

从上述A产品单位成本表可以看出，A产品的单位成本的总趋势是逐年降低的。

采用趋势分析法，在连续若干期之间，可以按绝对数进行对比，也可以按相对数（即比率）进行对比；可以采用定基百分比法，也可以采用环比百分比法。

(四) 对比分析法

对比分析法也称比较法，它是通过实际数与基数的对比来揭示实际数与基数之间的差异，借以了解经济活动的成绩和问题的一种分析方法。对比分析法的主要作用在于通过对比，揭露矛盾，发现问题，找出差距，分析原因，并为进一步降低成本指明方向。在实际工作中，工业企业各种成本报表的分析一般都采用这种方法，因此，它是成本报表分析的最基本方法。

对比分析法所比较的基数由于分析的目的不同而有所不同，一般有计划数、定额数、前期实际数、以往年度同期实际数以及企业的历史先进水平和国内外同行业的先进水平等。在实际工作中，常用的有以下几种形式。

(1) 实际数与计划数或定额数对比，可以揭示计划或定额的执行情况。

(2) 将本期实际数与前期实际数或以往年度同期实际数对比，可以考察企业经济业务的发展变化情况；分析企业生产经营工作的改进情况。

(3) 将本期实际数与本企业的历史先进水平或国内外同行业的先进水平对比，可以在更大范围内发现与先进水平之间的差距，从而学习和赶超先进。

需要指出的是，采用对比分析法时，企业应注意相比指标的可比性。进行对比的各项指标，必须是同质指标的数量对比。例如，实际产品成本与计划产品成本对比，实际原材料费用与定额原材料费用对比，本期实际制造费用与前期实际制造费用对比等。同时，在经济内容、计算方法、计算期和影响指标形成的客观条件等方面，也应有可比的共同基础。如果相比指标之间有不可比因素，应先按可比的口径进行调整，然后再进行对比。

根据分析的需要，对比分析法可以是绝对数对比、增减数对比、指数对比等。例如，上年产品单位成本为100元，本年单位成本为90元，本年成本比上年降低10元，本年成本比上年降低10%。

(五) 相关分析法

企业的各种经济指标存在着相互依存关系，一个指标变了，就会影响其他经济指标。例如，生产数量的变化必然会引起成本的相应变化，利用数学方法进行相关分析，就能找出有关经济指标之间规律性的联系。

八、成本分析的程序

成本分析的程序是进行成本分析的基本步骤。只有按照一定的程序进行成本分析，才能得出正确的成本分析结论。

1. 确定成本分析目标，明确成本分析要求

确定成本分析目标，明确成本分析要求，是进行成本分析的起点。企业在日常成本管理中发现的问题，或者根据企业经营管理的需要而确定的成本分析对象往往是成本分析所要解决的问题。成本分析首先要根据这些问题，确定分析目标，拟定分析计划，明确分析要求。只有这样，才能保证成本分析工作的顺利进行。

2. 收集成本信息，整理成本资料

占有大量的各种成本资料是进行成本分析的基础。成本分析所需的资料是多方面的，不仅需要收集各种成本核算的实际资料，还要收集成本的计划资料、定额资料；不仅需要收集企业内部的成本资料，还要收集同行业先进企业的成本资料和国际先进企业的成本资料。在收集各种有关资料的基础上，还需对这些资料进行必要的加工整理，即从实际出发，实事求是地对所收集的资料进行去粗取精、去伪存真的加工处理。只有这样，才能使收集的大量资料真正成为成本分析中有用的东西。

3. 发现成本管理问题，分析成本变动原因

通过成本分析的比较分析确定各项成本指标变动的差异，发现问题，为进一步查明原因和分析提供依据和方向。成本分析的目的就是要查明影响各项成本指标变动的原因。分析原因主要是将影响成本指标的各个因素加以分类，衡量各因素变动对成本指标变动的影响程度和方向，进而确定起决定性作用的主要因素。分析原因是分析过程中最关键的一步，在这一步骤中，需要运用较多的定量技术分析方法。

4. 做出综合评价，提出改进建议

通过成本分析，要认真总结成本管理中的经验教训，针对成本管理中存在的关键问题和薄弱环节，提出改进措施；同时，必须注意抓好措施的实施和检查，保证前期的成本分析真正做到为后期成本管理工作服务。只有不断地发现问题、分析问题、解决问题，才能不断地降低产品成本，提高成本管理水平。

九、降低成本措施的分析

通过成本控制分析，可以知道哪些成本项目发生了差异。一般来说，在正常生产情况下，本年实际发生的生产费用与计划相比不会有很大的差异。如果两者差异比较大，通常与一定的降低成本措施的贯彻有关。因此，为了进一步弄清成本升降的原因，必须进行降低成本措施分析。

降低成本措施分析，就是要查明降低成本措施对成本的影响。它包括，生产组织措施对成本影响的分析，产品结构和工艺改革对成本影响的分析，其他措施对成本影响的分析。

1. 生产组织措施对成本影响的分析

合理组织生产就是对人力、物力、财力的科学管理，用于促使生产过程中的消耗最少，达到降低成本的目的。例如，劳动力的合理安排、材料的最佳套裁、投产的最恰当批量、作业计划的有效组织、车间的合理设置、厂内运输的最短路线，等等。现以投产的经济批量法为例来说明。在机器制造行业里，对零件投产的批量需要计算最经济的批量。因为零件必须维持一定的库存量水平，以供装配使用。当库存量下降到某一点时，立即制造一批零件，以恢复其库存量。库存零件要支付保管费用，每次投产要发生一定的生产准备费用。计划安排时，如果批量小一点，虽然能节约保管费用，但要增加投产次数，必然增加生产准备费用；如果批量大一点，虽然投产次数减少，生产准备费用也相应减少，但库存量增加必然增加保管费用。考虑到生产准备费用和保管费用之间的矛盾，必须寻找最合适的批量，使生产准备费用和保管费用的总和最低。

经济批量法是用数学方法来求得费用最低的投产批量。

2. 产品结构和工艺改革对成本影响的分析

在生产正常、管理水平较高的企业里，要大幅度地降低成本，必须从产品设计、产品结构和生产工艺等的改革着手，寻找降低成本的途径。例如，把结构复杂的产品进行简化，价值高的材料用较便宜的材料代替，体积大、用料多的产品适当缩小，采用新工艺提高劳动生产率，等等。产品结构和工艺改革对成本影响的计算公式为

$$\begin{matrix}\text{产品结构和工艺}\\\text{改革对成本的影响}\end{matrix}=\left(\begin{matrix}\text{改革前单位}\\\text{产品实际成本}\end{matrix}-\begin{matrix}\text{改革后单位}\\\text{产品实际成本}\end{matrix}\right)\times\begin{matrix}\text{改革后产品}\\\text{生产数量}\end{matrix}$$

【例19-3】 某产品经过技术革新，简化了产品结构，原来每件产品的实际成本为20元，革新后实际成本12元，革新后产品的生产数量共850件。则

产品结构和工艺改革对成本的影响＝(20－12)×850＝6800（元）

3. 其他措施对成本影响的分析

降低成本的另一个重要措施，是对生产中较大的费用项目进行重点分析，以寻求降低成本的途径。如果这些项目的成本能有所降低，对整个产品成本的降低也能产生较大的影响。例如，随着专业化协作的开展，许多工厂把零、部件扩散到外单位生产，外购（或外加工）零件的费用愈来愈大，这就需要进行自制零件和外购零件成本的对比分析，以及对不同外购（或外加工）方案的对比分析。原则上外购零件的成本应比自制低，否则应该自己生产。这里的自制成本通常是指变动成本，因为固定成本在零件外购后一般是不会节约的。

【例19-4】 假定某零件的自制成本为6元，其中材料2元，人工1元，其他变动费用1.5元，固定成本1.5元；外购零件成本每只为5元，全年该零件需要量为10000只。经过自制成本与外购对比，初看起来似乎每只可节约1元，共节约10000元。实际上，如果零件外购后，固定成本不能节约，外购反而花费大，亦即，（5－4.5）×10000＝5000（元）（超支）。

当然，如果零件外购后利用空下来的生产能力增加新的生产任务，只要它所得的贡献利益能够弥补超支的5000元，即可以外购。

第二节 制造成本分析

一、制造成本的分析方法

产品制造成本可采用静态分析法和动态分析法进行分析，通过分析了解成本的构成状况、变动趋势及其变动的影响因素。

（一）静态分析法

制造成本的静态分析方法是将制造成本按直接材料、直接人工和制造费用三要素进行分析。通常根据产品制造成本核算资料编表进行分析，如表19-5所示。

表19-5 产品制造成本静态分析表　　××年××月

项目	本月实际	比例（%）	本年累计实际	比例（%）
产品生产成本合计		100		100
生产费用合计				
1.直接材料				
其中：原材料				
燃油特别税				
2.直接人工				
3.制造费用				
加：在产品、自制半成品期初余额				
减：在产品、自制半成品期末余额				

从表19-5中可以获得产品制造成本各要素所占比重的重要信息，为企业找出成本控制和管理重点，以便有针对性地采取改进措施。

（二）动态分析法

制造成本的动态分析方法是通过对历史成本资料的分期对比和因素分析，来观察产品制造成本的增减变动趋势和影响成本增减变动因素及各因素的作用大小。从而找出成本变化的规律，为加强成本管理，降低料、工、费的消耗提供第一手资料。制造成本的动态分析主要有制造成本的增减分析和制造成本的增减变动因素分析，下面分别具体介绍它们。

1. 制造成本增减分析

为了观察产品制造成本的增减变动趋势，常用的分析方法是编制比较制造成本报表。以XYZ公司为例，按绝对金额式编制比较制造成本表，如表19-6所示。

表19-6 XYZ公司比较制造成本表（绝对金额式） 单位：元

项目	2014年	2015年	2016年
生产费用：			
直接材料	474494	450565	489349
其中：原材料	430533	405670	450300
直接人工	118707	118065	118581
制造费用	116206	116263	129793
生产费用合计	709407	684893	746723
加：在产品、自制半成品期初余额	21586	24702	28908
减：在产品、自制半成品期末余额	24702	28908	33802
产品生产成本合计	706291	680687	741829

表19-6只是提供了各年制造成本的绝对金额，还难以清晰地反映成本的增减变动趋势。对此，在表19-6的基础上编制趋势比率表，如表19-7所示。

表19-7 XYZ公司比较制造成本表（趋势比率式） 单位：元

项目	2014年	2015年	2016年
生产费用：			
直接材料	100	94.96	105.23
其中：原材料	100	94.23	104.59
直接人工	100	99.6	99.89
制造费用	100	100.05	111.69
生产费用合计	100	96.54	105.26
加：在产品、自制半成品期初余额	100	114.44	133.92
减：在产品、自制半成品期末余额	100	117.03	136.84
产品生产成本合计	100	96.38	105.03

从表19-6和表19-7可以看出，与2014年相比2015年产品生产成本和生产费用均有所下降，主要原因是材料费用下降了5.04%，尤其是原材料成本下降了5.77%；2016年成本费用水平上升较快，主要原因是制造费用增加了11.69%；其次是材料成本上升5.03%，3年人工成本变化不大，因此，若对成本构成项目做进一步分析，其重点显然是材料成本和制造费用。

2. 制造成本增减变动的因素分析

制造成本的总额随产品数量变动而变动，但不成正比例关系，这是因为各期单位产品制造成本不一定相同。如果制造成本总额随产品产量以同一比例增减变动，则说明本期与前期的单位制造成本完全不变；如果制造成本总额的增加比例大于产品数量的增加比例，说明本期单位成本高于前期；如果制造成本总额的增加比例低于产品数量的增加比例，说明本期单位成本低于前期。反过来说，制造成本减少时，其减少比率大于产品数量减少比率时，表明本期单位成本低于前期；否则，本期单位成本高于前期。

如此看来，制造成本的增减变化，可分解为产品产量和单位产品制造成本两个变化因素。各自对制造成本的影响数额可用如下公式计算分析。

(1) 产品产量变动因素

其计算公式为

$$\text{产品产量变动因素对成本的影响额}=\text{单位制造成本不变时的本期制造成本}-\text{上期制造成本}$$

$$\text{单位制造成本不变时的本期制造成本}=\text{上期单位制造成本}\times\text{本期产品产量}$$

$$\text{产品产量变动因素对成本的影响额}=\left(\text{本期产品产量}-\text{上期产品产量}\right)\times\text{上期单位成本}$$

(2) 单位成本变动因素

其计算公式为

$$\text{单位制造成本变动因素对成本的影响额}=\text{本期实际制成成本}-\text{单位制造成本不变时的上期制造成本}$$

或

$$\text{单位制造成本变动因素对成本的影响额}=\left(\text{本期单位成本}-\text{上期单位成本}\right)\times\text{本期实际产品产量}$$

实务中，可以编制“制造成本增减分析表”进行因素分析。

二、全部商品产品成本分析

全部商品产品，可以综合反映企业生产耗费水平和降低成本的总成果。商品产品成本分析就是对企业全部商品产品成本计划的完成情况进行的分析，能够为进一步深入地挖掘企业管理中存在的问题，以及采取应对措施打下基础。

成本分析的一个重要内容就是对商品产品成本计划完成情况进行分析，其目的是找出影响成本计划完成的因素，为进一步查明成本升降原因指明方向。

(一) 商品产品成本表格式

表19-8 商品产品成本表

编制单位：　　　　年　　　　单位：元

产品名称	本年产量（件）	单位成本			总成本（按本年实际产量计算）		
		上年实际	本年计划	本年实际	上年实际	本年计划	本年实际
可比产品					100000	92000	90000
甲	60	1000	900	850	60000	54000	51000
乙	80	500	475	487.5	40000	38000	39000
不可比产品						66000	60000
丙	60		1100	1000		66000	60000
全部商品产品成本						158000	150000

（二）商品产品成本表的分析内容

商品产品成本表分析，就是将全部商品本年实际总成本与按本年实际产量调整的上年实际（或本年计划）总成本进行比较，计算出成本降低额和降低率（或上升额和上升率），借以分析全部商品产品成本的升降情况。之所以将上年（或计划）总成本按本年实际产量进行调整，是因为全部商品产品的上年（或计划）总成本是按照各种商品产品的上年（或计划）产量与上年（或计划）单位成本的乘积加总而来的，与本年实际总成本计算的产量基础不一致。为了排除产品产量因素的不可比性，单一地考虑成本水平的变动对成本降低情况的影响，所以要将上年（或计划）总成本调整为按本年实际产量计算的上年（或计划）总成本。

商品产品成本表包括可比产品与不可比产品两大类。可比产品是指企业以前年度生产过并有成本资料的产品。可比产品的实际成本，可与计划成本相比较，考核成本计划完成的程度；也可与上年的实际平均成本相比较，考核实际成本较上年成本降低的幅度和数额，用以分析成本升降的原因，为改进企业的经营管理服务。不可比产品是企业首次正式生产的新产品，它不具有以前年度的实际成本资料。所以，它的实际成本，只能同计划成本相比较。

商品产品成本表的分析，在没有不可比产品的情况下，可以采用本年实际与上年实际或本年计划的比较方式；反之，只能采取本年实际与本年计划的比较方式，以确定其实际成本与计划成本的降低额和降低率。商品产品成本表的分析，一般是在季度和年度终了，利用成本报表、成本核算资料和其他相关资料进行分析。分析时一定要注意表中的计划总成本和上年实际总成本，都是以报告期的实际产量为基础进行汇总，以保证其可比性。

（三）商品产品成本表的分析方法

对商品产品成本表的分析，企业通常可按成本项目和按产品类别进行分析。

1. 按成本项目进行分析

成本项目，就是生产费用按其经济用途分类核算的项目。成本项目一般有原材料费用、人工费用和制造费用等。按成本项目分析全部商品产品成本计划的完成情况，可以确定全部商品产品成本实际脱离计划水平的差异，主要是哪些成本项目变动引起的，从而抓住重点项目来研究全部商品产品总成本的变动。

按成本项目进行分析的方法是：将本期实际总成本与按本期实际产量调整的计划（或上期）总成本进行比较，确定其差异额和差异率，以及各成本项目差异对全部商品产品总成本的影响程度，分析成本升降的原因。

【例19-5】 智董公司2017年商品产品成本按成本项目分别编制分析表（见表19-9）。

表19-9 商品产品成本分析表（按成本项目）

2017年

成本项目	本年实际产量的总成本		实际比计划		各成本项目差异对总成本的影响程度（%）
	计划总成本（元）	实际总成本（元）	差异额（元）	差异率（%）	
直接材料	114660	97500	－17160	－14.97	－10.86
直接人工	17538	24975	7437	42.41	4.71
制造费用	25802	27525	1723	6.68	1.09
商品产品成本	158000	150000	－8000	－5.06	－5.06

从表19-9可知，本年全部商品产品实际总成本比计划降低8000元，降低率为5.06%。但

从成本项目来看，则有升有降。其中，直接材料降低幅度较大，比计划成本下降了17160元，下降达14.97%；但直接人工和制造费用都在上升，直接人工费用比计划上升7437元，上升了42.41%；制造费用比计划上升了1723元，升幅为6.68%。在总成本下降8000元中，各成本项目对总成本下降的影响分别为，直接材料费用的降低使总成本下降10.86%，直接人工费用的上升使总成本上升了4.71%，制造费用的上升使总成本上升1.09%。因此，对这些成本项目升降的原因中影响较大的项目要做进一步分析，以便采取相应措施，扩大有利差异，消除不利差异。

如果企业生产的产品全部是可比产品，则按成本项目进行全部商品产品成本分析时，还可采取本年实际与上年实际的比较方式，以便从总体上了解各成本项目较上年增减变化的情况。

2. 按产品类别进行分析

按产品类别对全部商品产品成本计划完成情况进行分析，就是按产品类别将本期实际总成本与按本期实际产量调整的计划（或上期）总成本进行比较，确定其差异额和差异率，以及这些差异对全部商品产品总成本的影响程度，从而找出全部商品产品成本实际脱离计划的差异是由哪些产品造成的，便于以产品为对象采取降低成本的措施。

按产品类别分析的方法如下所述。

(1) 确定总成本的差异额和差异率，企业将全部商品产品的实际总成本与按实际产量计算的计划总成本进行对比，确定总成本的差异额和差异率。计算公式为

总成本差异额=Σ（实际产量×实际单位成本）－Σ（实际产量×计划单位成本）

总成本差异率=总成本差异额÷Σ（实际产量×计划单位成本）×100%

(2) 分别考核可比产品和不可比产品成本计划完成情况，计算其差异额和差异率，分析对总成本的影响。计算公式为

可比产品的差异额=Σ（各可比产品实际产量×各可比产品实际单位成本）－Σ（各可比产品实际产量×各可比产品计划单位成本）

可比产品的差异率=可比产品的差异额÷Σ（各可比产品实际产量×各可比产品计划单位成本）

可比产品的差异对全部产品总成本的影响（包括不可比产品）=可比产品的差异额÷Σ（实际产量×计划单位成本）

不可比产品的分析方法可比照可比产品的分析方法进行，考核不可比产品成本计划的完成情况及其对总成本的影响。

(3) 按各个产品类别考核其成本计划的完成情况，计算各个产品的成本差异额和差异率以及该差异对总成本的影响。

计算分析公式可比照可比产品分析。

智董公司2017年商品按产品类别编制成本分析表（见表19-10）。

表19-10　商品产品成本分析表（按产品类别）

产品名称	总成本（按本年实际产量计算）			本年比上年		本年比计划		各产品成本差异对总成本的影响（%）
	上年实际（元）	本年计划（元）	本年实际（元）	降低额（元）	降低率（%）	降低额（元）	降低率（%）	
可比产品	100000	92000	90000	10000	10	2000	2.17	－1.27
甲	60000	54000	51000	9000	15	3000	5.56	－1.90
乙	40000	38000	39000	1000	2.5	－1000	－2.63	0.63

续表

产品名称	总成本（按本年实际产量计算）			本年比上年		本年比计划		各产品成本差异对
	上年实际（元）	本年计划（元）	本年实际（元）	降低额（元）	降低率（%）	降低额（元）	降低率（%）	总成本的影响（%）
不可比产品		66000	60000			6000	9.10	−3.80
丙		66000	60000			6000	9.10	−3.80
全部商品产品成本		158000	150000			8000	5.06	−5.06

从表19-10可以看出，该企业全部商品产品成本实际比计划降低额为8000元，降低率为5.06%。可比产品成本降低额为2000元，降低率为2.17%，在总成本中降低率为1.27%；不可比产品成本降低额为6000元，降低率为9.10%，在总成本中降低率为3.80%。

从产品看，甲产品成本降低额为3000元，降低率为5.56%，使成本总额降低了1.9%；乙产品成本较计划升高1000元，上升率为2.63%，使成本总额上升了0.63%；丙产品为不可比产品，其成本较计划下降了6000元，降低率为9.10%，使成本总额下降3.80%。

通过分析可以看出，该企业在增加产量、降低成本方面收到较好成效。企业还要进一步分析甲、丙产品成本降低的具体内容，乙产品成本升高的原因。由于丙产品是不可比产品，成本较计划下降9.1%，有可能是成本计划不合理等原因造成的。

（四）对商品产品成本表进行分析时要注意的问题

1. 要掌握成本升降的客观性

影响企业成本总额升降的因素是多方面的，企业生产规模、技术装备、地理位置、资源条件、原材料和燃料的价格水平、市场占有率、员工的文化水平和技术熟练程度以及企业经营管理水平等，都会直接或间接影响成本总额的变化。分析时要分清主观因素和客观因素。如果成本的升降是由于客观因素影响的结果，如原材料价格上涨、工资水平提高对产品成本的影响较大，成本的上升也是正常的。只有正确认识和对待主客观因素，才能提高分析质量，客观地评价企业生产经营的经济效果。

2. 要注意成本计划本身的合理性

有时因成本计划不合理，导致成本计划完成情况失常。一般情况下，不可比产品是企业新投入生产的产品，生产管理和材料消耗的正常规律还在试验摸索之中，其成本计划带有一定的估计，偏高或偏低的可能性是存在的。通过检查分析后，应及时纠正成本计划中不切合实际的情况。

3. 要保证成本核算资料的可靠性

如果成本核算资料不可靠，做出的分析结论就不正确。在成本核算方面，首先要检查成本计算方法能否保证成本核算上的相对准确性，要注意检查成本核算是否严格地遵循了会计准则的要求，共同费用在不同产品之间的分摊标准是否符合实际情况，是否有把应列入可比产品成本的费用有意挤入不可比产品成本等。要有针对性地检查成本分摊和成本计算方面存在的问题，在分析过程中，如果发现问题，企业应该对实际资料加以调整。

三、可比产品成本分析

在大多数企业，可比产品往往占全部产品的比重很大，控制好可比产品成本对全部产品成本计划完成情况及成本水平的降低都具有重要意义。

（一）可比产品成本降低任务及其完成情况的计算

1. 可比产品成本降低任务指标

可比产品成本降低任务是可比产品成本降低额和可比产品成本降低率两项指标，它是

在编制成本计划时确定的。该指标主要反映企业本年计划成本与上年成本的差异。其计算公式为

$$\text{可比产品成本计划降低额}=\sum\text{计划产量}\times\left(\text{上年实际单位成本}-\text{本年实际单位成本}\right)$$

$$\text{可比产品成本计划降低率}=\frac{\text{可比产品成本计划降低额}}{\sum\text{计划产量}\times\text{上年单位成本}}\times 100\%$$

【例19-6】假设智董公司2016年可比产品成本计划降低任务指标如表19-11所示。

表19-11 可比产品成本计划降低任务

单位：元

产品名称	计划产量	单位成本		总成本		成本降低指标	
		上年实际	本年计划	按上年成本计算	按计划成本计算	降低额	降低率
A	400	500	495	200000	198000	2000	1.00%
B	600	750	740	450000	444000	6000	1.33%
合计				650000	642000	8000	1.23%

2. 可比产品成本实际降低指标

可比产品成本实际完成情况是可比产品成本实际降低额和降低率两项指标。它是通过实际核算资料来确定的，主要反映企业本年实际成本与上年成本的差异。其计算公式为

$$\text{可比产品成本计划降低额}=\sum\text{实际产量}\times\left(\text{上年实际单位成本}-\text{本年实际单位成本}\right)$$

$$\text{可比产品成本计划降低率}=\frac{\text{可比产品成本计划降低额}}{\sum\text{实际产量}\times\text{上年单位成本}}\times 100\%$$

【例19-7】假设智董公司2016年可比产品成本实际完成情况如表19-12所示。

表19-12 可比产品成本实际执行情况

单位：元

产品名称	实际产量	单位成本			总成本		
		上年实际	本年计划	本年实际	按上年成本计算	按计划成本计算	按实际成本计算
A	500	500	495	490	250000	247500	245000
B	640	750	740	742	480000	473600	474880
合计					730000	721100	719880

$$\text{A产品实际成本降低率}=\frac{500-400}{500}=\times 100\%=2.00\%$$

$$\text{B产品实际成本降低率}=\frac{750-742}{750}\times 100\%=1.07\%$$

可比产品成本实际降低额 $=730000-719880=10120$（元）

$$\text{可比产品成本实际降低率}=\frac{10120}{730000}\times 100\%=1.386\%$$

3. 可比产品成本降低任务完成情况

可比产品成本降低任务完成情况是可比产品成本实际降低指标与其计划降低指标比较所形成的差异。也就是可比产品成本降低任务完成情况分析的分析对象，即超计划降低额和超计划降低率。

【例19-8】 超计划降低额＝实际降低额－计划降低额＝10120－8000＝2120（元）

超计划降低率＝实际降低率－计划降低率＝1.386%－1.23%＝0.156%

（二）可比产品成本降低任务完成情况的原因分析

通过可比产品成本的实际完成情况与计划降低任务的差异计算，发现可比产品成本降低任务是否完成了，在此基础上，企业应进一步分析产生差异的原因，区分有利因素和不利因素、主观因素和客观因素，挖掘降低成本的潜力。

1. 影响可比产品成本的因素

分析产生差异的具体原因就应该弄清楚影响可比产品成本的因素，以及各因素是怎样影响可比产品成本的。影响可比产品成本的因素一般有三个，即产品产量、产品结构和单位产品成本。其中，影响可比产品成本降低额的因素有产品产量因素、产品结构因素和单位产品成本因素。影响可比产品成本降低率的因素只有产品结构和单位产品成本两个因素，产品产量不影响可比产品成本降低率。

(1) 产量因素对可比产品成本降低额的影响是在假设产品结构和单位产品成本不变时，单纯产品产量变动对可比产品成本的影响。当产品结构和单位成本不变时，产量变动会引起可比产品成本降低额同比例的变动，而不影响可比产品成本降低率。

可比产品成本降低额＝（∑产量×上年单位成本）×可比产品成本降低额

＝（∑产量×上年单位成本）×∑产品结构×个别产品成本降低额

从上式可以看出，影响可比产品成本降低额的因素有产量、产品结构和个别产品成本降低率（单位产品成本）三个因素；影响可比产品成本降低率的因素有产品结构和个别产品成本降低率（单位产品成本）。

产品结构不变条件下的产量变动，实际上是假设各种产品的产量都是以同一个比例变动，其产量变动对可比产品成本降低额的影响就是使计划可比产品成本降低额以同一比例变动的数额。

【例19-9】 假设表19-12的各产品计划产量均以20%增加，其结构和单位成本均不发生变化，则可比产品成本降低额的变动情况计算如下所示。

产量变动后的可比产品成本降低额为

$400\times(1+20\%)\times(500-495)+600\times(1+20\%)\times(750-740)$

$=(1+20\%)[400\times(500-495)+600\times(750-740)]$

$=(1+20\%)\times 8000$

＝9600（元）

产量变动后的可比产品成本降低率为

$$=\frac{8000\times(1+20\%)}{400\times(1+20\%)\times 500+600\times(1+20\%)\times 750}\times 100\%$$

＝1.23%

根据计算可以看出，当各种产品产量均增加20%时，使可比产品成本降低额也增加20%，而对可比产品成本降低率无影响。这也说明单纯的产品产量变动对可比产品成本降低率不产生影响。

(2) 产品结构因素。产品结构是各种产品的产量占全部产品产量的比重。由于各种不同产品的实物不能简单相加，所以，在分析可比产品成本时，应将各种产品的产量及总产量以价值反映，即借助于上年单位成本这个货币量指标来计算。因此，产品结构是各种产品的产量（按上年单位成本计算的成本）占总产量（按上年单位成本计算的总成本）的比重。其计算公式为

$$某产品结构=\frac{某产品产量\times该产品上年单位成本}{\sum各产品产量\times各产品上年单位成本}\times100\%$$

$$A产品计划结构=\frac{400\times500}{400\times500+600\times700}\times100\%=32.26\%$$

$$B产品计划结构=\frac{600\times750}{400\times500+600\times750}\times100\%=69.23\%$$

$$A产品实际结构=\frac{500\times500}{500\times500+640\times750}\times100\%=34.25\%$$

$$B产品实际结构=\frac{640\times750}{500\times500+640\times750}\times100\%=65.75\%$$

可比产品成本计划降低率 $=32.26\%\times1.00\%+69.23\%\times1.33\%=1.23\%$

可比产品成本实际降低率 $=34.25\%\times2.00\%+65.75\%\times1.07\%=1.389\%$

如果企业只生产一种产品，就不存在产品结构。只有企业生产两种或两种以上产品时，才存在产品结构。产品结构变动是各种产品的产量以不同比例变动的结果。一般来说，各种产品的计划单位成本降低率是不同的，如A产品计划成本降低率为1%，B产品计划成本降低率为1.33%。如果企业提高计划成本降低率高的B产品的生产比重，降低计划成本降低率低的A产品的生产比重，则会引起企业可比产品成本降低率提高，也会引起企业可比产品成本降低额增大；反之，则会使企业可比产品成本降低率下降，降低额减少。如果各种产品的计划成本降低率相同，则无论产品结构怎样变动，也不会引起企业可比产品成本降低率变动和降低额变动。

企业产品品种结构的变动，会产生两种特殊结果。一是大多数产品的成本降低率都没有完成计划，但全部可比产品成本降低率却超额完成了计划，这是因为企业提高了计划成本降低率高的产品生产比重；二是大多数产品的成本降低率都已完成了计划，但全部可比产品成本降低率却不能完成计划，这是因为企业提高了计划成本降低率低的产品生产比重。因此，企业应该力求在各种产品的成本计划都已完成的基础上，全面完成可比产品成本的降低任务。

(3) 单位成本因素。可比产品成本计划降低任务和实际降低情况分别是以计划成本与上年成本、实际成本与上年成本比较的结果，即都是以上年单位成本为比较的基础。这样，产品实际单位成本比计划单位成本低，则会影响可比产品成本降低额增大和降低率提高；反之，则会影响可比产品成本降低额减少，降低率下降。

在以上的三个因素中，单位成本因素是主要因素。企业应在完成产品品种的情况下，根据市场的需要努力增加产量，不断降低产品生产成本，达到完成企业可比产品成本降低任务的目的。

2. 分析各因素变动对可比产品成本降低任务的影响

根据连环替代法的原理，可以得出计算各因素变动对可比产品成本降低任务完成情况影响公式。

(1) 产量变动影响可比产品成本降低额。确定单纯产品产量变动对可比产品成本降低额的影响可用如下公式计算：

$$\left(\sum\begin{matrix}实际\\产量\end{matrix}\times\begin{matrix}上年单\\位成本\end{matrix}-\sum\begin{matrix}计划\\产量\end{matrix}\times\begin{matrix}上年单\\位成本\end{matrix}\right)\times\begin{matrix}计划可比产品\\成本降低率\end{matrix}$$

$=(730000-650000)\times1.23\%=984$（元）

或者用公式：

$$\text{计划可比产品成本降低率}\times(\text{综合产量完成率}-1)=8000\times\left(\frac{730000}{650000}-1\right)=984\text{（元）}$$

(2) 产品结构变动影响可比产品成本降低额。确定产品结构变动对可比产品成本降低额的影响可用如下公式计算：

$$\sum\text{实际产量}\times\text{上年单位成本}-\sum\text{实际产量}\times\text{计划单位成本}-\text{计划可比产品成本降低率}\times\text{综合产量完成率}$$

$$=730000-721100-8000\times(730000/650000)=-84\text{元}$$

在计算各产品实际结构、计划结构以及个别产品成本降低率时，小数点保留多少，会影响其计算结果的精确程度。

(3) 产品结构变动影响可比产品成本降低率。产品结构变动影响可比产品成本降低率可以直接用已计算出来的产品结构变动影响的可比产品成本降低额除以实际产量按上年单位成本计算的总成本计算求得。其公式为

$$\frac{\text{产品结构变动影响的可比产品成本降低额}}{\sum\text{实际产量}\times\text{上年单位产品成本}}\times100\%=\frac{-84}{730000}\times100\%$$

(4) 单位成本变动影响可比产品成本降低额。单位产品成本变动对可比产品成本降低额和降低率的影响是实际单位产品成本与计划单位产品成本比较所产生的影响。其计算公式为

$$\sum\text{实际产量}\times(\text{计划单位成本}-\text{实际单位成本})$$

$$=500(495-490)+640(740-742)=1220\text{（元）}$$

或者

$$\sum\text{实际产量}\times\text{计划单位成本}-\sum\text{实际产量}\times\text{实际单位成本}$$

$$=721100-719880=1220\text{（元）}$$

(5) 单位成本变动影响可比产品成本降低率。确定单位产品成本变动对可比产品成本降低率的影响也可以直接用已计算出来的单位成本变动影响的可比产品成本降低额除以实际产量按上年单位成本计算的总成本计算：

$$\frac{\text{单位成本变动影响的可比产品成本降低额}}{\sum\text{实际产量}\times\text{上年单位产品成本}}\times100\%=\frac{1220}{730000}\times100\%$$

$$=0.167\%$$

汇总计算结果：

$984-84+1220=2120$（元）

$-0.011\%+0.167\%=0.156\%$

与其分析对象完全一致，这说明其计算结果基本正确。

分析结果表明，由于综合产品产量完成率达112.3%，超计划完成12.3%，使可比产品成本降低额增加了984元。该企业不仅综合产量完成率超过了10%，而且每种产品的产量都超过了计划。如果产品销售不成问题的话，产量超额完成任务不仅使可比产品成本降低额增加，而且也会引起利润总额增加。显然，这应该是企业取得的成绩。该企业由于产品品种结构变动，使可比产品成本降低额减少84元，可比产品成本降低率下降了0.011%。根据前面计算的结构指标可以看出，A产品由计划结构32.26%上升到实际结构34.29%，B产品由计划结构69.25%下降到实际结构65.75%。由于A产品的计划成本降低率1.00%低于B产品的计划成本降低率1.33%，企业成本降低率高的产品比重下降，成本降低率低的产品比重上升，使可比产品成本降低额和降低率产生了不利影响。显然，产品结构的这种变动是成问题的，当然也应根据各产品的市场情况来分析。该企业单位产品成本变动，使可比产品成本降低额增加了1220元，可比产品成本降低率提高了0.167%，这是一种有利的变动，但其中也存在问题。A产品单位成本实际比计划节约了5元，但B产品单位成本实际比计划上升了2

元。因此，企业应进一步分析B产品单位成本上升的具体原因，以便采取措施，加以改进。

四、主要产品单位成本分析

分析主要产品单位成本的意义，在于揭示各种产品单位成本及其各个成本项目的变动情况，尤其是各项消耗定额的执行情况；确定产品结构、工艺和操作方法的改变，以及有关技术经济指标变动对产品单位成本的影响，查明产品单位成本升降的具体原因。

分析主要依据主要产品单位成本表、成本计划和各项消耗定额资料，以及反映各项技术经济指标的业务技术资料等。分析的程序一般是先检查各种产品单位成本实际比计划、比上年实际、比历史最好水平的升降情况；然后按成本项目分析其增减变动，查明造成单位成本升降的具体原因。为了在更大的范围内找差距、挖潜力，在可能的条件下，还可以组织厂际间同种类产品单位成本的对比分析。

(一) 产品单位成本分析的内容

产品单位成本分析包括两个方面的内容：一是单位成本完成情况的分析，二是技术经济指标变动对单位成本的影响。

单位成本完成情况的分析是根据“产品单位成本表”上的有关数据资料以及其他有关资料，首先，分析单位成本实际数与基准数的差异，确定单位成本是升高还是降低了，升降幅度是多少；然后再按成本项目分别进行比较分析，考察每个项目的升降情况；最后，可针对某些主要项目的升降情况，进一步深入分析，查明引起项目成本升降的原因。

(二) 单位成本分析的步骤

构成产品成本的项目多而复杂，我们仅以主要项目如材料费用、工资费用、制造费用等，作为代表性项目进行分析，说明其分析的步骤和方法。

1. 材料费用项目的分析

对单位产品成本中材料费用影响的基本因素，是单位产品材料耗用量和材料单价。它们对单位产品影响的计算公式为

$$\text{材料耗用量变动的影响}=\sum(\text{实际单位耗用量}-\text{基准单位耗用量})\times\text{基准价格}$$

$$\text{材料单价变动的影响}=\sum(\text{实际单价}-\text{基准单价})\times\text{实际耗用量}$$

上式中的“基准数”指的是计划数、定额数、上年实际平均、历史或行业先进水平等数值。

2. 工资费用项目的分析

对单位产品成本中工资费用影响的因素，是单位产品工时消耗量和小时工资额。它们对工资费用升降的影响可用下列计算公式

$$\begin{matrix}\text{工时消耗量}\\ \text{变动的影响}\end{matrix}=\sum\left[\left(\begin{matrix}\text{实际单位}\\ \text{工时消耗量}\end{matrix}-\begin{matrix}\text{基准单位}\\ \text{工时消耗量}\end{matrix}\right)\times\begin{matrix}\text{基准小时}\\ \text{工资源}\end{matrix}\right]$$

$$\begin{matrix}\text{小时工资额}\\ \text{变动的影响}\end{matrix}=\sum\left[\left(\begin{matrix}\text{实际小时}\\ \text{工资额}\end{matrix}-\begin{matrix}\text{基准单位}\\ \text{工资额}\end{matrix}\right)\times\begin{matrix}\text{实际单位}\\ \text{工时消耗量}\end{matrix}\right]$$

3. 制造费用项目的分析

对产品成本中制造费用影响的基本因素，是单位产品工时消耗量（或其他分配标准）和小时费用分配率（或其他分配率）。其分析的计算公式为

$$\begin{matrix}\text{工时消耗量}\\ \text{变动的影响}\end{matrix}=\sum\left[\left(\begin{matrix}\text{实际单位}\\ \text{工时消耗量}\end{matrix}-\begin{matrix}\text{基准单位}\\ \text{工时消耗量}\end{matrix}\right)\times\begin{matrix}\text{基准小时}\\ \text{费用分配率}\end{matrix}\right]$$

$$\begin{matrix}\text{小时费用分配}\\ \text{率变动的影响}\end{matrix}=\sum\left[\left(\begin{matrix}\text{实际小时}\\ \text{费用分配率}\end{matrix}-\begin{matrix}\text{基准单位}\\ \text{费用分配率}\end{matrix}\right)\times\begin{matrix}\text{实际单位}\\ \text{工时消耗量}\end{matrix}\right]$$

【例19-10】设智董工厂D产品单位成本，根据产品单位成本表和有关计划等资料整理计算编制D产品单位成本分析表，如表19-13所示。

表19-13 D产品单位成本分析表

200×年　　　　　　　　　　　　　　　　　　　　　　　　　　　　单位：千元

成本项目	计划			实际		
直接材料	126			124		
直接工资	24			28		
制造费用	138			150		
小计	288			302		
主要消耗材料和工时	数量	单价	金额	数量	单价	金额
铸铁件（公斤）	1.48	0.50	0.74	1.40		0.70
钢材（公斤）	19.20		30.20	20.00		29.49
其中：圆钢（公斤）	9.20	1.40	14.72	10.00		14.00
扁钢（公斤）	4.80	1.60	7.68	4.90		7.84
槽钢（公斤）	5.20	1.50	7.80	5.10		7.65
工时	80	4	320	104	3.70	384.80

根据表19-13的计划数与实际数，计算D产品单位成本差异率如下所示：

$$单位成本差异率=\frac{302-288}{288}\times 100\%=4.86\%$$

从差异率看出，D产品单位成本增加了4.86%。什么原因引起了单位成本的提高，这需要对成本项目做进一步的分析。

(1) 直接材料差异的分析

$$\begin{aligned}材料耗用量差异&=铸铁件差异+圆钢差异+扁钢差异+槽钢差异\\&=(1.40-1.48)\times 0.5+(10-9.2)\times 1.4+(4.9-4.8)\times 1.6+(5.1-5.2)\times 1.5\\&=-0.04+1.12+0.16-0.15\\&=1.09（千元）\end{aligned}$$

从计算分析中，可以看出铸铁件与槽钢用量是节约的，而圆钢和扁钢耗用量是超过计划数的，应进一步查找原因。

从表19-13中的价格资料看，直接材料价格差异等于零。

(2) 直接工资差异的分析

$$\begin{aligned}工时耗用量差异&=(实际耗用工时-计划耗用工时)\times 计划单价\\&=(104-80)\times 4\\&=96（千元）\end{aligned}$$

$$\begin{aligned}小时工资额变动差异&=(实际小时工资额-计划小时工资额)\times 实际耗用量\\&=(3.70-4)\times 104\\&=-31.2（千元）\end{aligned}$$

从这里可以看出，由于生产效率的降低，使单位成本上升到96千元，由于平均工资率的下降，节约了成本31.2千元。

(3) 制造费用差异的分析

制造费用一般受单位产品工时和小时费用率两个因素的影响，而单位产品工时决定于劳动生产率的高低，小时费用率则受费用总额变动的影响。在制造费用总额不变的情况下，单位产品中的制造费用就取决于劳动生产率的高低，劳动生产率越高，单位产品消耗的工时就越少，所分配到的制造费用也越少；相反，劳动生产率越低，单位产品消耗的工时越多，分配到单位产品中的制造费用也就越多。单位产品成本中制造费用的分析与直接工资费用的分析，基本相同，只需将小时工资率改为小时费用率。

（三）主要产品单位成本的一般分析

1. 比较分析

主要产品单位成本的比较分析是根据主要产品单位成本表，利用比较分析法，分析本期比上期或计划的成本升降情况。

【例19-11】设智董公司生产的甲产品，其单位成本表和单位成本比较分析表分别如表19-14、表19-15所示。

表19-14　主要产品单位成本表

单位：元

<table>
<tr><td colspan="3" rowspan="2">产品名称：　　甲产品</td><td colspan="3" rowspan="2">计量单位：　　件</td><td colspan="2">计划产量：210件</td></tr>
<tr><td colspan="2">实际产量：160件</td></tr>
<tr><td colspan="2">成本项目</td><td colspan="2">上年实际</td><td colspan="2">本年计划</td><td colspan="2">本年实际</td></tr>
<tr><td colspan="2">直接材料</td><td colspan="2">642</td><td colspan="2">518</td><td colspan="2">486</td></tr>
<tr><td colspan="2">直接人工</td><td colspan="2">161</td><td colspan="2">154</td><td colspan="2">143</td></tr>
<tr><td colspan="2">制造费用</td><td colspan="2">76</td><td colspan="2">72</td><td colspan="2">67</td></tr>
<tr><td colspan="2">合计</td><td colspan="2">879</td><td colspan="2">744</td><td colspan="2">696</td></tr>
<tr><td rowspan="2">明细项目</td><td rowspan="2">单位</td><td colspan="2">上年实际</td><td colspan="2">本年计划</td><td colspan="2">本年实际</td></tr>
<tr><td>单位用量</td><td>金额</td><td>单位用量</td><td>金额</td><td>单位用量</td><td>金额</td></tr>
<tr><td>原材料</td><td></td><td></td><td></td><td></td><td></td><td></td><td></td></tr>
<tr><td>T1</td><td>千克</td><td>34</td><td>392</td><td>32</td><td>310</td><td>34</td><td>290</td></tr>
<tr><td>T2</td><td>千克</td><td>24</td><td>272</td><td>22</td><td>230</td><td>16</td><td>220</td></tr>
<tr><td>工时</td><td></td><td>316</td><td></td><td>314</td><td></td><td>282</td><td></td></tr>
</table>

表19-15　甲产品单位成本比较分析表

单位：元

成本项目	计划成本	实际成本	升降情况（±）		各项目升降对单位成本的影响（%）
			升降额	升降率（%）	
直接材料	518	486	−32	−6.18	−4.30
直接人工	154	413	−11	−7.14	−1.48
制造费用	72	67	−5	−6.94	−0.67
合计	744	966	−48	−6.45	−6.45

由表19-15可知，甲产品的单位成本比计划降低48元，降低率为6.45%，其主要原因是由于直接材料项目的成本降低，使单位成本比计划降低4.3%。另外，直接人工费用和制造费用都有不同程度的降低，对单位成本降低的影响分别为1.48%和0.67%。

在对单位成本进行分析时。企业还可以将本年实际单位成本与上年实际平均单位成本相比较，如果说某成本项目虽超过计划指标，但仍低于上年成本水平，这就应该予以肯定，因为这种变化意味着成本水平在下降，其趋势是良好的。但如果实际单位成本不仅高于计划指标，而且也超过上年成本水平，就应引起重视，及时予以控制。

2. 因素分析

产品单位成本的变动，主要是受产品总成本与总产量两个因素的影响。可用公式表示：

$$单位成本=\frac{总成本}{总产量}$$

分析上式可知，如果总成本保持不变时，单位成本与总产量成反比例变动。但是，由于产品总成本包括变动成本和固定成本两部分，而且前者的单位成本（单位变动成本）与总产量不相关，后者的单位成本（单位固定成本）则与产量成反比例变动，因此单位成本变动的因素分析，一般应采用如下公式：

$$单位成本=单位变动成本+\frac{固定成本}{总产量}$$

采用差额分析法分别计算单位变动成本、固定成本及总产量三个因素对单位成本变动的影响程度。其计算公式为

单位变动成本变动对单位成本的影响＝实际单位变动成本－计划单位变动成本

$$总产量变动对单位成本的影响=\frac{固定成本预算}{实际总产量}-\frac{固定成本预算}{计划总产量}$$

$$固定成本变动对单位成本的影响=\frac{实际固定成本-固定成本预算}{实际总产量}$$

【例19-12】智董公司乙产品某年度的单位成本情况如表19-16所示。

表19-16　总产量及单位成本表

产品：乙　　200×年　　单位：元

项目	总产量（件）	单位变动成本	固定成本	单位固定成本	产品单位成本
计划	6200	16.20	49600	8	24.20
实际	7400	17	51800	7	24

实际单位成本与计划单位成本的差异额＝24－24.2＝－0.2（元）

因素分析如下：

单位变动成本变动对单位成本的影响＝17－16.2＝0.8（元）

$$总产量变动对单位成本的影响=\frac{49600}{7400}-\frac{49600}{6200}=-1.3（元）$$

$$固定成本变动对单位成本的影响=\frac{51800-49600}{7400}\approx 0.3（元）$$

由上述分析结果可知，乙产品完成了单位成本计划（下降0.2元/件），主要是产量增长的结果。

（四）产品单位成本的比较分析

产品单位成本的比较分析，是根据企业内部的主要产品单位成本表的具体资料，利用比较分析法，分析本期实际单位成本比计划或预算、比上期、比本企业历史最好水平及先进企业成本水平的升降情况，然后着重对某种或某几种产品进一步按成本项目对比研究，查明影响单位成本升降的原因。

【例19-13】假设智董公司A产品单位成本资料如表19-17所示。

表19-17　A产品单位成本表

单位：元

成本项目	历史先进水平	上年实际	本年计划	本年实际
直接材料	280	300	297	294
直接工资	70	65	65	66
制造费用	130	135	133	130
废品损失	0	0	0	0
合计	480	500	495	490

以本年实际单位成本同本企业历史最好水平、上年单位成本、计划单位成本比较的分析结果，如表19-18所示。

表19-18 A产品单位成本比较分析表

单位：元

成本项目	比历史先进水平		比上年		比计划	
	增减额	增减率	增减额	增减率	增减额	增减率
直接材料	+14	+5.00%	−6	−2.00%	−3	−1.01%
直接工资	−4	−5.75%	+1	+1.54%	+1	+1.54%
制造费用	0	0	−5	−3.70%	−3	−2.25%
废品损失						
合计	+10	+2.08%	−10	−2.00%	−5	−1.01%

从比较分析的结果看，A产品本年实际单位成本比计划降低了5元，比上年降低了10元，比历史最好水平提高了10元，并且本年实际单位成本的项目除直接工资以外，其他两个项目均比上年和计划节约了。这说明该企业本年在降低成本方面做出了一些成绩，但与历史最好的成本水平还有较大差距，说明还有潜力可挖。

应当指出，在产品品种较多的企业，进行单位成本的比较分析时，应着重对一种或几种主要产品或对成本发生升降幅度较大的产品进行分析，抓住关键，把握重点。在进行主要产品单位成本比较分析的基础上，要按直接材料、直接人工和制造费用三个成本项目进行分析，查明造成单位成本升降的具体原因。

(五) 主要产品单位成本项目的分析

1. 直接材料项目的分析

直接材料的变动主要受单位产品原材料消耗数量和原材料单价两个因素变动的影响。其变动影响的计算公式为

原材料消耗数量变动的影响=(实际单位耗用量−计划单位耗用量)×原材料计划单价

原材料单价变动的影响=(原材料实际单价−原材料计划单价)×单位产品实际材料耗用量

【例19-14】乙产品所耗A、B两种材料的有关资料见表19-19所示。

表19-19 乙产品材料消耗资料表

单位：元

原材料	计量	材料耗用量		材料单价		原材料费用	
名称	单位	计划	实际	计划	实际	计划	实际
A	千克	40	42	3	3.5	120	147
B	千克	20	15	5	5.4	100	81

要求进行直接材料费用的分析

解：直接材料消耗量＝（42−40）×3＋（15−20）×5

变动的影响＝6−15＝−9（元）

直接材料价格＝42×（3.5−3）＋15×（5.4−5）

变动的影响＝21＋6＝27（元）

计算表明，直接材料费用增加18元，其中直接材料消耗量变动使直接材料费用降低9元，而直接材料价格变动使直接材料费用升了27元。有必要对影响直接材料耗用量变动和直接材料单价变动的主要因素做进一步分析。

(1) 影响材料耗用量变动的因素。

1）材料质量的变化。实际购入和消耗的材料质量有高低。当材料质量较低时，造成废品增加，必然使材料消耗量增加。因此，必须加强材料质量管理，严把材料入口关，使生产所用材料的质量得到保证。

2）产品生产工艺和操作方法的改变。在产品生产过程中，不断改进生产工艺，改革加工的操作方法，就会不断地提高各种材料的利用率，降低材料的消耗。

3）产品设计的改进。产品设计上的浪费是根本的浪费，不断改进提高设计水平，改进结构，将使产品质量更高，体积更小，重量更轻，从而减少材料消耗，降低材料费用。同时，结构的改进也会使通用件、标准件用量增加，从而减少材料消耗。改进产品设计、减轻产品重量对单位产品原材料费用的影响的计算公式如下：

$$\begin{matrix}\text{改进产品设计、减轻产品}\\\text{重量对原材料费用的影响}\end{matrix}=\begin{matrix}\text{产品重量改进前}\\\text{的原材料成本}\end{matrix}\times\left(1-\frac{\text{改进后产品实际重量}}{\text{改进前产品实际重量}}\right)$$

【例19-15】 假设前述乙产品由01、02两个部件组成，其中01部件由B材料制成，通过改进产品设计使该部件的重量由原来的20公斤，减少为16公斤，该部件的计划单位成本为100元。

$$\text{由于减轻该部件重量而节约原材料费用}=100\text{元}\times\left(1-\frac{16}{20}\right)=20\text{元}$$

4）原材料利用率的变动。材料在产品成本中只有较大比重，提高材料利用率是降低材料成本的重要途径；反之，如果忽视原材料在产品生产或加工过程中的合理利用，增加废弃的边角余料，则会加大原材料的耗费，导致原材料成本上升。原材料利用率变动对单位产品原材料费用的影响，可按下列公式计算：

$$\text{实际原材料利用率}=\frac{\text{实际利用材料消耗量}}{\text{投入生产的原材料重量}}\times100\%$$

$$\begin{matrix}\text{原材料利用率变动对}\\\text{单位原材料费用的影响}\end{matrix}=\text{基期原材料费用}\times\left(1-\frac{\text{基期材料利用率}}{\text{实际材料利用率}}\right)$$

【例19-16】 假设前述乙产品01部件由A材料制成，计划材料利用率为84%，单位部件计划材料成本为134元，本月投入生产的A材料为4000公斤；实际利用的A材料3200公斤。

$$\text{实际材料利用率}=\frac{3200}{4000}\times100\%=80\%$$

$$\text{原材料费用降低额}=134\text{元}\times\left(1-\frac{84\%}{80\%}\right)=134\text{元}\times(-5\%)=-6.7\text{元}$$

即由于实际材料利用率低，使材料费用比计划超支6.7元。

5）原材料代用或配料比例变化。在保证产品质量的前提下，合理地使用普通材料代替贵重材料，选用经济合理的技术配方，既可以扩大材料的来源，又可以节约材料成本。原材料代用或配料比例变化对材料成本的影响的计算公式如下：

$$\begin{matrix}\text{材料代用对单位产品}\\\text{原材料费用的影响}\end{matrix}=\left(\begin{matrix}\text{单位产品代用}\\\text{前材料耗用量}\end{matrix}-\begin{matrix}\text{单位产品代用}\\\text{后材料耗用量}\end{matrix}\right)\times\begin{matrix}\text{该种材料}\\\text{计划单价}\end{matrix}$$

$$\begin{matrix}\text{配方变化对单位产品}\\\text{原材料费用的影响}\end{matrix}=\begin{matrix}\text{单位产品代用}\\\text{耗用配料总量}\end{matrix}\times\left(\begin{matrix}\text{按实际配方计}\\\text{算的平均单价}\end{matrix}-\begin{matrix}\text{按原配方计算}\\\text{的平均单价}\end{matrix}\right)$$

(2) 影响直接材料价格变动的因素。影响直接材料价格变动的主要因素有两个：一是材料采购价格，二是采购费用。

1）材料采购价格变动。材料采购的价格，大多属于市场采购时确定和支付的。这种材料采购价格的变动一般属于与企业无关因素。应引起注意的是与企业或企业内部人员有关的因素，如采购地点或供应商选择不当而提高了采购价格等。对于材料采购价格的变动，要结合市场供求，材料价格变动，材料质量等认真查明原因，明确具体责任归属。

2）采购费用的变动。运输部门调整运费时，会引进采购费用的变化，这种变化属于企业无关的因素。当采购地点、运输方式等发生变动都会引起采购费用的变化，从而影响材料价格的变动。企业应从降低采购成本出发，选择适当的采购地点和运输方式。

2. 直接人工费用的分析

单位产品直接人工费用的变动，主要受劳动生产率（效率差异）和平均工资水平（工资率差异）两个因素变化的影响。劳动生产率提高意味着单位产品消耗工时减少，然而，随着劳动生产率的提高，平均工资水平也有所增长，使单位产品的工资费用有所增加。因此，只有劳动生产率增长超过平均工资水平增长速度时，才会使单位产品成本降低。劳动生产率和平均工资增长率变化对单位产品直接人工费用的影响可按下列公式计算：

$$\begin{matrix}\text{单位产品工时耗用量变动对单位}\\\text{产品成本影响额（效率差异）}\end{matrix}=\left(\begin{matrix}\text{单位产品实际}\\\text{工时消耗量}\end{matrix}-\begin{matrix}\text{单位产品计划}\\\text{工时消耗量}\end{matrix}\right)\times\begin{matrix}\text{计划平均}\\\text{小时工资率}\end{matrix}$$

$$\begin{matrix}\text{平均小时工资率变动对单位产品}\\\text{成本影响额（工资率差异）}\end{matrix}=\begin{matrix}\text{单位产品实际}\\\text{工时消耗量}\end{matrix}\times\left(\begin{matrix}\text{实际平均}\\\text{小时工资率}\end{matrix}-\begin{matrix}\text{计划平均}\\\text{小时工资率}\end{matrix}\right)$$

【例19-17】 有关乙产品直接人工成本的有关资料见表19-20所示。

表19-20 直接人工成本

项目	本年计划	本年实际
单位产品工时耗用量	18	15
平均小时工资率	4	5
单位产品直接人工成本	72	75

工时耗用量变动对单成本的影响＝(15－18)×4＝－12

平均小时工资率变动对单成本的影响＝15×(5－4)＝15

两因素共同影响=15－12＝3

上述计算表明，乙产品单位成本中直接人工成本实际比计划超支3元，主要由于单位产品工时耗用量减少3小时，使单位产品工资成本减少12元，但平均小时工资增长1元，使单位产品工资上升15元。由此可以看出，直接人工成本项目超支主要是工资水平增长高于劳动生产率的提高所致。

3. 制造费用项目的分析

由于制造费用分配标准通常是工时消耗量，因此，单位产品制造费用的变动主要受单位工时消耗量和小时费用分配率变动的影响。这两个因素对制造费用变动的影响程度可通过下列公式计算。

【例19-18】 乙产品制造费用的有关资料见表19-21。

表19-21 制造费用

单位：元

项目	单位产品工时消耗量	小时费用分配率	单位产品制造费用
本年计划	18	4	72
本年实际	16	3	48

工时消耗量变动的影响＝（16－18）×4＝－8

费用分配率变动的影响＝（3－4）×16＝－16

两个因素变动的影响=－8＋（－16）＝－24

以上计算表明，实际工时消耗量比计划工时消耗量减少2，使单位产品制造费用节约8元，实际制造费用分配率比计划制造费用分配率下降1，使单位产品制造费用节约16元。

(六) 单位产品成本项目变动原因分析

1. 单位直接材料变动原因分析

直接材料在产品成本中占有重要地位，特别是在加工企业中，它所占的比重就更大，因此，直接材料分析是成本项目分析的重点。分析单位产品直接材料的变动原因，一般用连环替代法进行差异分析，以便找到单位产品直接材料变动的具体原因。可以用本年实际水平与计划成本比较，也可以与上年成本比较，分析本年实际与计划或上年成本水平变动的具体原因。

单位产品直接材料＝∑单耗材料用量×材料单价

1）单耗材料用量变动影响单位产品成本：

∑（实际材料单耗－计划材料单耗）×计划单价

2）单位材料价格变动影响单位产品成本：

∑（实际材料单价－计划材料单价）×实际材料单耗

【例19-19】 假设智董公司A产品单位材料成本资料如表19-22所示。

表19-22　单位产品材料成本资料

单位：元

材料名称	上年数			本年数		
	用量	单价	材料成本	用量	单价	材料成本
甲材料	30	4	120	28	4	112
乙材料	40	4.5	180	40	4.55	182
材料成本			300			294

分析对象：294－300＝－6（元）

1）单耗变动影响单位产品材料成本：

(28－30)×4＋(40－40)×4.5＝－8（元）

2）单价变动影响单位产品材料成本：

(4－4)×28＋(4.55－4.5)×40＝2（元）

分析计算表明，A产品单位材料成本降低了6元，主要是由于单位产品耗用甲材料节约了2千克，导致节约材料成本8元，但乙材料的价格上升了0.05元，使得单位产品材料成本超支2元。两个因素共同影响，使单位产品材料成本节约了6元。

在分析出材料单位耗用量和材料价格变动对单位产品成本影响后，还要进一步分析材料用量变动和材料价格变动的具体原因。

影响材料消耗量变动的因素很多，作用的方向也不一样。有的因素会造成材料用量的超支，有的因素可带来材料支出的节约。归纳起来，影响材料消耗量的因素一般为：职工操作技术水平；产品设计和工艺技术过程；合理代用材料；合理下料，充分利用边角余料；废品率的高低。

单位产品材料费用支出的节约或超支，不仅同生产技术有关，而且同企业的生产经营管理有关。因此，在进行材料用量情况分析时，应结合生产技术和生产经营管理情况，才能进一步了解产品单位成本中材料费用节约或超支的具体原因，也便于企业从这些方面寻求降低成本的途径。

影响材料价格的因素很多，分析时应区分两种情况：一种是与企业主观努力无关的因素，如商业采购价格的变动；一种是与企业主观努力有关的因素，如材料采购费用的节约或超支。分清这两种因素，企业才能对成本管理工作做出正确的评价。影响材料采购费用变动的因素一般有：采购地点的选择；运输方式的选择；材料采购站的经营管理和经费支出水平；采购过程中的损耗程度。

2. 单位直接工资变动原因的分析

产品生产成本中的直接工资是生产职工工资及按规定提取的职工福利费。在生产多种产品的企业采用计时工资制或计时工资加奖励制时，企业产品的工资费用是按生产工时消耗的比例分配计入每种产品成本的。因此，单位产品成本中工资费用的高低，取决于单位产品的工时消耗和小时平均工资率两个因素。单位产品工时消耗反映劳动生产率水平的高低，小时工资率则反映平均工资水平的高低。

$$单位产品工资=单位产品工时消耗\times\frac{生产工人工资总额}{生产工时消耗总数}$$

$$=单位产品工时消耗\times小时工资率$$

【例19-20】 假设智董公司生产多种产品，其中，甲产品的有关单位产品工资成本资料如表19-23所示。

表19-23 甲产品的有关单位产品工资成本资料表

单位：元

项目	计划数	实际数	差异
单位产品耗用工时	10	8	−2
小时工资费用率	6.5	8.25	+1.75
单位产品工资成本	65	66	+1

分析对象：66−65=1（元）

单位产品耗用工时变动的影响=(实际单耗工时−计划单耗工时)×计划小时工资

(8−10)×6.5=−13（元）

小时工资变动的影响=(实际小时工资−计划小时工资)×实际单耗工时

(8.25−6.5)×8=14（元）

分析结果表明，甲产品单位产品工资成本上升了1元，是由于单位产品耗用工时节约的工资成本13元，由于小时工资上升1.75元使单位产品工资成本提高了14元，两因素共同影响的结果使单位产品工资成本上升1元。单位产品耗用工时节约，表明企业生产职工劳动生产率提高了。这是企业工作成绩的表现。小时工资率提高是影响单位产品工资成本提高的因素。企业应结合生产职工平均工资的增长情况，做进一步的分析。

不论采用计时工资制，还是计件工资制，如果企业只生产一种产品，则单位产品成本的高低直接受生产职工工资总额和产品产量的影响。如果产品产量的增长速度超过了生产职工工资总额的增长速度，则单位工资成本就会下降；反之，单位工资成本将会上升。

$$单位产品工资成本=\frac{生产工人工资总额}{产品产量}$$

3. 单位制造费用变动原因的分析

单位产品制造费用的分析类似于单位产品工资成本的分析。在生产多种产品的企业，其制造费用一般按生产工时分配计入每种产品中。因此，单位产品制造费用计算公式为

单位产品制造费用=单位产品耗用工时×小时制造费用率

在生产单一产品的企业，单位产品制造费用的计算公式为

$$单位产品制造费用=\frac{制造费用总额}{产品产量}$$

为了进一步了解制造费用变动的原因，企业应按制造费用细目逐项分析。在把制造费用划分为变动费用部分和固定费用部分的情况下，对变动费用部分应将其预算数按照实际

产量进行调整后，再与实际数对比，以确定其相对节约数；对固定费用部分，则用实际支出数直接同预算数相比较，确定其绝对节约额。在此基础上，还应结合各生产环节的具体资料，联系责任单位和责任人，查明各项制造费用超支或节约的具体原因。对于某些制造费用项目的支出，如修理费、维护费、劳动保护费等，企业不应简单片面地理解为开支数降低就是成绩，应将其开支与所取得的效果相比较，才能做出正确的评价。

制造费用的相对节约和绝对节约的分析方法如下所述。

1）变动费用部分相对节约额＝变动费用实际数额－变动费用预算数额

2）固定费用的绝对节约额＝固定费用实际数额－固定费用预算数额

3）费用总额节约额＝调整后的费用预算数－实际费用总额

【例19-21】假设智董公司费用预算与实际情况如表19-24所示。

表19-24 费用预算与实际情况对比表

单位：元

费用类别	预算数	调整后的预算数	实际数
变动费用	40000	44000	41500
固定费用	15000	15000	14000
费用总额	55000	59000	55500

费用节约总额＝55500－59000＝－3500（元）

变动费用相对节约＝41500－44000＝－2500（元）

固定费用绝对节约＝14000－15000＝－1000（元）

具体分析各个费用项目升降原因时，应根据具体情况采用不同的方法。对于消耗性材料的分析，应抓住消耗量大的材料分析其用量差异和价格差异。有些费用，如劳保费用、修理费用，必须与设备维修和劳动安全保护联系起来进行分析。既要尽可能节省支出，又要保证设备正常运转和安全生产，不能片面强调节省，使设备带病运转，也不能忽视必要的劳动保护，影响职工的安全。

4. 单位产品废品损失变动原因的分析

生产过程中的废品损失，包括不可修复废品的成本减去废品的残余价值和过失人的赔款后的余额，即不可修复废品的净损失及可修复废品发生的修复费。在核算废品损失的企业里，废品损失资料可以从生产费用明细账和其他日常核算资料中取得。由于废品损失没有计划数可比，所以，分析废品损失时，必须利用上期资料进行分析对比。

【例19-22】假设智董公司甲产品的废品损失资料如表19-25所示。

表19-25 废品损失情况表

单位：元

分析项目	上年度		本年数	
	金额	占产品成本比重	金额	占产品成本比重
不可修复废品成本	7500	1.58%	8750	1.46%
可修复废品修复费	1500	0.31%	2250	0.37%
减：废品残值	500	0.10%	750	0.125%
减：过失人赔偿	100	0.02%	150	0.025%
废品损失	8400	1.77%	10100	0.168%
产品成本总额	475000		600000	

从表19-25可以看出，该企业上年废品损失占产品成本的比重为1.77%，本年废品损失占产品成本的比重为1.68%。从相对数看，废品损失情况有所好转，但成效不佳；从绝对数来

看，本年发生的废品损失总额比上年还增加了1700元，这说明企业工作中仍存在问题。废品损失的发生纯属是一种浪费，特别是不可修复废品，既浪费国家有限的资源，又影响企业的产品产量、产品质量和生产成本。所以，对废品损失的分析，应进一步查明产生废品的原因，寻求改进工艺技术、提高操作水平的途径，尽量将废品损失控制在最低的限度，甚至为零。

五、单位产品成本的技术经济分析

技术经济指标是与企业生产技术特点具有内在联系的一系列指标，如设备利用率、产品质量、材料利用率、劳动生产率等。这些技术经济指标的变动，都会直接或间接地影响到产品成本。因此，产品成本的技术经济分析是企业成本分析的重要内容。通过这种分析将有利于从生产、技术领域查明影响成本升降的内在因素，以便采取相应的技术组织措施，使得成本不断降低。

结合技术经济指标进行成本分析，就是研究这些指标的变动对成本的影响程度，有利于提高成本分析工作质量，使它更好地发挥积极作用。

企业分析技术经济指标，可以使成本分析深入到生产技术领域，把经济分析同生产技术分析结合起来，具体掌握影响产品成本升降的内在因素，从经济效果上促使企业更好地完成各项技术经济指标，不断降低产品生产成本。

企业分析技术经济指标，可以使成本分析具有更广泛的群众基础。企业技术经济指标，可以分解、落实到职工生产技术岗位，它同职工生产工艺操作的质量和效果有密切的联系。因此，把成本分析同技术经济指标结合起来，进而把分析结果同日常的评比、竞赛相结合，可以调动职工完成各项技术经济指标、降低成本的积极性，有利于企业把专业分析同群众分析结合起来。

各项技术经济指标完成情况，从每天的业务技术报告中随时可以得到反映。因此，分析技术经济指标对产品成本的影响，可以随时结合日常的生产技术活动进行分析，及时掌握成本偏差，便于企业有预见地及时采取必要措施，改进工作，起到预测成本、控制成本的作用。

（一）原材料技术经济指标变动的影响

1. 改进产品设计对产品成本影响的分析

在生产较正常、管理水平较高的企业里，要大幅度地降低成本，必须从产品设计、产品结构和生产工艺等方面的改革入手。产品结构和工艺改革应进行产品成本功能分析，在保证产品质量的前提下，改进产品设计，使产品的体积由大变小、重量由重变轻、结构由繁变简、效能由低变高，这样不仅能提高产品的使用价值，而且能节约原材料等物质的消耗，降低产品成本。

2. 原材料利用率变动对产品成本影响的分析

原材料利用率是说明原材料利用程度的相对指标，它反映了投入生产的原材料消耗重量与所产产量之间的比例关系，如酒厂的出酒率，油厂的出油率，糖厂的出糖率等。其计算公式为

$$原材料利用率=\frac{产品产量}{投入原材料消耗量}\times 100\%$$

材料利用率与产品单耗材料是倒数关系，原材料利用率变动，不仅通过单位产品原材料耗用量变动直接影响产品成本，而且通过产量变动影响单位产品固定费用，间接影响产品成本。

材料利用率变动影响单位产品成本降低率的计算公式为

$$\left(1-\frac{\text{上年材料利用率}}{\text{本年材料利用率}}\right)\times\text{上年单位产品材料占产品成本比重}$$

【例19-23】 智董公司材料利用率情况如表19-26所示。

表19-26 材料利用率情况表

项目	上年	本年
投入原材料消耗重量（千克）	200000	250000
产品产量（千克）	160000	206000
原材料利用率	80%	82.4%
单位产品耗用材料（千克）	1.25	1.21
投入材料单价（元）	5.00	5.00
原材料总成本（元）	1000000	1250000
单位产品原材料成本（元）	6.25	6.07

假设上年单位产品成本为10元。

材料利用率变动影响单位产品成本降低率为

$$\left(1-\frac{80\%}{82.4\%}\right)\times\frac{6.25}{10}=1.82\%$$

3. 配料比例变动对单位成本影响的分析

配料比例是生产产品所耗用同种材料的不同等级材料的混合比重。由于不同等级的材料价格不同，使得单位材料成本不同。在保证产品质量和功能不受影响的情况下，多耗用低等级材料、少耗用高等级材料，会使产品材料成本下降。材料配比变动对材料成本的影响分析如下所示。

$$\text{计划配比计划价格计算的平均单价}=\frac{\sum\text{计划单耗}\times\text{计划单位}}{\sum\text{计划单耗}}=\sum\text{计划配比}\times\text{计划单价}$$

计划配比计划价格计算的平均单价，也叫作计划平均单价。

$$\text{实际配比计划价格计算的平均单价}=\frac{\sum\text{实际单耗}\times\text{计划单位}}{\sum\text{实际单耗}}=\sum\text{实际配比}\times\text{计划单价}$$

$$\text{实际配比实际价格计算的平均单价}=\frac{\sum\text{实际单耗}\times\text{实际单位}}{\sum\text{实际单耗}}=\sum\text{实际配比}\times\text{实际单价}$$

实际配比实际价格计算的平均单价，也叫作实际平均单价。

1）由于单位耗用总量变动对单位产品材料成本的影响：

$(\text{实际单耗总量}-\text{计划单耗总量})\times\sum\text{计划配比}\times\text{计划单价}$

2）由于配料比例变动对单位产品材料成本的影响：

$[\sum(\text{实际配比}-\text{计划配比})\times\text{计划单价}]\times\text{实际单耗总量}$

3）由于材料价格变动对单位产品材料成本的影响：

$[\sum(\text{实际单价}-\text{计划单价})\times\text{实际配比}]\times\text{实际单耗总量}$

【例19-24】 智董公司材料配比资料如表19-27所示。

表19-27 材料配比资料表

等级材料	计划				实际			
	单耗	配比	单价	成本	单耗	配比	单价	成本
一等	100	50%	5	500	108	45%	5.2	561.6
二等	60	30%	4	240	72	30%	4	288
三等	40	20%	3	120	60	25%	2.8	168
合计	200	100%		860	240	100%		1017.6

实际平均单价＝45%×5.2＋30%×4＋25%×2.8＝4.24（元）

计划平均单价＝50%×5＋30%×4＋20%×3＝4.3（元）

实际配比计划平均单价＝45%×5＋30%×4＋25%×3＝4.2（元）

分析对象1017.6－860＝157.6（元）

1）材料单耗总量变动对单位产品材料成本的影响：

(240－200)×4.3＝172（元）

2）材料配比变动对单位材料成本的影响：

(4.2－4.3)×240＝－24（元）

3）材料价格变动对单位产品材料成本的影响：

(4.24－4.2)×240＝9.6（元）

4. 合理代料对产品成本影响的分析

合理代料是从降低成本的角度出发，在保证产品质量的前提下，用价格低的材料代替价格高的材料，如用硬塑代替钢、铜等材料，用较普通的材料代替较紧俏或稀少的材料。合理代料，不仅是扩大材料来源、促进生产发展的重要措施，也是降低产品成本的重要途径。

因合理代料而形成的材料节约额，也是产品成本节约额。其计算公式为

代用材料用量×代用材料价格－原材料用量×原材料价格

【例19-25】智董公司生产甲产品，每件耗用A材料200千克，单价20元。现改用B材料代替，每件耗用B材料250千克，每千克单价15元。

因代用材料而节约成本为

250×15－200×20＝－250（元）

5. 综合利用材料对产品成本影响分析

综合利用是企业对本企业生产产品过程中产生的各种废物进行加工处理，生产出有用的物资产品。企业能对本企业生产中产生的废气、废水、废渣进行综合利用，一方面能减少环境污染，化废为宝，化无用为有用，化小用为大用，为社会节约资源，提供有用的物质财富；另一方面能让综合利用生产出来的副产品分摊一部分主产品的原材料成本和相关的固定费用，使主产品成本下降。

（二）生产设备利用情况对成本影响的分析

不同企业拥有不同的技术装备，因而反映生产设备能力利用的技术经济指标也是不同的，机械企业是以单位台时产量来表示，纺织企业则以棉纱千锭小时产量来表示，冶金企业则以高炉（平炉）利用系数来表示等。这些技术经济指标与总产量都有着直接的关系，以机械厂为例，这种关系可表示为

总产量＝设备总台时×台时产量

＝实际使用设备量×单台设备运转时间×台时产量

＝安装设备量×设备使用率×单台设备计划台时×计划台时利用率×台时产量

上述公式中设备使用率是实际使用设备量与安装设备之间的比率。这个比率反映设备数量的利用状况。公式中单台设备计划台时，是以生产设备的制度台时为基数，考虑设备检修等正常原因必需的停工台时所预计的设备可能开动的台时数。公式中计划台时利用率是设备实际运转台时与计划台时之间的比率，它反映设备工作时间的充分利用情况。公式中台时产量是设备每小时的实际产量，它反映设备能力利用情况。

由此可见，生产设备利用效率是通过设备数量利用率与工时利用率，从而在总产量上表现出来。随着设备数量利用、时间利用及能力利用等技术经济指标的改善，总产量必然增长，这将促使单位产品固定费用成本的减少，从而对产品成本产生有利的影响。设备利用状况的计算公式为

$$\text{总产量变动对单位成本影响}=\left(\frac{1}{1+\text{产量增长\%}}-1\right)\times\text{计划单位成本中固定费用成本\%}$$

当安装设备的数量及单台设备计划台时保持不变的情况下，应用生产设备的数量利用、工时利用及能力利用等技术经济指标与总产量的关系，可以用如下公式进行测算，即：

$$\begin{aligned}\text{总产量增长率}&=\frac{\text{实际总产量}}{\text{计划总产量}}-1\\&=\frac{\text{实际设备使用率}\times\text{实际台时利用率}\times\text{实际台时产量}}{\text{计划设备使用率}\times\text{计划台时利用率}\times\text{计划台时产量}}-1\\&=(1+\text{设备使用率增长率\%})\times(1+\text{台时利用率增长率\%})\\&\quad\times(1+\text{台时产量增长率})\end{aligned}$$

把上式代入计算总产量变动对单位成本影响的公式中去，可以得到生产设备数量利用、工时利用及能力利用等技术经济指标（称为生产设备效率），对单位成本影响的计算公式：

$$\text{生产设备效率变动对单位成本的影响}=\left[\frac{1}{\left[1+\text{设备使用率增长率\%}\right]\times\left[1+\text{台时使用率增长率\%}\right]\times\left[1+\text{台时产量增长率\%}\right]}-1\right]\times\text{计划单位成本中固定费用成本\%}$$

如果上式计算的结果为负数，表示因提高生产设备效率而使产品单位成本下降；反之，表示产品单位成本上升。

【例19-26】设智董工厂20××年度安装设备数量和单台设备计划台时均未改变。实际设备使用率比计划下降12%，实际台时利用率比计划提高6%；实际台时产量比计划增长8%，在计划单位成本构成中，固定费用成本约占32%。由于生产设备效率的变动对产品单位成本的影响为

$$\left[\frac{1}{(1-12\%)\times(1+6\%)\times(1+8\%)}-1\right]\times32\%=-31.89\%$$

由于设备效率利用情况的改善，单位成本下降31.89%。

（三）劳动生产率变动对产品成本影响的分析

劳动生产率的增长意味着单位产品所消耗时间的减少，从而每种产品所分摊的工资成本也会相应减少。但是劳动生产率的增长往往伴随着工资的提高，这又会使产品的单位成本提高。因此，劳动生产率变动要与工资变动结合起来计算其对成本的影响。

$$\text{产品单位成本降低率}=\left[1-\frac{1+\text{小时平均工资率提高的\%}}{1+\text{生产工人劳动生产率增长的\%}}\right]\times\text{计划单位成本中生产工人工资所占的比重}$$

$$\text{生产工人劳动生产率增长的\%}=\frac{\text{单位产品计划工时消耗}-\text{单位产品实际工时消耗}}{\text{单位产品计划工时消耗}}\times100\%$$

$$\text{小时平均工资率提高的\%}=\frac{\text{实际平均小时工资率}-\text{计划平均小时工资率}}{\text{计划平均小时工资率}}\times100\%$$

【例19-27】设智董公司生产乙产品，计划单位产品工时消耗为2600小时，实际为2200小时；计划小时平均工资率为14元，实际为15.2元；计划单位成本中生产工人工资所占的比重为16%。试分析劳动生产率变动对产品单位成本的影响。

$$\text{劳动生产率增长的\%}=\frac{2600-2200}{2600}\times100\%=15.38\%$$

$$\text{小时平均工资率提高的\%}=\frac{15.2-14}{14}\times 100\%=8.57\%$$

$$\text{产品单位成本降低率}=\left(1-\frac{1+8.57\%}{1+15.38\%}\right)\times 16\%=0.94\%$$

上述结果表明，劳动生产率实际比计划增长了15.38%，小时平均工资率提高了8.57%，由于这两个因素的共同作用，本年产品实际单位成本比计划降低了0.94%。

(四) 产品产量变动对产品成本影响的分析

产品成本中既有变动成本也有固定成本，当产量变动时，单位产品的变动费用没有变化，固定成本总额也不会发生变化，但是单位产品中的固定成本却会随产量的增加而减少或随产量的减少而增加。可见，产量变动对单位成本所负担的固定费用产生影响，这种影响程度的计算公式为

$$\text{单位产品成本降低额}=\text{基期单位成本中的固定成本}\times\left(1+\frac{1}{1+\text{产量增长率}}\right)$$

$$\text{单位产品成本降低率}=\frac{\text{单位产品成本降低额}}{\text{基期产品单位成本}}\times 100\%$$

【例19-28】乙产品有关资料见表19-28。

表19-28　乙产品成本资料

	产量/件		单位成本/元		总成本/元	
	计划	实际	计划	实际	计划	实际
变动费用			18	18	1728	21 60
固定费用			10	8	960	960
合计	96	120	28	26	2688	3120

$$\text{单位产品成本降低额}=10\times\left[1-\frac{1}{1+\frac{120-96}{96}\times 100\%}\right]=2\text{（元）}$$

$$\text{单位产品成本降低率}=\frac{2}{28}\times 100\%=7.14\%$$

以上分析结果表明，产量提高25%，单位成本下降7.14%，这实际上是由于产量增加而单位固定费用相对节约造成的。

(五) 产品质量变动对成本影响的分析

在生产消耗水平不变的前提下，产品质量对产品单位成本也会产生影响。产品质量的指标一般有反映本身质量如等级产品和反映工作质量的指标如合格品率、废品率等。产品质量对单位成本的影响，可以从不同角度分析，下面仅以废品率和等级产品系数指标的变动对产品单位成本的影响进行说明。

1. 废品率变动对单位成本的影响

在生产一定数量产品的情况下，废品越少，合格品就越多，废品的数量不计入产量，但废品的损失却由合格产品的成本负担。在其他因素不变的条件下，合格品率越高，废品率则越低，单位产品成本也就越低。废品率变动对产品单位成本的影响可由下列公式计算。

$$\text{单位产品成本降低率}=\frac{\text{上年实际废品率}-\text{本年实际废品率}}{1-\text{本年实际废品率}}\times 100\%$$

【例19-29】企业由于提高工人操作技能，使废品率由上年的2%降为本年的1%，则废品率的这一变化对单位产品的影响为

$$单位产品成本降低率=\frac{2\%-1\%}{1-1\%}\times 100\%=1.01\%$$

2. 等级系数变动对单位成本的影响

等级系数是各等级产品产量折合成一等品的产量占折合前总产量的比重。等级系数越高，说明等级产量质量越好，但不同等级的产品的单位成本是相同的。因此，分析等级系数对单位成本的影响，就是指质量的变动引起等级系数发生变动，在平均单位成本不变的情况下，折合为一级品产量的单位成本相应发生变动的数额。其计算公式为

$$单位产品成本降低额=折合一等品计划单位成本\times\left(1-\frac{计划等级系数}{实际等级系数}\right)$$

$$单位产品成本降低率=1-\frac{计划等级系数}{实际等级系数}$$

【例19-30】企业等级产品有关资料见表19-29。

表19-29　产品资料

产品等级	计量单位	折合率	产量		折合一等品产量		计划单位成本
			计划	实际	计划	实际	
一等品	件	1	100	120	100	120	80
二等品	件	0.8	60	50	48	40	80
合计			160	170	148	160	

$$计划等级系数=\frac{148}{160}\times 100\%=92.5\%$$

$$实际等级系数=\frac{160}{170}\times 100\%=94.12\%$$

实际等级系数由92.5%提高到94.12%，说明产品质量提高，这样折合为一等品的单位成本就会下降，计算公式为

$$单位产品成本降低额=折合一等品计划单位成本\times\left(1-\frac{计划等级系数}{实际等级系数}\right)$$

$$=\frac{160\times 80}{148}\times\left(1-\frac{92.5\%}{94.12\%}\right)=1.49（元）$$

$$单位产品成本降低率=1-\frac{计划等级系数}{实际等级系数}=1-\frac{92.5\%}{94.12\%}=1.72\%$$

六、费用明细表的分析

制造费用、销售费用、管理费用和财务费用，虽然有的是作为生产费用计入产品成本，有的是作为期间费用直接计入当期损益，各自的经济用途不同，但是，它们都是由许多具有不同经济性质和不同经济用途的费用组成的。这些费用支出的节约或浪费，往往与公司（总厂）的行政管理部门和生产车间工作的质量和有关责任制度、节约制度的贯彻执行情况密切相关。因此，向企业领导层和各有关部门、车间编报上述报表，分析这些费用的支出情况，不仅是促进节约各项费用支出、杜绝一切铺张浪费、不断降低成本和增加盈利的重要途径，也是推动企业改进生产经营管理工作，提高工作效率的重要措施。

由于上述各种费用都是按整个公司（总厂）或分厂、车间、部门编制计划加以控制的，因而分析各种费用计划的执行情况，查明各种费用实际脱离计划的原因，也只能按整个公司（总厂）或分厂、车间、部门来进行。

对上述各种费用进行分析，首先应根据表中资料以本年实际数与本年计划数相比较，

确定实际脱离计划差异，然后分析差异的原因。由于各种费用所包括的费用项目具有不同的经济性质和用途，各项费用的变动又分别受不同因素变动影响，因此，在确定费用实际支出脱离计划差异时，应按各种费用组成项目分别进行，而不能只检查各种费用总额计划的完成情况，不能用其中一些费用项目的节约来抵补其他费用项目的超支。同时，要注意不同费用项目支出的特点，不能简单地把任何超过计划的费用支出都看作是不合理的；同样，对某些费用项目支出的减少也要做具体分析：有的可能是企业工作成绩，有的则可能是企业工作中的问题。例如，制造费用中的劳动保护费、修理费、试验检验费，管理费用中的职工教育经费等费用的减少，并不一定是由于工作的改进。相反，不按计划进行上述活动或采取必要的措施，有可能造成劳动生产率下降和产品质量下降，甚至影响安全生产。而在超额完成产量计划、增加开工班次的情况下，相应地增加些机物料消耗和设备维护费、修理费、运输费也是合理的。总之，不能孤立地看费用是超支还是节约，而应结合其他有关情况，结合各项技术组织措施效果进行分析，结合各项费用支出的经济效益进行评价。

在按费用组成项目进行分析时，由于费用项目多，因此每次分析只能抓住重点，对其中费用支出占总支出比重较大的，或与计划相比发生较大偏差的项目进行分析。特别应注意那些非生产性的损失项目，如材料、在产品和产成品等存货的盘亏和毁损。因为这些费用的发生与企业管理不善直接相关。

分析时，除以本年实际数与本年计划数相比检查计划完成情况外，为了从动态上观察、比较各项费用的变动情况和变动趋势，还应将本月实际数与上年同期实际数进行对比，以了解企业工作的改进情况，并将这一分析与推行经济责任制结合，与检查各项管理制度的执行情况结合，以推动企业改进经营管理，提高工作效率，降低各项费用支出。

为了深入地研究制造费用、销售费用、管理费用和财务费用变动的原因，评价费用支出的合理性，寻求降低各种费用支出的途径和方法，也可按费用的用途及影响费用变动的因素，将上述费用包括的各种费用项目按以下类别归类进行研究。

(1) 生产性费用，如制造费用中的折旧费、修理费、机物料消耗等，这些费用的变动与企业生产规模、生产组织、设备利用程度等有直接联系。这些费用的特点，既不同于与产量增减成正比例变动的变动费用，又不同于固定费用，即在业务量一定的范围内相对固定，超过这个范围就可能上升。分析时就应根据这些费用的特点，联系有关因素的变动评价其变动的合理性。

(2) 管理性费用，如行政管理部门人员的工资、办公费、业务招待费等。管理性费用的多少主要取决于企业行政管理系统的设置和运行情况以及各项开支标准的执行情况。分析时，除按明细项目与限额指标相比分析其变动的原因外，还应从紧缩开支、提高工作效率的要求出发，检查企业对有关精简机构、减少层次、合并职能、压缩人员等措施的执行情况。

(3) 发展性费用，如职工教育经费、设计制图费、试验检验费、研究开发费等。这些费用与企业的发展相关，实际上是对企业未来的投资。但是这些费用应当建立在规划的合理、经济、可行的基础上，而不是盲目地进行研究开发或职工培训，应将费用的支出与取得的效果联系起来进行分析评价。

(4) 防护性费用，如劳动保护费、保险费等。这类费用的变动直接与劳动条件的改善、安全生产等相关。显然，对这类费用的分析就不能认为支出越少越好，而应结合劳动保护工作的开展情况，分析费用支出的效果。

(5) 非生产性费用，主要指材料、在产品、产成品的盘亏和毁损。分析这类费用发生的原因，必须从检查企业生产工作质量、各项管理制度是否健全以及库存材料、在产品和产成品的保管情况入手，并把分析与推行和加强经济责任制结合起来。

现以制造费用为例，说明各种费用明细表的分析方法。

【例19-31】智董公司的制造费用分析表，如表19-30所示。

表19-30 制造费用分析表

单位：元

项目	本年计划	本年实际	差异
工资	40000	39600	−400
职工福利费	5600	5544	−56
折旧费	60800	60560	−240
修理费	1600	1680	+80
办公费	800	920	+120
水电费	12000	11760	−240
机物料消耗	1200	1248	+48
低值易耗品摊销	2000	1960	−40
租赁费	640	680	+40
差旅费	17600	18000	+400
劳动保护费	1600	1560	−40
保险费	640	520	−120
设计制图费	560	504	−56
试验检验费	320	300	−20
在产品盘亏和毁损（减盘盈）	0	140	+140
其他	200	144	−56
制造费用合计	145560	145120	−440

从上述分析可以看出，本年度制造费用总额实际比计划降低了440元，说明制造费用计划完成较好，但工资、折旧费、水电费、办公费、差旅费等项目节约或超支数额较大，应对这些项目进行重点分析。

需要指出的是，由于制造费用包括的费用项目较多，各项制造费用的性质和用途不同，影响其变动的因素也不同。因而，在分析评价各项目费用超支或节约时，应联系费用的性质和用途进行具体分析，不能简单地将一切节约都看成是合理的、有利的，也不能简单地将一切超支都看成是不合理的、不利的。如修理费和劳动保护费的节约，可能是企业不按计划进行机器设备维修和保养，从而使机器带病运转，影响机器寿命、产品质量，劳动生产率降低，使职工缺少必要的劳动保护措施，影响安全生产。只有在保证机器设备的维修质量和正常运转，保证安全生产的前提下节约维修费和劳动保护费才是合理的、有利的。又如，机物料消耗的超支，也可能是由于企业追加了生产计划，增加了开工班次，相应增加了机物料消耗的结果。这样的超支也是合理的、有利的，不是成本管理的责任。

此外，在分析时还应特别注意“在产品盘亏和毁损（减盘盈）”等非生产性损失项目，因为这些项目的发生，都是企业生产管理不善的具体表现。在产品盘亏和毁损数额越大，说明企业生产管理水平越差。同时分析时还应注意其中有无盘盈的抵销数，因为在产品盘盈的价值会掩盖、冲减一部分盘亏和毁损的损失，在产品盘盈是企业生产管理不善或核算上失误造成的。

在采用构成比率法进行分析时，企业可以计算某项费用占制造费用总额的构成比率，也可以将制造费用分为与机器设备使用有关的费用、与机器设备使用无关的费用，以及非生产性损失等几类，分别计算其占制造费用总额的构成比率。分析时，首先将这些构成比率与企业或车间的生产、技术特点等联系起来，分析其构成是否合理；其次将本月实际和本年累计实际的构成比率与本年计划的构成比率和上年同期实际的构成比率进行对比，揭示其差异和与上年同期的增减变化，分析其差异和增减变化是否合理。

七、成本效益分析

成本效益分析，是对生产经营活动中发生的成本费用与所获得的劳动成果及经济利益之间的比值关系进行分析，以查明企业是否以尽量少的劳动耗费取得尽量多的生产经营成果。

在企业生产经营活动中，成本效益主要由两大指标体现。

(1) 销售成本率指标，用以反映生产与销售过程中投入产出的经济效果。

(2) 成本费用利润率指标，用以反映企业生产经营过程中投入产出的经济效果。

（一）销售成本率分析

销售成本率是一定时期的产品销售成本与产品销售收入的比率。其计算公式为

$$\text{销售成本率}=\frac{\text{产品销售成本}}{\text{产品销售收入}}\times 100\%$$

一定时期的销售成本率反映了该时期实现产品价值的经济效果，企业产品适销，销售成本低，销售成本率也相应较低，意味着销售赢利率高，经济效益好；反之，则经济效益低。显然，这一指标全面反映了企业生产经营中各种劳动耗费的经济效益。

销售成本率的主要影响因素有三点。

1. 产品销售价格

产品销售价格直接影响着产品销售收入，从而引起销售成本率的变动。产品销售价格在生产等级品情况下，受到产品等级率和产品定价两方面影响，提高产品等级和产品售价，在其他条件不变时，销售成本率必定下降。

2. 产品销售成本

产品销售成本是影响销售成本率的直接因素。由于本期生产的产品在本期不一定全部实现销售，在一定的计价方式下，产品销售成本取决于期初库存产品成本和本期生产完工入库产品生产成本两个方面。销售成本率随产品销售成本水平波动而升降。

3. 产品销售结构

在生产和销售多种产品的企业里，各种产品的单位销售成本水平和单位产品售价各不相同，在以各种产品总销售成本和产品销售总收入计算销售成本率时，即使总销售量不变，而某种产品占全部销售产品的比重发生变化，也会导致销售成本率的改变。

（二）成本费用利润率分析

成本费用利润率是一定时期生产和销售一定数量产品所发生的产品销售成本、销售费用、财务费用、管理费用的总和与获得利润总额的比率。其计算公式为

$$\text{成本费用利润率}=\frac{\text{利润总额}}{\text{产品销售成本+营业费用+管理费用+财务费用}}\times 100\%$$

上式计算结果反映企业的投入产出水平，即表明在生产经营活动中，耗费一定数量的资金所获得经济利益的能力。成本费用利润率越高，表明生产和销售产品的每元成本及费用取得的利润越多，劳动耗费的效益越高；反之，则说明每耗费一元成本及费用实现的利润越少，劳动耗费的效益越低。因此，成本费用利润率是综合反映企业成本效益的重要指标。

影响成本费用利润率的因素有许多，主要有产品销售成本、各项期间费用、产品销售结构、销售价格、销售数量和营业外收支等。其中产品销售成本的变化，不仅影响该指标的分母，同时也影响该指标的分子，且影响的性质相反，因而该因素对企业成本费用利润率的影响最明显。

【例19-32】 智董公司本年生产完工A产品1650件，单位产品生产成本60元/件。年初库存

产品300件，单位产品生产成本50元/件，本期销售产品1500件，产品销售成本按“先进先出”计算，产品销售单价120元/件。本年发生产品销售费用19000元，管理费用7200元，财务费用3500元，其他销售利润10500元，投资净收益－20000元，营业外支出3200元。试进行成本效益分析。

产品销售收入＝1500×120＝180000（元）

产品销售成本＝300×50+（1500－300）×60＝87000（元）

产品销售利润＝180000－87000－19000＝74000（元）

销售利润＝74000＋10500－7200－3500=73800（元）

利润总额＝73800－20000－3200=50600（元）

$$销售成本率=\frac{87000}{180000}\times 100\%=48.33\%$$

$$成本费用利润率=\frac{50600}{87000+19000+7200+3500}\times 100\%=43.36\%$$

第三节 特殊成本分析

一、标准成本分析

（一）标准成本分析的基础

标准成本分析的基础是标准成本制度。如果没有完善并有效执行的标准成本制度，标准成本分析也就失去了分析的基础。标准成本制度是预先确定标准成本，实际成本发生后，以实际成本与标准成本相比，用来揭示成本差异，并对成本差异进行因素分析，据以加强成本控制的一种成本核算制度。应用标准成本制度的目的，不仅是通过成本差异对标准成本进行调整，从而得到实际成本，更重要的是以此加强成本控制，克服实际成本计算系统的缺陷，特别是不能提供有助于成本控制的确切信息的缺点。

标准成本制度的运用程序由六部分组成。

(1) 制订各种产品的单位产品标准成本，即成本标准。

(2) 根据各种产品的实际产量和成本标准，计算各种产品实际产量的标准成本，并进行汇总。

(3) 汇总计算各种产品的实际成本。

(4) 比较实际成本和标准成本，计算成本差异额。

(5) 分析标准成本差异的发生原因。

(6) 向企业负责人提出成本控制报告。

以上六个步骤相互之间的联系，如图19-1所示。

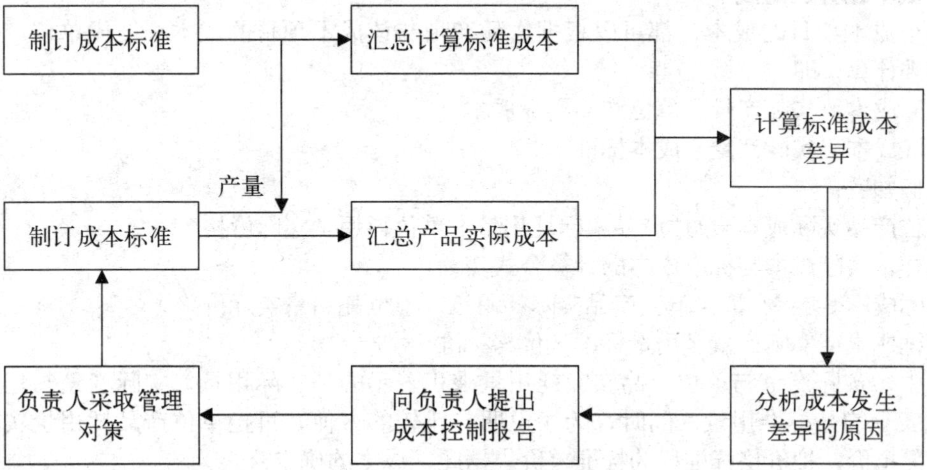

图19-1 标准成本制度被运用程序图

1. 标准成本

标准成本是实施标准成本制度的基础，只有确定合理的标准成本，才能达到对实际成本进行准确评价和有效控制的目的。合理是标准成本应基本上排除不应该发生的浪费，是一种“应该发生的成本”。准确地讲，标准成本有两种含义：一种含义是单位产品的标准成本，又称成本标准，它是根据单位产品的标准消耗量和标准单价计算出来的，即单位产品标准成本等于单位产品标准消耗量乘以标准单价；另一种含义是实际产量的标准成本，它是根据产品实际产量和成本标准计算出来的，即标准成本等于实际产量乘以成本标准。

2. 标准成本差异

在标准成本制度中，实际发生的成本是分为标准成本和标准成本差异分别记账的。标准成本差异是实际成本脱离预定标准的信号，提示管理者给予注意并设法解决，从而可以起到控制成本的作用。所以，从管理角度来看，差异比标准成本更重要，对于成本的控制更有意义。

标准成本差异，即“成本差异”或“差异”，是产品实际成本与标准成本的差额，其计算公式为

成本差异＝实际成本－标准成本

实际成本大于标准成本，被称为不利差异，实际成本小于标准成本，被称为有利差异。

3. 标准成本差异的分析

确定成本差异，目的在于进行成本差异分析，即查明差异的种类、数额、生产原因和责任人员，从而达到成本控制的目的。标准成本制度的中心内容就是成本差异的分析。

(二) 标准成本分析的原理

1. 成本差异分析应符合责任管理要求

标准成本差异往往是由诸多因素综合影响而形成的。要想分析这个总差异的具体成因，为各责任部门提供管理信息，就应将差异按各责任部门分解，具体分析每种差异的大小及形成原因。

2. 成本差异分析应分为不同成本项目

无论是实际成本还是标准成本，都是由直接材料费用、直接工资费用和制造费用三部分构成的。因此，在分析成本差异时，可以按这三个成本项目分析计算差异并进行分析。这样，成本差异可分为直接材料费用差异、直接工资费用差异和制造费用差异三个组成部分。

3. 成本差异的组成

每个成本项目的成本，都可以根据实际产量与该成本项目的成本标准或单位产品实际成本相乘计算，即：

实际成本＝实际产量×单位产品实际成本

标准成本＝实际产量×成本标准

我们知道：

单位产品实际成本=单位产品实际耗用量×单位耗用量实际价格

这样，实际成本与标准成本的计算公式变为

实际成本=实际产量×单位产品实际耗用量×单位耗用量实际价格

标准成本＝实际产量×用量标准×价格标准

其中，实际产量与单位产品实际耗用量乘积表示的是实际用量，实际产量与用量标准的乘积表示的是标准用量。同时，为了说明与比较的方便，可把单位产品耗用量实际价格称为实际单价，把价格标准称为标准单价。据此，成本的确定公式为

实际成本＝实际用量×实际单价

标准成本＝标准用量×标准单价

由此可见，实际成本和标准成本都是由用量与单价的乘积确定，只是由于它们各自的用量水平和价格水平不同，导致了差异的出现。因而，每个成本项目的差异，又可进一步分为用量差异和价格差异。其计算公式为

成本差异＝实际成本－标准成本

=实际用量×实际单价－标准用量×标准单价

=实际用量×实际单价－实际用量×标准单价

+实际用量×标准单价－标准用量×标准单价

=实际用量×（实际单价-标准单价）+（实际用量-标准用量）×标准单价

=价格差异+用量差异

其中，价格差异与用量差异的计算公式为

价格差异＝实际用量×（实际单价－标准单价）

用量差异＝（实际用量－标准用量）×标准单价

价格差异是由于材料单价、小时工资率、小时费用率等价格因素脱离标准，按实际用量计算的多支出或少支出的成本。用量差异是材料的用量、人工工时用量等因素脱离标准，按标准价格计算的多支出或少支出的成本。价格差异与用量差异组成了成本差异。成本差异还可由实际成本与标准成本的差额确定，因而形成了价格差异、用量差异和成本差异三者之间相互验算的关系。一般先用价格差异与用量差异的计算公式确定价格差异与用量差异的具体数值，再用实际成本与标准成本的差额确定成本差异，若成本差异的数值等于价格差异与数量差异之和，则证明这三个差异的值是正确的。

二、作业成本分析

作业成本分析的基础是企业作业成本法的运用。作业成本法（ABC）或作业基础成本法，是针对传统成本计算方法的缺陷，适应制造环境和成本结构的变化而发展起来的一种成本计算和管理方法。作业成本法是基于“产品消耗作业，作业消耗资源”思想的一种成本计算方法，是以作业为间接费用的归集对象，通过资源动因的确认、计量，归集资源费用到作业上，再通过作业动因的确认、计量，归集作业成本到产品或顾客的间接费用分配方法（如图19-2的“成本分配观”）。它是一种更精确地分配间接成本和辅助资源的分配方法。ABC的目标是把所有为不同顾客和产品提供作业（包括上述辅助作业）所耗费的资源价值测量和计算出来，并恰当地把它们分配给顾客和产品。

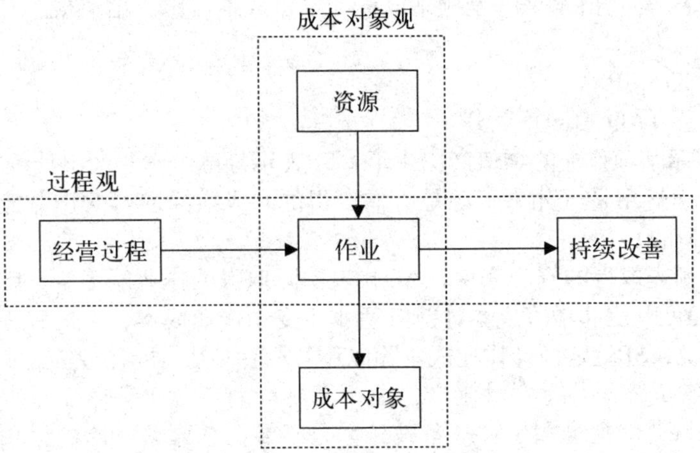

图19-2 作业成本法的二维观念

(一) 作业成本法有以两大优点

(1) 作业成本法扩大了直接追溯到个别产品中的成本比例。

(2) 作业成本法有助于理解个别产品是怎样消耗成本的。

作业成本法的产生是为了获得更准确的产品或产品作业成本。准确是产品产量、批量及设计引起的产品成本的变化与机会成本的变化更加相关。作业成本法除了能产生准确的成本外，还有助于激励管理者提高经营管理水平。

(二) 作业成本分析

1. 标杆分析法

标杆分析法是在成本分析中将最好的成本水平作为分析、评价的标准。在一个组织中，可以将执行同一作业的不同单位（如不同地点的分厂）的成本水平进行比较。将执行该作业的成本最优单位作为标准，这样其他单位就有了一个要达到或超过的目标。为了保证这种方法有效，有必要使各单位之间的作业定义和作业产出计量保持一致。可以采用作业率、单位作业产出成本、单位过程产出的作业产出量等来衡量作业业绩并找出最佳执行者。

理想的标杆分析法应进行竞争对手间或行业间的比较。但要获得外向型标杆分析法的必要数据，常常很困难。如能确认外部的最优水平，就可以把它们当作标准以激发内部的改善。

2. 增值与非增值成本分析

在作业成本制度下，公司管理的重点之一是作业管理，以使公司实现作业的最优化。增值与非增值成本分析是其重要方法之一，降低非增值成本是提高作业效率的一种途径。公司的会计系统应将增值成本和非增值成本区别开来，因为提高公司运营效率和业绩需要消除非增值作业，并使增值作业最优化。因而，公司应确认并正式分析与报告每种作业的增值成本和非增值成本。突出非增值成本，将揭示公司目前浪费的程度，因而可提供有关改善潜力的信息。这会促使公司管理当局更加强调对非增值作业的控制。编制趋势和成本节约报告有助于评估进展情况。

增值成本是一个组织应发生的唯一成本。增值标准要求消除所有的非增值作业；对这些作业来说，最优状态就是零投入、零产出。增值标准还要求完全消除必要作业没有得到高效执行的低效率因素。通过比较实际作业成本和增值作业成本，管理当局能够评估出无效作业（作业低效率）的水平及改善的潜力。而确认和计算增值与非增值成本的关键，是确认每个作业的产出计量。如果确认了作业产出计量，就可以界定每种作业的增值标准量（SQ）。将增值标准量乘以标准单价（SP）就可以得到增值成本。非增值成本可由实际作

业产出水平（AQ）与增值水平的差额乘以标准单位成本得出。增值成本和非增值成本的计算公式为

增值成本＝SQ×SP

非增值成本＝（AQ－SQ）×SP

式中，SQ表示某项作业的增值产出水平；SP表示每单位作业产出计量的标准价格；AQ表示实际作业产出耗用量（如果资源是按需取得的）或实际取得的作业能力量（如果资源是使用前预先取得的）。

对于使用前预先取得的资源来说，AQ代表实际取得的作业能力量，以实际作业能力计量。这样界定AQ可以使非增值成本计算既适用于变动作业成本，又适宜固定作业成本。对固定作业成本来说，SP就是预计作业成本除以AQ，而AQ是实际作业能力。

【例19-33】智董公司共有四种生产作业，即材料消耗、次品返工、生产准备和原料入库检验。其中，材料消耗量和生产准备被认为是必要的，原料入库检验和次品返工是不必要的。而且材料耗用、次品返工和生产准备是按需取得资源，原料入库检验是预先取得资源（三名检验员的年工资为60000元）。表19-31是与这些作业相关的数据。根据增值标准（SQ）要求消除次品返工和原料入库检验作业，生产准备的增值标准要求达到零生产准备时间。可以想象，在理想状态下，良好的供应商关系，使得原料入库检验没有必要；通过提高质量、改变生产工序等，次品最终能够被消除；生产准备是必要的，但是在适时生产制下，可以努力使生产准备时间降为零。

表19-31　与4种作业相关的数据

作业	作业动因	增值标准量	实际作业产出	标准单价
材料消耗	千克	40000	44000	70
次品返工	人工小时	0	10000	9
生产准备	生产准备时间	0	6000	60
原料入库检验	检验小时	0	6000	15

表19-31将四种作业的成本按增值和非增值进行了分类。为了讨论方便，不妨假设成本动因的实际单价和标准单价相等。这样也能更清楚地展示增值成本、非增值成本与实际成本的关系。

表19-32　作业增值成本与非增值成本对照表

2016年12月31日　　单位：元

作业	成本		
	增值成本	非增值成本	实际成本
材料消耗	1600000	160000	1760000
次品返工	0	90000	90000
生产准备	0	360000	360000
原料入库检验	0	60000	60000
合计	1600000	670000	2270000

表19-32所示的成本报告有助于公司管理层了解增值成本与非增值成本的发生情况。因而，该报告可以提供给公司管理层相关的决策信息，指明了改善的机会：通过降低废料和浪费，管理层能够降低材料成本；通过培训制造工人，提高其劳动生产技能，可减少产品返工；减少生产准备时间及实施供应商评价方案，则可提高生产准备和原料入库检验作业的业绩。

3. 成本趋势分析

当公司管理层采取措施以期降低、消除、选择及分享作业时，所预期的成本节约能否实现?对这类问题的回答所采用的方法就是比较不同时期的每种作业的成本，即观察成本的变化趋势。因为管理者目标是作业改善，具体表现为成本节约。因此，如果作业分析是有效的，则能观察到非增值成本的逐渐降低。

【例19-34】沿用上例的数据，假设在2016年初，公司实施了一系列的作业改进方案，包括统计工序控制的使用、产品重新设计、制造工人的职业培训和供应商评估，等等。这些作业改进的效果如何?成本节约是否实现?表19-33提供了一份成本趋势分析报告，将2016年的非增值成本与2015年的进行对比。假设两年的SQ相同。如果SQ有变化，就要假设当前年度的标准偏离百分比与前一年所实现的相同，据此对前一年度的非增值成本进行调整。

表19-33　增值成本和非增值成本分析　　单位：元

作业	成本		变化量
	2015年	2016年	
材料消耗	160000	110000	50000F
次品返工	90000	40000	50000F
生产准备	360000	240000	120000F
原料入库检验	60000	40000	20000F
合计	670000	430000	240000F

通过对成本变化趋势的分析，可以判断成本节约的实现情况。从表19-33可以看出，一部分非增值成本被消除了。当然改善的空间还是存在的，但到目前为止，作业改善的效果还是非常明显的。成本的趋势分析可以评价决策及其执行情况。

4. 生命周期成本分析法

根据作业成本系统的思想，产品消耗作业，作业消耗资源，其大大地突破了传统的成本范畴。在作业成本制度下，从全寿命的观点来看，产品成本包括四个主要部分：不重复发生成本（构想、设计和测试）；制造成本；后勤成本；顾客购后成本。

那么成本分析工作就不能只局限于制造成本，而应该将范围扩大至产品的全寿命成本。计量、归集和分析某处产品的全寿命成本，可使公司管理层更好地评价生命周期计划的有效性，制订合理的经营策略。

三、责任成本分析

请参阅本书“第九章 责任成本”中的第二节。

第二十章

成本审计

通过对成本费用的审计，对保证成本费用核算的真实、正确，减少损失浪费，提高成本费用的管理水平，具有重要意义。

第一节　成本费用方面的假账手法曝光

一、基本建设领用材料，计入产品生产成本

有些企业把不属于产品成本的费用支出列入直接材料费等成本项目。如企业为调节基建工程成本和产品生产成本，通过人为多记或少记辅助生产费用的错误做法，达到其目的。例如，某生产企业将自营建造工程领用的材料，直接列入“直接材料费”做“借：生产成本，贷：原材料”的账务处理。这样处理，把不应计入成本、费用的支出计入了成本、费用，虚减了利润，违反了成本、费用开支范围。

二、将福利费用开支计入成本项目

有些企业违反成本、费用开支的范围，将应由福利费开支的费用列入成本项目，加大成本、减少利润。如某企业将福利部门人员的工资，列入成本项目“直接人工费”，做“借：生产成本，贷：应付职工薪酬—工资”的账务处理。

三、福利部门接受劳务，不做转账结算

有些企业将辅助生产车间为职工医院、食堂、学校等部门提供的水、电、汽加工修理等费用全部转嫁给基本生产车间和企业管理部门。如果企业辅助生产车间向职工食堂提供水电，共计50万元，企业做“借：生产成本—基本生产成本50万元，贷：生产成本—辅助生产成本50万元”的账务处理。按规定这些应在“应付职工薪酬—福利费”账户内列支。这样一来，产品成本虚增了50万元，“应付职工薪酬—福利费”账户则漏计50万元。

四、把对外投资的支出计入成本、费用项目中

有些企业以材料物资的方式，向其他企业进行投资时，不反映在长期投资科目中，而把减少的材料列入成本、费用项目中。如某机床厂以自己的钢材向某汽车制造厂进行投资，做“借：生产成本，贷：原材料”的账务处理。这样，一方面加大了产品成本，减少利润，少交所得税；另一方面也隐瞒了投资收益，再次少计利润，少交所得税。

五、修理费用，重复计入生产成本

有些企业为控制利润实现数额，将车间固定资产修理费用重复计入生产成本。例如，某企业每月预提3万元固定资产修理费用计入生产成本，但企业为了压缩超额利润，又将实际支出的45万元设备修理费全部计入生产成本。年终将预提修理费用结转下年度。这样处理的结果，使企业生产成本虚增了36万元，利润虚减了36万元。

六、多期材料，一期分摊

根据权责发生制的原则，会计核算应正确划分各月份的界限，但有些企业违反规定，将不属于本期产品成本负担的材料费用支出一次全部列入本期成本项目。例如，某企业某年3月购入原材料100吨，计12万元。当月领用该原材料25吨，但企业却将12万元全部计入产品成本，由此造成该企业少计当月利润的后果。

七、虚计费用，调节成本

有些企业为了调节产品成本和当年利润，有意将不应计入本账户的费用计入本账户或者将应计入本账户的费用转移计入其他账户。如某企业为了压缩当年利润，于12月份以修理车间的名义，虚领材料，计入制造费用账户，月份终了分配计入产品成本。如此行为，造成企业本期利润虚减的结果。

八、回收物资，账外处理

有些企业将回收的废料收集起来，不去冲减当月的领料数而作为账外物资处理。这样的结果使企业不仅没有如实反映产品生产中材料的实际消耗，而且也相对加大产品的直接材料费成本，少计利润，少纳税金。例如，某企业将职工交回加工后余下的边角余料，不办理交库手续，不填废料交库单，不冲减当月的领料数。

九、生产费用分配，张冠李戴

有些企业为了调节当年损益，将本期发生的生产费用在盈利产品和亏损产品之间进行不合理分配，造成盈亏不实。例如，某服装厂生产男装、女装和童装，某年10月，该厂女装和童装的销售要好于男装，该厂在分配间接费用时，按规定的分配标准计算出各种产品应分配数额后，有意将应分配计入亏损产品的制造费用，加计在盈利产品中。

十、未用材料，不做退库

有些企业为了调节本期损益，对车间领用原材料采用以领代耗的办法，将投入产品生产的材料全部计入产品成本，期末有剩余材料，不管下期是否需用，均不做退库处理。

如某企业基本生产车间10月份多领用原材料20多万元，期末车间未办理材料退回和“假退料”手续，财会部门也未做扣减材料费用的账务处理。由此，该企业造成多计费用少计利润的结果。

十一、改变分配方法，调节当年盈亏

企业计入各种产品成本的在产品费用和本月发出的生产费用，应在各种产品的完工产品和月末在产品之间进行合理的分配，企业应当根据产品生产的特点选择适合本企业的分配方法，但有的企业为了调节本期盈亏，往往改变已经选用的分配方法，并且在会计当期不做披露。

十二、虚估约当产量，高速本期损益

有些企业利用约当产量估算的特点，采用多计（少计）在产品数量的手法，虚增（或虚减）利润，来调节当年损益。例如，某制造企业年末在产品300件，在产品完工程度为60%，约当产量为180件，但在分配费用时约当产量被定为200件，相应地使完工产品少计成本。随着产品的销售，也就自然少转了产品销售成本，导致利润增加。

十三、期间费用计入生产成本，或生产成本计入期间费用

有些企业为了调节当年利润，将发生的费用计入生产成本；或采用将应计入生产成本的费用计入期间费用。例如，某企业为了实现计划利润目标，12月份将应计入“管理费用”账户的10万元无形资产摊销计入了“制造费用”账户，月末分配制造费用时，将上述费用全部分配计入了“生产成本—基本生产成本”账户，由完工产品和在产品共同负担，这样，就造成少计期间费用，虚增利润的结果。

十四、已销产品不结转成本

有些企业对已销产品不做成本结转，只记收入不记成本；或者相反，对未销售产品视为销售、多记成本。例如，某企业某年5月销售产品1万件，成本80万元，销售收入100万元，该企业财务人员在进行账务处理时，只记收入100万元，不记成本80万元，由此造成虚增利润80万元。

十五、随意改变结转产品销售成本的方法

有些企业出于调节当年损益的需要，在年度中间随意改变既定的计价方法。例如，某企业发出商品一直采用先进先出法，但在11月份时，材料市场价格上涨，该企业为了压低年末利润，遂改用后进先出法核算出库产品的实际成本。

十六、随意调节成本差异率

有些采用计划成本核算的企业，在结转产品成本差异时，通过调高或压低成本差异率的方式，多计算或少计算结转的产品成本差异，以达到虚减或虚增利润的目的。例如，某企业为了压低利润，有意提高产品成本差异率，多记产品销售成本，以达到虚减利润的目的。

十七、不按比例结转成本

有些企业为了调节当年损益，在分期收款销售的产品实现收入时，人为地确定结转产品销售成本的比率，多记或少记销售成本，以虚增或虚减利润。例如，某企业年初销售一批产品价款500万元，成本40万元，在一年内分4次收款，每次收款比率为25，按季度收款，在4月份本应收取款项125万元，结转成本100万元，但该企业为了体现上半年的利润，采用人为少记成本的方法，结转成本80万元，来达到虚增利润的目的。

十八、任意扩大开支范围，提高费用标准

有些企业为了自身的经济利益，违反财务会计制度的规定，任意扩大开支范围和提高开支标准，从而提高企业费用水平，减少当期利润。例如，某企业领导将其家属的“游山玩水”费用列为本单位职工的差旅费来报销，使该企业虚增管理费用，虚减利润。

十九、利用“汇兑损益”账户人为调节利润水平

有些外币业务较多的企业，为了达到调节利润的目的，采用多种方法人为调整汇兑损益。例如，某企业为了调低年末利润，就有意在期末按低于账面汇率的期末汇率计算期末人民币余额，使当期发生汇兑损失，减少当期利润等。

二十、混淆资本性支出与收益性支出的界限

有些企业，为了调节利润，故意混淆计入成本与费用的界限。例如，某企业1999年1月1日向银行借款用于自营营业大厅，期限三年，该营业厅于2000年1月1日竣工并交付使用，但企业在2000年2月的账务处理中，依然做“借：在建工程，贷：长期借款”的会计分录，少计财务费用，以达到虚增利润的目的。

二十一、将利息收入转作“小金库”，不冲销财务费用

有些企业在实务操作中，违反财务会计制度的规定，将利息收入转作“小金库”，不冲销财务费用，而虚减期末利润。如，某企业出纳人员将每期的利息收入不做账务处理，不在“银行存款”与“财务费用”账簿上进行反映，而是提取后存入部门“小金库”，留待日后部门搞职工福利之用。

二十二、不按规定摊销无形资产和开办费

有些企业为了调节期末利润，人为地多摊或少摊无形资产（或开办费），从而多计或少计费用，以达到其目的。

二十三、坏账损失不按规定提取

有些企业为了调高或调低期末利润，就会于期末人为地提高（降低）提取比例，或变动提取依据（应收账款）的数额，以增加或减少期间费用，来达到目的。

二十四、把应计入成本的运输费列入期间费用

按照有关规定，企业购入固定资产、专项投资用的材料和设备和运输费应计入设备或材料的成本，作为其原值的组成部分；但有些企业却将这部分运输费列入期间费用而增大了本期费用。

第二节 成本费用内审概述

成本和费用审计主要包括生产成本审计和期间费用审计等。成本费用类账户属于损益类账户，对它们的审计不仅是利润表审计的主要内容，而且与资产负债表审计有密切的联系。

一、成本费用内审特征

1. 成本类账户的审计特征

成本类账户的审计表现出以下几个特征。

(1) 对成本类账户的审计必须注意权责发生制的运用，注意被审单位成本的内部控制制度是否健全、有效。

(2) 对成本类账户的审计必须注意稳健性原则的运用是否正确、合理。对成本的低估或高估均不利于对利润表的正确表示，不利于有关利益关系人保护自己的权益。

(3) 对成本类账户的审计应注意运用分析性复核的方法，通过趋势分析、对比指标来寻找和发现问题，提出改进意见。

(4) 对成本类账户的审计还要以被审计单位的预算、计划、定额作为重要审计依据。

2. 期间费用的审计特征

期间费用的审计应注意结合其特点进行。期间费用及其审计的特征表现在以下方面。

(1) 期间费用总是和一定的期间相联系的，审计的对象局限于特定期间的实际耗费，审计的重点是期间费用支出的合规性、合法性和费用归属期的正确性。

(2) 期间费用分为销售费用、管理费用和财务费用三部分，各部分间相互独立，其中的明细项目众多。期间费用的发生受到管理机构和人员编制、费用开支范围和标准的制约。对期间费用的内部控制通常是采用费用预算的总额控制。因此，可以通过对期间费用内部控制制度的符合性测试来评价费用预算控制制度的健全性和有效性，并据以确定期间费用抽查的范围和重点。

(3) 期间费用是利润表中的重要项目，其大小影响到企业的盈利水平。对期间费用的审计必须注意稳健性原则的运用是否正确、合理。对期间费用的低估或高估均不利于对利润表的正确表示，不利于有关利益关系人保护自己的权益。

(4) 期间费用项目较多，业务发生频繁，在对其进行审计时，应采用分析性复核的方法，编制期间费用分析表，比较分析各项主要期间费用的实际额与预算额，本期发生额与上期发生额，寻找差距较大的项目，作为抽样审计的重点，以保证审计工作的质量，提高审计工作的效率。

二、成本费用内审目标

对成本费用类账户的审计，主要是为了确定各项成本费用是否真实、公允，收入和成本是否相互配比，是否与《企业会计准则》相符合，所选用的会计方法是否前后一致，成本的披露是否恰当。

对企业进行成本费用审计主要是为了完成以下审计目标：

(1) 审查成本发生和费用支付的合规性、合法性。

(2) 审查成本费用归集、分配和计算的真实性、正确性。

(3) 审查成本费用业务截止期的正确性。

(4) 审查成本费用业务记录及账务处理的完整性。

(5) 审查会计报表披露的恰当性。

三、成本费用内审内容

成本和费用审计的主要内容包括生产成本、销售费用、管理费用和财务费用的内部控制制度、会计核算以及它们在利润表上的列示。

四、成本费用内审方法

对企业成本费用的审计一般按制度基础审计的程序进行，采用抽查、倒推、计算、复核、分析、直查等方法来进行。在采用分析性复核的方法时，可以编制成本费用分析表，比较分析各项主要成本费用的实际额与预算额，本期发生额与上期发生额，寻找差距较大的项目，作为抽样审计的重点，以保证审计工作的质量，提高审计工作的效率。采用直查法时，可以从成本费用类明细账户入手，通过抽查审阅成本费用的明细支出及摘要，寻找可疑点，然后分别向总账、报表和记账凭证、原始凭证延伸，查找其原因和对报表的影响。

五、成本费用内审步骤

对成本费用类账户的审计一般按照以下步骤进行：

(1) 进行符合性测试，内容主要是审查企业是否建立并遵守了成本费用内部控制制度。

(2) 进行内控制度评价，这将影响实质性测试的范围和重点。

(3) 进行实质性测试，这主要针对成本费用的公允性、合法性和在利润表上披露的恰当性进行审查。

第三节 本期产品制造成本的审计

在检查产品制造成本的过程中，必须划清资本性支出与收益性支出的界限，划清不同时期费用的界限，划清制造费用与期间费用的界限，划清不同产品之间费用的界限，划清完工产品与在产品之间费用的界限。

一、生产费用分配的审计

生产费用的分配，主要是将“生产成本”“制造费用”等账户所汇集的归属本期的生产费用，在月份终了时按照一定的分配方法分配到各种产品成本中去，以正确计算本期完工产品成本及在产品成本。生产费用中作为构成产品实体的原材料及主要材料和直接生产人员的工资，直接计入产品生产成本，而制造费用则应通过“费用分配表”分配计入各产品的生产成本明细账户。费用分配计算的公式为

$$费用分配率=\frac{费用总额}{费用分配标准}$$

某产品应分配额=各该产品的分配标准×费用分配率

(一) 各产品间生产费用分配的审计

对各产品间生产费用分配的审计，主要应划清以下几种界限。

1. 划清可比产品与不可比产品费用的界限

有的企业在可比产品成本指标完成不好的情况下，则将不可比产品多分配生产费用，可比产品少分配生产费用。相反，企业可比产品成本指标完成较好的情况，则将不可比产品应负担的费用转嫁给可比产品负担，以此来调节可比产品的成本水平。

2. 划清征税产品与免税产品费用的界限

有的企业将税法规定减免税产品应负担的生产费用转移到应税产品成本中，虚增应税产品成本，减少利润。

3. 划清主要产品与副产品费用的界限

有的企业在生产主要产品过程中，还生产出一些副产品，在分配费用时，副产品的生产费用忽略不计，全部计入主要产品成本，再将副产品私分或对外销售形成“小金库”。这样做，不仅副产品没有纳税，还造成主要产品成本虚增，减少利润，以达到偷税的目的。

审计时，审计部门首先应了解企业产品的品种有多少，然后再了解费用是如何在各种产品之间划分的，分配的标准是否科学、合理，核实各种产品应分配的费用额。

(二) 辅助生产成本分配的审计

工业企业的辅助生产，是为基本生产车间、辅助生产车间和管理部门提供服务而进行的产品生产和劳务供应。其中有的只生产一种产品或提供一种劳务，如供电、供水、供气、供风、运输等辅助生产；有的则生产多种产品或提供多种劳务，如从事工具、模具、

修理用备件的制造等。正确地计算辅助生产的劳务成本并及时结转受益车间或部门，是计算企业产品成本的重要环节。辅助生产的服务对象是全企业，生产成本的分配，不可能在这些部门费用发生时就进行，在月终还要采用一定的分配方法进行分配。对辅助生产成本分配的审计重点是被分配额、分配对象、分配标准和分配方法的计算是否准确。

1. 辅助生产成本被分配的审计

对辅助生产成本被分配额的审计，主要是根据“辅助生产成本分配表”所列分配额与经审定的“生产成本—辅助生产成本”明细账进行核对，看是否一致。在一般情况下，两者必须一致，否则就会使账面出现余额。如果出现贷方余额，说明超额分配，属于多转辅助生产成本；反之，为少转成本。发现多转或少转成本的情况，都应对其进行调整。

2. 辅助生产成本分配对象的审计

辅助生产成本的确定，必须经过各辅助生产车间的交互分配过程。各辅助生产车间的生产成本确定以后，才能对基本生产车间和其他管理部门等受益单位进行分配。对辅助生产成本对象的审计，主要检查在分配过程中是否符合受益原则。检查时，应注意各辅助生产车间的产品和劳务的受益单位有哪些，有无将非生产部门的受益单位应承担的费用计入成本、费用中的情况，要重点审查费用分配表等原始会计核算资料，核实是否存在问题。

3. 辅助生产成本分配标准的审计

对辅助生产成本分配标准的审计，应对其各受益单位的原始记录进行核实。在管理基础工作做得比较好的企业，各个车间和部门都安装了记录受益量的仪表，如电表、水表等。这些原始记录都是最为准确和合理的分配标准。但是，对于管理基础工作比较薄弱，原始记录不准确的企业，也可以依照各受益对象的特点选择其他的可行性标准进行分配。对辅助生产成本分配的审计，首先要检查生产用与非生产用的界限是否划分清楚，有无少记非生产项目的分配标准，将应由非生产项目负担的辅助生产费用转嫁给产品成本负担；其次，检查各产品对同一受益对象的分配标准是否相同。检查时，要深入辅助生产车间统计表列数和费用分配表中的分配合计数核对，看是否一致。如不一致，应以查实数为依据，重新计算分配率，调整生产成本分配额。

4. 辅助生产成本分配方法的审计

辅助生产成本分配的方法有直接分析法、一次交互分配法、顺序分配法、计划成本分配法和代数分配法。

(1) 直接分配法。这是辅助生产车间的实际成本只在基本生产车间和管理部门间按其受益数量进行分配，各辅助生产车间相互提供的产品或劳务不进行分配。这种分配方法适合于各辅助生产车间不相互提供和相互提供产品、劳务较少的情况下采用。若各辅助生产车间相互提供产品或劳务数量较多，运用该方法进行计算分配，则容易造成辅助生产车间的产品或劳务成本计算不正确。

(2) 一次交互分配法。这种方法是在各辅助生产车间互相提供产品和劳务的情况下采用。先根据辅助生产车间相互提供产品或劳务数量的多少相互分配费用，然后把各辅助生产车间发生和分配的费用总和按直接分配法分摊给基本生产车间和管理部门。这种方法在企业核算中较为广泛使用。

(3) 顺序分配法。采用这一方法，各种辅助生产车间之间的费用分配应按照辅助生产车间受益多少的顺序排列，受益少的排列在前，先将费用分配出去，受益多的排列在后，后将费用分配出去。这种分配方法，一般在各辅助生产车间、部门之间相互受益程度有着明显顺序的企业中采用。

(4) 计划成本分配法。采用这种分配方法，辅助生产为各受益单位（包括受益的其他辅助生产车间、部门在内）提供的劳务，都按劳务的计划单位成本进行分配；辅助生产车间实际发生的费用（包括辅助生产车间交互分配转入的费用在内）与按计划单位成本分配转出的费用之间的差额，即辅助生产劳务的成本差异，可以再分配给辅助生产以外各受益单位负担，但为了简化计算工作，一般全部计入管理费用。这种方法适用于各辅助生产车间的劳务单位实际成本较为稳定的企业。

(5) 代数分配法。采用这种分配方法，应先根据解联立方程的原理，计算辅助生产产品或劳务的单位成本，然后根据各受益单位（包括辅助生产内部和外部各单位）耗用的数量和单位成本分配辅助生产费用。这种分配方法结果准确，但当企业辅助生产车间较多时，计算工作量较大，如果用计算机来解联立方程，就会提高工作效率。

检查时，应在了解企业核算情况的基础上，检查其方法的使用是否正确，年度内是否遵循了"一贯性原则"，有无年度内任意改变分配方法的情况，分配的结果是否正确。

(三) 制造费用分配的审计

制造费用企业为生产各种产品和提供劳务而发生的各项间接费用，它包括企业各个生产单位（分厂、车间）为组织和管理生产所发生的生产单位管理人员工资，职工福利费和生产单位房屋建筑物、机器设备等的折旧费，租赁费（不包括融资租赁费），修理费、机物料消耗、低值易耗品、取暖费、设计制图费，试验检验费、劳动保护费、季节性、修理期间的停工损失，原油储量有偿使用费，油田维护费，矿出维简费以及其他制造费用。月终，应将该账户归集的制造费用按照一定的分配方法，分别计入有关成本核算对象中去，本账户月终应无余额。制造费用的分配方法有生产工时比例法、生产工资比例法、机器工时比例法等。根据上述分配方法，对制造费用的审计，同辅助生产成本分配一样，应着重审查制造费用的被分配额、分配标准、分配对象和分配率。

1. 制造费用被分配额的审计

制造费用的被分配额是"制造费用"账户借方归集的费用总额。在分配之前，应认真检查各项费用支出是否属于该账户的核算内容；每项费用额的计算是否正确。检查时，对各项费用分配过程进行审查，有无多列费用支出的情况。

2. 制造费用分配标准的审计

制造费用分配标准是该费用归属于产品的依据，对其检查的主要内容包括，检查企业采用的分配标准能否正确地反映制造费用归属的实际情况。制造费用的分配标准主要有生产工时、机器工时、生产工人工资等，企业要根据自身的生产经营特点加以正确选择；检查企业各个月份采用的分配标准是否遵循了会计准则中的"一贯性原则"，有无在一个会计年度随意变动分配标准；检查"制造费用分配表"中的分配标准是否与实际发生的统计数相符，有无非生产项目少记分配标准数，生产项目多记分配标准的情况。

3. 制造费用分配率的审计

制造费用应分配额和分配标准的任何一项如有错漏，都必须重新计算费用分配率，即根据调整的应分配额与分配标准合计相除，就可计算出调整后的费用分配率，然后计算调整各负担对象的分配额，并做出相应的账务调整。

二、废品损失的审计

生产中的废品是不符合规定的技术标准，不能按照原定用途使用，或者需要加工修理才能使用的在产品、半成品或产成品。不论是在生产过程中发现的废品，还是在入库后发现的废品，都应包括在内。废品分为可修复废品和不可修复废品。可修复废品是经过修理后可以使用，而且所花费的修复费用在经济上合算的废品；不可修复的废品，则指不能修复，或者所花费的修复费用在经济上不合算的废品。废品损失包括在生产过程中发现的、入库后发现的各种废品的报废损失和修复费用。废品的报废损失，是不可修复废品的生产成本扣除回收的材料和废料价值后的损失。废品的修复费用，是可修复废品在返修过程中所发生的修理费用。

废品损失的审计应注意三个问题。

(1) 检查企业废品损失的原始核算资料，有无将企业合格产品作为废品处理，然后将其作为福利私分给职工，结果是少缴商品税和企业所得税。

(2) 检查企业有无在分配废品损失时，残料不作价入账或低估残料的价值，使产成品多分摊废品损失，并形成长外物资。

(3) 检查企业有无将应由保险公司或过失人负责赔偿的损失全额分配计入产品成本的现象。

三、停工损失的审计

停工损失是生产车间或车间内某个班组在停工期间发生的各项费用，包括停工期内支付的生产工人工资及其福利费，所耗用的燃料和动力费，以及应负担的制造费用。季节性生产企业的季节性停工，是生产经营过程中的正常现象。

停工损失的审计应注意以下问题。

(1) 检查企业停工报告单，对报告单所列停工范围、时数及原因等事项进行核实，对停工损失的程度做出正确评价。

(2) 检查企业有无将应由保险公司或责任人赔偿的损失计入了产品成本。

(3) 检查企业对停工损失的分配是否符合实际情况。

四、在产品成本的审计

企业的在产品是没有完成全部生产过程不能作为商品销售的产品，包括正在车间加工中的产品和已完成一个或几个生产步骤，但还需继续加工的半成品两部分。

月末，当产品成本明细账中按照成本项目归集了产成品的本月生产费用以后，如果产品已经全部完工，产品成本明细账中归集的生产费用（如果有月初在产品，还包括月初在产品生产费用）之和，就是该种完工产品的成本；如果产品全部没有完工，产品成本明细账中归集的生产费用之和，就是该种在产品成本；如果既有完工产品又有在产品，产成品明细账中归集的生产费用之和，还应在完工产品与月末在产品之间，采用适当的分配方法，正确分配完工产品成本和月末产品成本。本月生产费用、本月完工产品费用和月初、月末在产品费用四者的关系，可用下列公式表示。

月初在产品费用+本月费用=本月完工产品费用+月末在产品费用

在公式前两项已知的情况下，在完工产品和月末在产品之间分配费用的方法有两种：一是先确定月末在产品费用，再计算完工产品费用；二是将前两项之和在后两项之间按照一定的分配比例进行分配，同时算出完工产品费用和月末在产品费用。从上述的计算公式和分配方法可以看出，正确计算在产品成本，是正确计算完工产品成本的关键环节，而完工产品成本计算是否准确，直接影响到产品销售成本，进而影响到企业的应税所得额。因此对在产品成本的审计是企业所得税检查的重要环节之一。

（一）生产车间边角余料及剩料的审计

在检查在产品成本时，首先要清理生产车间边角料及剩料情况。

企业在生产产品过程中经常会出现边角余料及剩料现象，边角余料有的还有使用价值，对于这样的边角余料，要做材料入库冲减生产成本处理。对于剩料，如果下期生产还需要该种材料的，应办理材料假退库手续，冲减生产成本；如果企业不做入库处理，就会造成虚增材料成本。检查时，可以实地检查材料的耗用情况，查核企业有无剩余材料不做入库处理的情况。

（二）期末在产品数量的审计

核实在产品数量，是正确计算在产品成本的基础。企业必须及时做好产品清查工作，对在产品进行盘点，并根据盘点结果编制在产品盘点表，据以调整账面资料。由于在产品的品种、数量繁多，它的加工程度也有很大的伸缩性。所以它往往是被企业用来调节产品成本和利润的工具。而税务检查一般都在企业清查盘点之后，在产品又是经常不断地变动。进行检查时，可先根据生产记录、账面情况和在产品盘点表，核对在产品品种及其结存量，看账实是否相符。在此基础上，再进行期初期末的纵向比较和各月度间期末在产品结存数量比较，如果发现期末在产品数量有大增大减的异常情况，或期初期末结存数量忽高忽低反映不正常的，或在实地盘查时发现盘存数量有不实的可疑现象，可就其差异变动大的在产品或某一车间的在产品进行抽盘，来推算检查期期末在产品应存数量。其计算公式如下：

$$\text{结算期期末在产品应存量数} = \text{检查时在产品实际盘存数量} + \text{结算期期末至检查时产品完工数量} - \text{结算期期末至检查时产品投产数量} + \text{不可修复的废品数量}$$

$$\text{结算期末至检查时产品投产数量} = \frac{\text{同时期投料总量}}{\text{单位产品投料定额}}$$

结算期期末在产品漏盘数量＝结算期期末在产品漏盘数量－结算期期末在产品盘点表

此外，检查时还要对实地盘存记录进行审核，看有无涂改盘存底表，隐瞒在产品数量的情况；有无盘存底表不齐，漏盘车间、漏盘工序或有意隐瞒不报的情况；有无汇总资料与在产品盘存底表不符的情况。

在产品的实际盘查是一种较为准确的审计方法，但它涉及各种在产品的品种和各品种在加工过程中的完工程度，又要进行倒算，涉及面广，工作量大。因此，可选择其数额较大的在产品，重点抽查几种，以验证其盘点的真实程度，必要时再进行全面盘查。在产品的加工程度，虽然无法通过复查来验证，但可以从企业各月份的成本计算单中关于月末在产品的完工率进行比较分析，查明检查期期末在产品完工率升降的原因，是否有人为调节当期成本的问题。

（三）期末在产品成本计算的审计

在核实在产品数量的基础上，进而审查在产品成本。合理地计算产品生产中各工序的在产品成本，是成本计算中一个重要而复杂的问题，也是税务检查中一项细致且难度较大的工作。在产品成本计算方法有固定成本计价法、定额成本法、在产品按所耗原材料计价法、定额比例法、约当产量法等。计算方法不同，其检查的侧重点也不一样。

1. 按固定成本计价的审计

采用这种分配方法的企业，各月末在产品的成本固定不变。这种方法适用于各月末在产品数量较小，或者在产品数量大，但各月间变化不大的产品。采用这种方法计算在产品成本的企业，每月发生的生产费用之和仍然是每月该种完工产品的成本。但在年末，应该根据实际盘点的在产品数量，具体计算在产品成本，据以计算12月份产品成本，并将算出的年末在产品成本作为下一年度各月固定的在产品成本。

检查时，首先要检查企业各个月份的在产品数量是否稳定，有无经过批准；其次，检查在产品年初的计价是否符合实际情况；最后，检查企业在年终是否进行了实地盘点，重新计价和调账。

2. 按定额成本法计价的审计

采用这种方法分配时，月末在产品的各项费用按各该费用定额计算，也就是月末在产品成本按其数量和单位定额成本计算。某种产品的全部生产费用减去按定额单位成本计算的月末在产品成本，其余作为完工产品成本。就是说，每月生产费用脱离定额的差异（节约差或超支差）都计入当月完工产品成本。这种方法适用于定额管理基础较好，各项消耗定额或费用定额比较准确、稳定，而且各月末在产品数量变动不大的产品。

检查时应注意从以下几方面进行。

(1) 检查“产品成本计算单”所列期末在产品数量与“在产品盘点表”所列数量是否一致。

(2) 检查各“产品成本计算单”期末在产品成本之和与“生产成本”账户期末余额是否一致。

在“产品成本计算单”中、“生产成本”与“在产品盘点表”不一致时，应以审定的“在产品盘存表”为准进行调整。凡盘存表上所列数额大于上述各账表所列数据时，即为少记期末在产品定额成本，多记完工产品成本；反之，为少记完工产品成本。

(3) 检查期末在产品定额成本计算是否正确，可根据“在产品盘存表”所列指标，逐项审查，并按下列公式进行检查。

期末在产品原材料成本＝材料单价×在产品数量×材料消耗定额

期末在产品工资成本＝×工时单价×在产品数量×计划小时工资率

期末在产品制造费用＝工时定额×在产品数量×计划小时费用率

此外，还要审查企业定额是否接近实际，如果二者之间相差悬殊，应对其定额进行调整，以保证在产品成本核算基本准确。

【例20-1】 智董工厂生产甲产品，该产品所耗原材料在生产开始时一次投入，产品的材料费用定额与在产品材料费用定额相同，为每件75元。月末在产品数量为250件，在产品定额工时共计1340小时，每小时费用定额为：工资及福利费1.10元，制造费用3.20元。月初在产品和本月生产费用累计为，原材料费用49630元，工资及福利费4460元，制造费用12580元。月末，车间结转完工产品成本为52158元。根据上述资料，检查该企业本月末结转完工产品成本是否正确，如不正确应对本月账务进行调整。

生产费用总额=49630+4460+12580=66670（元）

月末在产品成本：

原材料=250×75=18750（元）

工资及福利费=1340×1.10=1474（元）

制造费用=1340×3.20=4288（元）

月末在产品成本合计=18750+1474+4288=24512（元）

应转完工产品成本=66670－24512=42158（元）

多转完工产品成本=52158－42158=10000（元）

调账：

借：生产成本—甲产品　　　　10000

　贷：产成品—甲产品　　　　10000

3. 在产品按所耗原材料成本计价法的审计

采用这种分配方法计算在产品成本的企业，月末在产品只计算其所耗用的原材料费用，不计算工资等加工费用，也就是说，产品的加工费用全部由完工产品成本负担。这种方法适用于原材料费用在成本中所占比重较大的产品，如纺织、酿酒、造纸等行业。检查时，可根据不同企业的具体情况进行查核。

4. 按定额比例法计价的审计

采用这种分配方法计算在产品成本的企业，其生产费用应按照完工产品与月末在产品定额消耗量或定额费用的比例进行分配，计算完工产品成本和月末在产品成本。其中原材料费用，按材料消耗量比例进行分配，对人工费用和制造费用则按定额工时比例分配。这种方法一般适用于定额管理基础较好，各项消耗定额或费用定额合理，比较接近实际，但各月末在产品数量变动较大的产品。按定额消耗量比例分配的计量公式为

$$消耗量分配率=\frac{月初在产品实际消耗量+本月实际消耗量}{完工产品定额消耗量+月末在产品定额消耗量}$$

完工产品实际消耗量＝完工产品定额消耗量×消耗量分配率

完工产品费用＝完工产品实际消耗量×原材料单价（或单位工时的工资、费用）

月末在产品实际消耗量＝月末在产品定额消耗量×消耗量分配率

月末在产品费用＝月末在产品实际消耗量×原材料单价（或单位工时的工资、费用）

按照上列公式分配，不仅可以提供完工产品和在产品的实际费用资料，而且可以提供实际消耗量资料，便于考核和分析各项消耗定额的执行情况。但是，这样分配的核算工作量较大，在所耗原材料的品种较多的情况下更是如此。为了简化分配计算工作，也可以按照下列公式分配：

$$原材料费用分配率=\frac{月末在产品实际原材料费用+本月实际原材料费用}{完工产品定额原材料费用+月末在产品定额原材料费用}$$

完工产品原材料费用＝完工产品定额原材料费用×原材料费用分配率

月末在产品原材料费用＝月末在产品定额原材料费用×原材料费用分配率

或＝月初在产品实际原材料费用+本月实际原材料费用－完工产品原材料费用

$$工资（其他费用）分配率=\frac{月初在产品实际工资（其他费用）+本月实际工资（其他费用）}{完工产品定额工时+月末在产品定额工时}$$

完工产品工资（其他费用）＝完工产品定额工时×工资（其他费用）分配

月末在产品工资（其他费用）＝月末在产品定额工时×工资（其他费用）分配

或＝月初在产品实际工资（其他费用）+本月实际工资（其他费用）－完工产品工资（其他费用）

从上述公式可以看出，这种分配方法，完工产品成本与期末在产品成本是以相同的标准进行分配，即都是按定额计算出各自的总定额，之后以此作为标准，同时计算出各自应负担的费用。因此，对其进行检查时，不能只检查在产品定额成本是否正确，还应检查消耗总额，分配率及按比例分摊的费用是否正确。

【例20-2】 智董工业公司在产品成本采用定额比例法计价，某月完工产品成本和在产品成本计算资料如下：

产品成本计算单

产品名称：甲产品　　　　年　月　　　　单位：元

日期	摘要		直接材料费	直接人工费	制造费用	合计
1	月初在产品成本		8600	670	505	9775
30	本月生产费用		63400	3380	2870	69650
30	费用合计		72000	4050	3375	79425
30	分配表		40	1.8	1.5	×
30	完工产品	定额	1600	2000	2000	×
		实际	70000	4000	3200	77200
30	在产品	定额	200	250	250	×
		实际	2000	50	175	2225

该厂月末结转完工产品成本的账务处理为

借：产成品—甲产品　　　　　　　　77200

　贷：生产成本—甲产品　　　　　　77200

要求：根据上述资料，审查该企业本月完工产品成本结转是否正确。

首先进行复算：直接材料费用分配率 $=\frac{72000}{1600+200}=40$

完工产品材料费用=1600×40=64000（元）

在产品材料费用=200×40=8000（元）

或=72000－64000=8000（元）

多转完工产品材料费用=8000－2000=6000（元）

直接工资费用分配率 $=\frac{4050}{2000+220}=1.8$

完工产品工资费用=2000×1.8=3600（元）

在产品工资费用=250×1.8=450（元）

或=4050－3600=450（元）

多转完工产品工资费用=450－50=400（元）

制造费用分配率 $=\frac{3375}{2000+250}=1.5$

完工产品制造费用=2000×1.5=3000（元）

在产品制造费用=250×1.5=375（元）

或=3375－3000=375（元）

然后进行核对：

多转完工产品制造费用=375－175=200（元）

多转完工产品成本=6000+400+200=6600（元）

最后调整当月账务：

借：产成品—甲产品　　　　　　　　6600

　贷：生产成本—甲产品　　　　　　6600

5. 按“约当产量法”计价的审计

该种分配方法是将月末在产品数量按照完工程序折算为相当于完工产品的产量，即约当产量，然后按照完工产品产量与月末在产品约当产量的比例分配计算完工产品费用和月末在产品费用。这种方法适用于月末在产品数量较多，各月末在产品数量变化较大的产品。计算公式为

在产品约当产量＝完工率×在产品数量

由于在产品数量进行了某一部分的加工，尚未经过全生产过程的加工。因此，其应负担的费用应根据完工率来分配。如果原材料也是随加工程序逐步投入，那么原材料费用与工资费用、制造费用等一样，按完工率进行分配。一般来说，材料按在产品的投料比例计算约当产量，工资、制造费用按在产品完工程度计算约当产量。

费用分配率 $=\frac{\text{某项费用总额}}{\text{完工产品产量}+\text{在产品约当产量}}$

完工产品负担的费用=完工产品产量×费用分配率

在产品负担的费用=在产品约当产量×费用分配率

或=某项费用总额－完工产品负担的费用

如果材料是在开始生产时一次投入的，那么分配材料费用，在计算费用分配率时，分母在产品应按盘存量计算，因为完工产品与在产品中的材料费用是相同的。

在对该种计算方法检查时，首先要了解企业产品是否在开始生产时一次投料。对一次投料的，要检查其材料成本分配率的计算是否按产品盘存量，如果是按在产品约当产量计算，就会出现少留在产品成本多转完工产品成本的现象。检查过程中，可以按规范化的方

法复核计算过程，验证其计算结果是否正确，如不正确，应按正确的数字对原账务处理进行调整。

(四) 几种成本计算方法的审计

1. 采用分批法计算产品成本的审计

产品成本计算的分批法，是按照产品批别计算产品成本的一种方法。这种方法适用于小批量生产和单件生产。

在小批量单件生产的企业中，产品的品种和每批产品的批量往往根据需用单位的订单确定，因而按照产品批别计算产品成本，往往也就是按照订单计算产品成本。如果小批量生产，批内产品一般都能同时完工。在月末计算成本时，或是全部已完工，或是全部没有完工，因而一般也不存在完工产品与在产品之间分配费用的问题。但在批内产品跨月陆续完工情况下，月末计算成本时，一部分产品已完工，另一部分尚未完工，这时就要在完工产品与在产品之间分配费用，以便计算完工产品成本和月末在产品成本。如果是单件生产，产品完工以前，产品成本明细账所记的生产费用，就是完工产品成本，因而在月末计算成本时，不存在完工产品与产品之间分配费用的问题。

检查时，应根据企业的生产实际情况和会计核算情况，检查企业有无将尚未完工的产品按已完工的产品结转了生产成本，跨月生产的产品，月末完工产品与产品之间的费用分配是否合理，有无少留在产品费用，多计完工产品成本的问题。检查时可按下列公式计算：

在产品的实际成本=Σ（核定的在产品数量×各该在产品的核定单价）

在产品成本调整额=在产品的实际成本－在产品的账面成本

审查结束以后，对在产品成本查增（或查减）数额的处理时，应当根据实际情况，在库存产品和已销产品之间进行划分。一般采用比例分配法。计算公式为

$$\text{完工产品工资（其他费用）}=\frac{\text{库存产品（或已销产品）成本额}}{\text{完工产品总成本}}\times 100\%$$

库存产品的成本负担额＝检查期应调整在产品成本额×库存产品分配比例

已销产品的成本负担额＝检查期应调整在产品成本额×已销产品分配比例

属于平时多转完工产品成本的账务调整为

借：生产成本

　贷：产成品

　　　本年利润

属平时少转完工产品成本的调整，作相反的会计分录。

2. 采用分步法计算产品成本的审计

主要注意全厂在产品、半成品成本是否全面正确。对平行结转计算成本的产品，不仅要看在产品（半成品）的数量是否包括各步骤的在产品（半成品），而且要注意在产品（半成品）成本是否包括各步骤的在产品（半成品）成本。因为，在平行分步法下，在产品（半成品）实物与其价值可能不在同一步骤，因而容易产生错误。检查时，应以在产品（半成品）盘存底表与“在产品（半成品）成本计算表”或“在产品盘存表”相对照，重点是核对数量是否相符；再与各步骤“产成品成本计算单”相对照，主要是核对各步骤在产品（半成品）成本是否包括实物在本步骤的在产品（半成品），也包括实物不在本步骤的在产品（半成品）成本；最后与总分类账户金额相核对，看各成本计算单在产品金额之和与“生产成本”总账账户金额是否相等。

3. 采用分类法计算产品成本的审计

分类法的特点是对类内不同品种规格的产品成本一般采用“系数法”分配。因此，应审查计算系数的标准（定额）是否与产品成本高低关系密切；标准产品与一般产品系数

是否正确，有无人为地压低滞销（亏损）品种规格产品成本的情况，以及注意前已述及的主、副产品之间、等级产品之间分配中可能出现的问题。

4. 采用定额法计算产品成本的审计

一些大中型企业，为了及时控制生产费用和产品成本脱离定额的差异，加强定额管理和成本控制而采用的一种产品成本计算方法。它的特点是在生产费用发生时，分别核算符合定额的耗费和同定额发生差异的耗费，在有关原始凭证上及时计算出实际发生的生产费用脱离定额的差异，而后在产品定额成本的基础上加或减脱离定额的各种差异，计算出产品的实际成本。可按下列公式审核产品的实际成本。

产品实际成本＝定额成本±定额差异±定额变动±材料成本差异

在进行税务检查时，除前述及的生产费用发生时所必须进行检查外，还应对原始凭证上所列生产费用定额及脱离定额的差异，进行认真审查。在这个基础上，重点审查定额差异和定额变动在本期完工产品与期末在产品的分配上，有无故意或无意地利用定额差异和定额变动的分配，压低期末在产品成本，扩大完工产品成本的情况。

5. 采用品种法计算产品成本的审计

产品成本计算的品种法，是按照产品品种计算产品成本的一种方法。这种方法，既不要求按照产品批别计算成本，也不要求按照生产步骤计算成本。它适用于大量大批的单步骤计算成本。它适用于大量大批的单步骤生产。

在检查的过程中应当注意，按照会计核算的要求，在采用品种法计算产品成本的企业或车间里，如果只生产一种产品，成本计算的对象就是这种产品的产成品成本。在这种情况下，发生的生产费用全部都是直接费用，可以直接计入产品成本明细账，而没有在各成本计算对象之间分配费用的问题。如果生产的产品是若干种，就要按照产品的品种分别开设产品成本明细账，发生的直接费用直接计入各产品成本明细账，间接费用则要采用适当的分配方法，在各成本计算对象之间分配，然后计入各产品成本明细账。在月末计算产品成本时，如果没有在产品，或者在产品数量很少，则不需要计算月末在产品成本。这样，各种产品成本明细账中按照成本项目归集的全部生产费用，就是各该产品的产成品总成本。如果有在产品，而且数量较多，还需要将产品成本明细账中归集的生产费用，采用适当的分析方法，在完工产品和月末在产品之间进行分配，以便计算完工产品成本和月末在产品成本。

检查时，应按会计核算程序和核算内容进行检查，费用列支和间接费用的分配是否合理，完工产品与在产品之间的费用分配是否准确。既要审查凭证、账簿，还要审查实物，从中发现存在的问题。